财税实务工具丛书

A PRACTICAL GUIDE TO ENTERPRISE INCOME TAX

企业所得税实用指南

优惠篇

《企业所得税实用指南》编委会　编著

中国金融出版社

责任编辑：童祎薇
责任校对：李俊英
责任印制：陈晓川

图书在版编目（CIP）数据

企业所得税实用指南. 优惠篇／《企业所得税实用指南》编委会编著.
—北京：中国金融出版社，2019.4
ISBN 978 – 7 – 5049 – 9973 – 3

Ⅰ.①企⋯　Ⅱ.①企⋯　Ⅲ.①企业所得税—税收管理—中国—指南
Ⅳ.①F812.424 – 62

中国版本图书馆 CIP 数据核字（2019）第 030266 号

企业所得税实用指南　　优惠篇

Qiye Suodeshui Shiyong Zhinan　　Youhuipian

出版
发行　中国金融出版社

社址　　北京市丰台区益泽路 2 号
市场开发部　　（010）63266347，63805472，63439533（传真）
网 上 书 店　http：／／www. chinafph. com
　　　　　　　（010）63286832，63365686（传真）
读者服务部　　（010）66070833，62568380
邮编　100071
经销　新华书店
印刷　北京市松源印刷有限公司
尺寸　185 毫米×260 毫米
印张　55
字数　1100 千
版次　2019 年 4 月第 1 版
印次　2019 年 4 月第 1 次印刷
定价　168.00 元
ISBN 978 – 7 – 5049 – 9973 – 3
如出现印装错误本社负责调换　联系电话（010）63263947

本书编委会

主　编：杜秀君

编　委：李志毅　张晓华　张丽娟　杭小莉　黄光银
　　　　刘　浩　赵凤英　赵学军　王光瑞　李晓红
　　　　张　凯　昝慧芳　袁　海　李佳英　袁源泽
　　　　赵军辉　张秀芳　芦　宇　郝学刚　杜昕奕
　　　　周　巍　张　肖　李晓营　刘嘉佳

序

    随着我国财税体制改革的不断深化，国家力求建立税种科学、结构优化、规范公平、征管高效的税收制度，以适应当前宏观经济形势的不断变化。近年来，税收法律、法规的调整逐渐加快，大量税收政策的发布，使得广大涉税专业人员在学习使用税法过程中深感困扰并难以准确把握。

    企业所得税作为我国的主体税种之一，承担着筹集财政收入、调节经济的职能，同时也关乎企业经营管理，与广大税务工作人员和纳税人的财税工作息息相关。2008 年"两法合并"后，随着大量企业所得税新政的颁布、实施与旧法的废止、失效，广大税务工作人员和纳税人在税收政策运用过程中出现政策文件收集不全、解读不准、运用不足等问题。

    本系列书籍包括《企业所得税实用指南：收入篇》《企业所得税实用指南：扣除篇》《企业所得税实用指南：优惠篇》，对企业所得税法及相关税收政策进行了科学的分类、整理，将税收文件中的条文根据实际业务编排、归集，针对部分内容进行案例讲解，内容通俗易懂。我相信本系列书籍能够极大地方便广大读者查阅、使用税法政策，也希望它们能够成为企业所得税领域的一套指导性税收工具书，为税务工作人员、纳税人的实际工作提供帮助。在此也对编著者的辛勤劳动和专业素养给予赞赏，希望广大读者朋友喜爱本系列书籍并从中获益。

中央财经大学教授

2019 年 3 月

编写说明

　　本书是企业所得税实用指南系列书籍中的优惠篇，主要从免税收入、减计收入、加计扣除、减免税优惠、抵免优惠等方面进行了归类编写，以帮助纳税人了解和熟悉现行税收优惠政策的规定，使纳税人能够根据自身的情况，通过辨别比较，作出最优选择并合理运用，用好用足国家给予的优惠政策，真正实现节税或其他税收筹划的目的。

　　在编写过程中，随着税收政策的不断变化完善，部分条款文件发生变更，本书编写时间截至 2018 年 7 月，之后的相关政策法规未涉及，请广大税务工作者与纳税人在使用过程中以现行有效文件为准。由于时间与编者水平有限，书中难免有疏漏之处，敬请广大读者批评指正。

目　录

附　　录

第一章　免税收入

免税收入是指属于企业的应税所得但按照税法规定免予征收企业所得税的收入。

一、一般免税收入

（一）企业的下列收入为免税收入

1. 国债利息收入；

2. 符合条件的居民企业之间的股息、红利等权益性投资收益；

3. 在中国境内设立机构、场所的非居民企业从居民企业取得与该机构、场所有实际联系的股息、红利等权益性投资收益；

4. 符合条件的非营利组织的收入。

（《中华人民共和国企业所得税法》第二十六条）

（二）其他专项优惠

1. 中国清洁发展机制基金取得的收入；

2. 证券投资基金从证券市场取得的收入；

3. 证券投资基金投资者获得的分配收入；

4. 证券投资基金管理人运用基金买卖股票、债券的差价收入；

5. 取得的地方政府债券利息所得或收入；

6. 受灾地区企业取得的救灾和灾后恢复重建款项等收入；

7. 中国期货保证金监控中心有限责任公司取得的银行存款利息等收入；

8. 中国保险保障基金有限责任公司取得的保险保障基金等收入；

9. 中央电视台的广告费和有线电视费收入。

二、特定事项免税收入

（一）国债利息收入

国债利息收入为企业所得税免税收入。（《中华人民共和国企业所得税法》第二十六条第一项）

国债利息收入，是指企业持有国务院财政部门发行的国债取得的利息收入。（《中华人民共和国企业所得税法实施条例》第八十二条）

1. 国债利息收入时间确认。

（1）根据《中华人民共和国企业所得税法实施条例》第十八条的规定，企业投资国债从国务院财政部门（以下简称发行者）取得的国债利息收入，应以国债发行时约定应付利息的日期，确认利息收入的实现。

（2）企业转让国债，应在国债转让收入确认时确认利息收入的实现。

2. 国债利息收入计算。

企业到期前转让国债，或者从非发行者投资购买的国债，其持有期间尚未兑付的国债利息收入，按公式（1）计算确定：

$$国债利息收入 = 国债金额 × （适用年利率 ÷ 365） × 持有天数 \qquad (1)$$

公式（1）中的"国债金额"，按国债发行面值或发行价格确定；"适用年利率"按国债票面年利率或折合年收益率确定；如企业不同时间多次购买同一品种国债的，"持有天数"可按平均持有天数计算确定。

$$国债利息收入 = 国债金额（按国债发行面值或发行价格确定） × ［适用年利率$$
$$（按国债票面年利率或折合年收益率确定）÷ 365］× 持有天数 \qquad (2)$$

3. 国债利息收入免税问题

根据《中华人民共和国企业所得税法》第二十六条的规定，企业取得的国债利息收入，免征企业所得税。具体按以下规定执行：

（1）企业从发行者直接投资购买的国债持有至到期，其从发行者取得的国债利息收入，全额免征企业所得税。

（2）企业到期前转让国债，或者从非发行者投资购买的国债，其按上述第（二）项计算的国债利息收入，免征企业所得税。

（《国家税务总局关于企业国债投资业务企业所得税处理问题的公告》，国家税务总局公告 2011 年第 36 号）

✎ 【案例】某企业购入政府发行的年利息率 4.5% 的一年期国债 1000 万元，持有 300 天时以 1040 万元的价格转让。计算该企业该笔交易的应纳税所得额。

国债利息收入为：$1000 × （4.5\% ÷ 365） × 300 ≈ 36.99$（万元）免征企业所得税。

国债转让收入为：$1040 - 36.99 - 1000 = 3.01$（万元）征收企业所得税。

（二）居民企业之间的股息、红利等权益性投资收益

1. 符合条件的居民企业之间的股息、红利等权益性投资收益为企业所得税免税收入。（《中华人民共和国企业所得税法》第二十六条第二项）

2. 符合条件的居民企业之间的股息、红利等权益性投资收益，是指居民企业直接投资于其他居民企业取得的投资收益。股息、红利等权益投资收益不包括连续持有居民企业公开发行并上市流通的股票不足 12 个月取得的投资收益。（《中华人民共和国

企业所得税法实施条例》第八十三条）

3. 前述所称股息、红利等权益性投资收益，是指企业因权益性投资从被投资方取得的收入。（《中华人民共和国企业所得税法实施条例》第十七条第一款）

4. 2008 年 1 月 1 日以后，居民企业之间分配属于 2007 年度及以前年度的累积未分配利润而形成的股息、红利等权益性投资收益，均应按照《中华人民共和国企业所得税法》第二十六条及《中华人民共和国企业所得税法实施条例》第十七条、第八十三条的规定处理。（《财政部　国家税务总局关于执行企业所得税优惠政策若干问题的通知》第四条，财税〔2009〕69 号）

5. 企业权益性投资取得股息、红利等收入，应以被投资企业股东会或股东大会作出利润分配或转股决定的日期，确定收入的实现。

被投资企业将股权（票）溢价所形成的资本公积转为股本的，不作为投资方企业的股息、红利收入，投资方企业也不得增加该项长期投资的计税基础。

（《国家税务总局关于贯彻落实企业所得税法若干税收问题的通知》第四条，国税函〔2010〕79 号）

（三）非居民企业从居民企业取得的股息、红利等权益性投资收益

1. 在中国境内设立机构、场所的非居民企业从居民企业取得与该机构、场所有实际联系的股息、红利等权益性投资收益为企业所得税免税收入。（《中华人民共和国企业所得税法》第二十六条第三项）

2. 上述所称股息、红利等权益投资收益，不包括连续持有居民企业公开发行并上市流通的股票不足 12 个月取得的投资收益。（《中华人民共和国企业所得税法实施条例》第八十三条）

3. 依据《财政部　国家税务总局　中国证券监督管理委员会关于沪港股票市场交易互联互通机制试点有关税收政策的通知》（财税〔2014〕81 号）自 2014 年 11 月 17 日起，执行以下规定：

（1）对内地企业投资者通过沪港通投资香港联交所上市股票取得的股息红利所得，计入其收入总额，依法计征企业所得税。其中，内地居民企业连续持有 H 股满 12 个月取得的股息红利所得，依法免征企业所得税。（H 股也称国企股，指注册地在内地、上市地在香港的外资股）

（2）香港联交所上市 H 股公司应向中国结算提出申请，由中国结算向 H 股公司提供内地企业投资者名册，H 股公司对内地企业投资者不代扣股息红利所得税款，应纳税款由企业自行申报缴纳。

（3）内地企业投资者自行申报缴纳企业所得税时，对香港联交所非 H 股上市公司已代扣代缴的股息红利所得税，可依法申请税收抵免。

（四）符合条件的非营利组织的收入

1. 符合条件的非营利组织的收入为企业所得税免税收入。（《中华人民共和国企

业所得税法》第二十六条第四项）

2. 符合条件的非营利组织的收入，不包括非营利组织从事营利性活动取得的收入，但国务院财政、税务主管部门另有规定的除外。（《中华人民共和国企业所得税法实施条例》第八十五条）

3. 符合条件的非营利组织，是指同时符合下列条件的组织：

（1）依法履行非营利组织登记手续；

（2）从事公益性或者非营利性活动；

（3）取得的收入除用于与该组织有关的、合理的支出外，全部用于登记核定或者章程规定的公益性或者非营利性事业；

（4）财产及其孳息不用于分配；

（5）按照登记核定或者章程规定，该组织注销后的剩余财产用于公益性或者非营利性目的，或者由登记管理机关转赠给与该组织性质、宗旨相同的组织，并向社会公告；

（6）投入人对投入该组织的财产不保留或者享有任何财产权利；

（7）工作人员工资福利开支控制在规定的比例内，不变相分配该组织的财产。

（《中华人民共和国企业所得税法实施条例》第八十四条）

4. 非营利组织免税资格认定。

《财政部 国家税务总局关于非营利组织免税资格认定管理有关问题的通知》（财税〔2014〕13号）对非营利组织免税资格认定管理有关问题明确如下：

（1）依据本通知认定的符合条件的非营利组织，必须同时满足以下条件：①依照国家有关法律法规设立或登记的事业单位、社会团体、基金会、民办非企业单位、宗教活动场所以及财政部、国家税务总局认定的其他组织；②从事公益性或者非营利性活动；③取得的收入除用于与该组织有关的、合理的支出外，全部用于登记核定或者章程规定的公益性或者非营利性事业；④财产及其孳息不用于分配，但不包括合理的工资薪金支出；⑤按照登记核定或者章程规定，该组织注销后的剩余财产用于公益性或者非营利性目的，或者由登记管理机关转赠给与该组织性质、宗旨相同的组织，并向社会公告；⑥投入人对投入该组织的财产不保留或者享有任何财产权利，本款所称投入人是指除各级人民政府及其部门外的法人、自然人和其他组织；⑦工作人员工资福利开支控制在规定的比例内，不变相分配该组织的财产，其中：工作人员平均工资薪金水平不得超过上年度税务登记所在地人均工资水平的两倍，工作人员福利按照国家有关规定执行；⑧除当年新设立或登记的事业单位、社会团体、基金会及民办非企业单位外，事业单位、社会团体、基金会及民办非企业单位申请前年度的检查结论为"合格"；⑨对取得的应纳税收入及其有关的成本、费用、损失应与免税收入及其有关的成本、费用、损失分别核算。

（2）经省级（含省级）以上登记管理机关批准设立或登记的非营利组织，凡符合规定条件的，应向其所在地省级税务主管机关提出免税资格申请，并提供本通知规定的相关材料；经市（地）级或县级登记管理机关批准设立或登记的非营利组织，凡符合规定条件的，分别向其所在地市（地）级或县级税务主管机关提出免税资格申请，并提供本通知规定的相关材料。

财政、税务部门按照上述管理权限，对非营利组织享受免税的资格联合进行审核确认，并定期予以公布。

（3）申请享受免税资格的非营利组织，需报送以下材料：①申请报告；②事业单位、社会团体、基金会、民办非企业单位的组织章程或宗教活动场所的管理制度；③税务登记证复印件；④非营利组织登记证复印件；⑤申请前年度的资金来源及使用情况、公益活动和非营利活动的明细情况；⑥具有资质的中介机构鉴证的申请前会计年度的财务报表和审计报告；⑦登记管理机关出具的事业单位、社会团体、基金会、民办非企业单位申请前年度的年度检查结论；⑧财政、税务部门要求提供的其他材料。

（4）非营利组织免税优惠资格的有效期为五年。非营利组织应在期满前三个月内提出复审申请，不提出复审申请或复审不合格的，其享受免税优惠的资格到期自动失效。

非营利组织免税资格复审，按照初次申请免税优惠资格的规定办理。

（5）非营利组织必须按照《税收征管法》及《税收征管法实施细则》等有关规定，办理税务登记，按期进行纳税申报。取得免税资格的非营利组织应按照规定向主管税务机关办理免税手续，免税条件发生变化的，应当自发生变化之日起十五日内向主管税务机关报告；不再符合免税条件的，应当依法履行纳税义务；未依法纳税的，主管税务机关应当予以追缴。取得免税资格的非营利组织注销时，剩余财产处置违反本通知第一条第五项规定的，主管税务机关应追缴其应纳企业所得税款。

主管税务机关应根据非营利组织报送的纳税申报表及有关资料进行审查，当年符合《中华人民共和国企业所得税法》及《中华人民共和国企业所得税法实施条例》和有关规定免税条件的收入，免予征收企业所得税；当年不符合免税条件的收入，照章征收企业所得税。主管税务机关在执行税收优惠政策过程中，发现非营利组织不再具备本通知规定的免税条件的，应及时报告核准该非营利组织免税资格的财政、税务部门，由其进行复核。

核准非营利组织免税资格的财政、税务部门根据本通知规定的管理权限，对非营利组织的免税优惠资格进行复核，复核不合格的，取消其享受免税优惠的资格。

（6）已认定的享受免税优惠政策的非营利组织有下述情况之一的，应取消其资格：①事业单位、社会团体、基金会及民办非企业单位逾期未参加年检或年度检查结论为"不合格"的；②在申请认定过程中提供虚假信息的；③有逃避缴纳税款或帮助他人逃避缴纳税款行为的；④通过关联交易或非关联交易和服务活动，变相转移、隐匿、分配该组织财产的；⑤因违反《税收征管法》及其《实施细则》而受到税务机关处罚的；⑥受到登记管理机关处罚的。

因第①项（事业单位、社会团体、基金会及民办非企业单位逾期未参加年检或年度检查结论为"不合格"的）规定的情形被取消免税优惠资格的非营利组织，财政、税务部门在一年内不再受理该组织的认定申请；因除第①项以外的其他情形被取消免税优惠资格的非营利组织，财政、税务部门在五年内不再受理该组织的认定申请。

（7）本通知自 2013 年 1 月 1 日起执行。《财政部　国家税务总局关于非营利组织免税资格认定管理有关问题的通知》（财税〔2009〕123 号）同时废止。

💡【提示】财税〔2009〕123 号文与本文件相比只就第一条第二款取消了"且活动范围主要在中国境内"。

《财政部　国家税务总局关于非营利组织免税资格认定管理有关问题的通知》（财税〔2018〕13 号）对非营利组织免税资格认定管理有关问题明确如下：

（1）符合条件的非营利组织，必须同时满足以下条件：①依照国家有关法律法规设立或登记的事业单位、社会团体、基金会、社会服务机构、宗教活动场所、宗教院校以及财政部、国家税务总局认定的其他非营利组织；②从事公益性或者非营利性活动；③取得的收入除用于与该组织有关的、合理的支出外，全部用于登记核定或者章程规定的公益性或者非营利性事业；④财产及其孳息不用于分配，但不包括合理的工资薪金支出；⑤按照登记核定或者章程规定，该组织注销后的剩余财产用于公益性或者非营利性目的，或者由登记管理机关采取转赠给与该组织性质、宗旨相同的组织等处置方式，并向社会公告；⑥投入人对投入该组织的财产不保留或者享有任何财产权利，本款所称投入人是指除各级人民政府及其部门外的法人、自然人和其他组织；⑦工作人员工资福利开支控制在规定的比例内，不变相分配该组织的财产，其中：工作人员平均工资薪金水平不得超过税务登记所在地的地市级（含地市级）以上地区的同行业同类组织平均工资水平的两倍，工作人员福利按照国家有关规定执行；⑧对取得的应纳税收入及其有关的成本、费用、损失应与免税收入及其有关的成本、费用、损失分别核算。

（2）经省级（含省级）以上登记管理机关批准设立或登记的非营利组织，凡符合规定条件的，应向其所在地省级税务主管机关提出免税资格申请，并提供本通知规定的相关材料；经地市级或县级登记管理机关批准设立或登记的非营利组织，凡符合规定条件的，分别向其所在地的地市级或县级税务主管机关提出免税资格申请，并提供本通知规定的相关材料。

财政、税务部门按照上述管理权限，对非营利组织享受免税的资格联合进行审核确认，并定期予以公布。

（3）申请享受免税资格的非营利组织，需报送以下材料：

①申请报告；②事业单位、社会团体、基金会、社会服务机构的组织章程或宗教活动场所、宗教院校的管理制度；③非营利组织注册登记证件的复印件；④上一年度的资金来源及使用情况、公益活动和非营利活动的明细情况；⑤上一年度的工资薪金情况专项报告，包括薪酬制度、工作人员整体平均工资薪金水平、工资福利占总支出比例、重要人员工资薪金信息（至少包括工资薪金水平排名前 10 的人员）；⑥具有资质的中介机构鉴证的上一年度财务报表和审计报告；⑦登记管理机关出具的事业单位、社会团体、基金会、社会服务机构、宗教活动场所、宗教院校上一年度符合相关法律法规和国家政策的事业发展情况或非营利活动的材料；⑧财政、税务部门要求提供的其他材料。

当年新设立或登记的非营利组织需提供：①申请报告；②事业单位、社会团体、基金会、社会服务机构的组织章程或宗教活动场所、宗教院校的管理制度；③非营利组织注册登记证件的复印件；④申请当年的资金来源及使用情况、公益活动和非营利活动的明细情况；⑤申请当年的工资薪金情况专项报告，包括薪酬制度、工作人员整体平均工资薪金水平、工资福利占总支出比例、重要人员工资薪金信息（至少包括工资薪金水平排名前 10 的人员）。

（4）非营利组织免税优惠资格的有效期为五年。非营利组织应在免税优惠资格期满后六个月内提出复审申请，不提出复审申请或复审不合格的，其享受免税优惠的资格到期自动失效。

非营利组织免税资格复审，按照初次申请免税优惠资格的规定办理。

（5）非营利组织必须按照《税收征收管理法》及《税收征收管理法实施细则》等有关规定，办理税务登记，按期进行纳税申报。取得免税资格的非营利组织应按照规定向主管税务机关办理免税手续，免税条件发生变化的，应当自发生变化之日起十五日内向主管税务机关报告；不再符合免税条件的，应当依法履行纳税义务；未依法纳税的，主管税务机关应当予以追缴。取得免税资格的非营利组织注销时，剩余财产处置违反规定的（即未按照登记核定或者章程规定，该组织注销后的剩余财产用于公益性或者非营利性目的，或者由登记管理机关采取转赠给与该组织性质、宗旨相同的组织等处置方式，并向社会公告），主管税务机关应追缴其应纳企业所得税款。

有关部门在日常管理过程中，发现非营利组织享受优惠年度不符合本通知规定的免税条件的，应提请核准该非营利组织免税资格的财政、税务部门，由其进行复核。

核准非营利组织免税资格的财政、税务部门根据本通知规定的管理权限，对非营利组织的免税优惠资格进行复核，复核不合格的，相应年度不得享受税收优惠政策。

（6）已认定的享受免税优惠政策的非营利组织有下述情形之一的，应自该情形发生年度起取消其资格：①登记管理机关在后续管理中发现非营利组织不符合相关法律法规和国家政策的；②在申请认定过程中提供虚假信息的；③纳税信用等级为税务部门评定的 C 级或 D 级的；④通过关联交易或非关联交易和服务活动，变相转移、隐匿、分配该组织财产的；⑤被登记管理机关列入严重违法失信名单的；⑥从事非法政治活动的。

有以下规定的情形被取消免税优惠的非营利组织及财政、税务部门自其被取消资格的次年起一年内不再受理该组织的认定申请：①登记管理机关在后续管理中发现非营利组织不符合相关法律法规和国家政策的；②在申请认定过程中提供虚假信息的；③纳税信用等级为税务部门评定的 C 级或 D 级的；④通过关联交易或非关联交易和服务活动，变相转移、隐匿、分配该组织财产的；⑤被登记管理机关列入严重违法失信名单的。

因从事非法政治活动的情形被取消免税优惠资格的非营利组织，财政、税务部门将不再受理该组织的认定申请。

被取消免税优惠资格的非营利组织，应当依法履行纳税义务；未依法纳税的，主管税务机关应当自其存在取消免税优惠资格情形的当年起予以追缴。

财税〔2018〕13 号自 2018 年 1 月 1 日起执行。《财政部 国家税务总局关于非营利组织免税资格认定管理有关问题的通知》（财税〔2014〕13 号）同时废止。

《财政部 国家税务总局关于非营利组织免税资格认定管理有关问题的通知》（财税〔2018〕13 号）对非营利组织免税资格认定管理有关问题明确如下：

（1）符合条件的非营利组织，必须同时满足以下条件：①依照国家有关法律法规设立或登记的事业单位、社会团体、基金会、社会服务机构、宗教活动场所、宗教院校以及财政部、国家税务总局认定的其他非营利组织；②从事公益性或者非营利性活动；③取得的收入除用于与该组织有关的、合理的支出外，全部用于登记核定或者章程规定的公益性或者非营利性事业；④财产及其孳息不用于分配，但不包括合理的工资薪金支出；⑤按照登记核定或者章程规定，该组织注销后的剩余财产用于公益性或者非营利性目的，或者由登记管理机关采取转赠给与该组织性质、宗旨相同的组织等处置方式，并向社会公告；⑥投入人对投入该组织的财产不保留或者享有任何财产权利，本款所称投入人是指除各级人民政府及其部门外的法人、自然人和其他组织；⑦工作人员工资福利开支控制在规定的比例内，不变相分配该组织的财产，其中，工作人员平均工资薪金水平不得超过税务登记所在地的地市级（含地市级）以上地区的同行业同类组织平均工资水平的两倍，工作人员福利按照国家有关规定执行；⑧对取得的应纳税收入及其有关的成本、费用、损失应与免税收入及其有关的成本、费用、损失分别核算。

（2）经省级（含省级）以上登记管理机关批准设立或登记的非营利组织，凡符合规定条件的，应向其所在地省级税务主管机关提出免税资格申请，并提供本通知规定的相关材料；经地市级或县级登记管理机关批准设立或登记的非营利组织，凡符合规定条件的，分别向其所在地的地市级或县级税务主管机关提出免税资格申请，并提供本通知规定的相关材料。

财政、税务部门按照上述管理权限，对非营利组织享受免税的资格联合进行审核确认，并定期予以公布。

（3）申请享受免税资格的非营利组织，需报送以下材料：①申请报告；②事业单位、社会团体、基金会、社会服务机构的组织章程或宗教活动场所、宗教院校的管理制度；③非营利组织注册登记证件的复印件；④上一年度的资金来源及使用情况、公益活动和非营利活动的明细情况；⑤上一年度的工资薪金情况专项报告，包括薪酬制度、工作人员整体平均工资薪金水平、工资福利占总支出比例、重要人员工资薪金信息（至少包括工资薪金水平排名前 10 的人员）；⑥具有资质的中介机构鉴证的上一年度财务报表和审计报告；⑦登记管理机关出具的事业单位、社会团体、基金会、社会服务机构、宗教活动场所、宗教院校上一年度符合相关法律法规和国家政策的事业发展情况或非营利活动的材料；⑧财政、税务部门要求提供的其他材料。

当年新设立或登记的非营利组织需提供：①申请报告；②事业单位、社会团体、基金会、社会服务机构的组织章程或宗教活动场所、宗教院校的管理制度；③非营利组织注册登记证件的复印件；④申请当年的资金来源及使用情况、公益活动和非营利活动的明细情况；⑤申请当年的工资薪金情况专项报告，包括薪酬制度、工作人员整体平均工资薪金水平、工资福利占总支出比例、重要人员工资薪金信息（至少包括工资薪金水平排名前 10 的人员）。

（4）非营利组织免税优惠资格的有效期为五年。非营利组织应在免税优惠资格期满后六个月内提出复审申请，不提出复审申请或复审不合格的，其享受免税优惠的资格到期自动失效。

非营利组织免税资格复审，按照初次申请免税优惠资格的规定办理。

（5）非营利组织必须按照《中华人民共和国税收征收管理法》及《中华人民共和国税收征收管理法实施细则》等有关规定，办理税务登记，按期进行纳税申报。取得免税资格的非营利组织应按照规定向主管税务机关办理免税手续，免税条件发生变化的，应当自发生变化之日起十五日内向主管税务机关报告；不再符合免税条件的，应当依法履行纳税义务；未依法纳税的，主管税务机关应当予以追缴。取得免税资格的非营利组织注销时，剩余财产处置违反本通知第一条第五项（按照登记核定或者章程规定，该组织注销后的剩余财产用于公益性或者非营利性目的，或者由登记管理机关采取转赠给与该组织性质、宗旨相同的组织等处置方式，并向社会公告）规定的，主管税务机关应追缴其应纳企业所得税款。

有关部门在日常管理过程中，发现非营利组织享受优惠年度不符合本通知规定的免税条件的，应提请核准该非营利组织免税资格的财政、税务部门，由其进行复核。

核准非营利组织免税资格的财政、税务部门根据本通知规定的管理权限，对非营利组织的免税优惠资格进行复核，复核不合格的，相应年度不得享受税收优惠政策。

（6）已认定的享受免税优惠政策的非营利组织有下述情形之一的，应自该情形发生年度起取消其资格：①登记管理机关在后续管理中发现非营利组织不符合相关法律法规和国家政策的；②在申请认定过程中提供虚假信息的；③纳税信用等级为税务部门评定的 C 级或 D 级的；④通过关联交易或非关联交易和服务活动，变相转移、隐匿、分配该组织财产的；⑤被登记管理机关列入严重违法失信名单的；⑥从事非法政治活动的。

有以下规定的情形被取消免税优惠的非营利组织、财政、税务部门自其被取消资格的次年起一年内不再受理该组织的认定申请；①登记管理机关在后续管理中发现非营利组织不符合相关法律法规和国家政策的；②在申请认定过程中提供虚假信息的；③纳税信用等级为税务部门评定的 C 级或 D 级的；④通过关联交易或非关联交易和服务活动，变相转移、隐匿、分配该组织财产的；⑤被登记管理机关列入严重违法失信名单的。

因从事非法政治活动的情形被取消免税优惠资格的非营利组织，财政、税务部门将不再受理该组织的认定申请。

被取消免税优惠资格的非营利组织，应当依法履行纳税义务；未依法纳税的，主管税务机关应当自其存在取消免税优惠资格情形的当年起予以追缴。

财税〔2018〕13 号自 2018 年 1 月 1 日起执行。《财政部 国家税务总局关于非营利组织免税资格认定管理有关问题的通知》（财税〔2014〕13 号）同时废止。

5.《财政部 国家税务总局关于非营利组织企业所得税免税收入问题的通知》（财税〔2009〕122 号）从 2008 年 1 月 1 日起执行。非营利组织的下列收入为免税收入：

（1）接受其他单位或者个人捐赠的收入；

（2）除《中华人民共和国企业所得税法》第七条规定的财政拨款以外的其他政府补助收入，但不包括因政府购买服务取得的收入；

（3）按照省级以上民政、财政部门规定收取的会费；

（4）不征税收入和免税收入孳生的银行存款利息收入；

（5）财政部、国家税务总局规定的其他收入。

根据《国务院关于第一批取消 62 项中央指定地方实施行政审批事项的决定》（国发〔2015〕57 号）规定，"符合条件的非营利组织享受免税收入优惠的备案核准"取消。

（五）符合非营利组织条件的科技企业孵化器的收入

《财政部 国家税务总局关于科技企业孵化器税收政策的通知》（财税〔2013〕

117 号）第二条规定，符合非营利组织条件的科技企业孵化器（也称高新技术创业服务中心）的收入，按照《中华人民共和国企业所得税法》、《中华人民共和国企业所得税法实施条例》和有关税收政策规定享受企业所得税优惠政策，即属于符合非营利组织免税收入。

《科学技术部关于北京中关村软件园孵化服务有限公司等 212 家国家级科技企业孵化器通过 2013 年度享受税收优惠政策审核的通知》（国科发火〔2014〕131 号）确认北京中关村软件园孵化服务有限公司等 212 家国家级科技企业孵化器（见表 1）符合享受 2013 年度国家税收优惠政策条件。

表1　2013 年度通过有关税收优惠政策审核的国家级科技企业孵化器名单及范围面积

序号	单位名称	孵化器场地地址和范围	符合政策要求的孵化面积（m²）
1	北京中关村软件园孵化服务有限公司	北京市海淀区东北旺中关村软件园孵化器 1 号楼、2 号楼	17313
2	北京中关村生命科学园生物医药科技孵化有限公司	北京市昌平区生命科学园路 29 号创新大厦	28897
3	北京中关村国际孵化器有限公司	北京市海淀区上地信息路 2 号；北京海淀区上地五街 7 号	12653.33
4	北京九州通科技孵化器有限公司	北京市丰台科学城航丰路 8 号 1 幢和 3 幢	12200
5	北京启迪创业孵化器有限公司	北京市海淀区清华科技园学研大厦、创业广场、科技大厦、创新大厦	22033
6	北京牡丹科技孵化器有限公司	北京市海淀区花园路 2 号 1 号楼、牡丹创业楼、科技楼和 28 号楼	18370
7	北京奥宇科技企业孵化器有限责任公司	北京市大兴区黄村镇金星路 12 号奥宇科技英巢 2、3、4 号楼；北京市大兴区经济开发区金苑路 2 号奥宇大厦	19335
8	北京高技术创业服务中心	北京市朝阳区安翔北里 11 号北京创业大厦	15452
9	汇龙森国际企业孵化（北京）有限公司	北京经济开发区中和街 14 号；西环南路 18 号	45800
10	汇龙森欧洲科技（北京）有限公司	北京经济开发区科创十四街 99 号	47500
11	天津市科技创业服务中心	天津市南开区科研西路 12 号；天津市万柳村大街 56 号	31085（非自有面积：20000）
12	天津普天企业孵化服务有限公司	天津市华苑产业区梓苑路 6 号	12115（非自有）

序号	单位名称	孵化器场地地址和范围	符合政策要求的孵化面积（m²）
13	清控科创（天津）科技园管理有限公司	天津市东丽区华明工业园区华丰路 6 号 A3 座、A4 座	22612（非自有）
14	天津华苑软件园建设发展有限公司	天津华苑产业园区海泰发展六道 6 号海泰绿色产业基地 G 座 3 - 6 层；天津华苑产业园区海泰西路 18 号北 2 工业孵化、中北 203	23532.51（非自有面积：15321.66）
15	天津市国际生物医药联合研究院有限公司	天津经济技术开发区洞庭路 220 号	68639（非自有）
16	天津泰达国际创业中心	天津开发区第五大街泰华路 12 号；天津开发区第二大街 8 号融科大厦	20079.91（非自有面积：10079.91）
17	天津滨海高新技术产业开发区国际创业中心	天津华苑产业园区华天道 2 号；兰苑路五号 A 座、B 座	27690.3（非自有）
18	河北创业基地投资管理有限公司	石家庄市东开发区昆仑大街 55 号	23500（非自有）
19	石家庄市科技创新服务中心	石家庄高新区黄河大道 136 号科技中心一号孵化大楼 5 - 19、21 - 24 层	28112.2
20	河北方大科技有限公司	石家庄高新区天山大街 266 号	62261
21	秦皇岛市育兴高新技术创业有限公司	秦皇岛开发区珠江道 47 号；太行山路 23 号；西环北路 56 号；秦皇岛海港区西港北路 85 号	21687.9（非自有面积：14659.19）
22	唐山高新技术创业中心	唐山高新区西昌路创新大厦 A、B、C、D、E、F、G 座及软件园	82000（非自有面积：37000）
23	邯郸高新技术创业服务中心	邯郸经开区世纪大街 2 号	52000
24	山西科伟通新技术发展有限公司	太原市学府街 122 号凯通大厦	19957.36（非自有）
25	山西三益华信创业服务有限公司	太原市万柏林区和平南路 73 号	15648
26	阳泉市高新技术创业服务中心	阳泉市开发区大连路 61 号	27000
27	山西省高新技术创业中心	山西省太原市长治路 249 号	39077
28	赤峰市久盛创新科技投资有限公司	赤峰市敖汉旗新惠工业园区	210000
29	呼和浩特留学人员创业园管理服务中心	呼和浩特市赛罕区如意开发区腾飞大道 1 号众生大厦	20500（非自有）

续表

序号	单位名称	孵化器场地地址和范围	符合政策要求的孵化面积（m²）
30	包头稀土高新技术产业开发区科技创业服务中心	内蒙古包头软件园大厦	19378.34
31	鞍山高新技术创业服务中心	鞍山市高新区科技路5号甲；千山路153号、368号	12460
32	沈阳软件出口基地有限公司	沈阳市皇姑区蒲河街7号	26900（非自有）
33	锦州高新技术产业创业服务中心	锦州高新区福州路25、27、29号；曙光街11号	32500（非自有）
34	营口市高新技术创业服务中心	营口市渤海大街西105号	20000（非自有）
35	沈阳高科技创业中心	沈阳市和平区和平北大街94号；浑南新区高歌路2-1号；于洪区沈大路18-2号	21750
36	吉林省宇隆中小企业孵化器有限责任公司	吉林省长春市宽城区长新街20号	20919
37	吉林省万易创业咨询有限公司	吉林省长春市建设街1568号	20169.7
38	哈尔滨高科技创业中心	哈尔滨市南岗区嵩山路5号；红旗大街180、162、178号	30630
39	哈尔滨高科技企业孵化器有限公司	哈尔滨市开发区南岗集中区34、10、37号楼，南岗集中区湘江路24号	19707
40	哈尔滨广瀚科技创业有限公司	哈尔滨市香坊区红旗大街108号；公滨路452号	11700
41	上海康桥先进制造技术创业园有限公司	上海浦东新区秀浦路2388号	22000
42	上海市虹口区科技创业中心	汶水东路51号基地；长阳路235号基地；纪念路500号基地；广济路800号基地；松花江路2601号基地	19546（非自有）
43	上海同济科技园孵化器有限公司	上海市赤峰路65号1-4号楼；逸仙路13号1-6层	19895.34（非自有）
44	上海金山化工孵化器发展有限公司	上海市金山区秋实路688号	27496.4
45	上海聚能湾企业服务有限公司	上海市闸北区江场三路228号、238号，26、28号，76、78号	15276（非自有）

序号	单位名称	孵化器场地地址和范围	符合政策要求的孵化面积（m²）
46	上海市科技创业中心	上海市钦州路 100 号	26673
47	上海复旦科技园高新技术创业服务有限公司	上海杨浦区国定东路 200 号	20120（非自有）
48	上海杨浦科技创业中心有限公司	上海杨浦区国定东路 323－335 号	38908
49	上海八六三信息安全产业基地有限公司	上海蔡伦路 1623 号；毕升路 289 弄、299 弄；张衡路 180 弄、500 弄、198 弄、200 号 1－4 号楼等部分办公用房	19360
50	上海市青浦区科技创业中心	上海公园路 1155 号，华纺路 99 弄 99 号	18118
51	上海张江药谷公共服务平台有限公司	上海蔡伦路 720 弄 1 号楼、蔡伦路 781 号	34091.98（非自有）
52	上海盛泉实业有限公司	上海普陀区谈家渡路 28 号	11963
53	上海慧谷高科技创业中心	上海市虹桥路 333 号；乐山路 33 号	31433.53（非自有）
54	上海张江企业孵化器经营管理有限公司	上海晨晖路 88 号 1 号楼；碧波路 500 号、518 号；盛夏路 560 弄 2 号楼；蔡伦路 1690 号 2、3 号楼	29396（非自有）
55	上海聚科生物园区有限责任公司	上海龙吴路 2715 号 2 号楼；桂平路 333 号 6 号楼	14894（非自有）
56	上海漕河泾新兴技术开发区科技创业中心	上海桂平路 680 号 32－33 号；482 号 15 幢 5、6F；418 号	35300（非自有面积：17000）
57	上海微电子设计有限公司	北京东路 666 号裙楼 B、C 区 6－9 楼，G 区 7、8 楼	17288.3（非自有）
58	上海漕河泾开发区创新创业园发展有限公司	上海市闵行区新骏环路 189 号	21000（非自有）
59	上海莘泽创业投资管理有限公司	上海市张江高科技园区盛夏路 560 号、570 号	14353.02（非自有）
60	上海都市工业设计中心有限公司	上海市达尔文路 88 号 1、2、3 幢；春晓路 109 弄 100 号 1 幢	10959.02（非自有）
61	上海莘闵高新技术开发有限公司	上海市金都路 4299 号；恒南路 1328 号；新源路 1356 弄 1－7 号	26228.26（非自有面积：8228.26）
62	上海浦东软件园创业投资管理有限公司	博霞路 22 号；亮秀路 12 号 1 号楼；郭守敬路 498 号 19 号楼 2－4 层	17408.97（非自有）

序号	单位名称	孵化器场地地址和范围	符合政策要求的孵化面积（m²）
63	上海张江高新技术创业服务中心	张江园区哈雷路 1043 号、1011 号；金科路 2966 号；瑞庆路 528 号、590 号；胜利路 836 号；祖冲之路 887 号；盛夏路 560 号；龙东大道 3000 号	23120（非自有）
64	上海市闸北区科技创业中心	上海市共和新路 912 号 6－15 楼；永和路 201 号	21776（非自有）
65	上海宝山科技园科技孵化器管理有限公司	上海市宝山区上大路 668 号海纳大楼、672 号－678 号上海动漫产业孵化器大楼	13650（非自有）
66	上海上大科技园发展有限公司	延长路 149 号科技楼、文武大楼	17770（非自有）
67	江苏省高新技术创业服务中心	南京市中华路 420 号；广州路 37 号；中华路 278 号；实辉巷 10 号－1	25900
68	南京金港科技创业中心	栖霞区甘家边东 108 号金港园区、栖霞区和燕路 251 号金港大厦	36233
69	南京江宁高新技术创业服务中心	南京江宁区天元东路 391 号	21713
70	无锡市北创科技创业园有限公司	无锡市兴源北路 401 号	25100
71	无锡微纳产业发展有限公司	江苏省无锡市新区菱湖大道 200 号中国传感网国际创新园	135530
72	无锡留学人员创业园发展有限公司	无锡新区太科园大学科技园清源路 530 大厦	62000
73	无锡高新科技创业发展有限公司	无锡新区长江路 7 号、16 号；太科园大学科技园（兴业楼、立业楼、东大及传感器网络技术研究中心、配套宿舍楼）	286000
74	无锡软件产业发展有限公司	无锡新区新华路 5 号，创新创意产业园内	83700
75	江苏矽太信息科技有限公司	无锡市新区新泰路 8 号	23772
76	无锡力合科技孵化器有限公司	无锡惠山经济开发区智慧路 1 号；清华创新大厦主楼 20 层辅楼 4 层	31442
77	江阴百桥国际生物科技孵化园有限公司	江阴市砂山路 85 号	15463
78	徐州软件园创业服务中心	江苏徐州泉山区解放南路中国矿业大学北侧	21000

序号	单位名称	孵化器场地地址和范围	符合政策要求的孵化面积（m²）
79	常州高新技术创业服务中心	常州市新北区高新科技园 2 号楼、10 号楼、15 号楼	65000（非自有面积：47900）
80	常州生物医药孵化器有限公司	常州市新北区河海西路 106 号	29040
81	常州三晶世界科技产业发展有限公司	常州市新北区华山路 18 号 3、10、11、12 号楼	29689
82	武进高新技术创业服务中心	江苏省常州市武进高新区人民东路 158 号	38900（非自有）
83	常州市武进科创孵化园管理有限公司	武进区湖塘镇沟南工业集中区（鸣新中路 256－258 号）	32790
84	太仓市科技创业园有限公司	太仓经济开发区北京西路 6 号，新区北京路北、太平路西	68079
85	苏州市吴中科技创业园	吴中区东吴北路 31 号；木渎园区；苏蠡路 63 号；东方大道 178 号	75309（非自有）
86	苏州吴中科技园创业服务中心有限公司	江苏省苏州市吴中区吴中大道 1368 号，研发楼 1 幢、3 幢	48804（非自有）
87	苏州东创科技园投资发展有限公司	苏州市吴中区金枫路 216 号	49600
88	苏州博济堂科技创业孵化管理有限公司	苏州市吴中区木渎镇金枫南路 198 号	25603
89	昆山清华科技园创业服务中心	昆山祖冲之南路 1666 号 1、3、5、6 号楼	47091
90	江苏昆山留学人员创业园	昆山市前进东路科技广场，章基路 189 号科技创业基地，179 号科技创业基地；风琴路 108 号科技创业基地；伟业路 18 号现代广场 A 座 5、6 层	49266
91	苏州国环节能环保创业园管理有限公司	苏州市高新区鹿山路 369 号，孵化器大楼（21 号）、公共服务平台（4 号、29 号）	23300（非自有）
92	苏州火炬创新创业孵化管理有限公司	苏州高新区泰山路 2 号	43026（非自有）
93	苏州工业园区生物产业发展有限公司	苏州工业园区星湖街 218 号	20717
94	苏州工业园科技企业孵化器	苏州工业园区金鸡湖大道 1355 号（东至河道，西至国际科技园 3 期，南至河道，北至金鸡湖大道）	50902.4

序号	单位名称	孵化器场地地址和范围	符合政策要求的孵化面积（m²）
95	张家港市高新技术创业服务中心	张家港经开区国泰北路 1 号，孵化大楼 A、B、C、D、E、F、G、H 幢	46550
96	吴江科技创业园管理服务有限公司	吴江经济技术开发区长安路 2358 号（长安路以东、联杨路以南）	21300
97	吴江汾湖科技创业服务有限公司	吴江区黎里镇汾湖大道 558 号	27180
98	昆山高新技术创业服务中心	昆山高新区登云路 268 号；亿升路 398 号；元丰路 232 号	50910（非自有）
99	苏州工投科技创业园有限公司	苏州市闻胥路 483 号	18316（非自有）
100	如皋市科技创业园	如皋经开区花市北路 20 号 1－6 号楼；如城镇万寿路 999 号 C 幢	32190（非自有）
101	海安高科技创业园管理中心	江苏省海安县长江西路 288 号	43795
102	南通高新技术创业中心有限公司	南通市外环西路 72 号；工农路 488 号；崇川路 58 号	42186
103	如皋科技城创业中心管理有限公司	如皋市万寿南路 999 号，2、4、6、7、8、9 号楼	124500
104	南通市崇川科技创业服务中心有限公司	南通市外环东路 86 号（智慧谷）；跃龙南路 179 号（聚智谷）、182 号（南通数字大厦）	29343（非自有）
105	盐城中小企业创业投资实业有限公司	盐城市世纪大道盐城中小企业园内	44000
106	东台市高科技术创业园有限公司	东台市经济开发区迎宾大道 10 号	17093
107	盐城高新技术创业园有限公司	盐城市城南新区新河街道世纪大道 15 号，西到文港南路，北邻世纪大道，东临西伏河，南邻兴业彩钢公司	28700
108	大丰市科技创业园有限公司	大丰经济开发区西康南路 61 号，科技创业园、留创园部分楼层和科技楼南北大楼	67500（非自有）
109	扬州市邗江区高新技术创业服务中心	扬州西路 217 号	27422
110	扬州广陵高新技术创业服务中心	扬州市广陵区广陵新城信息大道 1 号	100000（非自有）
111	泰州市高新技术创业服务中心	泰州市凤凰西路 168 号	58009

续表

序号	单位名称	孵化器场地地址和范围	符合政策要求的孵化面积（m²）
112	姜堰市高新技术创业中心	泰州市姜堰区南环西路 99 号	54000
113	杭州高新技术产业开发区科技创业服务中心	浙江省杭州市文三路 199 号	18000
114	金华科技园创业服务中心有限公司	金华市永康街 697 号主楼、附楼；金帆街 966 号 1、2、3 号楼；四联路 398 号	58858（非自有面积：32136）
115	浙江银江孵化器有限公司	杭州市西湖区西湖科技园西园八路 2 号银江软件园	30483（非自有）
116	嘉善县科技创业服务有限公司	嘉善县晋阳东路 568 号	31766
117	温州高新技术产业开发区创业服务中心	温州高新技术产业开发区高一路 168 号，东至文昌路，西至新三路，南至高一路，北至高二路	165000
118	湖州科技创业服务中心	湖州市青铜路 699 号	24706.39
119	颐高科技创业园有限公司	杭州市黄姑山路 29 号颐高创业大厦（自有）；西湖区文三路 555 号浙江中小企业大厦	34308.72（非自有面积：10877.57）
120	秀洲慧谷科技创业发展有限公司	嘉兴市秀洲区加创路 321 号上海交大嘉兴科技园内	26413.34（非自有）
121	德清县科技创业服务有限公司	德清县武康镇长虹中街 333 号杭化科技；永平北路 72 号；环城北路 137 号；志远南路 425 号（科技新城）	74056（非自有面积：59105.84）
122	合肥民营科技创业服务中心	合肥市黄山路 605 号民创中心大厦	19500
123	合肥高新创业园管理有限公司	合肥高新区，留学生园 1 号、2 号，机电产业园 7 号、11 号	35496
124	合肥高新技术创业服务中心	合肥高新区，软件园 3、4、5 号，创业中心 7 号，F8、F9、F10 楼	48212
125	合肥蜀山科技创业中心资产运营有限公司	安徽省合肥市蜀山经济开发区内稻香路 9 号；蜀山新产业园振兴路（7#研发楼）	22000（非自有面积：8073.09）
126	芜湖高新技术创业服务中心	芜湖市银湖北路 38 号，包括综合楼、创业园、软件园、留学生园	29400
127	马鞍山市高新技术创业服务中心	马鞍山市开发区红旗南路 88 号，1 号综合孵化楼、2 号综合孵化楼	22781.63
128	铜陵市高新技术创业服务中心	铜陵市开发区翠湖 2 路 1517 号中科大铜陵科技创业园	31000

序号	单位名称	孵化器场地地址和范围	符合政策要求的孵化面积（m²）
129	黄山科创高新技术创业服务有限公司	黄山经济开发区梅林大道 89 号	22331
130	福建省高新技术创业服务中心	福州市工业路 611 号福建火炬高新技术创业园	21935
131	福州市高新技术产业创业服务中心	福州市金山金洲北路 7 号	66000
132	泉州市高新技术创业服务中心	泉州经济技术开发区德泰路 51 号孵化基地	27500
133	九江恒盛科技发展有限责任公司	江西省九江市开发区长城路 121 号恒盛科技园内	29057
134	南昌高新开发区创业服务中心	南昌高新二路 18 号高新创业园；东京大道以西、电力设计院以北出口价工区配套用房	48500
135	济南高新技术创业服务中心	高新区舜华路 750 号大学科技园综合楼；高新区正丰路 554 号环保科技园 8 号楼正丰大厦	21846
136	济南迪亚实业有限责任公司	济南高新区颖秀路 2766 号	21400
137	山东同科天地科技企业孵化器有限公司	济南市高新区舜风路 322 号及春晖路 1777 号 1、2、3 号库	79300
138	潍坊高新区生物医药科技产业园管理办公室	潍坊高新区 2 路 36 号（潍坊生物医药科技产业园内）	18309.75（非自有）
139	潍坊高新技术创业服务中心	潍坊高新区玉清东街高新大厦；潍坊光电园孵化一巷 13 号 1 号厂房、9 号 2 号厂房；潍坊高新区玉清东街 13155 号 3 号厂房；潍坊高新区光电东路 16 号 4 号厂房、8 号 5 号厂房	98477
140	潍坊软件园管理办公室	潍坊高新区健康东街 10179 号潍坊软件园软件大楼	14856（非自有）
141	威海火炬高技术产业开发区高新技术创业服务中心	威海市沈阳路 108 号创业大厦、创新大厦；火炬路 213 号创新创业基地	88300（非自有）
142	临沂高新技术创业服务中心	山东省临沂市高新技术产业开发区科技大道与双月园路交汇处西北角创新大厦	180000
143	聊城市高新技术创业服务中心	聊城市高新区黄河路 16 号	50000

序号	单位名称	孵化器场地地址和范围	符合政策要求的孵化面积（m²）
144	济宁高新技术创业服务中心	济宁市金宇路 52 号创新大厦，火炬工业园 4 号东、西跨 1－4 层；54 号创意大厦；济宁高新区海川路 9 号产学研究基地 A3、C3、C5 楼	59462（非自有面积：49592）
145	清大华创（日照）科技企业孵化器	山东省日照市东港区山海路 388 号	29155
146	日照高新区创业服务中心	日照市高新六路北、兖州路西	93383
147	临沂科汇高新技术创业园有限公司	临沂经济技术开发区投资创业服务中心和临沂慧普科技创业园孵化三区	17896
148	潍坊经济开发区北辰高新产业投资发展有限公司	山东潍坊经济区月河路 3177 号、综合类孵化器	26641（非自有）
149	洛阳高技术创业服务中心	洛阳高新区丰华路 8 号银昆科技园；延光路 10 号火炬园；滨河路 22 号留学生园；三山路清华；丰华路 1 号连飞科技园	141880
150	安阳高新技术创业服务中心	创业中心 1 号产业基地、二期，武夷大街北段，黄河大道东段，黄河大道东段路北，火炬创业园，合力公司，海河大道东段	144587（非自有）
151	焦作高新技术创业服务中心	焦作新区神州路 1698 号	40320
152	漯河高新技术创业服务中心	漯河开发区衡山路 1 号孵化楼；湘江路 2 号孵化楼；东方红路 2 栋标房	72824
153	南阳高新技术创业服务中心	两相西路与岗王庄路交叉口东南角	67900
154	郑州市高新技术创业中心	郑州市航海东路 1356 号	19838
155	河南专利孵化转移中心有限公司	郑州高新区瑞达路 96 号；翠竹街 1 号	61500
156	平顶山高新技术创业服务中心	创业中心第一创业园：建设路东段 706 号院；高新工业园：建设路东段 612 号院办公室二楼	31700
157	郑州高新区大学科技园发展有限公司	郑州西三环 149 号、289 号；郑州高新区瑞达路 96 号	20132
158	武汉留学生创业园管理中心	光电子技术园区东湖开发区东信路数码港；集成电路技术园区，东湖开发区关东工业园 7－5 栋；软件中心技术园区，东湖开发区关山一路光谷软件园 E3 栋；生物技术园区，东湖开发区高新大道 666 号	36513.4（非自有面积：13116.31）

序号	单位名称	孵化器场地地址和范围	符合政策要求的孵化面积（m²）
159	武汉国家农业科技园区创业中心有限公司	武汉市东湖开发区珞狮南路 517 号明泽大厦、519 号高农大厦	35253
160	湖北国知专利创业孵化园有限公司	武汉市东湖新技术开发区汤逊湖北路武汉长城创新科技园内	32000
161	武汉东创研发设计创意园有限公司	武汉市武昌区徐东二路 2 号，位于油料作物研究所院内	20800（非自有）
162	株洲高新技术产业开发区创业服务中心	株洲天元区 233 号；黄河南路天台金谷	148700
163	湘潭高新技术创业服务中心	湘潭市高新区火炬创新创业园	226762
164	长沙湘能科技企业孵化器有限公司	长沙市河西高新技术开发区麓源路 M7 组团 3 楼；长沙高新区火炬城 M3、M7	37093.85
165	湖南广发隆平高科技园创业服务有限公司	长沙市芙蓉区隆平高科技园雄天路 98 号	23880
166	湖南麓谷科技孵化器有限公司	长沙高新区火炬城金荣科技园	23000
167	长沙新技术创业服务中心	湖南长沙高新区麓景路 2 号孵化楼、中试楼、长沙市人民路 53 号、火炬城 M7 - 1 - 2	19001
168	长沙高新技术创业服务中心	湖南长沙高新区麓景路 2 号科技信息及 IT 楼、培训后勤楼	18819
169	湖南岳麓山国家大学科技园创业服务中心	长沙市潇湘大道 283 号大学科技园创业大厦	24332.2
170	长沙高新技术产业开发区创业服务中心	长沙高新区银盆南路火炬城；麓景路 8 号、627 号；桐梓坡西路 328 号；长沙麓枫路 69 号；麓泉路和麓松路交汇处西南角；汇达路 68 号；谷苑路 166 号；麓松路 659 号；文轩路 27 号	74680.03
171	广东科炬高新技术创业园有限公司	江门市篁庄大道西 10 号 7 幢、8 幢	20110
172	佛山火炬创新创业园有限公司	广东省佛山市禅城区华宝南路 13 号；佛山国家火炬创新创业园 B、C 栋	41600
173	广州国际企业孵化器有限公司	广州市萝岗区科学城掬泉路 3 号	46211
174	东莞松湖华科产业孵化有限公司	东莞松山湖高新技术产业开发区工业南路 6 号	20758

续表

序号	单位名称	孵化器场地地址和范围	符合政策要求的孵化面积（m²）
175	桂林科技企业发展中心	桂林国家高新区创业大厦、创业工业园、创新大厦、创意产业园、大学科技园；漓东科技新城铁山工业园 1－1#、1－2# 孵化楼	140780
176	北海市高新技术创业服务中心	北海市台湾路交吉林路东北中国电子产业园科技企业孵化器内	33400
177	柳州高新技术创业服务中心	柳州高新区中心园区、柳州高新区官塘创业园	91610
178	海南生态软件园孵化服务有限公司	海南老城经济开发区海南生态软件园孵化大楼	17000（非自有）
179	重庆腾业创业咨询服务有限公司	重庆市渝中区中山二路 174 号（重庆市劳动人民文化宫综合大楼）	19205.69
180	成都高新区技术创新服务中心	成都高新区益州大道 1800 号移动互联创业大厦 G1﹨G5；高朋大道 5 号 A﹨B 座；西芯大道 4 号；高新孵化园 6 号楼	83000
181	成都天河中西医科技保育有限公司	高新区天府大道北段 1480 号 1 栋 1－5 层	43728.35
182	成都高新技术创业服务中心	成都高新区科园二路 1 号、成都市高新西区天宇路 9 号、成都高新西区新航路 4 号	22000（非自有面积：13350）
183	绵阳高新区生物医药孵化器有限公司	绵阳高新区一康路 16 号	9500
184	绵阳高新区创业服务中心	四川省绵阳市绵兴东路 128 号	16500（非自有）
185	贵阳火炬软件园管理有限公司	贵阳市高新技术产业开发区贵阳科技大厦	34700
186	昆明创新园科技发展有限公司	昆明经济技术开发区经开路 3 号昆明科技创新园一期、二期；昆明经济技术开发区昆明创新科技孵化器产业基地	33820（非自有面积：6417.65）
187	云南海归创业园科技发展有限公司	昆明经济技术开发区信息产业基地春漫大道 80 号	147000
188	昆明经济技术开发区新兴产业孵化区管理有限公司	昆明经开区云大西路 39 号创业大厦	45000

序号	单位名称	孵化器场地地址和范围	符合政策要求的孵化面积（m²）
189	西安高新区创业园发展中心	高新一路 25 号创新大厦；锦业路 69 号瞪羚谷；高新五路 2 号创拓大厦	78612.78
190	陕西启迪科技园发展有限公司	西安高新区科技二路 67 号清华科技园（陕西）西安园区；咸阳世纪大道中段 55 号清华科技园（陕西）咸阳园区	20839.5
191	宝鸡高新技术产业开发区高技术创业服务中心	宝鸡高新大道 195 号科技创新园钛谷大厦、创业大厦、科技创新园 C 座、钛谷大厦、创意大厦	61437
192	杨凌农业高新技术产业示范区创业服务中心	杨凌神农路 16 号	61171
193	西安航空科技创新服务中心	西安阎良国家航空高技术产业基地蓝天路 5 号	65532.25
194	西安航天基地国际孵化器有限公司	西安航天基地神州四路 239 号航创国际广场 C 座；航天大道 59 号金羚大厦；工业二路航天孵化大楼、航拓路汇航广场 B 座	52273
195	西安大普激光科技有限公司	西安经济技术开发区草滩生态产业园尚苑路 4955 号	41570
196	甘肃省高新技术创业服务中心	兰州市城关区 143 号；兰州市城关区雁南路 18 号（创新园）	20710
197	兰州高新技术产业开发区创业服务中心	兰州市城关区张苏滩 575 号；兰州高新技术创新园（原地址：兰州市城关区南面滩 268 号，变更为兰州市城关区雁南路 16、18 号）；科庆科技园（兰州市城关区雁南路 279 号）	45510
198	宁夏高新技术创业服务中心	宁夏银川开发区 1 号厂房 4－6 楼；金凤区高新区西二路以北、十七路以西	19620
199	银川中小在线资信服务有限公司	银川市金凤区宁安大街 490 号 iBi 育成中心 6 号楼	22000（非自有）
200	青海中小企业创业发展有限责任公司	西宁东川工业园区民和路 33 号；昆仑东路 15 号；贵南路 9 号	78360
201	青海省创业发展孵化器有限公司	西宁市东川工业园区金桥路 36 号；昆仑东路 53 号荣豪花园 1 号楼；五四大街 2 号；胜利路 5 号	11400

续表

序号	单位名称	孵化器场地地址和范围	符合政策要求的孵化面积（m²）
202	青海生科中小企业创业有限公司	共有两区：青海生物科技产业园区经四路22号、26号	85635
203	大连市高新技术创业服务中心	大连高新区火炬路1号；大连高新区礼贤街32号；大连高新区高新街2号、3号；大连高新区火炬路32号；大连高新区黄浦路720号、782号	97981.71（非自有面积：54361.75）
204	大连市双D港创业孵化有限公司	大连开发区辽河东路9号大连开发区双D5街18号	29413.13
205	宁波市科技创业中心	宁波高新区院士路66号创业大厦	33400（非自有）
206	宁波经济技术开发区科技创业园服务中心	宁波市北仑区新碶明州西路科技创业园	30302.51
207	厦门软件产业投资发展有限公司	厦门（曾厝垵）软件园一期，包括华讯楼、科讯楼、创新大厦三栋研发楼	62862.39
208	厦门海峡科技创业促进有限公司	厦门火炬（翔安）产业区翔星路96号台湾科技企业育成中心	54213.71（非自有）
209	厦门高新技术创业中心	厦门火炬高新区创业园、光厦楼、厦门光业楼；厦门火炬高新区（翔安）产业区强业楼、建业楼	140014.36
210	青岛软件园发展有限公司	青岛市宁夏路288号软件园3、5、6、11、12号楼	59485.57
211	山东科技大学科技园管理有限公司	青岛经济开发区前湾港路579号山东科技大学科技园综合楼、1号和2号实验楼、1号和2号研发楼	34184（非自有）
212	中国科技开发院有限公司	深圳市高新技术产业园区高新南一道9号，中科研发园配套服务楼、新产业孵化楼和三号楼的裙楼、25楼	33747.93

符合非营利组织条件的科技企业孵化器（含众创空间，以下简称孵化器）的收入，按照《中华人民共和国企业所得税法》、《中华人民共和国企业所得税法实施条例》和有关税收政策规定享受企业所得税优惠政策。（《财政部　国家税务总局关于科技企业孵化器税收政策的通知》，财税〔2016〕89号）

（六）符合非营利组织条件的国家大学科技园的收入

《财政部 国家税务总局关于国家大学科技园税收政策的通知》（财税〔2013〕118号）第二条规定，符合非营利组织条件的国家大学科技园的收入，按照《中华人民共和国企业所得税法》、《中华人民共和国企业所得税法实施条例》和有关税收政策规定享受企业所得税优惠政策，即属于免税收入。

《科学技术部 教育部关于中国人民大学国家大学科技园等65家国家大学科技园通过2013年度享受税收优惠政策审核的通知》（国科发高〔2014〕67号）确认中国人民大学国家大学科技园等65家国家大学科技园（见表2）符合享受2013年度国家税收优惠政策条件。

表2　　2013年度通过有关税收优惠政策审核的国家大学科技园及范围面积

序号	科技园名称（运营公司名称）	科技园孵化场地地址和范围、面积
1	中国人民大学国家大学科技园（北京人大文化科技园建设发展有限公司）	海淀区中关村大街甲59号文化大厦，中关村大街45号兴发大厦。孵化总面积13520m²。
2	北京大学国家大学科技园（北京北大科技园建设开发有限公司）	中关村北大街127－1号北大科技园创新中心；中关村北大街116号北大孵化器2号楼；北京经开区景园北街2号。孵化总面积17530.65m²。
3	中国农业大学国家大学科技园（北京中农大科技企业孵化器有限公司）	北京市海淀区天秀路10号。孵化总面积38844m²。
4	北京化工大学国家大学科技园（北京化大科技园科技发展中心）	北京市海淀区紫竹院路98号（西校园区）6000m²；北京市昌平区科技园区超前路35号（北校园区）10000m²。孵化总面积16000m²。
5	华北电力大学国家大学科技园（北京华电天德科技园有限公司）	北京市昌平区北农路2号华北电力大学主楼D座、行政楼。孵化总面积8002.7m²。
6	河北工业大学国家大学科技园（天津河北工业大学科技园发展有限公司）	天津北辰区医药工业园0.36万m²；邢台市中兴东大街1889号4万m²；河北工业大学东院0.4万m²。孵化总面积36000m²。
7	燕山大学国家大学科技园（秦皇岛燕大产业集团有限公司）	秦皇岛经济技术开发区主园区44228m²；燕山大学科技园师生创业中心，15733.86m²；秦皇岛燕大科技园创意长廊园区，面积为40485.38m²。孵化总面积100447.52m²。
8	山西中北国家大学科技园（山西中北科技园有限公司）	太原市尖草坪区学院路182幢、171幢；太原市小店区坞城路92号29幢；太原市万柏林区迎泽西大街79号科学楼。孵化总面积17000m²。
9	沈阳工业大学国家大学科技园（沈阳工业大学科技园有限公司）	沈阳经济技术开发区四号街20号，1.59万m²。孵化总面积15900m²。
10	吉林大学国家大学科技园（吉林大学科技园发展中心）	长春市高新区蔚山路2499号吉林大学科技园。孵化总面积18600m²。

序号	科技园名称（运营公司名称）	科技园孵化场地地址和范围、面积
11	长春理工大学国家大学科技园（长春理工大学科技园发展中心）	长春市卫星路 7186 号、长春理工大学科技大厦；长春高新技术产业开发区锦湖大路 1357 号、创新大厦。孵化总面积 16500m²。
12	东北电力大学国家大学科技园（东北电力大学科技园）	A 区：吉林市深圳街 86 号创业园；B 区：吉林市高新区 2 号路 9 号。孵化总面积 18000m²。
13	哈尔滨工业大学国家大学科技园（哈尔滨工业大学科技园发展有限公司）	哈尔滨市南岗区邮政街 434 号，面积 13344.82m²；哈尔滨市南岗区复兴街 16 号，面积 8270.27m²。孵化总面积 21615m²。
14	哈尔滨工程大学国家大学科技园（哈尔滨工程大学科技园发展有限公司）	哈尔滨市南岗区南通大街 258 号 KL 栋。孵化总面积 17898m²。
15	哈尔滨理工大学国家大学科技园（哈尔滨理工大学科技园发展有限公司）	哈尔滨市学府路 52 号理工大厦、7 号办公楼、三大动力路东区工字楼、康安二道街北区等四区。孵化总面积 21000m²。
16	东北石油大学国家大学科技园（大庆石油学院大学科技园发展有限公司）	黑龙江省大庆市高新区火炬新街 32 号新兴产业孵化器一号楼。孵化总面积 37060.45m²。
17	华东师范大学国家大学科技园（上海华东师大科技园管理有限公司）	上海金沙江路 1006 号；中山北路 3663 号 358 幢。孵化总面积 10590m²。
18	华东理工大学国家大学科技园（上海华东理工科技有限公司）	上海华泾路 1305 弄、梅陇路 130 号、嘉川路 245 号莘奉公路 4958－4960 号。孵化总面积 54500m²。
19	上海电力学院国家大学科技园（上海电力科技园股份有限公司）	上海市长阳路 2588 号电力研究楼（电力培训楼 3－4 楼）；隆昌路 371 号；平凉路 2103 号 46、47 幢。孵化总面积 14838.9m²。
20	复旦大学国家大学科技园（上海复旦科技园股份有限公司）	上海市国泰路 11 号－127 号、松花江路 2539 号 1－3 号楼、邯郸路 100 号 52、54、61、63、69 库。孵化总面积 74000m²。
21	上海工程技术大学国家大学科技园（上海工程技术大学科技园发展有限公司）	上海市仙霞路 350 号 23869m²。孵化总面积为 19810m²。
22	上海财经大学国家大学科技园（上海财大科技园有限公司）	1. 财大学术交流中心，武东路 198 号，北至上海财经大学，南至武东路，东至上海财经大学，西至吉浦路。 2. 周家嘴路水丰路基地，周家嘴路水丰路，北至上海理工大学，南至周家嘴路，东至内江路，西至水丰路。 3. 五角场万达基地，国宾路 36 号，北至政通路，南至邯郸路，东至淞沪路，西至国宾路。 孵化总面积 35000m²。
23	上海交通大学国家大学科技园（上海交大科技有限公司）	上海市虹桥路 333 号及上海市乐山路 33 号，共计 33574m²。孵化总面积 33838.74m²。

续表

序号	科技园名称（运营公司名称）	科技园孵化场地地址和范围、面积
24	上海理工大学国家大学科技园（上海理工科技有限公司）	上海市翔殷路 128 号。孵化总面积 28477m²。
25	上海海洋大学国家大学科技园（上海水产科技企业管理有限公司）	1. 上海市杨浦区军工路 300 号 5、6、7、8、9、10 号楼。 2. 上海市浦东新区临港新城内的临港海洋高新技术产业化基地——海洋产业综合园（在建中）。 3. 上海市共青路 448 号（上海水产集团总公司场地，将于 2014 年 7 月正式签订场地租赁合同）。孵化总面积 8435m²。
26	东华大学国家大学科技园（上海东华大学科技园发展有限公司）	延安西路 1750－1754 号；新华路 365 弄 6 号；金钟路 658 弄 10 号。孵化总面积 13100m²。
27	上海体育国家大学科技园（上海体院科技发展有限公司）	上海市杨浦区恒仁路 350 号；上海市杨浦区长海路 399 号上海体育学院休闲大楼；上海市杨浦区控江路 2063 号。孵化总面积 17118m²。
28	同济大学国家大学科技园（上海同济科技园有限公司）	1. 上海国际设计中心（国康路 86 号等）13521.62m²。 2. 同济科技大厦（中山北二路 1121 号）6447.88m²。 3. 同济晶度（逸仙路 13 号等）6676.5m²。 孵化总面积 19986m²。
29	东南大学国家大学科技园（江苏东大科技园发展有限公司）	南京市玄武区长江后街 6 号；南京市栖霞区和燕路 371 号。孵化总面积 38000m²。
30	南京理工大学国家大学科技园（南京理工科技园股份有限公司）	南京市光华路 1 号 146 亩；玄武区孝陵卫 200 号 98 亩。孵化总面积 56192m²。
31	南京工业大学国家大学科技园（江苏南工大科技园有限公司）	南京新模范马路 5 号、中山北路 200 号、浦口区万寿路 15 号。孵化总面积 37000m²。
32	江南大学国家大学科技园（江苏省无锡江大科技园有限公司）	无锡滨湖区锦溪路 99 号 C 区。孵化总面积 12449m²。
33	中国矿业大学国家大学科技园（徐州中国矿业大学国家大学科技园有限责任公司）	徐州市解放南路中国矿业大学国家大学科技园科技大厦 1－12 层、创新大厦部分区域。孵化总面积 39000m²。
34	常州市国家大学科技园（常州市大学科技园管理中心）	常州武进区湖塘镇常武中路 801 号。孵化总面积 60164m²。
35	苏州大学国家大学科技园（苏州大学科技园有限公司）	苏州市沧浪区十全街吏舍弄 10 号、吴江经济开发区云梨路北侧、苏州工业园区仁爱路 199 号 B07/A05。孵化总面积 32300m²。
36	苏州纳米技术国家大学科技园（苏州纳米技术大学科技园管理有限公司）	林泉街 399；仁爱路 150、166、188 号；星湖街 218 号。孵化总面积 166000m²。

续表

序号	科技园名称（运营公司名称）	科技园孵化场地地址和范围、面积
37	浙江大学国家大学科技园（浙江大学科技园发展有限公司）	浙江省杭州市西湖区西溪路 525 号。孵化总面积 20156.32m²。
38	浙江省国家大学科技园（浙江高校科技园发展有限公司）	地址 1：杭州市江干区九环路 9 号、浙江省国家大学科技园 1 号楼。 地址 2：杭州市江干区九盛路 9 号。 孵化总面积 26800m²。
39	合肥国家大学科技园（合肥国家大学科技园发展有限责任公司）	合肥黄山路 602 号合肥国家大学科技园创业孵化中心。 孵化总面积 21300m²。
40	南昌大学国家大学科技园（南昌大学科技园发展有限公司）	江西省南昌市高新大道 589 号。孵化总面积为 31980m²。
41	江西师范大学国家大学科技园（江西师大科技园发展有限公司）	江西南昌北京西路 437 号江西师范大学青山湖校区化学馆、物理楼、王字楼。孵化总面积为 17000m²。
42	中国石油大学国家大学科技园（东营市大学科技园发展有限责任公司）	山东省东营市经济技术开发区黄河路 38 号，黄河路南、东六路东、福州路西、辽河路北。孵化总面积 166000m²。
43	河南省国家大学科技园（河南省大学科技园发展有限公司）	郑州高新区长椿路 11 号：Y17 号楼、1 号南配楼、2 号南配楼、孵化一号楼、餐厅。孵化总面积为 96256m²。
44	武汉大学国家大学科技园（武汉大学科技园有限公司）	武汉东湖新技术开发区武汉大学科技园，孵化场地面积 24261.76m²。孵化总面积 39777.08m²。
45	华中科技大学国家大学科技园（武汉华工大学科技园发展有限公司）	湖北省武汉市东湖高新区庙山小区华中科技大学科技园创新基地。孵化总面积 50000m²。
46	东湖高新区国家大学科技园（武汉东湖高新区大学科技园有限公司）	位于长城创新科技园内 10600m² 的长城创新科技园 1 号厂房和 11000m² 的产业中心大楼。孵化总面积 21600m²。
47	岳麓山国家大学科技园（长沙高新开发区岳麓山大学科技园科技服务有限公司）	1. 延农创业基地：长沙高新区麓泉路和麓松路交汇处西南角； 2. 德邦创业基地：长沙高新技术产业开发区桐梓坡西路 518 号； 3. 新锐信创业基地：长沙高新技术产业开发区谷苑路 166 号。 孵化总面积 42765.28m²。
48	湖南大学国家大学科技园（湖南大学科技园有限公司）	长沙高新区谷苑路 186 号。孵化总面积为 13464.36m²。
49	中山大学国家大学科技园（广州中山大学科技园有限公司）	广州市珠海区新港西路 135 号中大科技园。孵化总面积 20703m²。
50	重庆市北碚国家大学科技园（重庆市北碚大学科技园发展有限公司）	重庆北碚昌南新区冯时行路 290 号大正研发楼及北碚区天生路 79 号孵化楼。孵化总面积 16800m²。

序号	科技园名称（运营公司名称）	科技园孵化场地地址和范围、面积
51	重庆大学国家大学科技园（重庆大学科技园有限责任公司）	重庆市沙坪坝区正街 174 号重庆大学科技园（成教五公寓）6157m²；重庆市沙坪坝区沙北街 83 号（欧鹏大厦、科苑酒店）8042m²；重庆市沙坪坝区沙正街 8 号 2385m²。孵化总面积 16584m²。
52	四川大学国家大学科技园（四川川大科技园发展有限公司）	四川成都武侯区一环路南一段 24 号四川大学科技创新中心 6F。孵化总面积 34610m²。
53	西南交通大学国家大学科技园（成都西南交大科技园管理有限责任公司）	成都市二环路北一段 111 号西南交通大学现代工业中心办公楼。孵化总面积 20700m²。
54	西南科技大学国家大学科技园（绵阳西南科技大学国家大学科技园有限公司）	四川省绵阳市涪城区青龙大道中段 59 号/四川省绵阳市涪城区沿江西街 3 号。孵化总面积 28324m²。
55	西南石油大学国家大学科技园（西南石油大学科技园发展有限公司）	成都市新都区西南石油大学科技园大厦。孵化总面积 21000m²。
56	昆明理工大学国家大学科技园（昆明理工大学科技园有限公司）	昆明市学府路 296 号创业大厦 A、B 栋，创业服务中心，昆明市学府路 253 创业大厦 C 栋。孵化总面积 25000m²。
57	西安交通大学国家大学科技园（西安交通大学科技园有限责任公司）	陕西西安市雁翔路 99 号、交大科技园（博源科技广场）、交大科技一条街。孵化总面积 23839m²。
58	西安电子科技大学国家大学科技园（陕西西电科大科技园管理有限公司）	西安市雁塔区科创路 168 号西电科技园；西安市高新区高新六路 52 号立人科技园；西安市高新区科技七路付 3 号科技转化中心；西安市高新区创业园发展中心。孵化总面积 19750m²。
59	兰州大学国家大学科技园（兰州大学科技园有限责任公司）	兰州市东岗西路 249 号信息楼临街 1－4 层；兰州市天水南路 248 号；齐云楼裙楼 1－4 层。孵化总面积 16197m²。
60	兰州理工大学国家大学科技园（兰州理工大学科技园有限公司）	兰州市七里河区兰工坪 287 号，范围包括试验大楼、逸夫科技馆、舞台设备研发中心、合金粉末研发中心、数控研发中心。孵化总面积 14090m²。
61	兰州交通大学国家大学科技园（兰州交通大学科技园有限公司）	兰州市安宁区枣林路 139 号（兰州市安宁区 511#路南侧，512#路北侧）。孵化总面积 16275m²。
62	新疆国家大学科技园（新疆大学科技园有限责任公司）	乌鲁木齐市西北路 458 号。孵化总面积 15049m²。
63	宁波市国家大学科技园（宁波市大学科技园发展有限公司）	A 区：宁波镇海区中官西路 777 号（创业大厦、创 E 慧谷）建筑面积 2.73 万 m²；B 区：镇海裕华创业园建筑面积 0.36 万 m²；C 区：镇海高科技园成果转化中心建筑面积 0.46 万 m²；D 区：文化创意产业园建筑面积 1.96 万 m²。孵化总面积 60000m²。

续表

序号	科技园名称（运营公司名称）	科技园孵化场地地址和范围、面积
64	厦门大学国家大学科技园（厦门大学国家大学科技园有限公司）	厦门市软件二期望海路 39 号楼（1－5 楼）；厦门市曾厝安社区朝日厂房。孵化总面积 17158 m²。
65	青岛国家大学科技园（青岛国家大学科技园有限公司）	青岛高新区汇智桥路 127 号 20949 m²；香港东路 23 号 15800 m²；青岛大学科技园 10000 m²。孵化总面积 46749.5 m²。

符合非营利组织条件的国家大学科技园的收入，按照《中华人民共和国企业所得税法》、《中华人民共和国企业所得税法实施条例》和有关税收政策规定享受企业所得税优惠政策。（《财政部　国家税务总局关于国家大学科技园税收政策的通知》，财税〔2016〕98 号）

（七）清洁发展机制基金收入

《财政部　国家税务总局关于中国清洁发展机制基金及清洁发展机制项目实施企业有关企业所得税政策问题的通知》（财税〔2009〕30 号）从 2007 年 1 月 1 日起执行。该文件规定，经国务院批准中国清洁发展机制基金（以下简称清洁基金）和清洁发展机制项目（以下简称 CDM 项目）实施企业有关企业所得税政策。对清洁基金取得的下列收入，免征企业所得税：①CDM 项目温室气体减排量转让收入上缴国家的部分；②国际金融组织赠款收入；③基金资金存款利息收入、购买国债的利息收入；④国内外机构、组织和个人的捐赠收入。

根据国发〔2015〕57 号文件，该项目"实施企业享受所得税优惠的备案"取消。

（八）证券投资基金从证券市场取得的收入

对证券投资基金从证券市场中取得的收入，包括买卖股票、债券的差价收入，股权的股息、红利收入，债券的利息收入及其他收入，暂不征收企业所得税。（《财政部　国家税务总局关于企业所得税若干优惠政策的通知》，财税〔2008〕1 号）

（九）证券投资基金投资者获得的分配收入

对投资者从证券投资基金分配中取得的收入，暂不征收企业所得税。（《财政部　国家税务总局关于企业所得税若干优惠政策的通知》，财税〔2008〕1 号）

（十）证券投资基金管理人运用基金买卖股票、债券的差价收入

对证券投资基金管理人运用基金买卖股票、债券的差价收入，暂不征收企业所得税。（《财政部　国家税务总局关于企业所得税若干优惠政策的通知》，财税〔2008〕1 号）

（十一）取得的地方政府债券利息收入

1. 对企业取得的 2009 年、2010 年和 2011 年发行的地方政府债券（指经国务院批准，以省、自治区、直辖市和计划单列市政府为发行和偿还主体的债券）利息所得，免征企业所得税。（《财政部　国家税务总局关于地方政府债券利息所得免征所得

税问题的通知》，财税〔2011〕76 号)

2. 对企业取得的 2012 年及以后年度发行的地方政府债券（指经国务院批准同意，以省、自治区、直辖市和计划单列市政府为发行和偿还主体的债券）利息收入，免征企业所得税和个人所得税。(《财政部　国家税务总局关于地方政府债券利息免征所得税问题的通知》，财税〔2013〕5 号)

（十二）受灾地区企业取得的救灾和灾后恢复重建款项等收入

1. 自 2013 年 4 月 20 日起至 2015 年 12 月 31 日，对芦山地震受灾地区企业通过公益性社会团体、县级以上人民政府及其部门取得的抗震救灾和灾后恢复重建款项和物资，以及税收法律、法规规定和国务院批准的减免税金及附加收入，免征企业所得税。(《财政部　海关总署　国家税务总局关于支持芦山地震灾后恢复重建有关税收政策问题的通知》，财税〔2013〕58 号)

2. 自 2014 年 8 月 3 日起至 2016 年 12 月 31 日，对鲁甸地震受灾地区企业通过公益性社会团体、县级以上人民政府及其部门取得的抗震救灾和灾后恢复重建款项和物资，以及税收法律、法规规定和国务院批准的减免税金及附加收入，免征企业所得税。(《财政部　海关总署　国家税务总局关于支持鲁甸地震灾后恢复重建有关税收政策问题的通知》，财税〔2015〕27 号)

（十三）期货保障基金公司取得收入

自 2013 年 1 月 1 日起至 2014 年 12 月 31 日，经国务院批准，对期货投资者保障基金（以下简称期货保障基金）继续予以税收优惠政策。现将有关事项明确如下：

1. 对中国期货保证金监控中心有限责任公司（以下简称期货保障基金公司）根据《期货投资者保障基金管理暂行办法》（证监会令第 38 号）取得的下列收入，不计入其应征企业所得税收入：①期货交易所按风险准备金账户总额的 15% 和交易手续费的 3% 上缴的期货保障基金收入；②期货公司按代理交易额的千万分之五至十上缴的期货保障基金收入；③依法向有关责任方追偿所得；④期货公司破产清算所得；⑤捐赠所得。

2. 对期货保障基金公司取得的银行存款利息收入、购买国债、中央银行和中央级金融机构发行债券的利息收入，以及证监会和财政部批准的其他资金运用取得的收入，暂免征收企业所得税。

《财政部　国家税务总局关于期货投资者保障基金有关税收问题的通知》（财税〔2009〕68 号）和《财政部　国家税务总局关于期货投资者保障基金有关税收优惠政策继续执行的通知》（财税〔2011〕69 号）同时废止。

(《财政部　国家税务总局关于期货投资者保障基金有关税收政策继续执行的通知》，财税〔2013〕80 号)

此文件失效。参见《财政部关于公布废止和失效的财政规章和规范性文件目录

（第十二批）的决定》，财政部令第 83 号。

（十四）保险保障基金公司取得的收入

1. 2012 年至 2014 年的规定。

自 2012 年 1 月 1 日起至 2014 年 12 月 31 日止，对中国保险保障基金有限责任公司（以下简称保险保障基金公司）根据《保险保障基金管理办法》取得的下列收入，免征企业所得税：①境内保险公司依法缴纳的保险保障基金；②依法从撤销或破产保险公司清算财产中获得的受偿收入和向有关责任方追偿所得，以及依法从保险公司风险处置中获得的财产转让所得；③捐赠所得；④银行存款利息收入；⑤购买政府债券、中央银行、中央企业和中央级金融机构发行债券的利息收入；⑥国务院批准的其他资金运用取得的收入。

《财政部　国家税务总局关于保险保障基金有关税收问题的通知》（财税〔2010〕77 号）同时废止。

（《财政部　国家税务总局关于保险保障基金有关税收政策继续执行的通知》，财税〔2013〕81 号）

2. 2015 年至 2017 年的规定。

自 2015 年 1 月 1 日起至 2017 年 12 月 31 日止，对中国保险保障基金有限责任公司（以下简称保险保障基金公司）根据《保险保障基金管理办法》取得的下列收入，免征企业所得税：①境内保险公司依法缴纳的保险保障基金；②依法从撤销或破产保险公司清算财产中获得的受偿收入和向有关责任方追偿所得，以及依法从保险公司风险处置中获得的财产转让所得；③捐赠所得；④银行存款利息收入；⑤购买政府债券、中央银行、中央企业和中央级金融机构发行债券的利息收入；⑥国务院批准的其他资金运用取得的收入。

《财政部　国家税务总局关于保险保障基金有关税收问题的通知》（财税〔2013〕81 号）同时废止。

（《财政部　国家税务总局关于保险保障基金有关税收政策问题的通知》，财税〔2016〕10 号）

3. 2018 年至 2020 年的规定。

自 2018 年 1 月 1 日起至 2020 年 12 月 31 日止，对中国保险保障基金有限责任公司根据《保险保障基金管理办法》取得的下列收入，免征企业所得税：①境内保险公司依法缴纳的保险保障基金；②依法从撤销或破产保险公司清算财产中获得的受偿收入和向有关责任方追偿所得，以及依法从保险公司风险处置中获得的财产转让所得；③接受捐赠收入；④银行存款利息收入；⑤购买政府债券、中央银行、中央企业和中央级金融机构发行债券的利息收入；⑥国务院批准的其他资金运用取得的收入。

《财政部　国家税务总局关于保险保障基金有关税收政策问题的通知》（财税

〔2016〕10 号）同时废止。

（《财政部 国家税务总局关于保险保障基金有关税收政策问题的通知》，财税〔2018〕41 号）

（十五）中央电视台的广告费和有线电视费收入

自 2016 年 1 月 1 日起至 2017 年 12 月 31 日止，中央电视台的广告费和有线电视费收入继续作为企业所得税免税收入，免予征收企业所得税。（《财政部 国家税务总局关于中央电视台广告费和有线电视费收入企业所得税政策问题的通知》，财税〔2016〕80 号）

第二章　减计收入

减计收入是指按照税法规定准予对企业某些经营活动取得的应税收入，按一定比例减少计入收入总额，进而减少应纳税所得额的一种税收优惠措施。

一、综合利用资源生产产品取得的收入

（一）国家产业政策规定的产品收入可享受减计收入优惠

企业综合利用资源，生产符合国家产业政策规定的产品所取得的收入，可以在计算应纳税所得额时减计收入。（《中华人民共和国企业所得税法》第三十三条）

减计收入是指企业以《财政部　国家税务总局　国家发展改革委关于公布资源综合利用企业所得税优惠目录（2008年版）的通知》（财税〔2008〕117号）规定的资源作为主要原材料，生产国家非限制和禁止并符合国家行业相关标准的产品取得的收入，减按90%计入收入总额。原材料占生产产品材料的比例不得低于《资源综合利用企业所得税优惠目录》规定的标准。（《中华人民共和国企业所得税法实施条例》第九十九条）

（二）资源综合利用企业所得税优惠征收管理

1. 执行资源综合利用企业所得税优惠目录有关问题。

《财政部　国家税务总局关于执行资源综合利用企业所得税优惠目录有关问题的通知》（财税〔2008〕47号）规定，经国务院批准，财政部、国家税务总局、国家发展改革委公布了《资源综合利用企业所得税优惠目录》（以下简称《目录》）。现将执行《目录》的有关问题通知如下：

（1）企业自2008年1月1日起以《目录》中所列资源为主要原材料，生产《目录》内符合国家或行业相关标准的产品取得的收入，在计算应纳税所得额时，减按90%计入当年收入总额。享受上述税收优惠时，《目录》内所列资源占产品原料的比例应符合《目录》规定的技术标准。

（2）企业同时从事其他项目而取得的非资源综合利用收入，应与资源综合利用收入分开核算，没有分开核算的，不得享受优惠政策。

（3）企业从事不符合实施条例和《目录》规定范围、条件和技术标准的项目，不得享受资源综合利用企业所得税优惠政策。

（4）根据经济社会发展需要及企业所得税优惠政策实施情况，国务院财政、税务主管部门会同国家发展改革委等有关部门适时对《目录》内的项目进行调整和修订，并在报国务院批准后对《目录》进行更新。

2. 资源综合利用企业所得税优惠管理问题。

《国家税务总局关于资源综合利用企业所得税优惠管理问题的通知》（国税函〔2009〕185 号）就有关管理问题通知如下：

（1）资源综合利用企业所得税优惠，是指企业自 2008 年 1 月 1 日起以《资源综合利用企业所得税优惠目录（2008 年版）》（以下简称《目录》）规定的资源作为主要原材料，生产国家非限制和非禁止并符合国家及行业相关标准的产品取得的收入，减按 90% 计入企业当年收入总额。

（2）经资源综合利用主管部门按《目录》规定认定的生产资源综合利用产品的企业（不包括仅对资源综合利用工艺和技术进行认定的企业），取得"资源综合利用认定证书"，可按本通知规定申请享受资源综合利用企业所得税优惠。

（3）企业资源综合利用产品的认定程序，按《国家发展改革委　财政部　国家税务总局关于印发〈国家鼓励的资源综合利用认定管理办法〉的通知》（发改环资〔2006〕1864 号）的规定执行。

（4）2008 年 1 月 1 日之前经资源综合利用主管部门认定取得"资源综合利用认定证书"的企业，应按规定，重新办理认定并取得"资源综合利用认定证书"，方可申请享受资源综合利用企业所得税优惠。

（5）企业从事非资源综合利用项目取得的收入与生产资源综合利用产品取得的收入没有分开核算的，不得享受资源综合利用企业所得税优惠。

（6）税务机关对资源综合利用企业所得税优惠实行备案管理。备案管理的具体程序，按照国家税务总局的相关规定执行。

（7）享受资源综合利用企业所得税优惠的企业因经营状况发生变化而不符合《目录》规定的条件的，应自发生变化之日起 15 个工作日内向主管税务机关报告，并停止享受资源综合利用企业所得税优惠。

（8）企业实际经营情况不符合《目录》规定条件，欺骗等手段获取企业所得税优惠，或者因经营状况发生变化而不符合享受优惠条件，但未及时向主管税务机关报告的，按照税收征管法及其实施细则的有关规定进行处理。

（9）税务机关应对企业的实际经营情况进行监督检查。税务机关发现资源综合利用主管部门认定有误的，应停止企业享受资源综合利用企业所得税优惠，并及时与有关认定部门协调沟通，提请纠正，已经享受的优惠税额应予追缴。

根据《国务院关于第一批取消 62 项中央指定地方实施行政审批事项的决定》（国发〔2015〕57 号）规定，《国家税务总局关于资源综合利用企业所得税优惠管理问题的通知》（国税函〔2009〕185号）"企业享受综合利用资源所得税优惠的核准"取消。

《财政部 国家税务总局 国家发展改革委关于公布〈资源综合利用企业所得税优惠目录（2008年版）〉的通知》（财税〔2008〕117号）规定的《资源综合利用企业企业所得税优惠目录（2008年版）》见表3。

表3　　　　　　　　　资源综合利用企业所得税优惠目录（2008年版）

类别	序号	综合利用的资源	生产的产品	技术标准
一、共生、伴生矿产资源	1	煤系共生、伴生矿产资源、瓦斯	高岭岩、铝钒土、膨润土、电力、热力及燃气	1. 产品原料100%来自所列资源 2. 煤炭开发中的废弃物 3. 产品符合国家和行业标准
二、废水（液）、废气、废渣	2	煤矸石、石煤、粉煤灰、采矿和选矿废渣、冶炼废渣、工业炉渣、脱硫石膏、磷石膏、江河（渠）道的清淤（淤沙）、风积沙、建筑垃圾、生活垃圾焚燃余渣、化工废渣、工业废渣	砖（瓦）、砌块、墙板类产品、石膏类制品以及商品粉煤灰	产品原料70%以上来自所列资源
	3	转炉渣、电炉渣、铁合金炉渣、氧化铝赤泥、化工废渣、工业废渣	铁、铁合金料、精矿粉、稀土	产品原料100%来自所列资源
	4	化工、纺织、造纸工业废液及废渣	银、盐、锌、纤维、碱、羊毛脂、聚乙烯醇、硫化钠、亚硫酸钠、硫氰酸钠、硝酸、铁盐、铬盐、木素磺酸盐、乙酸、乙二酸、乙酸钠、盐酸、粘合剂、酒精、香兰素、饲料酵母、肥料、甘油、乙氰	产品原料70%以上来自所列资源
	5	制盐液（苦卤）及硼酸废液	氯化钾、硝酸钾、溴素、氯化镁、氢氧化镁、无水硝、石膏、硫酸镁、硫酸钾、肥料	产品原料70%以上来自所列资源

续表

类别	序号	综合利用的资源	生产的产品	技术标准
二、废水（液）、废气、废渣	6	工矿废水、城市污水	再生水	1. 产品原料 100% 来自所列资源 2. 达到国家有关标准
	7	废生物质油，废弃润滑油	生物柴油及工业油料	产品原料 100% 来自所列资源
	8	焦炉煤气、化工、石油（炼油）化工废气、发酵废气、火炬气、炭黑尾气	硫磺、硫酸、磷铵、硫铵、脱硫石膏，可燃气、轻烃、氢气，硫酸亚铁、有色金属，二氧化碳、干冰、甲醇、合成氨	
	9	转炉煤气、高炉煤气、火炬气以及除焦炉煤气以外的工业炉气，工业过程中的余热、余压	电力、热力	
三、再生资源	10	废旧电池、电子电器产品	金属（包括稀贵金融）、非金属	产品原料 100% 来自所列资源
	11	废感光材料、废灯泡（管）	有色（稀贵）金属及其产品	产品原料 100% 来自所列资源
	12	锯末、树皮、枝丫材	人造板及其制品	1. 符合产品标准 2. 产品原料 100% 来自所列资源
	13	废塑料	塑料制品	产品原料 100% 来自所列资源
	14	废、旧轮胎	翻新轮胎、胶粉	1. 产品符合 GB 9037 和 GB 14646 标准 2. 产品原料 100% 来自所列资源 3. 符合 GB/T 19208 等标准规定的性能指标
	15	废弃天然纤维；化学纤维及其制品	造纸原料、纤维纱及织物、无纺布、毡、粘合剂、再生聚酯	产品原料 100% 来自所列资源
	16	农作物秸秆及壳皮（包括粮食作物秸秆、农业经济作物秸秆、粮食壳皮、玉米芯）	代木产品，电力、热力及燃气	产品原料 70% 以上来自所列资源

✍ **【案例】** 甲公司既符合《资源综合利用企业所得税优惠目录》的减计收入优惠，又是高新技术企业减按 15% 的税率征收企业所得税。根据《财政部　国家税务总局关于执行企业所得税优惠政策若干问题的通知》（财税〔2009〕69 号）和《国家税务总局关于进一步明确企业所得税过渡期优惠政策执行口径问题的通知》（国税函〔2010〕157 号）规定，该公司在计算企业所得税时，可同时享受两项优惠政策。

二、利息减计收入

（一）金融机构取得的涉农利息收入

1. 自 2009 年 1 月 1 日至 2013 年 12 月 31 日，对金融机构农户小额贷款的利息收入在计算应纳税所得额时，按 90% 计入收入总额。

上述所称农户，是指长期（一年以上）居住在乡镇（不包括城关镇）行政管理区域内的住户，还包括长期居住在城关镇所辖行政村范围内的住户和户口不在本地而在本地居住一年以上的住户，国有农场的职工和农村个体工商户。位于乡镇（不包括城关镇）行政管理区域内和在城关镇所辖行政村范围内的国有经济的机关、团体、学校、企事业单位的集体户；有本地户口，但举家外出谋生一年以上的住户，无论是否保留承包耕地均不属于农户。农户以户为统计单位，既可以从事农业生产经营，也可以从事非农业生产经营。农户贷款的判定应以贷款发放时的承贷主体是否属于农户为准。

上述所称小额贷款，是指单笔且该户贷款余额总额在 5 万元以下（含 5 万元）的贷款。

金融机构应对符合条件的农户小额贷款利息收入进行单独核算，不能单独核算的不得适用规定的优惠政策。

（《财政部　国家税务总局关于农村金融有关税收政策的通知》，财税〔2010〕4 号）

2. 自 2014 年 1 月 1 日至 2016 年 12 月 31 日，对金融机构农户小额贷款的利息收入，在计算应纳税所得额时，按 90% 计入收入总额。

上述所称农户，是指长期（一年以上）居住在乡镇（不包括城关镇）行政管理区域内的住户，还包括长期居住在城关镇所辖行政村范围内的住户和户口不在本地而在本地居住一年以上的住户，国有农场的职工和农村个体工商户。位于乡镇（不包括城关镇）行政管理区域内和在城关镇所辖行政村范围内的国有经济的机关、团体、学校、企事业单位的集体户；有本地户口，但举家外出谋生一年以上的住户，无论是否保留承包耕地均不属于农户。农户以户为统计单位，既可以从事农业生产经营，也可以从事非农业生产经营。农户贷款的判定应以贷款发放时的承贷主体是否属于农户为准。

上述所称小额贷款，是指单笔且该户贷款余额总额在 10 万元（含）以下贷款。

金融机构应对符合条件的农户小额贷款利息收入进行单独核算，不能单独核算的不得适用上述规定的优惠政策。

（《财政部　国家税务总局关于延续并完善支持农村金融发展有关税收政策的通知》，财税〔2014〕102号）

3. 自2017年1月1日至2019年12月31日，对金融机构农户小额贷款的利息收入，在计算应纳税所得额时，按90%计入收入总额。

上述所称农户，是指长期（一年以上）居住在乡镇（不包括城关镇）行政管理区域内的住户，还包括长期居住在城关镇所辖行政村范围内的住户和户口不在本地而在本地居住一年以上的住户，国有农场的职工和农村个体工商户。位于乡镇（不包括城关镇）行政管理区域内和在城关镇所辖行政村范围内的国有经济的机关、团体、学校、企事业单位的集体户；有本地户口，但举家外出谋生一年以上的住户，无论是否保留承包耕地均不属于农户。农户以户为统计单位，既可以从事农业生产经营，也可以从事非农业生产经营。农户贷款的判定应以贷款发放时的承贷主体是否属于农户为准。

上述所称小额贷款，是指单笔且该农户贷款余额总额在10万元（含本数）以下的贷款。

金融机构应对符合条件的农户小额贷款利息收入进行单独核算，不能单独核算的不得适用规定的优惠政策。

（《财政部　国家税务总局关于延续支持农村金融发展有关税收政策的通知》，财税〔2017〕44号）

（二）农户自立服务社从事农户小额贷款取得的利息收入

1. 中和农信项目管理有限公司和中国扶贫基金会举办的农户自立服务社（中心）从事农户小额贷款取得的利息收入，按照《财政部　国家税务总局关于农村金融有关税收政策的通知》（财税〔2010〕4号）第二条规定执行企业所得税优惠政策。自2009年1月1日至2013年12月31日，对金融机构农户小额贷款的利息收入在计算应纳税所得额时，按90%计入收入总额。

中和农信项目管理有限公司和中国扶贫基金会举办的农户自立服务社（中心）应对符合条件的农户小额贷款利息收入进行单独核算，不能单独核算的不得适用规定的优惠政策。

（《财政部　国家税务总局关于中国扶贫基金会小额信贷试点项目税收政策的通知》，财税〔2010〕35号）

2. 鉴于中国扶贫基金会为规范小额信贷的管理，逐步将下属的农户自立服务社（中心）转型为由中和农信项目管理有限公司独资成立的小额贷款公司。经研究，同意中和农信项目管理有限公司独资成立的小额贷款公司按照《财政部　国家税务总局关于中国扶贫基金会小额信贷试点项目税收政策的通知》（财税〔2010〕35 号）的规定，享受有关税收优惠政策。（《财政部 国家税务总局关于中国扶贫基金会所属小额贷款公司享受有关税收优惠政策的通知》，财税〔2012〕33 号）

3. 自 2014 年 1 月 1 日至 2016 年 12 月 31 日，对中合农信项目管理有限公司和中国扶贫基金会举办的农户自立服务社（中心）以及中合农信项目管理有限公司独资成立的小额贷款公司从事农户小额贷款取得的利息收入，在计算应纳税所得额时，按 90% 计入收入总额。

上述所称农户，是指长期（一年以上）居住在乡镇（不包括城关镇）行政管理区域内的住户，还包括长期居住在城关镇所辖行政村范围内的住户和户口不在本地而在本地居住一年以上的住户，国有农场的职工和农村个体工商户。位于乡镇（不包括城关镇）行政管理区域内和在城关镇所辖行政村范围内的国有经济的机关、团体、学校、企事业单位的集体户；有本地户口，但举家外出谋生一年以上的住户，无论是否保留承包耕地均不属于农户。农户以户为统计单位，既可以从事农业生产经营，也可以从事非农业生产经营。农户贷款的判定应以贷款发放时的承贷主体是否属于农户为准。

上述所称小额贷款，是指单笔且该户贷款余额总额在 10 万元（含）以下的贷款。

中合农信项目管理有限公司和中国扶贫基金会举办的农户自立服务社（中心）以及中合农信项目管理有限公司独资成立的小额贷款公司应对符合条件的农户小额贷款利息收入进行单独核算，不能单独核算的不能执行优惠政策。

（《财政部 国家税务总局关于中国扶贫基金会小额信贷试点项目继续参照执行农村金融有关税收政策的通知》，财税〔2015〕12 号）

（三）中国铁路建设债券利息收入

1. 对企业持有 2011—2013 年发行的中国铁路建设债券取得的利息收入，减半征收企业所得税。中国铁路建设债券是指经国家发展改革委核准，以铁道部为发行和偿还主体的债券。（《财政部 国家税务总局关于铁路建设债券利息收入企业所得税政策的通知》，财税〔2011〕99 号）

2. 对企业持有 2014 年和 2015 年发行的中国铁路建设债券取得的利息收入，减半征收企业所得税。中国铁路建设债券是指经国家发展改革委核准，以中国铁路总公司为发行和偿还主体的债券。（《财政部 国家税务总局关于 2014、2015 年铁路建设债券利息收入企业所得税政策的通知》，财税〔2014〕2 号）

3. 对企业投资者持有 2016—2018 年发行的铁路债券取得的利息收入，减半征收企业所得税。铁路债券是指以中国铁路总公司为发行和偿还主体的债券，包括中国铁路建设债券、中期票据、短期融资券等债务融资工具。（《财政部 国家税务总局关于铁路债券利息收入所得税政策问题的通知》，财税〔2016〕30 号）

（四）中国邮政储蓄银行专项债券利息收入

对邮储银行按照 2015 年国家专项债券发行计划定向购买国家开发银行、中国农业发展银行发行的专项债券取得的利息收入，减半征收企业所得税。（《财政部　国家税务总局关于中国邮政储蓄银行专项债券利息收入企业所得税政策问题的通知》，财税〔2015〕150 号）

（五）小额贷款公司农户贷款利息收入

自 2017 年 1 月 1 日至 2019 年 12 月 31 日，对经省级金融管理部门（金融办、局等）批准成立的小额贷款公司取得的农户小额贷款利息收入，在计算应纳税所得额时，按 90% 计入收入总额。

上述所称农户，是指长期（一年以上）居住在乡镇（不包括城关镇）行政管理区域内的住户，还包括长期居住在城关镇所辖行政村范围内的住户和户口不在本地而在本地居住一年以上的住户，国有农场的职工和农村个体工商户。位于乡镇（不包括城关镇）行政管理区域内和在城关镇所辖行政村范围内的国有经济的机关、团体、学校、企事业单位的集体户；有本地户口，但举家外出谋生一年以上的住户，无论是否保留承包耕地均不属于农户。农户以户为统计单位，既可以从事农业生产经营，也可以从事非农业生产经营。农户贷款的判定应以贷款发放时的承贷主体是否属于农户为准。

上述所称小额贷款，是指单笔且该农户贷款余额总额在 10 万元（含本数）以下的贷款。

（《财政部　国家税务总局关于小额贷款公司有关税收政策的通知》，财税〔2017〕48 号）

三、保险费减计收入

1. 2009 年 1 月 1 日至 2013 年 12 月 31 日，对保险公司为种植业、养殖业提供保险业务取得的保费收入，在计算应纳税所得额时，按 90% 比例减计收入。

上述所称保费收入，是指原保险保费收入加上分保费收入减去分出保费后的余额。

（《财政部　国家税务总局关于农村金融有关税收政策的通知》，财税〔2010〕4 号）

2. 2014 年 1 月 1 日至 2016 年 12 月 31 日，对保险公司为种植业、养殖业提供保险业务取得的保费收入，在计算应纳税所得额时，按 90% 计入收入总额。

上述所称保费收入，是指原保险保费收入加上分保费收入减去分出保费后的余额。

（《财政部　国家税务总局关于延续并完善支持农村金融发展有关税收政策的通

知》，财税〔2014〕102 号）

3.2017 年 1 月 1 日至 2019 年 12 月 31 日，对保险公司为种植业、养殖业提供保险业务取得的保费收入，在计算应纳税所得额时，按 90% 计入收入总额。

上述所称保费收入，是指原保险保费收入加上分保费收入减去分出保费后的余额。

（《财政部　国家税务总局关于延续支持农村金融发展有关税收政策的通知》，财税〔2017〕44 号）

第三章　加计扣除

一、研究开发费用加计扣除

开发新技术、新产品、新工艺发生的研究开发费用，可以在计算应纳税所得额时加计扣除。（《中华人民共和国企业所得税法》第三十条第一项）

（一）普遍规定

研究开发费用的加计扣除，是指企业为开发新技术、新产品、新工艺发生的研究开发费用，未形成无形资产计入当期损益的，在按照规定据实扣除的基础上，按照研究开发费用的 50% 加计扣除；形成无形资产的，按照无形资产成本的 150% 摊销。（《中华人民共和国企业所得税法实施条例》第九十五条）

（二）特殊规定

科技型中小企业开展研发活动中实际发生的研发费用，未形成无形资产计入当期损益的，在按规定据实扣除的基础上，在 2017 年 1 月 1 日至 2019 年 12 月 31 日期间，再按照实际发生额的 75% 在税前加计扣除；形成无形资产的，在上述期间按照无形资产成本的 175% 在税前摊销。科技型中小企业条件和管理办法由科技部、财政部和国家税务总局另行发布。（《财政部　国家税务总局　科技部关于提高科技型中小企业研究开发费用税前加计扣除比例的通知》，财税〔2017〕34 号）

💡【提示】详细内容见本系列书籍《企业所得税实用指南：扣除篇》第十章。

二、残疾人工资加计扣除

安置残疾人员及国家鼓励安置的其他就业人员所支付的工资，可以在计算应纳税所得额时加计扣除。（《中华人民共和国企业所得税法》第三十条第二项）

上述所称企业安置残疾人员所支付的工资的加计扣除，是指企业安置残疾人员的，在按照支付给残疾职工工资据实扣除的基础上，按照支付给残疾职工工资的 100% 加计扣除。残疾人员的范围适用《中华人民共和国残疾人保障法》的有关规定。企业安置国家鼓励安置的其他就业人员所支付的工资的加计扣除办法，由国务院另行规定。（《中华人民共和国企业所得税法实施条例》第九十六条第一款）

《财政部　国家税务总局关于安置残疾人员就业有关企业所得税优惠政策问题的通知》（财税〔2009〕70号）规定：

1. 企业安置残疾人员的，在按照支付给残疾职工工资据实扣除的基础上，可以在计算应纳税所得额时按照支付给残疾职工工资的100%加计扣除。

企业就支付给残疾职工的工资，在进行企业所得税预缴申报时，允许据实计算扣除；在年度终了进行企业所得税年度申报和汇算清缴时，再依照支付给残疾职工工资的100%计算加计扣除。

2. 残疾人员的范围适用《残疾人保障法》的有关规定。

《残疾人保障法》第二条规定：

残疾人是指在心理、生理、人体结构上，某种组织、功能丧失或者不正常，全部或者部分丧失以正常方式从事某种活动能力的人。

残疾人包括视力残疾、听力残疾、言语残疾、肢体残疾、智力残疾、精神残疾、多重残疾和其他残疾的人。

残疾标准由国务院规定。

3. 企业享受安置残疾职工工资100%加计扣除应同时具备如下条件：

（1）依法与安置的每位残疾人签订了1年以上（含1年）的劳动合同或服务协议，并且安置的每位残疾人在企业实际上岗工作。

（2）为安置的每位残疾人按月足额缴纳了企业所在区县人民政府根据国家政策规定的基本养老保险、基本医疗保险、失业保险和工伤保险等社会保险。

上述规定的"基本养老保险"和"基本医疗保险"是指"职工基本养老保险"和"职工基本医疗保险"，不含"城镇居民社会养老保险""新型农村社会养老保险""城镇居民基本医疗保险"和"新型农村合作医疗"，自2014年1月1日起实行。

（《国家税务总局关于促进残疾人就业税收优惠政策有关问题的公告》，国家税务总局公告2013年第78号）

（3）定期通过银行等金融机构向安置的每位残疾人实际支付了不低于企业所在区县适用的经省级人民政府批准的最低工资标准的工资。

（4）具备安置残疾人上岗工作的基本设施。

4. 企业应在年度终了进行企业所得税年度申报和汇算清缴时，向主管税务机关报送本通知第四条规定的相关资料、已安置残疾职工名单及其《中华人民共和国残疾人证》或《中华人民共和国残疾军人证（1至8级）》复印件和主管税务机关要求提供的其他资料，办理享受企业所得税加计扣除优惠的备案手续。

5. 在企业汇算清缴结束后，主管税务机关在对企业进行日常管理、纳税评估和纳税检查时，应对安置残疾人员企业所得税加计扣除优惠的情况进行核实。

6. 本规定自 2008 年 1 月 1 日起执行。

依据《国务院关于第二批取消 152 项中央指定地方实施行政审批事项的决定》（国发〔2016〕9 号），对财税〔2009〕70 号文件政策调整，"安置残疾人员和国家鼓励安置的其他就业人员所支付工资的加计扣除的核准"取消。

第四章　减免税优惠

一、农、林、牧、渔业项目

（一）免征所得税的相关规定

1.《中华人民共和国企业所得税法》第二十七条第（一）项规定的企业从事农、林、牧、渔业项目的下列所得，可以免征企业所得税（《中华人民共和国企业所得税法实施条例》第八十六条）

（1）蔬菜、谷物、薯类、油料、豆类、棉花、麻类、糖料、水果、坚果的种植；

（2）农作物新品种的选育（国家税务总局公告 2011 年第 48 号文件规定，企业从事农作物新品种选育的免税所得，是指企业对农作物进行品种和育种材料选育形成的成果，以及由这些成果形成的种子（苗）等繁殖材料的生产、初加工、销售一体化取得的所得）；

（3）中药材的种植；

（4）林木的培育和种植（国家税务总局公告 2011 年第 48 号文件规定，企业从事林木的培育和种植的免税所得，是指企业对树木、竹子的育种和育苗、抚育和管理以及规模造林活动取得的所得，包括企业通过拍卖或收购方式取得林木所有权并经过一定的生长周期，对林木进行再培育取得的所得）；

（5）牲畜、家禽的饲养（国家税务总局公告 2011 年第 48 号文件规定，包括猪、兔的饲养和饲养牲畜、家禽产生的分泌物、排泄物）；

（6）林产品的采集；

（7）灌溉、农产品初加工（财税〔2008〕149 号、财税〔2011〕26 号、国家税务总局公告 2011 年第 48 号文件规定的农产品进行初加工服务，其所收取的加工费，可以按照农产品初加工的免税项目处理。"油料植物初加工"工序包括"冷却、过滤"等；"糖料植物初加工"工序包括"过滤、吸附、解析、碳脱、浓缩、干燥"等，其适用时间自 2010 年 1 月 1 日起执行）、兽医、农技推广、农机作业和维修等农、林、牧、渔服务业项目；

（8）远洋捕捞（国家税务总局公告 2011 年第 48 号文件规定，对取得农业部颁发的"远洋渔业企业资格证书"并在有效期内的远洋渔业企业，从事远洋捕捞业务取得的所得免征企业所得税）。

2. 从事农、林、牧、渔业项目的所得，实施企业所得税优惠政策和征收管理中的有关事项公告。

《国家税务总局关于实施农、林、牧、渔业项目企业所得税优惠问题的公告》（国家税务总局公告 2011 年第 48 号）规定，根据《中华人民共和国企业所得税法》及《中华人民共和国企业所得税法实施条例》的规定，现对企业（含企业性质的农民专业合作社，下同）从事农、林、牧、渔业项目的所得，实施企业所得税优惠政策和征收管理中的有关事项公告如下：

（1）企业从事《中华人民共和国企业所得税法实施条例》第八十六条规定的享受税收优惠的农、林、牧、渔业项目，除另有规定外，参照《国民经济行业分类》（GB/T 4754—2002）的规定标准执行。

企业从事农、林、牧、渔业项目，凡属于《产业结构调整指导目录（2011 年版）》（国家发展和改革委员会令第 9 号）中限制和淘汰类的项目，不得享受《中华人民共和国企业所得税法实施条例》第八十六条规定的优惠政策。

（2）企业将购入的农、林、牧、渔产品，在自有或租用的场地进行育肥、育秧等再种植、养殖，经过一定的生长周期，使其生物形态发生变化，且并非由于本环节对农产品进行加工而明显增加了产品的使用价值的，可视为农产品的种植、养殖项目享受相应的税收优惠。

💡【提示】2012 年 4 月 11 日所得税司巡视员在线访谈实录时的答复：在具体操作掌握中，应主要依据生物形态是否发生显著变化或其使用价值是否明显增加等因素，来确定其是否符合"一定生长周期"的要求。

主管税务机关对企业进行农产品的再种植、养殖是否符合上述条件难以确定的，可要求企业提供县级以上农、林、牧、渔业政府主管部门的确认意见。

（3）企业委托其他企业或个人从事《中华人民共和国企业所得税法实施条例》第八十六条规定农、林、牧、渔业项目取得的所得，可享受相应的税收优惠政策。

（4）企业受托从事《中华人民共和国企业所得税法实施条例》第八十六条规定农、林、牧、渔业项目取得的收入，比照委托方享受相应的税收优惠政策。

（5）企业根据委托合同，受托对符合《财政部　国家税务总局关于发布享受企业所得税优惠政策的农产品初加工范围（试行）的通知》（财税〔2008〕149 号）和《财政部　国家税务总局关于享受企业所得税优惠的农产品初加工有关范围的补充通知》（财税〔2011〕26 号）规定的农产品进行初加工服务，其所收取的加工费，可以按照农产品初加工的免税项目处理。

（6）企业同时从事适用不同企业所得税政策规定项目的，应分别核算，单独计算优惠项目的计税依据及优惠数额；分别核算不清的，可由主管税务机关按照比例分摊法或其他合理方法进行核定。

（7）企业购买农产品后直接进行销售的贸易活动产生的所得，不能享受农、林、牧、渔业项目的税收优惠政策。

（8）本规定自 2011 年 1 月 1 日起执行。

3. 关于黑龙江垦区国有农场土地承包费缴纳企业所得税问题。

黑龙江垦区国有农场实行以家庭承包经营为基础、统分结合的双层经营体制。国有农场作为法人单位，将所拥有的土地发包给农场职工经营，农场职工以家庭为单位成为家庭承包户，属于农场内部非法人组织。农场对家庭承包户实施农业生产经营和企业行政的统一管理，统一为农场职工上交养老、医疗、失业、工伤、生育五项社会保险和农业保险费；家庭承包户按内部合同规定承包，就其农、林、牧、渔业生产取得的收入，以土地承包费名义向农场上缴。

上述承包形式属于农场内部承包经营的形式，黑龙江垦区国有农场从家庭农场承包户以"土地承包费"形式取得的从事农、林、牧、渔业生产的收入，属于农场"从事农、林、牧、渔业项目"的所得，可以适用《中华人民共和国企业所得税法》第二十七条及《中华人民共和国企业所得税法实施条例》第八十六条规定的企业所得税优惠政策。

（《国家税务总局关于黑龙江垦区国有农场土地承包费缴纳企业所得税问题的批复》，国税函〔2009〕779 号）

4. "公司＋农户"经营模式从事农、林、牧、渔业项目生产的企业，可以按照《中华人民共和国所得税法实施条例》第八十六条的有关规定，享受减免企业所得税优惠政策。

《国家税务总局关于"公司＋农户"经营模式企业所得税优惠问题的通知》（国家税务总局公告 2010 年第 2 号），现就有关"公司＋农户"模式企业所得税优惠问题通知如下：

目前，一些企业采取"公司＋农户"经营模式从事牲畜、家禽的饲养，即公司与农户签订委托养殖合同，向农户提供畜禽苗、饲料、兽药及疫苗等［所有权（产权）仍属于公司］，农户将畜禽养大成为成品后交付公司回收。鉴于采取"公司＋农户"经营模式的企业，虽不直接从事畜禽的养殖，但系委托农户饲养，并承担诸如市场、管理、采购、销售等经营职责及绝大部分经营管理风险，公司和农户是劳务外包关系。为此，对此类以"公司＋农户"经营模式从事农、林、牧、渔业项目生产的企业，可以按照《中华人民共和国企业所得税法实施条例》第八十六条的有关规定，享受减免企业所得税优惠政策。本公告自 2010 年 1 月 1 日起施行。

根据《国务院关于第一批取消 62 项中央指定地方实施行政审批事项的决定》（国发〔2015〕57 号）规定，"企业从事农林牧渔业项目的所得享受所得税优惠的备案核准"取消。

（二）减半征收所得税相关规定

1. 依据《中华人民共和国企业所得税法》第二十七条第（一）项规定的企业从

事农、林、牧、渔业项目的下列所得，可以减半征收企业所得税（《中华人民共和国企业所得税法实施条例》第八十六条）：

（1）花卉、茶以及其他饮料作物和香料作物的种植减半征收企业所得税（国家税务总局公告 2011 年第 48 号规定，包括观赏性作物的种植。企业对外购茶叶进行筛选、分装、包装后进行销售的所得，不享受农产品初加工的优惠政策）。

（2）海水养殖、内陆养殖减半征收企业所得税（国家税务总局公告 2011 年第 48 号文件规定，包括"牲畜、家禽的饲养"以外的生物养殖项目）。

2. 从事农、林、牧、渔业项目取得的所得减半征收企业所得税时要注意适用《国家税务总局关于实施农、林、牧、渔业项目企业所得税优惠问题的公告》（国家税务总局公告 2011 年第 48 号）、《国家税务总局关于黑龙江垦区国有农场土地承包费缴纳企业所得税问题的批复》（国税函〔2009〕779 号）及《国家税务总局关于"公司＋农户"经营模式企业所得税优惠问题的通知》（国家税务总局公告 2010 年第 2 号）。

3. 居民企业取得《中华人民共和国企业所得税法实施条例》第八十六条（企业从事农、林、牧、渔业项目的所得，可以免征、减征企业所得税）规定可减半征收企业所得税的所得，是指居民企业应就该部分所得单独核算并依照 25% 的法定税率减半缴纳企业所得税。（《国家税务总局关于进一步明确企业所得税过渡期优惠政策执行口径问题的通知》，国税函〔2010〕157 号）

（三）享受企业所得税优惠政策的农产品初加工范围（试行 2008 年版）

1. 种植业类。

（1）粮食初加工。

①小麦初加工。通过对小麦进行清理、配麦、磨粉、筛理、分级、包装等简单加工处理，制成的小麦面粉及各种专用粉。

②稻米初加工。通过对稻谷进行清理、脱壳、碾米（或不碾米）、烘干、分级、包装等简单加工处理，制成的成品粮及其初制品，具体包括大米、蒸谷米。

③玉米初加工。通过对玉米籽粒进行清理、浸泡、粉碎、分离、脱水、干燥、分级、包装等简单加工处理，生产的玉米粉、玉米碴、玉米片等；鲜嫩玉米经筛选、脱皮、洗涤、速冻、分级、包装等简单加工处理，生产的鲜食玉米（速冻粘玉米、甜玉米、花色玉米、玉米籽粒）。

④薯类初加工。通过对马铃薯、甘薯等薯类进行清洗、去皮、磋磨、切制、干燥、冷冻、分级、包装等简单加工处理，制成薯类初级制品。具体包括：薯粉、薯片、薯条。

⑤食用豆类初加工。通过对大豆、绿豆、红小豆等食用豆类进行清理去杂、浸洗、晾晒、分级、包装等简单加工处理，制成的豆面粉、黄豆芽、绿豆芽。

⑥其他类粮食初加工。通过对燕麦、荞麦、高粱、谷子等杂粮进行清理去杂、脱

壳、烘干、磨粉、轧片、冷却、包装等简单加工处理，制成的燕麦米、燕麦粉、燕麦麸皮、燕麦片、荞麦米、荞麦面、小米、小米面、高粱米、高粱面。

（2）林木产品初加工。通过将伐倒的乔木、竹（含活立木、竹）去枝、去梢、去皮、去叶、锯段等简单加工处理，制成的原木、原竹、锯材。

（3）园艺植物初加工。

①蔬菜初加工。

Ⅰ．将新鲜蔬菜通过清洗、挑选、切割、预冷、分级、包装等简单加工处理，制成净菜、切割蔬菜。

Ⅱ．利用冷藏设施，将新鲜蔬菜通过低温贮藏，以备淡季供应的速冻蔬菜，如速冻茄果类、叶类、豆类、瓜类、葱蒜类、柿子椒、蒜苔。

Ⅲ．将植物的根、茎、叶、花、果、种子和食用菌通过干制等简单加工处理，制成的初制干菜，如黄花菜、玉兰片、萝卜干、冬菜、梅干菜、木耳、香菇、平菇。

💡【提示】以蔬菜为原料制作的各类蔬菜罐头（罐头是指以金属罐、玻璃瓶、经排气密封的各种食品。下同）及碾磨后的园艺植物（如胡椒粉、花椒粉等）不属于初加工范围。

②水果初加工。通过对新鲜水果（含各类山野果）清洗、脱壳、切块（片）、分类、储藏保鲜、速冻、干燥、分级、包装等简单加工处理，制成的各类水果、果干、原浆果汁、果仁、坚果。

③花卉及观赏植物初加工。通过对观赏用、绿化及其他各种用途的花卉及植物进行保鲜、储藏、烘干、分级、包装等简单加工处理，制成的各类鲜、干花。

（4）油料植物初加工。通过对菜籽、花生、大豆、葵花籽、蓖麻籽、芝麻、胡麻籽、茶子、桐子、棉籽、红花籽及米糠等粮食的副产品等，进行清理、热炒、磨坯、榨油（搅油、墩油）、浸出等简单加工处理，制成的植物毛油和饼粕等副产品。具体包括菜籽油、花生油、豆油、葵花油、蓖麻籽油、芝麻油、胡麻籽油、茶子油、桐子油、棉籽油、红花油、米糠油以及油料饼粕、豆饼、棉籽饼。

💡【提示】精炼植物油不属于初加工范围。

（5）糖料植物初加工。通过对各种糖料植物，如甘蔗、甜菜、甜菊等，进行清洗、切割、压榨等简单加工处理，制成的制糖初级原料产品。

（6）茶叶初加工。通过对茶树上采摘下来的鲜叶和嫩芽进行杀青（萎凋、摇青）、揉捻、发酵、烘干、分级、包装等简单加工处理，制成的初制毛茶。

💡【提示】精制茶、边销茶、紧压茶和掺兑各种药物的茶及茶饮料不属于初加工范围。

（7）药用植物初加工。通过对各种药用植物的根、茎、皮、叶、花、果实、种子等，进行挑选、整理、捆扎、清洗、凉晒、切碎、蒸煮、炒制等简单加工处理，制成的片、丝、块、段等中药材。

💡【提示】加工的各类中成药不属于初加工范围。

（8）纤维植物初加工。

①棉花初加工。通过轧花、剥绒等脱绒工序简单加工处理，制成的皮棉、短绒、棉籽。

②麻类初加工。通过对各种麻类作物（大麻、黄麻、槿麻、苎麻、苘麻、亚麻、罗布麻、蕉麻、剑麻等）进行脱胶、抽丝等简单加工处理，制成的干（洗）麻、纱条、丝、绳。

③蚕茧初加工。通过烘干、杀蛹、缫丝、煮剥、拉丝等简单加工处理，制成的蚕、蛹、生丝、丝棉。

（9）热带、南亚热带作物初加工。通过对热带、南亚热带作物去除杂质、脱水、干燥、分级、包装等简单加工处理，制成的工业初级原料。具体包括：天然橡胶生胶和天然浓缩胶乳、生咖啡豆、胡椒籽、肉桂油、桉油、香茅油、木薯淀粉、木薯干片、坚果。

2. 畜牧业类。

（1）畜禽类初加工。

①肉类初加工。通过对畜禽类动物（包括各类牲畜、家禽和人工驯养、繁殖的野生动物以及其他经济动物）宰杀、去头、去蹄、去皮、去内脏、分割、切块或切片、冷藏或冷冻、分级、包装等简单加工处理，制成的分割肉、保鲜肉、冷藏肉、冷冻肉、绞肉、肉块、肉片、肉丁。

②蛋类初加工。通过对鲜蛋进行清洗、干燥、分级、包装、冷藏等简单加工处理，制成的各种分级、包装的鲜蛋、冷藏蛋。

③奶类初加工。通过对鲜奶进行净化、均质、杀菌或灭菌、灌装等简单加工处理，制成的巴氏杀菌奶、超高温灭菌奶。

④皮类初加工。通过对畜禽类动物皮张剥取、浸泡、刮里、晾干或熏干等简单加工处理，制成的生皮、生皮张。

⑤毛类初加工。通过对畜禽类动物毛、绒或羽绒分级、去杂、清洗等简单加工处理，制成的洗净毛、洗净绒或羽绒。

⑥蜂产品初加工。通过去杂、过滤、浓缩、熔化、磨碎、冷冻简单加工处理，制成的蜂蜜、蜂蜡、蜂胶、蜂花粉。

💡【提示】肉类罐头、肉类熟制品、蛋类罐头、各类酸奶、奶酪、奶油、王浆粉、各种蜂产品口服液、胶囊不属于初加工范围。

（2）饲料类初加工。

①植物类饲料初加工。通过碾磨、破碎、压榨、干燥、酿制、发酵等简单加工处理，制成的糠麸、饼粕、糟渣、树叶粉。

②动物类饲料初加工。通过破碎、烘干、制粉等简单加工处理，制成的鱼粉、虾粉、骨粉、肉粉、血粉、羽毛粉、乳清粉。

③添加剂类初加工。通过粉碎、发酵、干燥等简单加工处理，制成的矿石粉、饲用酵母。

（3）牧草类初加工。通过对牧草、牧草种籽、农作物秸秆等，进行收割、打捆、粉碎、压块、成粒、分选、青贮、氨化、微化等简单加工处理，制成的干草、草捆、草粉、草块或草饼、草颗粒、牧草种籽以及草皮、秸秆粉（块、粒）。

3. 渔业类。

（1）水生动物初加工。将水产动物（鱼、虾、蟹、鳖、贝、棘皮类、软体类、腔肠类、两栖类、海兽类动物等）整体或去头、去鳞（皮、壳）、去内脏、去骨（刺）、捣溃或切块、切片，经冰鲜、冷冻、冷藏等保鲜防腐处理、包装等简单加工处理，制成的水产动物初制品。

💡【提示】熟制的水产品和各类水产品的罐头以及调味烤制的水产食品不属于初加工范围。

（2）水生植物初加工。将水生植物（海带、裙带菜、紫菜、龙须菜、麒麟菜、江篱、浒苔、羊栖菜、莼菜等）整体或去根、去边梢、切段，经热烫、冷冻、冷藏等保鲜防腐处理、包装等简单加工处理的初制品，以及整体或去根、去边梢、切段、经晾晒、干燥（脱水）、包装、粉碎等简单加工处理的初制品。

💡【提示】罐装（包括软罐）产品不属于初加工范围。

（《财政部　国家税务总局关于发布享受企业所得税优惠政策的农产品初加工范围（试行）的通知》，财税〔2008〕149 号）

《财政部　国家税务总局关于享受企业所得税优惠的农产品初加工有关范围的补充通知》，自 2010 年 1 月 1 日起执行。以下序数对应《财政部　国家税务总局关于发布享受企业所得税优惠政策的农产品初加工范围（试行）的通知》（财税〔2008〕149 号，以下简称《范围》）中的序数。

1. 种植业类。

（1）粮食初加工。

①小麦初加工。《范围》规定的小麦初加工产品还包括麸皮、麦糠、麦仁。

②稻米初加工。《范围》规定的稻米初加工产品还包括稻糠（砻糠、米糠和统糠）。

④薯类初加工。《范围》规定的薯类初加工产品还包括变性淀粉以外的薯类淀粉。薯类淀粉生产企业需达到国家环保标准，且年产量在一万吨以上。

⑥其他类粮食初加工。《范围》规定的杂粮还包括大麦、糯米、青稞、芝麻、核

桃；相应的初加工产品还包括大麦芽、糯米粉、青稞粉、芝麻粉、核桃粉。

（3）园艺植物初加工。

②水果初加工。《范围》规定的新鲜水果包括番茄。

（4）油料植物初加工。《范围》规定的粮食副产品还包括玉米胚芽、小麦胚芽。

（5）糖料植物初加工。《范围》规定的甜菊又名甜叶菊。

（8）纤维植物初加工。

②麻类初加工。《范围》规定的麻类作物还包括芦苇。

③蚕茧初加工。《范围》规定的蚕包括蚕茧，生丝包括厂丝。

2. 畜牧业类。

（1）畜禽类初加工。

①肉类初加工。《范围》规定的肉类初加工产品还包括火腿等风干肉、猪牛羊杂骨。

（《财政部 国家税务总局关于享受企业所得税优惠的农产品初加工有关范围的补充通知》，财税〔2011〕26 号）

（四）企业从事农林牧渔业项目所得享受所得税优惠需注意的问题

1. 企业从事农林牧渔业项目所得享受所得税优惠，纳税人应当在汇算清缴期内，向主管税务机关提供《企业所得税优惠事项备案表》，同时可以在季度预缴环节享受该项优惠政策。

另外，纳税人应当将以下资料留存备查：

（1）经营业务属于《国民经济行业分类》中的农、林、牧、渔业具体项目的说明；

（2）有效期内的远洋渔业企业资格证书复印件（从事远洋捕捞业务的提供）；

（3）县级以上农、林、牧、渔业政府主管部门的确认意见（进行农产品的再种植、养殖是否可以视为农产品的种植、养殖项目享受相应的税收优惠难以确定时提供）；

（4）从事农作物新品种选育的认定证书复印件（从事农作物新品种选育的提供）。

（《国家税务总局关于部分税务行政审批事项取消后有关管理问题的公告》，国家税务总局公告 2015 年第 56 号）

于 2017 年度企业所得税汇算清缴及以后年度企业所得税优惠事项办理工作，按照《国家税务总局关于发布修订后的〈企业所得税优惠政策事项办理办法〉的公告》（国家税务总局公告 2018 年第 23 号）规定执行。《国家税务总局关于发布〈企业所得税优惠政策事项办理办法〉的公告》（国家税务总局公告 2015 年第 76 号）同时废止。

2. 根据《国务院关于第一批取消 62 项中央指定地方实施行政审批事项的决定》（国发〔2015〕57 号）规定，"企业从事农林牧渔业项目的所得享受所得税优惠的备案核准"取消。

✍ 【案例】甲公司是从事农业种植业务，收入中 98% 的业务收入属于免税项目收入，2% 项目非免税，收入和成本单独核算，期间费用怎么分摊，业务招待费怎么调整？

解答：2017 年版《企业所得税年度纳税申报表》（A）类中的《所得减免优惠明细表》（A107020）填报规定：

免税项目所得额＝免税项目收入－免税项目成本－相关税费－应分摊期间费用＋纳税调整额

兼营减免税项目所得应按应税项目收入和减免税项目收入的比例对期间费用划分，分别计算应税项目所得和减免税项目所得。计算顺序如下：

（1）计算应税项目和减免税项目应分摊的期间费用。

应税项目应分摊期间费用＝实际发生的期间费用×应税项目收入÷（应税项目收入＋减免税项目收入）×100%

减免税项目应分摊期间费用＝实际发生的期间费用×减免税项目收入÷（应税项目收入＋减免税项目收入）×100%

（2）计算应税项目和减免税项目应分摊的业务招待费。

应税项目应分摊业务招待费＝实际发生的业务招待费×应税项目收入÷（应税项目收入＋减免税项目收入）×100%

减免税项目应分摊业务招待费＝实际发生的业务招待费×减免税项目收入÷（应税项目收入＋减免税项目收入）×100%

（3）对业务招待费进行纳税调整。

应税项目允许扣除的业务招待费，按照应税项目应分摊业务招待费的 60% 与应税收入的 5‰孰低原则确定。

应税项目所得业务招待费纳税调整额＝应税项目应分摊业务招待费－应税项目允许扣除的业务招待费

减免税项目允许扣除的业务招待费，按照减免税项目应分摊业务招待费的 60% 与减免税收入的 5‰孰低原则确定。

减免税项目所得业务招待费纳税调整额＝减免税项目应分摊业务招待费－减免税项目允许扣除的业务招待费

二、国家重点扶持的公共基础设施项目

（一）基本规定

从事国家重点扶持的公共基础设施项目投资经营的所得可以免征、减征企业所得税。（《中华人民共和国企业所得税法》第二十七条第二项）

国家重点扶持的公共基础设施项目，是指《公共基础设施项目企业所得税优惠目录》规定的港口码头、机场、铁路、公路、城市公共交通、电力、水利等项目。

企业从事前款规定的国家重点扶持的公共基础设施项目的投资经营的所得，自项

目取得第一笔生产经营收入所属纳税年度起，第一年至第三年免征企业所得税，第四年至第六年减半征收企业所得税。企业承包经营、承包建设和内部自建自用本条规定的项目，不得享受本条规定的企业所得税优惠。

（《中华人民共和国企业所得税法实施条例》第八十七条）

上述减免税优惠项目，在减免税期限内转让的，受让方自受让之日起，可以在剩余期限内享受规定的减免税优惠；减免税期限届满后转让的，受让方不得就该项目重复享受减免税优惠。（《中华人民共和国企业所得税法实施条例》第八十九条）

（二）执行公共基础设施项目企业所得税优惠的具体规定

1. 《财政部 国家税务总局关于执行公共基础设施项目企业所得税优惠目录有关问题的通知》（财税〔2008〕46号）。

经国务院批准，财政部、国家税务总局、国家发展改革委公布了《公共基础设施项目企业所得税优惠目录》（以下简称《目录》）。现将执行《目录》的有关问题通知如下：

（1）企业从事《目录》内符合相关条件和技术标准及国家投资管理相关规定，于2008年1月1日后经批准的公共基础设施项目，其投资经营的所得，自该项目取得第一笔生产经营收入所属纳税年度起，第一年至第三年免征企业所得税，第四年至第六年减半征收企业所得税。

第一笔生产经营收入，是指公共基础设施项目已建成并投入运营后所取得的第一笔收入。

（2）企业同时从事不在《目录》范围内的项目取得的所得，应与享受优惠的公共基础设施项目所得分开核算，并合理分摊期间费用，没有分开核算的，不得享受上述企业所得税优惠政策。

（3）企业承包经营、承包建设和内部自建自用公共基础设施项目，不得享受上述企业所得税优惠。

（4）根据经济社会发展需要及企业所得税优惠政策实施情况，国务院财政、税务主管部门会同国家发展改革委等有关部门适时对《目录》内的项目进行调整和修订，并在报国务院批准后对《目录》进行更新。

2. 《国家税务总局关于实施国家重点扶持的公共基础设施项目企业所得税优惠问题的通知》（国税发〔2009〕80号）根据该通知原文修改为：

（1）对居民企业（以下简称企业）经有关部门批准，从事符合《公共基础设施项目企业所得税优惠目录》（以下简称《目录》）规定范围、条件和标准的公共基础设施项目的投资经营所得，自该项目取得第一笔生产经营收入所属纳税年度起，第一年至第三年免征企业所得税，第四年至第六年减半征收企业所得税。企业从事承包经营、承包建设和内部自建自用《目录》规定项目的所得，不得享受前款规定的企业所得税优惠。

①上述第一笔生产经营收入，是指公共基础设施项目建成并投入运营（包括试运

营）后所取得的第一笔主营业务收入。

②上述承包经营，是指从事该项目经营的法人主体相独立的另一法人经营主体，通过承包该项目的经营管理而取得劳务性收益的经营活动。

③上述承包建设，是指从事该项目经营的法人主体相独立的另一法人经营主体，通过承包该项目的工程建设而取得建筑劳务收益的经营活动。

④上述内部自建自用，是指项目的建设权作为本企业主体经营业务的设施，满足本企业自身的生产经营活动需要，而不属于向他人提供公共服务业务的公共基础设施建设项目。

（2）企业同时从事不在《目录》范围的生产经营项目取得的所得，应与享受优惠的公共基础设施项目经营所得分开核算，并合理分摊企业的期间共同费用；没有单独核算的，不得享受企业所得税优惠。

期间共同费用的合理分摊比例可以按照投资额、销售收入、资产额、人员工资等参数确定。上述比例一经确定，不得随意变更。凡特殊情况需要改变的，需报主管税务机关核准。

（3）从事《目录》范围项目投资的居民企业应于从该项目取得的第一笔生产经营收入后 15 日内向主管税务机关备案并报送如下材料后，方可享受有关企业所得税优惠：①有关部门批准该项目文件复印件；②该项目完工验收报告复印件；③该项目投资额验资报告复印件；④税务机关要求提供的其他资料。

依据《国家税务总局关于公布失效废止的税务部门规章和税收规范性文件目录的决定》国家税务总局令第 42 号，此条废止。

（4）企业因生产经营发生变化或因《目录》调整，不再符合本办法规定减免税条件的，企业应当自发生变化 15 日内向主管税务机关提交书面报告并停止享受优惠，依法缴纳企业所得税。

（5）企业在减免税期限内转让所享受减免税优惠的项目，受让方承续经营该项目的，可自受让之日起，在剩余优惠期限内享受规定的减免税优惠；减免税期限届满后转让的，受让方不得就该项目重复享受减免税优惠。

（6）本通知自 2008 年 1 月 1 日起执行。

根据《国务院关于第一批取消 62 项中央指定地方实施行政审批事项的决定》（国发〔2015〕57 号）规定，"企业从事国家重点扶持的公共基础设施项目投资经营的所得享受所得税优惠的备案核准"取消。

3. 《财政部　国家税务总局关于公共基础设施项目和环境保护、节能节水项目企业所得税优惠政策问题的通知》（财税〔2012〕10 号）。

（1）企业从事符合《公共基础设施项目企业所得税优惠目录》规定、于 2007 年 12 月 31 日前已经批准的公共基础设施项目投资经营的所得，可在该项目取得第一笔生产经营收入所属纳税年度起，按新税法规定计算的企业所得税"三免三减半"优惠期间内，自 2008 年 1 月 1 日起享受其剩余年限的减免企业所得税优惠。

（2）如企业既符合享受上述税收优惠政策的条件，又符合享受《国务院关于实施企业所得税过渡优惠政策的通知》（国发〔2007〕39 号）第一条规定的企业所得税过渡优惠政策的条件，由企业选择最优惠的政策执行，不得叠加享受。

4. 饮水工程新建项目投资经营所得的企业所得税优惠。

为贯彻落实《中共中央 国务院关于加快水利改革发展的决定》（中发〔2011〕1 号）精神，改善农村人居环境，提高农村生活质量，支持农村饮水安全工程（以下简称饮水工程）的建设、运营，经国务院批准，现将有关税收政策通知如下：

对饮水工程运营管理单位从事《公共基础设施项目企业所得税优惠目录》规定的饮水工程新建项目投资经营的所得，自项目取得第一笔生产经营收入所属纳税年度起，第一年至第三年免征企业所得税，第四年至第六年减半征收企业所得税。

所称饮水工程，是指为农村居民提供生活用水而建设的供水工程设施。本文所称饮水工程运营管理单位是指负责农村饮水安全工程运营管理的自来水公司、供水公司、供水（总）站（厂、中心）、村集体、在民政部门注册登记的用水户协会等单位。

（《财政部 国家税务总局关于支持农村饮水安全工程建设运营税收政策的通知》，财税〔2012〕30 号）

《财政部 国家税务总局关于继续实行农村饮水安全工程建设运营税收优惠政策的通知》（财税〔2016〕19 号）与上述规定相同，不同的是，"饮水工程运营管理单位，是指负责饮水工程运营管理的自来水公司、供水公司、供水（总）站（厂、中心）、村集体、农民用水合作组织等单位"。还增加了"符合上述减免税条件的饮水工程运营管理单位需持相关材料向主管税务机关办理备案手续"的相关规定。

5. 电网新建项目享受企业所得税优惠政策。

《国家税务总局关于电网企业电网新建项目享受所得税优惠政策问题的公告》（国家税务总局公告 2013 年第 26 号）规定，自 2013 年 1 月 1 日起，居民企业从事符合《公共基础设施项目企业所得税优惠目录（2008 年版）》规定条件和标准的电网（输变电设施）的新建项目，可依法享受"三免三减半"的企业所得税优惠政策。基于企业电网新建项目的核算特点，暂以资产比例法，即以企业新增输变电固定资产原值占企业总输变电固定资产原值的比例，合理计算电网新建项目的应纳税所得额，并据此享受"三免三减半"的企业所得税优惠政策。电网企业新建项目享受优惠的具体计算方法如下：

（1）对于企业能独立核算收入的 330kv 以上跨省及长度超过 200km 的交流输变电新建项目和 500kv 以上直流输变电新建项目，应在项目投运后，按该项目营业收入、营业成本等单独计算其应纳税所得额；该项目应分摊的期间费用，可按照企业期间费用与分摊比例计算确定，计算公式为：

应分摊的期间费用 = 企业期间费用 × 分摊比例

第一年分摊比例 = 该项目输变电资产原值／〔（当年企业期初总输变电资产原值 + 当年企业期末总输变电资产原值）／2〕×（当年取得第一笔生产经营收入至当年底的月份数／12）

第二年及以后年度分摊比例 = 该项目输变电资产原值／〔（当年企业期初总输变电资产原值 + 当年企业期末总输变电资产原值）／2〕

（2）对于企业符合优惠条件但不能独立核算收入的其他新建输变电项目，可先依照企业所得税法及相关规定计算出企业的应纳税所得额，再按照项目投运后的新增输变电固定资产原值占企业总输变电固定资产原值的比例，计算得出该新建项目减免的应纳税所得额。享受减免的应纳税所得额计算公式为：

当年减免的应纳税所得额 = 当年企业应纳税所得额 × 减免比例

减免比例 = 〔当年新增输变电资产原值／（当年企业期初总输变电资产原值 + 当年企业期末总输变电资产原值）／2〕× 1/2 +（符合税法规定、享受到第二年和第三年输变电资产原值之和）／〔（当年企业期初总输变电资产原值 + 当年企业期末总输变电资产原值）／2〕+〔（符合税法规定、享受到第四年至第六年输变电资产原值之和）／（当年企业期初总输变电资产原值 + 当年企业期末总输变电资产原值）／2〕× 1/2

（3）依照规定享受有关企业所得税优惠的电网企业，应对其符合税法规定的电网新增输变电资产按年建立台账，并将相关资产的竣工决算报告和相关项目政府核准文件的复印件于次年 3 月 31 日前报当地主管税务机关备案。

依据国家税务总局令第 42 号《国家税务总局关于公布失效废止的税务部门规章和税收规范性文件目录的决定》，此条废止。

（4）居民企业符合条件的 2013 年 1 月 1 日前的电网新建项目，已经享受企业所得税优惠的不再调整；未享受企业所得税优惠的可依照上述规定享受剩余年限的企业所得税优惠政策。

根据《国务院关于第一批取消 62 项中央指定地方实施行政审批事项的决定》（国发〔2015〕57 号）规定，"电网企业新建项目分摊期间费用的核准"取消。

（三）执行《国家重点扶持的公共基础设施项目》中按 25% 税率减半征收的规定

居民企业取得《中华人民共和国企业所得税法实施条例》第八十七条（国家重点扶持的公共基础设施项目）规定可减半征收企业所得税的所得，是指居民企业应就该部分所得单独核算并依照 25% 的法定税率减半缴纳企业所得税。（《国家税务总局关于进一步明确企业所得税过渡期优惠政策执行口径问题的通知》，国税函〔2010〕157 号）

✍ 【案例】乙公司既属于国家重点扶持的公共基础设施投资项目，又属于国家需要重点扶持的高新技术企业。根据《中华人民共和国企业所得税法》及《中华人民共和国企业所得税法实施条例》规定，"国家重点扶持的公共基础设施项目的投资经营的所得，自项目取得第一笔生产经营收入所属纳税年度起，第一年至第三年免征企业所得税，第四年至第六年减半征收企业所得税"。该公司已进入第四年减半征收企业所得税了。国家需要重点扶持的高新技术企业减按15%的税率征收企业所得税。该公司第四年减半征收企业所得税和减按15%的税率征收企业所得税这两项税收优惠可否叠加享受。

乙公司进入第四年减半征收企业所得税期了，根据国税函〔2010〕157号规定，依照25%的法定税率减半缴纳企业所得税。不能按高新技术企业按15%的税率减半征收企业所得税。

（四）企业享受公共基础设施项目企业所得税优惠政策有关问题的补充通知

1. 企业投资经营符合《公共基础设施项目企业所得税优惠目录》规定条件和标准的公共基础设施项目，采用一次核准、分批次（如码头、泊位、航站楼、跑道、路段、发电机级等）建设的，凡同时符合以下条件的，可按每一批次为单位计算所得，并享受企业所得税"三免三减半"优惠：

（1）不同批次在空间上相互独立；

（2）每一批次自身具备取得收入的功能；

（3）以每一批次为单位进行会计核算，单独计算所得，并合理分摊期间费用。

2. 公共基础设施项目企业所得税"三免三减半"优惠的其他问题，继续按《财政部　国家税务总局关于执行公共基础设施项目企业所得税优惠目录有关问题的通知》（财税〔2008〕46号）、《国家税务总局关于实施国家重点扶持的公共基础设施项目企业所得税优惠问题的通知》（国税发〔2009〕80号）、《财政部　国家税务总局关于公共基础设施项目和环境保护、节能节水项目企业所得税优惠政策问题的通知》（财税〔2012〕10号）的规定执行。

（《财政部　国家税务总局关于公共基础设施项目享受企业所得税优惠政策问题的补充通知》，财税〔2014〕55号）

《财政部　国家税务总局　国家发展和改革委员会关于公布〈公共基础设施项目企业所得税优惠目录（2008年版）〉的通知》（财税〔2008〕116号）规定的《公共基础设施项目企业所得税优惠目录（2008年版）》见表4。

表4　　　　　　公共基础设施项目企业所得税优惠目录（2008年版）

序号	类别	项目	范围、条件及技术标准
1	港口码头	码头、泊位、通航建筑物新建项目	由省级以上政府投资主管部门核准的沿海港口万吨级及以上泊位、内河千吨级及以上泊位、滚装泊位、内河航运枢纽新建项目
2	机场	民用机场新建项目	由国务院核准的民用机场新建项目，包括民用机场迁建、军航机场军民合用改造项目

续表

序号	类别	项目	范围、条件及技术标准
3	铁路	铁路新线建设项目	由省级以上政府投资主管部门或国务院行业主管部门核准的客运专线、城际轨道交通和Ⅲ级及以上铁路建设项目
4		既有线路改造项目	由省级以上政府投资主管部门或国务院行业主管部门核准的铁路电气化改造、增建二线项目以及其他改造投入达到项目固定资产账面原值75%以上的改造项目
5	公路	公路新建项目	由省级以上政府投资主管部门核准的一级以上的公路建设项目
6	城市公共交通	城市快速轨道交通新建项目	由国务院核准的城市地铁、轻轨新建项目
7	电力	水力发电新建项目（包括控制性水利枢纽工程）	由国务院投资主管部门核准的在主要河流上新建的水电项目，总装机容量在25万千瓦及以上的新建水电项目，以及抽水蓄能电站项目
8		核电站新建项目	由国务院核准的核电站新建项目
9		电网（输变电设施）新建项目	由国务院投资主管部门核准的330kv及以上跨省及长度超过200km的交流输变电新建项目，500kv及以上直流输变电新建项目；由省级以上政府投资主管部门核准的革命老区、老少边穷地区电网新建工程项目；农网输变电新建项目。
10		风力发电新建项目	由政府投资主管部门核准的风力发电新建项目
11		海洋能发电新建项目	由省级以上政府投资主管部门核准的海洋能发电新建项目
12		太阳能发电新建项目	由政府投资主管部门核准的太阳能发电新建项目
13		地热发电新建项目	由政府投资主管部门核准的地热发电新建项目
14	水利	灌区配套设施及农业节水灌溉工程新建项目	由政府投资主管部门核准的灌区水源工程、灌排系统工程、节水工程
15		地表水水源工程新建项目	由政府投资主管部门核准的水库、塘堰、水窖及配套工程
16		调水工程新建项目	由政府投资主管部门核准的取水、输水、配水工程
17		农村人畜饮水工程新建项目	由政府投资主管部门核准的农村人畜饮水工程中取水、输水、净化水、配水工程
18		牧区水利工程新建项目	由政府投资主管部门核准的牧区水利工程中的取水、输配水、节水灌溉及配套工程

三、符合条件的环境保护、节能节水项目

（一）基本规定

从事符合条件的环境保护、节能节水项目的所得，可以免征、减征企业所得税。（《中华人民共和国企业所得税法》第二十七条第三项）

符合条件的环境保护、节能节水项目，包括公共污水处理、公共垃圾处理、沼气综合开发利用、节能减排技术改造、海水淡化等。项目的具体条件和范围由国务院财

政、税务主管部门商国务院有关部门制定，报国务院批准后公布施行。(《中华人民共和国企业所得税法实施条例》第八十八条第一款)

企业从事符合条件的环境保护、节能节水项目的所得，自取得第一笔生产经营收入所属纳税年度起，第一年至第三年免征企业所得税，第四年至第六年减半征收企业所得税。(《中华人民共和国企业所得税法实施条例》第八十八条第二款)

上述减免税优惠项目，在减免税期限内转让的，受让方自受让之日起，可以在剩余期限内享受规定的减免税优惠；减免税期限届满后转让的，受让方不得就该项目重复享受减免税优惠。(《中华人民共和国企业所得税法实施条例》第八十九条)

(二) 环境保护、节能节水项目企业所得税优惠目录

《财政部　国家税务总局　国家发展和改革委员会关于公布环境保护节能节水项目企业所得税优惠目录 (试行) 的通知》(财税〔2009〕166号) 已经国务院批准，自2008年1月1日起施行，详细优惠目录见表5。

表5　　　　　　　　　环境保护、节能节水项目企业所得税优惠目录 (试行)

序号	类别	项目	条件
1	公共污水处理	城镇污水处理项目	1. 根据全国城镇污水处理设施建设规划等全国性规划设立； 2. 专门从事城镇污水的收集、贮存、运输、处置以及污泥处置 (含符合国家产业政策和准入条件的水泥窑协同处置)； 3. 根据国家规定获得污水处理特许经营权，或符合环境保护行政主管部门规定的生活污水类污染治理设施运营资质条件； 4. 项目设计、施工和运行管理人员具备国家相应职业资格； 5. 项目按照国家法律法规要求，通过相关验收； 6. 项目经设区的市或者市级以上环境保护行政主管部门总量核查； 7. 排放水符合国家及地方规定的水污染物排放标准和重点水污染物排放总量控制指标； 8. 国务院财政、税务主管部门规定的其他条件。
		工业废水处理项目	1. 根据全国重点流域水污染防治规划等全国性规划设立，但按照国家规定作为企业必备配套设施的自用的污水处理项目除外； 2. 专门从事工业污水的收集、贮存、运输、处置以及污泥处置 (含符合国家产业政策和准入条件的水泥窑协同处置)； 3. 符合环境保护行政主管部门规定的工业废水类污染治理设施运营资质条件； 4. 项目设计、施工和运行管理人员具备国家相应职业资格； 5. 项目按照国家法律法规要求，通过相关验收； 6. 项目经设区的市或者市级以上环境保护行政主管部门总量核查； 7. 排放水符合国家及地方规定的水污染物排放标准和重点水污染物排放总量控制指标； 8. 国务院财政、税务主管部门规定的其他条件。

续表

序号	类别	项目	条件
2	公共垃圾处理	生活垃圾处理项目	1. 根据全国城镇垃圾处理设施建设规划等全国性规划设立； 2. 专门从事生活垃圾的收集、贮存、运输、处置； 3. 采用符合国家规定标准的卫生填埋、焚烧、热解、堆肥、水泥窑协同处置等工艺，其中：水泥窑协同处置要符合国家产业政策和准入条件； 4. 根据国家规定获得垃圾处理特许经营权，或符合环境保护行政主管部门规定的生活垃圾类污染治理设施运营资质条件； 5. 项目设计、施工和运行管理人员具备国家相应职业资格； 6. 按照国家法律法规要求，通过相关验收； 7. 项目经设区的市或者市级以上环境保护行政主管部门总量核查； 8. 国务院财政、税务主管部门规定的其他条件。
		工业固体废物处理项目 危险废物处理项目	1. 根据全国危险废物处置设施建设规划等全国性规划设立，但按照国家规定作为企业必备配套设施的自用的废弃物处理项目除外； 2. 专门从事工业固体废物或危险废物的收集、贮存、运输、处置； 3. 采用符合国家规定标准的卫生填埋、焚烧、热解、堆肥、水泥窑协同处置等工艺，其中：水泥窑协同处置要符合国家产业政策和准入条件； 4. 工业固体废物处理项目符合环境保护行政主管部门规定的工业固体废物类污染治理设施运营资质条件，危险废物处理项目取得县级以上人民政府环境保护行政主管部门颁发的危险废物经营许可证； 5. 项目设计、施工和运行管理人员具备国家相应职业资格； 6. 按照国家法律法规要求，通过相关验收； 7. 项目经设区的市或者市级以上环境保护行政主管部门总量核查； 8. 国务院财政、税务主管部门规定的其他条件。
3	沼气综合开发利用	畜禽养殖场和养殖小区沼气工程项目	1. 单体装置容积不小于300立方米，年平均日产沼气量不低于300立方米/天，且符合国家有关沼气工程技术规范的项目； 2. 废水排放、废渣处置、沼气利用符合国家和地方有关标准，不产生二次污染； 3. 项目包括完整的发酵原料的预处理设施、沼渣和沼液的综合利用或进一步处理系统，沼气净化、储存、输配和利用系统； 4. 项目设计、施工和运行管理人员具备国家相应职业资格； 5. 项目按照国家法律法规要求，通过相关验收； 6. 国务院财政、税务主管部门规定的其他条件。

续表

序号	类别	项目	条件
4	节能减排技术改造	1. 既有高能耗建筑节能改造项目 2. 既有建筑太阳能光热、光电建筑一体化技术或浅层地能热泵技术改造项目 3. 既有居住建筑供热计量及节能改造项目 4. 工业锅炉、工业窑炉节能技术改造项目 5. 电机系统节能、能量系统优化技术改造项目 6. 煤炭工业复合式干法选煤技术改造项目 7. 钢铁行业干式除尘技术改造项目 8. 有色金属行业干式除尘净化技术改造项目	1. 具有独立法人资质，且注册资金不低于100万元的节能减排技术服务公司以合同能源管理的形式，通过以节省能源费用或节能量来支付项目成本的节能减排技术改造项目； 2. 项目应符合国家产业政策，并达到国家有关节能和环境标准； 3. 经建筑能效测评机构检测，既有高能耗建筑节能改造和北方既有居住建筑供热计量及节能改造达到现行节能强制性标准要求，既有建筑太阳能光热、光电建筑一体化技术或浅层地能热泵技术改造后达到现行国家有关标准要求； 4. 经省级节能节水主管部门验收，工业锅炉、工业窑炉技术改造和电机系统节能、能量系统优化技术改造项目年节能量折算后不小于1000吨标准煤，煤炭工业复合式干法选煤技术改造、钢铁行业干式除尘技术改造和有色金属行业干式除尘净化技术改造项目年节水量不小于200万立方米； 5. 项目应纳税所得额的计算应符合独立交易原则； 6. 国务院财政、税务主管部门规定的其他条件。
		9. 燃煤电厂烟气脱硫技术改造项目	1. 按照国家有关法律法规设立的，具有独立法人资质，且注册资金不低于500万元的专门从事脱硫服务的公司从事的符合规定的脱硫技术改造项目； 2. 改造后，采用干法或半干法脱硫的项目脱硫效率应高于85%，采用湿法或其他方法脱硫的项目脱硫效率应高于98%； 3. 项目改造后经国家有关部门评估，综合效益良好； 4. 设施能够稳定运行，达到环境保护行政主管部门对二氧化硫的排放总量及浓度控制要求； 5. 项目应纳税所得额的计算应符合独立交易原则； 6. 国务院财政、税务主管部门规定的其他条件。

续表

序号	类别	项目	条件
5	海水淡化	用作工业、生活用水的海水淡化项目	1. 符合《海水利用专项规划》中规定的发展重点以及区域布局等要求； 2. 规模不小于淡水产量 10000 吨/日； 3. 热法海水淡化项目的物能消耗指标为吨水耗电量小于 1.8 千瓦时/吨、造水比大于 8，膜法海水淡化项目的能耗指标为吨水耗电量小于 4.0 千瓦时/吨； 4. 国务院财政、税务主管部门规定的其他条件。
		用作海岛军民饮用水的海水淡化项目	1. 符合《海水利用专项规划》中规定的发展重点以及区域布局等要求； 2. 热法海水淡化项目的物能消耗指标为吨水耗电量小于 1.8 千瓦时/吨、造水比大于 8，膜法海水淡化项目的能耗指标为吨水耗电量小于 4.0 千瓦时/吨； 3. 国务院财政、税务主管部门规定的其他条件。

【提示】将垃圾填埋沼气发电项目列入《财政部 国家税务总局 国家发展改革委关于公布环境保护节能节水项目企业所得税优惠目录（试行）的通知》（财税〔2009〕166 号）规定的"沼气综合开发利用"范围。自 2016 年 1 月 1 日起，企业从事垃圾填埋沼气发电项目取得的所得，符合《环境保护、节能节水项目企业所得税优惠目录（试行）》规定优惠政策条件的，可依照规定享受企业所得税优惠。

（《财政部 国家税务总局 国家发展改革委关于垃圾填埋沼气发电列入〈环境保护、节能节水项目企业所得税优惠目录（试行）〉的通知》，财税〔2016〕131 号）

（三）《财政部 国家税务总局关于公共基础设施项目和环境保护节能节水项目企业所得税优惠政策问题的通知》（财税〔2012〕10 号）

企业从事符合《环境保护、节能节水项目企业所得税优惠目录》规定，于 2007 年 12 月 31 日前已经批准的环境保护、节能节水项目的所得，可在该项目取得第一笔生产经营收入所属纳税年度起，按新税法规定计算的企业所得税"三免三减半"优惠期间内，自 2008 年 1 月 1 日起享受其剩余年限的减免企业所得税优惠。

如企业既符合享受上述税收优惠政策的条件，又符合享受《国务院关于实施企业所得税过渡优惠政策的通知》（国发〔2007〕39 号）第一条规定的企业所得税过渡优惠政策的条件，由企业选择最优惠的政策执行，不得叠加享受。

（四）居民企业取得符合条件的环境保护、节能节水项目所得享受税收优惠注意问题

1. 居民企业取得《中华人民共和国企业所得税法实施条例》第八十八条（符合

条件的环境保护、节能节水项目）规定可减半征收企业所得税的所得，是指居民企业应就该部分所得单独核算并依照25%的法定税率减半缴纳企业所得税。（《国家税务总局关于进一步明确企业所得税过渡期优惠政策执行口径问题的通知》，国税函〔2010〕157号）

2. 根据《国务院关于第一批取消62项中央指定地方实施行政审批事项的决定》（国发〔2015〕57号）规定，"企业符合条件的环境保护、节能节水项目的所得享受所得税优惠的备案核准"取消。

3. 对环境保护领域失信生产经营单位停止享受环境保护项目企业所得税优惠。

《关于印发〈关于对环境保护领域失信生产经营单位及其有关人员开展联合惩戒的合作备忘录〉的通知》（发改财金〔2016〕1580号）规定，存在超过污染物排放标准或者超过重点污染物排放总量控制指标排放污染物等违法行为的，按照财政部、国家税务总局相关规定，停止执行已经享受的环境保护项目企业所得税优惠。

四、符合条件的技术转让所得

符合条件的技术转让所得，可以免征、减征企业所得税。（《中华人民共和国企业所得税法》第二十七条第四项）

符合条件的技术转让所得免征、减征企业所得税，是指一个纳税年度内，居民企业技术转让所得不超过500万元的部分，免征企业所得税；超过500万元的部分，减半征收企业所得税。（《中华人民共和国企业所得税法实施条例》第九十条）

（一）享受减免企业所得税优惠的技术转让应符合的条件

1. 享受优惠的技术转让主体是《中华人民共和国企业所得税法》规定的居民企业。

2. 技术转让属于财政部、国家税务总局规定的范围。

3. 境内技术转让经省级以上科技部门认定。

4. 向境外转让技术经省级以上商务部门认定。

5. 国务院税务主管部门规定的其他条件。

（《国家税务总局关于技术转让所得减免企业所得税有关问题的通知》，国税函〔2009〕212号）

（二）符合条件的技术转让所得的计算方法

符合条件的技术转让所得应按以下方法计算：

技术转让所得＝技术转让收入－技术转让成本－相关税费

技术转让收入是指当事人履行技术转让合同后获得的价款，不包括销售或转让设备、仪器、零部件、原材料等非技术性收入。不属于与技术转让项目密不可分的技术咨询、技术服务、技术培训等收入，不得计入技术转让收入。

技术转让成本是指转让的无形资产的净值，即该无形资产的计税基础减除在资产使用期间按照规定计算的摊销扣除额后的余额。

相关税费是指技术转让过程中实际发生的有关税费，包括除企业所得税和允许抵扣的增值税以外的各项税金及其附加、合同签订费用、律师费等相关费用及其他支出。

（《国家税务总局关于技术转让所得减免企业所得税有关问题的通知》，国税函〔2009〕212号）

可以计入技术转让收入的技术咨询、技术服务、技术培训收入，是指转让方为使受让方掌握所转让的技术投入使用、实现产业化而提供的必要的技术咨询、技术服务、技术培训所产生的收入，并应同时符合以下条件：

1. 在技术转让合同中约定的与该技术转让相关的技术咨询、技术服务、技术培训。

2. 技术咨询、技术服务、技术培训收入与该技术转让项目收入一并收取价款。

以上规定自2013年11月1日起施行。此前已进行企业所得税处理的相关业务，不作纳税调整。

（《国家税务总局关于技术转让所得减免企业所得税有关问题的公告》，国家税务总局公告2013年第62号）

（三）享受技术转让所得减免企业所得税优惠的企业应单独计算技术转让所得

享受技术转让所得减免企业所得税优惠的企业应单独计算技术转让所得，并合理分摊企业的期间费用；没有单独计算的，不得享受技术转让所得企业所得税优惠。（《国家税务总局关于技术转让所得减免企业所得税有关问题的通知》，国税函〔2009〕212号）

（四）向主管税务机关办理减免税备案手续

企业发生技术转让，应在纳税年度终了后至报送年度纳税申报表以前，向主管税务机关办理减免税备案手续。

1. 企业发生境内技术转让，向主管税务机关备案时应报送以下资料：

（1）技术转让合同（副本）；

（2）省级以上科技部门出具的技术合同登记证明；

（3）技术转让所得归集、分摊、计算的相关资料；

（4）实际缴纳相关税费的证明资料；

（5）主管税务机关要求提供的其他资料。

2. 企业向境外转让技术，向主管税务机关备案时应报送以下资料：

（1）技术出口合同（副本）；

（2）省级以上商务部门出具的技术出口合同登记证书或技术出口许可证；

（3）技术出口合同数据表；

（4）技术转让所得归集、分摊、计算的相关资料；

（5）实际缴纳相关税费的证明资料；

（6）主管税务机关要求提供的其他资料。

（《国家税务总局关于技术转让所得减免企业所得税有关问题的通知》，国税函〔2009〕212号）

依据《国家税务总局关于公布失效废止的税务部门规章和税收规范性文件目录的决定》（国家税务总局令第42号），此条废止。

（五）技术转让的范围

技术转让的范围包括居民企业转让专利技术、计算机软件著作权、集成电路布图设计权、植物新品种、生物医药新品种，以及财政部和国家税务总局确定的其他技术。

其中：专利技术，是指法律授予独占权的发明、实用新型和非简单改变产品图案的外观设计。

技术转让，是指居民企业转让其拥有符合技术转让的范围规定技术的所有权或5年以上（含5年）全球独占许可使用权的行为。

（《财政部 国家税务总局关于居民企业技术转让有关企业所得税政策问题的通知》，财税〔2010〕111号）

（六）技术转让应签订技术转让合同

技术转让应签订技术转让合同。其中，境内的技术转让须经省级以上（含省级）科技部门认定登记，跨境的技术转让须经省级以上（含省级）商务部门认定登记，涉及财政经费支持产生技术的转让，需省级以上（含省级）科技部门审批。

居民企业技术出口应由有关部门按照商务部、科技部发布的《中国禁止出口限制出口技术目录》（商务部、科技部令2008年第12号）进行审查。

（《财政部 国家税务总局关于居民企业技术转让有关企业所得税政策问题的通知》，财税〔2010〕111号）

（七）不享受技术转让减免企业所得税优惠的情况

1. 居民企业取得禁止出口和限制出口技术转让所得，不享受技术转让减免企业所得税优惠政策。

2. 居民企业从直接或间接持有股权之和达到100%的关联方取得的技术转让所得，不享受技术转让减免企业所得税优惠政策。

（《财政部 国家税务总局关于居民企业技术转让有关企业所得税政策问题的通知》，财税〔2010〕111号）

（八）技术转让减征企业所得税依照25%税率减半征收

居民企业取得《中华人民共和国企业所得税法实施条例》第九十条（符合条件的

技术转让所得免征、减征企业所得税）规定可减半征收企业所得税的所得，是指居民企业应就该部分所得单独核算并依照25%的法定税率减半缴纳企业所得税。（《国家税务总局关于进一步明确企业所得税过渡期优惠政策执行口径问题的通知》，国税函〔2010〕157号）

根据《国务院关于第一批取消62项中央指定地方实施行政审批事项的决定》（国发〔2015〕57号）规定，"企业取得的符合条件的技术转让所得享受所得税优惠的核准"取消。

（九）示范地区居民企业减免税规定

注册在示范地区的居民企业在一个纳税年度内，转让技术的所有权或5年以上（含5年）许可使用权取得的所得不超过500万元的部分，免征企业所得税；超过500万元的部分，减半征收企业所得税。

所称技术，包括专利（含国防专利）、计算机软件著作权、集成电路布图设计专有权、植物新品种权、生物医药新品种，以及财政部和国家税务总局确定的其他技术。其中，专利是指法律授予独占权的发明、实用新型以及非简单改变产品图案和形状的外观设计。

自2015年1月1日起执行。实施范围包括中关村等所有国家自主创新示范区、合芜蚌自主创新综合试验区和绵阳科技城。

（《财政部　国家税务总局关于推广中关村国家自主创新示范区税收试点政策有关问题的通知》，财税〔2015〕62号）

（十）转让非独占许可使用权所得优惠范围

居民企业转让5年以上非独占许可使用权取得的技术转让所得，纳入享受企业所得税优惠的技术转让所得范围。

1.《财政部　国家税务总局关于将国家自主创新示范区有关税收试点政策推广到全国范围实施的通知》（财税〔2015〕116号）。

自2015年10月1日起，全国范围内的居民企业转让5年以上非独占许可使用权取得的技术转让所得，纳入享受企业所得税优惠的技术转让所得范围。居民企业的年度技术转让所得不超过500万元的部分，免征企业所得税；超过500万元的部分，减半征收企业所得税。

所称技术，包括专利（含国防专利）、计算机软件著作权、集成电路布图设计专有权、植物新品种权、生物医药新品种，以及财政部和国家税务总局确定的其他技术。其中，专利是指法律授予独占权的发明、实用新型以及非简单改变产品图案和形状的外观设计。

2.《国家税务总局关于许可使用权技术转让所得企业所得税有关问题的公告》（国家税务总局公告2015年第82号）。

自 2015 年 10 月 1 日起，全国范围内的居民企业转让 5 年（含，下同）以上非独占许可使用权取得的技术转让所得，纳入享受企业所得税优惠的技术转让所得范围。居民企业的年度技术转让所得不超过 500 万元的部分，免征企业所得税；超过 500 万元的部分，减半征收企业所得税。

所称技术包括专利（含国防专利）、计算机软件著作权、集成电路布图设计专有权、植物新品种权、生物医药新品种，以及财政部和国家税务总局确定的其他技术。其中，专利是指法律授予独占权的发明、实用新型以及非简单改变产品图案和形状的外观设计。

企业转让符合条件的 5 年以上非独占许可使用权的技术，限于其拥有所有权的技术。技术所有权的权属由国务院行政主管部门确定。其中，专利由国家知识产权局确定权属；国防专利由总装备部确定权属；计算机软件著作权由国家版权局确定权属；集成电路布图设计专有权由国家知识产权局确定权属；植物新品种权由农业部确定权属；生物医药新品种由国家食品药品监督管理总局确定权属。

符合条件的 5 年以上非独占许可使用权技术转让所得应按以下方法计算：

技术转让所得＝技术转让收入－无形资产摊销费用－相关税费－应分摊期间费用

技术转让收入是指转让方履行技术转让合同后获得的价款，不包括销售或转让设备、仪器、零部件、原材料等非技术性收入。不属于与技术转让项目密不可分的技术咨询、服务、培训等收入，不得计入技术转让收入。技术许可使用权转让收入，应按转让协议约定的许可使用权人应付许可使用权使用费的日期确认收入的实现。

无形资产摊销费用是指该无形资产按税法规定当年计算摊销的费用。涉及自用和对外许可使用的，应按照受益原则合理划分。

相关税费是指技术转让过程中实际发生的有关税费，包括除企业所得税和允许抵扣的增值税以外的各项税金及其附加、合同签订费用、律师费等相关费用。

应分摊期间费用（不含无形资产摊销费用和相关税费）是指技术转让按照当年销售收入占比分摊的期间费用。

企业享受技术转让所得企业所得税优惠的其他相关问题，仍按照《国家税务总局关于技术转让所得减免企业所得税有关问题的通知》（国税函〔2009〕212 号）、《财政部　国家税务总局关于居民企业技术转让有关企业所得税政策问题的通知》（财税〔2010〕111 号）、《国家税务总局关于技术转让所得减免企业所得税有关问题的公告》（国家税务总局公告 2013 年第 62 号）规定执行。

五、民族自治地方企业的所得税减免

民族自治地方的自治机关对本民族自治地方的企业应缴纳的企业所得税中属于地方分享的部分，可以决定减征或者免征。自治州、自治县决定减征或者免征的，须报

省、自治区、直辖市人民政府批准。(《中华人民共和国企业所得税法》第二十九条)

所称民族自治地方，是指《中华人民共和国民族区域自治法》规定的，实行民族区域自治的自治区、自治州、自治县。

对民族自治地方内国家限制和禁止行业的企业，不得减征或者免征企业所得税。(《中华人民共和国企业所得税法实施条例》第九十四条)

根据《中华人民共和国企业所得税法》第二十九条有关"民族自治地方的自治机关对本民族自治地方的企业应缴纳的企业所得税中属于地方分享的部分，可以决定减征或者免征"的规定，对 2008 年 1 月 1 日后民族自治地方批准享受减免税的企业，一律按《中华人民共和国企业所得税法》第二十九条的规定执行，即对民族自治地方的企业减免企业所得税，仅限于减免企业所得税中属于地方分享的部分，不得减免属于中央分享的部分。民族自治地方在《中华人民共和国企业所得税法》实施前已经按照《财政部 国家税务总局 海关总署总关于西部大开发税收优惠政策问题的通知》(财税〔2001〕202 号) 第二条第二款有关减免税规定批准享受减免企业所得税 (包括减免中央分享企业所得税的部分) 的，自 2008 年 1 月 1 日起计算，对减免税期限在 5 年以内 (含 5 年) 的，继续执行至期满后停止；对减免税期限超过 5 年的，从第六年起按《中华人民共和国企业所得税法》第二十九条规定执行。(《财政部 国家税务总局关于贯彻落实国务院关于实施企业所得税过渡优惠政策有关问题的通知》，财税〔2008〕21 号)

六、其他专项优惠项目

(一) 实施清洁发展机制项目税收优惠政策

经国务院批准中国清洁发展机制基金 (以下简称清洁基金) 和清洁发展机制项目 (以下简称 CDM[①] 项目) 实施企业有关企业所得税政策。

1. CDM 项目实施企业按照《清洁发展机制项目运行管理办法》(国家发展改革委、科技部、外交部、财政部令第 37 号) 的规定。对企业实施的将温室减排量转让收入的 65% 上缴给国家的氢氟碳化物 (HFC) 和全氟碳化物 (PFC) 类 CDM 项目，以及将温室气体减排量转让收入的 30% 上缴给国家的氧化亚氮 (N_2O) 类 CDM 项目，其实施该类 CDM 项目的所得，自项目取得第一笔减排量转让收入所属纳税年度起第一年至第三年免征企业所得税，第四年至第六年减半征收企业所得税。

2. 企业实施 CDM 项目的所得，是指企业实施 CDM 项目取得的温室气体减排量转让收入扣除上缴国家的部分，再扣除企业实施 CDM 项目发生的相关成本、费用后的

---

① 2005 年正式生效的《联合国气候变化框架公约》(《京都议定书》) 引入了清洁发展机制 (以下简称 CDM)。CDM 的主要内容是发达国家通过提供资金和技术的方式，帮助发展中国家实施具有温室气体减排效果的项目，项目所产生的温室气体减排量被列入发达国家履行《京都议定书》的承诺。

所得。

3. 企业应单独核算其享受优惠的 CDM 项目所得，并合理分摊有关期间费用，没有单独核算的，不得享受上述企业所得税的优惠政策。

（《财政部 国家税务总局关于中国清洁发展机制基金及清洁发展机制项目实施企业有关企业所得税政策问题的通知》，财税〔2009〕30 号）

根据《国务院关于第一批取消 62 项中央指定地方实施行政审批事项的决定》（国发〔2015〕57 号）规定，"中国清洁发展机制基金及清洁发展机制项目实施企业享受所得税优惠的备案核准"取消。

（二）符合条件的节能服务公司实施合同能源管理项目税收优惠政策

促进节能服务产业发展企业所得税政策自 2011 年 1 月 1 日起执行。

1. 对符合条件的节能服务公司实施合同能源管理项目，符合企业所得税税法有关规定的，自项目取得第一笔生产经营收入所属纳税年度起，第一年至第三年免征企业所得税，第四年至第六年按照 25% 的法定税率减半征收企业所得税。

2. 对符合条件的节能服务公司，以及与其签订节能效益分享型合同的用能企业，实施合同能源管理项目有关资产的企业所得税税务处理按以下规定执行。

（1）用能企业按照能源管理合同实际支付给节能服务公司的合理支出，均可以在计算当期应纳税所得额时扣除，不再区分服务费用和资产价款进行税务处理；

（2）能源管理合同期满后，节能服务公司转让给用能企业的因实施合同能源管理项目形成的资产，按折旧或摊销期满的资产进行税务处理，用能企业从节能服务公司接受有关资产的计税基础也应按折旧或摊销期满的资产进行税务处理；

（3）能源管理合同期满后，节能服务公司与用能企业办理有关资产的权属转移时，用能企业已支付的资产价款，不再另行计入节能服务公司的收入。

3. 上述所称"符合条件"是指同时满足以下条件。

（1）具有独立法人资格，注册资金不低于 100 万元，且能够单独提供用能状况诊断、节能项目设计、融资、改造（包括施工、设备安装、调试、验收等）、运行管理、人员培训等服务的专业化节能服务公司；

（2）节能服务公司实施合同能源管理项目相关技术应符合国家质量监督检验检疫总局和国家标准化管理委员会发布的《合同能源管理技术通则》（GB/T 24915—2010）规定的技术要求；

（3）节能服务公司与用能企业签订《节能效益分享型》合同，其合同格式和内容，符合《合同法》和国家质量监督检验检疫总局和国家标准化管理委员会发布的《合同能源管理技术通则》（GB/T 24915—2010）等规定；

（4）节能服务公司实施合同能源管理的项目符合《财政部 国家税务总局 国家发展改革委关于公布环境保护节能节水项目企业所得税优惠目录（试行）的通知》

（财税〔2009〕166号）"4·节能减排技术改造"类中第一项至第八项规定的项目和条件；

（5）节能服务公司投资额不低于实施合同能源管理项目投资总额的70%；

（6）节能服务公司拥有匹配的专职技术人员和合同能源管理人才，具有保障项目顺利实施和稳定运行的能力。

4. 节能服务公司与用能企业之间的业务往来，应当按照独立企业之间的业务往来收取或者支付价款、费用。不按照独立企业之间的业务往来收取或者支付价款、费用，而减少其应纳税所得额的，税务机关有权进行合理调整。

5. 用能企业对从节能服务公司取得的与实施合同能源管理项目有关的资产，应与企业其他资产分开核算，并建立辅助账或明细账。

6. 节能服务公司同时从事适用不同税收政策待遇项目的，其享受税收优惠项目应当单独计算收入、扣除，并合理分摊企业的期间费用；没有单独计算的，不得享受税收优惠政策。

（《财政部 国家税务总局关于促进节能服务产业发展增值税、营业税和企业所得税政策问题的通知》，财税〔2010〕110号）

根据《国务院关于第一批取消62项中央指定地方实施行政审批事项的决定》（国发〔2015〕57号）规定，节能服务公司实施合同能源管理项目享受所得税优惠的备案核准取消。

7. 落实合同能源管理项目企业所得税优惠政策的有关征收管理问题。

（1）对实施节能效益分享型合同能源管理项目（以下简称项目）的节能服务企业，凡实行查账征收所得税的居民企业并符合《中华人民共和国企业所得税法》和国家税务总局、国家发展和改革委员会公告2013年第77号有关规定的，该项目可享受财税〔2010〕110号文件规定的企业所得税"三免三减半"优惠政策。如节能服务企业的分享型合同约定的效益分享期短于6年的，按实际分享期享受优惠。

（2）节能服务企业享受"三免三减半"项目的优惠期限，应连续计算。对在优惠期限内转让所享受优惠的项目给其他符合条件的节能服务企业，受让企业承续经营该项目的，可自项目受让之日起，在剩余期限内享受规定的优惠；优惠期限届满后转让的，受让企业不得就该项目重复享受优惠。

（3）节能服务企业投资项目所发生的支出，应按税法规定作资本化或费用化处理。形成的固定资产或无形资产，应按合同约定的效益分享期计提折旧或摊销。

节能服务企业应分别核算各项目的成本费用支出额。对在合同约定的效益分享期内发生的期间费用划分不清的，应合理进行分摊，期间费用的分摊应按照项目投资额和销售（营业）收入额两个因素计算分摊比例，两个因素的权重各为50%。

（4）节能服务企业、节能效益分享型能源管理合同和合同能源管理项目应符合财税〔2010〕110 号文件第二条第（三）项所规定的条件。

（5）享受企业所得税优惠政策的项目应属于《财政部　国家税务总局　国家发展改革委关于公布环境保护节能节水项目企业所得税优惠目录（试行）的通知》（财税〔2009〕166 号）规定的节能减排技术改造项目，包括余热余压利用、绿色照明等节能效益分享型合同能源管理项目。

（6）合同能源管理项目优惠实行事前备案管理。节能服务企业享受合同能源管理项目企业所得税优惠的，应向主管税务机关备案。涉及多个项目优惠的，应按各项目分别进行备案。节能服务企业应在项目取得第一笔收入的次年 4 个月内，完成项目享受优惠备案。办理备案手续时需提供以下资料：①减免税备案申请；②能源管理合同复印件；③国家发展改革委、财政部公布的第三方机构出具的《合同能源管理项目情况确认表》，或者政府节能主管部门出具的合同能源管理项目确认意见；④《合同能源管理项目应纳税所得额计算表》；⑤项目第一笔收入的发票复印件；⑥合同能源管理项目发生转让的，受让节能服务企业除提供上述材料外，还需提供项目转让合同、项目原享受优惠的备案文件。

依据《国家税务总局关于公布失效废止的税务部门规章和税收规范性文件目录的决定》（国家税务总局令第 42 号），此条废止。

（7）企业享受优惠条件发生变化的，应当自发生变化之日起 15 日内向主管税务机关书面报告。如不再符合享受优惠条件的，应停止享受优惠，并依法缴纳企业所得税。对节能服务企业采取虚假手段获取税收优惠的、享受优惠条件发生变化而未及时向主管税务机关报告的以及未按本公告规定报送备案资料而自行减免税的，主管税务机关应按照税收征管法等有关规定进行处理。税务部门应设立节能服务企业项目管理台账和统计制度，并会同节能主管部门建立监管机制。

（8）合同能源管理项目确认由国家发展改革委、财政部公布的第三方节能量审核机构负责，并出具《合同能源管理项目情况确认表》，或者由政府节能主管部门出具合同能源管理项目确认意见。第三方机构在合同能源管理项目确认过程中应严格按照国家有关要求认真审核把关，确保审核结果客观、真实。对在审核过程中把关不严、弄虚作假的第三方机构，一经查实，将取消其审核资质，并按相关法律规定追究责任。

（9）上述规定自 2013 年 1 月 1 日起施行。上述规定发布前，已按有关规定享受税收优惠政策的，仍按原规定继续执行；尚未享受的，按上述规定执行。

（《国家税务总局　国家发展和改革委员会关于落实节能服务企业合同能源管理项目企业所得税优惠政策有关征收管理问题的公告》，国家税务总局、国家发展和改革委员会公告 2013 年第 77 号）

（三）经营性文化事业单位转制企业享受的税收优惠政策

自 2014 年 1 月 1 日至 2018 年 12 月 31 日，为进一步深化文化体制改革，继续推进国有经营性文化事业单位转企改制，相关税收政策规定如下。

1. 经营性文化事业单位转制为企业，可以享受以下税收优惠政策。

（1）经营性文化事业单位转制为企业，自转制注册之日起免征企业所得税。

（2）对经营性文化事业单位转制中资产评估增值、资产转让或划转涉及的企业所得税符合现行规定的享受相应税收优惠政策。

（3）转制为企业的出版、发行单位处置库存呆滞出版物形成的损失，允许按照税收法律法规的规定在企业所得税前扣除。

上述所称"经营性文化事业单位"，是指从事新闻出版、广播影视和文化艺术的事业单位。转制包括整体转制和剥离转制。其中，整体转制包括（图书、音像、电子）出版社、非时政类报刊出版单位、新华书店、艺术院团、电影制片厂、电影（发行放映）公司、影剧院、重点新闻网站等整体转制为企业；剥离转制包括新闻媒体中的广告、印刷、发行、传输网络等部分，以及影视剧等节目制作与销售机构，从事业体制中剥离出来转制为企业。

上述所称"转制注册之日"，是指经营性文化事业单位转制为企业并进行工商注册之日。对于经营性文化事业单位转制前已进行企业法人登记，则按注销事业单位法人登记之日或核销事业编制的批复之日（转制前未进行事业单位法人登记的）起确定转制完成并享受该规定的税收优惠政策。

该规定下发之前已经审核认定享受《财政部 国家税务总局关于文化体制改革中经营性文化事业单位转制为企业的若干税收优惠政策问题的通知》（财税〔2009〕34号）税收政策的转制文化企业，可继续享受该规定的税收政策。

2. 享受税收优惠政策的转制文化企业应同时符合以下条件。

（1）根据相关部门的批复进行转制。

（2）转制文化企业已进行企业工商注册登记。

（3）整体转制前已进行事业单位法人登记的，转制后已核销事业编制、注销事业单位法人。

（4）已同在职职工全部签订劳动合同，按企业办法参加社会保险。

（5）转制文化企业引入非公有资本和境外资本的，须符合国家法律法规和政策规定；变更资本结构依法应经批准的，需经行业主管部门和国有文化资产监管部门批准。

上述规定适用于所有转制文化单位。中央所属转制文化企业的认定，由中央宣传部会同财政部、国家税务总局确定并发布名单；地方所属转制文化企业的认定，按照登记管理权限，由地方各级宣传部门会同同级财政、税务部门确定和发布名单，并按程序抄送中央宣传部、财政部和国家税务总局。

已认定发布的转制文化企业名称发生变更的，如果主营业务未发生变化，可持同级文化体制改革和发展工作领导小组办公室出具的同意变更函，到主管税务机关履行变更手续；如果主营业务发生变化，依照本条规定的条件重新认定。

3. 经认定的转制文化企业，即可享受相应的税收优惠政策，并持下列材料向主管税务机关备案。

（1）转制方案批复函。

（2）企业工商营业执照。

（3）整体转制前已进行事业单位法人登记的，需提供同级机构编制管理机关核销事业编制、注销事业单位法人的证明。

（4）同在职职工签订劳动合同、按企业办法参加社会保险制度的证明。

（5）引入非公有资本和境外资本、变更资本结构的，需出具相关部门批准文件。

未经认定的转制文化企业或转制文化企业不符合本通知规定的，不得享受相关税收优惠政策。已享受优惠的，主管税务机关应追缴其已减免的税款。

4. 对已转制企业按照规定应予减免的税款，在本通知下发以前已经征收入库的，可抵减以后纳税期应缴税款或办理退库。

5.《财政部 国家税务总局关于文化体制改革中经营性文化事业单位转制为企业的若干税收优惠政策问题的通知》（财税〔2009〕34 号）、《财政部 国家税务总局 中宣部关于转制文化企业名单及认定问题的通知》（财税〔2009〕105 号）自 2014 年 1 月 1 日起停止执行。

（《财政部 国家税务总局 中宣部关于继续实施文化体制改革中经营性文化事业单位转制为企业若干税收政策的通知》，财税〔2014〕84 号）

《国务院关于第一批取消 62 项中央指定地方实施行政审批事项的决定》（国发〔2015〕57 号）规定，"企业享受文化体制改革中转制的经营性文化事业单位企业所得税优惠的核准"取消。

（四）动漫企业税收优惠政策

经认定的动漫企业自主开发、生产动漫产品，可申请享受国家现行鼓励软件产业发展的所得税优惠政策。

所称动漫企业和自主开发、生产动漫产品的认定标准和认定程序，按照《文化部、财政部、国家税务总局关于印发〈动漫企业认定管理办法（试行）〉的通知》（文市发〔2008〕51 号）的规定执行。

（《财政部 国家税务总局关于扶持动漫产业发展有关税收政策问题的通知》，财税〔2009〕65 号）

根据《国务院关于第一批取消 62 项中央指定地方实施行政审批事项的决定》（国发〔2015〕57 号）规定，"动漫企业享受所得税优惠的备案核准"取消。

我国境内新办的集成电路设计企业和符合条件的软件企业，经认定后，在 2017

年 12 月 31 日前自获利年度起计算优惠期，第一年至第二年免征企业所得税，第三年至第五年按照 25% 的法定税率减半征收企业所得税，并享受至期满为止。

（《财政部　国家税务总局关于进一步鼓励软件产业和集成电路产业发展企业所得税政策的通知》，财税〔2012〕27 号）

根据《国务院关于第一批取消 62 项中央指定地方实施行政审批事项的决定》（国发〔2015〕57 号）规定，"软件、集成电路企业享受所得税优惠的备案核准"取消。

（五）受灾地区损失严重的企业税收优惠政策

1. 对芦山地震受灾地区损失严重的企业，免征企业所得税。

所称"受灾地区"是指《四川芦山"4·20"强烈地震灾害评估报告》明确的极重灾区、重灾区和一般灾区（见表 6）。

表 6　　　　　　　　　　　　芦山地震受灾地区范围

灾区类别	地　市	县（区、市）、乡镇
极重灾区	雅安市	芦山县
重灾区	雅安市	雨城区、天全县、名山区、荥经县、宝兴县
	成都市	邛崃市高何镇、天台山镇、道佐乡、火井镇、南宝乡、夹关镇
一般灾区	雅安市	汉源县、石棉县
	成都市	邛崃市（其他乡镇）、浦江县、大邑县
	眉山市	丹棱县、洪雅县、东坡区
	乐山市	金口河区、夹江县、峨眉山市、峨边彝族自治县
	甘孜州	泸定县、康定县
	凉山州	甘洛县

（《财政部　海关总署　国家税务总局关于支持芦山地震灾后恢复重建有关税收政策问题的通知》，财税〔2013〕58 号，执行至 2015 年 12 月 31 日。）

2. 对鲁甸地震受灾严重地区损失严重的企业，免征 2014—2016 年的年度企业所得税。

根据《云南鲁甸 6.5 级地震灾害损失评估报告》（民函〔2014〕269 号）的规定，本通知所称"受灾严重地区"是指极重灾区和重灾区，"受灾地区"是指极重灾区、重灾区和一般灾区。具体受灾地区范围见表 7。

表 7　　　　　　　　　　　　鲁甸地震受灾地区范围

灾区类别	地市	县（市、区）
极重灾区	昭通市	鲁甸县
重灾区	昭通市	巧家县
	曲靖市	会泽县
一般灾区	昭通市	昭阳区、永善县

（《财政部　海关总署　国家税务总局关于支持鲁甸地震灾后恢复重建有关税收政策问题的通知》，财税〔2015〕27号）

（六）受灾地区农村信用社税收优惠政策

自2013年4月20日至2017年12月31日，对芦山地震受灾地区农村信用社免征企业所得税。

所称"受灾地区"是指《四川芦山"4·20"强烈地震灾害评估报告》明确的极重灾区、重灾区和一般灾区。

（《财政部　海关总署　国家税务总局关于支持芦山地震灾后恢复重建有关税收政策问题的通知》，财税〔2013〕58号）

自2014年1月1日至2018年12月31日，对鲁甸地震受灾地区农村信用社免征企业所得税。

（《财政部　海关总署　国家税务总局关于支持鲁甸地震灾后恢复重建有关税收政策问题的通知》，财税〔2015〕27号）

（七）受灾地区的促进就业企业税收优惠政策

1. 芦山地震灾后恢复重建有关税收政策。

受灾地区的商贸企业、服务型企业（除广告业、房屋中介、典当、桑拿、按摩、氧吧外）、劳动就业服务企业中的加工型企业和街道社区具有加工性质的小型企业实体在新增加的就业岗位中，招用当地因地震灾害失去工作的人员，与其签订1年以上期限劳动合同并依法缴纳社会保险费的，经县级人力资源和社会保障部门认定，按实际招用人数和实际工作时间予以定额依次扣减增值税、营业税、城市维护建设税、教育费附加和企业所得税。

所称"受灾地区"是指《四川芦山"4·20"强烈地震灾害评估报告》明确的极重灾区、重灾区和一般灾区。

定额标准为每人每年4000元，可上下浮动20%，由四川省人民政府根据当地实际情况具体确定。

按上述标准计算的税收抵扣额应在企业当年实际应缴纳的增值税、营业税、城市维护建设税、教育费附加和企业所得税税额中扣减，当年扣减不足的，不得结转下年使用。

优惠执行至2015年12月31日。

（《财政部　海关总署　国家税务总局关于支持芦山地震灾后恢复重建有关税收政策问题的通知》，财税〔2013〕58号）

2. 鲁甸地震灾后恢复重建有关税收政策。

受灾严重地区的商贸企业、服务型企业、劳动就业服务企业中的加工型企业和街道社区具有加工性质的小型企业实体在新增加的就业岗位中，招用当地因地震灾害失去工作的人员，与其签订 1 年以上期限劳动合同并依法缴纳社会保险费的，经县级人力资源和社会保障部门认定，按实际招用人数和实际工作时间予以定额依次扣减增值税、营业税、城市维护建设税、教育费附加、地方教育附加和企业所得税。

定额标准为每人每年 4000 元，最高可上浮 30%，由云南省人民政府根据当地实际情况具体确定。

按上述标准计算的税收抵扣额应在企业当年实际应缴纳的增值税、营业税、城市维护建设税、教育费附加、地方教育附加和企业所得税税额中扣减，当年扣减不足的，不得结转下年使用。

根据《云南鲁甸 6.5 级地震灾害损失评估报告》（民函〔2014〕269 号）的规定，本通知所称"受灾严重地区"是指极重灾区和重灾区，"受灾地区"是指极重灾区、重灾区和一般灾区。具体受灾地区范围见表 7。

优惠政策执行至 2016 年 12 月 31 日。

（《财政部 海关总署 国家税务总局关于支持鲁甸地震灾后恢复重建有关税收政策问题的通知》，财税〔2015〕27 号）

（八）新疆困难地区新办企业税收优惠政策

1. 2010 年 1 月 1 日至 2020 年 12 月 31 日，对在新疆困难地区新办的属于《新疆困难地区重点鼓励发展产业企业所得税优惠目录》（以下简称《目录》）范围内的企业，自取得第一笔生产经营收入所属纳税年度起，第一年至第二年免征企业所得税，第三年至第五年减半征收企业所得税。

2. 新疆困难地区包括南疆三地州、其他国家扶贫开发重点县和边境县市。

3. 属于《目录》范围内的企业是指以《目录》中规定的产业项目为主营业务，其主营业务收入占企业收入总额 70% 以上的企业。

《目录》见《财政部 国家税务总局 国家发展和改革委员会 工业和信息化部关于公布新疆困难地区重点鼓励发展产业企业所得税优惠目录（试行）的通知》（财税〔2011〕60 号）。

4. 第一笔生产经营收入，是指新疆困难地区重点鼓励发展产业项目已建成并投入运营后所取得的第一笔收入。

5. 按照规定享受企业所得税定期减免税政策的企业，在减半期内，按照企业所得税 25% 的法定税率计算的应纳税额减半征税。

6. 财政部、国家税务总局会同有关部门研究制定《目录》，经国务院批准后公布实施，并根据新疆经济社会发展需要及企业所得税优惠政策实施情况适时调整。

7. 对难以界定是否属于《目录》范围的项目，税务机关应当要求企业提供省级以上（含省级）有关行业主管部门出具的证明文件，并结合其他相关材料进行认定。

（《财政部　国家税务总局关于新疆困难地区新办企业所得税优惠政策的通知》，财税〔2011〕53号）

对新疆困难地区新办企业所得税优惠政策的适用目录进行适当调整，统一按照《新疆困难地区重点鼓励发展产业企业所得税优惠目录（试行（2016版本））》执行。

享受新疆困难地区及新疆喀什、霍尔果斯两个特殊经济开发区重点鼓励发展产业企业所得税优惠政策的企业，涉及外商投资的，应符合现行外商投资产业政策相关规定。

自2016年1月1日起施行。

（《财政部　国家税务总局　国家发展改革委　工业和信息化部关于完善新疆困难地区重点鼓励发展产业企业所得税优惠目录的通知》，财税〔2016〕85号）

（九）新疆喀什、霍尔果斯特殊经济开发区新办企业税收优惠政策

1. 2010年1月1日至2020年12月31日，对在新疆喀什、霍尔果斯两个特殊经济开发区内新办的属于《新疆困难地区重点鼓励发展产业企业所得税优惠目录》（以下简称《目录》）范围内的企业，自取得第一笔生产经营收入所属纳税年度起，五年内免征企业所得税。

第一笔生产经营收入，是指产业项目已建成并投入运营后所取得的第一笔收入。

2. 属于《目录》范围内的企业是指以《目录》中规定的产业项目为主营业务，其主营业务收入占企业收入总额70%以上的企业。

3. 对难以界定是否属于《目录》范围的项目，税务机关应当要求企业提供省级以上（含省级）有关行业主管部门出具的证明文件，并结合其他相关材料进行认定。

（《财政部　国家税务总局关于新疆喀什　霍尔果斯两个特殊经济开发区企业所得税优惠政策的通知》，财税〔2011〕112号）

对新疆困难地区及新疆喀什、霍尔果斯两个特殊经济开发区新办企业所得税优惠政策的适用目录进行适当调整，统一按照《新疆困难地区重点鼓励发展产业企业所得税优惠目录（试行）（2016版本）》执行。

享受新疆困难地区及新疆喀什、霍尔果斯两个特殊经济开发区重点鼓励发展产业企业所得税优惠政策的企业，涉及外商投资的，应符合现行外商投资产业政策相关规定。

自2016年1月1日起施行。

（《财政部　国家税务总局　国家发展和改革委员会　工业和信息化部关于完善新疆困难地区重点鼓励发展产业企业所得税优惠目录的通知》，财税〔2016〕85号）

（十）支持和促进重点群体创业就业企业税收优惠政策

1. 继续实施支持和促进重点群体创业就业税收政策有关问题通知。

（1）对商贸企业、服务型企业、劳动就业服务企业中的加工型企业和街道社区具

有加工性质的小型企业实体，在新增加的岗位中，当年新招用在人力资源和社会保障部门公共就业服务机构登记失业一年以上且持《就业失业登记证》（注明"企业吸纳税收政策"）人员，与其签订 1 年以上期限劳动合同并依法缴纳社会保险费的，在 3 年内按实际招用人数予以定额依次扣减营业税、城市维护建设税、教育费附加、地方教育附加和企业所得税优惠。定额标准为每人每年 4000 元，最高可上浮 30%，各省、自治区、直辖市人民政府可根据本地区实际情况在此幅度内确定具体定额标准，并报财政部和国家税务总局备案。

按上述标准计算的税收扣减额应在企业当年实际应缴纳的营业税、城市维护建设税、教育费附加、地方教育附加和企业所得税税额中扣减，当年扣减不足的，不得结转下年使用。

所称服务型企业是指从事现行营业税"服务业"税目规定经营活动的企业以及按照《民办非企业单位登记管理暂行条例》（国务院令第 251 号）登记成立的民办非企业单位。

（2）享受优惠政策的人员按以下规定申领《就业失业登记证》《高校毕业生自主创业证》等凭证。①按照《就业服务与就业管理规定》（中华人民共和国劳动和社会保障部令第 28 号）第六十三条的规定，在法定劳动年龄内，有劳动能力，有就业要求，处于无业状态的城镇常住人员，在公共就业服务机构进行失业登记，申领《就业失业登记证》。其中，农村进城务工人员和其他非本地户籍人员在常住地稳定就业满 6 个月的，失业后可以在常住地登记。②零就业家庭凭社区出具的证明，城镇低保家庭凭低保证明，在公共就业服务机构登记失业，申领《就业失业登记证》。③毕业年度内高校毕业生在校期间凭学校出具的相关证明，经学校所在地省级教育行政部门核实认定，取得《高校毕业生自主创业证》（仅在毕业年度适用），并向创业地公共就业服务机构申请取得《就业失业登记证》；高校毕业生离校后直接向创业地公共就业服务机构申领《就业失业登记证》。④上述人员申领相关凭证后，由就业和创业地人力资源和社会保障部门对人员范围、就业失业状态、已享受政策情况进行核实，在《就业失业登记证》上注明"自主创业税收政策"或"企业吸纳税收政策"字样，同时符合自主创业和企业吸纳税收政策条件的，可同时加注；主管税务机关在《就业失业登记证》上加盖戳记，注明减免税所属时间。

（3）执行期限为 2014 年 1 月 1 日至 2016 年 12 月 31 日。税收优惠政策按照备案减免税管理，纳税人应向主管税务机关备案。税收优惠政策在 2016 年 12 月 31 日未享受满 3 年的，可继续享受至 3 年期满为止。《财政部　国家税务总局关于支持和促进就业有关税收政策的通知》（财税〔2010〕84 号）所规定的税收优惠政策在 2013 年 12 月 31 日未享受满 3 年的，可继续享受至 3 年期满为止。

（4）所述人员不得重复享受税收优惠政策，以前年度已享受各项就业税收优惠政策的人员不得再享受本规定的税收优惠政策。如果企业的就业人员既适用本规定的税收优惠政策，又适用其他扶持就业的税收优惠政策，企业可选择适用最优惠的政策，但不能重复享受。

（《财政部　国家税务总局　人力资源和社会保障部关于继续实施支持和促进重点群体创业就业有关税收政策的通知》，财税〔2014〕39号）

2. 对《财政部　国家税务总局　人力资源和社会保障部关于继续实施支持和促进重点群体创业就业有关税收政策的通知》（财税〔2014〕39号）补充通知。

（1）将《就业失业登记证》更名为《就业创业证》，已发放的《就业失业登记证》继续有效，不再统一更换。《就业创业证》的发放、使用、管理等事项按人力资源和社会保障部的有关规定执行。各地可印制一批《就业创业证》先向有需求的毕业年度内高校毕业生发放。

（2）取消《高校毕业生自主创业证》，毕业年度内高校毕业生从事个体经营的，持《就业创业证》（注明"毕业年度内自主创业税收政策"）享受税收优惠政策。

（3）毕业年度内高校毕业生在校期间凭学生证向公共就业服务机构按规定申领《就业创业证》，或委托所在高校就业指导中心向公共就业服务机构按规定代为其申领《就业创业证》；毕业年度内高校毕业生离校后直接向公共就业服务机构按规定申领《就业创业证》。

（《财政部　国家税务总局　人力资源和社会保障部　教育部关于支持和促进重点群体创业就业税收政策有关问题的补充通知》，财税〔2015〕18号）

3. 对《财政部　国家税务总局　人力资源和社会保障部关于继续实施支持和促进重点群体创业就业有关税收政策的通知》（财税〔2014〕39号）中企业吸纳就业税收优惠适用人员范围作如下调整：将财税〔2014〕39号文件中"当年新招用在人力资源和社会保障部门公共就业服务机构登记失业一年以上"的内容调整为"当年新招用在人力资源和社会保障部门公共就业服务机构登记失业半年以上"，其他政策内容和具体实施办法不变。自2015年5月1日起施行。（《财政部　国家税务总局　人力资源和社会保障部关于扩大企业吸纳就业税收优惠适用人员范围的通知》，财税〔2015〕77号）

4. 为贯彻落实《财政部　国家税务总局　人力资源和社会保障部关于继续实施支持和促进重点群体创业就业有关税收政策的通知》（财税〔2014〕39号）精神，现将创业就业有关税收政策的具体实施意见公告如下。

（1）企业、民办非企业单位吸纳税收政策。符合条件的企业、民办非企业单位持下列材料向县以上人力资源和社会保障部门递交申请：新招用人员持有的《就业失业登记证》；企业、民办非企业单位与新招用持《就业失业登记证》人员签订的劳动合同（副本），企业、民办非企业单位为职工缴纳的社会保险费记录；《持〈就业失业登记证〉人员本年度实际工作时间表》（见原文件附件）；人力资源和社会保障部门要求的其他材料。其中，劳动就业服务企业要提交《劳动就业服务企业证书》，民办非企业单位提交《民办非企业单位登记证书》。

县以上人力资源和社会保障部门接到企业、民办非企业单位报送的材料后，应当按照财税〔2014〕39号文件的规定，重点核实以下情况：新招用人员是否属于享受税收优惠政策人员范围，以前是否已享受过税收优惠政策；企业、民办非企业单位是否与新招用人员签订了1年以上期限劳动合同，为新招用人员缴纳社会保险费的记录；企业、民办非企业单位的经营范围是否符合税收政策规定。

核实后，对符合条件的人员，在《就业失业登记证》上注明"企业吸纳税收政策"，对符合条件的企业、民办非企业单位核发《企业实体吸纳失业人员认定证明》。

（2）税款减免顺序及额度。

①纳税人按本单位吸纳人数和签订的劳动合同时间核定本单位减免税总额，在减免税总额内每月依次扣减营业税、城市维护建设税、教育费附加和地方教育附加。纳税人实际应缴纳的营业税、城市维护建设税、教育费附加和地方教育附加小于核定减免税总额的，以实际应缴纳的营业税、城市维护建设税、教育费附加、地方教育附加为限；实际应缴纳的营业税、城市维护建设税、教育费附加和地方教育附加大于核定减免税总额的，以核定减免税总额为限。

纳税年度终了，如果纳税人实际减免的营业税、城市维护建设税、教育费附加和地方教育附加小于核定的减免税总额，纳税人在企业所得税汇算清缴时，以差额部分扣减企业所得税。当年扣减不足的，不再结转以后年度扣减。

减免税总额 = $\sum$ 每名失业人员本年度在本企业工作月份 $\div 12 \times$ 定额

企业、民办非企业单位自吸纳失业人员的次月起享受税收优惠政策。

②第二年及以后年度当年新招用人员、原招用人员及其工作时间按上述程序和办法执行。每名失业人员享受税收优惠政策的期限最长不超过3年。

（3）税收减免备案。①经县以上人力资源和社会保障部门核实后，纳税人依法享受税收优惠政策。纳税人持县以上人力资源和社会保障部门核发的《企业实体吸纳失业人员认定证明》《持〈就业失业登记证〉人员本年度实际工作时间表》和税务机关要求的其他材料，在享受税收优惠政策后的当月向主管税务机关备案。②企业、民办非企业单位纳税年度终了前招用失业人员发生变化的，应当在人员变化次月按照前项规定重新备案。

（4）管理。①严格各项凭证的审核发放。任何单位或个人不得伪造、涂改、转让、出租相关凭证，违者将依法予以惩处；对采取上述手段已经获取减免税的企业、民办非企业单位和个人，主管税务机关要追缴其已减免的税款，并依法予以处罚；对出借、转让《就业失业登记证》的人员，主管人力资源和社会保障部门要收回其《就业失业登记证》并记录在案。②《就业失业登记证》采用实名制，限持证者本人使用。被用人单位录用的，享受税收优惠政策期间，证件由用人单位保管。《就业失业登记证》由人力资源和社会保障部统一样式，各省、自治区、直辖市人力资源和社会保障部门负责印制，统一编号备案，作为审核劳动者就业失业状况和享受政策情况的有效凭证。③《企业实体吸纳失业人员认定证明》由人力资源和社会保障部统一式样，各省、自治区、直辖市人力资源和社会保障部门统一印制，统一编号备案。④县以上税务、财政、人力资源社会保障、教育、民政部门要建立劳动者就业信息交换和协查制度。人力资源和社会保障部建立全国统一的就业信息平台，供各级人力资源和社会保障、税务、财政、民政部门查询《就业失业登记证》信息。地方各级人力资源和社会保障部门要及时将《就业失业登记证》信息（包括发放信息和内容更新信息）按规定上报人力资源和社会保障部。⑤主管税务机关应当在纳税人备案时，在《就业失业登记证》中加盖戳记，注明减免税所属时间。各级税务机关对《就业失业登记证》有疑问的，可提请同级人力资源和社会保障部门予以协查，同级人力资源和社会保障部门应根据具体情况规定合理的工作时限，并在时限内将协查结果通报提请协查的税务机关。

（《国家税务总局 财政部 人力资源和社会保障部 教育部 民政部关于支持和促进重点群体创业就业有关税收政策具体实施问题的公告》，国家税务总局公告2014年第34号）

国家税务总局公告2014年第34号自2017年1月1日起全文废止。参见《国家税务总局 财政部 人力资源和社会保障部 教育部 民政部关于继续实施支持和促进重点群体创业就业有关税收政策具体操作问题的公告》（国家税务总局公告2017年第27号）。

《就业失业登记证》更名为《就业创业证》，已发放的《就业失业登记证》继续有效。

（《财政部 国家税务总局 教育部 民政部 人力资源和社会保障部办公厅关于支持和促进重点群体创业就业有关税收政策具体实施问题的补充公告》，国家税务总局公告2015年第12号）

5. 为支持和促进重点群体创业就业，现将有关税收政策通知如下。

（1）对商贸企业、服务型企业、劳动就业服务企业中的加工型企业和街道社区具有加工性质的小型企业实体，在新增加的岗位中，当年新招用在人力资源和社会保障部门公共就业服务机构登记失业半年以上且持《就业创业证》或《就业失业登记证》（注明"企业吸纳税收政策"）人员，与其签订1年以上期限劳动合同并依法缴纳社会保险费的，在3年内按实际招用人数予以定额依次扣减增值税、城市维护建设税、教育费附加、地方教育附加和企业所得税优惠。定额标准为每人每年4000元，最高可上浮30%，各省、自治区、直辖市人民政府可根据本地区实际情况在此幅度内确定具体定额标准，并报财政部和国家税务总局备案。

按上述标准计算的税收扣减额应在企业当年实际应缴纳的增值税、城市维护建设税、教育费附加、地方教育附加和企业所得税税额中扣减，当年扣减不完的，不得结转下年使用。

所称服务型企业，是指从事《销售服务、无形资产、不动产注释》（《财政部 国家税务总局关于全面推开营业税改征增值税试点的通知》，财税〔2016〕36号）附件中"不动产租赁服务"、"商务辅助服务"（不含货物运输代理和代理报关服务）、"生活服务"（不含文化体育服务）范围内业务活动的企业以及按照《民办非企业单位登记管理暂行条例》（国务院令第251号）登记成立的民办非企业单位。

（2）享受上述优惠政策的人员按以下规定申领《就业创业证》。①按照《就业服务与就业管理规定》（人力资源和社会保障部令第24号）第六十三条的规定，在法定劳动年龄内，有劳动能力，有就业要求，处于无业状态的城镇常住人员，在公共就业服务机构进行失业登记，申领《就业创业证》。对其中的零就业家庭、城市低保家庭的登记失业人员，公共就业服务机构应在其《就业创业证》上予以注明。②毕业年度内高校毕业生在校期间凭学生证向公共就业服务机构按规定申领《就业创业证》，或委托所在高校就业指导中心向公共就业服务机构按规定代为其申领《就业创业证》；毕业年度内高校毕业生离校后直接向公共就业服务机构按规定申领《就业创业证》。③上述人员申领相关凭证后，由就业和创业地人力资源和社会保障部门对人员范围、就业失业状态、已享受政策情况进行核实，在《就业创业证》上注明"自主创业税收政策"、"毕业年度内自主创业税收政策"或"企业吸纳税收政策"字样，同时符合自主创业和企业吸纳税收政策条件的，可同时加注；主管税务机关在《就业创业证》上加盖戳记，注明减免税所属时间。

（3）执行期限为2017年1月1日至2019年12月31日。本通知规定的税收优惠政策按照备案减免税管理，纳税人应向主管税务机关备案。税收优惠政策在2019年12月31日未享受满3年的，可继续享受至3年期满为止。

对《财政部 国家税务总局关于全面推开营业税改征增值税试点的通知》（财税〔2016〕36号）附件3第三条第（二）项政策，纳税人在2016年12月31日未享受满3年的，可按现行政策继续享受至3年期满为止。

（4）所述人员不得重复享受税收优惠政策，以前年度已享受扶持就业的专项税收优惠政策的人员不得再享受本规定的税收优惠政策。如果企业的就业人员既适用本规定的税收优惠政策，又适用其他扶持就业的专项税收优惠政策，企业可选择适用最优惠的政策，但不能重复享受。

（《财政部 国家税务总局 人力资源和社会保障部关于继续实施支持和促进重点群体创业就业有关税收政策的通知》，财税〔2017〕49号）

6. 为贯彻落实《财政部 国家税务总局 人力资源和社会保障部关于继续实施支持和促进重点群体创业就业有关税收政策的通知》（财税〔2017〕49号）精神，具体操作问题如下。

（1）企业、民办非企业单位吸纳失业人员税收政策。符合条件的企业、民办非企业单位持下列材料向县以上人力资源和社会保障部门递交申请：

①新招用人员持有的《就业创业证》。

②企业、民办非企业单位与新招用持《就业创业证》人员签订的劳动合同（副本），企业、民办非企业单位为职工缴纳的社会保险费记录。可通过内部信息共享、数据比对等方式审核的地方，可不再要求企业提供缴纳社会保险费记录。

③《持〈就业创业证〉人员本年度实际工作时间表》（见原文件附件）。

其中，劳动就业服务企业要提交《劳动就业服务企业证书》，民办非企业单位提交《民办非企业单位登记证书》。

县以上人力资源和社会保障部门接到企业、民办非企业单位报送的材料后，应当按照财税〔2017〕49号文件的规定，重点核实以下情况：

①新招用人员是否属于享受税收优惠政策人员范围，以前是否已享受过税收优惠政策；

②企业、民办非企业单位是否与新招用人员签订了1年以上期限劳动合同，为新招用人员缴纳社会保险费的记录；

③企业、民办非企业单位的经营范围是否符合税收政策规定。

核实后，对符合条件的人员，在《就业创业证》上注明"企业吸纳税收政策"，对符合条件的企业、民办非企业单位核发《企业实体吸纳失业人员认定证明》。

（2）税款减免顺序及额度。

①纳税人按本单位吸纳人数和签订的劳动合同时间核定本单位减免税总额，在减免税总额内每月依次扣减增值税、城市维护建设税、教育费附加和地方教育附加。纳税人实际应缴纳的增值税、城市维护建设税、教育费附加和地方教育附加小于核定减免税总额的，以实际应缴纳的增值税、城市维护建设税、教育费附加、地方教育附加为限；实际应缴纳的增值税、城市维护建设税、教育费附加和地方教育附加大于核定减免税总额的，以核定减免税总额为限。

纳税年度终了，如果纳税人实际减免的增值税、城市维护建设税、教育费附加和地方教育附加小于核定的减免税总额，纳税人在企业所得税汇算清缴时，以差额部分扣减企业所得税。当年扣减不完的，不再结转以后年度扣减。

减免税总额 = Σ 每名失业人员本年度在本企业工作月份 ÷ 12 × 定额

企业、民办非企业单位自吸纳失业人员的次月起享受税收优惠政策。

上述城市维护建设税、教育费附加、地方教育附加的计税依据是享受本项税收优惠政策前的增值税应纳税额。

②第二年及以后年度当年新招用人员、原招用人员及其工作时间按上述程序和办法执行。计算每名失业人员享受税收优惠政策的期限最长不超过3年。

（3）税收减免备案。

①经县以上人力资源和社会保障部门核实后，纳税人依法享受税收优惠政策。纳税人持县以上人力资源和社会保障部门核发的《企业实体吸纳失业人员认定证明》《持〈就业创业证〉人员本年度实际工作时间表》，在享受本项税收优惠纳税申报时向主管税务机关备案。

②企业、民办非企业单位纳税年度终了前招用失业人员发生变化的，应当在人员变化次月按照前项规定重新备案。

（4）税收优惠政策管理。

①严格各项凭证的审核发放。任何单位或个人不得伪造、涂改、转让、出租相关凭证，违者将依法予以惩处；对采取上述手段已经获取减免税的企业、民办非企业单位和个人，主管税务机关要追缴其已减免的税款，并依法予以处罚；对出借、转让《就业创业证》的人员，主管人力资源和社会保障部门要收回其《就业创业证》并记录在案。

②《就业创业证》采用实名制，限持证者本人使用。被用人单位录用的，享受税收优惠政策期间，证件由用人单位保管。《就业创业证》由人力资源和社会保障部统一样式，各省、自治区、直辖市人力资源和社会保障部门负责印制，统一编号备案，作为审核劳动者就业失业状况和享受政策情况的有效凭证。

③《企业实体吸纳失业人员认定证明》由人力资源和社会保障部统一式样，各省、自治区、直辖市人力资源和社会保障部门统一印制，统一编号备案。

④县以上税务、财政、人力资源社会保障、教育、民政部门要建立劳动者就业信息交换和协查制度。人力资源和社会保障部建立全国统一的就业信息平台，供各级人力资源社会保障、税务、财政、民政部门查询《就业创业证》信息。地方各级人力资源和社会保障部门要及时将《就业创业证》信息（包括发放信息和内容更新信息）按规定上报人力资源和社会保障部。

⑤主管税务机关应当在纳税人备案时，在《就业创业证》中加盖戳记，注明减免税所属时间。各级税务机关对《就业创业证》有疑问的，可提请同级人力资源和社会保障部门予以协查，同级人力资源和社会保障部门应根据具体情况规定合理的工作时限，并在时限内将协查结果通报提请协查的税务机关。

⑥自2017年1月1日起施行。《国家税务总局　财政部　人力资源和社会保障部

教育部 民政部关于支持和促进重点群体创业就业有关税收政策具体实施问题的公告》（国家税务总局公告 2014 年第 34 号）和《国家税务总局 财政部 人力资源和社会保障部 教育部 民政部关于支持和促进重点群体创业就业有关税收政策具体实施问题的补充公告》（国家税务总局公告 2015 年第 12 号）同时废止。

（《国家税务总局 财政部 人力资源和社会保障部 教育部 民政部关于继续实施支持和促进重点群体创业就业有关税收政策具体操作问题的公告》，国家税务总局公告 2017 年第·27 号）

（十一）集成电路线宽小于 0.8 微米（含）的集成电路生产企业税收优惠政策

集成电路线宽小于 0.8 微米（含）的集成电路生产企业，经认定后，在 2017 年 12 月 31 日前自获利年度起计算优惠期，第一年至第二年免征企业所得税，第三年至第五年按照 25% 的法定税率减半征收企业所得税，并享受至期满为止。

所称获利年度，是指该企业当年应纳税所得额大于零的纳税年度。

集成电路生产企业依照上述规定可以享受的企业所得税优惠政策与企业所得税其他相同方式优惠政策存在交叉的，由企业选择一项最优惠政策执行，不叠加享受。

（《财政部 国家税务总局关于进一步鼓励软件产业和集成电路产业发展企业所得税政策的通知》，财税〔2012〕27 号）

每年汇算清缴时应按照《国家税务总局关于发布〈企业所得税优惠政策事项办理办法〉的公告》（国家税务总局公告 2015 年第 76 号）规定向税务机关备案，同时提交《享受企业所得税优惠政策的软件和集成电路企业备案资料明细表》（见附件）规定的备案资料。国家税务总局公告 2015 年第 76 号所附《企业所得税优惠事项备案管理目录（2015 年版）》第 38 项至 43 项及第 46 至 48 项软件、集成电路企业优惠政策的"备案资料""主要留存备查资料"规定停止执行。

于 2017 年度企业所得税汇算清缴及以后年度企业所得税优惠事项办理工作，按照《国家税务总局关于发布修订后的〈企业所得税优惠政策事项办理办法〉的公告》（国家税务总局公告 2018 年第 23 号）规定执行。《国家税务总局关于发布〈企业所得税优惠政策事项办理办法〉的公告》（国家税务总局公告 2015 年第 76 号）同时废止。

在软件、集成电路企业享受优惠政策后，税务部门转请发展改革、工业和信息化部门进行核查。对经核查不符合软件、集成电路企业条件的，由税务部门追缴其已经享受的企业所得税优惠，并按照税收征管法的规定进行处理。

集成电路生产企业，是指以单片集成电路、多芯片集成电路、混合集成电路制造为主营业务并同时符合下列条件的企业：

①在中国境内（不包括港、澳、台地区）依法注册并在发展改革、工业和信息化部门备案的居民企业。

②汇算清缴年度具有劳动合同关系且具有大学专科以上学历职工人数占企业月平

均职工总人数的比例不低于40%，其中研究开发人员占企业月平均职工总数的比例不低于20%；本项中"具有劳动合同关系"调整为"具有劳动合同关系或劳务派遣、聘用关系"。（《财政部　国家税务总局　国家发展和改革委员会　工业和信息化部关于集成电路生产企业有关企业所得税政策问题的通知》，财税〔2018〕27号）

③拥有核心关键技术，并以此为基础开展经营活动，且汇算清缴年度研究开发费用总额占企业销售（营业）收入（主营业务收入与其他业务收入之和，下同）总额的比例不低于5%；其中，企业在中国境内发生的研究开发费用金额占研究开发费用总额的比例不低于60%；本项中汇算清缴年度研究开发费用总额占企业销售（营业）收入总额（主营业务收入与其他业务收入之和）的比例由"不低于5%"调整为"不低于2%"，同时企业应持续加强研发活动，不断提高研发能力。（《财政部　国家税务总局　国家发展和改革委员会　工业和信息化部关于集成电路生产企业有关企业所得税政策问题的通知》，财税〔2018〕27号）

④汇算清缴年度集成电路制造销售（营业）收入占企业收入总额的比例不低于60%。

⑤具有保证产品生产的手段和能力，并获得有关资质认证（包括ISO质量体系认证）。

⑥汇算清缴年度未发生重大安全、重大质量事故或严重环境违法行为。

（《财政部　国家税务总局　国家发展和改革委员会　工业和信息化部关于软件和集成电路产业企业所得税优惠政策有关问题的通知》，财税〔2016〕49号）

💡【提示】软件和集成电路企业应从企业的获利年度起计算定期减免税优惠期。如获利年度不符合优惠条件的，应自首次符合软件和集成电路企业条件的年度起，在其优惠期的剩余年限内享受相应的减免税优惠。例如，某软件企业的获利年度为2015年，应自2015年开始计算"两免三减半"的优惠期。但如2015年当年不符合软件和集成电路企业税收优惠条件，则当年不得享受定期减免税优惠。如该企业在2016年度符合优惠条件，则可以自2016年开始计算享受剩余的"一免三减半"企业所得税优惠。（国家税务总局关于软件和集成电路产业企业所得税优惠征收管理有关问题解答）

2017年12月31日前设立但未获利的集成电路线宽小于0.8微米（含）的集成电路生产企业，自获利年度起第一年至第二年免征企业所得税，第三年至第五年按照25%的法定税率减半征收企业所得税，并享受至期满为止。（《财政部　国家税务总局　国家发展和改革委员会　工业和信息化部关于集成电路生产企业有关企业所得税政策问题的通知》，财税〔2018〕27号）

（十二）集成电路线宽小于0.25微米的集成电路生产企业税收优惠政策

集成电路线宽小于0.25微米的集成电路生产企业，经认定后，减按15%的税率征收企业所得税，其中经营期在 15 年以上的，在 2017 年 12 月 31 日前自获利年度起计算优惠期，第一年至第五年免征企业所得税，第六年至第十年按照 25% 的法定税率减半征收企业所得税，并享受至期满为止。

所称获利年度，是指该企业当年应纳税所得额大于零的纳税年度。

集成电路生产企业依照上述规定可以享受的企业所得税优惠政策与企业所得税其他相同方式优惠政策存在交叉的，由企业选择一项最优惠政策执行，不叠加享受。

（《财政部 国家税务总局关于进一步鼓励软件产业和集成电路产业发展企业所得税政策的通知》，财税〔2012〕27 号）

每年汇算清缴时应按照《国家税务总局关于发布〈企业所得税优惠政策事项办理办法〉的公告》（国家税务总局公告 2015 年第 76 号）规定向税务机关备案，同时提交《享受企业所得税优惠政策的软件和集成电路企业备案资料明细表》（见附件）规定的备案资料。国家税务总局公告 2015 年第 76 号所附《企业所得税优惠事项备案管理目录（2015 年版）》第 38 项至 43 项及第 46 至 48 项软件、集成电路企业优惠政策的"备案资料""主要留存备查资料"规定停止执行。

于 2017 年度企业所得税汇算清缴及以后年度企业所得税优惠事项办理工作，按照《国家税务总局关于发布修订后的〈企业所得税优惠政策事项办理办法〉的公告》（国家税务总局公告 2018 年第 23 号）规定执行。《国家税务总局关于发布〈企业所得税优惠政策事项办理办法〉的公告》（国家税务总局公告 2015 年第 76 号）同时废止。

在软件、集成电路企业享受优惠政策后，税务部门转请发展改革、工业和信息化部门进行核查。对经核查不符合软件、集成电路企业条件的，由税务部门追缴其已经享受的企业所得税优惠，并按照税收征管法的规定进行处理。

集成电路生产企业，是指以单片集成电路、多芯片集成电路、混合集成电路制造为主营业务并同时符合下列条件的企业：

①在中国境内（不包括港、澳、台地区）依法注册并在发展改革、工业和信息化部门备案的居民企业；

②汇算清缴年度具有劳动合同关系且具有大学专科以上学历职工人数占企业月平均职工总人数的比例不低于 40%，其中研究开发人员占企业月平均职工总数的比例不低于 20%；本项中"具有劳动合同关系"调整为"具有劳动合同关系或劳务派遣、聘用关系"。（《财政部 国家税务总局 国家发展和改革委员会 工业和信息化部关于集成电路生产企业有关企业所得税政策问题的通知》，财税〔2018〕27 号）

③拥有核心关键技术，并以此为基础开展经营活动，且汇算清缴年度研究开发费用总额占企业销售（营业）收入（主营业务收入与其他业务收入之和，下同）总额的比例不低于 5%；其中，企业在中国境内发生的研究开发费用金额占研究开发费用总额的比例不低于 60%；本项中汇算清缴年度研究开发费用总额占企业销售（营业）

收入总额（主营业务收入与其他业务收入之和）的比例由"不低于5%"调整为"不低于2%"，同时企业应持续加强研发活动，不断提高研发能力。（《财政部 国家税务总局 国家发展和改革委员会 工业和信息化部关于集成电路生产企业有关企业所得税政策问题的通知》，财税〔2018〕27号）

④汇算清缴年度集成电路制造销售（营业）收入占企业收入总额的比例不低于60%。

⑤具有保证产品生产的手段和能力，并获得有关资质认证（包括ISO质量体系认证）。

⑥汇算清缴年度未发生重大安全、重大质量事故或严重环境违法行为。

（《财政部 国家税务总局 国家发展和改革委员会 工业和信息化部关于软件和集成电路产业企业所得税优惠政策有关问题的通知》，财税〔2016〕49号）

2017年12月31日前设立但未获利的集成电路线宽小于0.25微米，且经营期在15年以上的集成电路生产企业，自获利年度起第一年至第五年免征企业所得税，第六年至第十年按照25%的法定税率减半征收企业所得税，并享受至期满为止。（《财政部 国家税务总局 国家发展和改革委员会 工业和信息化部关于集成电路生产企业有关企业所得税政策问题的通知》，财税〔2018〕27号）

（十三）投资额超过80亿元人民币的集成电路生产企业税收优惠政策

投资额超过80亿元的集成电路生产企业，经认定后，减按15%的税率征收企业所得税，其中经营期在15年以上的，在2017年12月31日前自获利年度起计算优惠期，第一年至第五年免征企业所得税，第六年至第十年按照25%的法定税率减半征收企业所得税，并享受至期满为止。

所称获利年度，是指该企业当年应纳税所得额大于零的纳税年度。

集成电路生产企业依照上述规定可以享受的企业所得税优惠政策与企业所得税其他相同方式优惠政策存在交叉的，由企业选择一项最优惠政策执行，不叠加享受。

（《财政部 国家税务总局关于进一步鼓励软件产业和集成电路产业发展企业所得税政策的通知》，财税〔2012〕27号）

每年汇算清缴时应按照《国家税务总局关于发布〈企业所得税优惠政策事项办理办法〉的公告》（国家税务总局公告2015年第76号）规定向税务机关备案，同时提交《享受企业所得税优惠政策的软件和集成电路企业备案资料明细表》（见附件）规定的备案资料。国家税务总局公告2015年第76号所附《企业所得税优惠事项备案管理目录（2015年版）》第38项至43项及第46至48项软件、集成电路企业优惠政策的"备案资料""主要留存备查资料"规定停止执行。

于2017年度企业所得税汇算清缴及以后年度企业所得税优惠事项办理工作，按照《国家税务总局关于发布修订后的〈企业所得税优惠政策事项办理办法〉的公告》（国家税务总局公告 2018 年第 23 号）规定执行。《国家税务总局关于发布〈企业所得税优惠政策事项办理办法〉的公告》（国家税务总局公告 2015 年第 76 号）同时废止。

在软件、集成电路企业享受优惠政策后，税务部门转请发展改革、工业和信息化部门进行核查。对经核查不符合软件、集成电路企业条件的，由税务部门追缴其已经享受的企业所得税优惠，并按照税收征管法的规定进行处理。

集成电路生产企业，是指以单片集成电路、多芯片集成电路、混合集成电路制造为主营业务并同时符合下列条件的企业：

①在中国境内（不包括港、澳、台地区）依法注册并在发展改革、工业和信息化部门备案的居民企业。

②汇算清缴年度具有劳动合同关系且具有大学专科以上学历职工人数占企业月平均职工总人数的比例不低于 40%，其中研究开发人员占企业月平均职工总数的比例不低于 20%；本项中"具有劳动合同关系"调整为"具有劳动合同关系或劳务派遣、聘用关系"。（《财政部　国家税务总局　国家发展和改革委员会　工业和信息化部关于集成电路生产企业有关企业所得税政策问题的通知》，财税〔2018〕27 号）

③拥有核心关键技术，并以此为基础开展经营活动，且汇算清缴年度研究开发费用总额占企业销售（营业）收入（主营业务收入与其他业务收入之和，下同）总额的比例不低于 5%；其中，企业在中国境内发生的研究开发费用金额占研究开发费用总额的比例不低于 60%；本项中汇算清缴年度研究开发费用总额占企业销售（营业）收入总额（主营业务收入与其他业务收入之和）的比例由"不低于 5%"调整为"不低于 2%"，同时企业应持续加强研发活动，不断提高研发能力。（《财政部　国家税务总局　国家发展和改革委员会　工业和信息化部关于集成电路生产企业有关企业所得税政策问题的通知》，财税〔2018〕27 号）

④汇算清缴年度集成电路制造销售（营业）收入占企业收入总额的比例不低于 60%。

⑤具有保证产品生产的手段和能力，并获得有关资质认证（包括 ISO 质量体系认证）。

⑥汇算清缴年度未发生重大安全、重大质量事故或严重环境违法行为。

（《财政部　国家税务总局　国家发展和改革委员会　工业和信息化部关于软件和集成电路产业企业所得税优惠政策有关问题的通知》，财税〔2016〕49 号）

2017 年 12 月 31 日前设立但未获利的投资额超过 80 亿元，且经营期在 15 年以上的集成电路生产企业，自获利年度起第一年至第五年免征企业所得税，第六年至第十年按照 25% 的法定税率减半征收企业所得税，并享受至期满为止。（《财政部　国家税务总局　国家发展和改革委员会　工业和信息化部关于集成电路生产企业有关企业

所得税政策问题的通知》，财税〔2018〕27 号）

（十四）新设的集成电路线宽小于 130 纳米的集成电路生产企业税收优惠政策

2018 年 1 月 1 日后投资新设的集成电路线宽小于 130 纳米，且经营期在 10 年以上的集成电路生产企业或项目，第一年至第二年免征企业所得税，第三年至第五年按照 25% 的法定税率减半征收企业所得税，并享受至期满为止。

对于按照集成电路生产企业享受税收优惠政策的，优惠期自企业获利年度起计算；对于按照集成电路生产项目享受上述优惠的，优惠期自项目取得第一笔生产经营收入所属纳税年度起计算。

享受税收优惠政策的集成电路生产项目，其主体企业应符合集成电路生产企业条件，且能够对该项目单独进行会计核算、计算所得，并合理分摊期间费用。

享受本通知规定税收优惠政策的集成电路生产企业的范围和条件，按照《财政部 国家税务总局 国家发展和改革委员会 工业和信息化部关于软件和集成电路产业企业所得税优惠政策有关问题的通知》（财税〔2016〕49 号）第二条执行。

集成电路生产企业，是指以单片集成电路、多芯片集成电路、混合集成电路制造为主营业务并同时符合下列条件的企业：

①在中国境内（不包括港、澳、台地区）依法注册并在发展改革、工业和信息化部门备案的居民企业。

②汇算清缴年度具有劳动合同关系且具有大学专科以上学历职工人数占企业月平均职工总人数的比例不低于 40%，其中研究开发人员占企业月平均职工总数的比例不低于 20%。本项中"具有劳动合同关系"调整为"具有劳动合同关系或劳务派遣、聘用关系"。（《财政部 国家税务总局 国家发展和改革委员会 工业和信息化部关于集成电路生产企业有关企业所得税政策问题的通知》，财税〔2018〕27 号）

③拥有核心关键技术，并以此为基础开展经营活动，且汇算清缴年度研究开发费用总额占企业销售（营业）收入（主营业务收入与其他业务收入之和，下同）总额的比例不低于 5%。其中，企业在中国境内发生的研究开发费用金额占研究开发费用总额的比例不低于 60%；本项中汇算清缴年度研究开发费用总额占企业销售（营业）收入总额（主营业务收入与其他业务收入之和）的比例由"不低于 5%"调整为"不低于 2%"，同时企业应持续加强研发活动，不断提高研发能力。（《财政部 国家税务总局 国家发展和改革委员会 工业和信息化部关于集成电路生产企业有关企业所得税政策问题的通知》，财税〔2018〕27 号）

④汇算清缴年度集成电路制造销售（营业）收入占企业收入总额的比例不低于 60%。

⑤具有保证产品生产的手段和能力，并获得有关资质认证（包括 ISO 质量体系认证）。

⑥汇算清缴年度未发生重大安全、重大质量事故或严重环境违法行为。

（《财政部　国家税务总局　国家发展和改革委员会　工业和信息化部关于集成电路生产企业有关企业所得税政策问题的通知》，财税〔2018〕27号）

（十五）新设的集成电路线宽小于65纳米或投资额超过150亿元的集成电路生产企业

2018年1月1日后投资新设的集成电路线宽小于65纳米或投资额超过150亿元，且经营期在15年以上的集成电路生产企业或项目，第一年至第五年免征企业所得税，第六年至第十年按照25%的法定税率减半征收企业所得税，并享受至期满为止。

对于按照集成电路生产企业享受税收优惠政策的，优惠期自企业获利年度起计算；对于按照集成电路生产项目享受上述优惠的，优惠期自项目取得第一笔生产经营收入所属纳税年度起计算。

享受税收优惠政策的集成电路生产项目，其主体企业应符合集成电路生产企业条件，且能够对该项目单独进行会计核算、计算所得，并合理分摊期间费用。

享受本通知规定税收优惠政策的集成电路生产企业的范围和条件，按照《财政部　国家税务总局　国家发展和改革委员会　工业和信息化部关于软件和集成电路产业企业所得税优惠政策有关问题的通知》（财税〔2016〕49号）第二条执行。

集成电路生产企业，是指以单片集成电路、多芯片集成电路、混合集成电路制造为主营业务并同时符合下列条件的企业：

①在中国境内（不包括港、澳、台地区）依法注册并在发展改革、工业和信息化部门备案的居民企业。

②汇算清缴年度具有劳动合同关系且具有大学专科以上学历职工人数占企业月平均职工总人数的比例不低于40%，其中研究开发人员占企业月平均职工总数的比例不低于20%；本项中"具有劳动合同关系"调整为"具有劳动合同关系或劳务派遣、聘用关系"。（《财政部　国家税务总局　国家发展和改革委员会　工业和信息化部关于集成电路生产企业有关企业所得税政策问题的通知》，财税〔2018〕27号）

③拥有核心关键技术，并以此为基础开展经营活动，且汇算清缴年度研究开发费用总额占企业销售（营业）收入（主营业务收入与其他业务收入之和，下同）总额的比例不低于5%；其中，企业在中国境内发生的研究开发费用金额占研究开发费用总额的比例不低于60%；本项中汇算清缴年度研究开发费用总额占企业销售（营业）收入总额（主营业务收入与其他业务收入之和）的比例由"不低于5%"调整为"不低于2%"，同时企业应持续加强研发活动，不断提高研发能力。（《财政部　国家税务总局　国家发展和改革委员会　工业和信息化部关于集成电路生产企业有关企业所得税政策问题的通知》，财税〔2018〕27号）

④汇算清缴年度集成电路制造销售（营业）收入占企业收入总额的比例不低于60%。

⑤具有保证产品生产的手段和能力，并获得有关资质认证（包括ISO质量体系认证）。

⑥汇算清缴年度未发生重大安全、重大质量事故或严重环境违法行为。

（《财政部 国家税务总局 国家发展和改革委员会 工业和信息化部关于集成电路生产企业有关企业所得税政策问题的通知》，财税〔2018〕27号）

（十六）新办集成电路设计企业税收优惠政策

我国境内新办的集成电路设计企业，经认定后，在2017年12月31日前自获利年度起计算优惠期，第一年至第二年免征企业所得税，第三年至第五年按照25%的法定税率减半征收企业所得税，并享受至期满为止。

所称新办企业认定标准按照《财政部 国家税务总局关于享受企业所得税优惠政策的新办企业认定标准的通知》（财税〔2006〕1号）规定执行。

《财政部 国家税务总局关于享受企业所得税优惠政策的新办企业认定标准的通知》（财税〔2006〕1号）具体规定如下。

1. 享受企业所得税定期减税或免税的新办企业标准。

（1）按照国家法律、法规以及有关规定在工商行政主管部门办理设立登记，新注册成立的企业。

（2）新办企业的权益性出资人（股东或其他权益投资方）实际出资中固定资产、无形资产等非货币性资产的累计出资额占新办企业注册资金的比例一般不得超过25%。

其中，新办企业的注册资金为企业在工商行政主管部门登记的实收资本或股本。非货币性资产包括建筑物、机器、设备等固定资产，以及专利权、商标权、非专利技术等无形资产。新办企业的权益性投资人以非货币性资产进行出资的，经有资质的会计（审计、税务）事务所进行评估的，以评估后的价值作为出资金额；未经评估的，由纳税人提供同类资产或类似资产当日或最近月份的市场价格，由主管税务机关核定。

2. 新办企业在享受企业所得税定期减税或免税优惠政策期间，从权益性投资人及其关联方累计购置的非货币性资产超过注册资金25%的，将不再享受相关企业所得税减免税政策优惠。

所称获利年度，是指该企业当年应纳税所得额大于零的纳税年度。

所称集成电路设计销售（营业）收入，是指集成电路企业从事集成电路（IC）功能研发、设计并销售的收入。

集成电路设计企业依照上述规定可以享受的企业所得税优惠政策与企业所得税其

他相同方式优惠政策存在交叉的，由企业选择一项最优惠政策执行，不叠加享受。

（《财政部　国家税务总局关于进一步鼓励软件产业和集成电路产业发展企业所得税政策的通知》，财税〔2012〕27号）

每年汇算清缴时应按照《国家税务总局关于发布〈企业所得税优惠政策事项办理办法〉的公告》（国家税务总局公告2015年第76号）规定向税务机关备案，同时提交《享受企业所得税优惠政策的软件和集成电路企业备案资料明细表》（见附件）规定的备案资料。国家税务总局公告2015年第76号所附《企业所得税优惠事项备案管理目录（2015年版）》第38项至43项及第46至48项软件、集成电路企业优惠政策的"备案资料""主要留存备查资料"规定停止执行。

于2017年度企业所得税汇算清缴及以后年度企业所得税优惠事项办理工作，按照《国家税务总局关于发布修订后的〈企业所得税优惠政策事项办理办法〉的公告》（国家税务总局公告2018年第23号）规定执行。《国家税务总局关于发布〈企业所得税优惠政策事项办理办法〉的公告》（国家税务总局公告2015年第76号）同时废止。

在软件、集成电路企业享受优惠政策后，税务部门转请发展改革、工业和信息化部门进行核查。对经核查不符合软件、集成电路企业条件的，由税务部门追缴其已经享受的企业所得税优惠，并按照税收征管法的规定进行处理。

集成电路设计企业是指以集成电路设计为主营业务并同时符合下列条件的企业：

①在中国境内（不包括港、澳、台地区）依法注册的居民企业。

②汇算清缴年度具有劳动合同关系且具有大学专科以上学历的职工人数占企业月平均职工总人数的比例不低40%，其中研究开发人员占企业月平均职工总数的比例不低于20%；本项中"具有劳动合同关系"调整为"具有劳动合同关系或劳务派遣、聘用关系"。（《财政部　国家税务总局　国家发展和改革委员会　工业和信息化部关于集成电路生产企业有关企业所得税政策问题的通知》，财税〔2018〕27号）

③拥有核心关键技术，并以此为基础开展经营活动，且汇算清缴年度研究开发费用总额占企业销售（营业）收入总额的比例不低于6%；其中，企业在中国境内发生的研究开发费用金额占研究开发费用总额的比例不低于60%；本项中汇算清缴年度研究开发费用总额占企业销售（营业）收入总额（主营业务收入与其他业务收入之和）的比例由"不低于5%"调整为"不低于2%"，同时企业应持续加强研发活动，不断提高研发能力。（《财政部　国家税务总局　国家发展和改革委员会　工业和信息化部关于集成电路生产企业有关企业所得税政策问题的通知》，财税〔2018〕27号）

④汇算清缴年度集成电路设计销售（营业）收入占企业收入总额的比例不低于60%，其中集成电路自主设计销售（营业）收入占企业收入总额的比例不低于50%。

⑤主营业务拥有自主知识产权。

⑥具有与集成电路设计相适应的软硬件设施等开发环境（如EDA工具、服务器

或工作站等）。

　　⑦汇算清缴年度未发生重大安全、重大质量事故或严重环境违法行为。

　　（《财政部　国家税务总局　国家发展和改革委员会　工业和信息化部关于软件和集成电路产业企业所得税优惠政策有关问题的通知》，财税〔2016〕49号）

　　（十七）符合条件的软件企业税收优惠政策

　　符合条件的软件企业，经认定后，在2017年12月31日前自获利年度起计算优惠期，第一年至第二年免征企业所得税，第三年至第五年按照25%的法定税率减半征收企业所得税，并享受至期满为止。

　　所称获利年度，是指该企业当年应纳税所得额大于零的纳税年度。

　　所称软件产品开发销售（营业）收入，是指软件企业从事计算机软件、信息系统或嵌入式软件等软件产品开发并销售的收入，以及信息系统集成服务、信息技术咨询服务、数据处理和存储服务等技术服务收入。

　　软件企业依照上述规定可以享受的企业所得税优惠政策与企业所得税其他相同方式优惠政策存在交叉的，由企业选择一项最优惠政策执行，不叠加享受。

　　（《财政部　国家税务总局关于进一步鼓励软件产业和集成电路产业发展企业所得税政策的通知》，财税〔2012〕27号）

　　软件企业所得税优惠政策适用于经认定并实行查账征收方式的软件企业。所称经认定，是指经国家规定的软件企业认定机构按照软件企业认定管理的有关规定进行认定并取得软件企业认定证书。（依据《国家税务总局关于公布失效废止的税务部门规章和税收规范性文件目录的决定》（国家税务总局令第42号），本法规"经认定并"及"所称经认定，是指经国家规定的软件企业认定机构按照软件企业认定管理的有关规定进行认定并取得软件企业认定证书"的内容废止。）

　　软件企业的收入总额，是指《中华人民共和国企业所得税法》第六条规定的收入总额。

　　软件企业的获利年度，是指软件企业开始生产经营后，第一个应纳税所得额大于零的纳税年度，包括对企业所得税实行核定征收方式的纳税年度。

　　软件企业享受定期减免税优惠的期限应当连续计算，不得因中间发生亏损或其他原因而间断。

　　（《国家税务总局关于执行软件企业所得税优惠政策有关问题的公告》，国家税务总局公告2013年第43号）

　　每年汇算清缴时应按照《国家税务总局关于发布〈企业所得税优惠政策事项办理办法〉的公告》（国家税务总局公告2015年第76号）规定向税务机关备案，同时提交《享受企业所得税优惠政策的软件和集成电路企业备案资料明细表》（见附件）规定的备案资料。国家税务总局公告2015年第76号所附《企业所得税优惠事项备案管理目录（2015 年版）》第 38 项至 43 项及第 46 至 48 项软件、集成电路企业优惠政策的"备案资料""主要留存备查资料"规定停止执行。

　　于 2017 年度企业所得税汇算清缴及以后年度企业所得税优惠事项办理工作，按照《国家税务总局关于发布修订后的〈企业所得税优惠政策事项办理办法〉的公告》（国家税务总局公告 2018 年第 23 号）规定执行。《国家税务总局关于发布〈企业所得税优惠政策事项办理办法〉的公告》（国家税务总局公告 2015 年第 76 号）同时废止。

　　在软件、集成电路企业享受优惠政策后，税务部门转请发展改革、工业和信息化部门进行核查。对经核查不符合软件、集成电路企业条件的，由税务部门追缴其已经享受的企业所得税优惠，并按照税收征管法的规定进行处理。

　　软件企业是指以软件产品开发销售（营业）为主营业务并同时符合下列条件的企业：

　　①在中国境内（不包括港、澳、台地区）依法注册的居民企业。

　　②汇算清缴年度具有劳动合同关系且具有大学专科以上学历的职工人数占企业月平均职工总人数的比例不低于 40%，其中研究开发人员占企业月平均职工总数的比例不低于 20%；本项中"具有劳动合同关系"调整为"具有劳动合同关系或劳务派遣、聘用关系"。（《财政部　国家税务总局　国家发展和改革委员会　工业和信息化部关于集成电路生产企业有关企业所得税政策问题的通知》，财税〔2018〕27 号）

　　③拥有核心关键技术，并以此为基础开展经营活动，且汇算清缴年度研究开发费用总额占企业销售（营业）收入总额的比例不低于 6%；其中，企业在中国境内发生的研究开发费用金额占研究开发费用总额的比例不低于 60%；本项中汇算清缴年度研究开发费用总额占企业销售（营业）收入总额（主营业务收入与其他业务收入之和）的比例由"不低于 5%"调整为"不低于 2%"，同时企业应持续加强研发活动，不断提高研发能力。（《财政部　国家税务总局　国家发展和改革委员会　工业和信息化部关于集成电路生产企业有关企业所得税政策问题的通知》，财税〔2018〕27 号）

　　④汇算清缴年度软件产品开发销售（营业）收入占企业收入总额的比例不低于 50%（嵌入式软件产品和信息系统集成产品开发销售（营业）收入占企业收入总额的比例不低于 40%），其中：软件产品自主开发销售（营业）收入占企业收入总额的比例不低于 40%（嵌入式软件产品和信息系统集成产品开发销售（营业）收入占企业收入总额的比例不低于 30%）。

　　⑤主营业务拥有自主知识产权。

　　⑥具有与软件开发相适应软硬件设施等开发环境（如合法的开发工具等）。

　　⑦汇算清缴年度未发生重大安全、重大质量事故或严重环境违法行为。

　　（《财政部　国家税务总局　国家发展和改革委员会　工业和信息化部关于软件和集成电路产业企业所得税优惠政策有关问题的通知》，财税〔2016〕49 号）

表8   享受企业所得税优惠政策的软件和集成电路企业备案资料明细表

企业类型	备案资料（复印件须加盖企业公章）
集成电路生产企业	1. 在发展改革或工业和信息化部门立项的备案文件（应注明总投资额、工艺线宽标准）复印件以及企业取得的其他相关资质证书复印件等； 2. 企业职工人数、学历结构、研究开发人员情况及其占企业职工总数的比例说明，以及汇算清缴年度最后一个月社会保险缴纳证明等相关证明材料； 3. 加工集成电路产品主要列表及国家知识产权局（或国外知识产权相关主管机构）出具的企业自主开发或拥有的一至两份代表性知识产权（如专利、布图设计登记、软件著作权等）的证明材料； 4. 经具有资质的中介机构鉴证的企业财务会计报告（包括会计报表、会计报表附注和财务情况说明书）以及集成电路制造销售（营业）收入、研究开发费用、境内研究开发费用等情况说明； 5. 与主要客户签订的一至两份代表性销售合同复印件； 6. 保证产品质量的相关证明材料（如质量管理认证证书复印件等）； 7. 税务机关要求出具的其他材料。
集成电路设计企业	1. 企业职工人数、学历结构、研究开发人员情况及其占企业职工总数的比例说明，以及汇算清缴年度最后一个月社会保险缴纳证明等相关证明材料； 2. 企业开发销售的主要集成电路产品列表，以及国家知识产权局（或国外知识产权相关主管机构）出具的企业自主开发或拥有的一至两份代表性知识产权（如专利、布图设计登记、软件著作权等）的证明材料； 3. 经具有资质的中介机构鉴证的企业财务会计报告（包括会计报表、会计报表附注和财务情况说明书）以及集成电路设计销售（营业）收入、集成电路自主设计销售（营业）收入、研究开发费用、境内研究开发费用等情况表； 4. 第三方检测机构提供的集成电路产品测试报告或用户报告，以及与主要客户签订的一至两份代表性销售合同复印件； 5. 企业开发环境等相关证明材料； 6. 税务机关要求出具的其他材料。
软件企业	1. 企业开发销售的主要软件产品列表或技术服务列表； 2. 主营业务为软件产品开发的企业，提供至少1个主要产品的软件著作权或专利权等自主知识产权的有效证明文件，以及第三方检测机构提供的软件产品测试报告；主营业务仅为技术服务的企业提供核心技术说明； 3. 企业职工人数、学历结构、研究开发人员及其占企业职工总数的比例说明，以及汇算清缴年度最后一个月社会保险缴纳证明等相关证明材料； 4. 经具有资质的中介机构鉴证的企业财务会计报告（包括会计报表、会计报表附注和财务情况说明书）以及软件产品开发销售（营业）收入、软件产品自主开发销售（营业）收入、研究开发费用、境内研究开发费用等情况说明； 5. 与主要客户签订的一至两份代表性的软件产品销售合同或技术服务合同复印件； 6. 企业开发环境相关证明材料； 7. 税务机关要求出具的其他材料。

企业类型	备案资料（复印件须加盖企业公章）
国家规划布局内重点软件企业	1. 企业享受软件企业所得税优惠政策需要报送的备案资料； 2. 符合第二类条件的，应提供在国家规定的重点软件领域内销售（营业）情况说明； 3. 符合第三类条件的，应提供商务主管部门核发的软件出口合同登记证书，以及有效出口合同和结汇证明等材料； 4. 税务机关要求提供的其他材料。
国家规划布局内重点集成电路设计企业	1. 企业享受集成电路设计企业所得税优惠政策需要报送的备案资料； 2. 符合第二类条件的，应提供在国家规定的重点集成电路设计领域内销售（营业）情况说明； 3. 税务机关要求提供的其他材料。

《工业和信息化部　国家税务总局关于2014年度软件企业所得税优惠政策有关事项的通知》（工信部联软函〔2015〕273号）规定，根据《国务院关于取消和调整一批行政审批项目等事项的决定》（国发〔2015〕11号）的规定，自该决定发布之日起软件企业认定及年审工作停止执行。已认定的软件企业在2014年度企业所得税汇算清缴时，凡符合《财政部　国家税务总局关于进一步鼓励软件产业和集成电路产业发展企业所得税政策的通知》（财税〔2012〕27号）规定的优惠政策适用条件的，可申报享受软件企业税收优惠政策，并向主管税务机关报送相关材料。

（十八）符合条件的生产和装配伤残人员专门用品企业税收优惠政策

对生产和装配伤残人员专门用品的企业征免企业所得税问题明确如下。

1. 符合下列条件的居民企业，可在自2011年1月1日起至2015年12月31日止执行免征企业所得税：①生产和装配伤残人员专门用品，且在民政部发布的《中国伤残人员专门用品目录》范围之内；②以销售本企业生产或者装配的伤残人员专门用品为主，且所取得的年度伤残人员专门用品销售收入（不含出口取得的收入）占企业全部收入60%以上；③企业账证健全，能够准确、完整地向主管税务机关提供纳税资料，且本企业生产或者装配的伤残人员专门用品所取得的收入能够单独、准确核算；④企业拥有取得注册登记的假肢、矫形器（辅助器具）制作师执业资格证书的专业技术人员不得少于1人；其企业生产人员如超过20人，则其拥有取得注册登记的假肢、矫形器（辅助器具）制作师执业资格证书的专业技术人员不得少于全部生产人员的1/6；⑤企业取得注册登记的假肢、矫形器（辅助器具）制作师执业资格证书的专业技术人员每年须接受继续教育，制作师《执业资格证书》须通过年检；⑥具有测量取型、石膏加工、抽真空成型、打磨修饰、钳工装配、对线调整、热塑成型、假肢功能训练等专用设备和工具；⑦具有独立的接待室、假肢或者矫形器（辅助器具）制作室和假肢功能训练室，使用面积不少于115平方米。

2. 符合前条规定的企业，可在年度终了 4 个月内向当地税务机关办理免税手续。办理免税手续时，企业应向主管税务机关提供下列资料：①免税申请报告；②伤残人员专门用品制作师名册、《执业资格证书》（复印件），以及申请前年度制作师《执业资格证书》检查合格证明；③收入明细资料；④税务机关要求的其他材料。

3. 税务机关收到企业的免税申请后，应严格按照本通知规定的免税条件及《国家税务总局关于企业所得税减免税管理问题的通知》（国税发〔2008〕111 号）的有关规定，对申请免税的企业进行认真审核，符合条件的应及时办理相关免税手续。企业在未办理免税手续前，必须按统一规定报送纳税申报表、相关的纳税资料以及财务会计报表，并按规定预缴企业所得税；企业办理免税手续后，税务机关应依法及时退回已经预缴的税款。[①]

4. 企业以隐瞒、欺骗等手段骗取免税的，按照《中华人民共和国税收征收管理法》的有关规定进行处理。

（《财政部　国家税务总局　民政部关于生产和装配伤残人员专门用品企业免征企业所得税的通知》，财税〔2011〕81 号）

对生产和装配伤残人员专门用品的企业征免企业所得税政策明确如下。

1. 自 2016 年 1 月 1 日至 2020 年 12 月 31 日期间，对符合下列条件的居民企业，免征企业所得税：①生产和装配伤残人员专门用品，且在民政部发布的《中国伤残人员专门用品目录》范围之内。②以销售本企业生产或者装配的伤残人员专门用品为主，其所取得的年度伤残人员专门用品销售收入（不含出口取得的收入）占企业收入总额 60% 以上。收入总额，是指《中华人民共和国企业所得税法》第六条规定的收入总额。③企业账证健全，能够准确、完整地向主管税务机关提供纳税资料，且本企业生产或者装配的伤残人员专门用品所取得的收入能够单独、准确核算。④企业拥有假肢制作师、矫形器制作师资格证书的专业技术人员不得少于 1人；其企业生产人员如超过 20 人，则其拥有假肢制作师、矫形器制作师资格证书的专业技术人员不得少于全部生产人员的 1/6。⑤具有与业务相适应的测量取型、模型加工、接受腔成型、打磨、对线组装、功能训练等生产装配专用设备和工具。⑥具有独立的接待室、假肢或者矫形器（辅助器具）制作室和假肢功能训练室，使用面积不少于 115 平方米。

2. 享受本通知税收优惠的企业，应当按照《国家税务总局关于发布〈企业所得税优惠政策事项办理办法〉的公告》（国家税务总局公告 2015 年第 76 号）规定向税务机关履行备案手续，妥善保管留存备查资料。

---

① 根据《国务院关于第一批取消 62 项中央指定地方实施行政审批事项的决定》（国发〔2015〕57 号）文件规定，"企业享受生产和装配伤残人员专门用品企业所得税优惠的核准"取消。

（《财政部　国家税务总局　民政部关于生产和装配伤残人员专门用品企业免征企业所得税的通知》，财税〔2016〕111号）

（十九）过渡期税收优惠政策

《中华人民共和国企业所得税法》第五十七条，《中华人民共和国企业所得税法》公布前（2007年3月16日）已经批准设立（已经完成工商登记注册）的企业，依照当时的税收法律、行政法规规定，享受低税率优惠的，按照国务院规定，可以在《中华人民共和国企业所得税法》施行后五年内，逐步过渡到《中华人民共和国企业所得税法》规定的税率；享受定期减免税优惠的，按照国务院规定，可以在《中华人民共和国企业所得税法》施行后继续享受到期满为止，但因未获利而尚未享受优惠的，优惠期限从《中华人民共和国企业所得税法》施行年度起计算。具体规定如下：

1. 低税率优惠过渡政策。自2008年1月1日起，原享受低税率优惠政策的企业，在《中华人民共和国企业所得税法》施行后5年内逐步过渡到法定税率。其中：享受企业所得税15%税率的企业，2008年按18%税率执行，2009年按20%税率执行，2010年按22%税率执行，2011年按24%税率执行，2012年按25%税率执行；原执行24%税率的企业，2008年起按25%税率执行。（《国务院关于实施企业所得税过渡优惠政策的通知》，国发〔2007〕39号）

2. "两免三减半""五免五减半"过渡政策。

自2008年1月1日起，原享受企业所得税"两免三减半""五免五减半"等定期减免税优惠的企业，《中华人民共和国企业所得税法》施行后继续按原税收法律、行政法规及相关文件规定的优惠办法及年限享受至期满为止。

但因未获利而尚未享受税收优惠的，其优惠期限从2008年度起计算。

（《国务院关于实施企业所得税过渡优惠政策的通知》，国发〔2007〕39号）

按照国发〔2007〕39号文件有关规定适用15%企业所得税并享受企业所得税定期减半优惠过渡的企业，应一律按照规定的过渡税率计算的应纳税额实行减半征税，即2008年按18%税率计算的应纳税额实行减半征税，2009年按20%税率计算的应纳税额实行减半征税，2010年按22%税率计算的应纳税额实行减半征税，2011年按24%税率计算的应纳税额实行减半征税，2012年及以后年度按25%税率计算的应纳税额实行减半征税。

对原适用24%或33%企业所得税率并享受国发〔2007〕39号文件规定企业所得税定期减半优惠过渡的企业，2008年及以后年度一律按25%税率计算的应纳税额实行减半征税。

（《财政部　国家税务总局关于贯彻落实国务院关于实施企业所得税过渡优惠政策有关问题的通知》，财税〔2008〕21号）

3. 原外商投资企业税收优惠的处理。

（1）2008 年 1 月 1 日之前外商投资企业形成的累积未分配利润，在 2008 年以后分配给外国投资者的，免征企业所得税；2008 年及以后年度外商投资企业新增利润分配给外国投资者的，依法缴纳企业所得税。（《财政部　国家税务总局关于企业所得税若干优惠政策的通知》，财税〔2008〕1 号）

（2）外国投资者从外商投资企业取得的税后利润直接再投资本企业增加注册资本，或者作为资本投资开办其他外商投资企业，凡在 2007 年底以前完成再投资事项，并在国家工商管理部门完成变更或注册登记的，可以按照《中华人民共和国外商投资企业和外国企业所得税法》及其有关规定，给予办理再投资退税。对在 2007 年底以前用 2007 年度预分配利润进行再投资的，不给予退税。（《国家税务总局关于外商投资企业和外国企业原有若干税收优惠政策取消后有关事项处理的通知》，国税发〔2008〕23 号）

（3）外国企业向我国转让专有技术或提供贷款等取得所得，凡上述事项所涉及的合同是在 2007 年底以前签订，且符合《中华人民共和国外商投资企业和外国企业所得税法》规定免税条件，经税务机关批准给予免税的，在合同有效期内可继续给予免税，但不包括延期、补充合同或扩大的条款。各主管税务机关应做好合同执行跟踪管理工作，及时开具完税证明。（《国家税务总局关于外商投资企业和外国企业原有若干税收优惠政策取消后有关事项处理的通知》，国税发〔2008〕23 号）

（4）外商投资企业按照《中华人民共和国外商投资企业和外国企业所得税法》规定享受定期减免税优惠，2008 年后，企业生产经营业务性质或经营期发生变化，导致其不符合《中华人民共和国外商投资企业和外国企业所得税法》规定条件的，仍应依据《中华人民共和国外商投资企业和外国企业所得税法》规定补缴其此前（包括在优惠过渡期内）已经享受的定期减免税税款。各主管税务机关在每年对这类企业进行汇算清缴时，应对其经营业务内容和经营期限等变化情况进行审核。（《国家税务总局关于外商投资企业和外国企业原有若干税收优惠政策取消后有关事项处理的通知》，国税发〔2008〕23 号）

4. 关于居民企业选择适用税率及减半征税的具体界定。

居民企业被认定为高新技术企业，同时又处于《国务院关于实施企业所得税过渡优惠政策的通知》（国发〔2007〕39 号）第一条第三款规定享受企业所得税"两免三减半""五免五减半"等定期减免税优惠过渡期的，该居民企业的所得税适用税率可以选择依照过渡期适用税率并适用减半征税至期满，或者选择适用高新技术企业的 15% 税率，但不能享受 15% 税率的减半征税。

居民企业被认定为高新技术企业，同时又符合软件生产企业和集成电路生产企业定期减半征收企业所得税优惠条件的，该居民企业的所得税适用税率可以选择适用高新技术企业的 15% 税率，也可以选择依照 25% 的法定税率减半征税，但不能享受 15% 税率的减半征税。

居民企业取得《中华人民共和国企业所得税法实施条例》第八十六条、第八十七条、第八十八条和第九十条规定可减半征收企业所得税的所得，是指居民企业应就该部分所得单独核算并依照 25% 的法定税率减半缴纳企业所得税。

高新技术企业减低税率优惠属于变更适用条件的延续政策而未列入过渡政策，因此，凡居民企业经税务机关核准 2007 年度及以前享受高新技术企业或新技术企业所得税优惠，2008 年及以后年度未被认定为高新技术企业的，自 2008 年起不得适用高新技术企业的 15% 税率，也不适用《国务院实施企业所得税过渡优惠政策的通知》（国发〔2007〕39 号）第一条第二款规定的过渡税率，而应自 2008 年度起适用 25% 的法定税率。

（《国家税务总局关于进一步明确企业所得税过渡期优惠政策执行口径问题的通知》，国税函〔2010〕157 号）

（二十）其他税收优惠政策

1. 自 2013 年 4 月 20 日起至 2015 年 12 月 31 日，对芦山地震受灾地区企业通过公益性社会团体、县级以上人民政府及其部门取得的抗震救灾和灾后恢复重建款项和物资，以及税收法律、法规规定和国务院批准的减免税金及附加收入，免征企业所得税。（《财政部　海关总署　国家税务总局关于支持芦山地震灾后恢复重建有关税收政策问题的通知》，财税〔2013〕58 号）

自 2014 年 8 月 3 日起至 2016 年 12 月 31 日，对鲁甸地震受灾地区企业通过公益性社会团体、县级以上人民政府及其部门取得的抗震救灾和灾后恢复重建款项和物资，以及税收法律、法规规定和国务院批准的减免税金及附加收入，免征企业所得税。

（《财政部　海关总署　国家税务总局关于支持鲁甸地震灾后恢复重建有关税收政策问题的通知》，财税〔2015〕27 号）

2. 自主就业退役士兵创业就业有关税收政策。

调整完善自主就业退役士兵创业就业税收政策有关问题通知如下：

（1）对商贸企业、服务型企业、劳动就业服务企业中的加工型企业和街道社区具有加工性质的小型企业实体，在新增加的岗位中，当年新招用自主就业退役士兵，与其签订 1 年以上期限劳动合同并依法缴纳社会保险费的，在 3 年内按实际招用人数予以定额依次扣减营业税、城市维护建设税、教育费附加、地方教育附加和企业所得税优惠。定额标准为每人每年 4000 元，最高可上浮 50%，各省、自治区、直辖市人民政府可根据本地区实际情况在此幅度内确定具体定额标准，并报财政部和国家税务总局备案。

所称服务型企业是指从事现行营业税"服务业"税目规定经营活动的企业以及按照《民办非企业单位登记管理暂行条例》（国务院令第 251 号）登记成立的民办非企业单位。

（2）纳税人按企业招用人数和签订的劳动合同时间核定企业减免税总额，在核定减免税总额内每月依次扣减营业税、城市维护建设税、教育费附加和地方教育附加。纳税人实际应缴纳的营业税、城市维护建设税、教育费附加和地方教育附加小于核定减免税总额的，以实际应缴纳的营业税、城市维护建设税、教育费附加和地方教育附加为限；实际应缴纳的营业税、城市维护建设税、教育费附加和地方教育附加大于核定减免税总额的，以核定减免税总额为限。

纳税年度终了，如果企业实际减免的营业税、城市维护建设税、教育费附加和地方教育附加小于核定的减免税总额，企业在企业所得税汇算清缴时扣减企业所得税。当年扣减不足的，不再结转以后年度扣减。

计算公式为：企业减免税总额 = $\sum$ 每名自主就业退役士兵本年度在本企业工作月份 $\div 12 \times$ 定额标准。

（3）企业自招用自主就业退役士兵的次月起享受税收优惠政策，并于享受税收优惠政策的当月，持下列材料向主管税务机关备案：新招用自主就业退役士兵的《中国人民解放军义务兵退出现役证》或《中国人民解放军士官退出现役证》；企业与新招用自主就业退役士兵签订的劳动合同（副本），企业为职工缴纳的社会保险费记录；自主就业退役士兵本年度在企业工作时间表（见原文件附件）；税务机关要求的其他相关材料。

所称自主就业退役士兵是指依照《退役士兵安置条例》（国务院、中央军委令第 608 号）的规定退出现役并按自主就业方式安置的退役士兵。

（4）执行期限为 2014 年 1 月 1 日至 2016 年 12 月 31 日。上述规定的税收优惠政策按照备案减免税管理，纳税人应向主管税务机关备案。税收优惠政策在 2016 年 12 月 31 日未享受满 3 年的，可继续享受至 3 年期满为止。《财政部 国家税务总局关于扶持城镇退役士兵自谋职业有关税收优惠政策的通知》（财税〔2004〕93 号）自 2014 年 1 月 1 日起停止执行，其所规定的税收优惠政策在 2013 年 12 月 31 日未享受满 3 年的，可继续享受至 3 年期满为止。

（5）如果企业招用的自主就业退役士兵既适用上述规定的税收优惠政策，又适用其他扶持就业的税收优惠政策，企业可选择适用最优惠的政策，但不能重复享受。

（《财政部 国家税务总局 民政部关于调整完善扶持自主就业退役士兵创业就业有关税收政策的通知》，财税〔2014〕42 号）

为扶持自主就业退役士兵创业就业，现将有关税收政策通知如下：

（1）对商贸企业、服务型企业、劳动就业服务企业中的加工型企业和街道社区具有加工性质的小型企业实体，在新增加的岗位中，当年新招用自主就业退役士兵，与其签订 1 年以上期限劳动合同并依法缴纳社会保险费的，在 3 年内按实际招用人数予以定额依次扣减增值税、城市维护建设税、教育费附加、地方教育附加和企业所得税优惠。定额标准为每人每年 4000 元，最高可上浮 50%，各省、自治区、直辖市人民政府可根据本地区实际情况在此幅度内确定具体定额标准，并报财政部和国家税务总局备案。

所称服务型企业是指从事《销售服务、无形资产、不动产注释》和《财政部、国家税务总局关于全面推开营业税改征增值税试点的通知》（财税〔2016〕36 号）附件中"不动产租赁服务"、"商务辅助服务"（不含货物运输代理和代理报关服务）、"生活服务"（不含文化体育服务）范围内业务活动的企业以及按照《民办非企业单位登记管理暂行条例》（国务院令第 251 号）登记成立的民办非企业单位。

纳税人按企业招用人数和签订的劳动合同时间核定企业减免税总额，在核定减免税总额内每月依次扣减增值税、城市维护建设税、教育费附加和地方教育附加。纳税人实际应缴纳的增值税、城市维护建设税、教育费附加和地方教育附加小于核定减免税总额的，以实际应缴纳的增值税、城市维护建设税、教育费附加和地方教育附加为限；实际应缴纳的增值税、城市维护建设税、教育费附加和地方教育附加大于核定减免税总额的，以核定减免税总额为限。

纳税年度终了，如果企业实际减免的增值税、城市维护建设税、教育费附加和地方教育附加小于核定的减免税总额，企业在企业所得税汇算清缴时扣减企业所得税。当年扣减不完的，不再结转以后年度扣减。

计算公式为：企业减免税总额 = $\sum$ 每名自主就业退役士兵本年度在本企业工作月份 ÷ 12 × 定额标准。

企业自招用自主就业退役士兵的次月起享受税收优惠政策，并于享受税收优惠政策的当月，持下列材料向主管税务机关备案：新招用自主就业退役士兵的《中国人民解放军义务兵退出现役证》或《中国人民解放军士官退出现役证》；企业与新招用自主就业退役士兵签订的劳动合同（副本），企业为职工缴纳的社会保险费记录；自主就业退役士兵本年度在企业工作时间表；主管税务机关要求的其他相关材料。

（2）所称自主就业退役士兵是指依照《退役士兵安置条例》（国务院、中央军委令第 608 号）的规定退出现役并按自主就业方式安置的退役士兵。

（3）执行期限为 2017 年 1 月 1 日至 2019 年 12 月 31 日。税收优惠政策按照备案减免税管理，纳税人应向主管税务机关备案。税收优惠政策在 2019 年 12 月 31 日未享受满 3 年的，可继续享受至 3 年期满为止。

对《财政部 国家税务总局关于全面推开营业税改征增值税试点的通知》（财税〔2016〕36 号）附件 3 第三条第（一）项政策，纳税人在 2016 年 12 月 31 日未享受满3年的，可按现行政策继续享受至3年期满为止。

（4）如果企业招用的自主就业退役士兵既适用上述规定的税收优惠政策，又适用其他扶持就业的专项税收优惠政策，企业可选择适用最优惠的政策，但不能重复享受。

（《财政部 国家税务总局 民政部关于继续实施扶持自主就业退役士兵创业就业有关税收政策的通知》，财税〔2017〕46号）

3. QFII和RQFII取得中国境内的股票等权益性投资资产转让所得。

从2014年11月17日起，对合格境外机构投资者（以下简称QFII）、人民币合格境外机构投资者（以下简称RQFII）取得来源于中国境内的股票等权益性投资资产转让所得，暂免征收企业所得税。在2014年11月17日之前QFII和RQFII取得的上述所得应依法征收企业所得税。

适用于在中国境内未设立机构、场所，或者在中国境内虽设立机构、场所，但取得的上述所得与其所设机构、场所没有实际联系的QFII、RQFII。

（《财政部 国家税务总局 中国证券监督管理委员会关于QFII和RQFII取得中国境内的股票等权益性投资资产转让所得暂免征收企业所得税问题的通知》，财税〔2014〕79号）

4. 沪港股票市场交易互联互通机制试点有关税收政策。

对内地企业投资者通过沪港通投资香港联交所上市股票取得的股息红利所得，计入其收入总额，依法计征企业所得税。其中，内地居民企业连续持有H股满12个月取得的股息红利所得，依法免征企业所得税。

对香港市场投资者（包括企业和个人）投资上交所上市A股取得的转让差价所得，暂免征收所得税。

（《财政部 国家税务总局 中国证券监督管理委员会关于沪港股票市场交易互联互通机制试点有关税收政策的通知》，财税〔2014〕81号）

5. 集成电路封装、测试企业以及集成电路关键专用材料生产企业、集成电路专用设备生产企业税收优惠政策。

（1）符合条件的集成电路封装、测试企业以及集成电路关键专用材料生产企业、集成电路专用设备生产企业，在2017年（含2017年）前实现获利的，自获利年度起，第一年至第二年免征企业所得税，第三年至第五年按照25%的法定税率减半征收企业所得税，并享受至期满为止；2017年前未实现获利的，自2017年起计算优惠期，享受至期满为止。

所称符合条件的集成电路封装、测试企业，必须同时满足以下条件：①2014年1月1日后依法在中国境内成立的法人企业；②签订劳动合同关系且具有大学专科以上学历的职工人数占企业当年月平均职工总人数的比例不低于40%，其中，研究开发人员占企业当年月平均职工总数的比例不低于20%；③拥有核心关键技术，并以此为基础开展经营活动，且当年度的研究开发费用总额占企业销售（营业）收入（主营业务收入与其他业务收入之和，下同）总额的比例不低于3.5%，其中，企业在中国境内发生的研究开发费用金额占研究开发费用总额的比例不低于60%；④集成电路封装、测试销售（营业）收入占企业收入总额的比例不低于60%；⑤具有保证产品生产的手段和能力，并获得有关资质认证（包括ISO质量体系认证、人力资源能力认证等）；⑥具有与集成电路封装、测试相适应的经营场所、软硬件设施等基本条件。

所称符合条件的集成电路关键专用材料生产企业或集成电路专用设备生产企业，必须同时满足以下条件：①2014年1月1日后依法在中国境内成立的法人企业；②签订劳动合同关系且具有大学专科以上学历的职工人数占企业当年月平均职工总人数的比例不低于40%，其中，研究开发人员占企业当年月平均职工总数的比例不低于20%；③拥有核心关键技术，并以此为基础开展经营活动，且当年度的研究开发费用总额占企业销售（营业）收入总额的比例不低于5%，其中，企业在中国境内发生的研究开发费用金额占研究开发费用总额的比例不低于60%；④集成电路关键专用材料或专用设备销售收入占企业销售（营业）收入总额的比例不低于30%；⑤具有保证集成电路关键专用材料或专用设备产品生产的手段和能力，并获得有关资质认证（包括ISO质量体系认证、人力资源能力认证等）；⑥具有与集成电路关键专用材料或专用设备生产相适应的经营场所、软硬件设施等基本条件。

集成电路关键专用材料或专用设备的范围，分别按照《集成电路关键专用材料企业所得税优惠目录》《集成电路专用设备企业所得税优惠目录》的规定执行。

（2）符合规定条件的企业，应在年度终了之日起4个月内，按照本通知及企业所得税相关税收优惠政策管理的规定，凭省级相关部门出具的证明向主管税务机关办理减免税手续。

省级相关部门证明出具办法，由各省（自治区、直辖市、计划单列市）国家发展改革委、工业和信息化主管部门会同财政、税务等部门研究确定。

（3）享受上述税收优惠的企业有下述情况之一的，应取消其享受税收优惠的资格，并补缴存在以下行为所属年度已减免的企业所得税税款。①在申请认定过程中提供虚假信息的；②有偷、骗税等行为的；③发生重大安全、质量事故的；④有环境等违法、违规行为，受到有关部门处罚的。

（4）享受税收优惠的企业，其税收优惠条件发生变化的，应当自发生变化之日起15日内向主管税务机关报告；不再符合税收优惠条件的，应当依法履行纳税义务；未依法纳税的，主管税务机关应当予以追缴。同时，主管税务机关在执行税收优惠政策过程中，发现企业不符合享受税收优惠条件的，可暂停企业享受的相关税收优惠，并提请相关部门进行有关条件复核。

（5）集成电路封装、测试企业以及集成电路关键专用材料生产企业、集成电路专用设备生产企业等依照本通知规定可以享受的企业所得税优惠政策与其他定期减免税优惠政策存在交叉的，由企业选择一项最优惠政策执行，不叠加享受。

（6）自 2014 年 1 月 1 日起执行。

（《财政部　国家税务总局　国家发展和改革委员会　工业和信息化部关于进一步鼓励集成电路产业发展企业所得税政策的通知》，财税〔2015〕6 号）

6. 国有企业改制上市过程中资产评估增值有关企业所得税政策。

（1）国有企业改制上市过程中发生的资产评估增值，应缴纳的企业所得税可以不征收入库，作为国家投资直接转增该企业国有资本金（含资本公积，下同），但获得现金及其他非股权对价部分，应按规定缴纳企业所得税。

资产评估增值是指按同一口径计算的评估减值冲抵评估增值后的余额。

（2）国有企业 100% 控股（控制）的非公司制企业、单位，在改制为公司制企业环节发生的资产评估增值，应缴纳的企业所得税可以不征收入库，作为国家投资直接转增改制后公司制企业的国有资本金。

（3）经确认的评估增值资产，可按评估价值入账并按有关规定计提折旧或摊销，在计算应纳税所得额时允许扣除。

（4）执行税收优惠政策的国有企业，须符合以下条件：①本通知所称国有企业，是指纳入中央或地方国有资产监督管理范围的国有独资企业或国有独资有限责任公司。②本通知所称国有企业改制上市，应属于以下情形之一：国有企业以评估增值资产，出资设立拟上市的股份有限公司；国有企业将评估增值资产，注入已上市的股份有限公司；国有企业依法变更为拟上市的股份有限公司。③取得履行出资人职责机构出具的资产评估结果核准或备案文件。

（5）符合规定条件的改制上市国有企业，应按税务机关要求提交评估增值相关材料。

（6）执行期限为 2015 年 1 月 1 日至 2018 年 12 月 31 日。发布前发生的国有企业改制上市事项，符合规定且未就资产评估增值缴纳企业所得税的，可按上述规定执行；已就资产评估增值缴纳企业所得税的，不再退还。

（《财政部　国家税务总局关于企业改制上市资产评估增值企业所得税处理政策的通知》，财税〔2015〕65 号）

7. 深港股票市场交易互联互通机制试点涉及的税收优惠政策。

（1）内地企业投资者通过深港股票市场交易互联互通机制试点（以下简称深港通）投资香港联合交易所有限公司（以下简称香港联交所）上市股票的股息红利所得税。

①对内地企业投资者通过深港通投资香港联交所上市股票取得的股息红利所得，计入其收入总额，依法计征企业所得税。其中，内地居民企业连续持有 H 股满 12 个月取得的股息红利所得，依法免征企业所得税。

②香港联交所上市 H 股公司应向中国结算提出申请，由中国结算向 H 股公司提供内地企业投资者名册，H 股公司对内地企业投资者不代扣股息红利所得税款，应纳税款由企业自行申报缴纳。

③内地企业投资者自行申报缴纳企业所得税时，对香港联交所非 H 股上市公司已代扣代缴的股息红利所得税，可依法申请税收抵免。

（2）对香港市场投资者（包括企业和个人）投资深交所上市 A 股取得的转让差价所得，暂免征收所得税。

（《财政部　国家税务总局　证监会关于深港股票市场交易互联互通机制试点有关税收政策的通知》，财税〔2016〕127 号）

8. 北京冬奥组委税收优惠政策。

（1）对北京 2022 年冬奥会和冬残奥会组织委员会（以下简称北京冬奥组委）免征企业所得税。

（2）对国际奥委会、中国奥委会、国际残疾人奥林匹克委员会、中国残奥委员会、北京冬奥会测试赛赛事组委会实行以下税收政策：①对国际奥委会取得的与北京 2022 年冬奥会有关的收入免征企业所得税。②对按中国奥委会、主办城市签订的《联合市场开发计划协议》和中国奥委会、主办城市、国际奥委会签订的《主办城市合同》规定，中国奥委会取得的由北京冬奥组委分期支付的收入、按比例支付的盈余分成收入免征企业所得税。③对国际残奥委会取得的与北京 2022 年冬残奥会有关的收入免征企业所得税。④对中国残奥委会根据《联合市场开发计划协议》取得的由北京冬奥组委分期支付的收入免征企业所得税。

（《财政部　国家税务总局　海关总署关于北京 2022 年冬奥会和冬残奥会税收政策的通知》，财税〔2017〕60 号）

9. 非居民企业从事中国境内原油期货交易取得的所得税收优惠。

对在中国境内未设立机构、场所的，或者虽设立机构、场所但取得的所得与其所设机构、场所没有实际联系的境外机构投资者（包括境外经纪机构），从事中国境内原油期货交易取得的所得（不含实物交割所得），暂不征收企业所得税；对境外经纪机构在境外为境外投资者提供中国境内原油期货经纪业务取得的佣金所得，不属于来源于中国境内的劳务所得，不征收企业所得税。

经国务院批准对外开放的其他货物期货品种，按照上述规定的税收政策执行。

（《财政部　国家税务总局　证监会关于支持原油等货物期货市场对外开放税收政策的通知》，财税〔2018〕21 号）

附件一

一、红旗出版社有限责任公司等 22 家中央所属文化企业已被认定为转制文化企业。

1. 红旗出版社有限责任公司

2. 线装书局

3. 西苑出版社

4. 金城出版社

5. 中国建材工业出版社

6. 当代中国出版社

7. 方志出版社

8. 中国少年儿童新闻出版总社

9. 语文出版社

10. 中国铁道出版社

11. 中国劳动社会保障出版社

12. 开明出版社

13. 中国画报出版社

14. 新世界出版社有限责任公司

15. 新星出版社有限责任公司

16. 中国旅游出版社

17. 原子能出版社

18. 法律出版社

19. 中国法制出版社

20. 团结出版社

21. 《中国汽车报》社

22. 新华网络有限公司

(《财政部　国家税务总局　中宣部关于下发红旗出版社有限责任公司等中央所属转制文化企业名单的通知》，财税〔2011〕3 号)

二、人民网股份有限公司等 81 家中央所属文化企业已被认定为转制文化企业。

1. 人民网股份有限公司

2. 社会科学文献出版社

3. 企业管理出版社

4. 人民卫生出版社

5. 宗教文化出版社

6. 经济管理出版社

7. 华语教学出版社有限责任公司

8. 朝华出版社有限责任公司

9. 外文出版社有限责任公司

10. 海豚出版社有限责任公司

11. 中共党史出版社

12. 高等教育出版社

13. 人民教育出版社

14. 中国社会科学出版社

15. 知识产权出版社

16. 中国国际图书贸易集团有限公司

17. 国家行政学院出版社

18. 中央文献出版社

19. 党建读物出版社

20. 中国工商出版社

21. 中国工人出版社

22. 中国青年出版社

23. 中国建筑工业出版社

24. 中国统计出版社

25. 中国方正出版社

26. 中国税务出版社

27. 中国财政经济出版社

28. 中国城市出版社

29. 中国摄影出版社

30. 中国长安出版社

31. 中国戏剧出版社

32. 中国地图出版社

33. 科学普及出版社

34. 中国市场出版社

35. 中国计划出版社

36. 冶金工业出版社

37. 中国石化出版社有限公司

38. 中国发展出版社

39. 人民交通出版社

40. 中国体育报业总社

41. 航空工业出版社

42. 北京航宇音像出版社

43. 《国际航空》杂志社

44. 人民日报出版社

45. 化学工业出版社

46. 中国中医药出版社

47. 电子工业出版社

48. 中国妇女出版社

49. 文物出版社

50. 华文出版社

51. 中国民族摄影艺术出版社

52. 中央编译出版社

53. 中国人口出版社

54. 作家出版社

55. 经济科学出版社

56. 中国华侨出版社

57. 中国宇航出版有限责任公司

58. 中国纺织出版社

59. 台海出版社

60. 中共中央党校出版社

61. 中国民航出版社

62. 群言出版社

63. 中国经济出版社

64. 中国社会出版社

65. 中国商务出版社

66. 九州出版社

67. 中国医药科技出版社

68. 中国言实出版社

69. 五洲传播出版社

70. 研究出版社

71. 中国电影出版社

72. 中国文联出版社

73. 中国三峡出版社

74. 海洋出版社

75. 中国商业出版社

76. 当代世界出版社

77. 中国农业科学技术出版社

78. 中国农业出版社

79. 中国人事出版社

80. 华夏出版社

81. 中国水利水电出版社

（《财政部　国家税务总局　中宣部关于下发人民网股份有限公司等 81 家中央所属转制文化企业名单的通知》，财税〔2011〕27 号）

三、学习出版社等 13 家中央所属文化企业已被认定为转制文化企业。

1. 学习出版社

2. 中国出版集团有限公司

3. 人民文学出版社

4. 商务印书馆

5. 中华书局

6. 中国大百科全书出版社

7. 中国美术出版总社

8. 中国美术出版社

9. 人民音乐出版社

10. 生活·读书·新知三联书店

11. 中国对外翻译出版公司

12. 现代教育出版社

13. 东方出版中心

（《财政部　国家税务总局　中宣部关于公布学习出版社等中央所属转制文化企业名单的通知》，财税〔2010〕29 号）

四、世界知识出版社等 35 家中央所属文化企业已被认定为转制文化企业。

1. 世界知识出版社

2. 中国书籍出版社

3. 兵器工业出版社有限责任公司

4. 中国民主法制出版社有限公司

5. 光明日报出版社

6. 煤炭工业出版社

7. 中国物资出版社

8. 中国轻工业出版社

9. 中国金融出版社

10. 中国检察出版社

11. 地质出版社

12. 中国大地出版社

13. 经济日报出版社

14. 人民法院出版社

15. 华龄出版社

16. 中国文史出版社

17. 中国林业出版社

18. 中国质检出版社

19. 石油工业出版社有限公司

20. 中国海关出版社

21. 中国致公出版社

22. 国家行政学院音像出版社

23. 中华工商联合出版社有限责任公司

24. 大众文艺出版社

25. 中国广播电视出版社

26. 国家图书馆出版社

27. 地震出版社

28. 中医古籍出版社

29. 气象出版社

30. 民主与建设出版社

31. 学苑出版社

32. 黄河水利出版社

33. 中国时代经济出版社

34. 中国环境科学出版社

35. 紫禁城出版社

（《财政部 国家税务总局 中宣部关于下发世界知识出版社等35家中央所属转制文化企业名单的通知》，财税〔2011〕120号）

五、按照《财政部 国家税务总局 中宣部关于转制文化企业名单及认定问题的通知》（财税〔2009〕105号）的规定，中国电视剧制作中心有限责任公司等11家中央所属文化企业已被认定为转制文化企业。名单所列转制文化企业按照《财政部 国家税务总局关于文化体制改革中经营性文化事业单位转制为企业的若干税收政策问题的通知》（财税〔2009〕34号）的规定享受税收优惠政策。税收优惠政策的执行起始期限按《财政部　国家税务总局　中宣部关于下发红旗出版社有限责任公司等中央所属转制文化企业名单的通知》（财税〔2011〕3 号）的规定执行。

中央所属转制文化企业名单

1. 中国电视剧制作中心有限责任公司

2. 中视剧城文化传媒（北京）有限责任公司

3. 中电传媒股份有限公司

4. 人民东方出版传媒有限公司

5. 《英语角》杂志社有限责任公司

6. 测绘出版社

7. 中国和平出版社有限责任公司

8. 时事出版社

9. 中国国际广播出版社

10. 新华出版社

11. 教育科学出版社

（《财政部　国家税务总局　中宣部关于下发中国电视剧制作中心有限责任公司等 11 家中央所属转制文化企业名单的通知》，财税〔2013〕16 号）

六、鉴于财税〔2010〕29 号和财税〔2011〕27 号文件已公布的部分转制文化企业的名称发生变更，考虑其主营业务并未发生变化，同意名称变更后的企业继续按照财税〔2009〕34 号文件的规定享受相关税收优惠政策（名单附后）。同时，将名称变更前的中国出版集团有限公司、人民文学出版社、商务印书馆、中华书局、中国大百科全书出版社、中国美术出版总社、中国美术出版社、人民音乐出版社、生活·读书·新知三联书店、东方出版中心、中国对外翻译出版公司、现代教育出版社、华文出版社从享受税收优惠政策的转制文化企业名单中剔除。

名称变更后继续享受税收优惠政策的转制文化企业名单

1. 中国出版集团公司

2. 人民文学出版社有限公司

3. 商务印书馆有限公司

4. 中华书局有限公司

5. 中国大百科全书出版社有限公司

6. 中国美术出版总社有限公司

7. 人民美术出版社有限公司

8. 人民音乐出版社有限公司

9. 生活·读书·新知三联书店有限公司

10. 东方出版中心有限公司

11. 中国对外翻译出版有限公司

12. 现代教育出版社有限公司

13. 华文出版社有限公司

（《财政部　国家税务总局　中宣部关于下发 13 家名称变更后继续享受税收优惠政策的转制文化企业名单的通知》，财税〔2013〕17 号）

七、按照《财政部　国家税务总局　中宣部关于转制文化企业名单及认定问题的通知》（财税〔2009〕105 号）的规定，《中国建材报》社等 19 家中央所属文化企业已被认定为转制文化企业。名单所列转制文化企业按照《财政部　国家税务总局关于文化体制改革中经营性文化事业单位转制为企业的若干税收政策问题的通知》（财税〔2009〕34 号）的规定享受税收优惠政策。税收优惠政策的起始时间按《财政部　国家税务总局　中宣部关于下发红旗出版社有限责任公司等中央所属转制文化企业名单的通知》（财税〔2011〕3 号）的规定执行。

中央所属转制文化企业名单

1. 《中国建材报》社

2. 《中国纺织报》社

3. 《中国服饰报》社

4. 《中国县域经济报》社

5. 《中国花卉报》社

6. 《证券日报》社

7. 《中国企业家》杂志社

8. 《中国经济信息》杂志社

9. 《中国书画》杂志社

10. 《农村金融时报》社

11. 《装修装饰天地》杂志社

12. 《经济》杂志社

13. 文化艺术出版社

14. 人民日报传媒广告有限公司

15. 群众出版社

16. 啄木鸟杂志社

17. 光明网传媒有限公司

18. 中报国际文化传媒（北京）有限公司

19. 《政府采购信息》报社有限公司

（《财政部　国家税务总局　中宣部关于发布〈中国建材报〉社等 19 家中央所属转制文化企业名单的通知》，财税〔2014〕9 号）

八、按照《财政部 国家税务总局 中宣部关于继续实施文化体制改革中经营性文化事业单位转制为企业若干税收政策的通知》（财税〔2014〕84 号）的规定，《中国减灾》杂志社等 14 家中央所属文化企业已被认定为转制文化企业，可按照财税〔2014〕84 号文件规定享受税收优惠政策。同时，人民交通出版社、知识产权出版社从《财政部 国家税务总局 中宣部关于下发人民网股份有限公司等 81 家中央所属转制文化企业名单的通知》（财税〔2011〕27 号）所附《中央所属转制文化企业名单》中剔除。

中央所属转制文化企业名单

1. 《中国减灾》杂志社

2. 《中国能源报》社

3. 《中国烟草》杂志社有限公司

4. 《中国邮政报》社

5. 《作家文摘》报社

6. 中国政法大学出版社有限责任公司

7. 北京邮电大学出版社有限公司

8. 中国传媒大学出版社有限责任公司

9. 北京对外经济贸易大学出版社有限责任公司

10. 北京理工大学出版社有限责任公司

11. 长春东北师范大学出版社有限责任公司

12. 哈尔滨东北林业大学出版社有限公司

13. 人民交通出版社股份有限公司

14. 知识产权出版社有限责任公司

（《财政部 国家税务总局 中宣部关于发布〈中国减灾〉杂志社等 14 家中央所属转制文化企业名单的通知》，财税〔2015〕25 号）

附件二

集成电路关键专用材料企业所得税优惠目录

序号	产品名称		应用领域	主要技术指标
一、功能材料				
1	硅单晶		制作集成电路的关键基础原料，可用直拉、悬浮区熔和中子嬗变掺杂制备。	1. 直径：150±0.2 – 300±0.2 毫米 2. 表面洁净区厚度 >10 微米 3. 表面无 COP 缺陷（≥0.1 微米）
2	硅外延片		主要用于制作 CMOS 电路，各类晶体管以及绝缘栅双极晶体管（IGBT）等。	1. 厚度、电阻率均匀性的控制：要求厚度均匀性 <2%，电阻率均匀性 <4% 2. 降低外延层的结构缺陷：要求颗粒控制到：60ea（>0.065 微米）、40ea（>0.10 微米）、20ea（>0.20 微米） 3. 表面金属含量 ≤1.0×10^{10} atoms/平方厘米 4. 背面金属含量 ≤5.0×10^{10} atoms/平方厘米 5. 达到 100% 的外延无滑移线 6. 平整度的控制达到 TIR <1.7 微米，SFQR <0.15 微米，25 毫米×25 毫米
3	硅抛光片		主要用于制作集成电路等半导体器件或用作硅外延沉积的衬底。	1. 厚度：200～775 微米 2. 总厚度变化：≤10 微米 3. 弯曲度：<35 微米 4. 翘曲度：<45 微米
二、结构材料				
1	键合丝	金丝	用于半导体器件封装的电极部位或芯片与外部引线连接的金属材料。	1. 直径：≤75 微米 2. 纯度：≥4N（99.99%） 3. 长度：>300 米
		铜丝		1. 直径：≤30 微米 2. 纯度：≥4N（99.99%） 3. 长度：>300 米
2	引线框架		用于为芯片提供机械支撑载体，并作为导电介质连接 IC 外部电路，传输电信号，以及与封装材料一起，向外散热。	1. 厚度：0.1～2.0 毫米 2. 宽度：18～610 毫米 3. 侧边弯曲度：宽度≤100 毫米；侧边弯曲度≤1.0 毫米/米；宽度>100 毫米，侧边变曲度≤1.5 毫米/米
3	塑封料		用来代替金属、陶瓷或玻璃对电子元器件进行包封的塑料材料。	1. 弯曲强度：>130 兆帕 2. 弯曲模量：>12000 兆帕 3. 线膨胀系数：1.0×10^{-5}/℃ ～8.0×10^{-5}/℃

续表

序号	产品名称	应用领域	主要技术指标
三、微细加工材料			
1	光刻胶	主要用于将光刻掩膜版上的图形转移到晶圆片上。	1. 痕量金属离子：>6N（99.9999%） 2. 水分：≤0.5%
2	靶材	在薄膜淀积工艺中用于沉积到目标结构上的材料，主要包括金属、陶瓷和合金材料。	1. 纯度：>5N（99.999%）

序号	产品名称	应用领域		主要技术指标
四、工艺辅助材料				
1	高纯化学试剂	双氧水	主要用于硅晶圆表面清洗、芯片的清洗和腐蚀等。	纯度：>6N8（99.99998%）
		氨水		纯度：>6N8（99.99998%）
		异丙醇		纯度：>6N8（99.99998%）
		磷酸		纯度：>6N8（99.99998%）
		氢氟酸		纯度：>6N8（99.99998%）
		盐酸		纯度：>6N8（99.99998%）
		硫酸		纯度：>6N8（99.99998%）
		BOE（氟化铵+氢氟酸混合酸）		纯度：>6N8（99.99998%）
		硝酸		纯度：>6N8（99.99998%）
		四甲基氢氧化铵		纯度：>6N8（99.99998%）

集成电路专用设备企业所得税优惠目录

序号	产品名称	应用领域	主要技术指标
一、集成电路硅单晶片生长加工设备			
1	硅芯炉	用于多晶硅生长载体——硅芯的制备。	1. 原料规格：直径75~80毫米，长度450毫米 2. 成品规格：直径7~8.5毫米，长度2500~2800毫米 3. 生产能力：≥5根/次，≥15根/炉次
2	带锯截断机床	用于硅单晶棒切断，切头尾。	1. 最大装夹：直径≥8英寸，长度≥1500毫米 2. 加工精度：8英寸，凹凸误差≤±0.2毫米
3	X射线晶体定向仪	利用X射线衍射原理，精密快速地测定半导体晶体的切割角度，与切割机配套用于上述晶体的定向切割。	1. X射线管：铜靶，阳极接地，强制风冷 2. 管电压：30千伏；管电流：0~50毫安、连续可调 3. 整机功耗：不大于0.3瓦 4. 计数管电压：500~1100伏 5. 时间常数：0.1、0.4、3秒三档

序号	产品名称	应用领域	主要技术指标
4	全自动软轴单晶炉	生产大规模集成电路所需要的高质量单晶。	1. 生长晶体的直径范围：8～12 英寸 2. 熔料重量：≥100 千克 3. 原料：多晶硅原料 4. 硅单晶等径长度：≥1000 毫米（8 英寸） 5. 主炉室尺寸：直径 900 毫米，长度 1250 毫米
5	多线切割机	用于 90～65 纳米集成电路用 300 毫米硅片及以下直径半导体硅片的加工。	1. 自动最大切割尺寸：直径 310 毫米，长度 400 毫米 2. 使用线径：0.1～0.18 毫米 3. 工作台切割速度：0.01～9 毫米/分钟
6	精密双面抛光机	用于 12 英寸及 12 英寸以下集成电路硅片的双面抛光。	1. 抛光盘尺寸：430～1420 毫米 2. 游轮参数：齿数 Z = 105，齿距 P = 15.7 3. 游轮数量：5 片 4. 硅片加工后 GBIR（抛光前 GBIR < 2 微米，去除量约为 10～40 微米）≤0.6 微米 5. 硅片加工后 SPQR（cell size 25×25）PUA95%（大）≤0.07 微米（EE = 2 毫米）
二、集成电路晶圆芯片生产设备			
1	0.1 微米 1CFM 大流量激光尘埃粒子计数器	用于测量集成电路晶圆生产超净室单位体积空气中的微细尘埃粒子的粒净及数量。	1. 粒径通道：0.1、0.3、0.5、1、5、10 2. 采样流量：≥50 升/分钟 3. 传感器信噪比：> 3:1
2	介质等离子刻蚀机	用于集成电路芯片极深接触孔刻蚀、硬模板刻蚀、金属接触孔刻蚀、浅槽刻蚀等介电质刻蚀工艺。	1. 晶圆尺寸：8～12 英寸 2. 线宽：≤90 纳米 3. 深宽比刻蚀能力：≥30:1 4. 刻蚀速度：> 8000 埃米/分钟 5. 刻蚀均匀性误差：< 3% 6. 线宽精度：< 3 纳米 7. 模板刻蚀选择性：> 10:1 8. 微粒杂质：< 10 个
3	高密度等离子刻蚀机	适用于多晶硅栅极刻蚀，浅沟槽隔离刻蚀、原位硬掩膜刻蚀和光刻胶调整等多种工艺应用。	1. 晶圆尺寸：8～12 英寸 2. 线宽：≤100 纳米 3. 深宽比：≥50:1
4	匀胶显影机	用于硅晶圆片涂复光刻胶和显影。	1. 晶圆尺寸：6～12 英寸

续表

序号	产品名称	应用领域	主要技术指标
5	晶圆片清洗设备	用于集成电路硅晶圆片抛光、扩散前、CMP后、氧化前及光刻后等工艺的清洗。	1. 晶圆尺寸：8~12英寸 2. 线宽：≤90纳米 3. 颗粒清除效率（PRE）：99% 4. 兆声波能量费均匀度：2%
6	集成电路光掩模清洗设备	用于集成电路光掩模的正反两面自动进行清洗。	1. 自动进行酸洗、碱洗、兆声洗、去离子热水及冷水清洗 2. 线宽：≤130纳米 3. 产量：≥3片/小时
7	快速退火炉	用于对集成电路硅晶圆片进行热处理。	1. 晶圆尺寸：8~12英寸 2. 温控范围：400~1200℃ 3. 控温精度：≤±2℃
8	大角度离子注入机	用于集成电路源漏区的晕（Halo）、袋（Pocket）、栅阀值调整（Vt）等进行离子注入工艺。	1. 晶圆尺寸：8~12英寸 2. 离子源寿命：>300小时 3. 离子源能量：5~810千电子伏 4. 离子种类：B+、P+、As+、Ar+ 5. 传送速度：≥230片/小时
9	立式氧化炉	用于集成电路干氧氯化、氢氧合成湿氧氧化、DCE氧化、氮氧化硅氧化和退火工艺。	1. 硅晶圆片直径：8~12英寸 2. 最大处理枚数：125枚（12英寸） 3. 恒温区：1044毫米
10	铜互连清洗设备	用于集成电路通孔刻蚀后、沟槽刻蚀后、衬垫刻蚀后的清洗和背面清洗、边缘清洗以及铜互连化学机械抛光清洗。	1. 硅晶圆片直径：12英寸 2. 线宽：≤65纳米 3. 腔室数量：8~10个 4. 产能：≥160片/小时
11	扩散炉	用于集成电路硅晶圆片进行扩散、氧化、退火、合金及烧结等工艺。	1. 晶圆尺寸：8~12英寸 2. 工作温度：400~1300℃ 3. 恒温区温度精度：≤±0.5℃（600~1250℃）
12	低压化学汽相淀积系统	用于在集成电路晶圆片上生长多晶硅及氮化硅薄膜。	1. 晶圆尺寸：8~12英寸 2. 工作温度：400~1100℃ 3. 恒温区温度精度：≤±1℃
13	等离子增强化学汽相淀积系统	用于在集成电路晶圆片上生长钝化与多层布线介及氮化硅薄膜。	1. 晶圆尺寸：8~12英寸 2. 工作温度：100~500℃ 3. 恒温区温度精度：≤±3℃

序号	产品名称	应用领域	主要技术指标
三、集成电路封装测试设备			
1	高速自动冲切成型系统	用于 QFP、LQFP、TSOP 类塑封后产品的冲浇口、冲塑切筋、连筋检测、预分离、打弯成型、引线切断、整型、分离装盘。	1. 冲切速度：≥120 次/分钟；分离速度：≥60 次/分钟 2. 一次最多可分离双列 8 排 16 颗产品 3. MTBA：≥30 分钟 4. 成型后，引脚平坦度 0.04 毫米以内 5. 产品冲裁毛刺：≤0.05 毫米 6. 引线压痕：≤0.015 毫米（框架电镀厚度单边 0.01 毫米的情况下） 7. 切筋凸台：0~0.06 毫米，无凹口
2	集成电路自动封装系统	用于中高档集成电路产品的后工序自动化封装，系统集上片、上料、预热、装料、清模、去胶和收料于一体。	1. 合模压力范围：≤170 吨 2. 注射压力范围：≤4 吨 3. 系统机械时间：≤22 秒 4. 封装制品上下型偏错位：≤0.038 毫米 5. 塑封体与引线框架偏错位：≤0.038 毫米
3	塑封压机	自动通过塑封压机种的塑封型模完成对集成电路芯片上芯，金丝键合工序后的半成品进行塑料封装，以便芯片得到保护。	快速合模：≤127 毫米/秒钟 慢速合模：≤18 毫米/秒钟 快速回复合模：≤120 毫米/秒钟 慢速合合模：≤32 毫米/秒钟 快速注射：≤158 毫米/秒钟 慢速注射：≤28 毫米/秒钟
4	高频预热机	用于集成电路的塑料封装，可有效地对环氧树脂、酚醛树脂等饼状塑封料及密胺（美耐皿）等粉状材料进行快速加热，以达到清除水分，减少有害成分，增强粉料流动性，塑封料延流性，提高产品品质。	1. 料饼直径：0~55 毫米，可调整 2. 预热时间：0~99 秒钟，可调整 3. 预热电压：6400~7500 伏，分三档，可调整 4. 中心主振频率：72 兆赫兹（±5%） 5. 极限阳极电流：0.8 安（直流）
5	紧凑型全自动 IC 料条激光打标机	用激光在 IC 料条上连续不间断打标记。	1. 弹夹：堆栈式 2. 产能：≥1000 片/小时（打印没有空跑） 3. 转换时间：<15 分钟 4. 料条长度：150~260 毫米 5. 料条宽度：20~70 毫米；料条厚度 0.15~2 毫米
6	环氧粘片机	用于将芯片粘接到引线框架上。	1. 自动手动 Z 行程：14 毫米 2. 手控 X-Y 范围：15 毫米×15 毫米 3. 升降台 Z 行程：18 毫米 4. θ 轴 360°旋转，芯片精确定位 5. 粘片压力：10~100 克 6. 粘片尺寸：0.2~25 毫米

序号	产品名称	应用领域	主要技术指标
7	模数混合集成电路测试系统	用于模拟集成电路、音频和数模混合集成电路的测试。	1. 八路小功率电压电流源 LVI（±20 伏/±200 毫安） 2. 双路大功率电压电流源 DPVI（±50 伏/±10 安） 3. 双路中功率电压电流源 MVI（±50 伏/±400 毫安）
8	多功能全自动激光打标机	自动将条式 IC 料条传送到流道上，首先用 CCD 相机对料条进行方向判断并读取 ID 二维码，接着把方向正确的料条传送到激光打标范围并对其精确定位（采用定位针定位及 CCD 相机坐标定位），使用双头光纤激光一次性完成整条 IC 的精确标刻。最后将已标刻的合格料条自动装回料盒。	1. 适合料条宽度：20～120 毫米 2. 适合料条长度：160～250 毫米 3. 激光标刻精度：±50 微米 4. 线宽：0.03～0.12 毫米可调（用光圈的大小实现可调） 5. 线深：0.01～0.06 毫米可调 6. 打印合品率：≥99.99% 7. 生产效率：≥1200 条/小时（激光不工作） 8. 更换产品时间：<30 分钟 9. 设备具备 MAPING 功能 OFN maping 10. 方向检测功能：识别料条的前后正反和左右正反（印前 Vison 检测、打印区防反针检测）
9	全自动上片机（粘片机）	用于将机场电路芯片从晶圆蓝膜上取出放到框架或基板上。	1. 芯片尺寸：0.6 毫米×0.6 毫米～12.5 毫米×12.5 毫米 2. 上片速度：5000（2 毫米×2 毫米）以上
10	托盘式全自动编带机	采用自动上下料和料盘传送装置，将托盘内的 IC 芯片使用 2D、3D 检测系统对其表面缺陷、标刻内容及三维外观进行扫描检查并储存记忆，通过分选机构把次品料集中抓放到次品收集盘内，将合格料抓放到载带内，最终完成编带封装收卷功能。	1. 进料方式：JEDEC 料盘式 2. UPH：≥10000 个/小时（QFN 3×3），≥8000 个/小时（QFN 4×4 以上） 3. 2D 检测误判率：<0.2% 4. 3D 检测误判率：<0.3% 5. 对载带和盖带具备三档兼容能力：8～16 毫米；16～24 毫米；24～36 毫米
11	光学检测机	设备采用高倍显微镜进行 PC 或人工观测，再进行二维码读取，将料条的 Mapping 采用符合 SEMI 标准的格式传送到服务器上，为半导体后道打标做准备。	1. UPH：600strips（没有目检和二维码） 2. 损伤料条率：0 3. 可兼容料条规格：长度 160～250 毫米；宽度 40～70毫米 4. 料条最大弯曲度：3 毫米 5. 芯片外形尺寸：0.2 毫米×0.2 毫米～40 毫米×40 毫米 6. 可兼容槽式弹夹尺寸：长度 160～260 毫米；宽度 45～80 毫米；高度 100～170 毫米 7. 料条最小间距：≤1.2 毫米

续表

序号	产品名称	应用领域	主要技术指标
12	半自动晶圆背面标刻机	用于IC晶圆背面激光标刻。	1. 产能：≥20片/小时 2. 上下料时间：<1分钟 3. 晶圆尺寸：4寸、6寸、8寸 4. 标刻精度：±20微米
13	全自动划片机	用于8英寸及以下集成电路晶圆划切分割。	1. 自动可加工晶圆尺寸：≥8英寸 2. 主轴：转速6000~60000转/分钟 3. 功率：1.8千瓦 4. X轴：划切范围210毫米，进刀速度0.1~500毫米/秒钟；Y轴：划切范围210毫米，定位精度0.003毫米/210毫米；Z轴：最大刀片直径58毫米，重复精度0.002毫米 5. θ轴：转角380°
14	先进封装用步进投影光刻机	用于集成电路后道凸块（Bump）工艺，如：金凸块、铅锡凸块、铜柱晶圆级封装和重新布线等。	1. 晶圆尺寸：8~12英寸 2. 曝光视场：44毫米×44毫米 3. 焦深：30微米（在曝光3微米密集线条时） 4. 单机套刻精度：<0.6微米
15	自动探针测试台	用于集成电路芯片的测试，与测试仪连接后，能自动完成对芯片的电参数测试及功能测试。	1. 可测片径：≥6英寸 2. 工作台最大行程：180毫米×240毫米 3. 工作台速度：≥200毫米/秒钟 4. 定位精度：≤±0.01毫米/160毫米 5. 承片台Z向行程：10毫米 6. θ向调节范围：±10°
16	全自动晶圆检测机	采用高分辨率彩色摄像头进行图像采集和存储对IC晶圆表面缺陷检测。	1. 晶圆检测范围尺寸：4~8英寸 2. 最小检测的缺陷：≥1微米 3. 一次图像处理范围：10毫米×10毫米 4. UPH：>70片晶圆/小时
17	集成电路全自动测试分选机	用于封装后的集成电路自动测试和分选。	1. 测试工位：1~4个 2. 自动上、下料

第五章　税率优惠

一、符合条件的小型微利企业税收优惠政策

（一）小型微利企业应符合的条件

符合条件的小型微利企业，是指从事国家非限制和禁止行业，并符合下列条件的企业：①工业企业，年度应纳税所得额不超过 30 万元，从业人数不超过 100 人，资产总额不超过 3000 万元。②其他企业，年度应纳税所得额不超过 30 万元，从业人数不超过 80 人，资产总额不超过 1000 万元。（《中华人民共和国企业所得税法实施条例》第九十二条）

《财政部　国家税务总局关于扩大小型微利企业所得税优惠政策范围的通知》（财税〔2017〕43 号）将小型微利企业的标准修改为：①工业企业，年度应纳税所得额不超过 50 万元，从业人数不超过 100 人，资产总额不超过 3000 万元；②其他企业，年度应纳税所得额不超过 50 万元，从业人数不超过 80 人，资产总额不超过 1000 万元。

从业人数，是指与企业建立劳动关系的职工人数和企业接受的劳务派遣用工人数之和；从业人数和资产总额指标，按企业全年月平均值确定，具体计算公式如下：

月平均值 =（月初值 + 月末值）÷2

全年月平均值 = 全年各月平均值之和 ÷12

年度中间开业或者终止经营活动的，以其实际经营期作为一个纳税年度确定上述相关指标。

（《财政部　国家税务总局关于执行企业所得税优惠政策若干问题的通知》，财税〔2009〕69 号）

《财政部　国家税务总局关于小型微利企业所得税优惠政策的通知》（财税〔2015〕34 号）规定，《中华人民共和国企业所得税法实施条例》第九十二条第（一）项和第（二）项所称从业人数，包括与企业建立劳动关系的职工人数和企业接受的劳务派遣用工人数。

从业人数和资产总额指标，应按企业全年的季度平均值确定。具体计算公式如下：

季度平均值 = （季初值 + 季末值）÷2

全年季度平均值 = 全年各季度平均值之和 ÷4

年度中间开业或者终止经营活动的，以其实际经营期作为一个纳税年度确定上述相关指标。

本规定自 2015 年 1 月 1 日起执行，《财政部　国家税务总局关于执行企业所得税优惠政策若干问题的通知》（财税〔2009〕69 号）第七条同时停止执行。即从业人数和资产总额指标，按企业全年月平均值确定的公式停止执行。

《财政部　国家税务总局关于扩大小型微利企业所得税优惠政策范围的通知》（财税〔2017〕43 号）规定：所称从业人数，包括与企业建立劳动关系的职工人数和企业接受的劳务派遣用工人数。所称从业人数和资产总额指标，应按企业全年的季度平均值确定。具体计算公式如下：

季度平均值 = （季初值 + 季末值）÷2

全年季度平均值 = 全年各季度平均值之和 ÷4

年度中间开业或者终止经营活动的，以其实际经营期作为一个纳税年度确定上述相关指标。

《财政部　国家税务总局关于小型微利企业所得税优惠政策的通知》（财税〔2015〕34 号）和《财政部　国家税务总局关于进一步扩大小型微利企业所得税优惠政策范围的通知》（财税〔2015〕99 号）自 2017 年 1 月 1 日起废止。

《国家税务总局关于非居民企业不享受小型微利企业所得税优惠政策问题的通知》（国税函〔2008〕650 号）规定：《中华人民共和国企业所得税法》第二十八条规定的小型微利企业是指企业的全部生产经营活动产生的所得均负有我国企业所得税纳税义务的企业。因此，仅就来源于我国所得负有我国纳税义务的非居民企业，不适用该条规定的对符合条件的小型微利企业减按 20% 税率征收企业所得税的政策。

（二）小型微利企业税收优惠政策

1. 符合条件的小型微利企业，减按 20% 的税率征收企业所得税。（《中华人民共和国企业所得税法》第二十八条第一款）

2. 自 2010 年 1 月 1 日至 2010 年 12 月 31 日，对年应纳税所得额低于 3 万元（含 3 万元）的小型微利企业，其所得减按 50% 计入应纳税所得额，按 20% 的税率缴纳企业所得税。

所称小型微利企业，是指符合《中华人民共和国企业所得税法》及《中华人民共和国企业所得税法实施条例》以及相关税收政策规定的小型微利企业。

（《财政部　国家税务总局关于小型微利企业有关企业所得税政策的通知》，财税〔2009〕133 号）

3. 自 2011 年 1 月 1 日至 2011 年 12 月 31 日，对年应纳税所得额低于 3 万元（含

3万元）的小型微利企业，其所得减按50%计入应纳税所得额，按20%的税率缴纳企业所得税。

所称小型微利企业，是指符合《中华人民共和国企业所得税法》及《中华人民共和国企业所得税法实施条例》以及相关税收政策规定的小型微利企业。

（《财政部　国家税务总局关于继续实施小型微利企业所得税优惠政策的通知》，财税〔2011〕4号）

4. 自2012年1月1日至2015年12月31日，对年应纳税所得额低于6万元（含6万元）的小型微利企业，其所得减按50%计入应纳税所得额，按20%的税率缴纳企业所得税。

所称小型微利企业，是指符合《中华人民共和国企业所得税法》及《中华人民共和国企业所得税法实施条例》，以及相关税收政策规定的小型微利企业。

（《财政部　国家税务总局关于小型微利企业所得税优惠政策有关问题的通知》，财税〔2011〕117号，根据财政部令第83号全文废止）

5. 自2014年1月1日至2016年12月31日，对年应纳税所得额低于10万元（含10万元）的小型微利企业，其所得减按50%计入应纳税所得额，按20%的税率缴纳企业所得税。

所称小型微利企业，是指符合《中华人民共和国企业所得税法》及《中华人民共和国企业所得税法实施条例》以及相关税收政策规定的小型微利企业。

（《财政部　国家税务总局关于小型微利企业所得税优惠政策有关问题的通知》，财税〔2014〕34号）

符合规定条件的小型微利企业（包括采取查账征收和核定征收方式的企业），均可按照规定享受小型微利企业所得税优惠政策。

小型微利企业所得税优惠政策，包括企业所得税减按20%征收（以下简称减低税率政策），以及财税〔2014〕34号文件规定的优惠政策（以下简称减半征税政策）。

定率征税的小型微利企业，上一纳税年度符合小型微利企业条件，且年度应纳税所得额低于10万元（含10万元）的，本年度预缴企业所得税时，累计应纳税所得额不超过10万元的，可以享受优惠政策；超过10万元的，不享受其中的减半征税政策。

定额征税的小型微利企业，由当地主管税务机关相应调整定额后，按照原办法征收。

本年度新办的小型微利企业，在预缴企业所得税时，凡累计实际利润额或应纳税所得额不超过10万元的，可以享受优惠政策；超过10万元的，应停止享受其中的减半征税政策。

小型微利企业符合享受优惠政策条件，但预缴时未享受的，在年度汇算清缴时统一计算享受。小型微利企业在预缴时享受了优惠政策，但年度汇算清缴时超过规定标准的，应按规定补缴税款。

符合规定条件的小型微利企业，在预缴和年度汇算清缴企业所得税时，可以按照规定自行享受小型微利企业所得税优惠政策，无需税务机关审核批准，但在报送年度企业所得税纳税申报表时，应同时将企业从业人员、资产总额情况报税务机关备案。

（《国家税务总局关于扩大小型微利企业减半征收企业所得税范围有关问题的公告》，国家税务总局公告 2014 年第 23 号）

【提示】依据《国家税务总局关于贯彻落实扩大小型微利企业减半征收企业所得税范围有关问题的公告》（国家税务总局公告 2015 年第 17 号），国家税务总局公告 2014 年第 23 号自 2015 年 3 月 18 日起全文废止。

6. 自 2015 年 1 月 1 日至 2017 年 12 月 31 日，对年应纳税所得额低于 20 万元（含 20 万元）的小型微利企业，其所得减按 50% 计入应纳税所得额，按 20% 的税率缴纳企业所得税。

所称小型微利企业，是指符合《中华人民共和国企业所得税法》及《中华人民共和国企业所得税法实施条例》规定的小型微利企业。

（《财政部　国家税务总局关于小型微利企业所得税优惠政策的通知》，财税〔2015〕34 号，根据财税〔2017〕43 号文件本法规自 2017 年 1 月 1 日起全文废止。）

符合规定条件的小型微利企业，在季度、月份预缴企业所得税时，可以自行享受小型微利企业所得税优惠政策，无须税务机关审核批准。

小型微利企业在预缴和汇算清缴时通过填写企业所得税纳税申报表"从业人数、资产总额"等栏次履行备案手续，不再另行专门备案。在 2015 年企业所得税预缴纳税申报表修订之前，小型微利企业预缴申报时，暂不需提供"从业人数、资产总额"情况。

本年度按照实际利润额预缴企业所得税的，预缴时累计实际利润额不超过 20 万元的，可以享受小型微利企业所得税减半征税政策；超过 20 万元的，应当停止享受减半征税政策。

本年度按照上年度应纳税所得额的季度（或月份）平均额预缴企业所得税的，可以享受小型微利企业减半征税政策。

定率征税的小型微利企业。上一纳税年度符合小型微利企业条件，且年度应纳税所得额不超过 20 万元（含）的，本年度预缴企业所得税时，累计应纳税所得额不超过 20 万元的，可以享受减半征税政策；超过 20 万元的，不享受减半征税政策。定额征税的小型微利企业，由主管税务机关根据优惠政策规定相应调减定额后，按照原办法征收。

本年度新办的小型微利企业预缴企业所得税时，凡累计实际利润额或应纳税所得额不超过20万元的，可以享受减半征税政策；超过20万元的，停止享受减半征税政策。

企业根据本年度生产经营情况，预计本年度符合小型微利企业条件的，季度、月份预缴企业所得税时，可以享受小型微利企业所得税优惠政策。

企业预缴时享受了小型微利企业优惠政策，但年度汇算清缴超过规定标准的，应按规定补缴税款。

（《国家税务总局关于贯彻落实扩大小型微利企业减半征收企业所得税范围有关问题的公告》，国家税务总局公告2015年第17号）

💡【提示】依据《国家税务总局关于公布一批全文废止和部分条款废止的税收规范性文件目录的公告》（国家税务总局公告2017年第1号），国家税务总局公告2015年第17号全文废止。

7. 自2015年10月1日起至2017年12月31日，对年应纳税所得额在20万元到30万元（含30万元）之间的小型微利企业，其所得减按50%计入应纳税所得额，按20%的税率缴纳企业所得税。

前款所称小型微利企业，是指符合《中华人民共和国企业所得税法》及《中华人民共和国企业所得税法实施条例》规定的小型微利企业。

对本规定的小型微利企业，其2015年10月1日至2015年12月31日间的所得，按照2015年10月1日后的经营月份数占其2015年度经营月份数的比例计算。

（《财政部　国家税务总局关于进一步扩大小型微利企业所得税优惠政策范围的通知》，财税〔2015〕99号，本法规自2017年1月1日起全文废止。）

自2015年10月1日至2017年12月31日，符合规定条件的小型微利企业，无论采取查账征收还是核定征收方式，均可以享受财税〔2015〕99号文件规定的小型微利企业所得税优惠政策（以下简称减半征税政策）。

符合规定条件的小型微利企业自行申报享受减半征税政策。汇算清缴时，小型微利企业通过填报企业所得税年度纳税申报表中"资产总额、从业人数、所属行业、国家限制和禁止行业"等栏次履行备案手续。

按照实际利润预缴企业所得税的，预缴时累计实际利润不超过30万元（含，下同）的，可以享受减半征税政策。

按照上一纳税年度应纳税所得额平均额预缴企业所得税的，预缴时可以享受减半征税政策。

定率征收企业。上一纳税年度符合小型微利企业条件，预缴时累计应纳税所得额不超过30万元的，可以享受减半征税政策。

定额征收企业。根据优惠政策规定需要调减定额的，由主管税务机关按照程序调整，依照原办法征收。

上一纳税年度不符合小型微利企业条件的企业。预缴时预计当年符合小型微利企业条件的，可以享受减半征税政策。

本年度新成立小型微利企业，预缴时累计实际利润或应纳税所得额不超过 30 万元的，可以享受减半征税政策。

企业预缴时享受了减半征税政策，但汇算清缴时不符合规定条件的，应当按照规定补缴税款。

小型微利企业 2015 年第四季度预缴和 2015 年度汇算清缴的新老政策衔接问题，按以下规定处理。

（1）下列两种情形，全额适用减半征税政策：①全年累计利润或应纳税所得额不超过 20 万元（含）的小型微利企业；②2015 年 10 月 1 日（含，下同）之后成立，全年累计利润或应纳税所得额不超过 30 万元的小型微利企业。

（2）2015 年 10 月 1 日之前成立，全年累计利润或应纳税所得额大于 20 万元但不超过 30 万元的小型微利企业，分段计算 2015 年 10 月 1 日之前和 10 月 1 日之后的利润或应纳税所得额，并按照以下规定处理：①10 月 1 日之前的利润或应纳税所得额适用《中华人民共和国企业所得税法》第二十八条规定的减按 20% 的税率征收企业所得税的优惠政策（以下简称减低税率政策）；10 月 1 日之后的利润或应纳税所得额适用减半征税政策。②根据财税〔2015〕99 号文件规定，小型微利企业 2015 年 10 月 1 日至 2015 年 12 月 31 日期间的利润或应纳税所得额，按照 2015 年 10 月 1 日之后的经营月份数占其 2015 年度经营月份数的比例计算确定。计算公式如下：

10 月 1 日至 12 月 31 日利润额或应纳税所得额 = 全年累计实际利润或应纳税所得额 ×（2015 年 10 月 1 日之后经营月份数 ÷2015 年度经营月份数）

③2015 年度新成立企业的起始经营月份，按照税务登记日期所在月份计算。

（《国家税务总局关于贯彻落实进一步扩大小型微利企业减半征收企业所得税范围有关问题的公告》，国家税务总局公告 2015 年第 61 号）

💡【提示】依据《国家税务总局关于贯彻落实扩大小型微利企业所得税优惠政策范围有关征管问题的公告》（国家税务总局公告 2017 年第 23 号），国家税务总局公告 2015 年第 61 号在 2016 年度企业所得税汇算清缴结束后废止。

8. 自 2017 年 1 月 1 日至 2019 年 12 月 31 日，将小型微利企业的年应纳税所得额上限由 30 万元提高至 50 万元，对年应纳税所得额低于 50 万元（含 50 万元）的小型微利企业，其所得减按 50% 计入应纳税所得额，按 20% 的税率缴纳企业所得税。

前款所称小型微利企业，是指从事国家非限制和禁止行业，并符合下列条件的企业：工业企业，年度应纳税所得额不超过 50 万元，从业人数不超过 100 人，资产总额不超过 3000 万元；其他企业，年度应纳税所得额不超过 50 万元，从业人数不超过 80 人，资产总额不超过 1000 万元。

所称从业人数，包括与企业建立劳动关系的职工人数和企业接受的劳务派遣用工人数。

所称从业人数和资产总额指标，应按企业全年的季度平均值确定。具体计算公式如下：

季度平均值 =（季初值 + 季末值）÷2

全年季度平均值 = 全年各季度平均值之和÷4

年度中间开业或者终止经营活动的，以其实际经营期作为一个纳税年度确定上述相关指标。

《财政部 国家税务总局关于小型微利企业所得税优惠政策的通知》（财税〔2015〕34号）和《财政部 国家税务总局关于进一步扩大小型微利企业所得税优惠政策范围的通知》（财税〔2015〕99号）自2017年1月1日起废止。

（《财政部 国家税务总局关于扩大小型微利企业所得税优惠政策范围的通知》，财税〔2017〕43号）

财税〔2017〕43号自2018年1月1日起废止，参见《财政部 国家税务总局关于进一步扩大小型微利企业所得税优惠政策范围的通知》（财税〔2018〕77号）。

自2017年1月1日至2019年12月31日，符合条件的小型微利企业，无论采取查账征收方式还是核定征收方式，其年应纳税所得额低于50万元（含50万元，下同）的，均可以享受财税〔2017〕43号文件规定的其所得减按50%计入应纳税所得额，按20%的税率缴纳企业所得税的政策（以下简称减半征税政策）。

所述符合条件的小型微利企业是指符合《中华人民共和国企业所得税法实施条例》第九十二条或者财税〔2017〕43号文件规定条件的企业。

📖 【解读】根据此条规定，只要是符合条件的小型微利企业，不区分企业所得税的征收方式，均可以享受减半征税政策。因此，包括定率征收和定额征收在内的企业所得税核定征收企业，可以享受减半征税政策。（国家税务总局关于《国家税务总局关于贯彻落实扩大小型微利企业所得税优惠政策范围有关征管问题的公告》的解读）

企业本年度第一季度预缴企业所得税时，如未完成上一纳税年度汇算清缴，无法判断上一纳税年度是否符合小型微利企业条件的，可暂按企业上一纳税年度第四季度的预缴申报情况判别。

符合条件的小型微利企业，在预缴和年度汇算清缴企业所得税时，通过填写纳税申报表的相关内容，即可享受减半征税政策，无需进行专项备案。

符合条件的小型微利企业，统一实行按季度预缴企业所得税。

本年度企业预缴企业所得税时，按照以下规定享受减半征税政策：

（1）查账征收企业。上一纳税年度为符合条件的小型微利企业，分别按照以下规定处理：①按照实际利润额预缴的，预缴时累计实际利润不超过50万元的，可以享受减半征税政策；②按照上一纳税年度应纳税所得额平均额预缴的，预缴时可以享受减半征税政策。

（2）定率征收企业。上一纳税年度为符合条件的小型微利企业，预缴时累计应纳税所得额不超过 50 万元的，可以享受减半征税政策。

（3）定额征收企业。根据减半征税政策规定需要调减定额的，由主管税务机关按照程序调整，依照原办法征收。

（4）上一纳税年度为不符合小型微利企业条件的企业，预计本年度符合条件的，预缴时累计实际利润或应纳税所得额不超过 50 万元的，可以享受减半征税政策。

（5）本年度新成立的企业，预计本年度符合小型微利企业条件的，预缴时累计实际利润或应纳税所得额不超过 50 万元的，可以享受减半征税政策。

企业预缴时享受了减半征税政策，年度汇算清缴时不符合小型微利企业条件的，应当按照规定补缴税款。

小型微利企业 2017 年度第一季度预缴时应享受未享受减半征税政策而多预缴的企业所得税，在以后季度应预缴的企业所得税税款中抵减。

《国家税务总局关于发布〈中华人民共和国企业所得税月（季）度预缴纳税申报表（2015 年版）等报表〉的公告》（国家税务总局公告 2015 年第 31 号）附件 2《中华人民共和国企业所得税月（季）度和年度预缴纳税申报表（B 类，2015 年版）》填报说明第三条第（五）项中"核定定额征收纳税人，换算应纳税所得额大于 30 万元的填'否'"修改为"核定定额征收纳税人，换算应纳税所得额大于 50 万元的填'否'"。

【解读】根据规定，在预缴时需要判别上一纳税年度是否符合小型微利企业条件，2017 年度应当按照税法规定条件判别；2018 年度及以后纳税年度，应当按照财税〔2017〕43 号文件规定条件判别。根据《国家税务总局关于发布〈企业所得税优惠政策事项办理办法〉的公告》（国家税务总局公告 2015 年第 76 号）（此条款按照《国家税务总局关于发布修订后的〈企业所得税优惠政策事项办理办法〉的公告》，国家税务总局公告 2018 年第 23 号规定废止）第十条和本《公告》第二条规定，企业享受小型微利企业所得税优惠政策通过填写纳税申报表相关内容即可。因此，符合条件的小型微利企业无须进行专项备案。

上一纳税年度为不符合小型微利企业条件的企业，预计本年度符合条件的，预缴时累计实际利润额或应纳税所得额不超过 50 万元的，可以享受减半征税政策。"预计本年度符合条件"是指，企业上一年度其"从业人数"和"资产总额"已经符合小型微利企业规定条件，但应纳税所得额不符合条件，本年度预缴时，如果上述两个条件没有发生实质性变化，预缴时累计实际利润额或应纳税所得额不超过 50 万元的，可以预先享受减半征税政策。

本年度新成立的企业，预计本年度符合小型微利企业条件的，预缴时累计实际利润额或应纳税所得额不超过 50 万元的，可以享受减半征税政策。"预计本年度符合小型微利企业条件"是指，企业本年度其"从业人数"和"资产总额"预计可以符合小型微利企业规定条件，本年度预缴时，累计实际利润额或应纳税所得额不超过 50 万元的，可以预先享受减半征税政策。

此次政策调整从 2017 年 1 月 1 日开始，由于 2017 年第一季度预缴期已经结束，符合条件的小型微利企业在 2017 年第一季度预缴时，未能享受减半征税政策而多预缴的企业所得税，在以后季度企业应预缴的企业所得税税款中抵减。

（国家税务总局关于《国家税务总局关于贯彻落实扩大小型微利企业所得税优惠政策范围有关征管问题的公告》的解读）

《国家税务总局关于贯彻落实进一步扩大小型微利企业减半征收企业所得税范围有关问题的公告》（国家税务总局公告 2015 年第 61 号）在 2016 年度企业所得税汇算清缴结束后废止。（《国家税务总局关于贯彻落实扩大小型微利企业所得税优惠政策范围有关征管问题的公告》，国家税务总局公告 2017 年第 23 号）

自 2018 年 1 月 1 日至 2020 年 12 月 31 日，将小型微利企业的年应纳税所得额上限由 50 万元提高至 100 万元，对年应纳税所得额低于 100 万元（含 100 万元）的小型微利企业，其所得减按 50% 计入应纳税所得额，按 20% 的税率缴纳企业所得税。

所称小型微利企业，是指从事国家非限制和禁止行业，并符合下列条件的企业：工业企业，年度应纳税所得额不超过 100 万元，从业人数不超过 100 人，资产总额不超过 3000 万元；其他企业，年度应纳税所得额不超过 100 万元，从业人数不超过 80 人，资产总额不超过 1000 万元。

所称从业人数，包括与企业建立劳动关系的职工人数和企业接受的劳务派遣用工人数。

所称从业人数和资产总额指标，应按企业全年的季度平均值确定。具体计算公式如下：

季度平均值 =（季初值 + 季末值）÷2

全年季度平均值 = 全年各季度平均值之和 ÷4

年度中间开业或者终止经营活动的，以其实际经营期作为一个纳税年度确定上述相关指标。《财政部　国家税务总局关于扩大小型微利企业所得税优惠政策范围的通知》（财税〔2017〕43 号）自 2018 年 1 月 1 日起废止。

（《财政部　国家税务总局关于进一步扩大小型微利企业所得税优惠政策范围的通知》，财税〔2018〕77 号）

《国家税务总局关于贯彻落实进一步扩大小型微利企业所得税优惠政策范围有关征管问题的公告》（国家税务总局公告 2018 年第 40 号）对小型微利企业所得税优惠

政策有关征管规定：自 2018 年 1 月 1 日至 2020 年 12 月 31 日，符合条件的小型微利企业，无论采取查账征收方式还是核定征收方式，其年应纳税所得额低于 100 万元（含 100 万元，下同）的，均可以享受财税〔2018〕77 号文件规定的所得减按 50% 计入应纳税所得额，按 20% 的税率计算缴纳企业所得税的政策（以下简称减半征税政策）。

前款所述符合条件的小型微利企业是指符合《中华人民共和国企业所得税法实施条例》第九十二条或者财税〔2018〕77 号文件规定条件的企业。

企业本年度第一季度预缴企业所得税时，如未完成上一纳税年度汇算清缴，无法判断上一纳税年度是否符合小型微利企业条件的，可暂按企业上一纳税年度第四季度的预缴申报情况判别。

符合条件的小型微利企业，在预缴和年度汇算清缴企业所得税时，通过填写纳税申报表的相关内容，即可享受减半征税政策。

符合条件的小型微利企业，统一实行按季度预缴企业所得税。

本年度企业预缴企业所得税时，按照以下规定享受减半征税政策：

（1）查账征收企业。上一纳税年度为符合条件的小型微利企业，分别按照以下规定处理：①按照实际利润额预缴的，预缴时本年度累计实际利润额不超过 100 万元的，可以享受减半征税政策；②按照上一纳税年度应纳税所得额平均额预缴的，预缴时可以享受减半征税政策。

（2）核定应税所得率征收企业。上一纳税年度为符合条件的小型微利企业，预缴时本年度累计应纳税所得额不超过 100 万元的，可以享受减半征税政策。

（3）核定应纳所得税额征收企业。根据减半征税政策规定需要调减定额的，由主管税务机关按照程序调整，依照原办法征收。

（4）上一纳税年度为不符合小型微利企业条件的企业，预计本年度符合条件的，预缴时本年度累计实际利润额或者累计应纳税所得额不超过 100 万元的，可以享受减半征税政策。

（5）本年度新成立的企业，预计本年度符合小型微利企业条件的，预缴时本年度累计实际利润额或者累计应纳税所得额不超过 100 万元的，可以享受减半征税政策。

企业预缴时享受了减半征税政策，年度汇算清缴时不符合小型微利企业条件的，应当按照规定补缴税款。

按照规定小型微利企业 2018 年第一季度预缴时应享受未享受减半征税政策而多预缴的企业所得税，在以后季度应预缴的企业所得税税款中抵减。

《国家税务总局关于贯彻落实扩大小型微利企业所得税优惠政策范围有关征管问题的公告》（国家税务总局公告 2017 年第 23 号）在 2017 年度企业所得税汇算清缴结束后废止。

二、国家需要重点扶持的高新技术企业税收优惠

（一）国家需要重点扶持的高新技术企业税收优惠基本规定

1. 国家需要重点扶持的高新技术企业，减按 15% 的税率征收企业所得税。（《中华人民共和国企业所得税法》第二十八条）

以境内、境外全部生产经营活动有关的研究开发费用总额、总收入、销售收入总额、高新技术产品（服务）收入等指标申请并经认定的高新技术企业，其来源于境外的所得可以享受高新技术企业所得税优惠政策，即对其来源于境外所得可以按照 15% 的优惠税率缴纳企业所得税，在计算境外抵免限额时，可按照 15% 的优惠税率计算境内外应纳税总额。（《财政部　国家税务总局关于高新技术企业境外所得适用税率及税收抵免问题的通知》，财税〔2011〕47 号）

2. 国家需要重点扶持的高新技术企业，是指拥有核心自主知识产权，并同时符合下列条件的企业。

（1）产品（服务）属于《国家重点支持的高新技术领域》规定的范围。

（2）研究开发费用占销售收入的比例不低于规定比例。

（3）高新技术产品（服务）收入占企业总收入的比例不低于规定比例。

（4）科技人员占企业职工总数的比例不低于规定比例。

（5）高新技术企业认定管理办法规定的其他条件。

《国家重点支持的高新技术领域》和《高新技术企业认定管理办法》由国务院科技、财政、税务主管部门商国务院有关部门制定，报国务院批准后公布施行。（《中华人民共和国企业所得税法实施条例》第九十三条）

（二）《财政部　国家税务总局　科学技术部关于修订印发〈高新技术企业认定管理办法〉的通知》（国科发火〔2016〕32 号）

1. 高新技术企业是指在《国家重点支持的高新技术领域》内，持续进行研究开发与技术成果转化，形成企业核心自主知识产权，并以此为基础开展经营活动，在中国境内（不包括港、澳、台地区）注册的居民企业。

2. 认定为高新技术企业须同时满足以下条件：

（1）企业申请认定时须注册成立一年以上。

（2）企业通过自主研发、受让、受赠、并购等方式，获得对其主要产品（服务）在技术上发挥核心支持作用的知识产权的所有权。

（3）对企业主要产品（服务）发挥核心支持作用的技术属于《国家重点支持的高新技术领域》规定的范围。

（4）企业从事研发和相关技术创新活动的科技人员占企业当年职工总数的比例不低于 10%。

（5）企业近三个会计年度（实际经营期不满三年的按实际经营时间计算，下同）的研究开发费用总额占同期销售收入总额的比例符合如下要求：①最近一年销售收入小于5000万元（含）的企业，比例不低于5%；②最近一年销售收入在5000万元至2亿元（含）的企业，比例不低于4%；③最近一年销售收入在2亿元以上的企业，比例不低于3%。其中，企业在中国境内发生的研究开发费用总额占全部研究开发费用总额的比例不低于60%。

（6）近一年高新技术产品（服务）收入占企业同期总收入的比例不低于60%。

（7）企业创新能力评价应达到相应要求。

（8）企业申请认定前一年内未发生重大安全、重大质量事故或严重环境违法行为。

3. 企业获得高新技术企业资格后，自高新技术企业证书颁发之日所在年度起享受税收优惠。

4. 通过认定的高新技术企业，其资格自颁发证书之日起有效期为三年。

5. 对已认定的高新技术企业，有关部门在日常管理过程中发现其不符合认定条件的，应提请认定机构复核。复核后确认不符合认定条件的，由认定机构取消其高新技术企业资格，并通知税务机关追缴其不符合认定条件年度起已享受的税收优惠。

6. 对被取消高新技术企业资格的企业，由认定机构通知税务机关按《税收征管法》及有关规定，追缴其自发生上述行为之日所属年度起已享受的高新技术企业税收优惠。

自2016年1月1日起实施。原《高新技术企业认定管理办法》（国科发火〔2008〕172号）同时废止。

（三）《国家税务总局关于实施高新技术企业所得税优惠有关问题的通知》（国税函〔2009〕203号）

1. 认定（复审）合格的高新技术企业，自认定（复审）批准的有效期当年开始，可申请享受企业所得税优惠。企业取得省、自治区、直辖市、计划单列市高新技术企业认定管理机构颁发的高新技术企业证书后，可持"高新技术企业证书"及其复印件和有关资料，向主管税务机关申请办理减免税手续。手续办理完毕后，高新技术企业可按15%的税率进行所得税预缴申报或享受过渡性税收优惠。

2. 纳税年度终了后至报送年度纳税申报表以前，已办理减免税手续的企业应向主管税务机关备案以下资料：①产品（服务）属于《国家重点支持的高新技术领域》规定的范围的说明；②企业年度研究开发费用结构明细表（见附件）；③企业当年高新技术产品（服务）收入占企业总收入的比例说明；④企业具有大学专科以上学历的科技人员占企业当年职工总数的比例说明、研发人员占企业当年职工总数的比例说明。以上资料的计算、填报口径参照《高新技术企业认定管理工作指引》的有关规定执行。

3. 未取得高新技术企业资格，或虽取得高新技术企业资格但不符合《中华人民共和国企业所得税法》及《中华人民共和国企业所得税法实施条例》以及有关规定条件的企业，不得享受高新技术企业的优惠；已享受优惠的，应追缴其已减免的企业所得税税款。

（四）《国家税务总局关于实施高新技术企业所得税优惠政策有关问题的公告》（国家税务总局公告 2017 年第 24 号）

为贯彻落实高新技术企业所得税优惠政策，根据《科技部　财政部　国家税务总局关于修订印发〈高新技术企业认定管理办法〉的通知》（国科发火〔2016〕32 号，以下简称《认定办法》）及《科技部　财政部　国家税务总局关于修订印发〈高新技术企业认定管理工作指引〉的通知》（国科发火〔2016〕195 号）以及相关税收规定，现就实施高新技术企业所得税优惠政策有关问题公告如下。

1. 企业获得高新技术企业资格后，自高新技术企业证书注明的发证时间所在年度起申报享受税收优惠，并按规定向主管税务机关办理备案手续。

【解读】根据企业所得税法的规定，企业所得税按纳税年度计算，因此高新技术企业也是按年享受税收优惠。而高新技术企业证书上注明的发证时间是具体日期，不一定是一个完整纳税年度，且有效期为 3 年。这就导致了企业享受优惠期间和高新技术企业认定证书的有效期不完全一致。为此，公告明确，企业获得高新技术企业资格后，自其高新技术企业证书注明的发证时间所在年度起申报享受税收优惠，并按规定向主管税务机关办理备案手续。

例如，A 企业取得的高新技术企业证书上注明的发证时间为 2016 年 11 月 25 日，A 企业可自 2016 年 1 月 1 日起连续 3 年享受高新技术企业税收优惠政策，即享受高新技术企业税收优惠政策的年度为 2016 年、2017 年和 2018 年。

（国家税务总局关于《国家税务总局关于实施高新技术企业所得税优惠政策有关问题的公告》的解读）

企业的高新技术企业资格期满当年，在通过重新认定前，其企业所得税暂按 15% 的税率预缴，在年底前仍未取得高新技术企业资格的，应按规定补缴相应期间的税款。

【解读】高新技术企业认定证书发放当年已开始享受税收优惠，则在期满当年应停止享受税收优惠。但鉴于其高新技术企业证书仍有可能处于有效期内，且继续取得高新技术企业资格的可能性非常大，为保障高新技术企业的利益，实现优惠政策的无缝衔接，公告明确高新技术企业资格期满当年内，在通过重新认定前，其企业所得税可暂按 15% 的税率预缴，在年底前仍未取得高新技术企业资格的，则应按规定补缴税款。

例如，A 企业的高新技术企业证书在 2019 年 4 月 20 日到期，在 2019 年季度预缴时企业仍可按高新技术企业 15% 税率预缴。如果 A 企业在 2019 年年底前重新获得高新技术企业证书，其 2019 年度可继续享受税收优惠。如未重新获得高新技术企业证书，则应按 25% 的税率补缴少缴的税款。

（国家税务总局关于《国家税务总局关于实施高新技术企业所得税优惠政策有关问题的公告》的解读）

2. 对取得高新技术企业资格且享受税收优惠的高新技术企业，税务部门如在日常管理过程中发现其在高新技术企业认定过程中或享受优惠期间不符合《认定办法》第十一条规定的认定条件的，应提请认定机构复核。复核后确认不符合认定条件的，由认定机构取消其高新技术企业资格，并通知税务机关追缴其证书有效期内自不符合认定条件年度起已享受的税收优惠。

【解读】 此前，按照 203 号文件的规定，税务部门发现高新技术企业不符合优惠条件的，可以追缴高新技术企业已减免的企业所得税税款，但不取消其高新技术企业资格。按照《认定办法》第十六条的规定，公告对 203 号文件的后续管理程序进行了调整，即，税务机关如发现高新技术企业不符合认定条件的，应提请认定机构复核。复核后确认不符合认定条件的，由认定机构取消其高新技术企业资格后，通知税务机关追缴税款。（国家税务总局关于《国家税务总局关于实施高新技术企业所得税优惠政策有关问题的公告》的解读）

3. 享受税收优惠的高新技术企业，每年汇算清缴时应按照《国家税务总局关于发布〈企业所得税优惠政策事项办理办法〉的公告》（国家税务总局公告 2015 年第 76 号）规定向税务机关提交企业所得税优惠事项备案表、高新技术企业资格证书履行备案手续，同时妥善保管以下资料留存备查：①高新技术企业资格证书；②高新技术企业认定资料；③知识产权相关材料；④年度主要产品（服务）发挥核心支持作用的技术属于《国家重点支持的高新技术领域》规定范围的说明，高新技术产品（服务）及对应收入资料；⑤年度职工和科技人员情况证明材料；⑥当年和前两个会计年度研发费用总额及占同期销售收入比例、研发费用管理资料以及研发费用辅助账，研发费用结构明细表；⑦省税务机关规定的其他资料。

【解读】 在留存备查资料中，涉及主要产品（服务）发挥核心支持作用的技术所属领域、高新技术产品（服务）及对应收入、职工和科技人员、研发费用比例等相关指标时，需留存享受优惠年度的资料备查。（国家税务总局关于《国家税务总局关于实施高新技术企业所得税优惠政策有关问题的公告》的解读）

于 2017 年度企业所得税汇算清缴及以后年度企业所得税优惠事项办理工作，按照《国家税务总局关于发布修订后的〈企业所得税优惠政策事项办理办法〉的公告》（国家税务总局公告 2018 年第 23 号）规定执行。《国家税务总局关于发布

〈企业所得税优惠政策事项办理办法〉的公告》（国家税务总局公告 2015 年第 76 号）同时废止。

4. 适用于 2017 年度及以后年度企业所得税汇算清缴。2016 年 1 月 1 日以后按《认定办法》认定的高新技术企业按本规定执行。2016 年 1 月 1 日前按《科技部　财政部　国家税务总局关于印发〈高新技术企业认定管理办法〉的通知》（国科发火〔2008〕172 号）认定的高新技术企业，仍按《国家税务总局关于实施高新技术企业所得税优惠有关问题的通知》（国税函〔2009〕203 号）和国家税务总局公告 2015 年第 76 号的规定执行。

【解读】《认定办法》自 2016 年 1 月 1 日起开始实施。但按照《科技部　财政部　国家税务总局关于印发〈高新技术企业认定管理办法〉的通知》（国科发火〔2008〕172 号）认定的高新技术企业仍在有效期内。在一段时间内，按不同认定办法认定的高新技术企业还将同时存在，但认定条件、监督管理要求等并不一致。为公平、合理起见，公告明确了"老人老办法，新人新办法"的处理原则，以妥善解决新旧衔接问题。即按照《认定办法》认定的高新技术企业按本公告规定执行，按国科发火〔2008〕172 号文件认定的高新技术企业仍按照 203 号文件和《国家税务总局关于发布〈企业所得税优惠政策事项办理办法〉的公告》（国家税务总局公告 2015 年第 76 号）的有关规定执行。（国家税务总局关于《国家税务总局关于实施高新技术企业所得税优惠政策有关问题的公告》的解读）

《国家税务总局关于高新技术企业资格复审期间企业所得税预缴问题的公告》（国家税务总局公告 2011 年第 4 号）同时废止。

（五）《财政部　国家税务总局关于高新技术企业境外所得适用税率及税收抵免问题的通知》（财税〔2011〕47 号）

以境内、境外全部生产经营活动有关的研究开发费用总额、总收入、销售收入总额、高新技术产品（服务）收入等指标申请并经认定的高新技术企业，其来源于境外的所得可以享受高新技术企业所得税优惠政策，即对其来源于境外所得可以按照 15% 的优惠税率缴纳企业所得税，在计算境外抵免限额时，可按照 15% 的优惠税率计算境内外应纳税总额。

上述高新技术企业境外所得税收抵免的其他事项，仍按照财税〔2009〕125 号文件的有关规定执行。

高新技术企业，是指依照《中华人民共和国企业所得税法》及《中华人民共和国企业所得税法实施条例》规定，经认定机构按照《高新技术企业认定管理办法》（国科发火〔2008〕172 号）（从 2016 年 1 月 1 日起执行国科发火〔2016〕32 号）和《高新技术企业认定管理工作指引》（国科发火〔2008〕362 号）（从 2016 年 1 月 1 日起执行国科发火〔2016〕195 号）认定取得高新技术企业证书并正在享受企业所得税

15%税率优惠的企业。

（六）《国家税务总局关于进一步明确企业所得税过渡期优惠政策执行口径问题的通知》（国税函〔2010〕157号）

居民企业被认定为高新技术企业，同时又符合软件生产企业和集成电路生产企业定期减半征收企业所得税优惠条件的，该居民企业的所得税适用税率可以选择适用高新技术企业的15%税率，也可以选择依照25%的法定税率减半征税，但不能享受15%税率的减半征税。

（七）经济特区和上海浦东新区新设立高新技术企业实行过渡性税收优惠

1. 法律设置的发展对外经济合作和技术交流的特定地区，是指深圳、珠海、汕头、厦门和海南经济特区；国务院已规定执行上述地区特殊政策的地区，是指上海浦东新区。

2. 对经济特区和上海浦东新区内在2008年1月1日（含）之后完成登记注册的国家需要重点扶持的高新技术企业（以下简称新设高新技术企业），在经济特区和上海浦东新区内取得的所得，自取得第一笔生产经营收入所属纳税年度起，第一年至第二年免征企业所得税，第三年至第五年按照25%的法定税率减半征收企业所得税。

国家需要重点扶持的高新技术企业，是指拥有核心自主知识产权，同时符合《中华人民共和国企业所得税法实施条例》第九十三条规定的条件，并按照《高新技术企业认定管理办法》认定的高新技术企业。

3. 经济特区和上海浦东新区内新设高新技术企业同时在经济特区和上海浦东新区以外的地区从事生产经营的，应当单独计算其在经济特区和上海浦东新区内取得的所得，并合理分摊企业的期间费用；没有单独计算的，不得享受企业所得税优惠。

4. 经济特区和上海浦东新区内新设高新技术企业在按照本通知的规定享受过渡性税收优惠期间，由于复审或抽查不合格而不再具有高新技术企业资格的，从其不再具有高新技术企业资格年度起，停止享受过渡性税收优惠；以后再次被认定为高新技术企业的，不得继续享受或者重新享受过渡性税收优惠。

（《国务院关于经济特区和上海浦东新区新设立高新技术企业实行过渡性税收优惠的通知》，国发〔2007〕40号）

💡【提示】如高新技术企业，在其他地方没有这种优惠，只有15%；如果是软件企业，就不分所在地了，都是一样二免三减半。所以要看地方，还要看是高新企业，还是软件企业，还要看是否新成立。

软件企业（二免三减半），高新技术企业（是否新成立，是否特区，二免三减半或15%）。

表9　　　　　　　　　特区与非特区软件企业、高新技术企业税收优惠对照表

区域	高新技术企业	软件企业	软件高新企业
特区（新成立未过五年）	二免三减半 （第一笔经营收入起）	二免三减半（获利年度起）	筹划：先软件再高新，当然过了五年期只能高新
非特区（新成立未过五年）	15%	二免三减半（获利年度起）	
特区（成立过了五年）	15%	0	
非特区（成立过了五年）	15%	0	

三、技术先进型服务企业税收优惠

1. 自2014年1月1日起至2018年12月31日止，在北京、天津、上海、重庆、大连、深圳、广州、武汉、哈尔滨、成都、南京、西安、济南、杭州、合肥、南昌、长沙、大庆、苏州、无锡、厦门等21个中国服务外包示范城市（以下简称示范城市）继续实行对经认定的技术先进型服务企业，减按15%的税率征收企业所得税。

技术先进型服务企业必须同时符合以下条件：从事《技术先进型服务业务认定范围（试行）》（详见原文件附件）中的一种或多种技术先进型服务业务，采用先进技术或具备较强的研发能力；企业的注册地及生产经营地在示范城市（含所辖区、县、县级市等全部行政区划）内；企业具有法人资格；具有大专以上学历的员工占企业职工总数的50%以上；从事《技术先进型服务业务认定范围（试行）》中的技术先进型服务业务取得的收入占企业当年总收入的50%以上；从事离岸服务外包业务取得的收入不低于企业当年总收入的35%。

从事离岸服务外包业务取得的收入，是指企业根据境外单位与其签订的委托合同，由本企业或其直接转包的企业为境外单位提供《技术先进型服务业务认定范围（试行）》中所规定的信息技术外包服务（ITO）、技术性业务流程外包服务（BPO）和技术性知识流程外包服务（KPO），而从上述境外单位取得的收入。

享受企业所得税优惠的技术先进型服务企业条件发生变化的，应当自发生变化之日起15日内向主管税务机关报告；不再符合享受税收优惠条件的，应当依法履行纳税义务。主管税务机关在执行税收优惠政策过程中，发现企业不具备技术先进型服务企业资格的，应暂停企业享受税收优惠，并提请认定机构复核。

《财政部　国家税务总局　商务部　科技部　国家发展和改革委员会关于技术先进型服务企业有关企业所得税政策问题的通知》（财税〔2010〕65号）自2014年1月1日起废止。

（《财政部　国家税务总局　商务部　科学技术部　国家发展和改革委员会关于完善技术先进型服务企业有关企业所得税政策问题的通知》，财税〔2014〕59号）

2. 自2016年1月1日起至2018年12月31日，沈阳、长春、南通、镇江、福州

（含平潭综合实验区）、南宁、乌鲁木齐、青岛、宁波和郑州等10个新增中国服务外包示范城市按照《财政部 国家税务总局 商务部 科技部 国家发展和改革委员会关于完善技术先进型服务企业有关企业所得税政策问题的通知》（财税〔2014〕59号）的有关规定，适用技术先进型服务企业所得税优惠政策。（《财政部 国家税务总局 商务部 科技部 国家发展和改革委员会关于新增中国服务外包示范城市适用技术先进型服务企业所得税政策的通知》，财税〔2016〕108号）

3. 自2016年1月1日起至2017年12月31日，在天津、上海、海南、深圳、杭州、武汉、广州、成都、苏州、威海和哈尔滨新区、江北新区、两江新区、贵安新区、西咸新区等15个服务贸易创新发展试点地区，符合条件的技术先进型服务企业减按15%的税率征收企业所得税。

所称技术先进型服务企业须满足的条件及有关管理事项，按照《财政部 国家税务总局 商务部 科技部 国家发展和改革委员会关于完善技术先进型服务企业有关企业所得税政策问题的通知》（财税〔2014〕59号）的相关规定执行。其中，企业须满足的技术先进型服务业务领域范围按照规定所附《技术先进型服务业务领域范围（服务贸易类）》（见表10）执行。

表10　　　　　　　　技术先进型服务业务领域范围（服务贸易类）

类别	适用范围
一、计算机和信息服务	
1. 信息系统集成服务	系统集成咨询服务；系统集成工程服务；提供硬件设备现场组装、软件安装与调试及相关运营维护支撑服务；系统运营维护服务，包括系统运行检测监控、故障定位与排除、性能管理、优化升级等。
2. 数据服务	数据存储管理服务，提供数据规划、评估、审计、咨询、清洗、整理、应用服务，数据增值服务，提供其他未分类数据处理服务。
二、研究开发和技术服务	
3. 研究和实验开发服务	物理学、化学、生物学、基因学、工程学、医学、农业科学、环境科学、人类地理科学、经济学和人文科学等领域的研究和实验开发服务。
4. 工业设计服务	对产品的材料、结构、机理、形状、颜色和表面处理的设计与选择；对产品进行的综合设计服务，即产品外观的设计、机械结构和电路设计等服务。
5. 知识产权跨境许可与转让	以专利、版权、商标等为载体的技术贸易。知识产权跨境许可是指授权境外机构有偿使用专利、版权和商标等；知识产权跨境转让是指将专利、版权和商标等知识产权售卖给境外机构。
三、文化技术服务	
6. 文化产品数字制作及相关服务	采用数字技术对舞台剧目、音乐、美术、文物、非物质文化遗产、文献资源等文化内容以及各种出版物进行数字化转化和开发，为各种显示终端提供内容，以及采用数字技术传播、经营文化产品等相关服务。

续表

类别	适用范围
7. 文化产品的对外翻译、配音及制作服务	将本国文化产品翻译或配音成其他国家语言，将其他国家文化产品翻译或配音成本国语言以及与其相关的制作服务。
四、中医药医疗服务	
8. 中医药医疗保健及相关服务	与中医药相关的远程医疗保健、教育培训、文化交流等服务。

（《财政部　国家税务总局　商务部　科技部　国家发展和改革委员会关于在服务贸易创新发展试点地区推广技术先进型服务企业所得税优惠政策的通知》，财税〔2016〕122号）

4. 自2017年1月1日起，在全国范围内经认定的技术先进型服务企业，减按15%的税率征收企业所得税。

享受规定的企业所得税优惠政策的技术先进型服务企业必须同时符合以下条件：在中国境内（不包括港、澳、台地区）注册的法人企业；从事《技术先进型服务业务认定范围（试行）》（详见附件）中的一种或多种技术先进型服务业务，采用先进技术或具备较强的研发能力；具有大专以上学历的员工占企业职工总数的50%以上；从事《技术先进型服务业务认定范围（试行）》中的技术先进型服务业务取得的收入占企业当年总收入的50%以上；从事离岸服务外包业务取得的收入不低于企业当年总收入的35%。

从事离岸服务外包业务取得的收入，是指企业根据境外单位与其签订的委托合同，由本企业或其直接转包的企业为境外单位提供《技术先进型服务业务认定范围（试行）》中所规定的信息技术外包服务（ITO）、技术性业务流程外包服务（BPO）和技术性知识流程外包服务（KPO），而从上述境外单位取得的收入。

技术先进型服务企业的认定管理：

（1）省级科技部门会同本级商务、财政、税务和发展改革部门根据规定制定本省（自治区、直辖市、计划单列市）技术先进型服务企业认定管理办法，并负责本地区技术先进型服务企业的认定管理工作。各省（自治区、直辖市、计划单列市）技术先进型服务企业认定管理办法应报科技部、商务部、财政部、国家税务总局和国家发展改革委备案。

（2）符合条件的技术先进型服务企业应向所在省级科技部门提出申请，由省级科技部门会同本级商务、财政、税务和发展改革部门联合评审后发文认定，并将认定企业名单及有关情况通过科技部"全国技术先进型服务企业业务办理管理平台"备案，科技部与商务部、财政部、国家税务总局和国家发展改革委共享备案信息。符合条件的技术先进型服务企业须在商务部"服务贸易统计监测管理信息系统（服务外包信息管理应用）"中填报企业基本信息，按时报送数据。

（3）经认定的技术先进型服务企业，持相关认定文件向所在地主管税务机关办理享受规定的企业所得税优惠政策事宜。享受企业所得税优惠的技术先进型服务企业条件发生变化的，应当自发生变化之日起 15 日内向主管税务机关报告；不再符合享受税收优惠条件的，应当依法履行纳税义务。主管税务机关在执行税收优惠政策过程中，发现企业不具备技术先进型服务企业资格的，应提请认定机构复核。复核后确认不符合认定条件的，应取消企业享受税收优惠政策的资格。

（4）省级科技、商务、财政、税务和发展改革部门对经认定并享受税收优惠政策的技术先进型服务企业应做好跟踪管理，对变更经营范围、合并、分立、转业、迁移的企业，如不再符合认定条件，应及时取消其享受税收优惠政策的资格。

（5）省级财政、税务、商务、科技和发展改革部门要认真贯彻落实本通知的各项规定，在认定工作中对内外资企业一视同仁，平等对待，切实做好沟通与协作工作。在政策实施过程中发现问题，要及时反映上报财政部、国家税务总局、商务部、科技部和国家发展改革委。

（6）省级科技、商务、财政、税务和发展改革部门及其工作人员在认定技术先进型服务企业工作中，存在违法违纪行为的，按照《公务员法》《行政监察法》等国家有关规定追究相应责任；涉嫌犯罪的，移送司法机关处理。

（7）本通知印发后，各地应按照本通知规定于 2017 年 12 月 31 日前出台本省（自治区、直辖市、计划单列市）技术先进型服务企业认定管理办法并据此开展认定工作。现有 31 个中国服务外包示范城市已认定的 2017 年度技术先进型服务企业继续有效。从 2018 年 1 月 1 日起，中国服务外包示范城市技术先进型服务企业认定管理工作依照所在省（自治区、直辖市、计划单列市）制定的管理办法实施。

5. 自 2018 年 1 月 1 日起，对经认定的技术先进型服务企业（服务贸易类），减按15% 的税率征收企业所得税。

所称技术先进型服务企业（服务贸易类）须符合的条件及认定管理事项，按照《财政部　国家税务总局　商务部　科技部　国家发展改革委关于将技术先进型服务企业所得税政策推广至全国实施的通知》（财税〔2017〕79 号）的相关规定执行。

其中，企业须满足的技术先进型服务业务领域范围按照本规定所附《技术先进型服务业务领域范围（服务贸易类）》执行（内容同表10）。

省级科技部门应会同本级商务、财政、税务和发展改革部门及时将《技术先进型服务业务领域范围（服务贸易类）》增补入本地区技术先进型服务企业认定管理办法，并据此开展认定管理工作。

（《财政部　国家税务总局　商务部　科技部　国家发展改革委关于将服务贸易创新发展试点地区技术先进型服务企业所得税政策推广至全国实施的通知》，财税〔2018〕44 号）

四、西部地区的鼓励类产业企业税收优惠

（一）基本规定

自 2011 年 1 月 1 日至 2020 年 12 月 31 日，对设在西部地区的鼓励类产业企业减按 15% 的税率征收企业所得税。

上述鼓励类产业企业是指以《西部地区鼓励类产业目录》中规定的产业项目为主营业务，且其主营业务收入占企业收入总额 70% 以上的企业。《西部地区鼓励类产业目录》另行发布。

对西部地区 2010 年 12 月 31 日前新办的、根据《财政部　国家税务总局　海关总署关于西部大开发税收优惠政策问题的通知》（财税〔2001〕202 号）第二条第三款规定可以享受企业所得税"两免三减半"优惠的交通、电力、水利、邮政、广播电视企业，其享受的企业所得税"两免三减半"优惠可以继续享受到期满为止。

所称西部地区包括重庆市、四川省、贵州省、云南省、西藏自治区、陕西省、甘肃省、宁夏回族自治区、青海省、新疆维吾尔自治区、新疆生产建设兵团、内蒙古自治区和广西壮族自治区。湖南省湘西土家族苗族自治州、湖北省恩施土家族苗族自治州、吉林省延边朝鲜族自治州，可以比照西部地区的税收政策执行。

（《财政部　海关总署　国家税务总局关于深入实施西部大开发战略有关税收政策问题的通知》，财税〔2011〕58 号）

根据《国务院关于第一批取消 62 项中央指定地方实施行政审批事项的决定》（国发〔2015〕57 号）规定，"西部大开发税收优惠政策审批"取消。

（二）实施西部大开发战略有关企业所得税问题

1. 自 2011 年 1 月 1 日至 2020 年 12 月 31 日，对设在西部地区以《西部地区鼓励类产业目录》中规定的产业项目为主营业务，且其当年度主营业务收入占企业收入总额 70% 以上的企业，经企业申请，主管税务机关审核确认后，可减按 15% 税率缴纳企业所得税。

💡【提示】根据《国家税务总局关于公布全文失效废止和部分条款废止的税收规范性文件目录的公告》（国家税务总局公告 2016 年第 34 号）文件规定，此条款中"经企业申请，主管税务机关审核确认后"废止。

上述所称收入总额，是指《中华人民共和国企业所得税法》第六条规定的收入总额。

2. 企业应当在年度汇算清缴前向主管税务机关提出书面申请并附送相关资料。第一年须报主管税务机关审核确认，第二年及以后年度实行备案管理。各省、自治区、直辖市和计划单列市税务机关可结合本地实际制定具体审核、备案管理办法，并报国家税务总局（所得税司）备案。

凡对企业主营业务是否属于《西部地区鼓励类产业目录》难以界定的，税务机关应要求企业提供省级（含副省级）政府有关行政主管部门或其授权的下一级行政主管部门出具的证明文件。

企业主营业务属于《西部地区鼓励类产业目录》范围的，经主管税务机关确认，可按照 15% 税率预缴企业所得税。年度汇算清缴时，其当年度主营业务收入占企业总收入的比例达不到规定标准的，应按税法规定的税率计算申报并进行汇算清缴。

3. 在《西部地区鼓励类产业目录》公布前，企业符合《产业结构调整指导目录（2005 年版）》《产业结构调整指导目录（2011 年版）》《外商投资产业指导目录（2007 年修订）》和《中西部地区优势产业目录（2008 年修订）》范围的，经税务机关确认后，其企业所得税可按照 15% 税率缴纳。《西部地区鼓励类产业目录》公布后，已按 15% 税率进行企业所得税汇算清缴的企业，若不符合本公告第一条规定的条件，可在履行相关程序后，按税法规定的适用税率重新计算申报。

💡【提示】根据《国家税务总局关于执行〈西部地区鼓励类产业目录〉有关企业所得税问题的公告》（国家税务总局公告 2015 年第 14 号），此条款中有关重新计算申报的规定停止执行。

4. 2010 年 12 月 31 日前新办的交通、电力、水利、邮政、广播电视企业，凡已经按照《国家税务总局关于落实西部大开发有关税收政策具体实施意见的通知》（国税发〔2002〕47 号）第二条第二款规定，取得税务机关审核批准的，其享受的企业所得税"两免三减半"优惠可以继续享受到期满为止；凡符合享受原西部大开发税收优惠规定条件，但由于尚未取得收入或尚未进入获利年度等原因，2010 年 12 月 31 日前尚未按照国税发〔2002〕47 号第二条规定完成税务机关审核确认手续的，可按照本规定，履行相关手续后享受原税收优惠。

5. 根据《财政部 国家税务总局关于执行企业所得税优惠政策若干问题的通知》（财税〔2009〕69 号）第一条（执行《国务院关于实施企业所得税过渡优惠政策的通知》（国发〔2007〕39 号）规定的过渡优惠政策及西部大开发优惠政策的企业，在定期减免税的减半期内，可以按照企业适用税率计算的应纳税额减半征税。其他各类情形的定期减免税，均应按照企业所得税 25% 的法定税率计算的应纳税额减半征税）及第二条（《国务院关于实施企业所得税过渡优惠政策的通知》（国发〔2007〕39 号）第三条所称不得叠加享受，且一经选择，不得改变的税收优惠情形，限于企业所得税过渡优惠政策与《中华人民共和国企业所得税法》及《中华人民共和国企业所得税法实施条例》中规定的定期减免税和减低税率类的税收优惠。《中华人民共和国企业所得税法》及《中华人民共和国企业所得税法实施条例》中规定的各项税收优惠，凡企业符合规定条件的，可以同时享受）的规定，企业既符合西部大开发 15% 优惠税率条件，又符合《中华人民共和国企业所得税法》及其实施条例和国务院规定的各项税收优惠条件的，可以同时享受。在涉及定期减免税的减半期内，可以按照企业适用税率计算的应纳税额减半征税。

6. 在优惠地区内外分别设有机构的企业享受西部大开发优惠税率问题。

（1）总机构设在西部大开发税收优惠地区的企业，仅就设在优惠地区的总机构和分支机构（不含优惠地区外设立的二级分支机构在优惠地区内设立的三级以下分支机构）的所得确定适用 15% 优惠税率。在确定该企业是否符合优惠条件时，以该企业设在优惠地区的总机构和分支机构的主营业务是否符合《西部地区鼓励类产业目录》及其主营业务收入占其收入总额的比重加以确定，不考虑该企业设在优惠地区以外分支机构的因素。该企业应纳所得税额的计算和所得税缴纳，按照《国家税务总局关于印发〈跨地区经营汇总纳税企业所得税征收管理办法〉的公告》（国家税务总局公告 2012 年第 57 号）第十八条（对于按照税收法律、法规和其他规定，总机构和分支机构处于不同税率地区的，先由总机构统一计算全部应纳税所得额，然后按本办法第六条规定的比例和按第十五条计算的分摊比例，计算划分不同税率地区机构的应纳税所得额，再分别按各自的适用税率计算应纳税额后加总计算出汇总纳税企业的应纳所得税总额，最后按本办法第六条规定的比例和按第十五条计算的分摊比例，向总机构和分支机构分摊就地缴纳的企业所得税款）的规定执行。有关审核、备案手续向总机构主管税务机关申请办理。

（2）总机构设在西部大开发税收优惠地区外的企业，其在优惠地区内设立的分支机构（不含仅在优惠地区内设立的三级以下分支机构），仅就该分支机构所得确定适用 15% 优惠税率。在确定该分支机构是否符合优惠条件时，仅以该分支机构的主营业务是否符合《西部地区鼓励类产业目录》及其主营业务收入占其收入总额的比重加以确定。该企业应纳所得税额的计算和所得税缴纳，按照《国家税务总局关于印发〈跨地区经营汇总纳税企业所得税征收管理办法〉的公告》（国家税务总局公告 2012 年第 57 号）第十八条的规定执行。有关审核、备案手续向分支机构主管税务机关申请办理，分支机构主管税务机关需将该分支机构享受西部大开发税收优惠情况及时函告总机构所在地主管税务机关。

（《国家税务总局关于深入实施西部大开发战略有关企业所得税问题的公告》，国家税务总局公告 2012 年第 12 号）

（三）执行《西部地区鼓励类产业目录》有关企业所得税问题

执行《西部地区鼓励类产业目录》有关企业所得税问题如下：

1. 对设在西部地区以《西部地区鼓励类产业目录》中新增鼓励类产业项目为主营业务，且其当年度主营业务收入占企业收入总额 70% 以上的企业，自 2014 年 10 月 1 日起，可减按 15% 税率缴纳企业所得税。

2. 已按照《国家税务总局关于深入实施西部大开发战略有关企业所得税问题的公告》（国家税务总局公告 2012 年第 12 号）第三条规定享受企业所得税优惠政策的企业，其主营业务如不再属于《西部地区鼓励类产业目录》中国家鼓励类产业项目的，自 2014 年 10 月 1 日起，停止执行减按 15% 税率缴纳企业所得税。

3. 凡对企业主营业务是否属于《西部地区鼓励类产业目录》中国家鼓励类产业项目难以界定的，税务机关可以要求企业提供省级（含副省级）发展改革部门或其授权部门出具的证明文件。证明文件需明确列示主营业务的具体项目及符合《西部地区鼓励类产业目录》中的对应条款项目。

4. 自 2014 年 10 月 1 日起施行，《国家税务总局关于深入实施西部大开发战略有关企业所得税问题的公告》（国家税务总局公告 2012 年第 12 号）第三条中有关重新计算申报的规定停止执行。

（《国家税务总局关于执行〈西部地区鼓励类产业目录〉有关企业所得税问题的公告》，国家税务总局公告 2015 年第 14 号）

（四）赣州市执行西部大开发税收政策问题

赣州市执行西部大开发税收政策问题通知如下：

自 2012 年 1 月 1 日至 2020 年 12 月 31 日，对设在赣州市的鼓励类产业的内资企业和外商投资企业减按 15% 的税率征收企业所得税。

鼓励类产业的内资企业是指以《产业结构调整指导目录》中规定的鼓励类产业项目为主营业务，且其主营业务收入占企业收入总额 70% 以上的企业。

鼓励类产业的外商投资企业是指以《外商投资产业指导目录》中规定的鼓励类项目和《中西部地区外商投资优势产业目录》中规定的江西省产业项目为主营业务，且其主营业务收入占企业收入总额 70% 以上的企业。

（《财政部　海关总署　国家税务总局关于赣州市执行西部大开发税收政策问题的通知》，财税〔2013〕4 号）

根据《国务院关于第二批取消 152 项中央指定地方实施行政审批事项的决定》（国发〔2016〕9 号），财税〔2013〕4 号文件"赣州市企业享受西部大开发所得税优惠备案核准"取消。

五、国家规划布局内重点集成电路设计企业税收优惠

（一）税收优惠政策规定

国家规划布局内的重点集成电路设计企业，如当年未享受免税优惠的，可减按 10% 的税率征收企业所得税。

集成电路设计企业依照上述规定可以享受的企业所得税优惠政策与企业所得税其他相同方式优惠政策存在交叉的，由企业选择一项最优惠政策执行，不叠加享受。

（《财政部　国家税务总局关于进一步鼓励软件产业和集成电路产业发展企业所得税政策的通知》，财税〔2012〕27 号）

根据《国务院关于第一批取消 62 项中央指定地方实施行政审批事项的决定》（国发〔2015〕57 号），财税〔2012〕27 号文件"软件、集成电路企业享受所得税优惠备案核准"取消。

（二）税收征收管理

每年汇算清缴时应按照《国家税务总局关于发布〈企业所得税优惠政策事项办理办法〉的公告》（国家税务总局公告 2015 年第 76 号）规定向税务机关备案，同时提交《享受企业所得税优惠政策的软件和集成电路企业备案资料明细表》（见原文件附件）规定的备案资料。国家税务总局公告 2015 年第 76 号所附《企业所得税优惠事项备案管理目录（2015 年版）》第 38 项至 43 项及第 46 至 48 项软件、集成电路企业优惠政策的"备案资料""主要留存备查资料"规定停止执行。

在软件、集成电路企业享受优惠政策后，税务部门转请发展改革、工业和信息化部门进行核查。对经核查不符合软件、集成电路企业条件的，由税务部门追缴其已经享受的企业所得税优惠，并按照税收征管法的规定进行处理。

国家规划布局内重点集成电路设计企业是指以集成电路设计为主营业务并同时符合下列条件的企业：在中国境内（不包括港、澳、台地区）依法注册的居民企业。汇算清缴年度具有劳动合同关系且具有大学专科以上学历的职工人数占企业月平均职工总人数的比例不低 40%，其中研究开发人员占企业月平均职工总数的比例不低于20%。拥有核心关键技术，并以此为基础开展经营活动，且汇算清缴年度研究开发费用总额占企业销售（营业）收入总额的比例不低于 6%；其中，企业在中国境内发生的研究开发费用金额占研究开发费用总额的比例不低于 60%。汇算清缴年度集成电路设计销售（营业）收入占企业收入总额的比例不低于 60%，其中集成电路自主设计销售（营业）收入占企业收入总额的比例不低于 50%；主营业务拥有自主知识产权。具有与集成电路设计相适应的软硬件设施等开发环境（如 EDA 工具、服务器或工作站等）。汇算清缴年度未发生重大安全、重大质量事故或严重环境违法行为。还应至少符合下列条件中的一项：①汇算清缴年度集成电路设计销售（营业）收入不低于 2亿元，年应纳税所得额不低于 1000 万元，研究开发人员占月平均职工总数的比例不低于 25%；②在国家规定的重点集成电路设计领域内，汇算清缴年度集成电路设计销售（营业）收入不低于 2000 万元，应纳税所得额不低于 250 万元，研究开发人员占月平均职工总数的比例不低于 35%，企业在中国境内发生的研发开发费用金额占研究开发费用总额的比例不低于 70%。

（《财政部　国家税务总局　国家发展和改革委员会　工业和信息化部关于软件和集成电路产业企业所得税优惠政策有关问题的通知》，财税〔2016〕49 号）

六、国家规划布局内重点软件企业税收优惠

（一）税收优惠政策规定

国家规划布局内的重点软件企业，如当年未享受免税优惠的，可减按10%的税率征收企业所得税。

软件企业依照上述规定可以享受的企业所得税优惠政策与企业所得税其他相同方式优惠政策存在交叉的，由企业选择一项最优惠政策执行，不叠加享受。

（《财政部 国家税务总局关于进一步鼓励软件产业和集成电路产业发展企业所得税政策的通知》，财税〔2012〕27号）

根据《国务院关于第一批取消62项中央指定地方实施行政审批事项的决定》（国发〔2015〕57号），财税〔2012〕27号文件"软件、集成电路企业享受所得税优惠备案核准"取消。

软件企业所得税优惠政策适用于经认定并实行查账征收方式的软件企业。所称经认定，是指经国家规定的软件企业认定机构按照软件企业认定管理的有关规定进行认定并取得软件企业认定证书。[依据《国家税务总局关于公布失效废止的税务部门规章和税收规范性文件目录的决定》（国家税务总局令第42号），国家税务总局公告2013年第43号第一条"经认定并"及"所称经认定，是指经国家规定的软件企业认定机构按照软件企业认定管理的有关规定进行认定并取得软件企业认定证书"的内容废止。]

软件企业的收入总额，是指《中华人民共和国企业所得税法》第六条规定的收入总额。

软件企业的获利年度，是指软件企业开始生产经营后，第一个应纳税所得额大于零的纳税年度，包括对企业所得税实行核定征收方式的纳税年度。

软件企业享受定期减免税优惠的期限应当连续计算，不得因中间发生亏损或其他原因而间断。（《国家税务总局关于执行软件企业所得税优惠政策有关问题的公告》，国家税务总局公告2013年第43号）

（二）税收征收管理

每年汇算清缴时应按照《国家税务总局关于发布〈企业所得税优惠政策事项办理办法〉的公告》（国家税务总局公告2015年第76号）规定向税务机关备案，同时提交《享受企业所得税优惠政策的软件和集成电路企业备案资料明细表》（见原文件附件）规定的备案资料。国家税务总局公告2015年第76号所附《企业所得税优惠事项备案管理目录（2015年版）》第38项至43项及第46至48项软件、集成电路企业优惠政策的"备案资料""主要留存备查资料"规定停止执行。

在软件、集成电路企业享受优惠政策后，税务部门转请发展改革、工业和信息化部门进行核查。对经核查不符合软件、集成电路企业条件的，由税务部门追缴其已经

享受的企业所得税优惠，并按照税收征管法的规定进行处理。

国家规划布局内重点软件企业是指以软件产品开发销售（营业）为主营业务并同时符合下列条件的企业：在中国境内（不包括港、澳、台地区）依法注册的居民企业；汇算清缴年度具有劳动合同关系且具有大学专科以上学历的职工人数占企业月平均职工总人数的比例不低于40%，其中研究开发人员占企业月平均职工总数的比例不低于20%；拥有核心关键技术，并以此为基础开展经营活动，且汇算清缴年度研究开发费用总额占企业销售（营业）收入总额的比例不低于6%；其中，企业在中国境内发生的研究开发费用金额占研究开发费用总额的比例不低于60%；汇算清缴年度软件产品开发销售（营业）收入占企业收入总额的比例不低于50%〔嵌入式软件产品和信息系统集成产品开发销售（营业）收入占企业收入总额的比例不低于40%〕，其中：软件产品自主开发销售（营业）收入占企业收入总额的比例不低于40%〔嵌入式软件产品和信息系统集成产品开发销售（营业）收入占企业收入总额的比例不低于30%〕；主营业务拥有自主知识产权；具有与软件开发相适应软硬件设施等开发环境（如合法的开发工具等）；汇算清缴年度未发生重大安全、重大质量事故或严重环境违法行为。还应至少符合下列条件中的一项：①汇算清缴年度软件产品开发销售（营业）收入不低于2亿元，应纳税所得额不低于1000万元，研究开发人员占企业月平均职工总数的比例不低于25%；②在国家规定的重点软件领域内，汇算清缴年度软件产品开发销售（营业）收入不低于5000万元，应纳税所得额不低于250万元，研究开发人员占企业月平均职工总数的比例不低于25%，企业在中国境内发生的研究开发费用金额占研究开发费用总额的比例不低于70%；③汇算清缴年度软件出口收入总额不低于800万美元，软件出口收入总额占本企业年度收入总额比例不低于50%，研究开发人员占企业月平均职工总数的比例不低于25%。

（《财政部　国家税务总局　国家发展和改革委员会　工业和信息化部关于软件和集成电路产业企业所得税优惠政策有关问题的通知》，财税〔2016〕49号）

七、中关村从事文化产业支撑技术的高新技术企业税收优惠

对中关村国家自主创新示范区从事文化产业支撑技术等领域的企业，按规定认定为高新技术企业的，减按15%税率征收企业所得税。文化产业支撑技术等领域的具体范围，由科技部会同有关部门研究制定，另行发文。（《科技部　财政部　国家税务总局关于在中关村国家自主创新示范区开展高新技术企业认定中文化产业支撑技术等领域范围试点的通知》，国科发高〔2013〕595号）

八、文化产业支撑技术等领域内认定为高新技术企业的税收优惠

对从事文化产业支撑技术等领域的文化企业，按规定认定为高新技术企业的，减按15%的税率征收企业所得税，文化产业支撑技术等领域的具体范围和认定工作由科

技部、财政部、国家税务总局商中央宣传部等部门另行明确。根据国科发火〔2014〕20 号文件，文化产业支撑技术等领域范围见表 12。

除另有规定外，本规定的税收政策执行期限为 2014 年 1 月 1 日至 2018 年 12 月 31 日。《财政部　海关总署　国家税务总局关于支持文化企业发展若干税收政策问题的通知》（财税〔2009〕31 号）自 2014 年 1 月 1 日起停止执行。

（《财政部　海关总署　国家税务总局关于继续实施支持文化企业发展若干税收政策的通知》，财税〔2014〕85 号）

表 11　　　　　　　　　　文化产业支撑技术等领域范围补充内容

序号	增加位置	增加内容
1	一、电子信息技术（一）软件 6. 中文及多语种处理软件技术	字体设计与生成技术；字库管理技术；支撑古文字、少数民族文字研究的相关技术；支撑书法及绘画研究的相关技术；语言、音乐和电声信号的处理技术；支撑文物器物、文物建筑研究的相关技术；支撑文物基础资源的信息采集、转换、记录、保存的相关技术。
2	一、电子信息技术（一）软件 7. 图形和图像软件技术	静态图像、动态图像、视频图像及影视画面的处理技术。
3	一、电子信息技术（七）信息安全技术 5. 安全保密技术	文化、文物及文物衍生产品防伪技术，包括介质的生产、压印、压膜、标记技术，介质的标签唯一标识技术等。
4	一、电子信息技术（五）广播电视技术 3. 广播电视测量、监测与监控技术	新媒体视听节目的监测、监控技术。
5	四、新材料技术	（六）文化艺术新材料 1. 文化载体和介质新材料制备技术 文化艺术用可再生环保纸（不含木料纸、新型非涂布纸和轻涂纸、轻质瓦楞纸板）、特种纸（包括艺术专用纸张）、电子纸等新型纸的生产技术；仿古纸（包括传统工艺制作的古代书画修复用纸、纸质文物修复用纸等）的生产技术；光盘及原辅材料（包括光盘基片材料、光盘记录材料、甩涂与粘合材料、清洗与保护材料等）的生产技术。 2. 艺术专用新材料制备技术 针对艺术专用品及改进其工艺生产的材料生产技术，包括专用器件、文化资源数字化存储材料等的制备技术；针对艺术需要的声学材料的设计、加工、制作、生产等技术。 3. 影视场景和舞台专用新材料的加工生产技术 用于与文化艺术有关的制景、舞台、影视照明的新型专用灯具器材的新材料、新工艺开发和应用技术。 4. 文化产品印刷新材料制备技术 数字直接制版材料，数字印刷用油墨、墨水，特殊印刷材料等开发和应用技术。 5. 文物保护新材料制备技术 文物提取、清洗、固色、粘结、软化、缓蚀、封护等材料的制造技术及文物存放环境的保护技术。

续表

序号	增加位置	增加内容
6	五、高技术服务业 5. 文化创意产业支撑技术	数字电影、数字动漫等的生产制作技术；3D、4D、超高清（4K以上分辨率）、弯（球）幕、巨幕等制作传输和显示放映技术；移动多媒体广播（CMMB）技术；下一代广播电视网（NGB）技术；有线数字电视网络整合技术；数字电影与动漫制作基地支撑技术；文化信息资源共享支撑技术；出版物物流技术；数字版权保护技术；网络视听新媒体发展创新及衍生产品开发支撑技术；3D打印、人机交互、大数据智能处理等能支撑体现交互式、虚拟化、数字化、网络化特征的文化科技融合技术；艺术品鉴证技术；集成化舞台制作技术，舞台美术、灯光、音响、道具等加工生产制作技术；移动互联多媒体票务技术；文物保护、展览、展示、鉴定新技术。
7	八、高新技术改造传统产业	（七）传统文化产业改造技术 1. 数字电影、电视、广播、出版技术 2. 乐器制造技术 乐器及其器材加工和调试新技术；MIDI系统生产调试技术。 3. 印刷技术 传统印刷改造的高新技术；绿色印刷工艺技术；特种印刷工艺技术（包括喷墨印刷、防伪印刷、标签印刷、金属制品印刷、纸包装印刷等）。

（《科学技术部 财政部 国家税务总局关于在中关村国家自主创新示范区完善高新技术企业认定中文化产业支撑技术等领域范围的通知》，国科发火〔2014〕20号）

九、横琴新区、平潭综合实验区和前海深港现代化服务业合作区企业税收优惠

广东横琴新区、福建平潭综合实验区和深圳前海深港现代服务业合作区企业所得税优惠目录予以公布，自2014年1月1日起至2020年12月31日执行，就有关企业所得税政策通知如下：

（1）对设在横琴新区、平潭综合实验区和前海深港现代服务业合作区的鼓励类产业企业减按15%的税率征收企业所得税。

上述鼓励类产业企业是指以所在区域《企业所得税优惠目录》中规定的产业项目为主营业务，且其主营业务收入占企业收入总额70%以上的企业。

上述所称收入总额，是指《中华人民共和国企业所得税法》第六条规定的收入总额。

（2）企业在优惠区域内、外分别设有机构的，仅就其设在优惠区域内的机构的所得确定适用15%的企业所得税优惠税率。在确定区域内机构是否符合优惠条件时，根据设在优惠区域内机构本身的有关指标是否符合上述第一条规定的条件加以确定，不考虑设在优惠区域外机构的因素。

（3）企业既符合上述减按15%税率征收企业所得税优惠条件，又符合《中华人民共和国企业所得税法》及《中华人民共和国企业所得税法实施条例》和国务院规定的其他各项税收优惠条件的，可以同时享受；其中符合其他税率优惠条件的，可以选择最优惠的税率执行；涉及定期减免税的减半优惠的，应按照25%法定税率计算的应纳税额减半征收企业所得税。

（4）第一条所称横琴新区，是指国务院2009年8月批复的《横琴总体发展规划》规划的横琴岛范围；所称平潭综合实验区，是指国务院2011年11月批复的《平潭综合实验区总体发展规划》规划的平潭综合实验区范围；所称前海深港现代服务业合作区，是指国务院2010年8月批复的《前海深港现代服务业合作区总体发展规划》规划的前海深港现代服务业合作区范围。

（5）税务机关对企业主营业务是否属于《企业所得税优惠目录》难以界定的，可要求企业提供省级（含副省级）政府有关行政主管部门或其授权的下一级行政主管部门出具的证明文件。

（《财政部　国家税务总局关于广东横琴新区、福建平潭综合实验区、深圳前海深港现代服务业合作区企业所得税优惠政策及优惠目录的通知》，财税〔2014〕26号）

附件

技术先进型服务业务认定范围（试行）

一、信息技术外包服务（ITO）

（一）软件研发及外包

类别	适用范围
软件研发及开发服务	用于金融、政府、教育、制造业、零售、服务、能源、物流、交通、媒体、电信、公共事业和医疗卫生等部门和企业，为用户的运营/生产/供应链/客户关系/人力资源和财务管理、计算机辅助设计/工程等业务进行软件开发，包括定制软件开发，嵌入式软件、套装软件开发，系统软件开发、软件测试等。
软件技术服务	软件咨询、维护、培训、测试等技术性服务。

（二）信息技术研发服务外包

类别	适用范围
集成电路和电子电路设计	集成电路和电子电路产品设计以及相关技术支持服务等。
测试平台	为软件、集成电路和电子电路的开发运用提供测试平台。

（三）信息系统运营维护外包

类别	适用范围
信息系统运营和维护服务	客户内部信息系统集成、网络管理、桌面管理与维护服务；信息工程、地理信息系统、远程维护等信息系统应用服务。
基础信息技术服务	基础信息技术管理平台整合、IT基础设施管理、数据中心、托管中心、安全服务、通信服务等基础信息技术服务。

二、技术性业务流程外包服务（BPO）

类别	适用范围
企业业务流程设计服务	为客户企业提供内部管理、业务运作等流程设计服务。
企业内部管理服务	为客户企业提供后台管理、人力资源管理、财务、审计与税务管理、金融支付服务、医疗数据及其他内部管理业务的数据分析、数据挖掘、数据管理、数据使用的服务；承接客户专业数据处理、分析和整合服务。
企业运营服务	为客户企业提供技术研发服务、为企业经营、销售、产品售后服务提供的应用客户分析、数据库管理等服务。主要包括金融服务业务、政务与教育业务、制造业务和生命科学、零售和批发与运输业务、卫生保健业务、通信与公共事业业务、呼叫中心、电子商务平台等。
企业供应链管理服务	为客户企业提供采购、物流的整体方案设计及数据库服务。

三、技术性知识流程外包服务（KPO）

适用范围
知识产权研究、医药和生物技术研发和测试、产品技术研发、工业设计、分析学和数据挖掘、动漫及网游设计研发、教育课件研发、工程设计等领域。

（《财政部　国家税务总局　商务部　科技部　国家发展改革委关于将技术先进型服务企业所得税政策推广至全国实施的通知》，财税〔2017〕79号）

第六章　非货币性资产转让
所得企业所得税分期缴纳优惠

一、试验区非货币性资产投资资产评估增值企业所得税政策

中国（上海）自由贸易试验区（以下简称试验区）非货币性资产投资资产评估增值企业所得税政策如下：

1. 注册在试验区内的企业，因非货币性资产对外投资等资产重组行为产生资产评估增值，据此确认的非货币性资产转让所得，可在不超过 5 年期限内，分期均匀计入相应年度的应纳税所得额，按规定计算缴纳企业所得税。

2. 企业以非货币性资产对外投资，应于投资协议生效且完成资产实际交割并办理股权登记手续时，确认非货币性资产转让收入的实现。

企业以非货币性资产对外投资，应对非货币性资产进行评估并按评估后的公允价值扣除计税基础后的余额，计算确认非货币性资产转让所得。

3. 企业以非货币性资产对外投资，其取得股权的计税基础应以非货币性资产的原计税基础为基础，加上每年计入的非货币性资产转让所得，逐年进行调整。

被投资企业取得非货币性资产的计税基础，可以非货币性资产的公允价值确定。

4. 企业在对外投资 5 年内转让上述股权或投资收回的，应停止执行递延纳税政策，并将递延期内尚未计入的非货币性资产转让所得，在转让股权或投资收回当年的企业所得税年度汇算清缴时，一次性计算缴纳企业所得税；企业在计算股权转让所得时，可按本通知第三条第一款规定将股权的计税基础一次调整到位。

企业在对外投资 5 年内注销的，应停止执行递延纳税政策，并将递延期内尚未计入的非货币性资产转让所得，在歇业当年的企业所得税年度汇算清缴时，一次性计算缴纳企业所得税。

5. 企业应于投资协议生效且完成资产实际交割并办理股权登记手续 30 日内，持相关资料向主管税务机关办理递延纳税备案登记手续。

主管税务机关应对报送资料进行审核，在规定时间内将备案登记结果回复企业。

6. 企业应在确认收入实现的当年，以项目为单位，做好相应台账，准确记录应予确认的非货币性资产转让所得，并在相应年度的企业所得税汇算清缴时对当年计入额

及分年结转额的情况作出说明。

主管税务机关应在备案登记结果回复企业的同时，将相关信息纳入系统管理，并及时做好企业申报信息与备案信息的比对工作。

7. 主管税务机关在组织开展企业所得税汇算清缴后续管理工作时，应将企业递延纳税的执行情况纳入后续管理体系，并视风险高低情况，适时纳入纳税服务提醒平台或风险监控平台进行管理。

8. 所称注册在试验区内的企业，是指在试验区注册并在区内经营，实行查账征收的居民企业。

所称非货币性资产对外投资等资产重组行为，是指以非货币性资产出资设立或注入公司，限于以非货币性资产出资设立新公司和符合《财政部 国家税务总局关于企业重组业务企业所得税处理若干问题的通知》（财税〔2009〕59号）第一条规定的股权收购、资产收购。

（《财政部 国家税务总局关于中国（上海）自由贸易试验区内企业以非货币性资产对外投资等资产重组行为有关企业所得税政策问题的通知》，财税〔2013〕91号）

二、非货币性资产投资涉及的企业所得税政策

为贯彻落实《国务院关于进一步优化企业兼并重组市场环境的意见》（国发〔2014〕14号），根据《中华人民共和国企业所得税法》及《中华人民共和国企业所得税法实施条例》有关规定，现就非货币性资产投资涉及的企业所得税政策问题明确如下：

1. 居民企业（以下简称企业）以非货币性资产对外投资确认的非货币性资产转让所得，可在不超过5年期限内，分期均匀计入相应年度的应纳税所得额，按规定计算缴纳企业所得税。

【解读】这里所指的"不超过5年期限"，是指从确认非货币性资产转让收入年度起不超过连续5个纳税年度的期间。首先要求5年的递延纳税期间要连续、中间不能中断；其次明确"年"指的是纳税年度。（国家税务总局关于《国家税务总局关于非货币性资产投资企业所得税有关征管问题的公告》的解读）

2. 企业以非货币性资产对外投资，应对非货币性资产进行评估并按评估后的公允价值扣除计税基础后的余额，计算确认非货币性资产转让所得。

企业以非货币性资产对外投资，应于投资协议生效并办理股权登记手续时，确认非货币性资产转让收入的实现。

3. 企业以非货币性资产对外投资而取得被投资企业的股权，应以非货币性资产的原计税成本为计税基础，加上每年确认的非货币性资产转让所得，逐年进行调整。

被投资企业取得非货币性资产的计税基础，应按非货币性资产的公允价值确定。

4. 企业在对外投资 5 年内转让上述股权或投资收回的，应停止执行递延纳税政策，并就递延期内尚未确认的非货币性资产转让所得，在转让股权或投资收回当年的企业所得税年度汇算清缴时，一次性计算缴纳企业所得税；企业在计算股权转让所得时，可按本通知第三条第一款规定将股权的计税基础一次调整到位。

企业在对外投资 5 年内注销的，应停止执行递延纳税政策，并就递延期内尚未确认的非货币性资产转让所得，在注销当年的企业所得税年度汇算清缴时，一次性计算缴纳企业所得税。

5. 所称非货币性资产，是指现金、银行存款、应收账款、应收票据以及准备持有至到期的债券投资等货币性资产以外的资产。

所称非货币性资产投资，限于以非货币性资产出资设立新的居民企业，或将非货币性资产注入现存的居民企业。

6. 企业发生非货币性资产投资，符合《财政部　国家税务总局关于企业重组业务企业所得税处理若干问题的通知》（财税〔2009〕59 号）等文件规定的特殊性税务处理条件的，也可选择按特殊性税务处理规定执行。

7. 上述规定，自 2014 年 1 月 1 日起执行。上述规定发布前尚未处理的非货币性资产投资，符合上述规定的可按上述规定执行。

（《财政部　国家税务总局关于非货币性资产投资企业所得税政策问题的通知》，财税〔2014〕116 号）

三、非货币性资产投资企业所得税征管问题

《国务院关于进一步优化企业兼并重组市场环境的意见》（国发〔2014〕14 号）和《财政部　国家税务总局关于非货币性资产投资企业所得税政策问题的通知》（财税〔2014〕116 号）发布后，各地陆续反映在非货币性资产投资企业所得税政策执行过程中有些征管问题亟须明确。经研究，现就非货币性资产投资企业所得税有关征管问题公告如下：

1. 实行查账征收的居民企业（以下简称企业）以非货币性资产对外投资确认的非货币性资产转让所得，可自确认非货币性资产转让收入年度起不超过连续 5 个纳税年度的期间内，分期均匀计入相应年度的应纳税所得额，按规定计算缴纳企业所得税。

2. 关联企业之间发生的非货币性资产投资行为，投资协议生效后 12 个月内尚未完成股权变更登记手续的，于投资协议生效时，确认非货币性资产转让收入的实现。

3. 符合财税〔2014〕116 号文件规定的企业非货币性资产投资行为，同时又符合《财政部　国家税务总局关于企业重组业务企业所得税处理若干问题的通知》（财税

〔2009〕59号)、《财政部　国家税务总局关于促进企业重组有关企业所得税处理问题的通知》(财税〔2014〕109号)等文件规定的特殊性税务处理条件的,可由企业选择其中一项政策执行,且一经选择,不得改变。

4. 企业选择适用本公告第一条规定进行税务处理的,应在非货币性资产转让所得递延确认期间每年企业所得税汇算清缴时,填报《中华人民共和国企业所得税年度纳税申报表》(A类,2014年版)中"A105100企业重组纳税调整明细表"第13行"其中:以非货币性资产对外投资"的相关栏目,并向主管税务机关报送《非货币性资产投资递延纳税调整明细表》。

5. 企业应将股权投资合同或协议、对外投资的非货币性资产(明细)公允价值评估确认报告、非货币性资产(明细)计税基础的情况说明、被投资企业设立或变更的工商部门证明材料等资料留存备查,并单独准确核算税法与会计差异情况。

主管税务机关应加强企业非货币性资产投资递延纳税的后续管理。

6. 适用于2014年度及以后年度企业所得税汇算清缴。此前尚未处理的非货币性资产投资,符合财税〔2014〕116号文件和本规定的可按本规定执行。

(《国家税务总局关于非货币性资产投资企业所得税有关征管问题的公告》,国家税务总局公告2015年第33号)

第七章 创业投资企业税收优惠

一、创业投资企业投资额抵扣应纳税所得额税收优惠

（一）创业投资企业投资额抵扣应纳税所得额

创业投资企业从事国家需要重点扶持和鼓励的创业投资，可以按投资额的一定比例抵扣应纳税所得额。（《创业投资企业管理暂行办法》、《中华人民共和国企业所得税法》第三十一条）

抵扣应纳税所得额是指创业投资企业采取股权投资方式投资于未上市的中小高新技术企业 2 年以上的，可以按照投资额的 70% 在股权持有满 2 年的当年抵扣该创业投资企业的应纳税所得额；当年不足抵扣的，可以在以后纳税年度结转抵扣。（《中华人民共和国企业所得税法实施条例》第九十七条）

（二）创业投资企业所得税优惠的有关问题

1. 创业投资企业是指依照《创业投资企业管理暂行办法》（国家发展和改革委员会等 10 部委令 2005 年第 39 号，以下简称《暂行办法》）和《外商投资创业投资企业管理规定》（商务部等 5 部委令 2003 年第 2 号）在中华人民共和国境内设立的专门从事创业投资活动的企业或其他经济组织。

2. 创业投资企业采取股权投资方式投资于未上市的中小高新技术企业 2 年（24 个月）以上，凡符合以下条件的，可以按照其对中小高新技术企业投资额的 70%，在股权持有满 2 年的当年抵扣该创业投资企业的应纳税所得额；当年不足抵扣的，可以在以后纳税年度结转抵扣。

（1）经营范围符合《暂行办法》规定，且工商登记为"创业投资有限责任公司""创业投资股份有限公司"等专业性法人创业投资企业。

（2）按照《暂行办法》规定的条件和程序完成备案，经备案管理部门年度检查核实，投资运作符合《暂行办法》的有关规定。

（3）创业投资企业投资的中小高新技术企业，除应按照科技部、财政部、国家税务总局《关于印发〈高新技术企业认定管理办法〉的通知》（国科发火〔2008〕172 号）和《关于印发〈高新技术企业认定管理工作指引〉的通知》（国科发火〔2008〕362 号）的规定，通过高新技术企业认定以外，还应符合职工人数不超过 500 人，年

销售（营业）额不超过 2 亿元，资产总额不超过 2 亿元的条件。

自 2016 年 1 月 1 日起，原《高新技术企业认定管理办法》（国科发火〔2008〕172 号）废止，执行《科技部　财政部　国家税务总局关于修订印发〈高新技术企业认定管理办法〉的通知》（国科发火〔2016〕32 号）。自 2016 年 1 月 1 日起，原《高新技术企业认定管理工作指引》（国科发火〔2008〕362 号）、《关于高新技术企业更名和复审等有关事项的通知》（国科火字〔2011〕123 号）废止，执行《科学技术部　财政部　国家税务总局关于修订印发〈高新技术企业认定管理工作指引〉的通知》（国科发火〔2016〕195 号）。

2007 年底前按原有规定取得高新技术企业资格的中小高新技术企业，且在 2008 年继续符合新的高新技术企业标准的，向其投资满 24 个月的计算，可自创业投资企业实际向其投资的时间起计算。

（4）财政部、国家税务总局规定的其他条件。

3. 中小企业接受创业投资之后，经认定符合高新技术企业标准的，应自其被认定为高新技术企业的年度起，计算创业投资企业的投资期限。该期限内中小企业接受创业投资后，企业规模超过中小企业标准，但仍符合高新技术企业标准的，不影响创业投资企业享受有关税收优惠。

4. 创业投资企业申请享受投资抵扣应纳税所得额，应在其报送申请投资抵扣应纳税所得额年度纳税申报表以前，向主管税务机关报送以下资料备案：依据《国家税务总局关于公布失效废止的税务部门规章和税收规范性文件目录的决定》（国家税务总局令第42 号），此条废止。①经备案管理部门核实后出具的年检合格通知书（副本）；②关于创业投资企业投资运作情况的说明；③中小高新技术企业投资合同或章程的复印件、实际所投资金验资报告等相关材料；④中小高新技术企业基本情况〔包括企业职工人数、年销售（营业）额、资产总额等〕说明；⑤由省、自治区、直辖市和计划单列市高新技术企业认定管理机构出具的中小高新技术企业有效的高新技术企业证书（复印件）。

（《国家税务总局关于实施创业投资企业所得税优惠问题的通知》，国税发〔2009〕87 号）

根据《国务院关于第二批取消 152 项中央指定地方实施行政审批事项的决定》（国发〔2016〕9 号），国税发〔2009〕87 号文件"创业投资企业享受创业投资所得税优惠核准"取消。

（三）投资于未上市的中小高新技术企业 2 年以上的税收优惠政策

《中华人民共和国企业所得税法实施条例》第九十七条所称投资于未上市的中小高新技术企业 2 年以上的，包括发生在 2008 年 1 月 1 日以前满 2 年的投资；所称中小高新技术企业是指按照《高新技术企业认定管理办法》（国科发火〔2008〕172 号）和《高新技术企业认定管理工作指引》（国科发火〔2008〕362 号）取得高新技术企业资格，且年销售额和资产总额均不超过 2 亿元、从业人数不超过 500 人的企业，其中 2007 年底前已取得高新技术企业资格的，在其规定有效期内不需重新认定。

自 2016 年 1 月 1 日起，原《高新技术企业认定管理办法》（国科发火〔2008〕172 号）废止，执行《科技部 财政部 国家税务总局关于修订印发〈高新技术企业认定管理办法〉的通知》（国科发火〔2016〕32 号）。自 2016 年 1 月 1 日起，原《高新技术企业认定管理工作指引》（国科发火〔2008〕362 号）、《关于高新技术企业更名和复审等有关事项的通知》（国科火字〔2011〕123 号）废止，执行《科学技术部 财政部 国家税务总局关于修订印发〈高新技术企业认定管理工作指引〉的通知》（国科发火〔2016〕195 号）。

（《财政部 国家税务总局关于执行企业所得税优惠政策若干问题的通知》，财税〔2009〕69 号）

（四）试点地区创业投资企业采取股权投资方式直接投资于种子期、初创期科技型企业税收优惠政策

公司制创业投资企业采取股权投资方式直接投资于种子期、初创期科技型企业（以下简称初创科技型企业）满 2 年（24 个月，下同）的，可以按照投资额的 70% 在股权持有满 2 年的当年抵扣该公司制创业投资企业的应纳税所得额；当年不足抵扣的，可以在以后纳税年度结转抵扣。

所称初创科技型企业，应同时符合以下条件：①在中国境内（不包括港、澳、台地区）注册成立、实行查账征收的居民企业；②接受投资时，从业人数不超过 200 人，其中具有大学本科以上学历的从业人数不低于 30%；资产总额和年销售收入均不超过 3000 万元；③接受投资时设立时间不超过 5 年（60 个月，下同）；④接受投资时以及接受投资后 2 年内未在境内外证券交易所上市；⑤接受投资当年及下一纳税年度，研发费用总额占成本费用支出的比例不低于 20%。

【案例】 比如，某公司制创投企业于 2017 年 5 月投资初创科技型企业，假设其他条件均符合文件规定。初创科技型企业 2017 年发生研发费用 100 万元，成本费用 1000 万元，2017 年研发费用占比 10%，低于 20%；2018 年发生研发费用 500 万元，成本费用 1000 万元，2018 年研发费用占比 50%，高于 20%。如要求投资当年及下一年分别满足研发费用占比高于 20% 的条件，则该公司制创投企业不能享受税收试点政策。但按照《公告》明确的口径，投资当年及下一年初创科技型企业研发费用平均占比为 30%〔（100＋500）／（1000＋1000）〕，该公司制创投企业可以享受税收试点政策。

税收试点政策的创业投资企业，应同时符合以下条件：①在中国境内（不含港、澳、台地区）注册成立、实行查账征收的居民企业或合伙创投企业，且不属于被投资初创科技型企业的发起人；②符合《创业投资企业管理暂行办法》（国家发展改革委

等 10 部门令第 39 号）规定或者《私募投资基金监督管理暂行办法》（证监会令第 105 号）关于创业投资基金的特别规定，按照上述规定完成备案且规范运作；③投资后 2 年内，创业投资企业及其关联方持有被投资初创科技型企业的股权比例合计应低于 50%；④创业投资企业注册地须位于本通知规定的试点地区。

享受本规定的税收试点政策的投资，仅限于通过向被投资初创科技型企业直接支付现金方式取得的股权投资，不包括受让其他股东的存量股权。

所称从业人数，包括与企业建立劳动关系的职工人员及企业接受的劳务派遣人员。从业人数和资产总额指标，按照企业接受投资前连续 12 个月的平均数计算，不足 12 个月的，按实际月数平均计算。

所称销售收入，包括主营业务收入与其他业务收入；年销售收入指标，按照企业接受投资前连续 12 个月的累计数计算，不足 12 个月的，按实际月数累计计算。

所称研发费用口径，按照《财政部 国家税务总局 科技部关于完善研究开发费用税前加计扣除政策的通知》（财税〔2015〕119 号）的规定执行。

所称成本费用，包括主营业务成本、其他业务成本、销售费用、管理费用、财务费用。

所称投资额，按照创业投资企业或天使投资个人对初创科技型企业的实缴投资额确定。

享受本规定的税收试点政策的纳税人，其主管税务机关对被投资企业是否符合初创科技型企业条件有异议的，可以转请被投资企业主管税务机关提供相关材料。对纳税人提供虚假资料，违规享受税收试点政策的，应按税收征管法相关规定处理，并将其列入失信纳税人名单，按规定实施联合惩戒措施。

此政策自 2017 年 1 月 1 日起试点执行，执行日期前 2 年内发生的投资，在执行日期后投资满 2 年，且符合本规定的其他条件的，可以适用本规定的税收试点政策。

所称试点地区包括京津冀、上海、广东、安徽、四川、武汉、西安、沈阳 8 个全面创新改革试验区域和苏州工业园区。

（《财政部 国家税务总局关于创业投资企业和天使投资个人有关税收试点政策的通知》，财税〔2017〕38 号）

财税〔2017〕38 号于 2018 年 7 月 1 日起废止，参见《财政部 国家税务总局关于创业投资企业和天使投资个人有关税收政策的通知》（财税〔2018〕55 号）。

为贯彻落实《财政部 国家税务总局关于创业投资企业和天使投资个人有关税收试点政策的通知》（财税〔2017〕38 号，以下简称《通知》），现就创业投资企业政策有关问题汇总如下：

所称满 2 年是指公司制创业投资企业（以下简称公司制创投企业）、有限合伙制创业投资企业（以下简称合伙创投企业）投资于种子期、初创期科技型企业（以下简称初创科技型企业）的实缴投资满 2 年，投资时间从初创科技型企业接受投资并完成工商变更登记的日期算起。

所称研发费用总额占成本费用支出的比例，是指企业接受投资当年及下一纳税年度的研发费用总额合计占同期成本费用总额合计的比例。

所称从业人数及资产总额指标，按照初创科技型企业接受投资前连续 12 个月的平均数计算，不足 12 个月的，按实际月数平均计算。具体计算公式如下：

月平均数 =（月初数 + 月末数）÷2

接受投资前连续 12 个月平均数 = 接受投资前连续 12 个月平均数之和 ÷12

公司制创投企业应在年度申报享受优惠时，向主管税务机关办理备案手续，备案时报送《企业所得税优惠事项备案表》及发展改革或证监部门出具的符合创业投资企业条件的年度证明材料复印件，同时将以下资料留存备查：

（1）发展改革或证监部门出具的符合创业投资企业条件的年度证明材料。

（2）初创科技型企业接受现金投资时的投资合同（协议）、章程、实际出资的相关证明材料。

（3）创业投资企业与其关联方持有初创科技型企业的股权比例的说明。

（4）被投资企业符合初创科技型企业条件的有关资料：

①接受投资时从业人数、资产总额、年销售收入和大学本科以上学历的从业人数比例的情况说明；②接受投资时设立时间不超过 5 年的证明材料；③接受投资时以及接受投资后 2 年内未在境内外证券交易所上市情况说明；④研发费用总额占成本费用总额比例的情况说明。

其他备案管理要求按照《国家税务总局关于发布〈企业所得税优惠政策事项办理办法〉的公告》（国家税务总局公告 2015 年第 76 号）的规定执行。

表 12　　　　　　　　　　　　　税收优惠备案

项目	公司制创投企业	合伙创投企业法人合伙人	合伙创投企业个人合伙人	天使投资个人
办理时间	年度申报享受优惠时	投资初创科技型企业满 2 年的年度以及分配所得的年度终了后 3 个月内	年度申报享受优惠时	投资初创科技型企业满 2 年的年度终了 3 个月内	投资初创科技型企业满 24 个月的次月 15 日内
办理主体	公司制创投企业	合伙创投企业	合伙创投企业法人合伙人	合伙创投企业	天使投资个人和初创科技型企业
受理机关	公司制创投企业主管税务机关	合伙创投企业主管税务机关	合伙创投企业法人合伙人主管税务机关	合伙创投企业主管税务机关	初创科技型企业主管税务机关

项目	公司制创投企业	合伙创投企业法人合伙人		合伙创投企业个人合伙人	天使投资个人
报送资料	1. 企业所得税优惠事项备案表； 2. 发展改革或证监部门出具的符合创业投资企业条件的年度证明材料复印件。	合伙创投企业法人合伙人所得分配情况明细表	企业所得税优惠事项备案表	合伙创投企业个人合伙人所得税投资抵扣备案表	1. 天使投资个人所得税投资抵扣备案表； 2. 天使投资个人身份证件。
留存备查资料	1. 发展改革或证监部门出具的符合创业投资企业条件的年度证明材料（天使投资个人无需）。 2. 初创科技型企业接受现金投资时的投资合同（协议）、章程、实际出资的相关证明材料。 3. 创业投资企业与其关联方持有初创科技型企业的股权比例的说明（天使投资个人无需）。 4. 被投资企业符合初创科技型企业条件的有关资料： （1）接受投资时从业人数、资产总额、年销售收入和大学本科以上学历的从业人数比例的情况说明； （2）接受投资时设立时间不超过5年的证明材料； （3）接受投资时以及接受投资后2年内未在境内外证券交易所上市情况声明； （4）研发费用总额占成本费用总额比例的情况说明。 5. 法人合伙人投资于合伙创投企业的出资时间、出资金额、出资比例、分配比例的相关证明材料及合伙创投企业主管税务机关受理后的《合伙创投企业法人合伙人所得分配情况明细表》（法人合伙人留存）。				

自 2018 年 1 月 1 日起，公司制创投企业在年度申报享受优惠时，按照《国家税务总局关于发布修订后的〈企业所得税优惠政策事项办理办法〉的公告》（国家税务总局公告 2018 年第 23 号）的规定办理有关手续。于 2017 年度企业所得税汇算清缴优惠事项办理工作起，《国家税务总局关于发布〈企业所得税优惠政策事项办理办法〉的公告》（国家税务总局公告 2015 年第 76 号）废止。

税务机关在公司制创投企业、合伙创投企业合伙人享受优惠政策后续管理中，对初创科技型企业是否符合规定条件有异议的，可以转请初创科技型企业主管税务机关提供相关资料，主管税务机关应积极配合。

创业投资企业、合伙创投企业合伙人、初创科技型企业提供虚假情况、故意隐瞒已投资抵扣情况或采取其他手段骗取投资抵扣，不缴或者少缴应纳税款的，按税收征管法有关规定处理。

（《国家税务总局关于创业投资企业和天使投资个人税收试点政策有关问题的公告》，国家税务总局公告 2017 年第 20 号）

《国家税务总局关于创业投资企业和天使投资个人税收试点政策有关问题的公告》（国家税务总局公告 2017 年第 20 号）自 2018 年 7 月 1 日起废止，参见《国家税务总局关于创业投资企业和天使投资个人税收政策有关问题的公告》（国家税务总局公告 2018 年第 43 号）。

公司制创业投资企业采取股权投资方式直接投资于种子期、初创期科技型企业（以下简称初创科技型企业）满 2 年（24 个月，下同）的，可以按照投资额的 70% 在股权持有满 2 年的当年抵扣该公司制创业投资企业的应纳税所得额；当年不足抵扣的，可以在以后纳税年度结转抵扣。

所称初创科技型企业，应同时符合以下条件：

1. 在中国境内（不包括港、澳、台地区）注册成立、实行查账征收的居民企业。

2. 接受投资时，从业人数不超过 200 人，其中具有大学本科以上学历的从业人数不低于 30%；资产总额和年销售收入均不超过 3000 万元。

3. 接受投资时设立时间不超过 5 年（60 个月）。

4. 接受投资时以及接受投资后 2 年内未在境内外证券交易所上市。

5. 接受投资当年及下一纳税年度，研发费用总额占成本费用支出的比例不低于 20%。

享受上述税收政策优惠的创业投资企业，应同时符合以下条件：

1. 在中国境内（不含港、澳、台地区）注册成立、实行查账征收的居民企业或合伙创投企业，且不属于被投资初创科技型企业的发起人。

2. 符合《创业投资企业管理暂行办法》（国家发展改革委等 10 部门令第 39 号）规定或者《私募投资基金监督管理暂行办法》（证监会令第 105 号）关于创业投资基金的特别规定，按照上述规定完成备案且规范运作。

3. 投资后 2 年内，创业投资企业及其关联方持有被投资初创科技型企业的股权比例合计应低于 50%。

享受上述税收政策优惠的投资，仅限于通过向被投资初创科技型企业直接支付现金方式取得的股权投资，不包括受让其他股东的存量股权。

所称研发费用口径，按照《财政部 国家税务总局 科技部关于完善研究开发费用税前加计扣除政策的通知》（财税〔2015〕119 号）等规定执行。

所称从业人数，包括与企业建立劳动关系的职工人员及企业接受的劳务派遣人员。从业人数和资产总额指标，按照企业接受投资前连续 12 个月的平均数计算，不足 12 个月的，按实际月数平均计算。

所称销售收入，包括主营业务收入与其他业务收入；年销售收入指标，按照企业接受投资前连续 12 个月的累计数计算，不足 12 个月的，按实际月数累计计算。

所称成本费用，包括主营业务成本、其他业务成本、销售费用、管理费用、财务费用。

所称投资额，按照创业投资企业或天使投资个人对初创科技型企业的实缴投资额确定。

公司制创业投资企业、合伙创投企业、合伙创投企业法人合伙人、被投资初创科技型企业应按规定办理优惠手续。

享受规定的税收政策的纳税人，其主管税务机关对被投资企业是否符合初创科技型企业条件有异议的，可以转请被投资企业主管税务机关提供相关材料。对纳税人提供虚假资料，违规享受税收政策的，应按税收征管法相关规定处理，并将其列入失信纳税人名单，按规定实施联合惩戒措施。

此政策自 2018 年 1 月 1 日起执行。执行日期前 2 年内发生的投资，在执行日期后投资满 2 年，且符合本规定的其他条件的，可以适用本规定的税收政策。

《财政部 国家税务总局关于创业投资企业和天使投资个人有关税收试点政策的通知》（财税〔2017〕38 号）自 2018 年 7 月 1 日起废止，符合试点政策条件的投资额可按本规定继续抵扣。（《财政部 国家税务总局关于创业投资企业和天使投资个人有关税收政策的通知》，财税〔2018〕55 号）

《国家税务总局关于创业投资企业和天使投资个人税收政策有关问题的公告》（国家税务总局公告 2018 年第 43 号）就创业投资企业税收政策有关问题公告如下：

财税〔2018〕55 号文件所称满 2 年是指公司制创业投资企业（以下简称公司制创投企业）、投资于种子期、初创期科技型企业（以下简称初创科技型企业）的实缴投资满 2 年，投资时间从初创科技型企业接受投资并完成工商变更登记的日期算起。

财税〔2018〕55 号文件所称研发费用总额占成本费用支出的比例，是指企业接受投资当年及下一纳税年度的研发费用总额合计占同期成本费用总额合计的比例。

财税〔2018〕55 号文件所称出资比例，按投资满 2 年当年年末各合伙人对合伙创投企业的实缴出资额占所有合伙人全部实缴出资额的比例计算。

财税〔2018〕55 号文件所称从业人数及资产总额指标，按照初创科技型企业接受投资前连续 12 个月的平均数计算，不足 12 个月的，按实际月数平均计算。具体计算公式如下：

月平均数 ＝（月初数 ＋ 月末数）÷2

接受投资前连续 12 个月平均数 ＝ 接受投资前连续 12 个月平均数之和 ÷12

公司制创投企业在年度申报享受优惠时，按照《国家税务总局关于发布修订后的〈企业所得税优惠政策事项办理办法〉的公告》（国家税务总局公告 2018 年第 23 号）的规定办理有关手续。

【解读】《国家税务总局关于发布修订后的〈企业所得税优惠政策事项办理办法〉的公告》（国家税务总局公告 2018 年第 23 号）明确企业享受优惠事项采取

"自行判别、申报享受、相关资料留存备查"的办理方式，不再要求企业办理备案手续。国家税务总局公告 2018 年第 43 号文件据此对公司制创投企业享受优惠的办理手续进行了调整，明确按照国家税务总局公告 2018 年第 23 号的规定办理相关手续。

税务机关在公司制创投企业享受优惠政策后续管理中，对初创科技型企业是否符合规定条件有异议的，可以转请初创科技型企业主管税务机关提供相关资料，主管税务机关应积极配合。

创业投资企业、初创科技型企业提供虚假情况、故意隐瞒已投资抵扣情况或采取其他手段骗取投资抵扣，不缴或者少缴应纳税款的，按税收征管法有关规定处理。

自 2018 年 1 月 1 日起施行。施行日期前 2 年内发生的投资，适用财税〔2018〕55 号文件规定的税收政策的，按国家税务总局公告 2018 年第 43 号文件规定执行。

《国家税务总局关于创业投资企业和天使投资个人税收试点政策有关问题的公告》（国家税务总局公告 2017 年第 20 号）自 2018 年 7 月 1 日起废止，符合试点政策条件的投资额可按国家税务总局公告 2018 年第 43 号文件规定继续办理抵扣。

✍【案例】符合试点政策条件的投资额可按规定继续办理抵扣。比如甲公司制创投企业于 2015 年 12 月以 100 万元投资了初创科技型企业，该笔投资符合试点政策的条件。2017 年度汇算清缴时，应纳税所得额（抵扣前）为 50 万元，可抵扣的投资额为 70 万元（100 万元×70%），当年实际抵扣应纳税所得额 50 万元，剩余 20 万元可结转 2018 年及以后年度抵扣。

二、有限合伙制创业投资企业的法人合伙人所得税优惠

（一）中关村国家自主创新示范区有关税收试点政策推广至国家自主创新示范区、合芜蚌自主创新综合试验区和绵阳科技城，有限合伙制创业投资企业法人合伙人，抵扣应纳税所得额的规定

1. 自 2015 年 1 月 1 日起，注册在示范地区的有限合伙制创业投资企业采取股权投资方式投资于未上市的中小高新技术企业 2 年（24 个月）以上的，该有限合伙制创业投资企业的法人合伙人可按照其对未上市中小高新技术企业投资额的 70% 抵扣该法人合伙人从该有限合伙制创业投资企业分得的应纳税所得额，当年不足抵扣的，可以在以后纳税年度结转抵扣。

2. 有限合伙制创业投资企业的法人合伙人对未上市中小高新技术企业的投资额，按照有限合伙制创业投资企业对中小高新技术企业的投资额和合伙协议约定的法人合伙人占有限合伙制创业投资企业的出资比例计算确定。（《财政部 国家税务总局关于推广中关村国家自主创新示范区税收试点政策有关问题的通知》，财税〔2015〕62号）

（二）将国家自主创新示范区试点的所得税政策推广至全国范围实施

1. 自 2015 年 10 月 1 日起，全国范围内的有限合伙制创业投资企业采取股权投资

方式投资于未上市的中小高新技术企业满 2 年（24 个月）的，该有限合伙制创业投资企业的法人合伙人可按照其对未上市中小高新技术企业投资额的 70% 抵扣该法人合伙人从该有限合伙制创业投资企业分得的应纳税所得额，当年不足抵扣的，可以在以后纳税年度结转抵扣。

2. 有限合伙制创业投资企业的法人合伙人对未上市中小高新技术企业的投资额，按照有限合伙制创业投资企业对中小高新技术企业的投资额和合伙协议约定的法人合伙人占有限合伙制创业投资企业的出资比例计算确定。

（《财政部　国家税务总局关于将国家自主创新示范区有关税收试点政策推广到全国范围实施的通知》，财税〔2015〕116 号）

（三）有限合伙制创业投资企业法人合伙人企业所得税有关问题

1. 有限合伙制创业投资企业是指依照《中华人民共和国合伙企业法》、《创业投资企业管理暂行办法》（国家发展和改革委员会令第 39 号）和《外商投资创业投资企业管理规定》（外经贸部、科技部、国家工商总局、国家税务总局、外汇管理局令 2003 年第 2 号）设立的专门从事创业投资活动的有限合伙企业。

2. 有限合伙制创业投资企业的法人合伙人，是指依照《中华人民共和国企业所得税法》及《中华人民共和国企业所得税法实施条例》以及相关规定，实行查账征收企业所得税的居民企业。

3. 有限合伙制创业投资企业采取股权投资方式投资于未上市的中小高新技术企业满 2 年（24 个月，下同）的，其法人合伙人可按照对未上市中小高新技术企业投资额的 70% 抵扣该法人合伙人从该有限合伙制创业投资企业分得的应纳税所得额，当年不足抵扣的，可以在以后纳税年度结转抵扣。

所称满 2 年是指 2015 年 10 月 1 日起，有限合伙制创业投资企业投资于未上市中小高新技术企业的实缴投资满 2 年，同时，法人合伙人对该有限合伙制创业投资企业的实缴出资也应满 2 年。

如果法人合伙人投资于多个符合条件的有限合伙制创业投资企业，可合并计算其可抵扣的投资额和应分得的应纳税所得额。当年不足抵扣的，可结转以后纳税年度继续抵扣；当年抵扣后有结余的，应按照企业所得税法的规定计算缴纳企业所得税。

4. 有限合伙制创业投资企业的法人合伙人对未上市中小高新技术企业的投资额，按照有限合伙制创业投资企业对中小高新技术企业的投资额和合伙协议约定的法人合伙人占有限合伙制创业投资企业的出资比例计算确定。其中，有限合伙制创业投资企业对中小高新技术企业的投资额按实缴投资额计算；法人合伙人占有限合伙制创业投资企业的出资比例按法人合伙人对有限合伙制创业投资企业的实缴出资额占该有限合伙制创业投资企业的全部实缴出资额的比例计算。

5. 有限合伙制创业投资企业应纳税所得额的确定及分配，按照《财政部　国家税务总局关于合伙企业合伙人所得税问题的通知》（财税〔2008〕159 号）相关规定执行。

6. 有限合伙制创业投资企业法人合伙人符合享受优惠条件的，应在符合条件的年度终了后 3 个月内向其主管税务机关报送《有限合伙制创业投资企业法人合伙人应纳税所得额分配情况明细表》。

7. 法人合伙人向其所在地主管税务机关备案享受投资抵扣应纳税所得额时，应提交《法人合伙人应纳税所得额抵扣情况明细表》（附件 2）以及有限合伙制创业投资企业所在地主管税务机关受理后的《有限合伙制创业投资企业法人合伙人应纳税所得额分配情况明细表》，同时将《国家税务总局关于实施创业投资企业所得税优惠问题的通知》（国税发〔2009〕87 号）规定报送的备案资料留存备查。

8. 自 2015 年 10 月 1 日起执行。2015 年度符合优惠条件的企业，可统一在 2015 年度汇算清缴时办理相关手续。《国家税务总局关于苏州工业园区有限合伙制创业投资企业法人合伙人企业所得税政策试点有关征收管理问题的公告》（国家税务总局公告 2013 年第 25 号）同时废止。

（《国家税务总局关于有限合伙制创业投资企业法人合伙人企业所得税有关问题的公告》，国家税务总局公告 2015 年第 81 号）

（四）合伙创投企业采取股权投资方式直接投资于初创科技型企业

有限合伙制创业投资企业（以下简称合伙创投企业）采取股权投资方式直接投资于初创科技型企业满 2 年的，法人合伙人可以按照对初创科技型企业投资额的 70% 抵扣法人合伙人从合伙创投企业分得的所得；当年不足抵扣的，可以在以后纳税年度结转抵扣。

所称初创科技型企业，应同时符合以下条件：

1. 在中国境内（不包括港、澳、台地区）注册成立、实行查账征收的居民企业。

2. 接受投资时，从业人数不超过 200 人，其中具有大学本科以上学历的从业人数不低于 30%；资产总额和年销售收入均不超过 3000 万元。

3. 接受投资时设立时间不超过 5 年（60 个月，下同）。

4. 接受投资时以及接受投资后 2 年内未在境内外证券交易所上市。

5. 接受投资当年及下一纳税年度，研发费用总额占成本费用支出的比例不低于 20%。

税收试点政策的创业投资企业，应同时符合以下条件：

1. 在中国境内（不含港、澳、台地区）注册成立、实行查账征收的居民企业或合伙创投企业，且不属于被投资初创科技型企业的发起人。

2. 符合《创业投资企业管理暂行办法》（国家发展改革委等 10 部门令第 39 号）规定或者《私募投资基金监督管理暂行办法》（证监会令第 105 号）关于创业投资基

金的特别规定，按照上述规定完成备案且规范运作。

3. 投资后 2 年内，创业投资企业及其关联方持有被投资初创科技型企业的股权比例合计应低于 50% 。

4. 创业投资企业注册地须位于本通知规定的试点地区。

享受本规定的税收试点政策的投资，仅限于通过向被投资初创科技型企业直接支付现金方式取得的股权投资，不包括受让其他股东的存量股权。

所称从业人数，包括与企业建立劳动关系的职工人员及企业接受的劳务派遣人员。从业人数和资产总额指标，按照企业接受投资前连续 12 个月的平均数计算，不足 12 个月的，按实际月数平均计算。

所称销售收入，包括主营业务收入与其他业务收入；年销售收入指标，按照企业接受投资前连续 12 个月的累计数计算，不足 12 个月的，按实际月数累计计算。

所称研发费用口径，按照《财政部　国家税务总局　科技部关于完善研究开发费用税前加计扣除政策的通知》（财税〔2015〕119 号）的规定执行。

所称成本费用，包括主营业务成本、其他业务成本、销售费用、管理费用、财务费用。

所称投资额，按照创业投资企业或天使投资个人对初创科技型企业的实缴投资额确定。

合伙创投企业的合伙人对初创科技型企业的投资额，按照合伙创投企业对初创科技型企业的实缴投资额和合伙协议约定的合伙人占合伙创投企业的出资比例计算确定。合伙人从合伙创投企业分得的所得，按照《财政部　国家税务总局关于合伙企业合伙人所得税问题的通知》（财税〔2008〕159 号）规定计算。

税收试点政策的纳税人，其主管税务机关对被投资企业是否符合初创科技型企业条件有异议的，可以转请被投资企业主管税务机关提供相关材料。对纳税人提供虚假资料，违规享受税收试点政策的，应按税收征管法相关规定处理，并将其列入失信纳税人名单，按规定实施联合惩戒措施。

企业所得税政策自 2017 年 1 月 1 日起试点执行，执行日期前 2 年内发生的投资，在执行日期后投资满 2 年，且符合本规定的其他条件的，可以适用本规定的税收试点政策。

所称试点地区包括京津冀、上海、广东、安徽、四川、武汉、西安、沈阳 8 个全面创新改革试验区域和苏州工业园区。

（《财政部　国家税务总局关于创业投资企业和天使投资个人有关税收试点政策的通知》，财税〔2017〕38 号）

财税〔2017〕38 号文件于 2018 年 7 月 1 日起废止，参见《财政部　国家税务总局关于创业投资企业和天使投资个人有关税收政策的通知》（财税〔2018〕55 号）。

所称满 2 年是指有限合伙制创业投资企业（以下简称合伙创投企业）投资于种子期、初创期科技型企业（以下简称初创科技型企业）的实缴投资满 2 年，投资时间从初创科技型企业接受投资并完成工商变更登记的日期算起。

✍【案例】比如，某合伙创投企业于 2017 年 12 月投资初创科技型企业，假设其他条件均符合文件规定。合伙创投企业的某个法人合伙人于 2018 年 1 月对该合伙创投企业出资。2019 年 12 月，合伙创投企业投资初创科技型企业满 2 年时，该法人合伙人同样可享受税收试点政策。

所称研发费用总额占成本费用支出的比例，是指企业接受投资当年及下一纳税年度的研发费用总额合计占同期成本费用总额合计的比例。

所称出资比例，按投资满 2 年当年年末各合伙人对合伙创投企业的实缴出资额占所有合伙人全部实缴出资额的比例计算。

所称从业人数及资产总额指标，按照初创科技型企业接受投资前连续 12 个月的平均数计算，不足 12 个月的，按实际月数平均计算。具体计算公式如下：

月平均数 =（月初数 + 月末数）÷2

接受投资前连续 12 个月平均数 = 接受投资前连续 12 个月平均数之和 ÷12

法人合伙人投资于多个符合条件的合伙创投企业，可合并计算其可抵扣的投资额和分得的所得。当年不足抵扣的，可结转以后纳税年度继续抵扣；当年抵扣后有结余的，应按照企业所得税法的规定计算缴纳企业所得税。

所称符合条件的合伙创投企业既包括符合《通知》规定条件的合伙创投企业，也包括符合《国家税务总局关于有限合伙制创业投资企业法人合伙人企业所得税有关问题的公告》（国家税务总局公告 2015 年第 81 号）规定条件的合伙创投企业。

合伙创投企业法人合伙人符合享受优惠条件的，合伙创投企业应在投资初创科技型企业满 2 年的年度以及分配所得的年度终了后 3 个月内向合伙创投企业主管税务机关报送《合伙创投企业法人合伙人所得分配情况明细表》。

法人合伙人应在年度申报享受优惠时，向主管税务机关办理备案手续，备案时报送《企业所得税优惠事项备案表》。同时将法人合伙人投资于合伙创投企业的出资时间、出资金额、出资比例及分配比例的相关证明材料、合伙创投企业主管税务机关受理后的《合伙创投企业法人合伙人所得分配情况明细表》及其他有关资料留存备查。留存备查的其他资料同公司制创投企业。

其他备案管理要求按照《国家税务总局关于发布〈企业所得税优惠政策事项办理办法〉的公告》（国家税务总局公告 2015 年第 76 号）的规定执行。于 2017 年度企业所得税汇算清缴优惠事项办理工作起，《国家税务总局关于发布〈企业所得税优惠政策事项办理办法〉的公告》（国家税务总局公告 2015 年第 76 号）废止。

税务机关在合伙创投企业合伙人享受优惠政策后续管理中，对初创科技型企业是否符合规定条件有异议的，可以转请初创科技型企业主管税务机关提供相关资料，主管税务机关应积极配合。

合伙创投企业合伙人、初创科技型企业提供虚假情况、故意隐瞒已投资抵扣情况或采取其他手段骗取投资抵扣，不缴或者少缴应纳税款的，按税收征管法有关规定处理。

（《国家税务总局关于创业投资企业和天使投资个人税收试点政策有关问题的公告》，国家税务总局公告 2017 年第 20 号）

《国家税务总局关于创业投资企业和天使投资个人税收试点政策有关问题的公告》（国家税务总局公告 2017 年第 20 号）自 2018 年 7 月 1 日起废止，参见《国家税务总局关于创业投资企业和天使投资个人税收政策有关问题的公告》（国家税务总局公告 2018 年第 43 号）。

有限合伙制创业投资企业（以下简称合伙创投企业）采取股权投资方式直接投资于初创科技型企业满 2 年的，该合伙创投企业的法人合伙人可以按照对初创科技型企业投资额的 70% 抵扣法人合伙人从合伙创投企业分得的所得；当年不足抵扣的，可以在以后纳税年度结转抵扣。

所称初创科技型企业，应同时符合以下条件：

1. 在中国境内（不包括港、澳、台地区）注册成立、实行查账征收的居民企业。

2. 接受投资时，从业人数不超过 200 人，其中具有大学本科以上学历的从业人数不低于 30%；资产总额和年销售收入均不超过 3000 万元。

3. 接受投资时设立时间不超过 5 年（60 个月）。

4. 接受投资时以及接受投资后 2 年内未在境内外证券交易所上市。

5. 接受投资当年及下一纳税年度，研发费用总额占成本费用支出的比例不低于 20%。

享受上述税收政策优惠的创业投资企业，应同时符合以下条件：

1. 在中国境内（不含港、澳、台地区）注册成立、实行查账征收的居民企业或合伙创投企业，且不属于被投资初创科技型企业的发起人。

2. 符合《创业投资企业管理暂行办法》（国家发展改革委等 10 部门令第 39 号）规定或者《私募投资基金监督管理暂行办法》（证监会令第 105 号）关于创业投资基金的特别规定，按照上述规定完成备案且规范运作。

3. 投资后 2 年内，创业投资企业及其关联方持有被投资初创科技型企业的股权比例合计应低于 50%。

享受上述税收政策优惠的投资，仅限于通过向被投资初创科技型企业直接支付现金方式取得的股权投资，不包括受让其他股东的存量股权。

所称研发费用口径，按照《财政部 国家税务总局 科技部关于完善研究开发费用税前加计扣除政策的通知》（财税〔2015〕119 号）等规定执行。

所称从业人数，包括与企业建立劳动关系的职工人员及企业接受的劳务派遣人员。从业人数和资产总额指标，按照企业接受投资前连续 12 个月的平均数计算，不足 12 个月的，按实际月数平均计算。

所称销售收入，包括主营业务收入与其他业务收入；年销售收入指标，按照企业接受投资前连续 12 个月的累计数计算，不足 12 个月的，按实际月数累计计算。

所称成本费用，包括主营业务成本、其他业务成本、销售费用、管理费用、财务费用。

所称投资额，按照创业投资企业或天使投资个人对初创科技型企业的实缴投资额确定。

公司制创业投资企业、合伙创投企业、合伙创投企业法人合伙人、被投资初创科技型企业应按规定办理优惠手续。

享受规定的税收政策的纳税人，其主管税务机关对被投资企业是否符合初创科技型企业条件有异议的，可以转请被投资企业主管税务机关提供相关材料。对纳税人提供虚假资料，违规享受税收政策的，应按税收征管法相关规定处理，并将其列入失信纳税人名单，按规定实施联合惩戒措施。

此政策自 2018 年 1 月 1 日起执行。执行日期前 2 年内发生的投资，在执行日期后投资满 2 年，且符合本规定的其他条件的，可以适用本规定的税收政策。

《财政部　国家税务总局关于创业投资企业和天使投资个人有关税收试点政策的通知》（财税〔2017〕38 号）自 2018 年 7 月 1 日起废止，符合试点政策条件的投资额可按本规定继续抵扣。

（《财政部　国家税务总局关于创业投资企业和天使投资个人有关税收政策的通知》，财税〔2018〕55 号）

《国家税务总局关于创业投资企业和天使投资个人税收政策有关问题的公告》（国家税务总局公告 2018 年第 43 号）就创业投资企业税收政策有关问题公告如下。

财税〔2018〕55 号文件所称满 2 年是指有限合伙制创业投资企业（以下简称合伙创投企业）投资于种子期、初创期科技型企业（以下简称初创科技型企业）的实缴投资满 2 年，投资时间从初创科技型企业接受投资并完成工商变更登记的日期算起。

📖【解读】对于合伙创投企业投资初创科技型企业的，仅强调合伙创投企业投资于初创科技型企业的实缴投资满 2 年，取消了对合伙人对该合伙创投企业的实缴出资须满 2 年的要求，简化了政策条件，有利于企业准确执行政策。比如，某合伙创投企业于 2018 年 12 月投资初创科技型企业，假设其他条件均符合文件规定，合伙创投企业的某个法人合伙人于 2019 年 1 月对该合伙创投企业出资，2020 年 12 月，合伙创投企业投资初创科技型企业满 2 年时，该法人合伙人同样可享受税收试点政策。

　　明确合伙创投企业合伙人出资比例的计算口径。由于合伙创投企业投资初创型科技企业的，在投资满 2 年的当年就可享受税收优惠政策，因此将计算出资比例的时点确定为投资满 2 年当年年末，对同一年满 2 年的投资统一计算，简化计算方法，减轻企业办税负担。

　　财税〔2018〕55 号文件所称研发费用总额占成本费用支出的比例，是指企业接受投资当年及下一纳税年度的研发费用总额合计占同期成本费用总额合计的比例。

　　财税〔2018〕55 号文件所称出资比例，按投资满 2 年当年年末各合伙人对合伙创投企业的实缴出资额占所有合伙人全部实缴出资额的比例计算。

　　财税〔2018〕55 号文件所称从业人数及资产总额指标，按照初创科技型企业接受投资前连续 12 个月的平均数计算，不足 12 个月的，按实际月数平均计算。具体计算公式如下：

　　月平均数 =（月初数 + 月末数）÷ 2

　　接受投资前连续 12 个月平均数 = 接受投资前连续 12 个月平均数之和 ÷ 12

　　法人合伙人投资于多个符合条件的合伙创投企业，可合并计算其可抵扣的投资额和分得的所得。当年不足抵扣的，可结转以后纳税年度继续抵扣；当年抵扣后有结余的，应按照企业所得税法的规定计算缴纳企业所得税。所称符合条件的合伙创投企业既包括符合财税〔2018〕55 号规定条件的合伙创投企业，也包括符合《国家税务总局关于有限合伙制创业投资企业法人合伙人企业所得税有关问题的公告》（国家税务总局公告 2015 年第 81 号）规定条件的合伙创投企业。

　　【解读】明确法人合伙人可合并计算抵扣。即法人合伙人投资于多家合伙创投企业，可以合并计算可抵扣的投资额和分得的所得。考虑到法人合伙人可能会投资多家符合条件的合伙创投企业，而合伙创投企业的分配可能会有所差别，有些因创业投资活动本身具有一定的风险，可能永远没有回报。因此允许合并计算抵扣，并将所有符合现行政策规定的合伙创投企业均纳入合并范围，将使法人合伙人能充分、及时抵扣，确保税收优惠政策效应得到充分发挥。

　　合伙创投企业法人合伙人在年度申报享受优惠时，按照《国家税务总局关于发布修订后的〈企业所得税优惠政策事项办理办法〉的公告》（国家税务总局公告 2018 年第 23 号）的规定办理有关手续。

　　合伙创投企业的法人合伙人符合享受优惠条件的，合伙创投企业应在投资初创科技型企业满 2 年的年度以及分配所得的年度终了后及时向法人合伙人提供《合伙创投企业法人合伙人所得分配情况明细表》。

　　【解读】《国家税务总局关于发布修订后的〈企业所得税优惠政策事项办理办法〉的公告》（国家税务总局公告 2018 年第 23 号）明确企业享受优惠事项采取"自行判别、申报享受、相关资料留存备查"的办理方式，不再要求企业办理备案手续。国家税务总局公告 2018 年第 43 号文件据此对合伙创投企业法人合伙人享受优惠的办理手续进行了调整，明确按照国家税务总局公告 2018 年第 23 号的规定办理相关手续。为进一步简政放权，减轻纳税人负担，国家税务总局公告 2018 年第 43 号文件不再要求合伙创投企业向税务机关报送《合伙创投企业法人合伙人所得分配情况明细表》，改由合伙创投企业直接提供给法人合伙人留存备查。

税务机关在合伙创投企业合伙人享受优惠政策后续管理中，对初创科技型企业是否符合规定条件有异议的，可以转请初创科技型企业主管税务机关提供相关资料，主管税务机关应积极配合。

合伙创投企业合伙人、初创科技型企业提供虚假情况、故意隐瞒已投资抵扣情况或采取其他手段骗取投资抵扣，不缴或者少缴应纳税款的，按税收征管法有关规定处理。

自 2018 年 1 月 1 日起施行。施行日期前 2 年内发生的投资，适用财税〔2018〕55 号文件规定的税收政策的，按国家税务总局公告 2018 年第 43 号文件规定执行。

《国家税务总局关于创业投资企业和天使投资个人税收试点政策有关问题的公告》（国家税务总局公告 2017 年第 20 号）自 2018 年 7 月 1 日起废止，符合试点政策条件的投资额可按国家税务总局公告 2018 年第 43 号文件规定继续办理抵扣。

第八章 税额抵免优惠

企业购置用于环境保护、节能节水、安全生产等专用设备的投资额，实行税额抵免优惠政策。

一、专用设备投资税额抵免

（一）专用设备投资抵免

企业购置用于环境保护、节能节水、安全生产等专用设备的投资额，可以按一定比例实行税额抵免。（《中华人民共和国企业所得税法》第三十四条）

税额抵免，是指企业购置并实际使用《环境保护专用设备企业所得税优惠目录》（财税〔2008〕115号）、《节能节水专用设备企业所得税优惠目录》（财税〔2008〕115号）和《安全生产专用设备企业所得税优惠目录》（财税〔2008〕118号）规定的环境保护、节能节水、安全生产等专用设备，该专用设备的投资额的10%可以从企业当年的应纳税额中抵免；当年不足抵免的，可以在以后5个纳税年度结转抵免。

享受前款规定的企业所得税优惠的企业，应当实际购置并自身实际投入使用前款规定的专用设备；企业购置上述专用设备在5年内转让、出租的，应当停止享受企业所得税优惠，并补缴已经抵免的企业所得税税款。（《中华人民共和国企业所得税法实施条例》第一百条）

【注释】《安全生产专用设备企业所得税优惠目录（2008年版）》将可享受企业所得税优惠的安全生产专用设备具体细化为八类五十项，并对部分安全生产专用设备的技术指标、参照标准、功能及作用、适用范围进行了限定；这些行业为：煤矿；非煤矿矿山；危险化学品；烟花爆竹行业；公路行业；铁路行业；民航行业；应急救援设备类。而且要求专用设备必须符合公布的设备名称、技术指标、参照标准、功能及作用、适用范围。《节能节水专用设备企业所得税优惠目录（2008年版）》将可享受企业所得税优惠的节能设备具体细化为十四类二十四项、节水设备具体细化为四类五项，并对其性能参数、应用领域和能效标准进行了限定；中小型三相电动机；空气调节设备；通风机；水泵；空气压缩机；变频器；配电变压器；高压电动机；节电器；交流接触器；用电过程优化控制器；工业锅炉；工业加热装置；节煤、节油、节气关键件。节水专用设备五类：洗衣机；换热器；冷却塔；喷灌机和滴灌带（管）。同时也要求专用设备符合设备名称、性能参数、应用领域、效能标准几个指标。《环境保护专用设备企业所得税优惠目录（2008 年版)》将可享受企业所得税优惠的环境保护专用设备具体细化为五类十九项，并对其性能参数和应用领域进行了限定，水污染治理设备；大气污染防治设备；固体废物处置设备；环境监测仪器仪表；清洁生产设备。具体还要符合设备名称、性能参数和应用领域。

（二）融资租入设备的税收优惠规定

《中华人民共和国企业所得税法实施条例》第一百条规定的购置并实际使用的环境保护、节能节水和安全生产专用设备，包括承租方企业以融资方式租入的、并在融资租赁合同中约定租赁期届满时租赁设备所有权转移给承租方企业，且符合规定条件的上述专用设备。凡融资租赁期届满后租赁设备所有权未转移至承租方企业的，承租方企业应停止享受抵免企业所得税优惠，并补缴已经抵免的企业所得税税款。自 2008 年 1 月 1 日起执行。(《财政部 国家税务总局关于执行企业所得税优惠政策若干问题的通知》，财税〔2009〕69 号)

（三）增值税税额与专用设备投资额的关系

自 2009 年 1 月 1 日起，纳税人购进并实际使用《环境保护专用设备企业所得税优惠目录》《节能节水专用设备企业所得税优惠目录》和《安全生产专用设备企业所得税优惠目录》范围内的专用设备并取得增值税专用发票的，在按照《财政部 国家税务总局关于执行环境保护专用设备企业所得税优惠目录、节能节水专用设备企业所得税优惠目录和安全生产专用设备企业所得税优惠目录有关问题的通知》（财税〔2008〕48 号）第二条规定进行税额抵免时，如增值税进项税额允许抵扣，其专用设备投资额不再包括增值税进项税额；如增值税进项税额不允许抵扣，其专用设备投资额应为增值税专用发票上注明的价税合计金额。企业购买专用设备取得普通发票的，其专用设备投资额为普通发票上注明的金额。(《国家税务总局关于环境保护、节能节水、安全生产等专用设备投资抵免企业所得税有关问题的通知》，国税函〔2010〕256 号)

二、优惠目录执行的有关问题及目录调整

（一）优惠目录执行的有关问题

《环境保护专用设备企业所得税优惠目录》《节能节水专用设备企业所得税优惠目录》《安全生产专用设备企业所得税优惠目录》（以下统称《目录》）执行的有关问题。

1. 企业自 2008 年 1 月 1 日起购置并实际使用列入《目录》范围内的环境保护、节能节水和安全生产专用设备，可以按专用设备投资额的 10% 抵免当年企业所得税应纳税额；企业当年应纳税额不足抵免的，可以向以后年度结转，但结转期不得超过 5

个纳税年度。

2. 专用设备投资额，是指购买专用设备发票价税合计价格，但不包括按有关规定退还的增值税税款以及设备运输、安装和调试等费用。

3. 当年应纳税额，是指企业当年的应纳税所得额乘以适用税率，扣除依照《中华人民共和国企业所得税法》和国务院有关税收优惠规定以及税收过渡优惠规定减征、免征税额后的余额。

4. 企业利用自筹资金和银行贷款购置专用设备的投资额，可以按《中华人民共和国企业所得税法》的规定抵免企业应纳所得税额；企业利用财政拨款购置专用设备的投资额，不得抵免企业应纳所得税额。

5. 企业购置并实际投入使用已开始享受税收优惠的专用设备，如从购置之日起5个纳税年度内转让、出租的，应在该专用设备停止使用当月停止享受企业所得税优惠，并补缴已经抵免的企业所得税税款。转让的受让方可以按照该专用设备投资额的10%抵免当年企业所得税应纳税额；当年应纳税额不足抵免的，可以在以后5个纳税年度结转抵免。

6. 根据经济社会发展需要及企业所得税优惠政策实施情况，国务院财政、税务主管部门会同国家发展改革委、安监总局等有关部门适时对《目录》内的项目进行调整和修订，并在报国务院批准后对《目录》进行更新。

（《财政部　国家税务总局关于执行环境保护专用设备企业所得税优惠目录、节能节水专用设备企业所得税优惠目录和安全生产专用设备企业所得税优惠目录有关问题的通知》，财税〔2008〕48号）

根据《国务院关于第二批取消152项中央指定地方实施行政审批事项的决定》（国发〔2016〕9号），财税〔2008〕48号文件"企业购置用于环境保护、节能节水、安全生产的专用设备的投资额享受所得税优惠的备案核准"取消。

（二）节能节水和环境保护专用设备企业所得税优惠目录调整

对企业购置并实际使用节能节水和环境保护专用设备享受企业所得税抵免优惠政策的适用目录进行适当调整，统一按《节能节水专用设备企业所得税优惠目录（2017年版）》（见附件一）和《环境保护专用设备企业所得税优惠目录（2017年版）》（见附件二）执行。

按照国务院关于简化行政审批的要求，进一步优化优惠管理机制，实行企业自行申报并直接享受优惠、税务部门强化后续管理的机制。企业购置节能节水和环境保护专用设备，应自行判断是否符合税收优惠政策规定条件，按规定向税务部门履行企业所得税优惠备案手续后直接享受税收优惠，税务部门采取税收风险管理、稽查、纳税评估等方式强化后续管理。

税务部门在执行税收优惠政策过程中，不能准确判定企业购置的专用设备是否符合相关技术指标等税收优惠政策规定条件的，可提请地市级（含）以上发展改革、工业和信息化、环境保护等部门，由其委托专业机构出具技术鉴定意见，相关部门应积极配合。对不符合税收优惠政策规定条件的，由税务机关按《税收征管法》及有关规定进行相应处理。

所称税收优惠政策规定条件，是指《节能节水专用设备企业所得税优惠目录（2017 年版）》（见附件一）和《环境保护专用设备企业所得税优惠目录（2017 年版）》（见附件二）所规定的设备类别、设备名称、性能参数、应用领域和执行标准。

自 2017 年 1 月 1 日起施行。《节能节水专用设备企业所得税优惠目录（2008 年版）》（见附件三）和《环境保护专用设备企业所得税优惠目录（2008 年版）》（见附件四）自 2017 年 10 月 1 日起废止，企业在 2017 年 1 月 1 日至 2017 年 9 月 30 日购置的专用设备符合 2008 年版优惠目录规定的，也可享受税收优惠。

（《财政部　国家税务总局　国家发展改革委　工业和信息化部　环境保护部关于印发节能节水和环境保护专用设备企业所得税优惠目录（2017 年版）的通知》，财税〔2017〕71 号）

三、特殊行业专用设备投资税额抵免

中石油、中石化实行就地预缴的二级分支机构购置用于环境保护、节能节水、安全生产等专用设备的投资额，符合企业所得税法规定的抵免企业所得税条件的，应先用该分支机构就地预缴的税款进行抵免，不足部分在总部抵免。（《国家税务总局关于中国石油天然气股份有限公司、中国石油化工股份有限公司企业所得税征管问题的通知》，国税函〔2010〕623 号）

附件一

节能节水专用设备企业所得税优惠目录（2017年版）

序号	设备类别	设备名称	性能参数	应用领域	执行标准
（一）节能设备					
1	电动机	中小型三相异步电动机	符合执行标准范围和要求，且优于1级能效水平。	电力拖动	GB 18613—2012
2		永磁同步电动机	符合执行标准范围和要求，且优于1级能效水平。	电力拖动	GB 30253—2013
3		高压三相笼型异步电动机	符合执行标准范围和要求，且优于1级能效水平。	电力拖动	GB 30254—2013
4	空气调节设备	多联式空调（热泵）机组	符合执行标准范围和要求，能效比达到能效等级1级指标基础上再提高10%的要求。	制冷（热）	GB 21454—2008
5		冷水机组	符合执行标准范围和要求，且优于1级能效水平。	制冷（热）	GB 19577—2015，电机驱动压缩机冷水机组 GB 29540—2013，溴化锂吸收式
6		房间空气调节器	符合执行标准范围和要求，且优于1级能效水平。	制冷（热）	GB 12021.3—2010，定频 GB 21455—2013，变频
7		水（地）源热泵机组	符合执行标准范围和要求，且优于1级能效水平。	制冷（热）	GB 30721—2014
8	风机	通风机	符合执行标准范围和要求，且优于1级能效水平。	通风	GB 19761—2009
9		离心鼓风机	符合执行标准范围和要求，且优于节能评价值水平。	鼓风	GB 28381—2012
10	水泵	清水离心泵	符合执行标准范围和要求，且优于节能评价值水平。	输送液体	GB 19762—2007
11		石油化工离心泵	符合执行标准范围和要求，且优于1级能效水平。	输送液体	GB 32284—2015
12	压缩机	容积式空气压缩机	符合执行标准范围和要求，且优于1级能效水平。	压缩空气	GB 19153—2009
13	变频器	1kV及以下通用变频调速设备	符合执行标准范围及技术要求。	变频调速	GB/T 30844.1—2014 GB/T 21056—2007
14		1kV以上不超过35kV通用变频调速设备	符合执行标准范围及技术要求。		GB/T 30843.1—2014

续表

序号	设备类别	设备名称	性能参数	应用领域	执行标准
15	变压器	三相配电变压器	符合执行标准范围和要求，且优于1级能效水平。	电力输配	GB 20052—2013
16		电力变压器	符合执行标准范围和要求，且优于1级能效水平。	电力输配	GB 24790—2009
17	电焊机	电弧焊机	符合执行标准范围和要求，且优于1级能效水平。	电焊	GB 28736—2012
18	锅炉	工业锅炉	1. 能效等级达到 TSG G0002《锅炉节能技术监督管理规程》中热效率指标的目标值要求； 2. 工业锅炉大气污染物排放浓度值符合 GB 13271—2014《锅炉大气污染物排放标准》要求，电站锅炉大气污染物排放浓度值符合 GB 13223—2011《火电厂大气污染物排放标准》要求； 3. 燃煤锅炉额定蒸发量（或额定热功率）应当大于 10t/h（或 7MW），天然气锅炉不限。	输出蒸汽、热水等介质提供热能	TSG G0002《锅炉节能技术监督管理规程》
19	换热器	热交换器	能效等级达到 TSG R0010《热交换器能效测试与评价规则》中的目标值要求。	不同流体之间热量传递	TSG R0010《热交换器能效测试与评价规则》
20	LED 照明	LED 路灯、LED 隧道灯/工矿灯	电压220V，频率50Hz，规格光通量 3000lm/5400lm/9000lm/14000lm，功率因数不低于0.95，初始光效不低于130lm/W，显色指数不低于70，寿命不低于30000 小时。	道路、隧道、工矿照明	
21		LED 管灯	电压 220V，频率 50Hz，规格 T8/T5，600mm/1200mm，功率因数不低于 0.9，显色指数不低于 85，寿命不低于 25000 小时；色温为 6500k/5000k/4000k 时，初始光效不低于 120lm/W；色温为 3500k/3000k/2700k 时，初始光效不低于 110lm/W。	商用照明，单次订购量应在 5000 只以上	

续表

序号	设备类别	设备名称	性能参数	应用领域	执行标准
22	发电设备	汽轮机	1000MW 级超超临界机组，28MPa/600℃/620℃/4.9KPa，一次再热＋湿冷＋汽泵；热耗率≤7220kJ/kWh。	发电	
			1000MW 级超超临界机组，31MPa/600℃/620℃/620℃/4.9KPa，二次再热＋湿冷＋汽泵；热耗率≤7050kJ/kWh。		
			1000MW 级超超临界机组，28MPa/600℃/620℃/11KPa，一次再热＋空冷＋汽泵；热耗率≤7480kJ/kWh。		
23	时效处理仪	频谱谐波时效仪	最大激振力 80kN；循环选择频率，同时具备加速度延时保护功能；振动参数除激振力调节保证有两个最大振动加速度在 $30 \sim 70\text{m/s}^2$，参数选择由振动设备自动完成，以保证处理效果。	机械制造	
24	通信用铅酸蓄电池	通信用耐高温型阀控式密封铅酸蓄电池	35℃工作环境温度，设计浮充寿命≥10 年；电池最高可承受工作环境温度：75℃；55℃工作环境温度，80% DOD 循环寿命大于 12 次大循环，每次大循环包含 11 次 80% DOD 放电循环。	通信基站数据中心	YD/T 2657—2013
（二）节水设备					
25	洗涤设备	工业洗衣机	用水量 ≤ 18L/kg，洗净率 >35%。	织物洗涤	GB/T 2323—2004
26	冷却设备	空冷式换热器	耐压、气密性、运转试验符合 NB/T 47007—2010 的要求。	发电、化工、冶金、机械制造	NB/T 47007—2010

续表

序号	设备类别	设备名称	性能参数	应用领域
10	大气污染防治设备	VOCs 燃烧装置	燃烧净化效率＞95%； VOCs 排放浓度达到有关行业环保标准要求。	石油、化工、喷涂、电线电缆、制药等行业的 VOCs 治理
11		连续自动再生式柴油车黑烟净化过滤器	CO 的起燃温度＜195℃；HC 的起燃温度＜205℃； 黑烟颗粒 PM 的去除效果＞90%（在所有的工况下）； 黑烟颗粒的再生：开始再生温度为200℃，全部烧完为500℃，所需时间≤10min。	柴油车尾气处理
12	土壤污染防治设备	污染土壤检测修复一体机	掘进速度≥9m/h；最大掘进深度20m；取样量≥$7×10^{-3}$ m³/h；注药量≥901L/min；注药半径≥1m。	污染土壤修复
13	固体废物处置设备	餐厨垃圾自动分选制浆机	处理对象：餐厨垃圾或分类的厨余垃圾；可实现有机物与其他杂料如轻质塑料、织物和金属等的有效分离，实现接收垃圾中有机质的浆化处理；处理后有机物损失＜3%；杂物去除率≥95%；处理量≥10t/h。	餐厨垃圾处理
14		废金属破碎分选机	主机功率：450kW～7500kW；处理能力30t/h～420t/h；送料宽度达1500mm～3000mm；磁力分选率≥97%；有色金属涡流分选或有色光选分辨率≥98%；危险废物回收率≥95%。	金属废物处理
15		电子废物、报废汽车破碎分选机	处理对象：废弃电器电子产品，报废汽车；可实现铁、有色金属、塑料和其他杂质的有效分离，危险废物的安全回收；铁、有色金属回收率及纯净度≥95%，塑料回收率及纯净度≥90%；制冷剂、废油等危险废物回收率≥95%；报废汽车处理能力≥10t/h；废弃电器电子产品处理能力≥1000kg/h。	电子垃圾、报废汽车处理

续表

序号	设备类别	设备名称	性能参数	应用领域
16	固体废物处置设备	新能源汽车废旧动力蓄电池处理设备	废旧动力蓄电池在物理环节的模组分离装备自动化拆解效率≥2kg/min；单体单机分离装备自动化拆解效率≥3kg/min；在湿法冶炼条件下，镍、钴、锰的综合回收率≥98%； 在火法冶炼条件下，镍、稀土的综合回收率应≥97%。	新能源汽车废旧动力蓄电池处理
17		危险废弃物焚烧炉	处理量≥20t/d；焚烧温度：一般危险废物≥1100℃，持久性有机污染物废物≥1200℃，医疗废物≥850℃；烟气停留时间＞2s；残渣热灼减率≤5%。	医疗、工业领域危险废物处理
18		机械炉排炉	处理量≥200t/d；焚烧温度≥850℃；烟气停留时间≥2s；残渣热灼减率≤5%。	生活垃圾处理
19	环境监测专用仪器仪表	烟气排放连续监测仪	可测量以下一种或几种参数：SO_2、NO_x、CO、Hg、HCl、HF、H_2S、颗粒物、流速；颗粒物零点漂移±2%，量程漂移±2%；气态污染物响应时间≤200s，零点漂移±2.5%，量程漂移±2.5%，线性误差≤±5%；流速测量范围0～30m/s，流速测量精度±12%；温度示值偏差≤±3℃。	污染源废气监测（火电厂超低排放），垃圾焚烧电厂废气在线监测
20		氨逃逸激光在线分析仪	检测下限：0.1mg/L；重复性：1.0% F.S；线性误差：1.0% F.S；取样流量：10L/min～20L/min；环境温度：－20℃～45℃。	烟气脱硝氨逃逸检测
21		挥发性有机物VOCs分析仪	可测量以下一种或几种气态有机污染物成分：甲烷/非甲烷总烃、总挥发性有机物、半挥发性有机物、苯系物或其他特征有机污染物； 最低检测限： （1）C2～C5：1，3－丁二烯或者丁烯≤0.15ppb，其他≤0.5ppb； （2）C6～C12：苯≤0.05ppb，其他≤0.5ppb； 重现性： （1）C2～C5：＜10% 4ppb（1，3－丁二烯或者丁烯）； （2）C6～C12：＜10% 4ppb（苯）。	有机废气排放监测、厂界及周边无组织排放监测

续表

序号	设备类别	设备名称	性能参数	应用领域
22	环境监测专用仪器仪表	重金属水质自动分析仪	可测量以下一种或几种参数：汞、铬、镉、铅和砷； 六价铬水质监测设备：精密度≤5%，准确度±5%，零点漂移±5%，量程漂移±5%； 汞、镉、铅、砷水质监测设备：示值误差±5%，精密度≤5%，零点漂移±5%，量程漂移±10%。	污染源废水监测
23	噪声与振动控制	阵列式消声器	吸声体平均吸声系数≥0.9； 基准长度消声器的全压损失系数ξ≤0.7。	通风空调系统管道、机房进出风口、空气动力性设备等的消声降噪
24		阻尼弹簧浮置板隔振器	隔振效果≥18dB；阻尼比≥0.08；轨面动态下沉量≤4mm。	高铁及城市轨道交通噪声控制

附件三

节能节水专用设备企业所得税优惠目录（2008 年版）

序号	设备类别	设备名称	性能参数	应用领域	能效标准
一、节能设备					
1	中小型三相电动机	节能中小型三相异步电动机	电压660V 及以下、额定功率0.55kW ~ 315kW 范围内，单速封闭扇冷式、N 设计的一般用途、防爆电动机。效率指标不小于节能评价值	工业生产电力拖动	GB 18613—2002
2	空气调节设备	能效等级1级的单元式空气调节机	名义制冷量大于7000W，能效比达到能效等级1级要求	工业制冷	GB 19576—2004
		能效等级1级的风管送风式空调（热泵）机组	能效比达到能效等级1级要求	工业制冷	GB 19576—2004
		能效等级1级的屋顶式空调（热泵）机组	制冷量为28 ~ 420W，能效比达到能效等级1级要求	工业制冷	GB 19576—2004
		能效等级1级的冷水机组	能效比达到能效等级1级要求	工业制冷	GB 19577—2004
		能效等级1级的房间空气调节器	名义制冷量小于等于14000W，能效比达到能效等级1级要求	工业制冷	GB 12021.3—2004

序号	设备类别	设备名称	性能参数	应用领域	能效标准
3	通风机	节能型 离心通风机	效率达到节能评价值要求	工业生产传输	GB 19761—2005
		节能型 轴流通风机	效率达到节能评价值要求	工业生产传输	
		节能型空调 离心通风机	效率达到节能评价值要求	工业生产传输	
4	水泵	节能型 单级清水离心泵	单级清水离心泵（单吸和双吸），效率达到节能评价值要求	工业生产传输	GB 19762—2005
		节能型 多级清水离心泵	多级清水离心泵，效率达到节能评价值要求	工业生产传输	
5	空气压缩机	高效空气压缩机	输入比功率应不小于节能评价值的103%	工业生产	GB 19153—2003
6	变频器	高压大容量变频器	额定电压不超过 10kV，额定容量500kVA 以上	高压大功率电动机	
7	配电变压器	高效油浸式 配电变压器	三相 10kV，无励磁调压额定容量30kVA～1600kVA 的油浸式，空载损耗和负载损耗应不大于节能评价值的36%	电力输配电	GB 20052—2006
		高效干式 配电变压器	三相 10kV，无励磁调压，额定容量30kVA～2500kVA 干式配电变压器，空载损耗和负载损耗应不大于节能评价值的36%	电力输配电	
8	高压电动机	节能型三相 异步高压电动机	机座号 355—560，效率指标不小于节能评价值	工业生产 电力拖动	
9	节电器	电机轻载节电器	额定电压不超过 10kV、50/60Hz、额定容量 500kVA～2500kVA，节电率达到30% 以上	工业生产 电力拖动	
10	交流接触器	永磁式交流接触器	1000V 及以下的电压：50HZ 交流电源供电、额定电流 1000A 及以下的接触器。功耗小于 0.5VA	电力控制	
11	用电过程 优化控制器	配电系统 节电设备	额定电压不超过 10kV、50/60Hz、额定容量不超过 2500kVA。采用微电脑实时控制。具有电压自动检测控制、时间＋电压控制、电压梯度控制模式，可根据不同的输入电压，不同时间及工艺要求进行过程能量优化控制的功能	工业生产及商用配电系统	

序号	设备类别	设备名称	性能参数	应用领域	能效标准
12	工业锅炉	热水锅炉	热效率在 GB/T 17954—2000 表 2 中一级指标的基础上再提高 5%	工业生产	GB/T 17954—2000
		蒸汽锅炉			
13	工业加热装置	铜锭感应加热炉	额定功率 1600kW，加热处理每吨铜锭，单耗电量从 250kW.h/t 降到 180kW.h/t	铜加工业	GB 5959.3—1988 GB /10067.3—2005
		高阻抗电弧炉	容量 40T，熔炼每吨铜节能 20kW.h/t 电极消耗降低 15%～20%	钢铁冶炼	GB 5959.2—1998 GB 10067.2—2005
14	节煤、节油、节气关键件	汽车电磁风扇离合器	不小于 3 级变速；第 2 级变速是柔性联接	汽车节能	QC/T 777—2007
二、节水设备					
15	洗衣机	工业洗衣机	单位洗涤容量用水量≤15L/kg，洗涤率>35%	适用于商业用工业洗衣机（水洗机），不包括干洗机和隧道式洗涤机组。	QB/T 2323—2004 工业洗衣机中 6.3.10 条，6.3.8a 条
16	换热器	空冷式换热器	强度和密封性能；经管束压力试验符合 GB/T 15386—1994 的要求	适用于设计压力≤35MPa 的空冷式换热器。不适用于铝或其他有色金属制受压元件的空冷式换热器。	GB/T 15386—1994 中 8.3 条
17	冷却塔	冷却塔	冷却能力：实测冷却能力与设计冷却能力的百分比>95%；飘水率：冷却水量≤1000m³/h 的冷却塔不得有明显飘水现象，冷却水量>1000m³/h 的冷却塔飘水率<0.01%	适用于用水冷却的冷却塔	GB 7190.1—1997 GB 7190.2—1997

续表

序号	设备类别	设备名称	性能参数	应用领域	能效标准
18	灌溉机具	喷灌机	机械行业标准	农业、园林、林业灌溉	机械行业标准
19		滴灌带（管）	铺设长度 80m 以上，滴水均匀度 > 90%，工作压力 > 0.1MPa，滴灌带能够承受 130N（滴灌管能够承受 180N）的拉力不破裂、不渗漏	适用于棉花、蔬菜、果树等经济作物的滴灌	

附件四

环境保护专用设备企业所得税优惠目录（2008 年版）

序号	类别	设备名称	性能参数	应用领域
1	一、水污染治理设备	高负荷厌氧 EGSB 反应器	有机负荷 $\geq 20kg/m^3.d$；BOD_5 去除率 $\geq 90\%$	工业废水处理和垃圾渗滤液处理
2		膜生物反应器	进水水质：$COD < 400mg/l$；$DOD_5 < 200mg/l$；PH 值：6~9；$NH_4-N \leq 20mg/l$；工作通量 $\geq 120l/m^2.h$；水回收率 $\geq 95\%$；出水达到《城市污水再生利用城市杂用水水质》（GB/T 18920）。使用寿命 ≥ 5 年	生活污水处理和中水回用处理
3		反渗透过滤器	采用聚酰胺复合反渗透膜，净水寿命（膜材料的更换周期）≥ 2 年；对规定分子量物质的截留率应达到设计的额定制	工业废水处理
4		重金属离子去除器	对重金属离子（Cr^{3+}、Cu^{2+}、Ni^{2+}、Pb^{2+}、Cd^{2+}、Hg^{2+} 等）去除率 $\geq 99.9\%$，废渣达到无害化处理	工业废水处理
5		紫外消毒灯	杀菌效率 $\geq 99.99\%$；紫外剂量 $\geq 16mj/cm^2$；灯管寿命 $\geq 9000h$；设备耐压：$0.1 \sim 0.8Mpa/cm^2$；使用寿命 ≥ 10 年	城市污水处理和工业废水处理
6		污泥浓缩脱水一体机	脱水后泥饼含固率 $\geq 25\%$	城市污水处理和工业废水处理
7		污泥干化机	单台蒸发水量 $1t/h \sim 15t/h$；单台污泥日处理能力 $\geq 100t$；干化后污泥固含量 $\geq 80\%$	污水处理

续表

序号	类别	设备名称	性能参数	应用领域
8		湿法脱硫专用喷嘴	流量 ≥40m³/h；雾化浆滴平均直径 ≤2100μm；流速：额定值 ±10%；喷雾角：额定值 ±10%；粒径分布均匀度：0.8～1.2；流量密度变化幅度：±10%	燃煤发电机组脱硫
9		湿法脱硫专用除雾器	在除雾器出口雾滴夹带的浓度 ≤75mg/Nm³，除雾器阻力 ≤150Pa；临界分离粒径 ≤25～35μm。	燃煤发电机组脱硫
10	二、大气污染防治设备	袋式除尘器	除尘效率≥99.5%；排放浓度 ≤40mg/m³；出口温度≤120℃；林格曼一级；设备阻力低＜1200Pa；漏风率≤3%；耐压强度＞5kPa；滤袋寿命≥3年；耐高温、高湿，耐腐蚀	发电机组、工业锅炉、工业窑炉除尘
11		型煤锅炉	热效率＞80%，煤渣含碳量≤2%；低热负荷燃烧运行良好；各项污染物排放指标均低于《锅炉大气污染物排放标准》（GB 13271）。	用于采暖、洗浴、饮用水、制冷的热水锅炉
12	三、固体废物处置设备	危险废弃物焚烧炉	处理量＞10t/d；焚烧温度：危险废物 ≥1100℃、多氯联苯≥1200℃、医院临床废物 ≥850℃；烟气停留时间＞2s；残渣热灼减率＜5%；焚烧炉燃烧效率＞65%；烟气排放达到《危险废物焚烧污染控制标准》（GB 18484）	工业、医疗垃圾和危险废弃物焚烧处理
13		医疗废物高温高压灭菌锅	灭菌温度≥1100℃，压力≥200kPa，灭菌时间≤25min，干燥时间≤15min。灭菌效率99.99%；气体中的微生物被截流的效率99.99%。达到100%灭活，排水排气均达到国家相应的排放标准	医疗废物处理
14	四、环境监测仪器仪表	在线固定污染源排放烟气连续监测仪	含尘量测量范围：0－200－2000mg/m³；精度：±2%；气体污染物测量范围：SO₂/NO₃：0－250－2500mg/m³；CO：0－500－5000mg/m³；气体污染物测量精度：±1%满量程；流速测量范围：0～35m/s；流速精度：±0.2m/s；压力：±3000Pa；精度：±1%；温度：0～200℃；精度：±1℃；湿度：0～20%；精度；±2%满量程。	大气污染源监测

附件五

安全生产专用设备企业所得税优惠目录（2008 年版）

序号	设备名称	技术指标	参照标准	功能及作用	适用范围
一、煤矿					
1	瓦斯含量、压力测试设备		国家煤矿安全监察局强制执行安全标志管理检验标准	随时监测煤矿瓦斯含量及涌出量，防止发生瓦斯事故	有有害气体的矿井
2	瓦斯突出预测预报设备		国家煤矿安全监察局强制执行安全标志管理检验标准	预测高瓦斯矿井瓦斯变化情况，防止瓦斯突出	有有害气体的矿井
3	瓦斯抽放监测设备		国家煤矿安全监察局强制执行安全标志管理检验标准	降低煤矿瓦斯含量，保证瓦斯不超标，确保安全生产	有有害气体的矿井
4	煤矿井下瓦斯抽采用钻机		国家煤矿安全监察局强制执行安全标志管理检验标准	抽采煤矿瓦斯，防止瓦斯事故	有瓦斯灾害的矿井
5	瓦斯抽放泵		国家煤矿安全监察局强制执行安全标志管理检验标准	降低煤矿瓦斯含量，保证瓦斯不超标，确保安全生产	有瓦斯灾害的矿井
6	瓦斯抽放封孔泵		国家煤矿安全监察局强制执行安全标志管理检验标准	降低煤矿瓦斯含量，保证瓦斯不超标，确保安全生产	有瓦斯灾害的矿井
7	矿井井下超前探测设备		国家煤矿安全监察局强制执行安全标志管理检验标准	探测断层、含水层等地质构造，防治突出、冲击地压、透水事故	有瓦斯、冲击地压和水害的矿井
8	矿井井下安全监测监控及人员定位监测设备		国家煤矿安全监察局强制执行安全标志管理检验标准	监测煤矿井下动态，防止违章作业	用于煤矿安全监测监控
9	一氧化碳检测警报仪器		国家煤矿安全监察局强制执行安全标志管理检验标准	防止一氧化碳超标	用于煤矿安全监测
10	粉尘监测仪表及降尘设备		国家煤矿安全监察局强制执行安全标志管理检验标准	监测煤矿地下煤尘变化情况，防止发生煤尘爆炸事故	有粉尘灾害的矿井

续表

序号	设备名称	技术指标	参照标准	功能及作用	适用范围
11	煤层火灾预测预报设备		国家煤矿安全监察局强制执行安全标志管理检验标准	预测煤矿火灾事故	有火灾危险的矿井
12	采煤工作面矿压监测装备		国家煤矿安全监察局强制执行安全标志管理检验标准	检测煤矿地下顶板压力，防止发生冒顶事故	易发生顶板事故的矿井
13	矿井自动化排水监控设备		国家煤矿安全监察局强制执行安全标志管理检验标准	监测煤矿地下涌水量，防止发生透水事故	有水患威胁的矿井
14	煤矿井下通讯设备		国家煤矿安全监察局强制执行安全标志管理检验标准	确保井下通讯畅通，防止因通讯不畅发生事故	煤矿安全生产调度
15	隔爆型低压检漏设备	GB 3836.1－4—2000爆炸性气体环境用电气设备	国家煤矿安全监察局强制执行安全标志管理检验标准	检测煤矿地下电器设备，防止漏电产生电火花	有爆炸性气体环境的矿井
16	隔爆型电气综合保护设备	GB 3836.1－4—2000爆炸性气体环境用电气设备	国家煤矿安全监察局强制执行安全标志管理检验标准	检测煤矿地下电器设备，防止漏电产生电火花	有爆炸性气体环境的矿井
17	防爆型功率因数补偿设备	GB 3836.1－4—2000爆炸性气体环境用电气设备	国家煤矿安全监察局强制执行安全标志管理检验标准	防止煤矿设备因电压不足，影响通风、排水	有爆炸性气体环境的矿井
18	矿用隔爆移动变电站	GB 3836.1－4—2000爆炸性气体环境用电气设备	国家煤矿安全监察局强制执行安全标志管理检验标准	防止煤矿爆炸性气体发生爆炸	有爆炸性气体环境的矿井
19	矿井供电电容电流自动补偿设备	GB 3836.1－4—2000爆炸性气体环境用电气设备	国家煤矿安全监察局强制执行安全标志管理检验标准	防止煤矿设备因电压、电流不足，影响设备正常运行	有爆炸性气体环境的矿井
二、非煤矿山					
20	无轨设备自动灭火系统			在无轨设备作业过程中发生火灾时，自动灭火保证人身和设备安全	适用露天矿山作业
21	烟雾传感器			检测坑内烟尘的浓度，并报警	适用于产生烟雾的矿山作业

序号	设备名称	技术指标	参照标准	功能及作用	适用范围
22	斜井提升用捞车器			当斜井提升钢丝绳断绳时，可以捞住人车，防止坠入井底，造成人身事故	矿山斜井提升
23	70℃防火调节阀			炸药库通风管路调节	矿山企业炸药库监测
24	井下低压不接地系统绝缘检漏装置			对井下低压IT系统进行漏电监视，保证井下作业人员人身安全	矿山井下
25	带张力自动平衡悬挂装置的多绳提升容器			提升过程中，自动平衡各钢丝绳张力，防止钢丝绳张力过大造成断绳和人身伤亡事故	矿井提升设备保护
26	带BF型钢丝绳罐道罐笼防坠器的罐笼			确保钢丝绳断绳时能够抓住钢丝绳，避免人身伤亡	带BF型钢丝绳罐道罐笼保护
27	带木罐道罐笼防坠器的罐笼			确保钢丝绳断绳时能够抓住钢丝绳，避免人身伤亡	带木罐道罐笼保护
28	带制动器的斜井人车			当钢丝绳断绳时，人车立即在轨道上制动，避免人身伤亡事故	矿山斜井提升
三、危险化学品					
29	毒性气体检测报警器	毒性气体浓度超限报警	《作业环境气体检测报警仪通用技术要求》GB 12358—1990	测定作业环境毒气含量，防止发生中毒事故	含有毒性气体的作业环境
30	地下管道探测器	埋地管道泄漏检测报警		检测埋地管道泄漏情况	探测埋地管道泄漏点专用设备
31	管道防腐检测仪	检测管道防腐涂层厚度的变化		检测管道腐蚀情况	生产装置、井场、长输管线

序号	设备名称	技术指标	参照标准	功能及作用	适用范围
32	氧气检测报警器	氧气超低、超高浓度报警	《作业环境气体检测报警仪通用技术要求》GB 12358—1990	检测密闭作业空间氧气含量，防止含量过低或过高引发事故	密闭空间作业
33	便携式二氧化碳检测报警器	二氧化碳气体超高浓度报警	《作业环境气体检测报警仪通用技术要求》GB 12358—1990	检测密闭作业空间二氧化碳含量	密闭空间作业
34	便携式可燃气体检测报警器	可燃气体浓度超限报警	《可燃气体探测器》GB 15322—2003	检测作业场所可燃气体含量	可燃气体是指列入《危险化学品名录》（2002 年版本，国家安全生产监督管理局公告〔2003〕第 1 号，如有更新版本以最新版本为准）中的可燃气体
35	送风式长管呼吸器	正压送风，防止作业环境气体被劳动者吸入	《长管面具》GB 6220—86	有毒有害物质作业和救援场所作业人员防护	有毒有害物质作业和救援场所
四、烟花爆竹行业					
36	静电火花感度仪	火工药品及电火工品静电放电火花敏感度		监测并预防静电火花的产生	烟花爆竹生产
五、公路行业					
37	路况快速检测系统（CiCS）	以车流速度（0～100km/h）快速检测路况指标：路面损坏（裂缝）等数据、道路平整度、路面车辙、路面纹理深度、道路前方图像。自动采集上述 5 项路面状况指标；对检测数据自动处理识别；路面裂缝等识别准确率达到 95% 以上	《公路技术状况评定标准》	用于道路缺陷及安全隐患检测	用于道路施工

序号	设备名称	技术指标	参照标准	功能及作用	适用范围
六、铁路行业					
38	红外线轴温探测智能跟踪设备（THDS）	适应列车运行速度5～160公里/小时；自动计轴计辆：计轴误差<3×10－6，计辆误差<3×10－5；热轴故障预报兑现率：区间探测站：>60%；系统可维护性：机械部分<10分钟，电气部分<3分钟；适应温湿度工作条件：室外设备环温－40℃～+60℃，室内温度0～+40℃，室内相对湿度<95%，室外相对湿度<85%	运装管验〔2003〕276号	车辆轴温监测，防止轴温过高发生事故	车辆热轴
39	货车运行故障动态检测成套设备（TFDS）	适应车速（公里/小时）5～140km/h，自动计轴计辆计轴误差：<3×10－6，计辆误差：<3×10－5，故障信息存储容量≥两年（一个段修期），图像传输速率≤2分钟/百辆，摄像机分辨率≥640×480，抓拍速率≥50帧/秒，补偿光源开启关闭响应时间≤1秒，保护门开启、关闭反应时间≤2秒，室外设备适应温度－40～70℃	运装管验〔2004〕141号	货车运行故障动态监测，预防事故发生	货车

续表

序号	设备名称	技术指标	参照标准	功能及作用	适用范围
40	货车运行状态地面安全监测成套设备（TPDS）	称重范围：最大轴重25t；计量方式：双向全自动轴、转向架动态计量；通过速度不限；检测精度：列车以45km/h及以下速度通过时超载检测精度优于5‰，45～60km/h速度通过时超载检测精度优于1%，60km/h以上重车超载检测准确度优于3%；识别车轮踏面擦伤：监测速度范围20～90km/h；识别车辆蛇行运动失稳：车辆运行速度不限；允许超载：为额定载荷的250%	运装管验〔2002〕306号	货车最大轴重、转向动态、通过速度等方面监测	货车运行状态
七、民航行业					
41	发动机火警探测器	10-61096-97/899315-05/473597-5	FAR23	设备校准灭火、火警探测	飞机发动机
42	防冰控制系统温度控制器	2915-5	FAA TSO-C43，C16	防冰、防水控制系统温度控制	利用发动机引气给飞机大翼和发动机整流包皮提供防冰防止这些部位结冰使飞机失去控制
	防冰控制系统温度控制面板	233W、233N、69、233A系列		同上	
	防冰面板	233N3204-1019		同上	
	防冰活门	C146009-2/3215618-4/172625-7/810502-3/7612B000/7646B000/326975/38E93-5		同上	

序号	设备名称	技术指标	参照标准	功能及作用	适用范围
42	防冰控制系统结冰探测器	0871HT3/0871DL6	FAA TSO - C43，C16	防冰、防水控制系统温度控制	利用发动机引气给飞机大翼和发动机整流包皮提供防冰防止这些部位结冰使飞机失去控制
	防冰控制系统窗温控制器	S283T007 - 3/785897 - 2/785897 - 3/624066 - 3/624066 - 5/83000 - 05602/83000 - 05604		同上	

八、应急救援设备类

序号	设备名称	技术指标	参照标准	功能及作用	适用范围
43	正压式空气呼吸器	具有耐高温、阻燃、绝缘、防腐、防水、重量轻、气密性好等性能，气瓶工作压力30MPa，背架应为高强度的非金属材料制成，面罩防结雾，一级减压阀输出端应具有他救接口，使用时间不得低于45分钟	GA 124—2004《正压式消防空气呼吸器》	对人体呼吸器官的防护	用于现场作业时，对人体呼吸器官的防护装具，供作业人员在浓烟、毒气性气体或严重缺氧的环境中使用
44	隔绝式正压氧气呼吸器	防护时间1h以上，氧浓度不得低于21%	MT 86—2000《隔绝式正压氧气呼吸器》	煤矿井下危险场所救护人员防护	煤矿井下
45	全防型滤毒罐	对有毒气体和蒸汽、有毒颗粒及放射性粒子、细菌具有良好的过滤性能 NBC 防护标准储存期限不低于5年	GB/T 2892—1995《过滤式防毒面具滤毒罐性能试验方法》	对危险作业人员呼吸保护	用于危险场所呼吸保护与防毒面罩配套使用
46	消防报警机		GBJ 116—88	初期火灾报警	用于机库、器材库及厂房内预报初期火灾，提示人员疏散
47	核放射探测仪	可自动声光报警、显示所检测射线的强度持续工作时间不少于70小时	GB 10257—1988《核仪器与核辐射探测器质量检验规则》	快速寻找并确定 α、β、r 射线污染源的位置	用于有 α、β、r 射线污染源的作业环境

序号	设备名称	技术指标	参照标准	功能及作用	适用范围
48	可燃气体检测仪	可检测 10 种以上易燃易爆气体的体积浓度	GB 15322—2003 《可燃气体探测器》	易燃易爆气体检测	用于检测事故现场易燃易爆气体
49	压缩氧自救器	具有防爆合格证和 MA 标志定量供氧量 1.2～1.6L/min、通气阻力 196pa、吸气温度 45℃、手动补给 60L/min、二氧化碳吸收剂用量 350g、氧气瓶额定充气压力 20Mpa、排气阀开启压力 200～400pa	MT 711—1997 《隔绝式压缩氧自救器》	发生缺氧或在有毒有害气体环境中工作人员佩用自救逃生	用于煤矿井下发生缺氧或在有毒有害气体环境中矿工佩用它可以自身逃生
50	矿山救护指挥车	具有高底盘，功率大，起步快，越野性能好汽车性能应达到：爬坡度在 30%以上；最小离地间隙在 220mm 以上；行车速度在 120km/h 以上配有无线通讯系统、卫星定位系统和警灯警报装置	QC/T 457—2002 《救护车汽车标准》 GA 14—91 《用无线电话机技术要求和试验方法》 GB 50313—2000 《城市通讯指挥系统设计规范》	矿山发生事故救援指挥	用于矿山事故抢险的救援指挥

第九章 非居民企业所得税优惠

一、税率优惠

非民居企业在中国境内未设立机构、场所的，或者虽设立机构、场所但取得的所得与其所设机构、场所没有实际联系的，应当就其来源于中国境内的所得，减按10%的税率征收企业所得税。（《中华人民共和国企业所得税法实施条例》第九十一条、《中华人民共和国企业所得税法》第二十七条第（五）项、《中华人民共和国企业所得税法》第三条第三款）

二、免税所得

1. 外国政府向中国政府提供贷款取得的利息所得。
2. 国际金融组织向中国政府和居民企业提供优惠贷款取得的利息所得。
3. 经国务院批准的其他所得。

（《中华人民共和国企业所得税法实施条例》第九十一条第（二）项）

《中华人民共和国企业所得税法实施条例》第九十一条第（二）项所称国际金融组织，包括国际货币基金组织、世界银行、亚洲开发银行、国际开发协会、国际农业发展基金、欧洲投资银行以及财政部和国家税务总局确定的其他国际金融组织；所称优惠贷款，是指低于金融企业同期同类贷款利率水平的贷款。（《财政部 国家税务总局关于执行企业所得税优惠政策若干问题的通知》，财税〔2009〕69号）

第十章　企业所得税减免税管理

为转变政府职能，优化纳税服务，提高管理水平，有效落实企业所得税各项优惠政策，国家税务总局制定了《企业所得税优惠政策事项办理办法》（国家税务总局公告 2015 年第 76 号，以下简称《办法》）。

一、备案企业及税收优惠范围

1. 执行《办法》备案的企业。企业是指《中华人民共和国企业所得税法》及其实施条例规定的居民企业。

2. 税收优惠。是指企业所得税法规定的优惠事项，以及税法授权国务院和民族自治地方制定的优惠事项。包括免税收入、减计收入、加计扣除、加速折旧、所得减免、抵扣应纳税所得额、减低税率、税额抵免、民族自治地方分享部分减免等。

二、税收优惠条件的自行判断与证明资料

（一）自行判断其是否符合税收优惠政策规定的条件

企业应当自行判断其是否符合税收优惠政策规定的条件。凡享受企业所得税优惠的，应当按照《办法》规定向税务机关履行备案手续，妥善保管留存备查资料。留存备查资料参见《企业所得税优惠事项备案管理目录》（以下简称《目录》）。国家税务总局编制并根据需要适时更新《目录》。

上述所称备案，是指企业向税务机关报送《企业所得税优惠事项备案表》（以下简称《备案表》），并按照《办法》规定提交相关资料的行为。

所称留存备查资料，是指与企业享受优惠事项有关的合同（协议）、证书、文件、会计账册等资料。具体按照《目录》列示优惠事项对应的留存备查资料执行。省、自治区、直辖市和计划单列市国家税务局、地方税务局（以下简称省税务机关）对《目录》列示的部分优惠事项，可以根据本地区的实际情况，联合补充规定其他留存备查资料。

企业对报送的备案资料、留存备查资料的真实性、合法性承担法律责任。

（二）留存备查资料，以证明其符合税收优惠条件

企业不能提供留存备查资料，或者留存备查资料与实际生产经营情况、财务核

算、相关技术领域、产业、目录、资格证书等不符，不能证明企业符合税收优惠政策条件的，税务机关追缴其已享受的减免税，并按照《税收征管法》及其实施细则规定处理。

企业留存备查资料的保存期限为享受优惠事项后 10 年。税法规定与会计处理存在差异的优惠事项，保存期限为该优惠事项有效期结束后 10 年。

三、备案管理

（一）备案时间

企业应当不迟于年度汇算清缴纳税申报时备案。

（二）备案实施方式

企业可以到税务机关备案，也可以采取网络方式备案。按照《办法》规定需要附送相关纸质资料的企业，应当到税务机关备案。备案实施方式，由省税务机关确定。

（三）定期减免税和享受多项税收优惠的备案

1. 企业享受定期减免税，在享受优惠起始年度备案。在减免税起止时间内，企业享受优惠政策条件无变化的，不再履行备案手续。企业享受其他优惠事项，应当每年履行备案手续。

定期减免税事项，按照《目录》优惠事项"政策概述"中列示的"定期减免税"执行。

2. 企业同时享受多项税收优惠，或者某项税收优惠需要分不同项目核算的，应当分别备案。主要包括：研发费用加计扣除、所得减免项目，以及购置用于环境保护、节能节水、安全生产等专用设备投资抵免税额等优惠事项。

（四）备案手续

1. 企业应当真实、完整填报《备案表》，对需要附送相关纸质资料的，应当一并报送。税务机关对纸质资料进行形式审核后原件退还企业，复印件税务机关留存。

企业享受小型微利企业所得税优惠政策、固定资产加速折旧（含一次性扣除）政策，通过填写纳税申报表相关栏次履行备案手续。

2.《备案表》符合规定形式，填报内容完整，附送资料齐全的，税务机关应当受理，在《备案表》中标注受理意见，注明日期，加盖专用印章。

3.《备案表》不符合规定形式，或者填报内容不完整，或者附送资料不齐全的，税务机关应当一次性告知企业补充更正。企业对《备案表》及附送资料补充更正后符合规定的，税务机关应及时受理备案。

对于到税务机关备案的，税务机关应当场告知受理意见。对于网络方式备案的，税务机关收到电子备案信息起 2 个工作日内告知受理意见。

（五）跨地区经营汇总纳税企业优惠事项的备案

跨地区（省、自治区、直辖市和计划单列市）经营汇总纳税企业（以下简称汇总纳税企业）的优惠事项，按以下情况办理。

1. 分支机构享受所得减免、研发费用加计扣除、安置残疾人员、促进就业、部分区域性税收优惠（西部大开发、经济特区、上海浦东新区、深圳前海、广东横琴、福建平潭），以及购置环境保护、节能节水、安全生产等专用设备投资抵免税额优惠，由二级分支机构向其主管税务机关备案。其他优惠事项由总机构统一备案。

2. 总机构应当汇总所属二级分支机构已备案优惠事项，填写《汇总纳税企业分支机构已备案优惠事项清单》，随同企业所得税年度纳税申报表一并报送其主管税务机关。

同一省、自治区、直辖市和计划单列市内跨地区经营的汇总纳税企业优惠事项的备案管理，由省税务机关确定。

（六）定期减免税优惠事项备案后有效年度内减免税条件发生变化的处理

定期减免税优惠事项备案后有效年度内，企业减免税条件发生变化的，按照以下情况处理。

1. 仍然符合优惠事项规定，但备案内容需要变更的，企业在变化之日起 15 日内，向税务机关办理变更备案手续。

2. 不再符合税法有关规定的，企业应当主动停止享受税收优惠。

（七）补办备案手续

企业已经享受税收优惠但未按照规定备案的，企业发现后，应当及时补办备案手续，同时提交《目录》列示优惠事项对应的留存备查资料。税务机关发现后，应当责令企业限期备案，并提交《目录》列示优惠事项对应的留存备查资料。

（八）税务机关的管理

1. 税务机关应当严格按照规定管理优惠事项，严禁擅自改变税收优惠管理方式，不得以任何理由变相实施行政审批。同时，要全方位做好对企业税收优惠备案的服务工作。

2. 税务机关发现企业预缴申报享受某项税收优惠存在疑点的，应当进行风险提示。必要时，可以要求企业提前履行备案手续或者进行核查。

3. 税务机关应当采取税收风险管理、稽查、纳税评估等后续管理方式，对企业享受税收优惠情况进行核查。

4. 税务机关后续管理中，发现企业已享受的税收优惠不符合税法规定条件的，应当责令其停止享受优惠，追缴税款及滞纳金。属于弄虚作假的，按照《税收征管法》有关规定处理。

（九）已经履行审批、审核或者备案程序的，不再重新备案

《办法》施行前已经履行审批、审核或者备案程序的定期减免税，不再重新备案。

（十）政策适用时间

适用于 2015 年及以后年度企业所得税优惠政策事项办理工作。

　　《国家税务总局关于发布〈企业所得税优惠政策事项办理办法〉的公告》（国家税务总局公告 2015 年第 76 号）于 2017 年度企业所得税汇算清缴时废止。参见《国家税务总局关于发布修订后的〈企业所得税优惠政策事项办理办法〉的公告》（国家税务总局公告 2018 年第 23 号）。

第十一章　企业所得税优惠政策事项办理办法

2015 年，国家税务总局根据"放管服"改革要求，发布了《企业所得税优惠政策事项办理办法》（国家税务总局公告 2015 年第 76 号），全面取消对企业所得税优惠事项的审批管理，一律实行备案管理。该办法通过简化办税流程、精简涉税资料、统一管理要求，为企业能够及时、精准享受到所得税优惠政策创造了条件、提供了便利。为了深入贯彻落实党中央、国务院关于优化营商环境和推进"放管服"改革的系列部署，进一步优化税收环境，国家税务总局对该办法进行了修订，并重新发布《国家税务总局关于发布修订后的〈企业所得税优惠政策事项办理办法〉的公告》（国家税务总局公告 2018 年第 23 号）。

主要变化一是简化优惠事项办理方式，二是更新《企业所得税优惠事项管理目录》内容，三是强化留存备查资料管理，四是重申企业的权利义务和法律责任，五是对后续管理提出要求。

一、自行判别、申报享受、相关资料留存备查

企业享受优惠事项采取"自行判别、申报享受、相关资料留存备查"的办理方式。企业应当根据经营情况以及相关税收规定自行判断是否符合优惠事项规定的条件，符合条件的可以按照《企业所得税优惠事项管理目录（2017 年版）》（以下简称《目录》）列示的时间自行计算减免税额，并通过填报企业所得税纳税申报表享受税收优惠。同时，按照本规定归集和留存相关资料备查。

所称留存备查资料是指与企业享受优惠事项有关的合同、协议、凭证、证书、文件、账册、说明等资料。留存备查资料分为主要留存备查资料和其他留存备查资料两类。主要留存备查资料由企业按照《目录》列示的资料清单准备，其他留存备查资料由企业根据享受优惠事项情况自行补充准备。

企业享受优惠事项的，应当在完成年度汇算清缴后，将留存备查资料归集齐全并整理完成，以备税务机关核查。

二、多项优惠事项分别归集留存备查资料

企业同时享受多项优惠事项或者享受的优惠事项按照规定分项目进行核算的，应

当按照优惠事项或者项目分别归集留存备查资料。

三、分支机构和汇总纳税的非居民企业归集并留存备查资料

设有非法人分支机构的居民企业以及实行汇总纳税的非居民企业机构、场所享受优惠事项的，由居民企业的总机构以及汇总纳税的主要机构、场所负责统一归集并留存备查资料。分支机构以及被汇总纳税的非居民企业机构、场所按照规定可独立享受优惠事项的，由分支机构以及被汇总纳税的非居民企业机构、场所负责归集并留存备查资料，同时分支机构以及被汇总纳税的非居民企业机构、场所应在当完成年度汇算清缴后将留存的备查资料清单送总机构以及汇总纳税的主要机构、场所汇总。

四、企业对留存备查资料承担法律责任

企业对优惠事项留存备查资料的真实性、合法性承担法律责任。

五、留存备查资料保留年限

企业留存备查资料应从企业享受优惠事项当年的企业所得税汇算清缴期结束次日起保留 10 年。

六、不得改变优惠事项的管理方式

税务机关应当严格按照规定的方式管理优惠事项，严禁擅自改变优惠事项的管理方式。

七、特定优惠事项按照《目录》列示的清单向税务机关提交资料

享受集成电路生产企业、集成电路设计企业、软件企业、国家规划布局内的重点软件企业和集成电路设计企业等优惠事项的企业，应当在完成年度汇算清缴后，按照《目录》"后续管理要求"项目中列示的清单向税务机关提交资料。

八、后续管理

企业享受优惠事项后，税务机关将适时开展后续管理。在后续管理时，企业应当根据税务机关管理服务的需要，按照规定的期限和方式提供留存备查资料，以证实享受优惠事项符合条件。

企业未能按照税务机关要求提供留存备查资料，或者提供的留存备查资料与实际生产经营情况、财务核算情况、相关技术领域、产业、目录、资格证书等不符，无法证实符合优惠事项规定条件的，或者存在弄虚作假情况的，税务机关将依法追缴其已享受的企业所得税优惠，并按照税收征管法等相关规定处理。

企业享受优惠事项后发现其不符合优惠事项规定条件的，应当依法及时自行调整并补缴税款及滞纳金。

九、执行时间

以上企业所得税优惠政策事项办理办法适用于 2017 年度企业所得税汇算清缴及以后年度企业所得税优惠事项办理工作，即企业在进行 2017 年度企业所得税汇算清缴时如果享受税收优惠事项的，无需再办理备案手续。《国家税务总局关于发布〈企业所得税优惠政策事项办理办法〉的公告》（国家税务总局公告 2015 年第 76 号）同时废止。

附件

企业所得税优惠事项管理目录（2017年版）

序号	优惠事项名称	政策概述	主要政策依据	主要留存备查资料	享受优惠时间	后续管理要求
1	国债利息收入免征企业所得税	企业持有国务院财政部门发行的国债取得的利息收入免征企业所得税。	1.《中华人民共和国企业所得税法》第二十六条第一项； 2.《中华人民共和国企业所得税法实施条例》第八十二条； 3.《国家税务总局关于企业国债投资业务企业所得税处理问题的公告》（国家税务总局公告2011年第36号）。	1. 国债净价交易交割单； 2. 购买、转让国债的证明、票面金额、利率等相关材料； 3. 应收利息（投资收益）科目明细账或按月汇总表； 4. 减免税计算过程的说明。	预缴享受	由省税务机关（含计划单列市税务机关）规定。
2	取得的地方政府债券利息收入免征企业所得税	企业取得的地方政府债券利息收入（所得）免征企业所得税。	1.《财政部 国家税务总局关于地方政府债券利息所得免征所得税问题的通知》（财税[2011]76号）； 2.《财政部 国家税务总局关于地方政府债券利息免征所得税问题的通知》（财税[2013]5号）。	1. 购买地方政府债券证明，包括持有时间、票面金额、利率等相关材料； 2. 应收利息（投资收益）科目明细账或按月汇总表； 3. 减免税计算过程的说明。	预缴享受	由省税务机关（含计划单列市税务机关）规定。
3	符合条件的居民企业之间的股息、红利等权益性投资收益免征企业所得税	居民企业直接投资于其他居民企业取得的权益性投资收益免征企业所得税。所称股息、红利等权益性投资收益，不包括连续持有居民企业公开发行并上市流通的股票不足12个月取得的投资收益。	1.《中华人民共和国企业所得税法》第二十六条第二项； 2.《中华人民共和国企业所得税法实施条例》第十七条、第八十三条； 3.《财政部 国家税务总局关于执行企业所得税优惠政策若干问题的通知》（财税[2009]69号）； 4.《国家税务总局关于贯彻落实企业所得税法若干税收问题的通知》（国税函[2010]79号）。	1. 被投资企业的最新公司章程（企业在证券交易市场购买股票获得股权的，提供相关记账凭证，本公司持股比例以及持股时间超过12个月情况说明）； 2. 被投资企业股东会（或股东大会）利润分配决议公告、分配表； 3. 被投资企业进行清算国税务机关处理的，留存被投资企业填报的加盖主管税务机关受理章的《中华人民共和国企业所得税申报表》反附件三《剩余财产计算明细表》复印件； 4. 投资收益、应收股利科目明细账或按月汇总表。	预缴享受	由省税务机关（含计划单列市税务机关）规定。

续表

序号	优惠事项名称	政策概述	主要政策依据	主要留存备查资料	享受优惠时间	后续管理要求
4	内地居民企业通过沪港通投资香港联交所上市股票取得的股息红利所得，连续持有 H 股满 12 个月取得的股息红利所得免征企业所得税	对内地企业投资通过沪港通投资香港联交所上市股票取得的股息红利所得，计入其收入总额，依法计征企业所得税。其中，内地居民企业连续持有 H 股满 12 个月取得的股息红利所得，依法免征企业所得税。	《财政部　国家税务总局　证监会关于沪港股票市场交易互联互通机制试点有关税收政策的通知》（财税〔2014〕81 号）。	1. 相关记账凭证、本公司持股比例以及持股时间超过 12 个月的情况说明； 2. 被投资企业股东（或股东大会）利润分配决议公告、分配表； 3. 投资收益、应收股利科目明细账或按月汇总表。	预缴享受	由省税务机关（含计划单列市税务机关）规定。
5	内地居民企业通过深港通投资香港联交所上市股票取得的股息红利所得，连续持有 H 股满 12 个月取得的股息红利所得免征企业所得税	对内地企业投资通过深港通投资香港联交所上市股票取得的股息红利所得，计入其收入总额，依法计征企业所得税。其中，内地居民企业连续持有 H 股满 12 个月取得的股息红利所得，依法免征企业所得税。	《财政部　国家税务总局　证监会关于深港股票市场交易互联互通机制试点有关税收政策的通知》（财税〔2016〕127 号）。	1. 相关记账凭证、本公司持股比例以及持股时间超过 12 个月的情况说明； 2. 被投资企业股东（或股东大会）利润分配决议公告、分配表； 3. 投资收益、应收股利科目明细账或按月汇总表。	预缴享受	由省税务机关（含计划单列市税务机关）规定。
6	符合条件的非营利组织的收入免征企业所得税	符合条件的非营利组织取得的捐赠收入，不征税收入以外的其他政府补助收入等（但不包括因政府购买服务取得的收入）、会费收入、不征税收入和免税收入孳生的银行存款利息收入等为免税收入。免税收入不包括非营利组织从事营利性活动取得的收入。	1.《中华人民共和国企业所得税法》第二十六条第四项； 2.《中华人民共和国企业所得税法实施条例》第八十四条、第八十五条； 3.《财政部　国家税务总局关于非营利组织企业所得税免税收入问题的通知》（财税〔2009〕122 号）； 4.《财政部　国家税务总局关于非营利组织免税资格认定管理有关问题的通知》（财税〔2014〕13 号）； 5.《财政部　国家税务总局关于非营利组织免税资格认定管理有关问题的通知》（财税〔2018〕13 号）。	1. 非营利组织免税资格认定文件或其他相关证明； 2. 非营利组织认定资料； 3. 当年资金来源及使用情况，公益活动和非营利活动的明细情况； 4. 当年工资薪金情况专项报告，包括薪酬制度、工作人员整体工资水平、重要人员工资薪金金额（至少包括工资水平排名前 10 的人员）； 5. 当年财务报表； 6. 登记管理机关出具的事业单位、社会团体、基金会、社会服务机构、宗教活动场所、	预缴享受	由省税务机关（含计划单列市税务机关）规定。

续表

序号	优惠事项名称	政策概述	主要政策依据	主要留存备查资料	享受优惠时间	后续管理要求
6	符合条件的非营利组织的收入免征企业所得税			宗教院校当年符合相关法律法规和国家政策的应纳税收入及其有关的成本、费用、损失，与免税收入及其有关的成本、费用、损失分别核算的情况说明； 8. 取得各类免税收入的凭证。 9. 各类免税收入的凭证。	预缴享受	由省税务机关（含计划单列市税务机关）规定。
7	符合条件的非营利组织（科技企业孵化器）的收入免征企业所得税	符合非营利组织条件的科技企业孵化器的收入，按照企业所得税法及其实施条例和有关税收政策规定享受企业所得税优惠政策。	1.《中华人民共和国企业所得税法》第二十六条第四项； 2.《中华人民共和国企业所得税法实施条例》第八十四条、第八十五条； 3.《财政部 国家税务总局关于非营利组织企业所得税免税收入问题的通知》（财税〔2009〕122号）； 4.《财政部 国家税务总局关于非营利组织免税资格认定管理有关问题的通知》（财税〔2014〕13号）； 5.《财政部 国家税务总局关于科技企业孵化器税收政策的通知》（财税〔2016〕89号）； 6.《财政部 国家税务总局关于非营利组织免税资格认定管理有关问题的通知》（财税〔2018〕13号）。	1. 非营利组织免税资格认定文件或其他相关证明； 2. 非营利组织认定资料； 3. 当年资金来源及使用情况、公益活动和非营利活动的明细情况； 4. 当年工资薪金情况专项报告，包括薪酬制度、工作人员平均工资薪金水平、重要岗位人员工资薪金信息（至少包括工资薪金水平排名前10的人员）； 5. 当年财务报表； 6. 登记管理机关出具的事业单位、社会团体、基金会、社会服务机构、宗教活动场所、宗教院校当年符合相关法律法规和国家政策的事业发展情况或从事非营利活动的材料； 7. 应纳税收入及其有关的成本、费用、损失，与免税收入及其有关的成本、费用、损失分别核算的情况说明； 8. 取得各类免税收入的凭证。 9. 各类免税收入的凭证。	预缴享受	由省税务机关（含计划单列市税务机关）规定。

续表

序号	优惠事项名称	政策概述	主要政策依据	主要留存备查资料	享受优惠时间	后续管理要求
8	符合条件的非营利组织、国家大学科技园的收入免征企业所得税	符合非营利组织条件的国家大学科技园的收入，按照企业所得税法及其实施条例和有关税收政策规定，享受企业所得税优惠政策。	1.《中华人民共和国企业所得税法》第二十六条第四项； 2.《中华人民共和国企业所得税法实施条例》第八十四条、第八十五条； 3.《财政部 国家税务总局关于非营利组织企业所得税免税收入问题的通知》（财税〔2009〕122号）； 4.《财政部 国家税务总局关于非营利组织免税资格认定管理有关问题的通知》（财税〔2014〕13号）； 5.《财政部 国家税务总局关于国家大学科技园税收政策的通知》（财税〔2016〕98号）； 6.《财政部 国家税务总局关于非营利组织免税资格认定管理有关问题的通知》（财税〔2018〕13号）。	1. 非营利组织免税资格有效认定文件或其他相关证明； 2. 非营利组织认定资料； 3. 当年资金来源及使用情况、公益活动和非营利活动的明细情况； 4. 当年工资薪金专项报告，包括薪酬制度、工作人员整体平均工资薪金水平、重要人员工资薪金水平排名前10的信息（至少包括工资薪金水平排名前10的人员）； 5. 当年财务报表； 6. 登记管理机关出具的事业单位、社会团体、基金会、社会服务机构、宗教活动场所、宗教院校当年符合相关法律法规和国家政策的事业发展或非营利活动的材料； 7. 应纳税收入及其有关的成本、费用、损失，与免税收入及其有关的成本、费用、损失分别核算的情况说明； 8. 取得各类免税收入的情况说明； 9. 各类免税收入的凭证。	预缴享受优惠时间	由省税务机关（含计划单列市税务机关）规定。
9	投资者从证券投资基金分配中取得的收入暂不征收企业所得税	对投资者从证券投资基金分配中取得的收入，暂不征收企业所得税。	《财政部 国家税务总局关于企业所得税若干优惠政策的通知》（财税〔2008〕1号）。	1. 购买证券投资基金记账凭证； 2. 证券投资基金分配公告； 3. 免税的分配收入明细账及按月汇总表。	预缴享受	由省税务机关（含计划单列市税务机关）规定。

续表

序号	优惠事项名称	政策概述	主要政策依据	主要留存备查资料	享受优惠时间	后续管理要求
10	中国清洁发展机制基金取得的收入免征企业所得税	中国清洁发展机制基金取得的CDM项目温室气体减排量转让收入上缴国家的部分、国际金融组织赠款收入、基金资金的存款利息收入、购买国债的利息收入、国内外机构、组织和个人的捐赠收入,免征企业所得税。	《财政部 国家税务总局关于中国清洁发展机制基金及清洁发展机制项目实施企业所得税若干优惠政策的通知》(财税〔2009〕30号)。	由省税务机关规定。	预缴享受	由省税务机关规定。
11	中国保险保障基金有限责任公司取得的保险保障基金等收入免征企业所得税	对中国保险保障基金有限责任公司取得的境内保险公司依法缴纳的保险保障基金、依法从撤销或破产保险公司清算财产中获得的受偿收入和向有关责任方追偿所得,以及依法从保险公司风险处置中获得的财产转让所得,捐赠收入、银行存款利息收入、购买政府债券、中央银行、中央企业和中央级金融机构发行债券的利息收入,国务院批准的其他资金运用取得的收入免征企业所得税。	《财政部 国家税务总局关于保险保障基金有关税收政策问题的通知》(财税〔2016〕10号)。	由省税务机关规定。	预缴享受	由省税务机关规定。
12	中央电视台的广告费和有线电视费收入免征企业所得税	中央电视台的广告费和有线电视费收入,免予征收企业所得税。	《财政部 国家税务总局关于中央电视台广告费和有线电视费收入企业所得税政策问题的通知》(财税〔2016〕80号)。	由省税务机关规定。	预缴享受	由省税务机关规定。

续表

序号	优惠事项名称	政策概述	主要政策依据	主要留存备查资料	享受优惠时间	后续管理要求
13	中国奥委会取得的由北京冬奥组委支付的收入	对按中国奥委会、主办城市、主办城市市场开发计划合同签订的《联合市场开发计划协议》和中国奥委会、国际奥委会签订的《主办城市合同》规定的、中国奥委会取得的由北京冬奥组委分期支付的收入，按比例支付的盈余分成收入免征企业所得税。	《财政部 国家税务总局 海关总署关于北京2022年冬奥会和冬残奥会税收政策的通知》（财税〔2017〕60号）。	由省税务机关规定。	预缴享受	由省税务机关规定。
14	中国残奥委会取得的由北京冬奥组委支付的收入免征企业所得税	对中国残奥委会根据《联合市场开发计划协议》取得的由北京冬奥组委分期支付的收入免征企业所得税。	《财政部 国家税务总局 海关总署关于北京2022年冬奥会和冬残奥会税收政策的通知》（财税〔2017〕60号）。	由省税务机关规定。	预缴享受	由省税务机关规定。
15	综合利用资源生产产品取得的收入在计算应纳税所得额时减计收入	企业以《资源综合利用目录》规定的资源作为主要原材料，生产国家非限制和禁止并符合国家及行业相关标准的产品取得的收入，按90%计入企业当年收入总额。	1.《中华人民共和国企业所得税法》第三十三条；2.《中华人民共和国企业所得税法实施条例》第九十九条；3.《财政部 国家税务总局关于执行资源综合利用企业所得税优惠目录有关问题的通知》（财税〔2008〕47号）；4.《财政部 国家税务总局 国家发展改革委关于公布资源综合利用企业所得税优惠目录（2008年版）的通知》（财税〔2008〕117号）。	1.企业实际资源综合利用情况（包括综合利用的资源、技术标准、产品名称等）的说明；2.综合利用资源生产产品取得的收入核算情况说明。	预缴享受	由省税务机关（含计划单列市税务机关）规定。

续表

序号	优惠事项名称	政策概述	主要政策依据	主要留存备查资料	享受优惠时间	后续管理要求
16	金融机构取得的涉农贷款利息收入在计算应纳税所得额时减计收入	对金融机构取得的涉农贷款小额贷款的利息收入，在计算应纳税所得额时，按90%计入收入总额。	《财政部 国家税务总局关于延续支持农村金融发展有关税收政策的通知》（财税〔2017〕44号）。	1. 相关利息收入的核算情况说明；2. 相关贷款合同。	预缴享受	由省税务机关（含计划单列市税务机关）规定。
17	保险机构取得的涉农保费收入在计算应纳税所得额时减计收入	对保险公司为种植业、养殖业提供保险业务的保费所得税应纳税所得额取得入收入，在计算应纳税所得额时，按90%计入收入总额。	《财政部 国家税务总局关于延续支持农村金融发展有关税收政策的通知》（财税〔2017〕44号）。	1. 相关保费收入的核算情况说明；2. 相关保险合同。	预缴享受	由省税务机关（含计划单列市税务机关）规定。
18	小额贷款公司取得的农户小额贷款利息收入在计算应纳税所得额时减计收入	对经省级金融管理部门（金融办、局等）批准成立的小额贷款公司取得的农户小额贷款利息收入，在计算应纳税所得额时减计收入，按90%计入收入总额。	《财政部 国家税务总局关于小额贷款公司有关税收政策的通知》（财税〔2017〕48号）。	1. 相关利息收入的核算情况说明；2. 相关贷款合同；3. 省级金融管理部门（金融办、局等）出具的小额贷款公司准入资格文件。	预缴享受	由省税务机关（含计划单列市税务机关）规定。
19	取得铁路债券利息收入减半征收企业所得税	企业持有铁路债券取得的利息收入，减半征收企业所得税。	1. 《财政部 国家税务总局关于铁路建设债券利息收入企业所得税政策的通知》（财税〔2011〕99号）；2. 《财政部 国家税务总局关于2014、2015年铁路建设债券利息收入所得税政策的通知》（财税〔2014〕2号）；3. 《财政部 国家税务总局关于铁路债券利息收入所得税政策问题的通知》（财税〔2016〕30号）。	1. 购买铁路债券证明资料，包括持有时间、票面金额、利率等相关资料；2. 应税利息（投资收益）科目明细账或按月汇总表；3. 减免税计算过程的说明。	预缴享受	由省税务机关（含计划单列市税务机关）规定。

续表

序号	优惠事项名称	政策概述	主要政策依据	主要留存备查资料	享受优惠时间	后续管理要求
20	开发新技术、新产品、新工艺发生的研究开发费用加计扣除	企业为开发新技术、新产品、新工艺发生的研究开发费用，未形成无形资产计入当期损益的，在按照规定据实扣除的基础上，按照研究开发费用的50%加计扣除；形成无形资产的，按照无形资产成本的150%摊销。对从事文化产业支撑技术等领域的文化企业，新技术、新产品、新工艺发生的研究开发费用，开发税收政规定，允许在计算应纳税所得额时加计扣除。	1.《中华人民共和国企业所得税法》第三十条； 2.《中华人民共和国企业所得税法实施条例》第九十五条； 3.《财政部 海关总署 国家税务总局关于继续实施支持文化企业发展若干税收政策的通知》（财税〔2014〕85号）； 4.《财政部 国家税务总局 科技部关于完善研究开发费用税前加计扣除政策的通知》（财税〔2015〕119号）； 5.《科技部 财政部 国家税务总局关于进一步做好企业研发费用加计扣除政策落实工作的通知》（国科发政〔2017〕211号）； 6.《国家税务总局关于企业研究开发费用税前加计扣除政策有关问题的公告》（国家税务总局公告2015年第97号）； 7.《国家税务总局关于研发费用税前加计扣除政策有关问题的公告》（国家税务总局公告2017年第40号）。	1. 自主、委托、合作研究开发项目计划书和企业有权部门关于自主、委托、合作研究开发项目立项的决议文件； 2. 自主、委托、合作研究开发专门机构或项目组的编制情况和研发人员名单； 3. 经科技行政主管部门登记的委托、合作研究开发项目的合同； 4. 从事研发活动的人员（包括外聘人员）和研发活动使用的仪器、设备、无形资产的费用分配说明（包括工作使用情况记录及费用分配计算证据材料）； 5. 集中研发项目研发费决算表、集中研发项目费用分摊明细情况表和实际分享收益比例等资料； 6. "研发支出"辅助账及汇总表； 7. 企业如果已取得地市级（含）以上科技行政主管部门出具的鉴定意见，应作为资料留存备查。	汇缴享受	由省税务机关（含计划单列市税务机关）规定。
21	企业为获得创新性、创意性、突破性的产品进行创意设计活动而发生的相关费用加计扣除	企业为获得创新性、创意性、突破性的产品进行创意设计活动而发生的相关费用，可以按照规定进行税前加计扣除。创意设计活动是指多媒体软件、动漫游戏软件开发，数字动漫、游戏设计制作，房屋建筑工程设计（绿色建筑评价标准为三星）、风景园林工程专项设计，工业设计、多媒体设计、动漫及衍生产品设计、模型设计等。	1.《财政部 国家税务总局 科技部关于完善研究开发费用税前加计扣除政策的通知》（财税〔2015〕119号）； 2.《国家税务总局关于企业研究开发费用税前加计扣除政策有关问题的公告》（国家税务总局公告2015年第97号）； 3.《国家税务总局关于研发费用税前加计扣除政策有关问题的公告》（国家税务总局公告2017年第40号）。	1. 创意设计活动相关合同； 2. 创意设计活动相关核算情况的说明。	汇缴享受。	由省税务机关（含计划单列市税务机关）规定。

续表

序号	优惠事项名称	政策概述	主要政策依据	主要留存备查资料	享受优惠时间	后续管理要求
22	科技型中小企业开发新技术、新产品、新工艺发生的研究开发费用加计扣除	科技型中小企业开展研发活动中实际发生的研发费用，未形成无形资产计入当期损益的，在按规定据实扣除的基础上，再按照实际发生额的75%在税前加计扣除；形成无形资产的，在上述期间按照无形资产成本的175%在税前摊销。	1.《中华人民共和国企业所得税法》第三十条； 2.《中华人民共和国企业所得税法实施条例》第九十五条； 3.《财政部 国家税务总局 科技部关于完善研究开发费用税前加计扣除政策的通知》（财税〔2015〕119号）； 4.《财政部 国家税务总局 科技部关于提高科技型中小企业研究开发费用税前加计扣除比例的通知》（财税〔2017〕34号）； 5.《科技部 财政部 国家税务总局关于印发〈科技型中小企业评价办法〉的通知》（国科发政〔2017〕115号）； 6.《国家税务总局关于科技型中小企业研究开发费用税前加计扣除有关问题的公告》（国家税务总局公告2015年第97号）； 7.《国家税务总局关于企业研究开发费用税前加计扣除政策有关问题的公告》（国家税务总局公告2017年第18号）； 8.《国家税务总局关于研发费用税前加计扣除归集范围有关问题的公告》（国家税务总局公告2017年第40号）。	1. 自主、委托、合作研究开发项目计划书和企业有权部门关于自主、委托、合作研究开发项目立项的决议文件； 2. 自主、委托、合作研究开发专门机构或项目组的编制情况和研发人员名单； 3. 经科技行政主管部门登记的委托、合作研究开发项目的合同； 4. 从事研发活动的人员（包括外聘人员）和用于研发活动的仪器、设备、无形资产的费用分配说明（包括工作使用情况记录及费用分配计算证据材料）； 5. 集中研发项目研发费决算表、集中研发项目费用分摊明细情况表和实际分享收益比例等资料； 6. "研发支出"辅助账及汇总表； 7. 企业已取得的地市级（含）以上科技行政主管部门出具的鉴定意见； 8. 科技型中小企业的入库登记编号。	汇缴享受。	由省税务机关（含计划单列市税务机关）规定。
23	安置残疾人员所支付的工资加计扣除	企业安置残疾人员的，在按照支付给残疾人员工资据实扣除的基础上，按照支付给残疾人员工资的100%加计扣除。残疾人员的范围适用《中华人民共和国残疾人保障法》的有关规定。	1.《中华人民共和国企业所得税法》第三十条； 2.《中华人民共和国企业所得税法实施条例》第九十六条； 3.《财政部 国家税务总局关于安置残疾人员就业有关企业所得税优惠政策问题的通知》（财税〔2009〕70号）。	1. 为安置的每位残疾人按月足额缴纳的企业所在区县人民政府根据国家政策规定的基本养老保险、基本医疗保险、失业保险和工伤保险等社会保险证明资料； 2. 通过非现金方式支付工资薪酬的证明； 3. 安置残疾职工名单及其《残疾人证》或《残疾军人证》； 4. 与残疾人员签订的劳动合同或服务协议。	汇缴享受。	由省税务机关（含计划单列市税务机关）规定。

续表

序号	优惠事项名称	政策概述	主要政策依据	主要留存备查资料	享受优惠时间	后续管理要求
24	从事农、林、牧、渔业项目的所得减免征收企业所得税	企业从事蔬菜、谷物、薯类、油料、糖料、棉花、麻类、豆类、水果、坚果的种植，农作物新品种选育，中药材种植，林木培育和种植，牲畜、家禽的饲养，林产品采集，灌溉、农产品初加工、兽医、农技推广、农机作业和维修等农、林、牧、渔服务业项目，免征企业所得税。企业从事花卉、茶以及其他饮料作物和香料作物种植，海水养殖、内陆养殖项目所得减半征收企业所得税。"公司+农户"经营模式从事农、林、牧、渔业项目生产的企业，可以按照《中华人民共和国企业所得税法实施条例》第八十六条的有关规定，享受减免企业所得税政策。	1.《中华人民共和国企业所得税法》第二十七条第一项； 2.《中华人民共和国企业所得税法实施条例》第八十六条； 3.《财政部 国家税务总局关于发布享受企业所得税优惠政策的农产品初加工范围（试行）的通知》（财税〔2008〕149号）； 4.《财政部 国家税务总局关于享受企业所得税优惠的农产品初加工有关范围的补充通知》（财税〔2011〕26号）； 5.《国家税务总局关于黑龙江垦区国有农场土地承包费免缴纳企业所得税问题的批复》（国税函〔2009〕779号）； 6.《国家税务总局关于"公司+农户"经营模式企业所得税优惠问题的公告》（国家税务总局公告2010年第2号）； 7.《国家税务总局关于实施农林牧渔业项目企业所得税优惠问题的公告》（国家税务总局公告2011年第48号）。	1. 企业从事相关业务取得的资格证书或证明资料，包括有效期内的近洋渔业企业资格证书，从事农作物新品种选育的认定证书、动物防疫条件合格证、林木种子生产经营许可证、兽医的资格证明等； 2. 与农户签订的委托养殖合同（"公司+农户"经营模式的企业）； 3. 与家庭承包户签订的内部承包合同（国有农场实行内部家庭承包经营）； 4. 农产品初加工项目及工艺流程说明（两个或两个以上的分项目）； 5. 同时从事不同企业所得税适用项目的，每年度单独计算减免税项目的所得的计算过程及其相关账册、期间费用分摊的依据和标准； 6. 生产场地证明资料，包括土地使用权证、租用合同等； 7. 企业委托或受托其他企业从事符合规定的农林牧渔业项目的委托合同，支出明细等证明材料。	预缴享受	由省税务机关（含计划单列市税务机关）规定。

续表

序号	优惠事项名称	政策概述	主要政策依据	主要留存备查资料	享受优惠时间	后续管理要求
25	从事国家重点扶持的公共基础设施项目投资经营的所得定期减免企业所得税	企业从事《公共基础设施项目企业所得税优惠目录》规定的港口码头、机场、铁路、公路、城市公共交通、电力、水利等项目的投资经营的所得，自项目取得第一笔生产经营收入所属纳税年度起，第一年至第三年免征企业所得税，第四年至第六年减半征收企业所得税。承包经营、承包建设和内部自建自用的项目，不得享受企业所得税优惠。饮水工程运营管理单位从事《公共基础设施项目企业所得税优惠目录》规定的饮水工程新建项目投资经营的所得，自项目取得第一笔生产经营收入所属纳税年度起，第一年至第三年免征企业所得税，第四年至第六年减半征收企业所得税。	1.《中华人民共和国企业所得税法》第二十七条第二项； 2.《中华人民共和国企业所得税法实施条例》第八十七条、第八十九条； 3.《财政部 国家税务总局关于执行公共基础设施项目企业所得税优惠目录有关问题的通知》（财税〔2008〕46号）； 4.《财政部 国家发展改革委关于公布公共基础设施项目企业所得税优惠目录（2008年版）的通知》（财税〔2008〕116号）； 5.《财政部 国家税务总局关于公共基础设施项目和环境保护 节能节水项目企业所得税优惠政策问题的通知》（财税〔2012〕10号）； 6.《财政部 国家税务总局关于享受企业所得税优惠的公共基础设施项目运营管理有关问题的补充通知》（财税〔2014〕55号）； 7.《财政部 国家税务总局关于基础设施建设运营有关企业所得税优惠政策问题的通知》（财税〔2016〕19号）； 8.《国家安全生产监督管理总局 国家税务总局关于实施国家重点扶持的公共基础设施项目企业所得税优惠问题的通知》（国税发〔2009〕80号）； 9.《国家税务总局关于电网新建项目享受企业所得税优惠政策问题的公告》（国家税务总局公告2013年第26号）。	1. 有关部门批准该项目文件； 2. 公共基础设施项目建成并投入运行后取得的第一笔生产经营收入凭证（原始凭证）及账务处理凭证； 3. 公共基础设施项目完工验收报告； 4. 项目权属变动情况及转让方已享受优惠的情况说明（优惠期间项目权属发生变动的）； 5. 公共基础设施项目所得分摊享受优惠，以及合理分摊期间共用费用的核算资料； 6. 符合《公共基础设施项目企业所得税优惠目录》规定范围、条件和标准的情况说明及证据资料。	预缴享受	由省税务机关（含计划单列市税务机关）规定。

续表

序号	优惠事项名称	政策概述	主要政策依据	主要留存备查资料	享受优惠时间	后续管理要求
26	从事符合条件的环境保护、节能节水项目的所得定期减免企业所得税	企业从事《环境保护、节能节水项目企业所得税优惠目录》所列项目的所得，自项目取得第一笔生产经营收入所属纳税年度起，第一年至第三年免征企业所得税，第四年至第六年减半征收企业所得税。	1.《中华人民共和国企业所得税法》第二十七条第三项；2.《中华人民共和国企业所得税法实施条例》第八十八条、第八十九条；3.《财政部 国家税务总局关于公布环境保护节能节水项目企业所得税优惠目录（试行）的通知》（财税〔2009〕166号）；4.《财政部 国家税务总局关于实施环境保护 节能节水项目企业所得税优惠目录有关问题的通知》（财税〔2012〕10号）；5.《财政部 国家发展改革委关于垃圾填埋沼气发电项目企业所得税优惠目录（试行）的通知》（财税〔2016〕131号）。	1.符合《环境保护、节能节水项目企业所得税优惠目录》规定范围、条件和标准的情况说明及证据资料；2.环境保护、节能节水项目取得的第一笔生产经营收入凭证（原始凭证及账务处理凭证）；3.环境保护、节能节水项目所得分项核算资料，以及合理分摊期间共同费用的核算资料；4.项目权属变动情况及转让方已享受优惠情况的说明及证明资料（优惠期间项目权属发生变动的）。	预缴享受	由省税务机关（含计划单列市税务机关）规定。
27	符合条件的技术转让所得减免征收企业所得税	一个纳税年度内，居民企业技术转让所得不超过500万元的部分，免征企业所得税；超过500万元的部分，减半征收企业所得税。	1.《中华人民共和国企业所得税法》第二十七条第四项；2.《中华人民共和国企业所得税法实施条例》第九十条；3.《财政部 国家税务总局关于居民企业技术转让有关企业所得税政策问题的通知》（财税〔2010〕111号）；4.《财政部 国家税务总局关于将国家自主创新示范区有关税收试点政策推广到全国范围实施的通知》（财税〔2015〕116号）；5.《国家税务总局关于技术转让所得减免征收企业所得税有关问题的通知》（国税函〔2009〕212号）；	1.企业技术的所有权证明。2.企业发生境内技术转让：（1）技术转让合同（副本）；（2）技术转让所得归集、分摊、计算的相关资料；（3）技术转让登记证明；（4）实际缴纳相关税费的证明资料。3.企业向境外转让技术：（1）技术出口合同（副本）；（2）技术出口合同登记证书或技术出口许可证；（3）技术出口合同数据表；	预缴享受	由省税务机关（含计划单列市税务机关）规定。

续表

序号	优惠事项名称	政策概述	主要政策依据	主要留存备查资料	享受优惠时间	后续管理要求
27	符合条件的技术转让所得减免征收企业所得税		6.《国家税务总局关于技术转让所得减免企业所得税有关问题的公告》（国家税务总局公告2013年第62号）； 7.《国家税务总局关于许可使用权有关问题的公告》（国家税务总局公告2015年第82号）。	(4) 技术转让所得归集、分摊、计算的相关资料； (5) 实际缴纳相关税费的证明资料； (6) 有关部门出具的按照限制出口限制出口技术目录、科技部发布的《中国禁止出口限制出口技术目录》审查意见。 4. 转让技术所有权的，其无形资产摊销费用情况；转让使用权的，其成本费用产生情况。 5. 技术转让年度，转让双方股权关联情况。	预缴享受	由省税务机关（含计划单列市税务机关）规定。
28	实施清洁发展机制项目的所得减免企业所得税	清洁发展机制项目（以下简称"CDM项目"）实施企业将温室气体减排量转让收入的65%上缴给国家的HFC和PFC类CDM项目，以及将温室气体减排量转让收入的30%上缴给国家的N_2O类CDM项目，其实施该类CDM项目的所得，自项目取得第一笔减排量转让收入所属纳税年度起，第一年至第三年免征企业所得税，第四年至第六年减半征收企业所得税。	《财政部 国家税务总局关于中国清洁发展机制基金及清洁发展机制项目实施企业所得税政策问题的通知》（财税〔2009〕30号）。	1. 清洁发展机制项目立项有关文件； 2. 企业将温室气体减排量转让收入的HFC和PFC类CDM项目，及将温室气体减排量转让给国家的N_2O类CDM项目的证明材料； 3. 将温室气体减排量转让收入上缴给国家的证明资料； 4. 清洁发展机制项目第一笔减排量转让收入凭证（原始凭证及账务处理凭证）； 5. 清洁发展机制项目所得单独核算资料，以及合理分摊期间共同费用的核算资料。	预缴享受	由省税务机关（含计划单列市税务机关）规定。

续表

序号	优惠事项名称	政策概述	主要政策依据	主要留存备查资料	享受优惠时间	后续管理要求
29	符合条件的节能服务公司实施合同能源管理项目的所得减免企业所得税	对符合条件的节能服务公司实施合同能源管理项目，符合企业所得税有关规定的，自项目取得第一笔生产经营收入所属纳税年度起，第一年至第三年免征企业所得税，第四年至第六年按照25%的法定税率减半征收企业所得税。	1.《财政部 国家税务总局关于促进节能服务产业发展增值税营业税和企业所得税政策问题的通知》（财税〔2010〕110号）；2.《国家税务总局 国家发展改革委关于落实节能服务企业合同能源管理项目企业所得税优惠政策有关征收管理问题的公告》（国家税务总局公告2013年第77号）。	1.能源管理合同；2.国家发展改革委、财政部公布的第三方机构出具的合同能源管理项目情况确认表，或者政府节能主管部门出具的合同能源管理项目确认意见；3.项目转让合同，项目发生转让的，受让节能服务企业）文件（项目原享受优惠，受让节能服务企业）；4.合同能源管理项目取得第一笔生产经营收入凭证（原始凭证及账务处理凭证）；5.合同能源管理项目应纳税所得额计算表；6.合同能源管理项目所得单独核算资料，以及合理分摊期间共同费用的核算资料。	预缴享受	由省税务机关（含计划单列市税务机关）规定。
30	线宽小于130纳米的集成电路生产企业的所得减免企业所得税	2018年1月1日后投资新设的集成电路线宽小于130纳米，且经营期在10年以上的集成电路生产企业，第一年至第二年免征企业所得税，第三年至第五年按照25%的法定税率减半征收企业所得税，并享受至期满为止。	1.《财政部 国家税务总局 国家发展改革委 工业和信息化部关于软件和集成电路产业企业所得税优惠政策有关问题的通知》（财税〔2016〕49号）；2.《财政部 国家税务总局 国家发展改革委 工业和信息化部关于集成电路生产企业有关企业所得税政策问题的通知》（财税〔2018〕27号）；3.《国家税务总局关于执行软件企业所得税优惠政策有关问题的公告》（国家税务总局公告2013年第43号）。	后续管理要求交送资料的留存备查。	预缴享受	在汇算清缴期结束前向税务机关提交以下资料：1.在发展改革或工业和信息化部门立项的备案文件（应注明总投资额、工艺线宽等标准）复印件以及企业取得的其他相关资质证书复印件等；2.企业职工人数、学历结构、研究开发人员占企业职工总数的比例说明，以及汇算清缴年度最后一个月社会保险缴纳证明等相关证明材料；3.加工集成电路产品主要表及国家知识产权（或国外知识产权相关主管机构）出具的至两份代表性知识产权或或代表性知识产权自主开发或拥有的证明材料。

续表

序号	优惠事项名称	政策概述	主要政策依据	主要留存备查资料	享受优惠时间	后续管理要求
30	线宽小于130纳米的集成电路生产项目的所得减免企业所得税				预缴享受	(如专利、布图设计登记、软件著作权等)的证明材料; 4. 经具有资质的中介机构鉴证的企业财务会计报告(包括企业会计报表、会计报表附注和财务情况说明书)以及集成电路制造销售(营业)收入、研究开发费用、境内研究开发情况说明; 5. 与主要客户签订的一至两份代表性销售合同复印件; 6. 保证产品质量的相关证明材料(如质量管理认证证书复印件等)。
31	线宽小于65纳米或投资额超过150亿元的集成电路生产项目或企业减免企业所得税	2018年1月1日后投资新设的集成电路线宽小于65纳米或投资额超过150亿元,且经营期在15年以上的集成电路生产项目,第一年至第五年免征企业所得税,第六年至第十年按照25%的法定税率减半征收企业所得税,并享受至期满为止。	1.《财政部 国家税务总局 国家发展改革委 工业和信息化部关于软件和集成电路产业企业所得税优惠政策有关问题的通知》(财税〔2016〕49号); 2.《财政部 国家税务总局 国家发展改革委 工业和信息化部关于集成电路生产企业有关企业所得税政策问题的通知》(财税〔2018〕27号); 3.《国家税务总局关于执行软件企业所得税优惠政策有关问题的公告》(国家税务总局公告2013年第43号)。	后续管理要求提交资料的留存件。	预缴享受	在汇算清缴结束前向主管税务机关提交以下资料: 1. 在发展改革或工业和信息化部门立项的备案文件(应注明总投资额、工艺线宽标准)复印件以及企业取得的其他相关资质证书复印件等; 2. 企业人员情况及其占企业职工总数的比例说明,以及企业职工年度最后一个月社会保险缴纳证明等相关证明材料; 3. 加工集成电路产品主要列表及国家知识产权局(或国外知识产权相关主管机构)出具的企业自主开发或拥有的一至两件代表性知识产权(如专利、软件著作权等)的证明材料;

续表

序号	优惠事项名称	政策概述	主要政策依据	主要留存备查资料	享受优惠时间	后续管理要求
31	线宽小于65纳米或投资额超过150亿元的集成电路生产项目的所得减免企业所得税				预缴享受	4. 经具有资质的中介机构鉴证的企业财务会计报告（包括会计报表、会计报表附注和财务情况说明书）以及集成电路制造（营业）收入、研究开发费用等情况说明；5. 与主要客户签订的一至两份相关证明文件、性销售合同复印件；6. 保证产品质量管理认定书复印件等（如质量管理认证证书等）。
32	投资于未上市的中小高新技术企业的创业投资企业按投资额的一定比例抵扣应纳税所得额	创业投资企业采取股权投资方式投资于未上市的中小高新技术企业2年以上的，可以按照其投资额的70%在股权持有满2年的当年抵扣该创业投资企业的应纳税所得额；当年不足抵扣的，可以在以后纳税年度结转抵扣。	1. 《中华人民共和国企业所得税法》第三十一条； 2. 《中华人民共和国企业所得税法实施条例》第九十七条； 3. 《财政部 国家税务总局关于执行企业所得税优惠政策若干问题的通知》（财税〔2009〕69号）； 4. 《国家税务总局关于实施创业投资企业所得税优惠问题的通知》（国税发〔2009〕87号）。	1. 发展改革部门或证监部门出具的符合创业投资企业条件的年度证明材料； 2. 中小高新技术企业投资合同（协议）、章程、实际出资等相关材料； 3. 由省、自治区、直辖市和计划单列市高新技术企业认定管理机构出具的中小高新技术企业有效的高新技术企业证书复印件（注明"与原件一致"，并加盖公章）； 4. 中小高新技术企业基本情况［包括企业职工人数、年销售（营业）额、资产总额、未上市等］说明。	汇缴享受	由省税务机关（含计划单列市税务机关）规定。
33	投资于种子期、初创期的初创科技型企业的创业投资企业按投资额的一定比例抵扣应纳税所得额	公司制创业投资企业采取股权投资方式直接投资于种子期、初创期科技型企业（以下简称初创科技型企业）满2年（24个月）的，可以按照投资额的70%在股权持有满2年的当年抵扣该公司制创业投资企业的应纳税所得额。	1. 《财政部 国家税务总局关于创业投资企业和天使投资个人有关税收试点政策的通知》（财税〔2017〕38号）； 2. 《国家税务总局关于创业投资企业和天使投资个人有关税收试点政策有关问题的公告》（国家税务总局公告2017年第20号）。	1. 发展改革部门或证监部门出具的符合创业投资企业条件的年度证明材料； 2. 初创科技型企业接受现金投资时的相关证明材料； 3. 投资合同（协议）、章程、实际出资的相关证明材料； 4. 创业投资企业与其关联方持有初创科技型企业的股权比例的说明。	汇缴享受	由省税务机关（含计划单列市税务机关）规定。

续表

序号	优惠事项名称	政策概述	主要政策依据	主要留存备查资料	享受优惠时间	后续管理要求
33	投资于种子期、初创期科技型企业的创业投资企业按投资额的一定比例抵扣应纳税所得额	的应纳税所得额；当年不足抵扣的，可以在以后纳税年度结转抵扣。		4. 被投资企业符合初创科技型企业条件的有关资料： （1）接受投资时从业人数、资产总额、年销售收入和大学本科以上学历的从业人数比例的情况说明； （2）接受投资时设立时间不超过 5 年的证明材料； （3）接受投资以及接受投资后 2 年内未在境内外证券交易所上市的情况说明； （4）研发费用总额占成本费用总额比例的情况说明。	汇缴享受	由省税务机关（含计划单列市税务机关）规定。
34	投资于未上市的中小高新技术企业的有限合伙制创业投资企业法人合伙人按投资额的一定比例抵扣应纳税所得额	有限合伙制创业投资企业采取股权投资方式投资于未上市的中小高新技术企业 2 年（24 个月）以上，该有限合伙制创业投资企业的法人合伙人可按照其对未上市中小高新技术企业投资额的70%抵扣该法人合伙人从该创业投资企业分得的应纳税所得额，当年不足抵扣的，可以在以后纳税年度结转抵扣。	1. 《中华人民共和国企业所得税法》第三十一条； 2. 《中华人民共和国企业所得税法实施条例》第九十七条； 3. 《财政部 国家税务总局关于将国家自主创新示范区有关税收试点政策推广到全国范围实施的通知》（财税〔2015〕116 号）； 4. 《国家税务总局关于实施创业投资企业所得税优惠的通知》（国税发〔2009〕87 号）； 5. 《国家税务总局关于有限合伙制创业投资企业法人合伙人所得税问题的公告》（国家税务总局公告 2015 年第 81 号）。	1. 发展改革或商监部门出具的符合创业投资企业条件的年度证明材料； 2. 中小高新技术企业投资合同（协议）、章程、实际出资等相关材料； 3. 省、自治区、直辖市科计划单列市高新技术企业认定管理机构出具的中小高新技术企业有效的高新技术企业证书复印件（注明"与原件一致"，并加盖公章）； 4. 中小高新技术企业基本情况〔包括企业职工人数、年销售（营业）额、资产总额、未上市等〕说明； 5. 法人合伙人应纳税所得额扣除情况明细表； 6. 有限合伙人创业投资企业法人合伙人应纳税所得额分配情况明细表。	汇缴享受	由省税务机关（含计划单列市税务机关）规定。

续表

序号	优惠事项名称	政策概述	主要政策依据	主要留存备查资料	享受优惠时间	后续管理要求
35	投资于种子期、初创期科技型企业的有限合伙制创业投资企业法人合伙人按投资额的一定比例抵扣应纳税所得额	有限合伙制创业投资企业采取股权投资方式直接投资于种子期、初创期科技型企业满2年的,该合伙企业的法人合伙人可以按照对初创科技型企业投资额的70%抵扣法人合伙人从合伙企业分得的所得;当年不足抵扣的,可以在以后纳税年度结转抵扣。	1.《财政部 国家税务总局关于创业投资企业和天使投资个人有关税收试点政策的通知》(财税〔2017〕38号); 2.《国家税务总局关于创业投资企业和天使投资个人税收试点政策有关征管问题的公告》(国家税务总局公告2017年第20号)。	1.发展改革或证监部门出具的符合创业投资企业条件的年度证明材料。 2.初创科技型企业接受现金投资时的投资合同(协议)、章程、实际出资的相关证明材料。 3.被投资企业与其关联方持有初创科技型企业的股权比例的说明。 4.被投资企业符合初创科技型企业条件的有关资料: (1)接受投资时从业人数、资产总额、年销售收入及大学本科以上学历的从业人数比例的情况说明。 (2)接受投资时设立时间不超过5年的证明材料。 (3)接受投资当年及下一纳税年度研发费用占成本费用比例的情况说明。 (4)接受投资时以及接受投资后2年内未在境内外证券交易所上市的说明。 5.法人合伙人投资于种子期、初创期的出资时间、出资金额、出资比例及创投企业的出资相关证明材料,合伙创投企业主管税务机关受理后的《合伙创业投资企业法人合伙人所得分配情况明细表》。	汇缴享受	由省税务机关(含计划单列市税务机关)规定。
36	符合条件的小型微利企业减免企业所得税	从事国家非限制和禁止行业的小型微利企业,减按20%的税率征收企业所得税。对年应纳税所得额低于50万元(含50万元)的小型微利企业,其所得减按50%计入应纳税所得额,按20%的税率缴纳企业所得税。	1.《中华人民共和国企业所得税法》第二十八条; 2.《中华人民共和国企业所得税法实施条例》第九十二条; 3.《财政部 国家税务总局关于扩大小型微利企业所得税优惠政策范围的通知》(财税〔2017〕43号); 4.《国家税务总局关于贯彻落实扩大小型微利企业所得税优惠政策范围有关征管问题的公告》(国家税务总局公告2017年第23号)。	1.所从事行业不属于限制和禁止行业的说明; 2.从业人数的计算过程; 3.资产总额的计算过程。	预缴享受	由省税务机关(含计划单列市税务机关)规定。

续表

序号	优惠事项名称	政策概述	主要政策依据	主要留存备查资料	享受优惠时间	后续管理要求
37	国家需要重点扶持的高新技术企业减按15%的税率征收企业所得税	国家需要重点扶持的高新技术企业，减按15%的税率征收企业所得税。国家需要重点扶持的高新技术企业，是指拥有核心自主知识产权，产品（服务）属于国家重点支持的高新技术领域规定的范围，研究开发费用占比不低于规定比例，高新技术产品（服务）收入占企业总收入的比例不低于规定比例，科技人员占企业职工总数的比例不低于规定比例，以及高新技术企业认定管理办法规定的其他条件的企业。对从事文化产业支撑技术等领域认定为高新技术企业的，减按15%的税率征收企业所得税。	1.《中华人民共和国企业所得税法》第二十八条； 2.《中华人民共和国企业所得税法实施条例》第九十三条； 3.《关于高新技术企业境外所得适用税率及税收抵免问题的通知》（财税〔2011〕47号）； 4.《财政部 海关总署 国家税务总局关于继续实施支持文化企业发展若干税收政策的通知》（财税〔2014〕85号）； 5.《科技部 财政部 国家税务总局关于修订印发〈高新技术企业认定管理办法〉的通知》（国科发火〔2016〕32号）； 6.《科技部 财政部 国家税务总局关于修订〈高新技术企业认定管理工作指引〉的通知》（国科发火〔2016〕195号）； 7.《国家税务总局关于实施高新技术企业所得税优惠有关问题的通知》（国税函〔2009〕203号）； 8.《国家税务总局关于实施高新技术企业所得税优惠政策有关问题的公告》（国家税务总局公告2017年第24号）。	1. 高新技术企业资格证书； 2. 高新技术企业认定资料； 3. 知识产权相关材料； 4. 年度主要产品（服务）发挥核心支持作用的技术属于《国家重点支持的高新技术领域》规定范围的说明，高新技术产品（服务）及对应收入资料； 5. 年度职工和科技人员情况证明材料； 6. 当年和前两个会计年度研发费用总额及占同期销售收入比例、研发费用管理资料以及研发费用辅助账、研发费用结构明细表。	预缴享受	由省税务机关（含计划单列市税务机关）规定。

续表

序号	优惠事项名称	政策概述	主要政策依据	主要留存备查资料	享受优惠时间	后续管理要求
38	经济特区和上海浦东新区新设立的高新技术企业在区内取得的所得定期减免企业所得税	经济特区和上海浦东新区内，在2008年1月1日（含）之后完成登记注册的国家需要重点扶持的高新技术企业，在经济特区和上海浦东新区内取得的所得，自取得第一笔生产经营收入所属纳税年度起，第一年至第二年免征企业所得税，第三年至第五年按照25%的法定税率减半征收企业所得税。	1.《中华人民共和国企业所得税法》第五十七条第二项； 2.《国务院关于经济特区和上海浦东新区新设立高新技术企业实行过渡性税收优惠的通知》（国发〔2007〕40号）； 3.《科技部 财政部 国家税务总局关于修订印发〈高新技术企业认定管理办法〉的通知》（国科发火〔2016〕32号）； 4.《科技部 财政部 国家税务总局关于修订〈高新技术企业认定管理工作指引〉的通知》（国科发火〔2016〕195号）； 5.《国家税务总局关于实施高新技术企业所得税优惠有关问题的通知》（国税函〔2009〕203号）； 6.《国家税务总局关于实施高新技术企业所得税优惠政策有关问题的公告》（国家税务总局公告2017年第24号）。	1. 高新技术企业资格证书； 2. 高新技术企业认定资料； 3. 知识产权相关材料； 4. 年度主要产品（服务）发挥核心支持作用的技术属于《国家重点支持的高新技术领域》规定范围的说明，高新技术产品（服务）及对应收入资料； 5. 年度职工和科技人员情况证明材料； 6. 当年和前两个会计年度研发费用总额及占同期销售收入比例，研发费用管理资料以及研发费用辅助账，研发费用结构明细表； 7. 新办企业取得第一笔生产经营收入凭证（原始凭证及账务处理凭证）； 8. 区内区外所得的核算资料。	预缴享受	由省税务机关（含计划单列市税务机关）规定。
39	民族自治地方的企业所得税中属于地方分享的部分减征或免征	依照《中华人民共和国民族区域自治法》的规定，实行民族区域自治的自治区、自治州、自治县的自治机关对本民族自治地方的企业应缴纳的企业所得税中属于地方分享的部分，可以决定减征或者免征。自治州、自治县决定减征或者免征的，需报省、自治区、直辖市人民政府批准。	1.《中华人民共和国企业所得税法》第二十九条； 2.《中华人民共和国企业所得税法实施条例》第九十四条； 3.《财政部 国家税务总局关于贯彻落实国务院关于实施企业所得税过渡优惠政策有关问题的通知》（财税〔2008〕21号）。	由省税务机关规定。	预缴享受	由省税务机关规定。

续表

序号	优惠事项名称	政策概述	主要政策依据	主要留存备查资料	享受优惠时间	后续管理要求
40	受灾地区农村信用社免征企业所得税	对受灾地区农村信用社免征企业所得税。其中，芦山受灾地区政策执行期限自2013年4月20日起至2017年12月31日；鲁甸受灾地区政策执行期限自2014年1月1日至2018年12月31日。	1.《财政部 海关总署 国家税务总局关于支持芦山地震灾后恢复重建有关税收政策问题的通知》（财税〔2013〕58号）；2.《财政部 海关总署 国家税务总局关于支持鲁甸地震灾后恢复重建有关税收政策问题的通知》（财税〔2015〕27号）。	由省税务机关规定。	预缴享受	由省税务机关规定。
41	支持和促进重点群体创业就业企业限额减征企业所得税	商贸企业、服务型企业、劳动就业服务企业中的加工型企业和街道社区具有加工性质的小型企业实体，在新增加的岗位中，当年新招用在人力资源和社会保障部门公共就业服务机构登记失业半年以上且持《就业失业登记证》（注明"企业吸纳税收政策"）或《就业创业证》人员，与其签订1年以上期限劳动合同并依法缴纳社会保险费的，在3年内按实际招用人数予以定额依次扣减增值税、城市维护建设税、教育费附加、地方教育附加和企业所得税优惠。定额标准为每人每年4000元，最高可上浮30%。按上述标准计算的税收扣减减	1.《财政部 国家税务总局 人力资源和社会保障部关于继续支持和促进重点群体创业就业有关税收政策的通知》（财税〔2014〕39号）；2.《财政部 国家税务总局 教育部关于继续实施支持和促进重点群体创业就业有关税收政策的补充通知》（财税〔2015〕18号）；3.《财政部 国家税务总局 人力资源和社会保障部关于大力扩大企业吸纳就业税收优惠适用人员范围的通知》（财税〔2015〕77号）；4.《财政部 国家税务总局 人力资源和社会保障部关于继续实施支持和促进重点群体创业就业有关税收政策的通知》（财税〔2017〕49号）；5.《国家税务总局 财政部 人力资源和社会保障部 教育部关于继续实施支持和促进重点群体创业就业有关问题的公告》（国家税务总局公告2017年第27号）。	1.县级以上人力资源和社会保障部门核发的《企业实体吸纳失业人员认定证明》《持〈就业创业证〉（就业失业登记证）人员本年度实际工作时间表》；2.企业当年已享受增值税和附加税抵减税额优惠的证明资料。	汇缴享受	由省税务机关（含计划单列市税务机关）规定。

续表

序号	优惠事项名称	政策描述	主要政策依据	主要留存备查资料	享受优惠时间	后续管理要求
41	支持和促进重点群体创业就业企业限额减征企业所得税	额应在企业当年实际应缴纳的增值税、城市维护建设税、教育费附加和企业所得税额中扣减，当年扣减不完的，不得结转下年使用。			汇缴享受	由省税务机关（含计划单列市税务机关）规定。
42	扶持自主就业退役士兵创业就业企业限额减征企业所得税	对商贸企业、服务型企业、劳动就业服务企业中的加工型企业和街道社区具有加工性质的小型企业实体，在新增加的岗位中，当年新招用自主就业退役士兵，与其签订1年以上期限劳动合同并依法缴纳社会保险费的，在3年内按实际招用人数予以定额依次扣减增值税、城市维护建设税、教育费附加、地方教育附加和企业所得税优惠。定额标准为每人每年4000元，最高可上浮50%。纳税年度终了，如果企业实际减免的增值税、城市维护建设税、教育费附加和地方教育附加小于核定的减免税总额，企业在企业所得税汇算清缴时扣减企业所得税。当年扣减不完的，不再结转以后年度扣减。	1.《财政部　国家税务总局　民政部关于调整完善扶持自主就业退役士兵创业就业政策的通知》（财税〔2014〕42号）；2.《财政部　国家税务总局　民政部关于继续实施扶持自主就业退役士兵创业就业税收优惠政策的通知》（财税〔2017〕46号）。	1. 新招用自主就业退役士兵的《中国人民解放军义务兵退出现役证》或《中国人民解放军士官退出现役证》；2. 企业当年已享受增值税和附加税抵减税额优惠的证明资料。	汇缴享受	由省税务机关（含计划单列市税务机关）规定。

231

续表

序号	优惠事项名称	政策概述	主要政策依据	主要留存备查资料	享受优惠时间	后续管理要求
43	符合条件的生产和装配伤残人员专门用品企业免征企业所得税	对符合条件的生产和装配伤残人员专门用品企业，免征企业所得税。	《财政部 国家税务总局 民政部关于生产和装配伤残人员专门用品企业免征企业所得税的通知》（财税〔2016〕111号）。	1. 生产和装配伤残人员专门用品，在民政部《中国伤残人员专门用品目录》范围之内的说明； 2. 伤残人员专门用品制作师名册、《执业资格证书》（假肢制作师、矫形器制作师）； 3. 企业的生产和装配伤残人员康复的其他辅助条件以及帮助伤残人员康复的其他说明材料。	预缴享受	由省税务机关（含计划单列市税务机关）规定。
44	动漫企业自主开发、生产动漫产品定期减免企业所得税	经认定的动漫企业自主开发、生产动漫产品，可申请享受国家现行鼓励软件产业发展的所得税优惠政策。即在2017年12月31日前自获利年度起，第一年至第二年免征企业所得税，第三年至第五年按照25%的法定税率减半征收企业所得税，并享受至期满为止。	1. 《文化部 财政部 国家税务总局关于印发〈动漫企业认定管理办法（试行）〉的通知》（文市发〔2008〕51号）； 2. 《文化部 财政部 国家税务总局关于实施〈动漫企业认定管理办法（试行）〉有关问题的通知》（文产发〔2009〕18号）； 3. 《财政部 国家税务总局关于扶持动漫产业发展有关税收政策问题的通知》（财税〔2009〕65号）。	1. 动漫企业认定证明； 2. 动漫企业认定资料； 3. 动漫企业年审通过名单； 4. 获利年度情况说明。	预缴享受	由省税务机关（含计划单列市税务机关）规定。
45	新办集成电路设计企业减免企业所得税	我国境内新办的集成电路设计企业，在2017年12月31日前自获利年度起，第一年至第二年免征企业所得税，第三年至第五年按照25%的法定税率征收企业所得税，并享受至期满为止。	1. 《财政部 国家税务总局关于进一步鼓励软件产业和集成电路产业发展企业所得税政策的通知》（财税〔2012〕27号）； 2. 《财政部 国家税务总局 国家发展改革委 工业和信息化部关于软件和集成电路产业企业所得税优惠政策有关问题的通知》（财税〔2016〕49号）； 3. 《国家税务总局关于软件和集成电路企业所得税优惠政策有关问题的公告》（国家税务总局公告2013年第43号）。	后续管理要求提交资料的留存件。	预缴享受	在汇算清缴期结束前向税务机关提交以下资料： 1. 企业职工人数、学历结构、研究开发人员情况及其占企业职工总数的比例说明，以及汇算清缴年度最后一个月社会保险缴纳证明等相关证明材料； 2. 企业开发销售的主要集成电路产品列表，以及国家知识产权局（或国务院知识产权主管机关）出具的企业自主开发等相关的一至两份代

续表

序号	优惠事项名称	政策概述	主要政策依据	主要留存备查资料	享受优惠时间	后续管理要求
45	新办集成电路设计企业减免企业所得税		1.《财政部 国家税务总局关于进一步鼓励软件产业和集成电路产业发展企业所得税政策的通知》（财税〔2012〕27号）； 2.《财政部 国家税务总局 国家发展改革委 工业和信息化部关于软件和集成电路产业企业所得税优惠政策有关问题的通知》（财税〔2016〕49号）； 3.《国家发展改革委 工业和信息化部 财政部 国家税务总局关于印发国家规划布局内重点软件和集成电路设计领域的通知》（发改高技〔2016〕1056号）； 4.《国家税务总局关于执行软件企业所得税优惠政策有关问题的公告》（国家税务总局公告2013年第43号）。		预缴享受	表性知识产权（如专利、布图设计登记、软件著作权等）的证明材料； 3.经具有资质的中小机构鉴证的企业财务会计报告（包括会计报表、会计报表附注和财务情况说明书）以及集成电路设计销售（营业）收入、集成电路自主设计销售（营业）收入、研究开发费用、境内研究开发费用等情况表； 4.第三方检测试报告或用户报告，以及与主要客户签订的一至两份代表性销售合同复印件； 5.企业开发环境等相关证明材料。
46	国家规划布局内的集成电路设计企业按10%的税率征收企业所得税	国家规划布局内的集成电路设计企业，如当年未享受免税优惠的，可减按10%的税率征收企业所得税。		后续管理要求资料的留存备存。	预缴享受	在汇算清缴期结束前向税务机关提交以下资料： 1.企业职工人数、学历结构、研究开发人员情况及其占企业职工总数的比例说明，以及汇算清缴纳税年度最后一个月社保险缴纳证明等相关证明材料； 2.企业开发销售的主要集成电路产品列表，以及国家知识产权相关机构（或国外知识产权主管机构）出具的企业自主开发拥有的一至两份代表性自主知识产权（如专利、布图设计登记、软件著作权等）的证明材料；

续表

序号	优惠事项名称	政策概述	主要政策依据	主要留存备查资料	享受优惠时间	后续管理要求
46	国家规划布局内集成电路设计企业可减按10%的税率征收企业所得税					3. 经具有资质的中介机构鉴证的企业财务会计报告（包括会计报表、会计报表附注和财务情况说明书）以及集成电路设计销售（营业）收入、集成电路自主设计销售（营业）收入、研究开发费用等情况表； 4. 第三方检测机构提供的集成电路产品测试报告或用户报告，以及与国家规定的第二类条件的集成电路设计领域相关的重点集成电路设计销售（营业）情况说明； 5. 企业开发环境等相关证明材料； 6. 符合财税〔2016〕49号文件第五条规定的，应提供在国家规定的重点集成电路设计领域内销售（营业）主要客户签订的一至两份代表性销售合同复印件。
					预缴 享受	
47	线宽小于0.8微米（含）的集成电路生产企业减免企业所得税	集成电路线宽小于0.8微米（含）的集成电路生产企业，在2017年12月31日前自获利年度起计算优惠期，第一年至第二年免征企业所得税，第三年至第五年按照25%的法定税率减半征收企业所得税，并享受至期满为止。	1. 《财政部 国家税务总局关于进一步鼓励软件产业和集成电路产业发展企业所得税政策的通知》（财税〔2012〕27号）； 2. 《财政部 国家发展改革委 工业和信息化部关于软件和集成电路产业企业所得税优惠政策有关问题的通知》（财税〔2016〕49号）； 3. 《财政部 国家发展改革委 工业和信息化部关于集成电路生产企业有关企业所得税政策问题的通知》（财税〔2018〕27号）； 4. 《国家税务总局关于执行软件企业所得税优惠政策有关问题的公告》（国家税务总局公告2013年第43号）。	后续管理要求要求提交资料的留存保存。		在汇算清缴期结束前向税务机关提交以下资料： 1. 在发展改革部门立项的备案文件（应注明总投资额、工艺线宽标准）复印件以及企业取得的其他相关资质证书复印件等； 2. 企业职工人数、学历结构、研究开发人员占企业职工总数的比例说明，以及汇算清缴年度最后一个月社保险缴纳证明等相关证明材料； 3. 加工集成电路产权（或国外知识产权）主要为自行开发或主管机构）出具的企业自主开发或关的证明材料；
					预缴 享受	

续表

序号	优惠事项名称	政策概述	主要政策依据	主要留存备查资料	享受优惠时间	后续管理要求
47	线宽小于0.8微米（含）的集成电路生产企业减免企业所得税				预缴享受	拥有的一至两份代表性知识产权（如专利、布图设计登记、软件著作权等）的证明材料； 4. 经具有资质的中介机构鉴证的企业财务会计报告（包括注册会计报表、会计报表附注和财务情况说明书）收入、研究开发费用、境内研究开发费用等情况说明； 5. 与主要客户签订的一至两份代表性销售合同复印件； 6. 保证产品质量的相关证明材料（如质量管理认证证书复印件等）。
48	线宽小于0.25微米的集成电路生产企业减按15%的税率征收企业所得税	线宽小于0.25微米的集成电路生产企业，减按15%的税率征收企业所得税。	1. 《财政部 国家税务总局关于进一步鼓励软件产业和集成电路产业发展企业所得税政策的通知》（财税〔2012〕27号）； 2. 《财政部 国家发展改革委 工业和信息化部关于软件和集成电路产业企业所得税优惠政策有关问题的通知》（财税〔2016〕49号）； 3. 《国家税务总局关于执行软件企业所得税优惠政策有关问题的公告》（国家税务总局公告2013年第43号）。	后续管理要求提交资料的留存备件。	预缴享受	在汇算清缴期结束前向税务机关提交以下资料： 1. 在发展改革或工业和信息化部门立项的备案文件（应注明总投资额、工艺线宽标准）复印件以及企业取得的其他相关资质证书复印件等； 2. 企业职工人数、学历结构、研究开发人员情况及其占企业职工总数的比例说明，以及汇算清缴年度最后一个月社会保险缴纳证明等相关证明材料； 3. 加工集成电路产权（或国外知识产权机构）出具家知识产权局（或国外知识产权主管机构）出具的企业自主开发或相关...

序号	优惠事项名称	政策概述	主要政策依据	主要留存备查资料	享受优惠时间	后续管理要求
48	线宽小于0.25微米的集成电路生产企业减按15%税率征收企业所得税；				预缴享受	拥有的一至两份代表性知识产权（如专利、布图设计登记、软件著作权等）的证明材料； 4. 经具有资质的中介机构鉴证的企业财务会计报告（包括会计报表、会计报表附注和财务情况说明书）以及集成电路制造销售（营业）收入、研究开发费用等情况说明，境内研究开发费用等复印件； 5. 与主要客户签订的一至两份代表性销售合同复印件； 6. 保证产品质量的相关证明材料（如质量管理认证证书复印件等）。
49	投资额超过80亿元的集成电路生产企业减按15%税率征收企业所得税；	投资额超过80亿元的集成电路生产企业，减按15%的税率征收企业所得税。	1.《财政部 国家税务总局关于进一步鼓励软件产业和集成电路产业发展企业所得税政策的通知》（财税〔2012〕27号）； 2.《财政部 国家发展改革委 工业和信息化部关于软件和集成电路产业企业所得税优惠政策有关问题的通知》（财税〔2016〕49号）； 3.《国家税务总局关于执行软件企业所得税优惠政策有关问题的公告》（国家税务总局公告2013年第43号）。	后续管理要求提交资料的留存件。	预缴享受	在汇算清缴期结束前向税务机关提交以下资料： 1. 在发展改革或工业和信息化部门立项的备案文件（应注明投资额、工艺线宽标准）复印件以及企业取得其他相关资质证书复印件等； 2. 企业职工人数、学历结构、研究开发人员及其占企业职工总数的比例情况，以及汇算清缴年度最后一个月社会保险缴纳证明等相关证明材料； 3. 加工集成电路产品主要列表及国家知识产权局（或国外知识产权相关主管机构）出具的企业自主开发或拥有的一至两份代表性知识产权证明。

续表

序号	优惠事项名称	政策概述	主要政策依据	主要留存备查资料	享受优惠时间	后续管理要求
49	投资额超过80亿元的集成电路生产企业按15%税率征收企业所得税				预缴享受	(如专利、布图设计登记、软件著作权等)的证明材料； 4.经具有资质的中介机构鉴证的企业财务会计报告(包括会计报表、会计报表附注和财务情况说明书)收入、研究开发费用等情况说明、境内研究开发费用等情况说明； 5.与主要客户签订的一至两份代表性销售合同复印件； 6.保证产品质量的相关材料(如质量管理认证证书复印件等)。
50	线宽小于0.25微米的集成电路生产企业减免企业所得税	线宽小于0.25微米的集成电路生产企业,经营期在15年以上的,在2017年度12月31日前自获利年度起计算优惠,第一年至第五年免征企业所得税,第六年至第十年按照25%的法定税率减半征收企业所得税,并享受至期满为止。	1.《财政部 国家税务总局关于进一步鼓励软件产业和集成电路产业发展企业所得税政策的通知》(财税〔2012〕27号)； 2.《财政部 国家发展改革委 工业和信息化部关于软件和集成电路产业企业所得税优惠政策有关问题的通知》(财税〔2016〕49号)； 3.《财政部 国家税务总局 国家发展改革委 工业和信息化部关于集成电路生产企业有关企业所得税政策问题的通知》(财税〔2018〕27号)； 4.《国家税务总局关于执行软件企业所得税优惠政策有关问题的公告》(国家税务总局公告2013年第43号)。	后续管理要求提交文件资料的留存件。	预缴享受	在汇算清缴期结束前向税务机关提交以下资料： 1.在发展改革或工业和信息化部门立项的备案文件(应注明总投资额、工艺线宽标准)及复印件以及取得的其他相关资质证书及复印件； 2.企业职工人数、学历结构、研究开发人员情况及其占企业职工总数的比例说明,以及汇算清缴年度最后一个月社保缴纳证明等材料； 3.加工集成电路产权局(或国外知识产权主管机构)出具的自主知识产权或拥有的一至两份代表性知识产权(如专利、布图设计登记、软件著作权等)的证明材料；

续表

序号	优惠事项名称	政策概述	主要政策依据	主要留存备查资料	享受优惠时间	后续管理要求
50	线宽小于0.25微米的集成电路生产企业减免企业所得税				预缴享受	4. 经具有资质的中介机构鉴证的企业财务会计报告（包括会计报表、会计报表附注和财务情况说明书）以及集成电路制造销售（营业）收入、研究开发费用等情况说明；5. 与主要客户签订的一至两份代表性销售合同复印件；6. 保证产品质量的相关证明材料（如质量管理认证证书复印件等）。
51	投资额超过80亿元的集成电路生产企业减免企业所得税	投资额超过80亿元的集成电路生产企业，经营期在2017年12月31日前自获利年度起计算优惠，第一年至第五年免征企业所得税，第六年至第十年按照25%的法定税率减半征收企业所得税，并享受至期满为止。	1.《财政部 国家税务总局关于进一步鼓励软件产业和集成电路产业发展企业所得税政策的通知》（财税〔2012〕27号）；2.《财政部 国家发展改革委 工业和信息化部关于软件和集成电路产业企业所得税优惠政策有关问题的通知》（财税〔2016〕49号）；3.《财政部 国家税务总局 国家发展改革委 工业和信息化部关于集成电路生产企业有关企业所得税政策问题的通知》（财税〔2018〕27号）；4.《国家税务总局关于执行软件企业所得税优惠政策有关问题的公告》（国家税务总局公告2013年第43号）。	后续管理要求要求提交资料的留存件。	预缴享受	在汇算清缴期结束前向税务机关提交以下资料：1. 在发展改革文件（应注明总投资额、工艺线宽标准）或备案文件 复印件以及企业取得的其他相关资质证书复印件等；2. 企业职工人数、学历结构、研究开发人员情况及其占企业职工总数的比例说明，以及汇算清缴年度最后一个月社会保险缴纳证明等相关证明材料；3. 加工集成电路产品主要列表及国家知识产权局（或国外知识产权相关管理机构）出具的企业自主开发

续表

序号	优惠事项名称	政策概述	主要政策依据	主要留存备查资料	享受优惠时间	后续管理要求
51	投资额超过80亿元的集成电路生产企业减免企业所得税				预缴享受	或署有的一至两份代表性知识产权（如专利、布图设计登记、软件著作权等）的证明材料；4.经具有资质的中小机构鉴证的企业财务会计报告（包括会计报表、会计报表附注和财务情况说明书）、收入集成电路制造销售（营业）收入、研究开发费用等情况说明；5.与主要客户签订的一至两份代表性销售合同复印件；6.保证产品质量的相关证明材料（如质量管理认证证书复印件等）。
52	线宽小于130纳米的集成电路生产企业减免企业所得税	2018年1月1日后投资新设立的集成电路线宽小于130纳米，且经营期在10年以上的集成电路生产企业，第一年至第二年免征企业所得税，第三年至第五年按照25%的法定税率减半征收企业所得税，并享受至期满为止。	1.《财政部 工业和信息化部 国家税务总局 国家发展改革委 关于软件和集成电路产业企业所得税优惠政策有关问题的通知》（财税〔2016〕49号）；2.《财政部 工业和信息化部 国家税务总局 国家发展改革委关于集成电路生产企业有关企业所得税政策问题的通知》（财税〔2018〕27号）；3.《国家税务总局关于执行软件企业所得税优惠政策有关问题的公告》（国家税务总局公告2013年第43号）。	后续管理要求要求提交资料的留存。	预缴享受	在汇算清缴期结束前向税务机关提交以下资料：1.在发展改革或工业和信息化部门立项的备案文件（应注明总投资额、工艺线宽标准）复印件以及企业取得的其他相关资质证书印件等；2.企业职工人数、学历结构、研究开发人员其占比企业职工总数的比例的说明，以及汇算清缴年度最后一个月社会保险缴纳等相关证明材料；3.加工集成电路产品主要列表及国家知识产权局（或国外知识产权相关主管机构）出具的企业自主开发

续表

序号	优惠事项名称	政策概述	主要政策依据	主要留存备查资料	享受优惠时间	后续管理要求
52	线宽小于130纳米的集成电路生产企业减免企业所得税				预缴享受	或拥有的一至两份代表性知识产权（如专利、布图设计登记、软件著作权等）的证明材料；4.经具有资质的中介机构鉴证的企业财务会计报告（包括会计报表、会计报表附注和财务情况说明书）以及集成电路制造销售（营业）收入、研究开发费用、境内研发支出费用等情况说明；5.与主要客户签订的一至两份代表性销售合同复印件；6.保证产品质量的相关证明材料（如质量管理认证证书复印件等）。
53	线宽小于65纳米或投资额超过150亿元的集成电路生产企业免企业所得税	2018年1月1日后投资新设的集成电路线宽小于65纳米或投资额超过150亿元，且经营期在15年以上的集成电路生产企业，第一年至第五年免征企业所得税，第六年至第十年按照25%的法定税率减半征收企业所得税，并享受至期满为止。	1.《财政部 国家税务总局 国家发展改革委 工业和信息化部关于软件和集成电路产业企业所得税优惠政策有关问题的通知》（财税〔2016〕49号）；2.《财政部 国家税务总局 国家发展改革委 工业和信息化部关于集成电路生产企业有关企业所得税政策问题的通知》（财税〔2018〕27号）；3.《国家税务总局关于执行软件企业所得税优惠政策有关问题的公告》（国家税务总局公告2013年第43号）。	后续管理要求按照提交资料的留存件。	预缴享受	在汇算清缴期结束前向税务机关提交以下资料：1.在发展改革或工业和信息化部门立项的备案文件（应注明总投资额、工艺线宽标准）复印件以及企业取得的其他相关资质证书复印件等；2.企业职工人数、学历结构、研究开发人员情况及其占企业职工总数的比例说明，以及汇算清缴年度最后一个月社会保险缴纳证明等相关证明材料；3.加工集成电路产品主要列表及国家知识产权局（或国外知识产权相关部门）出具的企业自主开发或拥有的一至两份代表性知识产权证明材料。

续表

序号	优惠事项名称	政策概述	主要政策依据	主要留存备查资料	享受优惠时间	后续管理要求
53	线宽小于65纳米或投资额超过150亿元的集成电路生产企业减免企业所得税				预缴享受	（如专利、布图设计登记、软件著作权等）的证明材料；4.经具有资质的中介机构鉴证的企业财务会计报告（包括会计报表，会计报表附注和财务情况说明书）以及集成电路制造销售（营业）收入、研究开发费用情况说明，境内研发支出情况说明；5.与主要客户签订的一至两份代表性销售合同复印件；6.保证产品质量的相关证明材料（如质量管理认证证书复印件等）。
54	符合条件的集成电路封装、测试企业免企业所得税	符合条件的集成电路封装、测试企业，在2017年（含2017年）前实现获利的，第一年至第二年免征企业所得税，第三年至第五年按照25%的法定税率减半征收企业所得税，并在2017年前未实现获利的，自2017年起计算优惠期，享受至期满为止。	《财政部 国家税务总局 国家发展改革委 工业和信息化部关于进一步鼓励集成电路产业发展企业所得税政策的通知》（财税[2015] 6号）。	省级相关部门根据发展改革委等部门规定办法出具的证明。	预缴享受	由省税务机关（含计划单列市税务机关）规定。
55	符合条件的集成电路关键专用材料生产企业、集成电路专用设备生产企业免企业所得税	符合条件的集成电路关键专用材料生产企业、集成电路专用设备生产企业，在2017年（含2017年）前实现获利的，自获利年度起，第一年至第二年免征企业所得税，第三年至…	《财政部 国家税务总局 国家发展改革委 工业和信息化部关于进一步鼓励集成电路产业发展企业所得税政策的通知》（财税[2015] 6号）。	省级相关部门根据发展改革委等部门规定办法出具的证明。	预缴享受	由省税务机关（含计划单列市税务机关）规定。

续表

序号	优惠事项名称	政策概述	主要政策依据	主要留存备查资料	享受优惠时间	后续管理要求
55	符合条件的集成电路关键专用材料生产企业、集成电路专用设备生产企业定期减免企业所得税	第五年按照25%的法定税率减半征收企业所得税，并享受至期满为止；2017年前未实现获利的，自2017年起计算优惠期，享受至期满为止。			预缴享受	由省税务机关（含计划单列市税务机关）规定。
56	符合条件的软件企业减免企业所得税	我国境内符合条件的软件企业，在2017年12月31日前自获利年度起，第一年至第二年免征企业所得税，第三年至第五年按照25%的法定税率减半征收企业所得税，并享受至期满为止。	1.《财政部 国家税务总局关于进一步鼓励软件产业和集成电路产业发展企业所得税政策的通知》（财税〔2012〕27号）； 2.《财政部 国家税务总局 国家发展改革委 工业和信息化部关于软件和集成电路产业企业所得税优惠政策有关问题的通知》（财税〔2016〕49号）； 3.《国家税务总局关于执行软件企业所得税优惠政策有关问题的公告》（国家税务总局公告2013年第43号）。	后续管理要求提交资料的留存件。	预缴享受	在汇算清缴期结束前向税务机关提交以下资料： 1. 企业开发销售的主要软件产品列表或技术服务列表； 2. 主营业务为软件产品开发的企业，提供至少1个主要软件产品的软件著作权或专利权等自主知识产权的有效证明文件，以及第三方检测机构提供的软件产品测试报告；主营业务仅为技术服务的企业提供核心技术说明； 3. 企业职工人数、研发人员人数及其占企业职工总数的比例状况说明，以及汇算清缴年度最后一个月社会保险缴纳证明等相关材料； 4. 经具有资质的中介机构鉴证的企业财务会计报告（包括会计报表、会计报表附注和财务情况说明书）以及软件产品开发销售（营业）收入、软件产品自主开发销售（营业）收入、研究开发费用、境内研究开发费用等情况说明； 5. 与主要客户签订的一至两份代表性的软件产品销售合同或技术服务合同复印件； 6. 企业开发环境相关证明材料。

续表

序号	优惠事项名称	政策概述	主要政策依据	主要留存备查资料	享受优惠时间	后续管理要求
57	国家规划布局内的重点软件企业减按10%的税率征收企业所得税	国家规划布局内的重点软件企业，如当年未享受免税优惠的，可减按10%的税率征收企业所得税。	1. 《财政部 国家税务总局关于进一步鼓励软件产业和集成电路产业发展企业所得税政策的通知》（财税〔2012〕27号）； 2. 《财政部 国家税务总局 国家发展改革委 工业和信息化部关于软件和集成电路产业企业所得税优惠政策有关问题的通知》（财税〔2016〕49号）； 3. 《国家发展改革委 工业和信息化部 财政部 国家税务总局关于印发国家规划布局内重点软件和集成电路设计领域的通知》（发改高技〔2016〕1056号）； 4. 《国家税务总局关于执行软件企业所得税优惠政策有关问题的公告》（国家税务总局公告2013年第43号）。	后续管理要求提交资料的留存件。	预缴享受	在汇算清缴结束前向税务机关提交以下资料： 1. 企业开发销售的主要软件产品列表或技术服务列表； 2. 主营业务为软件产品开发的企业，提供至少1个主要软件产品的软件著作权或专利权等自主知识产权的有效证明文件，以及第三方检测机构提供的软件产品测试报告；主营业务仅为技术服务的企业提供核心技术说明； 3. 企业职工人数、学历结构、研究开发人员及其占企业职工总数的比例说明，以及汇算清缴年度最近一个月社会保险缴纳证明等相关材料； 4. 经具有资质的中介机构鉴证的企业财务会计报告（包括会计报表、会计报表附注和财务情况说明书）收入、软件产品自主开发销售（营业）收入、研究开发费用，境内研究开发费用等情况说明； 5. 与主要客户签订的一至两份合同或软件产品销售合同相关证明材料； 6. 企业开发环境相关证明材料； 7. 符合财税〔2016〕49号文件第六条规定的第二类条件的，应提供在国家规定的重点软件产品销售领域内销售（营业）情况说明；

续表

序号	优惠事项名称	政策概述	主要政策依据	主要留存备查资料	享受优惠时间	后续管理要求
57	国家规划布局内重点软件企业可减按10%的税率征收企业所得税				预缴享受	8. 符合财税〔2016〕49号文件第六条规定的第三类条件的，应提供软件出口合同登记证书，以及有效出口合同和结汇证明等材料。
58	经营性文化事业单位转制为企业的免征企业所得税	从事新闻出版、广播影视和文化艺术的经营性文化事业单位转制为企业的，自转制注册之日起免征企业所得税。	《财政部 国家税务总局 中宣部关于继续实施文化体制改革中经营性文化事业单位转制为企业若干税收政策的通知》（财税〔2014〕84号）。	1. 企业转制方案文件；2. 有关部门对转制方案的批复文件；3. 整体转制前已进行事业单位登记的，同级机构编制管理机关核销事业编制的证明，以及注销事业单位法人的证明；4. 企业转制的工商登记情况；5. 企业与职工签订的劳动合同；6. 企业缴纳社会保险费记录；7. 有关部门批准引入非公有资本、境外资本和变更资本结构的批准函；8. 同级文化体制改革和发展工作领导小组办公室出具的同意改革和发展函（已认定发布的转制文化企业名称发生变更，且主营业务未发生变化的）。	预缴享受	由省级税务机关（含计划单列市税务机关）规定。

续表

序号	优惠事项名称	政策概述	主要政策依据	主要留存备查资料	享受优惠时间	后续管理要求
59	技术先进型服务企业减按15%的税率征收企业所得税	对经认定的技术先进型服务企业，减按15%的税率征收企业所得税。	1.《财政部 国家税务总局 商务部 科技部 国家发展改革委关于完善技术先进型服务企业有关企业所得税政策的通知》（财税〔2014〕59号）； 2.《财政部 国家税务总局 商务部 科技部 国家发展改革委关于新增中国服务外包示范城市适用技术先进型服务企业所得税政策的通知》（财税〔2016〕108号）； 3.《财政部 国家税务总局 商务部 科技部 国家发展改革委关于将技术先进型服务企业所得税政策推广到全国实施的通知》（财税〔2017〕79号）。	1. 技术先进型服务企业认定文件； 2. 技术先进型服务企业认定资料； 3. 优惠年度技术先进型服务业务收入总额、离岸服务外包业务收入总额占企业收入总额比例情况说明； 4. 企业具有大专以上学历的员工占本企业当年职工总数比例情况说明。	预缴享受	由省税务机关（含计划单列市税务机关）规定。
60	服务贸易创新发展试点地区符合条件的技术先进型服务企业减按15%的税率征收企业所得税	在服务贸易创新发展试点地区，符合条件的技术先进型服务企业减按15%的税率征收企业所得税。	1.《财政部 国家税务总局 商务部 科技部 国家发展改革委关于完善技术先进型服务企业有关企业所得税政策的通知》（财税〔2014〕59号）； 2.《财政部 国家税务总局 商务部 科技部 国家发展改革委关于在服务贸易创新发展试点地区推广技术先进型服务企业所得税优惠政策的通知》（财税〔2016〕122号）。	1. 技术先进型服务企业认定文件； 2. 技术先进型服务企业认定资料； 3. 优惠年度技术先进型服务业务收入总额、离岸服务外包业务收入总额占企业收入总额比例情况说明； 4. 企业具有大专以上学历的员工占本企业当年职工总数比例情况说明。	预缴享受	由省税务机关（含计划单列市税务机关）规定。
61	新疆困难地区新办企业定期减免企业所得税	对在新疆困难地区新办的属于《新疆困难地区重点鼓励发展产业目录》范围内的企业，自取得第一笔生产经营收入所属纳税年度起，第一年至第二年免征企业所得税，第三年至第五年减半征收企业所得税。	1.《财政部 国家税务总局关于新疆困难地区新办企业所得税优惠政策的通知》（财税〔2011〕53号）； 2.《财政部 国家税务总局 工业和信息化部 国家发展改革委 关于完善新疆困难地区重点鼓励发展产业企业所得税优惠目录的通知》（财税〔2016〕85号）。	由省税务机关规定。	预缴享受	由省税务机关规定。

续表

序号	优惠事项名称	政策概述	主要政策依据	主要留存备查资料	享受优惠时间	后续管理要求
62	新疆喀什、霍尔果斯经济特殊开发区新办企业定期免征企业所得税	对在新疆喀什、霍尔果斯两个特殊经济开发区内新办的属于《新疆困难地区重点鼓励发展产业企业所得税优惠目录》范围内的企业，自取得第一笔生产经营收入所属纳税年度起，五年内免征企业所得税。	1. 《财政部 国家税务总局关于新疆喀什 霍尔果斯两个特殊经济开发区企业所得税优惠政策的通知》（财税〔2011〕112 号）； 2. 《财政部 国家发展改革委 工业和信息化部关于完善新疆困难地区重点鼓励发展产业企业所得税优惠目录的通知》（财税〔2016〕85 号）。	由省税务机关规定。	预缴享受	由省税务机关规定。
63	设在西部地区产业鼓励类企业减按15%的税率征收企业所得税	对设在西部地区的鼓励类产业企业减按15%的税率征收企业所得税。对设在赣州市的鼓励类产业的内资企业和外商投资企业减按15%的税率征收企业所得税。2010 年12 月31 日前新办的符合《西部地区鼓励类产业目录》规定的交通、电力、水利、邮政、广播电视企业，执行原政策到期满为止。	1. 《财政部 海关总署 国家税务总局关于深入实施西部大开发战略有关税收政策的通知》（财税〔2011〕58 号）； 2. 《财政部 海关总署 国家税务总局关于赣州市执行西部大开发税收政策问题的通知》（财税〔2013〕4 号）； 3. 《西部地区鼓励类产业目录》（中华人民共和国国家发展和改革委员会令第 15 号）； 4. 《国家税务总局关于深入实施西部大开发战略有关企业所得税问题的公告》（国家税务总局公告 2012 年第 12 号）； 5. 《国家产业目录》有关企业所得税2015 年第 14 号）。	1. 主营业务属于《西部地区鼓励类产业目录》中的具体项目的相关材料； 2. 符合目录的主营业务收入占企业收入总额 70%以上的说明。	预缴享受	由省税务机关规定。
64	广东横琴、福建平潭、深圳前海等地区的鼓励类产业企业减按15%的税率征收企业所得税	对设在广东横琴新区、福建平潭综合实验区和深圳前海深港现代服务业合作区的鼓励类产业企业减按15%的税率征收企业所得税。	1. 《财政部 国家税务总局关于广东横琴新区 福建平潭综合实验区 深圳前海深港现代服务业合作区企业所得税优惠政策及优惠目录的通知》（财税〔2014〕26 号）； 2. 《财政部 国家税务总局关于横琴新区企业所得税优惠目录有关旅游产业项目的通知》（财税〔2017〕75 号）。	由省税务机关（含计划单列市税务机关）规定。	预缴享受	由省税务机关（含计划单列市税务机关）规定。

续表

序号	优惠事项名称	政策概述	主要政策依据	主要留存备查资料	享受优惠时间	后续管理要求
65	北京冬奥组委、北京冬奥会测试赛事组委会免征企业所得税	对北京冬奥组委免征应缴纳的企业所得税。北京冬奥组委会全面负责和组织举办北京2022年冬奥会，其取得的北京2022年冬残奥会收入及其发生的涉税支出比照执行北京2022年冬奥会的税收政策。北京冬奥会测试赛事组委会取得的收入及发生的涉税支出比照执行北京冬奥组委的税收政策。	《财政部 国家税务总局 海关总署关于北京2022年冬奥会和冬残奥会税收政策的通知》（财税〔2017〕60号）。	由省税务机关规定。	预缴享受	由省税务机关规定。
66	购置用于环境保护、节能节水、安全生产等专用设备的投资额按一定比例实行税额抵免	企业购置并实际使用《环境保护专用设备企业所得税优惠目录》《节能节水专用设备企业所得税优惠目录》和《安全生产专用设备企业所得税优惠目录》规定的环境保护、节能节水、安全生产等专用设备的，该专用设备的投资额的10%可以从企业当年的应纳税额中抵免；当年不足抵免的，可以在以后5个纳税年度结转抵免。享受上述规定税收优惠的企业，应当实际购置并自身实际投入使用前款规定的专用设备。	1.《中华人民共和国企业所得税法》第三十四条； 2.《中华人民共和国企业所得税法实施条例》第一百条； 3.《财政部 国家税务总局关于执行环境保护专用设备企业所得税优惠目录 节能节水专用设备企业所得税优惠目录和安全生产专用设备企业所得税优惠目录有关问题的通知》（财税〔2008〕48号）； 4.《财政部 国家税务总局 国家发展改革委关于公布节能节水专用设备企业所得税优惠目录（2008年版）和环境保护专用设备企业所得税优惠目录（2008年版）的通知》（财税〔2008〕115号）； 5.《财政部 国家税务总局 安全监管总局关于公布安全生产专用设备企业所得税优惠目录（2008年版）的通知》（财税〔2008〕118号）；	1. 购买并自身投入使用的专用设备清单及发票。2. 以融资租赁方式取得的专用设备的合同或协议； 3. 专用设备属于《环境保护专用设备企业所得税优惠目录》《节能节水专用设备企业所得税优惠目录》或《安全生产专用设备企业所得税优惠目录》中的具体项目的说明； 4. 专用设备实际投入使用时间的说明。	汇缴享受	由省税务机关（含计划单列市税务机关）规定。

续表

序号	优惠事项名称	政策概述	主要政策依据	主要留存备查资料	享受优惠时间	后续管理要求
66	购置用于环境保护、节能节水、安全生产等专用设备的投资额按一定比例实行税额抵免	业购置上述专用设备在5年内转让、出租的，应当停止享受企业所得税优惠，并补缴已经抵免的企业所得税税款。	6.《财政部 国家税务总局关于执行企业所得税优惠政策若干问题的通知》（财税〔2009〕69号）； 7.《国家税务总局关于环境保护、节能节水、安全生产专用设备投资抵免企业所得税有关问题的通知》（国税函〔2010〕256号）； 8.《财政部 国家税务总局 国家发展改革委 工业和信息化部 环境保护部关于印发节能节水和环境保护专用设备优惠目录（2017年版）的通知》（财税〔2017〕71号）。		汇缴享受	由省税务机关（含计划单列市税务机关）规定。
67	固定资产或购入软件等可以加速折旧或摊销	由于技术进步，产品更新换代较快的固定资产及常年处于强震动、高腐蚀状态的固定资产，企业可以采取缩短折旧年限或者采取加速折旧的方法。集成电路生产企业的生产设备，其折旧年限可以适当缩短，最短可为3年（含）。企业外购的软件，凡符合固定资产或无形资产确认条件的，可以按照固定资产或无形资产进行核算，其折旧或摊销年限可以适当缩短，最短可为2年（含）。	1.《中华人民共和国企业所得税法》第三十二条； 2.《中华人民共和国企业所得税法实施条例》第九十八条； 3.《财政部 国家税务总局关于进一步鼓励软件产业和集成电路产业发展企业所得税政策的通知》（财税〔2012〕27号）； 4.《国家税务总局关于企业固定资产加速折旧所得税处理有关问题的通知》（国税发〔2009〕81号）； 5.《国家税务总局关于执行软件企业所得税优惠政策有关问题的公告》（国家税务总局公告2013年第43号）。	1. 固定资产的功能，预计使用年限短于规定计算折旧的最低年限的理由、证明资料及有关情况的说明； 2. 被替代的旧固定资产的功能、使用及处置等情况的说明； 3. 固定资产加速折旧拟采用的方法和折旧额的说明，外购软件拟缩短折旧或摊销年限的说明； 4. 集成电路生产企业证明材料； 5. 购入固定资产或软件的发票、记账凭证。	汇缴享受（税会处理一致的，预缴享受）税会处理一致的，汇缴享受；税会处理不一致的，汇缴享受。	由省税务机关（含计划单列市税务机关）规定。

续表

序号	优惠事项名称	政策概述	主要政策依据	主要留存备查资料	享受优惠时间	后续管理要求
68	固定资产加速折旧或一次性扣除	对生物药品制造业，专用设备制造业，铁路、船舶、航空航天和其他运输设备制造业，计算机、通信和其他电子设备制造业，仪器仪表制造业，信息传输、软件和信息技术服务业，轻工、纺织、机械、汽车等行业企业持有的固定资产，可缩短折旧年限或采取加速折旧的方法。对所有行业企业新购进的专门用于研发的仪器、设备，单位价值不超过100万元的，允许一次性计入当期应纳税所得额计算扣除，不再分年度计算折旧；单位价值超过100万元的，可缩短折旧年限或采取加速折旧的方法。对所有行业企业持有的单位价值不超过5000元的固定资产，允许一次性计入当期成本费用在计算应纳税所得额时扣除，不再分年度计算折旧。	1.《财政部 国家税务总局关于完善固定资产加速折旧企业所得税政策的通知》（财税〔2014〕75号）；2.《财政部 国家税务总局关于进一步完善固定资产加速折旧企业所得税政策的通知》（财税〔2015〕106号）；3.《国家税务总局关于固定资产加速折旧税收政策有关问题的公告》（国家税务总局公告2014年第64号）；4.《国家税务总局关于进一步完善固定资产加速折旧企业所得税政策有关问题的公告》（国家税务总局公告2015年第68号）。	1. 企业属于重点行业、领域企业的说明材料［以某重点行业企业为主营业务收入占企业收入总额的50%（不含）以上］；2. 购进固定资产的发票，记账凭证（购入已使用过的固定资产，应提供已使用年限的相关说明）；3. 核算有关资产税法与会计差异的台账。	预缴享受	由省税务机关（含计划单列市税务机关）规定。

续表

序号	优惠事项名称	政策概述	主要政策依据	主要留存备查资料	享受优惠时间	后续管理要求
69	享受过渡期税收优惠定期减免企业所得税	自 2008 年 1 月 1 日起，原享受企业所得税"五免五减半"等定期减免税优惠的企业，新税法施行后继续按原税收优惠政策及其实施办法及相关文件规定的优惠规定执行，但因新税法规定享受至期满为止，但因新税法规定享受至期满而尚未享受税收优惠的，其优惠期限从 2008 年度起计算。	《国务院关于实施企业所得税过渡优惠政策的通知》（国发〔2007〕39 号）。	符合过渡期税收优惠政策的情况说明。	预缴享受	由省税务机关（含计划单列市税务机关）规定。

第十二章　减免税与应税项目所得
可以盈亏互抵后计算应纳税所得额

根据企业所得税年度纳税申报表（A 类，2017 年版）的表间逻辑关系和填报说明可知，农、林、牧、渔业项目，国家重点扶持的公共基础设施项目，符合条件的环境保护，节能节水项目，符合条件的技术转让项目、实施清洁机制发展项目、符合条件的节能服务公司实施合同能源管理项目享受税收优惠发生的减免税项目所得与应税项目所得可以盈亏互抵后计算应纳税所得额。（国家税务总局关于发布《中华人民共和国企业所得税年度纳税申报表（A 类，2017 年版)》的公告，国家税务总局公告 2017年第 54 号）

一、减免税项目所得与应税项目所得不用相互弥补

当《企业所得税年度纳税申报表（A 类)》（A100000）表中 19 行"纳税调整后所得"数大于 0 时，《所得减免优惠明细表》（A107020）表中各项目的减免所得额合计数大于或等于 0 时，且《所得减免优惠明细表》（A107020）表中各项目的减免所得额合计数小于《企业所得税年度纳税申报表（A 类)》（A100000）表中 19 行"纳税调整后所得"数时，《企业所得税年度纳税申报表（A 类)》（A100000）表中 20 行"减：所得减免"数等于《所得减免优惠明细表》（A107020）表中各项目的减免所得额合计数。

✍ 【案例】某企业 2017 年《企业所得税年度纳税申报表（A 类)》（A100000）表中第 1 行至第 18 行略，《企业所得税年度纳税申报表（A 类)》（A100000）表中第 19 行"纳税调整后所得"200 万元，《所得减免优惠明细表》（A107020）表中各项目的减免所得额合计数 100 万元，《企业所得税年度纳税申报表（A 类)》（A100000）表中 20 行"减：所得减免"就为 100 万元。假如，《企业所得税年度纳税申报表（A 类)》（A100000）表中 21 行、22 行都为 0，当年应纳税所得额为：200 - 100 = 100（万元）。

二、减免税项目所得盈利弥补应税项目所得亏损

当《企业所得税年度纳税申报表（A 类)》（A100000）表中 19 行"纳税调整后

所得"数大于 0 时，《所得减免优惠明细表》（A107020）表中各项目的减免所得额合计数大于或等于 0 时，且《所得减免优惠明细表》（A107020）表中各项目的减免所得额合计数大于企业所得税年度纳税申报表（A 类）》（A100000）表中 19 行"纳税调整后所得"数时，《企业所得税年度纳税申报表（A 类）》（A100000）表中 20 行"减：所得减免"数等于《企业所得税年度纳税申报表（A 类）》（A100000）表中 19 行"纳税调整后所得"数。

✒ 【案例】 某企业 2017 年《企业所得税年度纳税申报表（A 类）》（A100000）表中第 1 行至第 18 行略，《企业所得税年度纳税申报表（A 类）》（A100000）表中第 19 行"纳税调整后所得"数是 200 万元，《所得减免优惠明细表》（A107020）表中各项目的减免所得额合计数是 300 万元，《企业所得税年度纳税申报表（A 类）》（A100000）表中 20 行"减：所得减免"数就为 200 万元。假如，《企业所得税年度纳税申报表（A 类）》（A100000）表中 21 行、22 行都为 0，当年应纳税所得额为 200 − 200 = 0（万元）。

三、应税项目所得盈利弥补减免税项目所得亏损

当《企业所得税年度纳税申报表（A 类）》（A100000）表中 19 行"纳税调整后所得"数大于 0 时，《所得减免优惠明细表》（A107020）表中"项目所得额"第 9 列或第 10 列小于 0 时，填 0。也就是，《企业所得税年度纳税申报表（A 类）》（A100000）表中 20 行"减：所得减免"填 0。

✒ 【案例】 某企业 2017 年《企业所得税年度纳税申报表（A 类）》（A100000）表中第 1 行至第 18 行略，《企业所得税年度纳税申报表（A 类）》（A100000）表中第 19 行"纳税调整后所得"数是 100 万元，《所得减免优惠明细表》（A107020）表中各项目的减免所得额合计数 −20 万元，《企业所得税年度纳税申报表（A 类）》（A100000）表中 20 行"减：所得减免"数就为 0 万元。假如，《企业所得税年度纳税申报表（A 类）》（A100000）表中 21 行、22 行都为 0，当年应纳税所得额为 100 − 0 = 100（万元）。

附　录

中华人民共和国企业所得税法

中华人民共和国主席令第十届第六十三号

2007 年 3 月 16 日　条款修订

《中华人民共和国企业所得税法》已由中华人民共和国第十届全国人民代表大会第五次会议于 2007 年 3 月 16 日通过，现予公布，自 2008 年 1 月 1 日起施行。

中华人民共和国企业所得税法

（2007 年 3 月 16 日第十届全国人民代表大会第五次会议通过）

第一章　总　则

第一条　在中华人民共和国境内，企业和其他取得收入的组织（以下统称企业）为企业所得税的纳税人，依照本法的规定缴纳企业所得税。

个人独资企业、合伙企业不适用本法。

第二条　企业分为居民企业和非居民企业。

本法所称居民企业，是指依法在中国境内成立，或者依照外国（地区）法律成立但实际管理机构在中国境内的企业。

本法所称非居民企业，是指依照外国（地区）法律成立且实际管理机构不在中国境内，但在中国境内设立机构、场所的，或者在中国境内未设立机构、场所，但有来源于中国境内所得的企业。

第三条　居民企业应当就其来源于中国境内、境外的所得缴纳企业所得税。

非居民企业在中国境内设立机构、场所的，应当就其所设机构、场所取得的来源于中国境内的所得，以及发生在中国境外但与其所设机构、场所有实际联系的所得，缴纳企业所得税。

非居民企业在中国境内未设立机构、场所的，或者虽设立机构、场所但取得的所得与其所设机构、场所没有实际联系的，应当就其来源于中国境内的所得缴纳企业所得税。

第四条　企业所得税的税率为 25%。

非居民企业取得本法第三条第三款（非居民企业在中国境内未设立机构、场所的，或者虽设立机构、场所但取得的所得与其所设机构、场所没有实际联系的，应当就其来源于中国境内的所得缴纳企业所得税。）规定的所得，适用税率为20%。

第二章　应纳税所得额

第五条　企业每一纳税年度的收入总额，减除不征税收入、免税收入、各项扣除以及允许弥补的以前年度亏损后的余额，为应纳税所得额。

第六条　企业以货币形式和非货币形式从各种来源取得的收入，为收入总额。包括：

（一）销售货物收入；

（二）提供劳务收入；

（三）转让财产收入；

（四）股息、红利等权益性投资收益；

（五）利息收入；

（六）租金收入；

（七）特许权使用费收入；

（八）接受捐赠收入；

（九）其他收入。

第七条　收入总额中的下列收入为不征税收入：

（一）财政拨款；

（二）依法收取并纳入财政管理的行政事业性收费、政府性基金；

（三）国务院规定的其他不征税收入。

第八条　企业实际发生的与取得收入有关的、合理的支出，包括成本、费用、税金、损失和其他支出，准予在计算应纳税所得额时扣除。

第九条　企业发生的公益性捐赠支出，在年度利润总额12%以内的部分，准予在计算应纳税所得额时扣除。

第十条　在计算应纳税所得额时，下列支出不得扣除：

（一）向投资者支付的股息、红利等权益性投资收益款项；

（二）企业所得税税款；

（三）税收滞纳金；

（四）罚金、罚款和被没收财物的损失；

（五）本法第九条规定以外的捐赠支出；

（六）赞助支出；

（七）未经核定的准备金支出；

（八）与取得收入无关的其他支出。

第十一条　在计算应纳税所得额时，企业按照规定计算的固定资产折旧，准予扣除。

下列固定资产不得计算折旧扣除：

（一）房屋、建筑物以外未投入使用的固定资产；

（二）以经营租赁方式租入的固定资产；

（三）以融资租赁方式租出的固定资产；

（四）已足额提取折旧仍继续使用的固定资产；

（五）与经营活动无关的固定资产；

（六）单独估价作为固定资产入账的土地；

（七）其他不得计算折旧扣除的固定资产。

第十二条　在计算应纳税所得额时，企业按照规定计算的无形资产摊销费用，准予扣除。

下列无形资产不得计算摊销费用扣除：

（一）自行开发的支出已在计算应纳税所得额时扣除的无形资产；

（二）自创商誉；

（三）与经营活动无关的无形资产；

（四）其他不得计算摊销费用扣除的无形资产。

第十三条　在计算应纳税所得额时，企业发生的下列支出作为长期待摊费用，按照规定摊销的，准予扣除：

（一）已足额提取折旧的固定资产的改建支出；

（二）租入固定资产的改建支出；

（三）固定资产的大修理支出；

（四）其他应当作为长期待摊费用的支出。

第十四条　企业对外投资期间，投资资产的成本在计算应纳税所得额时不得扣除。

第十五条　企业使用或者销售存货，按照规定计算的存货成本，准予在计算应纳税所得额时扣除。

第十六条　企业转让资产，该项资产的净值，准予在计算应纳税所得额时扣除。

第十七条　企业在汇总计算缴纳企业所得税时，其境外营业机构的亏损不得抵减境内营业机构的盈利。

第十八条　企业纳税年度发生的亏损，准予向以后年度结转，用以后年度的所得弥补，但结转年限最长不得超过五年。

第十九条　非居民企业取得本法第三条第三款规定的所得，按照下列方法计算其应纳税所得额：

（一）股息、红利等权益性投资收益和利息、租金、特许权使用费所得，以收入全额为应纳税所得额；

（二）转让财产所得，以收入全额减除财产净值后的余额为应纳税所得额；

（三）其他所得，参照前两项规定的方法计算应纳税所得额。

第二十条 本章规定的收入、扣除的具体范围、标准和资产的税务处理的具体办法，由国务院财政、税务主管部门规定。

第二十一条 在计算应纳税所得额时，企业财务、会计处理办法与税收法律、行政法规的规定不一致的，应当依照税收法律、行政法规的规定计算。

第三章 应纳税额

第二十二条 企业的应纳税所得额乘以适用税率，减除依照本法关于税收优惠的规定减免和抵免的税额后的余额，为应纳税额。

第二十三条 企业取得的下列所得已在境外缴纳的所得税税额，可以从其当期应纳税额中抵免，抵免限额为该项所得依照本法规定计算的应纳税额；超过抵免限额的部分，可以在以后五个年度内，用每年度抵免限额抵免当年应抵税额后的余额进行抵补：

（一）居民企业来源于中国境外的应税所得；

（二）非居民企业在中国境内设立机构、场所，取得发生在中国境外但与该机构、场所有实际联系的应税所得。

第二十四条 居民企业从其直接或者间接控制的外国企业分得的来源于中国境外的股息、红利等权益性投资收益，外国企业在境外实际缴纳的所得税税额中属于该项所得负担的部分，可以作为该居民企业的可抵免境外所得税税额，在本法第二十三条规定的抵免限额内抵免。

第四章 税收优惠

第二十五条 国家对重点扶持和鼓励发展的产业和项目，给予企业所得税优惠。

第二十六条 企业的下列收入为免税收入：

（一）国债利息收入；

（二）符合条件的居民企业之间的股息、红利等权益性投资收益；

（三）在中国境内设立机构、场所的非居民企业从居民企业取得与该机构、场所有实际联系的股息、红利等权益性投资收益；

（四）符合条件的非营利组织的收入。

第二十七条 企业的下列所得，可以免征、减征企业所得税：

（一）从事农、林、牧、渔业项目的所得；

（二）从事国家重点扶持的公共基础设施项目投资经营的所得；

（三）从事符合条件的环境保护、节能节水项目的所得；

（四）符合条件的技术转让所得；

（五）本法第三条第三款规定的所得。

第二十八条　符合条件的小型微利企业，减按 20% 的税率征收企业所得税。

国家需要重点扶持的高新技术企业，减按 15% 的税率征收企业所得税。

第二十九条　民族自治地方的自治机关对本民族自治地方的企业应缴纳的企业所得税中属于地方分享的部分，可以决定减征或者免征。自治州、自治县决定减征或者免征的，须报省、自治区、直辖市人民政府批准。

第三十条　企业的下列支出，可以在计算应纳税所得额时加计扣除：

（一）开发新技术、新产品、新工艺发生的研究开发费用；

（二）安置残疾人员及国家鼓励安置的其他就业人员所支付的工资。

第三十一条　创业投资企业从事国家需要重点扶持和鼓励的创业投资，可以按投资额的一定比例抵扣应纳税所得额。

第三十二条　企业的固定资产由于技术进步等原因，确需加速折旧的，可以缩短折旧年限或者采取加速折旧的方法。

第三十三条　企业综合利用资源，生产符合国家产业政策规定的产品所取得的收入，可以在计算应纳税所得额时减计收入。

第三十四条　企业购置用于环境保护、节能节水、安全生产等专用设备的投资额，可以按一定比例实行税额抵免。

第三十五条　本法规定的税收优惠的具体办法，由国务院规定。

第三十六条　根据国民经济和社会发展的需要，或者由于突发事件等原因对企业经营活动产生重大影响的，国务院可以制定企业所得税专项优惠政策，报全国人民代表大会常务委员会备案。

第五章　源泉扣缴

第三十七条　对非居民企业取得本法第三条第三款规定的所得应缴纳的所得税，实行源泉扣缴，以支付人为扣缴义务人。税款由扣缴义务人在每次支付或者到期应支付时，从支付或者到期应支付的款项中扣缴。

第三十八条　对非居民企业在中国境内取得工程作业和劳务所得应缴纳的所得税，税务机关可以指定工程价款或者劳务费的支付人为扣缴义务人。

第三十九条　依照本法第三十七条、第三十八条规定应当扣缴的所得税，扣缴义务人未依法扣缴或者无法履行扣缴义务的，由纳税人在所得发生地缴纳。纳税人未依法缴纳的，税务机关可以从该纳税人在中国境内其他收入项目的支付人应付的款项中，追缴该纳税人的应纳税款。

第四十条 扣缴义务人每次代扣的税款，应当自代扣之日起七日内缴入国库，并向所在地的税务机关报送扣缴企业所得税报告表。

第六章　特别纳税调整

第四十一条 企业与其关联方之间的业务往来，不符合独立交易原则而减少企业或者其关联方应纳税收入或者所得额的，税务机关有权按照合理方法调整。

企业与其关联方共同开发、受让无形资产，或者共同提供、接受劳务发生的成本，在计算应纳税所得额时应当按照独立交易原则进行分摊。

第四十二条 企业可以向税务机关提出与其关联方之间业务往来的定价原则和计算方法，税务机关与企业协商、确认后，达成预约定价安排。

第四十三条 企业向税务机关报送年度企业所得税纳税申报表时，应当就其与关联方之间的业务往来，附送年度关联业务往来报告表。

税务机关在进行关联业务调查时，企业及其关联方，以及与关联业务调查有关的其他企业，应当按照规定提供相关资料。

第四十四条 企业不提供与其关联方之间业务往来资料，或者提供虚假、不完整资料，未能真实反映其关联业务往来情况的，税务机关有权依法核定其应纳税所得额。

第四十五条 由居民企业，或者由居民企业和中国居民控制的设立在实际税负明显低于本法第四条第一款规定税率水平的国家（地区）的企业，并非由于合理的经营需要而对利润不作分配或者减少分配的，上述利润中应归属于该居民企业的部分，应当计入该居民企业的当期收入。

第四十六条 企业从其关联方接受的债权性投资与权益性投资的比例超过规定标准而发生的利息支出，不得在计算应纳税所得额时扣除。

第四十七条 企业实施其他不具有合理商业目的的安排而减少其应纳税收入或者所得额的，税务机关有权按照合理方法调整。

第四十八条 税务机关依照本章规定作出纳税调整，需要补征税款的，应当补征税款，并按照国务院规定加收利息。

第七章　征收管理

第四十九条 企业所得税的征收管理除本法规定外，依照《中华人民共和国税收征收管理法》的规定执行。

第五十条 除税收法律、行政法规另有规定外，居民企业以企业登记注册地为纳税地点；但登记注册地在境外的，以实际管理机构所在地为纳税地点。

居民企业在中国境内设立不具有法人资格的营业机构的，应当汇总计算并缴纳企业所得税。

第五十一条　非居民企业取得本法第三条第二款规定的所得，以机构、场所所在地为纳税地点。非居民企业在中国境内设立两个或者两个以上机构、场所的，经税务机关审核批准，可以选择由其主要机构、场所汇总缴纳企业所得税。

非居民企业取得本法第三条第三款规定的所得，以扣缴义务人所在地为纳税地点。

第五十二条　除国务院另有规定外，企业之间不得合并缴纳企业所得税。

第五十三条　企业所得税按纳税年度计算。纳税年度自公历 1 月 1 日起至 12 月 31 日止。

企业在一个纳税年度中间开业，或者终止经营活动，使该纳税年度的实际经营期不足十二个月的，应当以其实际经营期为一个纳税年度。

企业依法清算时，应当以清算期间作为一个纳税年度。

第五十四条　企业所得税分月或者分季预缴。

企业应当自月份或者季度终了之日起十五日内，向税务机关报送预缴企业所得税纳税申报表，预缴税款。

企业应当自年度终了之日起五个月内，向税务机关报送年度企业所得税纳税申报表，并汇算清缴，结清应缴应退税款。

企业在报送企业所得税纳税申报表时，应当按照规定附送财务会计报告和其他有关资料。

第五十五条　企业在年度中间终止经营活动的，应当自实际经营终止之日起六十日内，向税务机关办理当期企业所得税汇算清缴。

企业应当在办理注销登记前，就其清算所得向税务机关申报并依法缴纳企业所得税。

第五十六条　依照本法缴纳的企业所得税，以人民币计算。所得以人民币以外的货币计算的，应当折合成人民币计算并缴纳税款。

第八章　附　则

第五十七条　本法公布前已经批准设立的企业，依照当时的税收法律、行政法规规定，享受低税率优惠的，按照国务院规定，可以在本法施行后五年内，逐步过渡到本法规定的税率；享受定期减免税优惠的，按照国务院规定，可以在本法施行后继续享受到期满为止，但因未获利而尚未享受优惠的，优惠期限从本法施行年度起计算。

法律设置的发展对外经济合作和技术交流的特定地区内，以及国务院已规定执行上述地区特殊政策的地区内新设立的国家需要重点扶持的高新技术企业，可以享受过渡性税收优惠，具体办法由国务院规定。

国家已确定的其他鼓励类企业，可以按照国务院规定享受减免税优惠。

第五十八条 中华人民共和国政府同外国政府订立的有关税收的协定与本法有不同规定的，依照协定的规定办理。

第五十九条 国务院根据本法制定实施条例。

第六十条 本法自 2008 年 1 月 1 日起施行。1991 年 4 月 9 日第七届全国人民代表大会第四次会议通过的《中华人民共和国外商投资企业和外国企业所得税法》和1993 年 12 月 13 日国务院发布的《中华人民共和国企业所得税暂行条例》同时废止。

中华人民共和国企业所得税法实施条例

中华人民共和国国务院令第 512 号　2007 年 12 月 6 日　全文有效

《中华人民共和国企业所得税法实施条例》已经 2007 年 11 月 28 日国务院第 197 次常务会议通过，现予公布，自 2008 年 1 月 1 日起施行。

第一章　总　则

第一条　根据《中华人民共和国企业所得税法》（以下简称企业所得税法）的规定，制定本条例。

第二条　企业所得税法第一条所称个人独资企业、合伙企业，是指依照中国法律、行政法规成立的个人独资企业、合伙企业。

第三条　企业所得税法第二条所称依法在中国境内成立的企业，包括依照中国法律、行政法规在中国境内成立的企业、事业单位、社会团体以及其他取得收入的组织。

企业所得税法第二条所称依照外国（地区）法律成立的企业，包括依照外国（地区）法律成立的企业和其他取得收入的组织。

第四条　企业所得税法第二条所称实际管理机构，是指对企业的生产经营、人员、账务、财产等实施实质性全面管理和控制的机构。

第五条　企业所得税法第二条第三款所称机构、场所，是指在中国境内从事生产经营活动的机构、场所，包括：

（一）管理机构、营业机构、办事机构；

（二）工厂、农场、开采自然资源的场所；

（三）提供劳务的场所；

（四）从事建筑、安装、装配、修理、勘探等工程作业的场所；

（五）其他从事生产经营活动的机构、场所。

非居民企业委托营业代理人在中国境内从事生产经营活动的，包括委托单位或者个人经常代其签订合同，或者储存、交付货物等，该营业代理人视为非居民企业在中国境内设立的机构、场所。

第六条　企业所得税法第三条所称所得，包括销售货物所得、提供劳务所得、转让财产所得、股息红利等权益性投资所得、利息所得、租金所得、特许权使用费所得、接受捐赠所得和其他所得。

第七条 企业所得税法第三条所称来源于中国境内、境外的所得，按照以下原则确定：

（一）销售货物所得，按照交易活动发生地确定；

（二）提供劳务所得，按照劳务发生地确定；

（三）转让财产所得，不动产转让所得按照不动产所在地确定，动产转让所得按照转让动产的企业或者机构、场所所在地确定，权益性投资资产转让所得按照被投资企业所在地确定；

（四）股息、红利等权益性投资所得，按照分配所得的企业所在地确定；

（五）利息所得、租金所得、特许权使用费所得，按照负担、支付所得的企业或者机构、场所所在地确定，或者按照负担、支付所得的个人的住所地确定；

（六）其他所得，由国务院财政、税务主管部门确定。

第八条 企业所得税法第三条所称实际联系，是指非居民企业在中国境内设立的机构、场所拥有据以取得所得的股权、债权，以及拥有、管理、控制据以取得所得的财产等。

第二章 应纳税所得额

第一节 一般规定

第九条 企业应纳税所得额的计算，以权责发生制为原则，属于当期的收入和费用，不论款项是否收付，均作为当期的收入和费用；不属于当期的收入和费用，即使款项已经在当期收付，均不作为当期的收入和费用。本条例和国务院财政、税务主管部门另有规定的除外。

第十条 企业所得税法第五条所称亏损，是指企业依照企业所得税法和本条例的规定将每一纳税年度的收入总额减除不征税收入、免税收入和各项扣除后小于零的数额。

第十一条 企业所得税法第五十五条所称清算所得，是指企业的全部资产可变现价值或者交易价格减除资产净值、清算费用以及相关税费等后的余额。

投资方企业从被清算企业分得的剩余资产，其中相当于从被清算企业累计未分配利润和累计盈余公积中应当分得的部分，应当确认为股息所得；剩余资产减除上述股息所得后的余额，超过或者低于投资成本的部分，应当确认为投资资产转让所得或者损失。

第二节 收 入

第十二条 企业所得税法第六条所称企业取得收入的货币形式，包括现金、存款、应收账款、应收票据、准备持有至到期的债券投资以及债务的豁免等。

企业所得税法第六条所称企业取得收入的非货币形式，包括固定资产、生物资产、无形资产、股权投资、存货、不准备持有至到期的债券投资、劳务以及有关权益等。

第十三条　企业所得税法第六条所称企业以非货币形式取得的收入，应当按照公允价值确定收入额。

前款所称公允价值，是指按照市场价格确定的价值。

第十四条　企业所得税法第六条第（一）项所称销售货物收入，是指企业销售商品、产品、原材料、包装物、低值易耗品以及其他存货取得的收入。

第十五条　企业所得税法第六条第（二）项所称提供劳务收入，是指企业从事建筑安装、修理修配、交通运输、仓储租赁、金融保险、邮电通信、咨询经纪、文化体育、科学研究、技术服务、教育培训、餐饮住宿、中介代理、卫生保健、社区服务、旅游、娱乐、加工以及其他劳务服务活动取得的收入。

第十六条　企业所得税法第六条第（三）项所称转让财产收入，是指企业转让固定资产、生物资产、无形资产、股权、债权等财产取得的收入。

第十七条　企业所得税法第六条第（四）项所称股息、红利等权益性投资收益，是指企业因权益性投资从被投资方取得的收入。

股息、红利等权益性投资收益，除国务院财政、税务主管部门另有规定外，按照被投资方作出利润分配决定的日期确认收入的实现。

第十八条　企业所得税法第六条第（五）项所称利息收入，是指企业将资金提供他人使用但不构成权益性投资，或者因他人占用本企业资金取得的收入，包括存款利息、贷款利息、债券利息、欠款利息等收入。

利息收入，按照合同约定的债务人应付利息的日期确认收入的实现。

第十九条　企业所得税法第六条第（六）项所称租金收入，是指企业提供固定资产、包装物或者其他有形资产的使用权取得的收入。

租金收入，按照合同约定的承租人应付租金的日期确认收入的实现。

第二十条　企业所得税法第六条第（七）项所称特许权使用费收入，是指企业提供专利权、非专利技术、商标权、著作权以及其他特许权的使用权取得的收入。

特许权使用费收入，按照合同约定的特许权使用人应付特许权使用费的日期确认收入的实现。

第二十一条　企业所得税法第六条第（八）项所称接受捐赠收入，是指企业接受的来自其他企业、组织或者个人无偿给予的货币性资产、非货币性资产。

接受捐赠收入，按照实际收到捐赠资产的日期确认收入的实现。

第二十二条　企业所得税法第六条第（九）项所称其他收入，是指企业取得的除企业所得税法第六条第（一）项至第（八）项规定的收入外的其他收入，包括企业资产溢余收入、逾期未退包装物押金收入、确实无法偿付的应付款项、已作坏账损失处理后又收回的应收款项、债务重组收入、补贴收入、违约金收入、汇兑收益等。

第二十三条 企业的下列生产经营业务可以分期确认收入的实现：

（一）以分期收款方式销售货物的，按照合同约定的收款日期确认收入的实现；

（二）企业受托加工制造大型机械设备、船舶、飞机，以及从事建筑、安装、装配工程业务或者提供其他劳务等，持续时间超过 12 个月的，按照纳税年度内完工进度或者完成的工作量确认收入的实现。

第二十四条 采取产品分成方式取得收入的，按照企业分得产品的日期确认收入的实现，其收入额按照产品的公允价值确定。

第二十五条 企业发生非货币性资产交换，以及将货物、财产、劳务用于捐赠、偿债、赞助、集资、广告、样品、职工福利或者利润分配等用途的，应当视同销售货物、转让财产或者提供劳务，但国务院财政、税务主管部门另有规定的除外。

第二十六条 企业所得税法第七条第（一）项所称财政拨款，是指各级人民政府对纳入预算管理的事业单位、社会团体等组织拨付的财政资金，但国务院和国务院财政、税务主管部门另有规定的除外。

企业所得税法第七条第（二）项所称行政事业性收费，是指依照法律法规等有关规定，按照国务院规定程序批准，在实施社会公共管理，以及在向公民、法人或者其他组织提供特定公共服务过程中，向特定对象收取并纳入财政管理的费用。

企业所得税法第七条第（二）项所称政府性基金，是指企业依照法律、行政法规等有关规定，代政府收取的具有专项用途的财政资金。

企业所得税法第七条第（三）项所称国务院规定的其他不征税收入，是指企业取得的，由国务院财政、税务主管部门规定专项用途并经国务院批准的财政性资金。

第三节 扣 除

第二十七条 企业所得税法第八条所称有关的支出，是指与取得收入直接相关的支出。

企业所得税法第八条所称合理的支出，是指符合生产经营活动常规，应当计入当期损益或者有关资产成本的必要和正常的支出。

第二十八条 企业发生的支出应当区分收益性支出和资本性支出。收益性支出在发生当期直接扣除；资本性支出应当分期扣除或者计入有关资产成本，不得在发生当期直接扣除。

企业的不征税收入用于支出所形成的费用或者财产，不得扣除或者计算对应的折旧、摊销扣除。

除企业所得税法和本条例另有规定外，企业实际发生的成本、费用、税金、损失和其他支出，不得重复扣除。

　　第二十九条　企业所得税法第八条所称成本，是指企业在生产经营活动中发生的销售成本、销货成本、业务支出以及其他耗费。

　　第三十条　企业所得税法第八条所称费用，是指企业在生产经营活动中发生的销售费用、管理费用和财务费用，已经计入成本的有关费用除外。

　　第三十一条　企业所得税法第八条所称税金，是指企业发生的除企业所得税和允许抵扣的增值税以外的各项税金及其附加。

　　第三十二条　企业所得税法第八条所称损失，是指企业在生产经营活动中发生的固定资产和存货的盘亏、毁损、报废损失，转让财产损失，呆账损失，坏账损失，自然灾害等不可抗力因素造成的损失以及其他损失。

　　企业发生的损失，减除责任人赔偿和保险赔款后的余额，依照国务院财政、税务主管部门的规定扣除。

　　企业已经作为损失处理的资产，在以后纳税年度又全部收回或者部分收回时，应当计入当期收入。

　　第三十三条　企业所得税法第八条所称其他支出，是指除成本、费用、税金、损失外，企业在生产经营活动中发生的与生产经营活动有关的、合理的支出。

　　第三十四条　企业发生的合理的工资薪金支出，准予扣除。

　　前款所称工资薪金，是指企业每一纳税年度支付给在本企业任职或者受雇的员工的所有现金形式或者非现金形式的劳动报酬，包括基本工资、奖金、津贴、补贴、年终加薪、加班工资，以及与员工任职或者受雇有关的其他支出。

　　第三十五条　企业依照国务院有关主管部门或者省级人民政府规定的范围和标准为职工缴纳的基本养老保险费、基本医疗保险费、失业保险费、工伤保险费、生育保险费等基本社会保险费和住房公积金，准予扣除。

　　企业为投资者或者职工支付的补充养老保险费、补充医疗保险费，在国务院财政、税务主管部门规定的范围和标准内，准予扣除。

　　第三十六条　除企业依照国家有关规定为特殊工种职工支付的人身安全保险费和国务院财政、税务主管部门规定可以扣除的其他商业保险费外，企业为投资者或者职工支付的商业保险费，不得扣除。

　　第三十七条　企业在生产经营活动中发生的合理的不需要资本化的借款费用，准予扣除。

　　企业为购置、建造固定资产、无形资产和经过 12 个月以上的建造才能达到预定可销售状态的存货发生借款的，在有关资产购置、建造期间发生的合理的借款费用，应当作为资本性支出计入有关资产的成本，并依照本条例的规定扣除。

　　第三十八条　企业在生产经营活动中发生的下列利息支出，准予扣除：

（一）非金融企业向金融企业借款的利息支出、金融企业的各项存款利息支出和同业拆借利息支出、企业经批准发行债券的利息支出；

（二）非金融企业向非金融企业借款的利息支出，不超过按照金融企业同期同类贷款利率计算的数额的部分。

第三十九条 企业在货币交易中，以及纳税年度终了时将人民币以外的货币性资产、负债按照期末即期人民币汇率中间价折算为人民币时产生的汇兑损失，除已经计入有关资产成本以及与向所有者进行利润分配相关的部分外，准予扣除。

第四十条 企业发生的职工福利费支出，不超过工资薪金总额14%的部分，准予扣除。

第四十一条 企业拨缴的工会经费，不超过工资薪金总额2%的部分，准予扣除。

第四十二条 除国务院财政、税务主管部门另有规定外，企业发生的职工教育经费支出，不超过工资薪金总额2.5%的部分，准予扣除；超过部分，准予在以后纳税年度结转扣除。

第四十三条 企业发生的与生产经营活动有关的业务招待费支出，按照发生额的60%扣除，但最高不得超过当年销售（营业）收入的5‰。

第四十四条 企业发生的符合条件的广告费和业务宣传费支出，除国务院财政、税务主管部门另有规定外，不超过当年销售（营业）收入15%的部分，准予扣除；超过部分，准予在以后纳税年度结转扣除。

第四十五条 企业依照法律、行政法规有关规定提取的用于环境保护、生态恢复等方面的专项资金，准予扣除。上述专项资金提取后改变用途的，不得扣除。

第四十六条 企业参加财产保险，按照规定缴纳的保险费，准予扣除。

第四十七条 企业根据生产经营活动的需要租入固定资产支付的租赁费，按照以下方法扣除：

（一）以经营租赁方式租入固定资产发生的租赁费支出，按照租赁期限均匀扣除；

（二）以融资租赁方式租入固定资产发生的租赁费支出，按照规定构成融资租入固定资产价值的部分应当提取折旧费用，分期扣除。

第四十八条 企业发生的合理的劳动保护支出，准予扣除。

第四十九条 企业之间支付的管理费、企业内营业机构之间支付的租金和特许权使用费，以及非银行企业内营业机构之间支付的利息，不得扣除。

第五十条 非居民企业在中国境内设立的机构、场所，就其中国境外总机构发生的与该机构、场所生产经营有关的费用，能够提供总机构出具的费用汇集范围、定额、分配依据和方法等证明文件，并合理分摊的，准予扣除。

第五十一条 企业所得税法第九条所称公益性捐赠，是指企业通过公益性社会团体或者县级以上人民政府及其部门，用于《中华人民共和国公益事业捐赠法》规定的公益事业的捐赠。

第五十二条 本条例第五十一条所称公益性社会团体，是指同时符合下列条件的基金会、慈善组织等社会团体：

（一）依法登记，具有法人资格；

（二）以发展公益事业为宗旨，且不以营利为目的；

（三）全部资产及其增值为该法人所有；

（四）收益和营运结余主要用于符合该法人设立目的的事业；

（五）终止后的剩余财产不归属任何个人或者营利组织；

（六）不经营与其设立目的无关的业务；

（七）有健全的财务会计制度；

（八）捐赠者不以任何形式参与社会团体财产的分配；

（九）国务院财政、税务主管部门会同国务院民政部门等登记管理部门规定的其他条件。

第五十三条 企业发生的公益性捐赠支出，不超过年度利润总额12%的部分，准予扣除。

年度利润总额，是指企业依照国家统一会计制度的规定计算的年度会计利润。

第五十四条 企业所得税法第十条第（六）项所称赞助支出，是指企业发生的与生产经营活动无关的各种非广告性质支出。

第五十五条 企业所得税法第十条第（七）项所称未经核定的准备金支出，是指不符合国务院财政、税务主管部门规定的各项资产减值准备、风险准备等准备金支出。

第四节 资产的税务处理

第五十六条 企业的各项资产，包括固定资产、生物资产、无形资产、长期待摊费用、投资资产、存货等，以历史成本为计税基础。

前款所称历史成本，是指企业取得该项资产时实际发生的支出。

企业持有各项资产期间资产增值或者减值，除国务院财政、税务主管部门规定可以确认损益外，不得调整该资产的计税基础。

第五十七条 企业所得税法第十一条所称固定资产，是指企业为生产产品、提供劳务、出租或者经营管理而持有的、使用时间超过12个月的非货币性资产，包括房屋、建筑物、机器、机械、运输工具以及其他与生产经营活动有关的设备、器具、工具等。

第五十八条 固定资产按照以下方法确定计税基础：

（一）外购的固定资产，以购买价款和支付的相关税费以及直接归属于使该资产达到预定用途发生的其他支出为计税基础；

（二）自行建造的固定资产，以竣工结算前发生的支出为计税基础；

（三）融资租入的固定资产，以租赁合同约定的付款总额和承租人在签订租赁合同过程中发生的相关费用为计税基础，租赁合同未约定付款总额的，以该资产的公允价值和承租人在签订租赁合同过程中发生的相关费用为计税基础；

（四）盘盈的固定资产，以同类固定资产的重置完全价值为计税基础；

（五）通过捐赠、投资、非货币性资产交换、债务重组等方式取得的固定资产，以该资产的公允价值和支付的相关税费为计税基础；

（六）改建的固定资产，除企业所得税法第十三条第（一）项和第（二）项规定的支出外，以改建过程中发生的改建支出增加计税基础。

第五十九条 固定资产按照直线法计算的折旧，准予扣除。

企业应当自固定资产投入使用月份的次月起计算折旧；停止使用的固定资产，应当自停止使用月份的次月起停止计算折旧。

企业应当根据固定资产的性质和使用情况，合理确定固定资产的预计净残值。固定资产的预计净残值一经确定，不得变更。

第六十条 除国务院财政、税务主管部门另有规定外，固定资产计算折旧的最低年限如下：

（一）房屋、建筑物，为 20 年；

（二）飞机、火车、轮船、机器、机械和其他生产设备，为 10 年；

（三）与生产经营活动有关的器具、工具、家具等，为 5 年；

（四）飞机、火车、轮船以外的运输工具，为 4 年；

（五）电子设备，为 3 年。

第六十一条 从事开采石油、天然气等矿产资源的企业，在开始商业性生产前发生的费用和有关固定资产的折耗、折旧方法，由国务院财政、税务主管部门另行规定。

第六十二条 生产性生物资产按照以下方法确定计税基础：

（一）外购的生产性生物资产，以购买价款和支付的相关税费为计税基础；

（二）通过捐赠、投资、非货币性资产交换、债务重组等方式取得的生产性生物资产，以该资产的公允价值和支付的相关税费为计税基础。

前款所称生产性生物资产，是指企业为生产农产品、提供劳务或者出租等而持有的生物资产，包括经济林、薪炭林、产畜和役畜等。

第六十三条 生产性生物资产按照直线法计算的折旧，准予扣除。

企业应当自生产性生物资产投入使用月份的次月起计算折旧；停止使用的生产性生物资产，应当自停止使用月份的次月起停止计算折旧。

企业应当根据生产性生物资产的性质和使用情况，合理确定生产性生物资产的预计净残值。生产性生物资产的预计净残值一经确定，不得变更。

第六十四条　生产性生物资产计算折旧的最低年限如下：

（一）林木类生产性生物资产，为 10 年；

（二）畜类生产性生物资产，为 3 年。

第六十五条　企业所得税法第十二条所称无形资产，是指企业为生产产品、提供劳务、出租或者经营管理而持有的、没有实物形态的非货币性长期资产，包括专利权、商标权、著作权、土地使用权、非专利技术、商誉等。

第六十六条　无形资产按照以下方法确定计税基础：

（一）外购的无形资产，以购买价款和支付的相关税费以及直接归属于使该资产达到预定用途发生的其他支出为计税基础；

（二）自行开发的无形资产，以开发过程中该资产符合资本化条件后至达到预定用途前发生的支出为计税基础；

（三）通过捐赠、投资、非货币性资产交换、债务重组等方式取得的无形资产，以该资产的公允价值和支付的相关税费为计税基础。

第六十七条　无形资产按照直线法计算的摊销费用，准予扣除。

无形资产的摊销年限不得低于 10 年。

作为投资或者受让的无形资产，有关法律规定或者合同约定了使用年限的，可以按照规定或者约定的使用年限分期摊销。

外购商誉的支出，在企业整体转让或者清算时，准予扣除。

第六十八条　企业所得税法第十三条第（一）项和第（二）项所称固定资产的改建支出，是指改变房屋或者建筑物结构、延长使用年限等发生的支出。

企业所得税法第十三条第（一）项规定的支出，按照固定资产预计尚可使用年限分期摊销；第（二）项规定的支出，按照合同约定的剩余租赁期限分期摊销。

改建的固定资产延长使用年限的，除企业所得税法第十三条第（一）项和第（二）项规定外，应当适当延长折旧年限。

第六十九条　企业所得税法第十三条第（三）项所称固定资产的大修理支出，是指同时符合下列条件的支出：

（一）修理支出达到取得固定资产时的计税基础50%以上；

（二）修理后固定资产的使用年限延长 2 年以上。

企业所得税法第十三条第（三）项规定的支出，按照固定资产尚可使用年限分期摊销。

第七十条　企业所得税法第十三条第（四）项所称其他应当作为长期待摊费用的支出，自支出发生月份的次月起，分期摊销，摊销年限不得低于 3 年。

第七十一条　企业所得税法第十四条所称投资资产，是指企业对外进行权益性投资和债权性投资形成的资产。

企业在转让或者处置投资资产时，投资资产的成本，准予扣除。

投资资产按照以下方法确定成本：

（一）通过支付现金方式取得的投资资产，以购买价款为成本；

（二）通过支付现金以外的方式取得的投资资产，以该资产的公允价值和支付的相关税费为成本。

第七十二条 企业所得税法第十五条所称存货，是指企业持有以备出售的产品或者商品、处在生产过程中的在产品、在生产或者提供劳务过程中耗用的材料和物料等。

存货按照以下方法确定成本：

（一）通过支付现金方式取得的存货，以购买价款和支付的相关税费为成本；

（二）通过支付现金以外的方式取得的存货，以该存货的公允价值和支付的相关税费为成本；

（三）生产性生物资产收获的农产品，以产出或者采收过程中发生的材料费、人工费和分摊的间接费用等必要支出为成本。

第七十三条 企业使用或者销售的存货的成本计算方法，可以在先进先出法、加权平均法、个别计价法中选用一种。计价方法一经选用，不得随意变更。

第七十四条 企业所得税法第十六条所称资产的净值和第十九条所称财产净值，是指有关资产、财产的计税基础减除已经按照规定扣除的折旧、折耗、摊销、准备金等后的余额。

第七十五条 除国务院财政、税务主管部门另有规定外，企业在重组过程中，应当在交易发生时确认有关资产的转让所得或者损失，相关资产应当按照交易价格重新确定计税基础。

第三章 应纳税额

第七十六条 企业所得税法第二十二条规定的应纳税额的计算公式为：

应纳税额＝应纳税所得额×适用税率－减免税额－抵免税额

公式中的减免税额和抵免税额，是指依照企业所得税法和国务院的税收优惠规定减征、免征和抵免的应纳税额。

第七十七条 企业所得税法第二十三条所称已在境外缴纳的所得税税额，是指企业来源于中国境外的所得依照中国境外税收法律以及相关规定应当缴纳并已经实际缴纳的企业所得税性质的税款。

第七十八条 企业所得税法第二十三条所称抵免限额，是指企业来源于中国境外的所得，依照企业所得税法和本条例的规定计算的应纳税额。除国务院财政、税务主管部门另有规定外，该抵免限额应当分国（地区）不分项计算，计算公式如下：

抵免限额＝中国境内、境外所得依照企业所得税法和本条例的规定计算的应纳税总额×来源于某国（地区）的应纳税所得额÷中国境内、境外应纳税所得总额

第七十九条　企业所得税法第二十三条所称 5 个年度，是指从企业取得的来源于中国境外的所得，已经在中国境外缴纳的企业所得税性质的税额超过抵免限额的当年的次年起连续 5 个纳税年度。

第八十条　企业所得税法第二十四条所称直接控制，是指居民企业直接持有外国企业 20% 以上股份。

企业所得税法第二十四条所称间接控制，是指居民企业以间接持股方式持有外国企业 20% 以上股份，具体认定办法由国务院财政、税务主管部门另行制定。

第八十一条　企业依照企业所得税法第二十三条、第二十四条的规定抵免企业所得税税额时，应当提供中国境外税务机关出具的税款所属年度的有关纳税凭证。

第四章　税收优惠

第八十二条　企业所得税法第二十六条第（一）项所称国债利息收入，是指企业持有国务院财政部门发行的国债取得的利息收入。

第八十三条　企业所得税法第二十六条第（二）项所称符合条件的居民企业之间的股息、红利等权益性投资收益，是指居民企业直接投资于其他居民企业取得的投资收益。企业所得税法第二十六条第（二）项和第（三）项所称股息、红利等权益性投资收益，不包括连续持有居民企业公开发行并上市流通的股票不足 12 个月取得的投资收益。

第八十四条　企业所得税法第二十六条第（四）项所称符合条件的非营利组织，是指同时符合下列条件的组织：

（一）依法履行非营利组织登记手续；

（二）从事公益性或者非营利性活动；

（三）取得的收入除用于与该组织有关的、合理的支出外，全部用于登记核定或者章程规定的公益性或者非营利性事业；

（四）财产及其孳息不用于分配；

（五）按照登记核定或者章程规定，该组织注销后的剩余财产用于公益性或者非营利性目的，或者由登记管理机关转赠给与该组织性质、宗旨相同的组织，并向社会公告；

（六）投入人对投入该组织的财产不保留或者享有任何财产权利；

（七）工作人员工资福利开支控制在规定的比例内，不变相分配该组织的财产。

前款规定的非营利组织的认定管理办法由国务院财政、税务主管部门会同国务院

有关部门制定。

第八十五条 企业所得税法第二十六条第（四）项所称符合条件的非营利组织的收入，不包括非营利组织从事营利性活动取得的收入，但国务院财政、税务主管部门另有规定的除外。

第八十六条 企业所得税法第二十七条第（一）项规定的企业从事农、林、牧、渔业项目的所得，可以免征、减征企业所得税，是指：

（一）企业从事下列项目的所得，免征企业所得税：

1. 蔬菜、谷物、薯类、油料、豆类、棉花、麻类、糖料、水果、坚果的种植；

2. 农作物新品种的选育；

3. 中药材的种植；

4. 林木的培育和种植；

5. 牲畜、家禽的饲养；

6. 林产品的采集；

7. 灌溉、农产品初加工、兽医、农技推广、农机作业和维修等农、林、牧、渔服务业项目；

8. 远洋捕捞。

（二）企业从事下列项目的所得，减半征收企业所得税：

1. 花卉、茶以及其他饮料作物和香料作物的种植；

2. 海水养殖、内陆养殖。

企业从事国家限制和禁止发展的项目，不得享受本条规定的企业所得税优惠。

第八十七条 企业所得税法第二十七条第（二）项所称国家重点扶持的公共基础设施项目，是指《公共基础设施项目企业所得税优惠目录》规定的港口码头、机场、铁路、公路、城市公共交通、电力、水利等项目。

企业从事前款规定的国家重点扶持的公共基础设施项目的投资经营的所得，自项目取得第一笔生产经营收入所属纳税年度起，第一年至第三年免征企业所得税，第四年至第六年减半征收企业所得税。

企业承包经营、承包建设和内部自建自用本条规定的项目，不得享受本条规定的企业所得税优惠。

第八十八条 企业所得税法第二十七条第（三）项所称符合条件的环境保护、节能节水项目，包括公共污水处理、公共垃圾处理、沼气综合开发利用、节能减排技术改造、海水淡化等。项目的具体条件和范围由国务院财政、税务主管部门商国务院有关部门制订，报国务院批准后公布施行。

企业从事前款规定的符合条件的环境保护、节能节水项目的所得，自项目取得第一笔生产经营收入所属纳税年度起，第一年至第三年免征企业所得税，第四年至第六年减半征收企业所得税。

第八十九条　依照本条例第八十七条和第八十八条规定享受减免税优惠的项目，在减免税期限内转让的，受让方自受让之日起，可以在剩余期限内享受规定的减免税优惠；减免税期限届满后转让的，受让方不得就该项目重复享受减免税优惠。

第九十条　企业所得税法第二十七条第（四）项所称符合条件的技术转让所得免征、减征企业所得税，是指一个纳税年度内，居民企业技术转让所得不超过 500 万元的部分，免征企业所得税；超过 500 万元的部分，减半征收企业所得税。

第九十一条　非居民企业取得企业所得税法第二十七条第（五）项规定的所得，减按 10% 的税率征收企业所得税。

下列所得可以免征企业所得税：

（一）外国政府向中国政府提供贷款取得的利息所得；

（二）国际金融组织向中国政府和居民企业提供优惠贷款取得的利息所得；

（三）经国务院批准的其他所得。

第九十二条　企业所得税法第二十八条第一款所称符合条件的小型微利企业，是指从事国家非限制和禁止行业，并符合下列条件的企业：

（一）工业企业，年度应纳税所得额不超过 30 万元，从业人数不超过 100 人，资产总额不超过 3000 万元；

（二）其他企业，年度应纳税所得额不超过 30 万元，从业人数不超过 80 人，资产总额不超过 1000 万元。

第九十三条　企业所得税法第二十八条第二款所称国家需要重点扶持的高新技术企业，是指拥有核心自主知识产权，并同时符合下列条件的企业：

（一）产品（服务）属于《国家重点支持的高新技术领域》规定的范围；

（二）研究开发费用占销售收入的比例不低于规定比例；

（三）高新技术产品（服务）收入占企业总收入的比例不低于规定比例；

（四）科技人员占企业职工总数的比例不低于规定比例；

（五）高新技术企业认定管理办法规定的其他条件。

《国家重点支持的高新技术领域》和高新技术企业认定管理办法由国务院科技、财政、税务主管部门商国务院有关部门制订，报国务院批准后公布施行。

第九十四条　企业所得税法第二十九条所称民族自治地方，是指依照《中华人民共和国民族区域自治法》的规定，实行民族区域自治的自治区、自治州、自治县。

对民族自治地方内国家限制和禁止行业的企业，不得减征或者免征企业所得税。

第九十五条　企业所得税法第三十条第（一）项所称研究开发费用的加计扣除，是指企业为开发新技术、新产品、新工艺发生的研究开发费用，未形成无形资产计入当期损益的，在按照规定据实扣除的基础上，按照研究开发费用的 50% 加计扣除；形成无形资产的，按照无形资产成本的 150% 摊销。

第九十六条 企业所得税法第三十条第（二）项所称企业安置残疾人员所支付的工资的加计扣除，是指企业安置残疾人员的，在按照支付给残疾职工工资据实扣除的基础上，按照支付给残疾职工工资的 100% 加计扣除。残疾人员的范围适用《中华人民共和国残疾人保障法》的有关规定。

企业所得税法第三十条第（二）项所称企业安置国家鼓励安置的其他就业人员所支付的工资的加计扣除办法，由国务院另行规定。

第九十七条 企业所得税法第三十一条所称抵扣应纳税所得额，是指创业投资企业采取股权投资方式投资于未上市的中小高新技术企业 2 年以上的，可以按照其投资额的 70% 在股权持有满 2 年的当年抵扣该创业投资企业的应纳税所得额；当年不足抵扣的，可以在以后纳税年度结转抵扣。

第九十八条 企业所得税法第三十二条所称可以采取缩短折旧年限或者采取加速折旧的方法的固定资产，包括：

（一）由于技术进步，产品更新换代较快的固定资产；

（二）常年处于强震动、高腐蚀状态的固定资产。

采取缩短折旧年限方法的，最低折旧年限不得低于本条例第六十条规定折旧年限的 60%；采取加速折旧方法的，可以采取双倍余额递减法或者年数总和法。

第九十九条 企业所得税法第三十三条所称减计收入，是指企业以《资源综合利用企业所得税优惠目录》规定的资源作为主要原材料，生产国家非限制和禁止并符合国家和行业相关标准的产品取得的收入，减按 90% 计入收入总额。

前款所称原材料占生产产品材料的比例不得低于《资源综合利用企业所得税优惠目录》规定的标准。

第一百条 企业所得税法第三十四条所称税额抵免，是指企业购置并实际使用《环境保护专用设备企业所得税优惠目录》、《节能节水专用设备企业所得税优惠目录》和《安全生产专用设备企业所得税优惠目录》规定的环境保护、节能节水、安全生产等专用设备的，该专用设备的投资额的 10% 可以从企业当年的应纳税额中抵免；当年不足抵免的，可以在以后 5 个纳税年度结转抵免。

享受前款规定的企业所得税优惠的企业，应当实际购置并自身实际投入使用前款规定的专用设备；企业购置上述专用设备在 5 年内转让、出租的，应当停止享受企业所得税优惠，并补缴已经抵免的企业所得税税款。

第一百零一条 本章第八十七条、第九十九条、第一百条规定的企业所得税优惠目录，由国务院财政、税务主管部门商国务院有关部门制订，报国务院批准后公布施行。

第一百零二条 企业同时从事适用不同企业所得税待遇的项目的，其优惠项目应当单独计算所得，并合理分摊企业的期间费用；没有单独计算的，不得享受企业所得税优惠。

第五章　源泉扣缴

第一百零三条　依照企业所得税法对非居民企业应当缴纳的企业所得税实行源泉扣缴的，应当依照企业所得税法第十九条的规定计算应纳税所得额。

企业所得税法第十九条所称收入全额，是指非居民企业向支付人收取的全部价款和价外费用。

第一百零四条　企业所得税法第三十七条所称支付人，是指依照有关法律规定或者合同约定对非居民企业直接负有支付相关款项义务的单位或者个人。

第一百零五条　企业所得税法第三十七条所称支付，包括现金支付、汇拨支付、转账支付和权益兑价支付等货币支付和非货币支付。

企业所得税法第三十七条所称到期应支付的款项，是指支付人按照权责发生制原则应当计入相关成本、费用的应付款项。

第一百零六条　企业所得税法第三十八条规定的可以指定扣缴义务人的情形，包括：

（一）预计工程作业或者提供劳务期限不足一个纳税年度，且有证据表明不履行纳税义务的；

（二）没有办理税务登记或者临时税务登记，且未委托中国境内的代理人履行纳税义务的；

（三）未按照规定期限办理企业所得税纳税申报或者预缴申报的。

前款规定的扣缴义务人，由县级以上税务机关指定，并同时告知扣缴义务人所扣税款的计算依据、计算方法、扣缴期限和扣缴方式。

第一百零七条　企业所得税法第三十九条所称所得发生地，是指依照本条例第七条规定的原则确定的所得发生地。在中国境内存在多处所得发生地的，由纳税人选择其中之一申报缴纳企业所得税。

第一百零八条　企业所得税法第三十九条所称该纳税人在中国境内其他收入，是指该纳税人在中国境内取得的其他各种来源的收入。

税务机关在追缴该纳税人应纳税款时，应当将追缴理由、追缴数额、缴纳期限和缴纳方式等告知该纳税人。

第六章　特别纳税调整

第一百零九条　企业所得税法第四十一条所称关联方，是指与企业有下列关联关系之一的企业、其他组织或者个人：

（一）在资金、经营、购销等方面存在直接或者间接的控制关系；

（二）直接或者间接地同为第三者控制；

（三）在利益上具有相关联的其他关系。

第一百一十条 企业所得税法第四十一条所称独立交易原则，是指没有关联关系的交易各方，按照公平成交价格和营业常规进行业务往来遵循的原则。

第一百一十一条 企业所得税法第四十一条所称合理方法，包括：

（一）可比非受控价格法，是指按照没有关联关系的交易各方进行相同或者类似业务往来的价格进行定价的方法；

（二）再销售价格法，是指按照从关联方购进商品再销售给没有关联关系的交易方的价格，减除相同或者类似业务的销售毛利进行定价的方法；

（三）成本加成法，是指按照成本加合理的费用和利润进行定价的方法；

（四）交易净利润法，是指按照没有关联关系的交易各方进行相同或者类似业务往来取得的净利润水平确定利润的方法；

（五）利润分割法，是指将企业与其关联方的合并利润或者亏损在各方之间采用合理标准进行分配的方法；

（六）其他符合独立交易原则的方法。

第一百一十二条 企业可以依照企业所得税法第四十一条第二款的规定，按照独立交易原则与其关联方分摊共同发生的成本，达成成本分摊协议。

企业与其关联方分摊成本时，应当按照成本与预期收益相配比的原则进行分摊，并在税务机关规定的期限内，按照税务机关的要求报送有关资料。

企业与其关联方分摊成本时违反本条第一款、第二款规定的，其自行分摊的成本不得在计算应纳税所得额时扣除。

第一百一十三条 企业所得税法第四十二条所称预约定价安排，是指企业就其未来年度关联交易的定价原则和计算方法，向税务机关提出申请，与税务机关按照独立交易原则协商、确认后达成的协议。

第一百一十四条 企业所得税法第四十三条所称相关资料，包括：

（一）与关联业务往来有关的价格、费用的制定标准、计算方法和说明等同期资料；

（二）关联业务往来所涉及的财产、财产使用权、劳务等的再销售（转让）价格或者最终销售（转让）价格的相关资料；

（三）与关联业务调查有关的其他企业应当提供的与被调查企业可比的产品价格、定价方式以及利润水平等资料；

（四）其他与关联业务往来有关的资料。

企业所得税法第四十三条所称与关联业务调查有关的其他企业，是指与被调查企业在生产经营内容和方式上相类似的企业。

企业应当在税务机关规定的期限内提供与关联业务往来有关的价格、费用的制定标准、计算方法和说明等资料。关联方以及与关联业务调查有关的其他企业应当在税务机关与其约定的期限内提供相关资料。

第一百一十五条　税务机关依照企业所得税法第四十四条的规定核定企业的应纳税所得额时，可以采用下列方法：

（一）参照同类或者类似企业的利润率水平核定；

（二）按照企业成本加合理的费用和利润的方法核定；

（三）按照关联企业集团整体利润的合理比例核定；

（四）按照其他合理方法核定。

企业对税务机关按照前款规定的方法核定的应纳税所得额有异议的，应当提供相关证据，经税务机关认定后，调整核定的应纳税所得额。

第一百一十六条　企业所得税法第四十五条所称中国居民，是指根据《中华人民共和国个人所得税法》的规定，就其从中国境内、境外取得的所得在中国缴纳个人所得税的个人。

第一百一十七条　企业所得税法第四十五条所称控制，包括：

（一）居民企业或者中国居民直接或者间接单一持有外国企业 10% 以上有表决权股份，且由其共同持有该外国企业 50% 以上股份；

（二）居民企业，或者居民企业和中国居民持股比例没有达到第（一）项规定的标准，但在股份、资金、经营、购销等方面对该外国企业构成实质控制。

第一百一十八条　企业所得税法第四十五条所称实际税负明显低于企业所得税法第四条第一款规定税率水平，是指低于企业所得税法第四条第一款规定税率的 50%。

第一百一十九条　企业所得税法第四十六条所称债权性投资，是指企业直接或者间接从关联方获得的，需要偿还本金和支付利息或者需要以其他具有支付利息性质的方式予以补偿的融资。

企业间接从关联方获得的债权性投资，包括：

（一）关联方通过无关联第三方提供的债权性投资；

（二）无关联第三方提供的、由关联方担保且负有连带责任的债权性投资；

（三）其他间接从关联方获得的具有负债实质的债权性投资。

企业所得税法第四十六条所称权益性投资，是指企业接受的不需要偿还本金和支付利息，投资人对企业净资产拥有所有权的投资。

企业所得税法第四十六条所称标准，由国务院财政、税务主管部门另行规定。

第一百二十条　企业所得税法第四十七条所称不具有合理商业目的，是指以减少、免除或者推迟缴纳税款为主要目的。

第一百二十一条　税务机关根据税收法律、行政法规的规定，对企业作出特别纳税调整的，应当对补征的税款，自税款所属纳税年度的次年 6 月 1 日起至补缴税款之日止的期间，按日加收利息。

前款规定加收的利息，不得在计算应纳税所得额时扣除。

第一百二十二条　企业所得税法第四十八条所称利息，应当按照税款所属纳税年度中国人民银行公布的与补税期间同期的人民币贷款基准利率加 5 个百分点计算。

企业依照企业所得税法第四十三条和本条例的规定提供有关资料的，可以只按前款规定的人民币贷款基准利率计算利息。

第一百二十三条　企业与其关联方之间的业务往来，不符合独立交易原则，或者企业实施其他不具有合理商业目的安排的，税务机关有权在该业务发生的纳税年度起 10 年内，进行纳税调整。

第七章　征收管理

第一百二十四条　企业所得税法第五十条所称企业登记注册地，是指企业依照国家有关规定登记注册的住所地。

第一百二十五条　企业汇总计算并缴纳企业所得税时，应当统一核算应纳税所得额，具体办法由国务院财政、税务主管部门另行制定。

第一百二十六条　企业所得税法第五十一条所称主要机构、场所，应当同时符合下列条件：

（一）对其他各机构、场所的生产经营活动负有监督管理责任；

（二）设有完整的账簿、凭证，能够准确反映各机构、场所的收入、成本、费用和盈亏情况。

第一百二十七条　企业所得税法第五十一条所称经税务机关审核批准，是指经各机构、场所所在地税务机关的共同上级税务机关审核批准。

非居民企业经批准汇总缴纳企业所得税后，需要增设、合并、迁移、关闭机构、场所或者停止机构、场所业务的，应当事先由负责汇总申报缴纳企业所得税的主要机构、场所向其所在地税务机关报告；需要变更汇总缴纳企业所得税的主要机构、场所的，依照前款规定办理。

第一百二十八条　企业所得税分月或者分季预缴，由税务机关具体核定。

企业根据企业所得税法第五十四条规定分月或者分季预缴企业所得税时，应当按照月度或者季度的实际利润额预缴；按照月度或者季度的实际利润额预缴有困难的，可以按照上一纳税年度应纳税所得额的月度或者季度平均额预缴，或者按照经税务机关认可的其他方法预缴。预缴方法一经确定，该纳税年度内不得随意变更。

第一百二十九条　企业在纳税年度内无论盈利或者亏损，都应当依照企业所得税法第五十四条规定的期限，向税务机关报送预缴企业所得税纳税申报表、年度企业所得税纳税申报表、财务会计报告和税务机关规定应当报送的其他有关资料。

第一百三十条　企业所得以人民币以外的货币计算的，预缴企业所得税时，应当按照月度或者季度最后一日的人民币汇率中间价，折合成人民币计算应纳税所得额。年度终了汇算清缴时，对已经按照月度或者季度预缴税款的，不再重新折合计算，只就该纳税年度内未缴纳企业所得税的部分，按照纳税年度最后一日的人民币汇率中间价，折合成人民币计算应纳税所得额。

经税务机关检查确认，企业少计或者多计前款规定的所得的，应当按照检查确认补税或者退税时的上一个月最后一日的人民币汇率中间价，将少计或者多计的所得折合成人民币计算应纳税所得额，再计算应补缴或者应退的税款。

第八章　附　则

第一百三十一条　企业所得税法第五十七条第一款所称本法公布前已经批准设立的企业，是指企业所得税法公布前已经完成登记注册的企业。

第一百三十二条　在香港特别行政区、澳门特别行政区和台湾地区成立的企业，参照适用企业所得税法第二条第二款、第三款的有关规定。

第一百三十三条　本条例自 2008 年 1 月 1 日起施行。1991 年 6 月 30 日国务院发布的《中华人民共和国外商投资企业和外国企业所得税法实施细则》和 1994 年 2 月 4 日财政部发布的《中华人民共和国企业所得税暂行条例实施细则》同时废止。

财政部　国家税务总局
关于享受企业所得税优惠政策的
新办企业认定标准的通知

财税〔2006〕1号　2006年1月9日　全文有效

各省、自治区、直辖市、计划单列市财政厅（局）、国家税务局、地方税务局，新疆生产建设兵团财务局，财政部驻各省、自治区、直辖市、计划单列市财政监察专员办事处：

随着社会经济的不断发展和企业改革的逐步深化，出现了享受企业所得税优惠政策的新办企业认定标准不够明确的问题。经研究，现对享受企业所得税定期减税或免税的新办企业的认定标准重新明确如下：

一、享受企业所得税定期减税或免税的新办企业标准

1. 按照国家法律、法规以及有关规定在工商行政主管部门办理设立登记，新注册成立的企业。

2. 新办企业的权益性出资人（股东或其他权益投资方）实际出资中固定资产、无形资产等非货币性资产的累计出资额占新办企业注册资金的比例一般不得超过25%。

其中，新办企业的注册资金为企业在工商行政主管部门登记的实收资本或股本。非货币性资产包括建筑物、机器、设备等固定资产，以及专利权、商标权、非专利技术等无形资产。新办企业的权益性投资人以非货币性资产进行出资的，经有资质的会计（审计、税务）事务所进行评估的，以评估后的价值作为出资金额；未经评估的，由纳税人提供同类资产或类似资产当日或最近月份的市场价格，由主管税务机关核定。

二、新办企业在享受企业所得税定期减税或免税优惠政策期间，从权益性投资人及其关联方累计购置的非货币性资产超过注册资金25%的，将不再享受相关企业所得税减免税政策优惠。

三、本通知自发文之日起执行。国家税务局、地方税务局关于新办企业的具体征管范围按本通知规定的新办企业标准认定。对发文之前，国家税务局或地方税务局实际征管的企业，其征管范围不作调整，已批准享受新办企业所得税优惠政策的新办企

业，可按规定执行到期。

四、《国家税务总局关于企业所得税几个具体问题的通知》（国税发〔1994〕229号）中，有关"六、新办企业的概念"及其认定条件同时废止。

财政部 国家税务总局
关于企业所得税若干优惠政策的通知

财税〔2008〕1 号 2008 年 2 月 22 日 条款失效

各省、自治区、直辖市，计划单列市财政厅（局）、国家税务局、地方税务局，新疆生产建设兵团财务局：

根据《中华人民共和国企业所得税法》第三十六条的规定，经国务院批准，现将有关企业所得税优惠政策问题通知如下：

一、关于鼓励软件产业和集成电路产业发展的优惠政策

（一）软件生产企业实行增值税即征即退政策所退还的税款，由企业用于研究开发软件产品和扩大再生产，不作为企业所得税应税收入，不予征收企业所得税。

（二）我国境内新办软件生产企业经认定后，自获利年度起，第一年和第二年免征企业所得税，第三年至第五年减半征收企业所得税。

（三）国家规划布局内的重点软件生产企业，如当年未享受免税优惠的，减按10%的税率征收企业所得税。

（四）软件生产企业的职工培训费用，可按实际发生额在计算应纳税所得额时扣除。

（五）企事业单位购进软件，凡符合固定资产或无形资产确认条件的，可以按照固定资产或无形资产进行核算，经主管税务机关核准，其折旧或摊销年限可以适当缩短，最短可为 2 年。

（六）集成电路设计企业视同软件企业，享受上述软件企业的有关企业所得税政策。

（七）集成电路生产企业的生产性设备，经主管税务机关核准，其折旧年限可以适当缩短，最短可为 3 年。

（八）投资额超过 80 亿元人民币或集成电路线宽小于 0.25um 的集成电路生产企业，可以减按 15% 的税率缴纳企业所得税，其中，经营期在 15 年以上的，从开始获利的年度起，第一年至第五年免征企业所得税，第六年至第十年减半征收企业所得税。

（九）对生产线宽小于 0.8 微米（含）集成电路产品的生产企业，经认定后，自获利年度起，第一年和第二年免征企业所得税，第三年至第五年减半征收企业所

得税。

已经享受自获利年度起企业所得税"两免三减半"政策的企业，不再重复执行本条规定。

（十）自 2008 年 1 月 1 日起至 2010 年底，对集成电路生产企业、封装企业的投资者，以其取得的缴纳企业所得税后的利润，直接投资于本企业增加注册资本，或作为资本投资开办其他集成电路生产企业、封装企业，经营期不少于 5 年的，按 40% 的比例退还其再投资部分已缴纳的企业所得税税款。再投资不满 5 年撤出该项投资的，追缴已退的企业所得税税款。

自 2008 年 1 月 1 日起至 2010 年底，对国内外经济组织作为投资者，以其在境内取得的缴纳企业所得税后的利润，作为资本投资于西部地区开办集成电路生产企业、封装企业或软件产品生产企业，经营期不少于 5 年的，按 80% 的比例退还其再投资部分已缴纳的企业所得税税款。再投资不满 5 年撤出该项投资的，追缴已退的企业所得税税款。

二、关于鼓励证券投资基金发展的优惠政策

（一）对证券投资基金从证券市场中取得的收入，包括买卖股票、债券的差价收入，股权的股息、红利收入，债券的利息收入及其他收入，暂不征收企业所得税。

（二）对投资者从证券投资基金分配中取得的收入，暂不征收企业所得税。

（三）对证券投资基金管理人运用基金买卖股票、债券的差价收入，暂不征收企业所得税。

三、关于其他有关行业、企业的优惠政策

为保证部分行业、企业税收优惠政策执行的连续性，对原有关就业再就业，奥运会和世博会，社会公益，债转股、清产核资、重组、改制、转制等企业改革，涉农和国家储备，其他单项优惠政策共 6 类定期企业所得税优惠政策（见附件），自 2008 年 1 月 1 日起，继续按原优惠政策规定的办法和时间执行到期。

四、关于外国投资者从外商投资企业取得利润的优惠政策

2008 年 1 月 1 日之前外商投资企业形成的累积未分配利润，在 2008 年以后分配给外国投资者的，免征企业所得税；2008 年及以后年度外商投资企业新增利润分配给外国投资者的，依法缴纳企业所得税。

五、除《中华人民共和国企业所得税法》、《中华人民共和国企业所得税法实施条例》、《国务院关于实施企业所得税过渡优惠政策的通知》（国发〔2007〕39 号），《国务院关于经济特区和上海浦东新区新设立高新技术企业实行过渡性税收优惠的通知》（国发〔2007〕40 号）及本通知规定的优惠政策以外，2008 年 1 月 1 日之前实施的其他企业所得税优惠政策一律废止。各地区、各部门一律不得越权制定企业所得税的优惠政策。

附件

执行到期的企业所得税优惠政策表

类别	序号	文件名称	备注
一、就业再就业政策	1	财政部　国家税务总局关于下岗失业人员再就业有关税收政策问题的通知（财税〔2002〕208号）	对2005年底之前核准享受再就业减免税政策的企业，在剩余期限内享受至期满
	2	财政部　国家税务总局关于下岗失业人员再就业有关税收政策问题的通知（财税〔2005〕186号）	政策审批时间截止到2008年底
二、奥运会和世博会政策	3	财政部　国家税务总局　海关总署关于第29届奥运会税收政策问题的通知（财税〔2003〕10号）	奥运会结束并北京奥组委财务清算完结后停止执行
		财政部　国家税务总局关于第29届奥运会补充税收政策的通知（财税〔2006〕128号）	
	4	财政部　国家税务总局关于2010年上海世博会有关税收政策问题的通知（财税〔2005〕180号）	世博会结束并上海世博局财务清算完结后停止执行
		财政部　国家税务总局关于增补上海世博运营有限公司享受上海世博会有关税收优惠政策的批复（财税〔2006〕155号）	
三、社会公益政策	5	财政部　国家税务总局关于延长生产和装配伤残人员专门用品企业免征所得税执行期限的通知（财税〔2006〕148号）	
四、债转股、清产核资，重组、改制，转制等企业改革政策	6	财政部　国家税务总局关于债转股企业有关税收政策的通知（财税〔2005〕29号）	
	7	财政部　国家税务总局关于中央企业清产核资有关税务处理问题的通知（财税〔2006〕18号）	
	8	财政部　国家税务总局关于延长转制科研机构有关税收政策执行期限的通知（财税〔2005〕14号）	
	9	财政部　海关总署　国家税务总局关于文化体制改革中经营性文化事业单位转制后企业的若干税收政策问题的通知（财税〔2005〕1号）	
		财政部　海关总署　国家税务总局关于文化体制改革试点中支持文化产业发展若干税收政策问题的通知（财税〔2005〕2号）	
五、涉农和国家储备政策	10	财政部　国家税务总局关于促进农产品连锁经营试点税收优惠政策的通知（财税〔2007〕10号）	
	11	财政部　国家税务总局关于广播电视村村通税收政策的通知（财税〔2007〕17号）	
	12	财政部　国家税务总局关于部分国家储备商品有关税收政策的通知（财税〔2006〕105号）	

类别	序号	文件名称	备注
六、单项优惠政策	13	财政部 国家税务总局关于股权分置试点改革有关税收政策问题的通知（财税〔2005〕103 号）	执行到股权分置试点改革结束
	14	财政部 国家税务总局关于中国证券投资者保护基金有限责任公司有关税收问题的通知（财税〔2006〕169 号）	
	15	财政部 国家税务总局关于延长试点地区农村信用社有关税收政策期限的通知（财税〔2006〕46 号）	
		财政部 国家税务总局关于海南省改革试点的农村信用社税收政策的通知（财税〔2007〕18 号）	
	16	财政部 国家税务总局关于继续执行监狱劳教企业有关税收政策的通知（财税〔2006〕123 号）	

注：依据《财政部 国家税务总局关于进一步鼓励软件产业和集成电路产业发展企业所得税政策的通知》（财税〔2012〕27 号），本法规第一条第（一）项至第（九）项自 2011 年 1 月 1 日起停止执行。

财政部 国家税务总局
关于贯彻落实国务院关于实施企业所得税
过渡优惠政策有关问题的通知

财税〔2008〕21 号 2008 年 2 月 13 日 全文有效

各省、自治区、直辖市、计划单列市财政厅（局）、国家税务局、地方税务局，新疆生产建设兵团财务局：

为贯彻落实《国务院关于实施企业所得税过渡优惠政策的通知》（国发〔2007〕39 号）和《国务院关于经济特区和上海浦东新区新设立高新技术企业实行过渡性税收优惠的通知》（国发〔2007〕40 号）（以下简称过渡优惠政策通知），现将有关事项通知如下：

一、各级财政、税务部门要密切配合，严格按照国务院过渡优惠政策通知的有关规定，抓紧做好新旧企业所得税优惠政策的过渡衔接工作。对过渡优惠政策要加强规范管理，不得超越权限擅自扩大过渡优惠政策执行范围。同时，要及时跟踪、了解过渡优惠政策的执行情况，对发现的新问题及时反映，确保国务院过渡优惠政策通知落实到位。

二、对按照国发〔2007〕39 号文件有关规定适用 15% 企业所得税率并享受企业所得税定期减半优惠过渡的企业，应一律按照国发〔2007〕39 号文件第一条第二款规定的过渡税率计算的应纳税额实行减半征税，即 2008 年按 18% 税率计算的应纳税额实行减半征税，2009 年按 20% 税率计算的应纳税额实行减半征税，2010 年按 22% 税率计算的应纳税额实行减半征税，2011 年按 24% 税率计算的应纳税额实行减半征税，2012 年及以后年度按 25% 税率计算的应纳税额实行减半征税。

对原适用 24% 或 33% 企业所得税率并享受国发〔2007〕39 号文件规定企业所得税定期减半优惠过渡的企业，2008 年及以后年度一律按 25% 税率计算的应纳税额实行减半征税。

三、根据《中华人民共和国企业所得税法》（以下称新税法）第二十九条有关"民族自治地方的自治机关对本民族自治地方的企业应缴纳的企业所得税中属于地方分享的部分，可以决定减征或者免征"的规定，对 2008 年 1 月 1 日后民族自治地方批准享受减免税的企业，一律按新税法第二十九条的规定执行，即对民族自治地方的企业减免企业所得税，仅限于减免企业所得税中属于地方分享的部分，不得减免属于中央分享的部分。民族自治地方在新税法实施前已经按照《财政部　国家税务总局　海关总署关于西部大开发税收优惠政策问题的通知》（财税〔2001〕202 号）第二条第 2 款有关减免税规定批准享受减免企业所得税（包括减免中央分享企业所得税的部分）的，自 2008 年 1 月 1 日起计算，对减免税期限在 5 年以内（含 5 年）的，继续执行至期满后停止；对减免税期限超过 5 年的，从第六年起按新税法第二十九条规定执行。

　　　附件：1.《国务院关于实施企业所得税过渡优惠政策的通知》（国发〔2007〕39
　　　　　　　号）（略）
　　　　　　2.《国务院关于经济特区和上海浦东新区新设立高新技术企业实行过渡性
　　　　　　　税收优惠的通知》（国发〔2007〕40 号）（略）

财政部　国家税务总局
关于执行公共基础设施项目企业所得税
优惠目录有关问题的通知

财税〔2008〕46 号　2008 年 9 月 23 日　全文有效

各省、自治区、直辖市、计划单列市财政厅（局）、国家税务局、地方税务局，新疆生产建设兵团财务局：

根据《中华人民共和国企业所得税法》（以下简称企业所得税法）和《中华人民共和国企业所得税法实施条例》（国务院令第 512 号）的有关规定，经国务院批准，财政部、国家税务总局、国家发展改革委公布了《公共基础设施项目企业所得税优惠目录》（以下简称《目录》）。现将执行《目录》的有关问题通知如下：

一、企业从事《目录》内符合相关条件和技术标准及国家投资管理相关规定、于 2008 年 1 月 1 日后经批准的公共基础设施项目，其投资经营的所得，自该项目取得第一笔生产经营收入所属纳税年度起，第一年至第三年免征企业所得税，第四年至第六年减半征收企业所得税。

第一笔生产经营收入，是指公共基础设施项目已建成并投入运营后所取得的第一笔收入。

二、企业同时从事不在《目录》范围内的项目取得的所得，应与享受优惠的公共基础设施项目所得分开核算，并合理分摊期间费用，没有分开核算的，不得享受上述企业所得税优惠政策。

三、企业承包经营、承包建设和内部自建自用公共基础设施项目，不得享受上述企业所得税优惠。

四、根据经济社会发展需要及企业所得税优惠政策实施情况，国务院财政、税务主管部门会同国家发展改革委等有关部门适时对《目录》内的项目进行调整和修订，并在报国务院批准后对《目录》进行更新。

财政部　国家税务总局
关于执行资源综合利用企业所得税
优惠目录有关问题的通知

财税〔2008〕47 号　2008 年 9 月 23 日　全文有效

各省、自治区、直辖市、计划单列市财政厅（局）、国家税务局、地方税务局，新疆生产建设兵团财务局：

根据《中华人民共和国企业所得税法》和《中华人民共和国企业所得税法实施条例》（国务院令第 512 号，以下简称实施条例）有关规定，经国务院批准，财政部、国家税务总局、国家发展改革委公布了《资源综合利用企业所得税优惠目录》（以下简称《目录》）。现将执行《目录》的有关问题通知如下：

一、企业自 2008 年 1 月 1 日起以《目录》中所列资源为主要原材料，生产《目录》内符合国家或行业相关标准的产品取得的收入，在计算应纳税所得额时，减按 90% 计入当年收入总额。享受上述税收优惠时，《目录》内所列资源占产品原料的比例应符合《目录》规定的技术标准。

二、企业同时从事其他项目而取得的非资源综合利用收入，应与资源综合利用收入分开核算，没有分开核算的，不得享受优惠政策。

三、企业从事不符合实施条例和《目录》规定范围、条件和技术标准的项目，不得享受资源综合利用企业所得税优惠政策。

四、根据经济社会发展需要及企业所得税优惠政策实施情况，国务院财政、税务主管部门会同国家发展改革委等有关部门适时对《目录》内的项目进行调整和修订，并在报国务院批准后对《目录》进行更新。

财政部 国家税务总局
关于执行环境保护专用设备企业所得税
优惠目录、节能节水专用设备企业所得税
优惠目录和安全生产专用设备
企业所得税优惠目录有关问题的通知

财税〔2008〕48 号 2008 年 9 月 23 日 全文有效

各省、自治区、直辖市、计划单列市财政厅（局）、国家税务局、地方税务局，新疆生产建设兵团财务局：

根据《中华人民共和国企业所得税法》（以下简称企业所得税法）和《中华人民共和国企业所得税法实施条例》（国务院令第 512 号）有关规定，经国务院批准，财政部、国家税务总局、国家发展改革委公布了《环境保护专用设备企业所得税优惠目录》《节能节水专用设备企业所得税优惠目录》，财政部、国家税务总局、安监总局公布了《安全生产专用设备企业所得税优惠目录》（以下统称《目录》）。现将执行《目录》的有关问题通知如下：

一、企业自 2008 年 1 月 1 日起购置并实际使用列入《目录》范围内的环境保护、节能节水和安全生产专用设备，可以按专用设备投资额的 10% 抵免当年企业所得税应纳税额；企业当年应纳税额不足抵免的，可以向以后年度结转，但结转期不得超过 5 个纳税年度。

二、专用设备投资额，是指购买专用设备发票价税合计价格，但不包括按有关规定退还的增值税税款以及设备运输、安装和调试等费用。

三、当年应纳税额，是指企业当年的应纳税所得额乘以适用税率，扣除依照企业所得税法和国务院有关税收优惠规定以及税收过渡优惠规定减征、免征税额后的余额。

四、企业利用自筹资金和银行贷款购置专用设备的投资额，可以按企业所得税法的规定抵免企业应纳所得税额；企业利用财政拨款购置专用设备的投资额，不得抵免企业应纳所得税额。

五、企业购置并实际投入适用、已开始享受税收优惠的专用设备，如从购置之日起 5 个纳税年度内转让、出租的，应在该专用设备停止使用当月停止享受企业所得税

优惠，并补缴已经抵免的企业所得税税款。转让的受让方可以按照该专用设备投资额的10%抵免当年企业所得税应纳税额；当年应纳税额不足抵免的，可以在以后5个纳税年度结转抵免。

六、根据经济社会发展需要及企业所得税优惠政策实施情况，国务院财政、税务主管部门会同国家发展改革委、安监总局等有关部门适时对《目录》内的项目进行调整和修订，并在报国务院批准后对《目录》进行更新。

财政部　国家税务总局　国家发展改革委关于公布节能节水专用设备企业所得税优惠目录（2008 年版）和环境保护专用设备企业所得税优惠目录（2008 年版）的通知

财税〔2008〕115 号　　2008 年 8 月 20 日　　附件废止

各省、自治区、直辖市、计划单列市财政厅（局）、国家税务局、地方税务局、发展改革委、经贸委（经委），新疆生产建设兵团财务局：

《节能节水专用设备企业所得税优惠目录（2008 年版)》和《环境保护专用设备企业所得税优惠目录（2008 年版)》，已经国务院批准，现予以公布，自 2008 年 1 月 1 日起施行。

附件：1. 节能节水专用设备企业所得税优惠目录（2008 年版）（略）
　　　2. 环境保护专用设备企业所得税优惠目录（2008 年版）（略）

注：依据（财税〔2017〕71 号）《关于印发节能节水和环境保护专用设备企业所得税优惠目录（2017 年版）的通知》，《节能节水专用设备企业所得税优惠目录（2008 年版)》和《环境保护专用设备企业所得税优惠目录（2008 年版)》自 2017 年 10 月 1 日起废止。

财政部 国家税务总局 国家发展改革委关于公布公共基础设施项目企业所得税优惠目录（2008年版）的通知

财税〔2008〕116号 2008年9月8日 全文有效

各省、自治区、直辖市、计划单列市财政厅（局）、国家税务局、地方税务局、国家发展改革委、经贸委（经委），新疆生产建设兵团财务局：

《公共基础设施项目企业所得税优惠目录（2008年版）》已经国务院批准，现予以公布，自2008年1月1日起施行。

附件：公共基础设施项目企业所得税优惠目录（2008年版）（略）

财政部 国家税务总局 国家发展改革委 关于公布资源综合利用企业所得税优惠 目录（2008 年版）的通知

财税〔2008〕117 号　2008 年 8 月 20 日　全文有效

各省、自治区、直辖市、计划单列市财政厅（局）、国家税务局、地方税务局、发展改革委、经贸委（经委），新疆生产建设兵团财务局：

《资源综合利用企业所得税优惠目录（2008 年版）》，已经国务院批准，现予以公布，自 2008 年 1 月 1 日起施行。2004 年 1 月 12 日国家发展改革委、财政部、国家税务总局发布的《资源综合利用目录（2003 年修订）》同时废止。

附件：资源综合利用企业所得税优惠目录（2008 年版）（略）

财政部　国家税务总局　安全监管总局关于公布《安全生产专用设备企业所得税优惠目录（2008年版）》的通知

财税〔2008〕118 号　2008 年 8 月 20 日　全文废止

各省、自治区、直辖市、计划单列市财政厅（局）、国家税务局、地方税务局、安全生产监督管理局，新疆生产建设兵团财务局：

《安全生产专用设备企业所得税优惠目录（2008 年版）》已经国务院批准，现予以公布，自 2008 年 1 月 1 日起施行。

附件：安全生产专用设备企业所得税优惠目录（2008 年版）（略）

财政部 国家税务总局
关于发布享受企业所得税优惠政策的
农产品初加工范围（试行）的通知

财税〔2008〕149 号 2008 年 11 月 20 日 全文有效

各省、自治区、直辖市、计划单列市财政厅（局）、国家税务局、地方税务局，新疆生产建设兵团财务局：

根据《中华人民共和国企业所得税法》及其实施条例的规定，为贯彻落实农、林、牧、渔业项目企业所得税优惠政策，现将《享受企业所得税优惠政策的农产品初加工范围（试行)》印发给你们，自 2008 年 1 月 1 日起执行。

各地财政、税务机关对《享受企业所得税优惠政策的农产品初加工范围（试行)》执行中发现的新情况、新问题应及时向国务院财政、税务主管部门反馈，国务院财政、税务主管部门会同有关部门将根据经济社会发展需要，适时对《享受企业所得税优惠政策的农产品初加工范围（试行)》内的项目进行调整和修订。

附件

享受企业所得税优惠政策的农产品初加工范围（试行）
（2008 年版）

一、种植业类

（一）粮食初加工

1. 小麦初加工。通过对小麦进行清理、配麦、磨粉、筛理、分级、包装等简单加工处理，制成的小麦面粉及各种专用粉。

2. 稻米初加工。通过对稻谷进行清理、脱壳、碾米（或不碾米）、烘干、分级、包装等简单加工处理，制成的成品粮及其初制品，具体包括大米、蒸谷米。

3. 玉米初加工。通过对玉米籽粒进行清理、浸泡、粉碎、分离、脱水、干燥、分级、包装等简单加工处理，生产的玉米粉、玉米碴、玉米片等；鲜嫩玉米经筛选、脱皮、洗涤、速冻、分级、包装等简单加工处理，生产的鲜食玉米（速冻粘玉米、甜玉米、花色玉米、玉米籽粒）。

4. 薯类初加工。通过对马铃薯、甘薯等薯类进行清洗、去皮、磋磨、切制、干燥、冷冻、分级、包装等简单加工处理，制成薯类初级制品。具体包括：薯粉、薯片、薯条。

5. 食用豆类初加工。通过对大豆、绿豆、红小豆等食用豆类进行清理去杂、浸洗、晾晒、分级、包装等简单加工处理，制成的豆面粉、黄豆芽、绿豆芽。

6. 其他类粮食初加工。通过对燕麦、荞麦、高粱、谷子等杂粮进行清理去杂、脱壳、烘干、磨粉、轧片、冷却、包装等简单加工处理，制成的燕麦米、燕麦粉、燕麦麸皮、燕麦片、荞麦米、荞麦面、小米、小米面、高粱米、高粱面。

（二）林木产品初加工

通过将伐倒的乔木、竹（含活立木、竹）去枝、去梢、去皮、去叶、锯段等简单加工处理，制成的原木、原竹、锯材。

（三）园艺植物初加工

1. 蔬菜初加工

（1）将新鲜蔬菜通过清洗、挑选、切割、预冷、分级、包装等简单加工处理，制成净菜、切割蔬菜。

（2）利用冷藏设施，将新鲜蔬菜通过低温贮藏，以备淡季供应的速冻蔬菜，如速冻茄果类、叶类、豆类、瓜类、葱蒜类、柿子椒、蒜苔。

（3）将植物的根、茎、叶、花、果、种子和食用菌通过干制等简单加工处理，制成的初制干菜，如黄花菜、玉兰片、萝卜干、冬菜、梅干菜、木耳、香菇、平菇。

＊以蔬菜为原料制作的各类蔬菜罐头（罐头是指以金属罐、玻璃瓶、经排气密封的各种食品。下同）及碾磨后的园艺植物（如胡椒粉、花椒粉等）不属于初加工范围。

2. 水果初加工。通过对新鲜水果（含各类山野果）清洗、脱壳、切块（片）、分类、储藏保鲜、速冻、干燥、分级、包装等简单加工处理，制成的各类水果、果干、原浆果汁、果仁、坚果。

3. 花卉及观赏植物初加工。通过对观赏用、绿化及其他各种用途的花卉及植物进行保鲜、储藏、烘干、分级、包装等简单加工处理，制成的各类鲜、干花。

（四）油料植物初加工（公告2011年第48号"油料植物初加工"工序包括"冷却、过滤"等。财税〔2011〕26号文《范围》规定的粮食副产品还包括玉米胚芽、小麦胚芽。）

通过对菜籽、花生、大豆、葵花籽、蓖麻籽、芝麻、胡麻籽、茶子、桐子、棉籽、红花籽及米糠等粮食的副产品等，进行清理、热炒、磨坯、榨油（搅油、墩油）、浸出等简单加工处理，制成的植物毛油和饼粕等副产品。具体包括菜籽油、花生油、豆油、葵花油、蓖麻籽油、芝麻油、胡麻籽油、茶子油、桐子油、棉籽油、红花油、米糠油以及油料饼粕、豆饼、棉籽饼。

＊精炼植物油不属于初加工范围。

（五）糖料植物初加工（公告 2011 年第 48 号"糖料植物初加工"工序包括"过滤、吸附、解析、碳脱、浓缩、干燥"等。财税〔2011〕26 号文《范围》规定的甜菊又名甜叶菊。）

通过对各种糖料植物，如甘蔗、甜菜、甜菊等，进行清洗、切割、压榨等简单加工处理，制成的制糖初级原料产品。

（六）茶叶初加工

通过对茶树上采摘下来的鲜叶和嫩芽进行杀青（萎凋、摇青）、揉捻、发酵、烘干、分级、包装等简单加工处理，制成的初制毛茶。

＊精制茶、边销茶、紧压茶和掺兑各种药物的茶及茶饮料不属于初加工范围。

（七）药用植物初加工

通过对各种药用植物的根、茎、皮、叶、花、果实、种子等，进行挑选、整理、捆扎、清洗、凉晒、切碎、蒸煮、炒制等简单加工处理，制成的片、丝、块、段等中药材。

＊加工的各类中成药不属于初加工范围。

（八）纤维植物初加工

1. 棉花初加工。通过轧花、剥绒等脱绒工序简单加工处理，制成的皮棉、短绒、棉籽。

2. 麻类初加工。通过对各种麻类作物（大麻、黄麻、槿麻、苎麻、苘麻、亚麻、罗布麻、蕉麻、剑麻等）进行脱胶、抽丝等简单加工处理，制成的干（洗）麻、纱条、丝、绳。

3. 蚕茧初加工。通过烘干、杀蛹、缫丝、煮剥、拉丝等简单加工处理，制成的蚕、蛹、生丝、丝棉。

（九）热带、南亚热带作物初加工

通过对热带、南亚热带作物去除杂质、脱水、干燥、分级、包装等简单加工处理，制成的工业初级原料。具体包括：天然橡胶生胶和天然浓缩胶乳、生咖啡豆、胡椒籽、肉桂油、桉油、香茅油、木薯淀粉、木薯干片、坚果。

二、畜牧业类

（一）畜禽类初加工

1. 肉类初加工。通过对畜禽类动物（包括各类牲畜、家禽和人工驯养、繁殖的野生动物以及其他经济动物）宰杀、去头、去蹄、去皮、去内脏、分割、切块或切片、冷藏或冷冻、分级、包装等简单加工处理，制成的分割肉、保鲜肉、冷藏肉、冷冻肉、绞肉、肉块、肉片、肉丁。

2. 蛋类初加工。通过对鲜蛋进行清洗、干燥、分级、包装、冷藏等简单加工处理，制成的各种分级、包装的鲜蛋、冷藏蛋。

3. 奶类初加工。通过对鲜奶进行净化、均质、杀菌或灭菌、灌装等简单加工处理，制成的巴氏杀菌奶、超高温灭菌奶。

4. 皮类初加工。通过对畜禽类动物皮张剥取、浸泡、刮里、晾干或熏干等简单加工处理，制成的生皮、生皮张。

5. 毛类初加工。通过对畜禽类动物毛、绒或羽绒分级、去杂、清洗等简单加工处理，制成的洗净毛、洗净绒或羽绒。

6. 蜂产品初加工。通过去杂、过滤、浓缩、熔化、磨碎、冷冻简单加工处理，制成的蜂蜜、蜂蜡、蜂胶、蜂花粉。

　＊肉类罐头、肉类熟制品、蛋类罐头、各类酸奶、奶酪、奶油、王浆粉、各种蜂产品口服液、胶囊不属于初加工范围。

（二）饲料类初加工

1. 植物类饲料初加工。通过碾磨、破碎、压榨、干燥、酿制、发酵等简单加工处理，制成的糠麸、饼粕、糟渣、树叶粉。

2. 动物类饲料初加工。通过破碎、烘干、制粉等简单加工处理，制成的鱼粉、虾粉、骨粉、肉粉、血粉、羽毛粉、乳清粉。

3. 添加剂类初加工。通过粉碎、发酵、干燥等简单加工处理，制成的矿石粉、饲用酵母。

（三）牧草类初加工

通过对牧草、牧草种籽、农作物秸秆等，进行收割、打捆、粉碎、压块、成粒、分选、青贮、氨化、微化等简单加工处理，制成的干草、草捆、草粉、草块或草饼、草颗粒、牧草种籽以及草皮、秸秆粉（块、粒）。

三、渔业类

（一）水生动物初加工

将水产动物（鱼、虾、蟹、鳖、贝、棘皮类、软体类、腔肠类、两栖类、海兽类动物等）整体或去头、去鳞（皮、壳）、去内脏、去骨（刺）、捅溃或切块、切片，经冰鲜、冷冻、冷藏等保鲜防腐处理、包装等简单加工处理，制成的水产动物初制品。

　＊熟制的水产品和各类水产品的罐头以及调味烤制的水产食品不属于初加工范围。

（二）水生植物初加工

将水生植物（海带、裙带菜、紫菜、龙须菜、麒麟菜、江篱、浒苔、羊栖菜、莼菜等）整体或去根、去边梢、切段，经热烫、冷冻、冷藏等保鲜防腐处理、包装等简单加工处理的初制品，以及整体或去根、去边梢、切段、经晾晒、干燥（脱水）、包装、粉碎等简单加工处理的初制品。

　　＊罐装（包括软罐）产品不属于初加工范围。

财政部 国家税务总局
关于中国清洁发展机制基金及清洁发展
机制项目实施企业有关企业所得税
政策问题的通知

财税〔2009〕30 号 2009 年 3 月 23 日 全文有效

各省、自治区、直辖市、计划单列市财政厅（局）、国家税务局、地方税务局，新疆生产建设兵团财务局：

经国务院批准，现就中国清洁发展机制基金（以下简称清洁基金）和清洁发展机制项目（以下简称 CDM 项目）实施企业的有关企业所得税政策明确如下：

一、关于清洁基金的企业所得税政策

对清洁基金取得的下列收入，免征企业所得税：

（一）CDM 项目温室气体减排量转让收入上缴国家的部分；

（二）国际金融组织赠款收入；

（三）基金资金的存款利息收入、购买国债的利息收入；

（四）国内外机构、组织和个人的捐赠收入。

二、关于 CDM 项目实施企业的企业所得税政策

（一）CDM 项目实施企业按照《清洁发展机制项目运行管理办法》（国家发展改革委、科技部、外交部、财政部令第 37 号）的规定，将温室气体减排量的转让收入，按照以下比例上缴给国家的部分，准予在计算应纳税所得额时扣除：

1. 氢氟碳化物（HFC）和全氟碳化物（PFC）类项目，为温室气体减排量转让收入的 65%；

2. 氧化亚氮（N_2O）类项目，为温室气体减排量转让收入的 30%；

3.《清洁发展机制项目运行管理办法》第四条规定的重点领域以及植树造林项目等类清洁发展机制项目，为温室气体减排量转让收入的 2%。

（二）对企业实施的将温室气体减排量转让收入的 65% 上缴给国家的 HFC 和 PFC 类 CDM 项目，以及将温室气体减排量转让收入的 30% 上缴给国家的 N_2O 类 CDM 项目，其实施该类 CDM 项目的所得，自项目取得第一笔减排量转让收入所属纳税年度起，第一年至第三年免征企业所得税，第四年至第六年减半征收企业所得税。

企业实施 CDM 项目的所得，是指企业实施 CDM 项目取得的温室气体减排量转让收入扣除上缴国家的部分，再扣除企业实施 CDM 项目发生的相关成本、费用后的净所得。

企业应单独核算其享受优惠的 CDM 项目的所得，并合理分摊有关期间费用，没有单独核算的，不得享受上述企业所得税优惠政策。

三、本通知自 2007 年 1 月 1 日起执行。

财政部　国家税务总局
关于扶持动漫产业发展有关税收
政策问题的通知

财税〔2009〕65 号　2009 年 7 月 17 日　条款失效

各省、自治区、直辖市、计划单列市财政厅（局）、国家税务局、地方税务局：

根据《国务院办公厅转发财政部等部门关于推动我国动漫产业发展若干意见的通知》（国办发〔2006〕32 号）的精神，文化部会同有关部门于 2008 年 12 月下发了《动漫企业认定管理办法（试行）》（文市发〔2008〕51 号）。为促进我国动漫产业健康快速发展，增强动漫产业的自主创新能力，现就扶持动漫产业发展的有关税收政策问题通知如下：

一、关于增值税

在 2010 年 12 月 31 日前，对属于增值税一般纳税人的动漫企业销售其自主开发生产的动漫软件，按 17% 的税率征收增值税后，对其增值税实际税负超过 3% 的部分，实行即征即退政策。退税数额的计算公式为：应退税额 = 享受税收优惠的动漫软件当期已征税款 − 享受税收优惠的动漫软件当期不含税销售额 ×3%。动漫软件出口免征增值税。上述动漫软件的范围，按照《文化部　财政部　国家税务总局关于印发〈动漫企业认定管理办法（试行）〉的通知》（文市发〔2008〕51 号）的规定执行。

二、关于企业所得税

经认定的动漫企业自主开发、生产动漫产品，可申请享受国家现行鼓励软件产业发展的所得税优惠政策。

三、关于营业税

对动漫企业为开发动漫产品提供的动漫脚本编撰、形象设计、背景设计、动画设计、分镜、动画制作、摄制、描线、上色、画面合成、配音、配乐、音效合成、剪辑、字幕制作、压缩转码（面向网络动漫、手机动漫格式适配）劳务，在 2010 年 12 月 31 日前暂减按 3% 税率征收营业税。

四、关于进口关税和进口环节增值税

经国务院有关部门认定的动漫企业自主开发、生产动漫直接产品，确需进口的商品可享受免征进口关税和进口环节增值税的优惠政策。具体免税商品范围及管理办法由财政部会同有关部门另行制定。

五、本通知所称动漫企业和自主开发、生产动漫产品的认定标准和认定程序，按照《文化部 财政部 国家税务总局关于印发〈动漫企业认定管理办法（试行）〉的通知》（文市发〔2008〕51号）的规定执行。

六、本通知从2009年1月1日起执行。

注：1. 依据《财政部 国家税务总局关于软件产品增值税政策的通知》（财税〔2011〕100号），本法规第一条自2011年1月1日起废止。

2. 依据《财政部 国家税务总局关于扶持动漫产业发展增值税营业税政策的通知》（财税〔2011〕119号），本法规第一条、第三条规定相应废止。

财政部　国家税务总局
关于执行企业所得税优惠政策
若干问题的通知

财税〔2009〕69 号　2009 年 4 月 24 日　条款失效

各省、自治区、直辖市、计划单列市财政厅（局）、国家税务局、地方税务局，新疆生产建设兵团财务局：

根据《中华人民共和国企业所得税法》（以下简称企业所得税法）及《中华人民共和国企业所得税法实施条例》（国务院令第 512 号，以下简称实施条例）的有关规定，现就企业所得税优惠政策执行中有关问题通知如下：

一、执行《国务院关于实施企业所得税过渡优惠政策的通知》（国发〔2007〕39 号）规定的过渡优惠政策及西部大开发优惠政策的企业，在定期减免税的减半期内，可以按照企业适用税率计算的应纳税额减半征税。其他各类情形的定期减免税，均应按照企业所得税 25% 的法定税率计算的应纳税额减半征税。

二、《国务院关于实施企业所得税过渡优惠政策的通知》（国发〔2007〕39 号）第三条所称不得叠加享受，且一经选择，不得改变的税收优惠情形，限于企业所得税过渡优惠政策与企业所得税法及其实施条例中规定的定期减免税和减低税率类的税收优惠。

企业所得税法及其实施条例中规定的各项税收优惠，凡企业符合规定条件的，可以同时享受。

三、企业在享受过渡税收优惠过程中发生合并、分立、重组等情形的，按照《财政部　国家税务总局关于企业重组业务企业所得税处理若干问题的通知》（财税〔2009〕59 号）的统一规定执行。

四、2008 年 1 月 1 日以后，居民企业之间分配属于 2007 年度及以前年度的累积未分配利润而形成的股息、红利等权益性投资收益，均应按照企业所得税法第二十六条及实施条例第十七条、第八十三条的规定处理。

五、企业在 2007 年 3 月 16 日之前设立的分支机构单独依据原内、外资企业所得税法的优惠规定已享受有关税收优惠的，凡符合《国务院关于实施企业所得税过渡优惠政策的通知》（国发〔2007〕39 号）所列政策条件的，该分支机构可以单独享受国发〔2007〕39 号规定的企业所得税过渡优惠政策。

六、实施条例第九十一条第（二）项所称国际金融组织，包括国际货币基金组织、世界银行、亚洲开发银行、国际开发协会、国际农业发展基金、欧洲投资银行以及财政部和国家税务总局确定的其他国际金融组织；所称优惠贷款，是指低于金融企业同期同类贷款利率水平的贷款。

七、实施条例第九十二条第（一）项和第（二）项所称从业人数，是指与企业建立劳动关系的职工人数和企业接受的劳务派遣用工人数之和；从业人数和资产总额指标，按企业全年月平均值确定，具体计算公式如下：

$$月平均值 =（月初值 + 月末值）÷2$$
$$全年月平均值 = 全年各月平均值之和 ÷12$$

年度中间开业或者终止经营活动的，以其实际经营期作为一个纳税年度确定上述相关指标。

八、企业所得税法第二十八条规定的小型微利企业待遇，应适用于具备建账核算自身应纳税所得额条件的企业，按照《企业所得税核定征收办法》（国税发〔2008〕30 号）缴纳企业所得税的企业，在不具备准确核算应纳税所得额条件前，暂不适用小型微利企业适用税率。

九、2007 年底前设立的软件生产企业和集成电路生产企业，经认定后可以按《财政部 国家税务总局关于企业所得税若干优惠政策的通知》（财税〔2008〕1 号）的规定享受企业所得税定期减免税优惠政策。在 2007 年度或以前年度已获利并开始享受定期减免税优惠政策的，可自 2008 年度起继续享受至期满为止。

十、实施条例第一百条规定的购置并实际使用的环境保护、节能节水和安全生产专用设备，包括承租方企业以融资租赁方式租入的、并在融资租赁合同中约定租赁期届满时租赁设备所有权转移给承租方企业，且符合规定条件的上述专用设备。凡融资租赁期届满后租赁设备所有权未转移至承租方企业的，承租方企业应停止享受抵免企业所得税优惠，并补缴已经抵免的企业所得税税款。

十一、实施条例第九十七条所称投资于未上市的中小高新技术企业 2 年以上的，包括发生在 2008 年 1 月 1 日以前满 2 年的投资；所称中小高新技术企业是指按照《高新技术企业认定管理办法》（国科发火〔2008〕172 号）和《高新技术企业认定管理工作指引》（国科发火〔2008〕362 号）取得高新技术企业资格，且年销售额和资产总额均不超过 2 亿元、从业人数不超过 500 人的企业，其中 2007 年底前已取得高新技术企业资格的，在其规定有效期内不需重新认定。

十二、本通知自 2008 年 1 月 1 日起执行。

注：1. 依据《国家税务总局关于扩大小型微利企业减半征收企业所得税范围有关问题的公告》（国家税务总局公告 2014 年第 23 号），本法规第八条自 2014 年 4 月 18 日起废止。

2. 依据《财政部 国家税务总局关于小型微利企业所得税优惠政策的通知》（财税〔2015〕34 号），本法规第七条自 2015 年 1 月 1 日起停止执行。

财政部 国家税务总局
关于安置残疾人员就业
有关企业所得税
优惠政策问题的通知

财税〔2009〕70 号　2009 年 4 月 30 日　全文有效

各省、自治区、直辖市、计划单列市财政厅（局）、国家税务局、地方税务局，新疆生产建设兵团财务局：

根据《中华人民共和国企业所得税法》和《中华人民共和国企业所得税法实施条例》（国务院令第 512 号）的有关规定，现就企业安置残疾人员就业有关企业所得税优惠政策问题，通知如下：

一、企业安置残疾人员的，在按照支付给残疾职工工资据实扣除的基础上，可以在计算应纳税所得额时按照支付给残疾职工工资的 100% 加计扣除。

企业就支付给残疾职工的工资，在进行企业所得税预缴申报时，允许据实计算扣除；在年度终了进行企业所得税年度申报和汇算清缴时，再依照本条第一款的规定计算加计扣除。

二、残疾人员的范围适用《中华人民共和国残疾人保障法》的有关规定。

三、企业享受安置残疾职工工资 100% 加计扣除应同时具备如下条件：

（一）依法与安置的每位残疾人签订了 1 年以上（含 1 年）的劳动合同或服务协议，并且安置的每位残疾人在企业实际上岗工作。

（二）为安置的每位残疾人按月足额缴纳了企业所在区县人民政府根据国家政策规定的基本养老保险、基本医疗保险、失业保险和工伤保险等社会保险。

（三）定期通过银行等金融机构向安置的每位残疾人实际支付了不低于企业所在区县适用的经省级人民政府批准的最低工资标准的工资。

（四）具备安置残疾人上岗工作的基本设施。

四、企业应在年度终了进行企业所得税年度申报和汇算清缴时，向主管税务机关报送本通知第四条规定的相关资料、已安置残疾职工名单及其《中华人民共和国残疾人证》或《中华人民共和国残疾军人证（1 至 8 级）》复印件和主管税务机关要求提供的其他资料，办理享受企业所得税加计扣除优惠的备案手续。

五、在企业汇算清缴结束后，主管税务机关在对企业进行日常管理、纳税评估和纳税检查时，应对安置残疾人员企业所得税加计扣除优惠的情况进行核实。

六、本通知自 2008 年 1 月 1 日起执行。

财政部 国家税务总局
关于非营利组织企业所得税
免税收入问题的通知

财税〔2009〕122 号 2009 年 11 月 11 日 全文有效

各省、自治区、直辖市、计划单列市财政厅（局）、国家税务局、地方税务局，新疆生产建设兵团财务局：

根据《中华人民共和国企业所得税法》第二十六条及《中华人民共和国企业所得税法实施条例》（国务院令第 512 号）第八十五条的规定，现将符合条件的非营利组织企业所得税免税收入范围明确如下：

一、非营利组织的下列收入为免税收入：

（一）接受其他单位或者个人捐赠的收入；

（二）除《中华人民共和国企业所得税法》第七条规定的财政拨款以外的其他政府补助收入，但不包括因政府购买服务取得的收入；

（三）按照省级以上民政、财政部门规定收取的会费；

（四）不征税收入和免税收入孳生的银行存款利息收入；

（五）财政部、国家税务总局规定的其他收入。

二、本通知从 2008 年 1 月 1 日起执行。

财政部　国家税务总局
关于小型微利企业有关企业所得税
政策的通知

财税〔2009〕133 号　2009 年 12 月 12 日　全文有效

各省、自治区、直辖市、计划单列市财政厅（局）、国家税务局、地方税务局，新疆生产建设兵团财务局：

　　为有效应对国际金融危机，扶持中小企业发展，经国务院批准，现就小型微利企业所得税政策通知如下：

　　一、自 2010 年 1 月 1 日至 2010 年 12 月 31 日，对年应纳税所得额低于 3 万元（含 3 万元）的小型微利企业，其所得减按 50% 计入应纳税所得额，按 20% 的税率缴纳企业所得税。

　　二、本通知所称小型微利企业，是指符合《中华人民共和国企业所得税法》及其实施条例以及相关税收政策规定的小型微利企业。

财政部　国家税务总局
国家发展和改革委员会
关于公布环境保护节能节水项目企业
所得税优惠目录（试行）的通知

财税〔2009〕166 号　2009 年 12 月 31 日　全文有效

各省、自治区、直辖市、计划单列市财政厅（局）、国家税务局、地方税务局、国家发展改革委、经贸委（经委）、新疆生产建设兵团财务局：

　　《环境保护、节能节水项目企业所得税优惠目录（试行）》，已经国务院批准，现予以公布，自 2008 年 1 月 1 日起施行。

　　附件：环境保护、节能节水项目企业所得税优惠目录（试行）（略）

财政部　国家税务总局
关于农村金融有关税收政策的通知

财税〔2010〕4 号　2010 年 5 月 13 日　全文有效

各省、自治区、直辖市、计划单列市财政厅（局）、国家税务局、地方税务局，新疆生产建设兵团财务局：

为支持农村金融发展，解决农民贷款难问题，经国务院批准，现就农村金融有关税收政策通知如下：

一、自 2009 年 1 月 1 日至 2013 年 12 月 31 日，对金融机构农户小额贷款的利息收入，免征营业税。

二、自 2009 年 1 月 1 日至 2013 年 12 月 31 日，对金融机构农户小额贷款的利息收入在计算应纳税所得额时，按 90% 计入收入总额。

三、自 2009 年 1 月 1 日至 2011 年 12 月 31 日，对农村信用社、村镇银行、农村资金互助社、由银行业机构全资发起设立的贷款公司、法人机构所在地在县（含县级市、区、旗）及县以下地区的农村合作银行和农村商业银行的金融保险业收入减按 3% 的税率征收营业税。

四、自 2009 年 1 月 1 日至 2013 年 12 月 31 日，对保险公司为种植业、养殖业提供保险业务取得的保费收入，在计算应纳税所得额时，按 90% 比例减计收入。

五、本通知所称农户，是指长期（一年以上）居住在乡镇（不包括城关镇）行政管理区域内的住户，还包括长期居住在城关镇所辖行政村范围内的住户和户口不在本地而在本地居住一年以上的住户，国有农场的职工和农村个体工商户。位于乡镇（不包括城关镇）行政管理区域内和在城关镇所辖行政村范围内的国有经济的机关、团体、学校、企事业单位的集体户；有本地户口，但举家外出谋生一年以上的住户，无论是否保留承包耕地均不属于农户。农户以户为统计单位，既可以从事农业生产经营，也可以从事非农业生产经营。农户贷款的判定应以贷款发放时的承贷主体是否属于农户为准。

本通知所称小额贷款，是指单笔且该户贷款余额总额在 5 万元以下（含 5 万元）的贷款。

本通知所称村镇银行，是指经中国银行业监督管理委员会依据有关法律、法规批准，由境内外金融机构、境内非金融机构企业法人、境内自然人出资，在农村地区设立的主要为当地农民、农业和农村经济发展提供金融服务的银行业金融机构。

本通知所称农村资金互助社，是指经银行业监督管理机构批准，由乡（镇）、行政村民和农村小企业自愿入股组成，为社员提供存款、贷款、结算等业务的社区互助性银行业金融机构。

本通知所称由银行业机构全资发起设立的贷款公司，是指经中国银行业监督管理委员会依据有关法律、法规批准，由境内商业银行或农村合作银行在农村地区设立的专门为县域农民、农业和农村经济发展提供贷款服务的非银行业金融机构。

本通知所称县（县级市、区、旗），不包括市（含直辖市、地级市）所辖城区。

本通知所称保费收入，是指原保险保费收入加上分保费收入减去分出保费后的余额。

六、金融机构应对符合条件的农户小额贷款利息收入进行单独核算，不能单独核算的不得适用本通知第一条、第二条规定的优惠政策。

七、适用暂免或减半征收企业所得税优惠政策至 2009 年底的农村信用社执行现有政策到期后，再执行本通知第二条规定的企业所得税优惠政策。

八、适用本通知第一条、第三条规定的营业税优惠政策的金融机构，自 2009 年 1 月 1 日至发文之日应予免征或者减征的营业税税款，在以后的应纳营业税税额中抵减或者予以退税。

九、《财政部　国家税务总局关于试点地区农村信用社税收政策的通知》（财税〔2004〕35 号）第二条、《财政部　国家税务总局关于进一步扩大试点地区农村信用社有关税收政策问题的通知》（财税〔2004〕177 号）第二条规定自 2009 年 1 月 1 日起停止执行。

请遵照执行。

财政部 国家税务总局 中共中央宣传部 关于公布学习出版社等中央所属转制 文化企业名单的通知

财税〔2010〕29 号 2010 年 4 月 23 日 全文有效

北京市、上海市财政局、国家税务局、地方税务局、党委宣传部:

按照《财政部 国家税务总局 中宣部关于转制文化企业名单及认定问题的通知》(财税〔2009〕105 号)的规定,学习出版社等 13 家中央所属文化企业已被认定为转制文化企业,现将名单发给你们,名单所列转制文化企业按照《财政部 国家税务总局关于文化体制改革中经营性文化事业单位转制为企业的若干税收政策问题的通知》(财税〔2009〕34 号)的规定享受税收优惠政策。

特此通知。

附件

中央所属转制文化企业名单

学习出版社

中国出版集团有限公司

人民文学出版社

商务印书馆

中华书局

中国大百科全书出版社

中国美术出版总社

中国美术出版社

人民音乐出版社

生活·读书·新知三联书店

中国对外翻译出版公司

现代教育出版社

东方出版中心

财政部　国家税务总局
关于中国扶贫基金会小额信贷试点项目
税收政策的通知

财税〔2010〕35 号　2010 年 5 月 13 日　全文有效

各省、自治区、直辖市、计划单列市财政厅（局）、国家税务局、地方税务局，新疆生产建设兵团财务局：

为支持农村金融发展，根据国务院的批复精神，现就中国扶贫基金会小额信贷试点项目有关税收政策通知如下：

一、中和农信项目管理有限公司和中国扶贫基金会举办的农户自立服务社（中心）从事农户小额贷款取得的利息收入，按照《财政部　国家税务总局关于农村金融有关税收政策的通知》（财税〔2010〕4 号）第一条、第二条规定执行营业税和企业所得税优惠政策。

二、中和农信项目管理有限公司和中国扶贫基金会举办的农户自立服务社（中心）应对符合条件的农户小额贷款利息收入进行单独核算，不能单独核算的不得适用本通知规定的优惠政策。

三、已征的应予免征的营业税税款，在以后的应纳营业税税额中抵减或者予以退税。

请遵照执行。

财政部　国家税务总局
关于促进节能服务产业发展增值税、
营业税和企业所得税政策问题的通知

财税〔2010〕110 号　2010 年 12 月 30 日　全文有效

各省、自治区、直辖市、计划单列市财政厅（局）、国家税务局、地方税务局，新疆生产建设兵团财务局：

为鼓励企业运用合同能源管理机制，加大节能减排技术改造工作力度，根据税收法律法规有关规定和《国务院办公厅转发国家发展改革委等部门关于加快推进合同能源管理促进节能服务产业发展意见的通知》（国办发〔2010〕25 号）精神，现将节能服务公司实施合同能源管理项目涉及的增值税、营业税和企业所得税政策问题通知如下：

一、关于增值税、营业税政策问题

（一）对符合条件的节能服务公司实施合同能源管理项目，取得的营业税应税收入，暂免征收营业税。

（二）节能服务公司实施符合条件的合同能源管理项目，将项目中的增值税应税货物转让给用能企业，暂免征收增值税。

（三）本条所称"符合条件"是指同时满足以下条件：

1. 节能服务公司实施合同能源管理项目相关技术应符合国家质量监督检验检疫总局和国家标准化管理委员会发布的《合同能源管理技术通则》（GB/T 24915—2010）规定的技术要求；

2. 节能服务公司与用能企业签订《节能效益分享型》合同，其合同格式和内容，符合《合同法》和国家质量监督检验检疫总局和国家标准化管理委员会发布的《合同能源管理技术通则》（GB/T 24915—2010）等规定。

二、关于企业所得税政策问题

（一）对符合条件的节能服务公司实施合同能源管理项目，符合企业所得税税法有关规定的，自项目取得第一笔生产经营收入所属纳税年度起，第一年至第三年免征企业所得税，第四年至第六年按照 25% 的法定税率减半征收企业所得税。

（二）对符合条件的节能服务公司，以及与其签订节能效益分享型合同的用能企业，实施合同能源管理项目有关资产的企业所得税税务处理按以下规定执行：

1. 用能企业按照能源管理合同实际支付给节能服务公司的合理支出，均可以在计算当期应纳税所得额时扣除，不再区分服务费用和资产价款进行税务处理；

2. 能源管理合同期满后，节能服务公司转让给用能企业的因实施合同能源管理项目形成的资产，按折旧或摊销期满的资产进行税务处理，用能企业从节能服务公司接受有关资产的计税基础也应按折旧或摊销期满的资产进行税务处理；

3. 能源管理合同期满后，节能服务公司与用能企业办理有关资产的权属转移时，用能企业已支付的资产价款，不再另行计入节能服务公司的收入。

（三）本条所称"符合条件"是指同时满足以下条件：

1. 具有独立法人资格，注册资金不低于 100 万元，且能够单独提供用能状况诊断、节能项目设计、融资、改造（包括施工、设备安装、调试、验收等）、运行管理、人员培训等服务的专业化节能服务公司；

2. 节能服务公司实施合同能源管理项目相关技术应符合国家质量监督检验检疫总局和国家标准化管理委员会发布的《合同能源管理技术通则》（GB/T 24915—2010）规定的技术要求；

3. 节能服务公司与用能企业签订《节能效益分享型》合同，其合同格式和内容，符合《合同法》和国家质量监督检验检疫总局和国家标准化管理委员会发布的《合同能源管理技术通则》（GB/T 24915—2010）等规定；

4. 节能服务公司实施合同能源管理的项目符合《财政部、国家税务总局、国家发展改革委关于公布环境保护节能节水项目企业所得税优惠目录（试行）的通知》（财税〔2009〕166 号）"4. 节能减排技术改造"类中第一项至第八项规定的项目和条件；

5. 节能服务公司投资额不低于实施合同能源管理项目投资总额的 70%；

6. 节能服务公司拥有匹配的专职技术人员和合同能源管理人才，具有保障项目顺利实施和稳定运行的能力。

（四）节能服务公司与用能企业之间的业务往来，应当按照独立企业之间的业务往来收取或者支付价款、费用。不按照独立企业之间的业务往来收取或者支付价款、费用，而减少其应纳税所得额的，税务机关有权进行合理调整。

（五）用能企业对从节能服务公司取得的与实施合同能源管理项目有关的资产，应与企业其他资产分开核算，并建立辅助账或明细账。

（六）节能服务公司同时从事适用不同税收政策待遇项目的，其享受税收优惠项目应当单独计算收入、扣除，并合理分摊企业的期间费用；没有单独计算的，不得享受税收优惠政策。

三、本通知自 2011 年 1 月 1 日起执行。

财政部　国家税务总局
关于居民企业技术转让有关企业所得税
政策问题的通知

财税〔2010〕111 号　　2010 年 12 月 31 日　　全文有效

各省、自治区、直辖市、计划单列市财政厅（局）、国家税务局、地方税务局，新疆生产建设兵团财务局：

根据《中华人民共和国企业所得税法》（以下简称企业所得税法）及《中华人民共和国企业所得税法实施条例》（国务院令第 512 号，以下简称实施条例）的有关规定，现就符合条件的技术转让所得减免企业所得税有关问题通知如下：

一、技术转让的范围，包括居民企业转让专利技术、计算机软件著作权、集成电路布图设计权、植物新品种、生物医药新品种，以及财政部和国家税务总局确定的其他技术。

其中：专利技术，是指法律授予独占权的发明、实用新型和非简单改变产品图案的外观设计。

二、本通知所称技术转让，是指居民企业转让其拥有符合本通知第一条规定技术的所有权或 5 年以上（含 5 年）全球独占许可使用权的行为。

三、技术转让应签订技术转让合同。其中，境内的技术转让须经省级以上（含省级）科技部门认定登记，跨境的技术转让须经省级以上（含省级）商务部门认定登记，涉及财政经费支持产生技术的转让，需省级以上（含省级）科技部门审批。

居民企业技术出口应由有关部门按照商务部、科技部发布的《中国禁止出口限制出口技术目录》（商务部、科技部令 2008 年第 12 号）进行审查。居民企业取得禁止出口和限制出口技术转让所得，不享受技术转让减免企业所得税优惠政策。

四、居民企业从直接或间接持有股权之和达到 100% 的关联方取得的技术转让所得，不享受技术转让减免企业所得税优惠政策。

五、本通知自 2008 年 1 月 1 日起执行。

财政部　国家税务总局
关于下发红旗出版社有限责任公司等
中央所属转制文化企业名单的通知

财税〔2011〕3 号　　2011 年 3 月 16 日　　全文有效

各省、自治区、直辖市、计划单列市党委宣传部、财政厅（局）、国家税务局、地方税务局，新疆生产建设兵团财务局：

一、按照《财政部　国家税务总局　中宣部关于转制文化企业名单及认定问题的通知》（财税〔2009〕105 号）的规定，红旗出版社有限责任公司等二十二家中央所属文化企业已被认定为转制文化企业，现将名单发给你们，名单所列转制文化企业按照《财政部　国家税务总局关于文化体制改革中经营性文化事业单位转制为企业的若干税收政策问题的通知》（财税〔2009〕34 号）的规定享受税收优惠政策。

二、财税〔2009〕34 号文件中"转制注册之日"是指经营性文化事业单位转制为企业并进行工商注册之日。对于经营性文化事业单位转制前已进行企业法人登记，则按注销事业单位法人登记之日或核销事业编制的批复之日（转制前并没有进行事业单位法人登记）起确定转制完成并享受财税〔2009〕34 号文件规定的税收优惠政策。本通知下发前各地不论是按转制注册之日还是按转制批复之日计算已征免的税款部分，不再做调整。

特此通知。

附件

中央所属转制文化企业名单

红旗出版社有限责任公司
线装书局
西苑出版社
金城出版社
中国建材工业出版社

当代中国出版社

方志出版社

中国少年儿童新闻出版总社

语文出版社

中国铁道出版社

中国劳动社会保障出版社

开明出版社

中国画报出版社

新世界出版社有限责任公司

新星出版社有限责任公司

中国旅游出版社

原子能出版社

法律出版社

中国法制出版社

团结出版社

《中国汽车报》社

新华网络有限公司

财政部 国家税务总局
关于继续实施小型微利企业所得税优惠政策的通知

财税〔2011〕4 号 2011 年 1 月 17 日 全文有效

各省、自治区、直辖市、计划单列市财政厅（局）、国家税务局、地方税务局，新疆生产建设兵团财务局：

为巩固和扩大应对国际金融危机冲击的成果，发挥小企业在促进经济发展、增加就业等方面的积极作用，经国务院批准，2011 年继续实施小型微利企业所得税优惠政策。现将有关政策通知如下：

一、自 2011 年 1 月 1 日至 2011 年 12 月 31 日，对年应纳税所得额低于 3 万元（含 3 万元）的小型微利企业，其所得减按 50% 计入应纳税所得额，按 20% 的税率缴纳企业所得税。

二、本通知所称小型微利企业，是指符合《中华人民共和国企业所得税法》及其实施条例以及相关税收政策规定的小型微利企业。

请遵照执行。

财政部 国家税务总局
关于享受企业所得税优惠的农产品
初加工有关范围的补充通知

财税〔2011〕26 号 2011 年 5 月 11 日 全文有效

各省、自治区、直辖市、计划单列市财政厅（局）、国家税务局、地方税务局，新疆生产建设兵团财务局：

为进一步规范农产品初加工企业所得税优惠政策，现就《财政部 国家税务总局关于发布享受企业所得税优惠政策的农产品初加工范围（试行）的通知》（财税〔2008〕149 号，以下简称《范围》）涉及的有关事项细化如下（以下序数对应《范围》中的序数）：

一、种植业类

（一）粮食初加工。

1. 小麦初加工。

《范围》规定的小麦初加工产品还包括麸皮、麦糠、麦仁。

2. 稻米初加工。

《范围》规定的稻米初加工产品还包括稻糠（砻糠、米糠和统糠）。

4. 薯类初加工。

《范围》规定的薯类初加工产品还包括变性淀粉以外的薯类淀粉。

＊薯类淀粉生产企业需达到国家环保标准，且年产量在一万吨以上。

6. 其他类粮食初加工。

《范围》规定的杂粮还包括大麦、糯米、青稞、芝麻、核桃；相应的初加工产品还包括大麦芽、糯米粉、青稞粉、芝麻粉、核桃粉。

（三）园艺植物初加工。

2. 水果初加工。

《范围》规定的新鲜水果包括番茄。

（四）油料植物初加工。

《范围》规定的粮食副产品还包括玉米胚芽、小麦胚芽。

（五）糖料植物初加工。

《范围》规定的甜菊又名甜叶菊。

（八）纤维植物初加工。

2. 麻类初加工。

《范围》规定的麻类作物还包括芦苇。

3. 蚕茧初加工。

《范围》规定的蚕包括蚕茧，生丝包括厂丝。

二、畜牧业类

（一）畜禽类初加工。

1. 肉类初加工。

《范围》规定的肉类初加工产品还包括火腿等风干肉、猪牛羊杂骨。

三、本通知自 2010 年 1 月 1 日起执行。

财政部 国家税务总局 中宣部 关于下发人民网股份有限公司等 81 家 中央所属转制文化企业名单的通知

财税〔2011〕27 号 2011 年 4 月 27 日 全文有效

北京市财政局、国家税务局、地方税务局,北京市宣传部:

按照《财政部 国家税务总局 中宣部关于转制文化企业名单及认定问题的通知》(财税〔2009〕105 号)的规定,人民网股份有限公司等 81 家中央所属文化企业已被认定为转制文化企业,现将名单发给你们,名单所列转制文化企业按照《财政部 国家税务总局关于文化体制改革中经营性文化事业单位转制为企业的若干税收政策问题的通知》(财税〔2009〕34 号)的规定享受税收优惠政策。税收优惠政策的执行起始期限按《财政部 国家税务总局 中宣部关于下发红旗出版社有限责任公司等中央所属转制文化企业名单的通知》(财税〔2011〕3 号)的规定执行。

特此通知。

附件

中央所属转制文化企业名单

人民网股份有限公司
社会科学文献出版社
企业管理出版社
人民卫生出版社
宗教文化出版社
经济管理出版社
华语教学出版社有限责任公司
朝华出版社有限责任公司
外文出版社有限责任公司
海豚出版社有限责任公司

中共党史出版社

高等教育出版社

人民教育出版社

中国社会科学出版社

知识产权出版社

中国国际图书贸易集团有限公司

国家行政学院出版社

中央文献出版社

党建读物出版社

中国工商出版社

中国工人出版社

中国青年出版社

中国建筑工业出版社

中国统计出版社

中国方正出版社

中国税务出版社

中国财政经济出版社

中国城市出版社

中国摄影出版社

中国长安出版社

中国戏剧出版社

中国地图出版社

科学普及出版社

中国市场出版社

中国计划出版社

冶金工业出版社

中国石化出版社有限公司

中国发展出版社

人民交通出版社

中国体育报业总社

航空工业出版社

北京航宇音像出版社

《国际航空》杂志社

人民日报出版社

化学工业出版社

中国中医药出版社

电子工业出版社

中国妇女出版社

文物出版社

华文出版社

中国民族摄影艺术出版社

中央编译出版社

中国人口出版社

作家出版社

经济科学出版社

中国华侨出版社

中国宇航出版有限责任公司

中国纺织出版社

台海出版社

中共中央党校出版社

中国民航出版社

群言出版社

中国经济出版社

中国社会出版社

中国商务出版社

九州出版社

中国医药科技出版社

中国言实出版社

五洲传播出版社

研究出版社

中国电影出版社

中国文联出版社

中国三峡出版社

海洋出版社

中国商业出版社

当代世界出版社

中国农业科学技术出版社

中国农业出版社

中国人事出版社
华夏出版社
中国水利水电出版社

财政部　国家税务总局
关于高新技术企业境外所得适用税率及
税收抵免问题的通知

财税〔2011〕47 号　2011 年 5 月 31 日　全文有效

各省、自治区、直辖市、计划单列市财政厅（局）、国家税务局、地方税务局，新疆生产建设兵团财务局：

根据《中华人民共和国企业所得税法》及其实施条例，以及《财政部　国家税务总局关于企业境外所得税收抵免有关问题的通知》（财税〔2009〕125 号）的有关规定，现就高新技术企业境外所得适用税率及税收抵免有关问题补充明确如下：

一、以境内、境外全部生产经营活动有关的研究开发费用总额、总收入、销售收入总额、高新技术产品（服务）收入等指标申请并经认定的高新技术企业，其来源于境外的所得可以享受高新技术企业所得税优惠政策，即对其来源于境外所得可以按照 15% 的优惠税率缴纳企业所得税，在计算境外抵免限额时，可按照 15% 的优惠税率计算境内外应纳税总额。

二、上述高新技术企业境外所得税收抵免的其他事项，仍按照财税〔2009〕125 号文件的有关规定执行。

三、本通知所称高新技术企业，是指依照《中华人民共和国企业所得税法》及其实施条例规定，经认定机构按照《高新技术企业认定管理办法》（国科发火〔2008〕172 号）和《高新技术企业认定管理工作指引》（国科发火〔2008〕362 号）认定取得高新技术企业证书并正在享受企业所得税 15% 税率优惠的企业。

四、本通知自 2010 年 1 月 1 日起执行。

财政部　国家税务总局
关于新疆困难地区新办企业所得税
优惠政策的通知

财税〔2011〕53 号　2011 年 6 月 17 日　全文有效

新疆维吾尔自治区财政厅、国家税务局、地方税务局，新疆生产建设兵团财务局：

为推进新疆跨越式发展和长治久安，根据中共中央、国务院关于支持新疆经济社会发展的指示精神，现就新疆困难地区有关企业所得税优惠政策通知如下：

一、2010 年 1 月 1 日至 2020 年 12 月 31 日，对在新疆困难地区新办的属于《新疆困难地区重点鼓励发展产业企业所得税优惠目录》（以下简称《目录》）范围内的企业，自取得第一笔生产经营收入所属纳税年度起，第一年至第二年免征企业所得税，第三年至第五年减半征收企业所得税。

二、新疆困难地区包括南疆三地州、其他国家扶贫开发重点县和边境县市。

三、属于《目录》范围内的企业是指以《目录》中规定的产业项目为主营业务，其主营业务收入占企业收入总额 70% 以上的企业。

四、第一笔生产经营收入，是指新疆困难地区重点鼓励发展产业项目已建成并投入运营后所取得的第一笔收入。

五、按照本通知规定享受企业所得税定期减免税政策的企业，在减半期内，按照企业所得税 25% 的法定税率计算的应纳税额减半征税。

六、财政部、国家税务总局会同有关部门研究制订《目录》，经国务院批准后公布实施，并根据新疆经济社会发展需要及企业所得税优惠政策实施情况适时调整。

七、对难以界定是否属于《目录》范围的项目，税务机关应当要求企业提供省级以上（含省级）有关行业主管部门出具的证明文件，并结合其他相关材料进行认定。

财政部　海关总署　国家税务总局
关于深入实施西部大开发战略
有关税收政策问题的通知

财税〔2011〕58 号　2011 年 7 月 27 日　全文有效

各省、自治区、直辖市、计划单列市财政厅（局）、国家税务局、地方税务局，新疆生产建设兵团财务局，海关总署广东分署、各直属海关：

为贯彻落实党中央、国务院关于深入实施西部大开发战略的精神，进一步支持西部大开发，现将有关税收政策问题通知如下：

一、对西部地区内资鼓励类产业、外商投资鼓励类产业及优势产业的项目在投资总额内进口的自用设备，在政策规定范围内免征关税。

二、自 2011 年 1 月 1 日至 2020 年 12 月 31 日，对设在西部地区的鼓励类产业企业减按 15% 的税率征收企业所得税。

上述鼓励类产业企业是指以《西部地区鼓励类产业目录》中规定的产业项目为主营业务，且其主营业务收入占企业收入总额 70% 以上的企业。《西部地区鼓励类产业目录》另行发布。

三、对西部地区 2010 年 12 月 31 日前新办的、根据《财政部　国家税务总局海关总署关于西部大开发税收优惠政策问题的通知》（财税〔2001〕202 号）第二条第三款规定可以享受企业所得税"两免三减半"优惠的交通、电力、水利、邮政、广播电视企业，其享受的企业所得税"两免三减半"优惠可以继续享受到期满为止。

四、本通知所称西部地区包括重庆市、四川省、贵州省、云南省、西藏自治区、陕西省、甘肃省、宁夏回族自治区、青海省、新疆维吾尔自治区、新疆生产建设兵团、内蒙古自治区和广西壮族自治区。湖南省湘西土家族苗族自治州、湖北省恩施土家族苗族自治州、吉林省延边朝鲜族自治州，可以比照西部地区的税收政策执行。

五、本通知自 2011 年 1 月 1 日起执行。《财政部　国家税务总局　海关总署关于西部大开发税收优惠政策问题的通知》（财税〔2001〕202 号）、《国家税务总局关于落实西部大开发有关税收政策具体实施意见的通知》（国税发〔2002〕47 号）、《财政部　国家税务总局关于西部大开发税收优惠政策适用目录变更问题的通知》（财税

〔2006〕165 号）、《财政部　国家税务总局关于将西部地区旅游景点和景区经营纳入西部大开发税收优惠政策范围的通知》（财税〔2007〕65 号）自 2011 年 1 月 1 日起停止执行。

财政部　国家税务总局
国家发展和改革委员会　工业和信息化部
关于公布新疆困难地区重点鼓励发展产业
企业所得税优惠目录（试行）的通知

财税〔2011〕60 号　2011 年 8 月 26 日　全文有效

新疆维吾尔自治区财政厅、国家税务局、地方税务局、发展和改革委员会、经济和信息化委员会，新疆生产建设兵团财务局、发展和改革委员会、信息化工作办公室：

《新疆困难地区重点鼓励发展产业企业所得税优惠目录（试行）》（以下简称《目录》）已经国务院批准，现予以公布，并将有关事项通知如下：

一、申请享受新疆困难地区重点鼓励发展产业企业所得税优惠政策的企业，涉及外商投资的，应符合现行外商投资产业政策。

二、新疆困难地区各级财政、税务机关应根据《财政部、国家税务总局关于新疆困难地区新办企业所得税优惠政策的通知》（财税〔2011〕53 号）和《目录》的规定，认真落实相关企业所得税优惠政策，对执行中发现的新情况、新问题要及时向上级财政、税务主管部门反映。

三、本通知自 2010 年 1 月 1 日起施行。

附件

新疆困难地区重点鼓励发展产业企业所得税优惠目录（试行）

一、农林业

1. 中低产田综合治理与稳产高产基本农田建设。

2. 农产品基地建设。

3. 蔬菜、瓜果、花卉设施栽培（含无土栽培）先进技术开发与应用。

4. 优质、高产、高效标准化栽培技术开发与应用。

5. 畜禽标准化规模养殖技术开发与应用。

6. 重大病虫害及动物疫病防治。

7. 农作物、家畜、家禽及水生动植物、野生动植物遗传工程及基因库建设。

8. 动植物（含野生）优良品种选育、繁育、保种和开发；生物育种；种子生产、加工、贮藏及鉴定。

9. 种（苗）脱毒技术开发与应用。

10. 旱作节水农业、保护性耕作、生态农业建设、耕地质量建设及新开耕地快速培肥技术开发与应用。

11. 生态种（养）技术开发与应用。

12. 农用薄膜无污染降解技术及农田土壤重金属降解技术开发与应用。

13. 绿色无公害饲料及添加剂开发。

14. 内陆流域性大湖资源增殖保护工程。

15. 牛羊胚胎（体内）及精液工厂化生产。

16. 农业生物技术开发与应用。

17. 耕地保养管理与土、肥、水速测技术开发与应用。

18. 农、林作物和渔业种质资源保护地、保护区建设；动植物种质资源收集、保存、鉴定、开发与应用。

19. 农作物秸秆还田与综合利用（青贮饲料，秸秆氨化养牛、还田，秸秆沼气及热解、气化，培育食用菌，固化成型燃料，秸秆人造板，秸秆纤维素燃料乙醇、非粮饲料资源开发利用等）。

20. 农村可再生资源综合利用开发工程（沼气工程、"三沼"综合利用、沼气灌装提纯等）。

21. 食（药）用菌菌种培育。

22. 草原、森林灾害综合治理工程。

23. 利用非耕地的退耕（牧）还林（草）及天然草原植被恢复工程。

24. 动物疫病新型诊断试剂、疫苗及低毒低残留兽药（含兽用生物制品）新工艺、新技术开发与应用。

25. 优质高产牧草人工种植与加工。

26. 无公害农产品及其产地环境的有害元素监测技术开发与应用。

27. 有机废弃物无害化处理及有机肥料产业化技术开发与应用。

28. 农牧渔产品无公害、绿色生产技术开发与应用。

29. 农林牧渔产品储运、保鲜、加工与综合利用。

30. 天然林等自然资源保护工程。

31. 碳汇林建设、植树种草工程及林木种苗工程。

32. 水土流失综合治理技术开发与应用。

33. 生态系统恢复与重建工程。

34. 海洋、森林、野生动植物、湿地、荒漠、草原等自然保护区建设及生态示范工程。

35. 防护林工程。

36. 固沙、保水、改土新材料生产。

37. 抗盐与耐旱植物培植。

38. 速生丰产林工程、工业原料林工程、珍贵树种培育及名特优新经济林建设。

39. 森林抚育、低产林改造工程。

40. 野生经济林树种保护、改良及开发利用。

41. 珍稀濒危野生动植物保护工程。

42. 林业基因资源保护工程。

43. 次小薪材、沙生灌木及三剩物深加工与产品开发。

44. 野生动植物培植、驯养繁育基地及疫源疫病监测预警体系建设。

45. 道地中药材及优质、丰产、濒危或紧缺动植物药材的种植（养殖）。

46. 香料、野生花卉等林下资源人工培育与开发。

47. 木基复合材料及结构用人造板技术开发。

48. 木质复合材料、竹质工程材料生产及综合利用。

49. 松脂林建设、林产化学品深加工。

50. 数字（信息）农业技术开发与应用。

51. 农业环境与治理保护技术开发与应用。

52. 生态清洁型小流域建设及面源污染防治。

53. 农田主要机耕道（桥）建设。

54. 生物质能源林定向培育与产业化。

55. 粮油干燥节能设备、农户绿色储粮生物技术、驱鼠技术、农户新型储粮仓（彩钢板组合仓、钢骨架矩形仓、钢网式干燥仓、热浸镀锌钢板仓等）推广应用。

56. 农作物、林木害虫密度自动监测技术开发与应用。

57. 森林、草原火灾自动监测报警技术开发与应用。

58. 气象卫星工程（卫星研制、生产及配套软件系统、地面接收处理设备等）和气象信息服务。

59. 荒漠化和沙化监测体系及能力建设。

60. 盐渍羊肠衣及制品开发与生产。

61. 防沙治沙工程。

62. 退耕还林还草、天然林保护等国家重点生态工程后续产业开发。

63. 优质番茄、特色香梨、葡萄、甜瓜、红枣、核桃和枸杞的种植及深加工。

64. 优质酿酒葡萄基地。

65. 天然香料的种植、加工。

66. 甜菜糖加工及副产品综合利用。

67. 亚麻种植及其制品生产。

68. 高档棉毛产品升级改造。

69. 丝绸产品深加工。

70. 畜禽骨深加工新技术。

二、水利

1. 江河堤防建设及河道、水库治理工程。

2. 跨流域调水工程。

3. 城乡供水水源工程。

4. 农村饮水安全工程。

5. 蓄滞洪区建设。

6. 病险水库、水闸除险加固工程。

7. 城市积涝预警和防洪工程。

8. 综合利用水利枢纽工程。

9. 牧区水利工程。

10. 灌区改造及配套设施建设。

11. 防洪抗旱应急设施建设。

12. 高效输配水、节水灌溉技术推广应用。

13. 水文应急测报、旱情监测基础设施建设。

14. 灌溉排水泵站更新改造工程。

15. 农田水利设施建设工程（灌排渠道、涵闸、泵站建设等）。

16. 防汛抗旱新技术新产品开发与应用。

17. 山洪地质灾害防治工程（山洪地质灾害防治区监测预报预警体系建设及山洪沟、泥石流沟和滑坡治理等）。

18. 水生态系统及地下水保护与修复工程。

19. 水源地保护工程（水源地保护区划分、隔离防护、水土保持、水资源保护、水生态环境修复及有关技术开发推广）。

20. 水文站网基础设施建设及其仪器设备开发与应用。

三、煤炭

1. 煤田地质及地球物理勘探。

2. 120 万吨/年及以上高产高效煤矿（含矿井、露天）、高效选煤厂建设。

3. 矿井灾害（瓦斯、煤尘、矿井水、火、围岩、地温、冲击地压等）防治。

4. 型煤及水煤浆技术开发与应用。

5. 煤炭共伴生资源加工与综合利用。

6. 煤层气勘探、开发、利用和煤矿瓦斯抽采、利用。

7. 煤矸石、煤泥、洗中煤等低热值燃料综合利用。

8. 管道输煤。

9. 煤炭高效洗选脱硫技术开发与应用。

10. 选煤工程技术开发与应用。

11. 地面沉陷区治理、矿井水资源保护与利用。

12. 煤电一体化建设。

13. 提高资源回收率的采煤方法、工艺开发与应用。

14. 矿井采空区矸石回填技术开发与应用。

15. 井下救援技术及特种装备开发与应用。

16. 煤炭生产过程综合监控技术、装备开发与应用。

17. 大型煤炭储运中心、煤炭交易市场建设。

18. 新型矿工避险自救器材开发与应用。

19. 建筑物下、铁路等基础设施下、水体下采用煤矸石等物质充填采煤技术开发与应用。

20. 煤炭加工应用技术开发和产品生产。

四、电力

1. 水力发电。

2. 缺水地区单机60万千瓦及以上大型空冷机组电站建设。

3. 重要用电负荷中心且天然气充足地区天然气调峰发电项目。

4. 30万千瓦及以上循环流化床、增压流化床、整体煤气化联合循环发电等洁净煤发电。

5. 单机30万千瓦及以上采用流化床锅炉并利用煤矸石、中煤、煤泥等发电。

6. 在役发电机组脱硫、脱硝改造。

7. 跨区电网互联工程技术开发与应用。

8. 输变电节能、环保技术推广应用。

9. 降低输、变、配电损耗技术开发与应用。

10. 分布式供电及并网技术推广应用。

11. 燃煤发电机组脱硫、脱硝及复合污染物治理。

12. 火力发电脱硝催化剂开发生产。

13. 水力发电中低温水恢复措施工程、过鱼措施工程技术开发与应用。

14. 大容量电能储存技术开发与应用。

15. 电动汽车充电设施。

16. 乏风瓦斯发电技术及开发利用。

17. 利用余热余压、煤层气、高炉气、焦炉气、垃圾发电。

18. 采用单机 30 万千瓦及以上集中供热机组的热电联产，背压式热电联产，以及热、电、冷多联产。

19. 南疆喀什、和田应急燃机电站。

五、新能源

1. 生物质纤维素乙醇、生物柴油等非粮生物质燃料生产技术开发与应用。

2. 太阳能热发电集热系统、太阳能光伏发电系统集成技术开发应用、逆变控制系统开发制造。

3. 风电与光伏发电互补系统技术开发与应用。

六、石油、天然气

1. 油气伴生资源综合利用。

2. 放空天然气回收利用及装置制造。

七、钢铁

1. 黑色金属矿山接替资源勘探及关键勘探技术开发。

2. 高性能、高质量及升级换代钢材产品技术开发与应用。包括 600 兆帕级及以上高强度汽车板、油气输送高性能管线钢、高强度船舶用宽厚板、海洋工程用钢、420 兆帕级及以上建筑和桥梁等结构用中厚板、高速重载铁路用钢、低铁损高磁感硅钢、耐腐蚀耐磨损钢材、节约合金资源不锈钢（现代铁素体不锈钢、双相不锈钢、含氮不锈钢）、高性能基础件（高性能齿轮、12.9 级及以上螺栓、高强度弹簧、长寿命轴承等）用特殊钢棒线材、高品质特钢锻轧材（工模具钢、不锈钢、机械用钢等）等。

3. 焦炉、高炉、热风炉用长寿命节能环保耐火材料生产工艺；精炼钢用低碳、无碳耐火材料和高效连铸用功能环保性耐火材料生产工艺。

4. 生产过程在线质量检测技术应用。

5. 利用钢铁生产设备处理社会废弃物。

6. 烧结烟气脱硫、脱硝、脱二恶英等多功能干法脱除，以及副产物资源化、再利用化技术。

7. 难选贫矿、（共）伴生矿综合利用先进工艺技术。

8. 冶金固体废弃物（含冶金矿山废石、尾矿，钢铁厂产生的各类尘、泥、渣、铁皮等）综合利用先进工艺技术。

9. 冶金废液（含废水、废酸、废油等）循环利用工艺技术与设备。

10. 高炉、转炉煤气干法除尘。

八、有色金属

1. 有色金属现有矿山接替资源勘探开发，紧缺资源的深部及难采矿床开发。

2. 高效、低耗、低污染、新型冶炼技术开发。

3. 高效、节能、低污染、规模化再生资源回收与综合利用：（1）废杂有色金属回收；（2）有价元素的综合利用；（3）赤泥及其他冶炼废渣综合利用；（4）高铝粉煤灰提取氧化铝。

4. 铝铜硅钨钼等大规格高纯靶材、超大规模集成电路铜镍硅和铜铬锆引线框架材料、电子焊料等开发与生产。

5. 抗压强度不低于500Mpa、导电率不低于80% IACS 的铜合金精密带材和超长线材制品等高强铜合金、交通运输工具主承力结构用的新型高强、高韧、耐蚀铝合金材料及大尺寸制品开发与生产。

6. 铜、铅、锌、铝等有色金属精深加工。

九、黄金

1. 从尾矿及废石中回收黄金资源。

十、石化化工

1. 含硫含酸重质、劣质原油炼制技术，高标准油品生产技术开发与应用。

2. 高效、安全、环境友好的农药新品种、新剂型（水基化剂型等）、专用中间体、助剂（水基化助剂等）的开发与生产；甲叉法乙草胺、水相法毒死蜱工艺，草甘膦回收氯甲烷工艺、定向合成法手性和立体结构农药生产、乙基氯化物合成技术等清洁生产工艺的开发和应用，生物农药新产品、新技术的开发与生产。

3. 改性型、水基型胶粘剂和新型热熔胶，环保型吸水剂、水处理剂，分子筛固汞、无汞等新型高效、环保催化剂和助剂，安全型食品添加剂、饲料添加剂，纳米材料，功能性膜材料，超净高纯试剂、光刻胶、电子气、高性能液晶材料等新型精细化学品的开发与生产。

4. 聚合物改性沥青开发与生产。

5. 硫、钾、硼、锂等短缺化工矿产资源开发及综合利用，以及精细无机盐产品生产。

6. 优质钾肥及各种专用肥、缓控释肥的生产，钾肥生产剩余物的综合开发利用，氮肥企业节能减排和原料结构调整，磷石膏综合利用技术开发与应用。

7. 水性木器、工业、船舶涂料、高固体分、无溶剂、辐射固化、功能性外墙保温涂料等环境友好、资源节约型涂料生产。

8. 采用离子膜法烧碱生产技术、烧碱用盐水膜法脱硝、纯碱行业干法蒸馏、联碱不冷碳化等清洁生产技术对现有装置进行改造和回收锅炉烟道气 CO_2 生产纯碱。

9. 盐化工下游产品生产及开发（列入《产业结构调整指导目录》、《外商投资产业指导目录》限制类、禁止类的除外）。

十一、建材

1. 一次冲洗用水量6升及以下的坐便器、蹲便器、节水型小便器及节水控制设备开发与生产。

2. 使用合成矿物纤维、芳纶纤维等作为增强材料的无石棉摩擦、密封材料新工艺、新产品开发与生产。

3. 废矿石、尾矿和建筑废弃物的综合利用。

4. 农用田间建设材料技术开发与生产。

5. 利用工业副产石膏生产新型墙体材料及技术装备开发与制造。

6. 2000 吨/日及以上新型干法水泥和利用 2000 吨/日及以上新型干法水泥窑炉处置工业废弃物、城市污泥和生活垃圾的生产，纯低温余热发电；粉磨系统等节能改造。

7. 3 万吨/年及以上无碱玻璃纤维池窑拉丝技术和高性能玻璃纤维及制品技术开发与生产。

8. 优质节能复合门窗及五金配件生产。

9. 20 万立方米/年以上大型石材荒料、30 万平方米/年以上超薄复合石材生产。

10. 年产 100 万平方米及以上建筑陶瓷砖生产线。

11. 3000 万标砖/年及以上的煤矸石、页岩等非粘土烧结构多孔砖和空心砖生产线。

12. 年产 500 万平方米及以上改性沥青类防水卷材生产线。

13. 新型墙体材料开发与生产。

14. 蛭石、云母、石棉、菱镁矿、石墨、石灰石、红柱石、石材等非金属矿产的综合利用（勘查、开发除外）。

15. 特殊品种（超白、超薄、在线 Low－E）优质浮法玻璃技术开发及深加工。

十二、医药

1. 拥有自主知识产权的新药开发和生产，天然药物开发和生产，新型计划生育药物（包括第三代孕激素的避孕药）开发和生产，满足我国重大、多发性疾病防治需求的通用名药物首次开发和生产，药物新剂型、新辅料的开发和生产，药物生产过程中的膜分离、超临界萃取、新型结晶、手性合成、酶促合成、生物转化、自控等技术开发与应用，原料药生产节能降耗减排技术、新型药物制剂技术开发与应用。

2. 新型药用包装材料及其技术开发和生产（一级耐水药用玻璃，可降解材料，具有避光、高阻隔性、高透过性的功能性材料，新型给药方式的包装；药包材无苯油墨印刷工艺等）。

3. 濒危稀缺药用动植物人工繁育技术及代用品开发和生产，先进农业技术在中药材规范化种植、养殖中的应用，中药有效成分的提取、纯化、质量控制新技术开发和应用，中药现代剂型的工艺技术、生产过程控制技术和装备的开发与应用，中药饮片创新技术开发和应用，中成药二次开发和生产。

4. 民族药物开发和生产。

5. 基本药物质量和生产技术水平提升及降低成本。

6. 以牛羊内脏为原料的生物制药产品的开发利用。

十三、机械

1. 土壤修复技术装备制造。

2. 适合新疆煤炭蕴藏特点的煤矿采掘设备制造。

3. 农业、林果业、畜牧业机械制造。

4. 安全饮水设备制造。

十四、轻工

1. 无元素氯（ECF）和全无氯（TCF）化学纸浆漂白工艺开发及应用。

2. 生物可降解塑料及其系列产品开发、生产与应用。

3. 农用塑料节水器材和长寿命（三年及以上）功能性农用薄膜的开发、生产。

4. 新型塑料建材（高气密性节能塑料窗、大口径排水排污管道、抗冲击改性聚氯乙烯管、地源热泵系统用聚乙烯管、非开挖用塑料管材、复合塑料管材、塑料检查井）；防渗土工膜；塑木复合材料和分子量≥200万的超高分子量聚乙烯管材及板材生产。

5. 少数民族特需用品制造。

6. 制革及毛皮加工清洁生产、皮革后整饰新技术开发及关键设备制造、皮革废弃物综合利用；皮革铬鞣废液的循环利用，三价铬污泥综合利用；无灰膨胀（助）剂、无氨脱灰（助）剂、无盐浸酸（助）剂、高吸收铬鞣（助）剂、天然植物鞣剂、水性涂饰（助）剂等高档皮革用功能性化工产品开发、生产与应用。

7. 多效、节能、节水、环保型表面活性剂和浓缩型合成洗涤剂的开发与生产。

8. 节能环保型玻璃窑炉（含全电熔、电助熔、全氧燃烧技术）的设计、应用；废（碎）玻璃回收再利用。

9. 水性油墨、紫外光固化油墨、植物油油墨等节能环保型油墨生产。

10. 天然食品添加剂、天然香料新技术开发与生产。

11. 热带果汁、浆果果汁、谷物饮料、本草饮料、茶浓缩液、茶粉、植物蛋白饮料等高附加价值植物饮料的开发生产与加工原料基地建设；果渣、茶渣等的综合开发与利用。

12. 营养健康型大米、小麦粉（食品专用米、发芽糙米、留胚米、食品专用粉、全麦粉及营养强化产品等）及制品的开发生产；传统主食工业化生产；杂粮加工专用设备开发与生产。

13. 菜籽油生产线：采用膨化、负压蒸发、热能自平衡利用、低消耗蒸汽真空系统等技术，油菜籽主产区日处理油菜籽400吨及以上、吨料溶剂消耗1.5公斤以下

（其中西部地区日处理油菜籽 200 吨及以上、吨料溶剂消耗 2 公斤）以下；花生油生产线：花生主产区日处理花生 200 吨及以上，吨料溶剂消耗 2 公斤以下；棉籽油生产线：棉籽产区日处理棉籽 300 吨及以上，吨料溶剂消耗 2 公斤以下；米糠油生产线：采用分散快速膨化、集中制油、精炼技术；玉米胚芽油生产线；油茶籽、核桃等木本油料和胡麻、芝麻、葵花籽等小品种油料加工生产线。

14. 发酵法工艺生产小品种氨基酸（赖氨酸、谷氨酸除外），新型酶制剂（糖化酶、淀粉酶除外）、多元醇、功能性发酵制品（功能性糖类、真菌多糖、功能性红曲、发酵法抗氧化和复合功能配料、活性肽、微生态制剂）等生产。

15. 薯类变性淀粉。

16. 畜禽骨、血及内脏等副产物综合利用与无害化处理。

17. 采用生物发酵技术生产优质低温肉制品。

18. 单条生产线年生产能力化学木浆年产 30 万吨及以上、化学机械木浆 10 万吨及以上、非木原料制浆 5 万吨及以上、箱纸板和白板纸 10 万吨及以上的造纸项目。

19. 高档营养配方乳粉、优质工业乳粉、奶酪、酪蛋白、奶油、炼乳、酸奶等固态、半固态乳制品生产。

20. 年产 10 万千升以上啤酒生产线。

21. 年产 1 万千升以上葡萄酒生产线。

22. 年产 1000 千升以上果酒生产线。

23. 民族乐器及其零件生产。

24. 手工地毯、玉雕、民族刺绣等民族特色手工艺品、工艺美术品和旅游纪念品生产。

25. 粮油加工副产物（稻壳、米糠、麸皮、胚芽、饼粕、秸秆等）综合利用关键技术开发应用。

26. 综合利用钾盐生产剩余物生产鲜皮处理剂。

27. 年产 10 万件及以上木制家具、5 万件及以上金属家具、3 万件及以上塑料家具、1 万件及以上软体家具生产。

28. 年产 3 万吨以上玻璃瓶罐、玻璃包装容器生产线。

29. 金属包装容器、日用金属工具、日用金属制品、建筑及家具用金属配件、建筑装饰及水暖管道零件、建筑安全消防用金属制品生产。

30. 包装容器材料及日用玻璃制品生产。

十五、纺织

1. 符合生态、资源综合利用与环保要求的特种动物纤维、麻纤维、竹原纤维、桑柞茧丝、彩色棉花、彩色桑茧丝类天然纤维的加工技术与产品。

2. 采用紧密纺、低扭矩纺、赛络纺、嵌入式纺纱等高速、新型纺纱技术生产多品种纤维混纺纱线及采用自动络筒、细络联、集体络纱等自动化设备生产高品质纱线。

3. 采用编织、非织造布复合、多层在线复合、长效多功能整理等高新技术，生产满足国民经济各领域需求的产业用纺织品。

4. 高档地毯、抽纱、刺绣产品生产。

5. 5万锭以上棉纺织生产。

6. 大容量聚酯及涤纶纤维生产。

7. 差别化、功能性改性化学纤维生产。

8. 新型聚酯及纤维、再生资源纤维、生物质纤维开发、生产及应用。

9. 采用无梭织机、大圆机等先进织造设备生产高档机织、针织纺织品。

10. 节能环保型印染高档面料生产。

11. 采用信息化、自动化技术的服装生产。

12. 纺织行业三废高效治理以及废旧资源回收再利用技术的推广应用。

十六、建筑

1. 集中供热系统计量与调控技术、产品的研发与推广。

2. 商品混凝土、商品砂浆及其施工技术开发。

十七、城市基础设施

1. 城市公共交通建设。

2. 城市道路及智能交通体系建设。

3. 城镇安全饮水工程。

4. 城镇地下管道共同沟建设。

5. 城镇供排水管网工程、供水水源及净水厂工程。

6. 城市燃气工程。

7. 城镇集中供热建设和改造工程。

8. 城镇园林绿化及生态小区建设。

9. 城市建设管理信息化技术应用。

10. 城市生态系统关键技术应用。

11. 城市节水技术开发与应用。

12. 城市照明智能化、绿色照明产品及系统技术开发与应用。

13. 再生水利用技术与工程。

14. 城市下水管线非开挖施工技术开发与应用。

15. 城市供水、排水、燃气塑料管道应用工程。

十八、铁路

1. 铁路新线建设。

2. 既有铁路改扩建。

3. 客运专线、高速铁路系统技术开发与建设。

4. 铁路行车及客运、货运安全保障系统技术与装备，铁路列车运行控制与车辆控制系统、铁路运输信息系统开发建设。

5. 铁路运输信息系统开发与建设。

6. 7200 千瓦及以上交流传动电力机车、6000 马力及以上交流传动内燃机车、时速 200 公里以上动车组、海拔 3000 米以上高原机车、大型专用货车、机车车辆特种救援设备。

7. 干线轨道车辆交流牵引传动系统、制动系统及核心元器件（含 IGCT、IGBT 元器件）。

8. 时速 200 公里及以上铁路接触网、道岔、扣配件、牵引供电设备。

9. 电气化铁路牵引供电功率因数补偿技术应用。

10. 大型养路机械、铁路工程建设机械装备、线桥隧检测设备。

11. 行车调度指挥自动化技术开发。

12. 混凝土结构物修补和提高耐久性技术、材料开发。

13. 铁路旅客列车集便器及污物地面接收、处理工程。

14. 铁路 GSM – R 通信信号系统。

15. 铁路宽带通信系统开发与建设。

16. 数字铁路与智能运输开发建设。

17. 时速在 300 公里及以上高速铁路或客运专线减震降噪技术应用。

18. 城际轨道交通建设。

十九、公路及道路运输（含城市客运）

1. 西部开发公路干线、国家高速公路网项目建设。

2. 国省干线改造升级。

3. 汽车客货运站、城市公交站。

4. 高速公路不停车收费系统相关技术开发与应用。

5. 公路智能运输、快速客货运输、公路甩挂运输系统开发与建设。

6. 公路管理服务、应急保障系统开发与建设。

7. 公路工程新材料开发生产。

8. 公路集装箱和厢式运输。

9. 特大跨径桥梁修筑和养护维修技术应用。

10. 长大隧道修筑和维护技术应用。

11. 农村客货运输网络开发与建设。

12. 农村公路建设。

13. 城际快速系统开发与建设。

14. 出租汽车服务调度信息系统开发与建设。

15. 高速公路车辆应急疏散通道建设。

16. 低噪音路面技术开发。

17. 高速公路快速修筑与维护技术和材料开发应用。

18. 城市公交。

19、运营车辆安全监控记录系统开发应用。

二十、水运

1. 水上交通安全监管和救助系统建设。

2. 港口危险化学品、油品应急设施建设及设备制造。

3. 水上高速客运。

4. 水运行业信息系统建设。

二十一、航空运输

1. 机场建设。

2. 公共航空运输。

3. 通用航空。

4. 空中交通管制和通信导航系统建设。

5. 航空计算机管理及其网络系统开发与建设。

6. 航空油料设施建设。

7. 小型航空器应急起降场地建设。

二十二、综合交通运输

1. 综合交通枢纽建设及改造。

2. 综合交通枢纽便捷换乘及行李捷运系统建设。

3. 综合交通枢纽运营管理信息系统建设及应用。

4. 综合交通枢纽诱导系统建设。

5. 综合交通枢纽一体化服务设施建设。

6. 综合交通枢纽防灾救灾及应急疏散系统。

7. 综合交通枢纽便捷货运换装系统建设。

8. 集装箱多式联运系统建设。

二十三、信息产业

1. 软件开发生产（含民族语言信息化标准研究与推广应用）。

2. 电子商务和电子政务系统开发及应用服务。

3. 数字音乐、手机媒体、动漫游戏等数字内容产品的开发系统。

4. 防伪技术开发与运用。

5. 卫星数字电视广播系统建设。

6. 通信"村村通"工程。

7. 信息安全产品开发生产。

8. 宽带光缆、宽带无线接入网络技术开发及通信管道和网络建设。

9. 物联网和下一代互联网技术产品开发与建设及应用平台建设和服务。

10. 应急通信、农村通信、行业和信息化通信设施建设、设备制造及网络改造、业务运营。

11. 增值电信业务开发与运营。

二十四、现代物流业

1. 粮食、棉花、食用油、食糖、化肥、石油等重要商品现代化物流设施建设。

2. 农产品物流配送（含冷链）设施建设，食品物流质量安全控制技术服务。

3. 药品物流配送（含冷链）技术应用和设施建设，药品物流质量安全控制技术服务。

4. 出版物等文化产品供应链管理技术服务。

5. 第三方物流服务设施建设。

6. 仓储和转运设施设备、运输工具、物流器具的标准化改造。

7. 自动识别和标识技术、电子数据交换技术、可视化技术、货物跟踪和快速分拣技术、移动物流信息服务技术、全球定位系统、地理信息系统、道路交通信息通信系统、智能交通系统、物流信息系统安全技术及立体仓库技术的研发和应用。

8. 应急物流设施建设。

9. 物流公共信息平台建设。

10. 实现铁路与公路、民用航空与地面交通等多式联运物流节点设施建设与经营。

11. 空港、产业聚集区、商贸集散地的物流中心建设。

二十五、金融服务业

1. 信用担保服务体系建设。

2. 农村金融服务体系建设。

3. 农业保险、责任保险、信用保险。

4. 创业投资。

二十六、科技服务业

1. 工业设计、气象、生物、新材料、新能源、节能、环保、测绘、海洋等专业科技服务，商品质量认证和质量检测服务、科技普及。

2. 数字音乐、手机媒体、网络出版等数字内容服务，地理、国际贸易等领域信息资源开发服务。

3. 科技信息交流、文献信息检索、技术咨询、技术孵化、科技成果评估和科技鉴证等服务。

4. 知识产权代理、转让、登记、鉴定、检索、评估、认证、咨询和相关投融资服务。

5. 信息技术外包、业务流程外包、知识流程外包等技术先进型服务。

二十七、商务服务业

1. 工程咨询服务（包括规划编制与咨询、投资机会研究、可行性研究、评估咨询、工程勘查设计、招标代理、工程和设备监理、工程项目管理等）。

2. 产权交易服务平台。

3. 广告创意、广告策划、广告设计、广告制作。

4. 就业和创业指导、网络招聘、培训、人员派遣、高级人才访聘、人员测评、人力资源管理咨询、人力资源服务外包等人力资源服务业。

5. 人力资源市场及配套服务设施建设。

6. 农村劳动力转移就业服务平台建设。

7. 会展服务（不含会展场馆建设）。

二十八、商贸服务业

1. 现代化的农产品、生产资料市场流通设施建设。

2. 种子、种苗、种畜禽和鱼苗（种）、化肥、农药、农机具、农膜等农资连锁经营。

3. 面向农村的日用品、药品、出版物等生活用品连锁经营。

4. 农产品拍卖服务。

5. 商贸企业的统一配送和分销网络建设。

6. 利用信息技术改造提升传统商品交易市场。

二十九、旅游业

1. 休闲、登山、滑雪、潜水、探险等各类户外活动用品开发与营销服务。

2. 乡村旅游、生态旅游、森林旅游、工业旅游、体育旅游、红色旅游、民族风情游及其他旅游资源综合开发服务。

3. 旅游基础设施建设及旅游信息服务。

4. 旅游商品、旅游纪念品开发及营销。

5. 旅游景区（点）保护、开发和经营及其配套设施建设。

三十、邮政业

1. 邮政储蓄网络建设。

2. 邮政综合业务网建设。

3. 邮件处理自动化工程。

4. 邮政普遍服务基础设施台账、快递企业备案许可、邮（快）件时限监测、消费者申诉、满意度调查与公示、邮编及行业资费查询等公共服务和市场监管功能等邮政业公共服务信息平台建设。

5. 城乡快递营业网点、门店等快递服务网点建设。

6. 城市、区域内和区域间的快件分拣中心、转运中心、集散中心、处理枢纽等快递处理设施建设。

7. 快件跟踪查询、自动分拣、运递调度、快递客服呼叫中心等快递信息系统开发与应用。

8. 快件分拣处理、数据采集、集装容器等快递技术、装备开发与应用。

9. 邮件、快件运输与交通运输网络融合技术开发。

三十一、教育、文化、卫生、体育服务业

1. 学前教育。

2. 特殊教育。

3. 职业教育。

4. 远程教育。

5. 文化创意设计服务。

6. 广播影视制作、发行、交易、播映、出版、衍生品开发。

7. 动漫创作、制作、传播、出版、衍生产品开发。

8. 移动多媒体广播电视、广播影视数字化、数字电影服务监管技术及应用。

9. 语言文字技术开发与应用。

10. 非物质文化遗产保护与开发。

11. 民族和民间艺术、传统工艺美术保护与发展。

12. 民族文化艺术精品的国际营销与推广。

13. 计划生育、优生优育、生殖健康咨询与服务。

14. 全科医疗服务。

15. 远程医疗服务。

16. 卫生咨询、健康管理、医疗知识等医疗信息服务。

17. 传染病、儿童、精神卫生专科医院和护理院（站）设施建设与服务。

18. 残疾人社会化、专业化康复服务和托养服务。

19. 体育竞赛表演、体育场馆设施建设及运营、大众体育健身休闲服务。

20. 中华老字号的保护与发展。

三十二、其他服务业

1. 保障性住房建设与管理。

2. 老年人、未成年人活动场所。

3. 养老服务。

4. 社区照料服务。

5. 病患陪护服务。

6. 再生资源回收利用网络体系建设。

7. 基层就业和社会保障服务设施建设。

8. 农民工留守家属服务设施建设。

9. 工伤康复中心建设。

三十三、环境保护与资源节约综合利用

1. 矿山生态环境恢复工程。

2. 环境监测体系工程。

3. "三废"综合利用及治理工程。

4. "三废"处理用生物菌种和添加剂开发及生产。

5. 重复用水技术应用。

6. 高效、低能耗污水处理与再生技术开发。

7. 城镇垃圾及其他固体废弃物减量化、资源化、无害化处理和综合利用工程。

8. 废物填埋防渗技术与材料。

9. 新型水处理药剂开发与生产。

10. 节能、节水、节材环保及资源综合利用等技术开发、应用及设备制造。

11. 鼓励推广共生、伴生矿产资源中有价元素的分离及综合利用技术。

12. 低品位、复杂、难处理矿开发及综合利用。

13. 尾矿、废渣等资源综合利用。

14. 再生资源回收利用产业化。

15. 高效、节能、环保采选矿技术。

16. 为用户提供节能诊断、设计、融资、改造、运行管理等服务。

三十四、公共安全与应急产品

1. 生物灾害、动物疫情监测预警技术开发与应用。

2. 堤坝、尾矿库安全自动监测报警技术开发与应用。

3. 煤炭、矿山等安全生产监测报警技术开发与应用。

4. 公共交通工具事故预警技术开发与应用。

5. 水、土壤、空气污染物快速监测技术与产品。

6. 食品药品安全快速检测仪器。

7. 新发传染病检测试剂和仪器。

8. 城市公共安全监测预警平台技术。

9. 易燃、易爆、高腐蚀性、放射性等危险物品快速检测技术与产品。

10. 应急救援人员防护用品开发与应用。

11. 社会群体个人防护用品开发与应用。

12. 矿井等特殊作业场所应急避险设施。

13. 突发事件现场信息探测与快速获取技术及产品。

14. 大型公共建筑、高层建筑、森林、水上和地下设施消防灭火救援技术与产品。

15. 因灾损毁交通设施应急抢通装备及器材开发与应用。

16. 公共交通设施除冰雪机械及环保型除雪剂开发与应用。

17. 突发环境灾难应急环保技术装备：热墙式沥青路面地热再生设备（再生深度：0～60 毫米）；无辐射高速公路雾雪屏蔽器；有毒有害液体快速吸纳处理技术装备；移动式医疗垃圾快速处理装置；移动式小型垃圾清洁处理装备；人畜粪便无害化快速处理装置；禽类病原体无害化快速处理装置；危险废物特性鉴别专用仪器。

18. 应急发电设备。

19. 应急照明器材及灯具。

20. 机动医疗救护系统。

21. 防控突发公共卫生和生物事件疫苗和药品。

22. 饮用水快速净化装置。

23. 应急通信技术与产品的开发与生产。

24. 应急决策指挥平台技术开发与应用。

25. 反恐技术与装备。

26. 交通、社区等应急救援社会化服务。

27. 应急物流设施及服务。

28. 应急咨询、培训、租赁和保险服务。

29. 应急物资储备基础设施建设。

30. 应急救援基地、公众应急体验基础设施建设。

财政部　国家税务总局
关于地方政府债券利息所得免征
所得税问题的通知

财税〔2011〕76 号　2011 年 8 月 26 日　全文有效

各省、自治区、直辖市、计划单列市财政厅（局）、国家税务局、地方税务局，新疆生产建设兵团财务局：

经国务院批准，现就地方政府债券利息所得有关所得税政策通知如下：

一、对企业和个人取得的 2009 年、2010 年和 2011 年发行的地方政府债券利息所得，免征企业所得税和个人所得税。

二、地方政府债券是指经国务院批准，以省、自治区、直辖市和计划单列市政府为发行和偿还主体的债券。

财政部　国家税务总局　民政部
关于生产和装配伤残人员专门用品
企业免征企业所得税的通知

财税〔2011〕81 号　2011 年 10 月 20 日　全文有效

各省、自治区、直辖市、计划单列市财政厅（局）、国家税务局、地方税务局、民政厅（局），新疆生产建设兵团财务局：

为了帮助伤残人员康复或者恢复残疾肢体功能，保证伤残人员人身安全、劳动就业以及平等参与社会生活，保障和提高伤残人员的权益，经请示国务院同意，现对生产和装配伤残人员专门用品的企业征免企业所得税问题明确如下：

一、符合下列条件的居民企业，可在 2015 年底以前免征企业所得税：

（一）生产和装配伤残人员专门用品，且在民政部发布的《中国伤残人员专门用品目录》范围之内；

（二）以销售本企业生产或者装配的伤残人员专门用品为主，且所取得的年度伤残人员专门用品销售收入（不含出口取得的收入）占企业全部收入 60% 以上；

（三）企业账证健全，能够准确、完整地向主管税务机关提供纳税资料，且本企业生产或者装配的伤残人员专门用品所取得的收入能够单独、准确核算；

（四）企业拥有取得注册登记的假肢、矫形器（辅助器具）制作师执业资格证书的专业技术人员不得少于 1 人；其企业生产人员如超过 20 人，则其拥有取得注册登记的假肢、矫形器（辅助器具）制作师执业资格证书的专业技术人员不得少于全部生产人员的 1/6；

（五）企业取得注册登记的假肢、矫形器（辅助器具）制作师执业资格证书的专业技术人员每年须接受继续教育，制作师《执业资格证书》须通过年检；

（六）具有测量取型、石膏加工、抽真空成型、打磨修饰、钳工装配、对线调整、热塑成型、假肢功能训练等专用设备和工具；

（七）具有独立的接待室、假肢或者矫形器（辅助器具）制作室和假肢功能训练室，使用面积不少于 115 平方米。

二、符合前条规定的企业，可在年度终了 4 个月内向当地税务机关办理免税手续。办理免税手续时，企业应向主管税务机关提供下列资料：

（一）免税申请报告；

（二）伤残人员专门用品制作师名册、《执业资格证书》（复印件），以及申请前年度制作师《执业资格证书》检查合格证明；

（三）收入明细资料；

（四）税务机关要求的其他材料。

三、税务机关收到企业的免税申请后，应严格按照本通知规定的免税条件及《国家税务总局关于企业所得税减免税管理问题的通知》（国税发〔2008〕111 号）的有关规定，对申请免税的企业进行认真审核，符合条件的应及时办理相关免税手续。企业在未办理免税手续前，必须按统一规定报送纳税申报表、相关的纳税资料以及财务会计报表，并按规定预缴企业所得税；企业办理免税手续后，税务机关应依法及时退回已经预缴的税款。

四、企业以隐瞒、欺骗等手段骗取免税的，按照《中华人民共和国税收征收管理法》的有关规定进行处理。

五、本通知自 2011 年 1 月 1 日起至 2015 年 12 月 31 日止执行。

附件：中国伤残人员专门用品目录（略）

财政部　国家税务总局
关于铁路建设债券利息收入
企业所得税政策的通知

财税〔2011〕99 号　2011 年 10 月 10 日　全文有效

各省、自治区、直辖市、计划单列市财政厅（局）、国家税务局、地方税务局，新疆生产建设兵团财务局：

经国务院批准，现就企业取得中国铁路建设债券利息收入有关企业所得税政策通知如下：

一、对企业持有 2011—2013 年发行的中国铁路建设债券取得的利息收入，减半征收企业所得税。

二、中国铁路建设债券是指经国家发展改革委核准，以铁道部为发行和偿还主体的债券。

请遵照执行。

财政部　国家税务总局
关于新疆喀什霍尔果斯两个特殊经济
开发区企业所得税优惠政策的通知

财税〔2011〕112 号　2011 年 11 月 29 日　全文有效

新疆维吾尔自治区财政厅、国家税务局、地方税务局，新疆生产建设兵团财务局：

为推进新疆跨越式发展和长治久安，贯彻落实《中共中央国务院关于推进新疆跨越式发展和长治久安的意见》（中发〔2010〕9 号）和《国务院关于支持喀什霍尔果斯经济开发区建设的若干意见》（国发〔2011〕33 号）精神，现就新疆喀什、霍尔果斯两个特殊经济开发区有关企业所得税优惠政策通知如下：

一、2010 年 1 月 1 日至 2020 年 12 月 31 日，对在新疆喀什、霍尔果斯两个特殊经济开发区内新办的属于《新疆困难地区重点鼓励发展产业企业所得税优惠目录》（以下简称《目录》）范围内的企业，自取得第一笔生产经营收入所属纳税年度起，五年内免征企业所得税。

第一笔生产经营收入，是指产业项目已建成并投入运营后所取得的第一笔收入。

二、属于《目录》范围内的企业是指以《目录》中规定的产业项目为主营业务，其主营业务收入占企业收入总额 70% 以上的企业。

三、对难以界定是否属于《目录》范围的项目，税务机关应当要求企业提供省级以上（含省级）有关行业主管部门出具的证明文件，并结合其他相关材料进行认定。

财政部　国家税务总局
关于小型微利企业所得税优惠政策
有关问题的通知

财税〔2011〕117 号　2011 年 11 月 29 日　全文有效

各省、自治区、直辖市、计划单列市财政厅（局）、国家税务局、地方税务局，新疆生产建设兵团财务局：

为了进一步支持小型微利企业发展，经国务院批准，现就小型微利企业所得税政策通知如下：

一、自 2012 年 1 月 1 日至 2015 年 12 月 31 日，对年应纳税所得额低于 6 万元（含 6 万元）的小型微利企业，其所得减按 50% 计入应纳税所得额，按 20% 的税率缴纳企业所得税。

二、本通知所称小型微利企业，是指符合《中华人民共和国企业所得税法》及其实施条例，以及相关税收政策规定的小型微利企业。

请遵照执行。

财政部 国家税务总局 中宣部
关于下发世界知识出版社等 35 家
中央所属转制文化企业名单的通知

财税〔2011〕120 号　2011 年 12 月 31 日　全文有效

北京市、河南省财政厅（局）、国家税务局、地方税务局，北京市、河南省党委宣传部：

按照《财政部　国家税务总局　中宣部关于转制文化企业名单及认定问题的通知》（财税〔2009〕105 号）的规定，世界知识出版社等 35 家中央所属文化企业已被认定为转制文化企业，现将名单发给你们，名单所列转制文化企业按照《财政部　国家税务总局关于文化体制改革中经营性文化事业单位转制为企业的若干税收政策问题的通知》（财税〔2009〕34 号）的规定享受税收优惠政策。税收优惠政策的执行起始期限按《财政部　国家税务总局　中宣部关于下发红旗出版社有限责任公司等中央所属转制文化企业名单的通知》（财税〔2011〕3 号）的规定执行。

特此通知。

附件

中央所属转制文化企业名单

世界知识出版社

中国书籍出版社

兵器工业出版社有限责任公司

中国民主法制出版社有限公司

光明日报出版社

煤炭工业出版社

中国物资出版社

中国轻工业出版社

中国金融出版社

中国检察出版社

地质出版社

中国大地出版社

经济日报出版社

人民法院出版社

华龄出版社

中国文史出版社

中国林业出版社

中国质检出版社

石油工业出版社有限公司

中国海关出版社

中国致公出版社

国家行政学院音像出版社

中华工商联合出版社有限责任公司

大众文艺出版社

中国广播电视出版社

国家图书馆出版社

地震出版社

中医古籍出版社

气象出版社

民主与建设出版社

学苑出版社

黄河水利出版社

中国时代经济出版社

中国环境科学出版社

紫禁城出版社

财政部　国家税务总局
关于公共基础设施项目和环境保护、
节能节水项目企业所得税
优惠政策问题的通知

财税〔2012〕10 号　　2012 年 1 月 5 日　　全文有效

各省、自治区、直辖市、计划单列市财政厅（局）、国家税务局、地方税务局，新疆生产建设兵团财务局：

　　根据《中华人民共和国企业所得税法》（以下简称新税法）和《中华人民共和国企业所得税法实施条例》（国务院令第 512 号）的有关规定，现就企业享受公共基础设施项目和环境保护、节能节水项目企业所得税优惠政策问题通知如下：

　　一、企业从事符合《公共基础设施项目企业所得税优惠目录》规定、于 2007 年 12 月 31 日前已经批准的公共基础设施项目投资经营的所得，以及从事符合《环境保护、节能节水项目企业所得税优惠目录》规定、于 2007 年 12 月 31 日前已经批准的环境保护、节能节水项目的所得，可在该项目取得第一笔生产经营收入所属纳税年度起，按新税法规定计算的企业所得税"三免三减半"优惠期间内，自 2008 年 1 月 1 日起享受其剩余年限的减免企业所得税优惠。

　　二、如企业既符合享受上述税收优惠政策的条件，又符合享受《国务院关于实施企业所得税过渡优惠政策的通知》（国发〔2007〕39 号）第一条规定的企业所得税过渡优惠政策的条件，由企业选择最优惠的政策执行，不得叠加享受。

财政部　国家税务总局
关于进一步鼓励软件产业和集成电路产业
发展企业所得税政策的通知

财税〔2012〕27号　2012年4月20日　条款失效

各省、自治区、直辖市、计划单列市财政厅（局）、国家税务局、地方税务局：

根据《中华人民共和国企业所得税法》及其实施条例和《国务院关于印发进一步鼓励软件产业和集成电路产业发展若干政策的通知》（国发〔2011〕4号）精神，为进一步推动科技创新和产业结构升级，促进信息技术产业发展，现将鼓励软件产业和集成电路产业发展的企业所得税政策通知如下：

一、集成电路线宽小于0.8微米（含）的集成电路生产企业，经认定后，在2017年12月31日前自获利年度起计算优惠期，第一年至第二年免征企业所得税，第三年至第五年按照25%的法定税率减半征收企业所得税，并享受至期满为止。

二、集成电路线宽小于0.25微米或投资额超过80亿元的集成电路生产企业，经认定后，减按15%的税率征收企业所得税，其中经营期在15年以上的，在2017年12月31日前自获利年度起计算优惠期，第一年至第五年免征企业所得税，第六年至第十年按照25%的法定税率减半征收企业所得税，并享受至期满为止。

三、我国境内新办的集成电路设计企业和符合条件的软件企业，经认定后，在2017年12月31日前自获利年度起计算优惠期，第一年至第二年免征企业所得税，第三年至第五年按照25%的法定税率减半征收企业所得税，并享受至期满为止。

四、国家规划布局内的重点软件企业和集成电路设计企业，如当年未享受免税优惠的，可减按10%的税率征收企业所得税。

五、符合条件的软件企业按照《财政部　国家税务总局关于软件产品增值税政策的通知》（财税〔2011〕100号）规定取得的即征即退增值税款，由企业专项用于软件产品研发和扩大再生产并单独进行核算，可以作为不征税收入，在计算应纳税所得额时从收入总额中减除。

六、集成电路设计企业和符合条件软件企业的职工培训费用，应单独进行核算并按实际发生额在计算应纳税所得额时扣除。

七、企业外购的软件，凡符合固定资产或无形资产确认条件的，可以按照固定资产或无形资产进行核算，其折旧或摊销年限可以适当缩短，最短可为 2 年（含）。

八、集成电路生产企业的生产设备，其折旧年限可以适当缩短，最短可为 3 年（含）。

九、本通知所称集成电路生产企业，是指以单片集成电路、多芯片集成电路、混合集成电路制造为主营业务并同时符合下列条件的企业：

（一）依法在中国境内成立并经认定取得集成电路生产企业资质的法人企业；

（二）签订劳动合同关系且具有大学专科以上学历的职工人数占企业当年月平均职工总人数的比例不低于 40%，其中研究开发人员占企业当年月平均职工总数的比例不低于 20%；

（三）拥有核心关键技术，并以此为基础开展经营活动，且当年度的研究开发费用总额占企业销售（营业）收入（主营业务收入与其他业务收入之和，下同）总额的比例不低于 5%；其中，企业在中国境内发生的研究开发费用金额占研究开发费用总额的比例不低于 60%；

（四）集成电路制造销售（营业）收入占企业收入总额的比例不低于 60%；

（五）具有保证产品生产的手段和能力，并获得有关资质认证（包括 ISO 质量体系认证、人力资源能力认证等）；

（六）具有与集成电路生产相适应的经营场所、软硬件设施等基本条件。

《集成电路生产企业认定管理办法》由国家发展改革委、工业和信息化部、财政部、国家税务总局会同有关部门另行制定。

十、本通知所称集成电路设计企业或符合条件的软件企业，是指以集成电路设计或软件产品开发为主营业务并同时符合下列条件的企业：

（一）2011 年 1 月 1 日后依法在中国境内成立并经认定取得集成电路设计企业资质或软件企业资质的法人企业；

（二）签订劳动合同关系且具有大学专科以上学历的职工人数占企业当年月平均职工总人数的比例不低于 40%，其中研究开发人员占企业当年月平均职工总数的比例不低于 20%；

（三）拥有核心关键技术，并以此为基础开展经营活动，且当年度的研究开发费用总额占企业销售（营业）收入总额的比例不低于 6%；其中，企业在中国境内发生的研究开发费用金额占研究开发费用总额的比例不低于 60%；

（四）集成电路设计企业的集成电路设计销售（营业）收入占企业收入总额的比例不低于 60%，其中集成电路自主设计销售（营业）收入占企业收入总额的比例不低于 50%；软件企业的软件产品开发销售（营业）收入占企业收入总额的比例一般不低于 50%（嵌入式软件产品和信息系统集成产品开发销售（营业）收入占企业收入总额的比例不低于 40%），其中软件产品自主开发销售（营业）收入占企业收入总额的比例一般不低于40%（嵌入式软件产品和信息系统集成产品开发销售（营业）收入占企业收入总额的比例不低于30%）；

（五）主营业务拥有自主知识产权，其中软件产品拥有省级软件产业主管部门认可的软件检测机构出具的检测证明材料和软件产业主管部门颁发的《软件产品登记证书》；

（六）具有保证设计产品质量的手段和能力，并建立符合集成电路或软件工程要求的质量管理体系并提供有效运行的过程文档记录；

（七）具有与集成电路设计或者软件开发相适应的生产经营场所、软硬件设施等开发环境（如EDA工具、合法的开发工具等），以及与所提供服务相关的技术支撑环境；

《集成电路设计企业认定管理办法》《软件企业认定管理办法》由工业和信息化部、国家发展改革委、财政部、国家税务总局会同有关部门另行制定。

十一、国家规划布局内重点软件企业和集成电路设计企业在满足本通知第十条规定条件的基础上，由国家发展改革委、工业和信息化部、财政部、国家税务总局等部门根据国家规划布局支持领域的要求，结合企业年度集成电路设计销售（营业）收入或软件产品开发销售（营业）收入、盈利等情况进行综合评比，实行总量控制、择优认定。

《国家规划布局内重点软件企业和集成电路设计企业认定管理办法》由国家发展改革委、工业和信息化部、财政部、国家税务总局会同有关部门另行制定。

十二、本通知所称新办企业认定标准按照《财政部　国家税务总局关于享受企业所得税优惠政策的新办企业认定标准的通知》（财税〔2006〕1号）规定执行。

十三、本通知所称研究开发费用政策口径按照《国家税务总局关于印发〈企业研究开发费用税前扣除管理办法（试行）〉的通知》（国税发〔2008〕116号）规定执行。

十四、本通知所称获利年度，是指该企业当年应纳税所得额大于零的纳税年度。

十五、本通知所称集成电路设计销售（营业）收入，是指集成电路企业从事集成电路（IC）功能研发、设计并销售的收入。

十六、本通知所称软件产品开发销售（营业）收入，是指软件企业从事计算机软件、信息系统或嵌入式软件等软件产品开发并销售的收入，以及信息系统集成服务、信息技术咨询服务、数据处理和存储服务等技术服务收入。

十七、符合本通知规定须经认定后享受税收优惠的企业，应在获利年度当年或次年的企业所得税汇算清缴之前取得相关认定资质。如果在获利年度次年的企业所得税汇算清缴之前取得相关认定资质，该企业可从获利年度起享受相应的定期减免税优惠；如果在获利年度次年的企业所得税汇算清缴之后取得相关认定资质，该企业应在取得相关认定资质起，就其从获利年度起计算的优惠期的剩余年限享受相应的定期减免优惠。

十八、符合本通知规定条件的企业，应在年度终了之日起 4 个月内，按照本通知及《国家税务总局关于企业所得税减免税管理问题的通知》（国税发〔2008〕111 号）的规定，向主管税务机关办理减免税手续。在办理减免税手续时，企业应提供具有法律效力的证明材料。

十九、享受上述税收优惠的企业有下述情况之一的，应取消其享受税收优惠的资格，并补缴已减免的企业所得税税款：

（一）在申请认定过程中提供虚假信息的；

（二）有偷、骗税等行为的；

（三）发生重大安全、质量事故的；

（四）有环境等违法、违规行为，受到有关部门处罚的。

二十、享受税收优惠的企业，其税收优惠条件发生变化的，应当自发生变化之日起 15 日内向主管税务机关报告；不再符合税收优惠条件的，应当依法履行纳税义务；未依法纳税的，主管税务机关应当予以追缴。同时，主管税务机关在执行税收优惠政策过程中，发现企业不符合享受税收优惠条件的，可暂停企业享受的相关税收优惠。

二十一、在 2010 年 12 月 31 日前，依照《财政部　国家税务总局关于企业所得税若干优惠政策的通知》（财税〔2008〕1 号）第一条规定，经认定并可享受原定期减免税优惠的企业，可在本通知施行后继续享受到期满为止。

二十二、集成电路生产企业、集成电路设计企业、软件企业等依照本通知规定可以享受的企业所得税优惠政策与企业所得税其他相同方式优惠政策存在交叉的，由企业选择一项最优惠政策执行，不叠加享受。

二十三、本通知自 2011 年 1 月 1 日起执行。《财政部　国家税务总局关于企业所得税若干优惠政策的通知》（财税〔2008〕1 号）第一条第（一）项至第（九）项自 2011 年 1 月 1 日起停止执行。

注：依据《财政部　国家税务总局　国家发展改革委　工业和信息化部关于软件和集成电路产业企业所得税优惠政策有关问题的通知》（财税〔2016〕49 号），本法规第九条、第十条、第十一条、第十三条、第十七条、第十八条、第十九条和第二十条自 2015 年 1 月 1 日起停止执行。

财政部　国家税务总局
关于支持农村饮水安全工程建设运营
税收政策的通知

财税〔2012〕30 号　2012 年 4 月 24 日　全文有效

各省、自治区、直辖市、计划单列市财政厅（局）、国家税务局、地方税务局，新疆生产建设兵团财务局：

为贯彻落实《中共中央　国务院关于加快水利改革发展的决定》（中发〔2011〕1 号）精神，改善农村人居环境，提高农村生活质量，支持农村饮水安全工程（以下简称饮水工程）的建设、运营，经国务院批准，现将有关税收政策通知如下：

一、对饮水工程运营管理单位为建设饮水工程而承受土地使用权，免征契税。

二、对饮水工程运营管理单位为建设饮水工程取得土地使用权而签订的产权转移书据，以及与施工单位签订的建设工程承包合同免征印花税。

三、对饮水工程运营管理单位自用的生产、办公用房产、土地，免征房产税、城镇土地使用税。

四、对饮水工程运营管理单位向农村居民提供生活用水取得的自来水销售收入，免征增值税。

五、对饮水工程运营管理单位从事《公共基础设施项目企业所得税优惠目录》规定的饮水工程新建项目投资经营的所得，自项目取得第一笔生产经营收入所属纳税年度起，第一年至第三年免征企业所得税，第四年至第六年减半征收企业所得税。

本文所称饮水工程，是指为农村居民提供生活用水而建设的供水工程设施。本文所称饮水工程运营管理单位是指负责农村饮水安全工程运营管理的自来水公司、供水公司、供水（总）站（厂、中心）、村集体、在民政部门注册登记的用水户协会等单位。对于既向城镇居民供水，又向农村居民供水的饮水工程运营管理单位，依据向农村居民供水收入占总供水收入的比例免征增值税；依据向农村居民供水量占总供水量的比例免征契税、印花税、房产税和城镇土地使用税。无法提供具体比例或所提供数据不实的，不得享受上述税收优惠政策。

上述政策（第五条除外）的执行期限暂定为 2011 年 1 月 1 日至 2015 年 12 月 31 日。自 2011 年 1 月 1 日至本文发布之日期间应予免征的税款（不包括印花税），可在以后应纳的相应税款中抵减或予以退税。

财政部　国家税务总局
关于中国扶贫基金会所属小额贷款公司
享受有关税收优惠政策的通知

财税〔2012〕33 号　2012 年 5 月 8 日　全文有效

各省、自治区、直辖市、计划单列市财政厅（局）、国家税务局、地方税务局，新疆
生产建设兵团财务局：

鉴于中国扶贫基金会为规范小额信贷的管理，逐步将下属的农户自立服务社（中
心）转型为由中和农信项目管理有限公司独资成立的小额贷款公司。经研究，同意中
和农信项目管理有限公司独资成立的小额贷款公司按照《财政部　国家税务总局关于
中国扶贫基金会小额信贷试点项目税收政策的通知》（财税〔2010〕35 号）的规定，
享受有关税收优惠政策。

特此通知。

财政部　国家税务总局
关于赣州市执行西部大开发
税收政策问题的通知

财税〔2013〕4 号　2013 年 1 月 10 日　全文有效

江西省财政厅、国家税务局、地方税务局，海关总署广东分署、各直属海关：

为贯彻落实《国务院关于支持赣南等原中央苏区振兴发展的若干意见》（国发〔2012〕21 号）关于赣州市执行西部大开发政策的规定，现将赣州市执行西部大开发税收政策问题通知如下：

一、对赣州市内资鼓励类产业、外商投资鼓励类产业及优势产业的项目在投资总额内进口的自用设备，在政策规定范围内免征关税。

二、自 2012 年 1 月 1 日至 2020 年 12 月 31 日，对设在赣州市的鼓励类产业的内资企业和外商投资企业减按 15% 的税率征收企业所得税。

鼓励类产业的内资企业是指以《产业结构调整指导目录》中规定的鼓励类产业项目为主营业务，且其主营业务收入占企业收入总额 70% 以上的企业。

鼓励类产业的外商投资企业是指以《外商投资产业指导目录》中规定的鼓励类项目和《中西部地区外商投资优势产业目录》中规定的江西省产业项目为主营业务，且其主营业务收入占企业收入总额 70% 以上的企业。

三、本通知自 2012 年 1 月 1 日起执行。

财政部 国家税务总局
关于地方政府债券利息免征所得税
问题的通知

财税〔2013〕5 号 2013 年 1 月 16 日 全文有效

各省、自治区、直辖市、计划单列市财政厅（局）、国家税务局、地方税务局，新疆
生产建设兵团财务局：

经国务院批准，现就地方政府债券利息有关所得税政策通知如下：

一、对企业和个人取得的 2012 年及以后年度发行的地方政府债券利息收入，免
征企业所得税和个人所得税。

二、地方政府债券是指经国务院批准同意，以省、自治区、直辖市、计划单列市
政府为发行和偿还主体的债券。

财政部　国家税务总局　中宣部
关于下发中国电视剧制作中心
有限责任公司等 11 家中央所属转制
文化企业名单的通知

财税〔2013〕16 号　2013 年 3 月 5 日　全文有效

北京市财政局、国家税务局、地方税务局，北京市党委宣传部：

按照《财政部　国家税务总局　中宣部关于转制文化企业名单及认定问题的通知》（财税〔2009〕105 号）的规定，中国电视剧制作中心有限责任公司等 11 家中央所属文化企业已被认定为转制文化企业，现将名单发给你们。名单所列转制文化企业按照《财政部　国家税务总局关于文化体制改革中经营性文化事业单位转制为企业的若干税收政策问题的通知》（财税〔2009〕34 号）的规定享受税收优惠政策。税收优惠政策的执行起始期限按《财政部　国家税务总局　中宣部关于下发红旗出版社有限责任公司等中央所属转制文化企业名单的通知》（财税〔2011〕3 号）的规定执行。

特此通知。

附件

中央所属转制文化企业名单

中国电视剧制作中心有限责任公司

中视剧城文化传媒（北京）有限责任公司

中电传媒股份有限公司

人民东方出版传媒有限公司

《英语角》杂志社有限责任公司

测绘出版社

中国和平出版社有限责任公司

时事出版社

中国国际广播出版社
新华出版社
教育科学出版社

财政部　国家税务总局　中宣部
关于下发 13 家名称变更后继续享受税收
优惠政策的转制文化企业名单的通知

财税〔2013〕17 号　2013 年 4 月 9 日　全文有效

北京市财政局、国家税务局、地方税务局，北京市委宣传部：

鉴于财税〔2010〕29 号和财税〔2011〕27 号文件已公布的部分转制文化企业的名称发生变更，考虑其主营业务并未发生变化，同意名称变更后的企业继续按照财税〔2009〕34 号文件的规定享受相关税收优惠政策（名单附后）。同时，将名称变更前的中国出版集团有限公司、人民文学出版社、商务印书馆、中华书局、中国大百科全书出版社、中国美术出版总社、中国美术出版社、人民音乐出版社、生活·读书·新知三联书店、东方出版中心、中国对外翻译出版公司、现代教育出版社、华文出版社从享受税收优惠政策的转制文化企业名单中剔除。

特此通知。

附件

名称变更后继续享受税收优惠政策的转制文化企业名单

中国出版集团公司

人民文学出版社有限公司

商务印书馆有限公司

中华书局有限公司

中国大百科全书出版社有限公司

中国美术出版总社有限公司

人民美术出版社有限公司

人民音乐出版社有限公司

生活·读书·新知三联书店有限公司

东方出版中心有限公司

中国对外翻译出版有限公司

现代教育出版社有限公司

华文出版社有限公司

财政部　海关总署　国家税务总局
关于支持芦山地震灾后恢复重建
有关税收政策问题的通知

财税〔2013〕58 号　2013 年 9 月 30 日　全文有效

各省、自治区、直辖市、计划单列市财政厅（局）、国家税务局、地方税务局，新疆生产建设兵团财务局，广东分署、各直属海关：

为支持和帮助芦山地震受灾地区积极开展生产自救，重建家园，鼓励和引导社会各方面力量参与灾后恢复重建工作，使地震灾区基本生产生活条件和经济社会发展全面恢复并超过灾前水平，根据《国务院关于支持芦山地震灾后恢复重建政策措施的意见》（国发〔2013〕28 号）的有关规定，现就支持芦山地震灾后恢复重建有关税收政策问题通知如下：

一、关于减轻企业税收负担的税收政策

1. 对受灾地区损失严重的企业，免征企业所得税。

2. 自 2013 年 4 月 20 日起，对受灾地区企业通过公益性社会团体、县级以上人民政府及其部门取得的抗震救灾和灾后恢复重建款项和物资，以及税收法律、法规规定和国务院批准的减免税金及附加收入，免征企业所得税。

3. 自 2013 年 4 月 20 日至 2017 年 12 月 31 日，对受灾地区农村信用社免征企业所得税。

4. 自 2013 年 4 月 20 日起，对受灾地区企业、单位或支援受灾地区重建的企业、单位，在 3 年内进口国内不能满足供应并直接用于灾后恢复重建的大宗物资、设备等，给予进口税收优惠。

各省、自治区、直辖市、计划单列市人民政府或国务院有关部门负责将所在地企业或归口管理的单位提交的直接用于灾后恢复重建的进口国内不能满足供应的物资减免税申请汇总后报财政部，由财政部会同海关总署、国家税务总局等部门审核提出处理意见，报请国务院批准后执行。

二、关于减轻个人税收负担的税收政策

自 2013 年 4 月 20 日起，对受灾地区个人接受捐赠的款项、取得的各级人民政府发放的救灾款项，以及参与抗震救灾的一线人员，按照地方各级人民政府及其部门规定标准取得的与抗震救灾有关的补贴收入，免征个人所得税。

三、关于支持基础设施、房屋建筑物等恢复重建的税收政策

1. 对政府为受灾居民组织建设的安居房建设用地，免征城镇土地使用税，转让时免征土地增值税。

2. 对因地震住房倒塌的农民重建住房占用耕地的，在规定标准内的部分免征耕地占用税。

3. 由政府组织建设的安居房，对所签订的建筑工程勘察设计合同、建筑安装工程承包合同、产权转移书据、房屋租赁合同，免征印花税。

4. 对受灾居民购买安居房，免征契税；对在地震中损毁的应缴而未缴契税的居民住房，不再征收契税。

5. 经省级人民政府批准，对经有关部门鉴定的因灾损毁的房产、土地，免征2013年至2015年度的房产税、城镇土地使用税。对经批准免税的纳税人已缴税款可以从以后年度的应缴税款中抵扣。

本通知所称安居房，按照国务院有关部门确定的标准执行。所称毁损的居民住房，是指经县级以上（含县级）人民政府房屋主管部门出具证明，在地震中倒塌或遭受严重破坏而不能居住的居民住房。

四、关于鼓励社会各界支持抗震救灾和灾后恢复重建的税收政策

1. 自2013年4月20日起，对单位和个体经营者将自产、委托加工或购买的货物，通过公益性社会团体、县级以上人民政府及其部门捐赠给受灾地区的，免征增值税、城市维护建设税及教育费附加。

2. 自2013年4月20日起，对企业、个人通过公益性社会团体、县级以上人民政府及其部门向受灾地区的捐赠，允许在当年企业所得税前和当年个人所得税前全额扣除。

3. 对财产所有人将财产（物品）直接捐赠或通过公益性社会团体、县级以上人民政府及其部门捐赠给受灾地区或受灾居民所书立的产权转移书据，免征印花税。

4. 对专项用于抗震救灾和灾后恢复重建、能够提供由县级以上（含县级）人民政府或其授权单位出具的抗震救灾证明的新购特种车辆，免征车辆购置税。符合免税条件但已经征税的特种车辆，退还已征税款。

新购特种车辆是指2013年4月20日至2015年12月31日期间购买的警车、消防车、救护车、工程救险车，且车辆的所有者是受灾地区单位和个人。

五、关于促进就业的税收政策

1. 受灾地区的商贸企业、服务型企业（除广告业、房屋中介、典当、桑拿、按摩、氧吧外）、劳动就业服务企业中的加工型企业和街道社区具有加工性质的小型企业实体在新增加的就业岗位中，招用当地因地震灾害失去工作的人员，与其签订1年

以上期限劳动合同并依法缴纳社会保险费的，经县级人力资源和社会保障部门认定，按实际招用人数和实际工作时间予以定额依次扣减增值税、营业税、城市维护建设税、教育费附加和企业所得税。

定额标准为每人每年4000元，可上下浮动20%，由四川省人民政府根据当地实际情况具体确定。

按上述标准计算的税收抵扣额应在企业当年实际应缴纳的增值税、营业税、城市维护建设税、教育费附加和企业所得税税额中扣减，当年扣减不足的，不得结转下年使用。

2. 受灾地区因地震灾害失去工作后从事个体经营（除建筑业、娱乐业以及销售不动产、转让土地使用权、广告业、房屋中介、桑拿、按摩、网吧、氧吧外）的人员，以及因地震灾害损失严重的个体工商户，按每户每年8000元为限额依次扣减其当年实际应缴纳的增值税、营业税、城市维护建设税、教育费附加和个人所得税。

纳税人年度应缴纳税款小于上述扣减限额的，以其实际缴纳的税款为限；大于上述扣减限额的，应以上述扣减限额为限。

六、关于税收政策的适用范围

本通知所称"受灾地区"是指《四川芦山"4·20"强烈地震灾害评估报告》明确的极重灾区、重灾区和一般灾区。具体受灾地区范围见附件。

七、关于税收政策的执行期限

以上税收政策，凡未注明具体期限的，一律执行至2015年12月31日。

各地财政、税务部门和各直属海关要加强领导、周密部署，把大力支持灾后恢复重建工作作为当前的一项重要任务，贯彻落实好相关税收优惠政策。同时，要密切关注税收政策的执行情况，对发现的问题及时逐级向财政部、海关总署、国家税务总局反映。

附件

芦山地震受灾地区范围

灾区类别	地　市	县（区、市）、乡镇
极重灾区	雅安市	芦山县
重灾区	雅安市	雨城区、天全县、名山区、荥经县、宝兴县
	成都市	邛崃市高何镇、天台山镇、道佐乡、火井镇、南宝乡、夹关镇
一般灾区	雅安市	汉源县、石棉县
	成都市	邛崃市（其他乡镇）、浦江县、大邑县
	眉山市	丹棱县、洪雅县、东坡区
	乐山市	金口河区、夹江县、峨眉山市、峨边彝族自治县
	甘孜州	泸定县、康定县
	凉山州	甘洛县

财政部 国家税务总局
关于期货投资者保障基金有关税收
政策继续执行的通知

财税〔2013〕80 号 2013 年 10 月 28 日 全文有效

各省、自治区、直辖市、计划单列市财政厅（局）、国家税务局、地方税务局，新疆生产建设兵团财务局：

经国务院批准，对期货投资者保障基金（以下简称期货保障基金）继续予以税收优惠政策。现将有关事项明确如下：

一、对中国期货保证金监控中心有限责任公司（以下简称期货保障基金公司）根据《期货投资者保障基金管理暂行办法》（证监会令第 38 号，以下简称《暂行办法》）取得的下列收入，不计入其应征企业所得税收入：

1. 期货交易所按风险准备金账户总额的 15% 和交易手续费的 3% 上缴的期货保障基金收入；

2. 期货公司按代理交易额的千万分之五至十上缴的期货保障基金收入；

3. 依法向有关责任方追偿所得；

4. 期货公司破产清算所得；

5. 捐赠所得。

二、对期货保障基金公司取得的银行存款利息收入、购买国债、中央银行和中央级金融机构发行债券的利息收入，以及证监会和财政部批准的其他资金运用取得的收入，暂免征收企业所得税。

三、对期货保障基金公司根据《暂行办法》取得的下列收入，暂免征收营业税：

1. 期货交易所按风险准备金账户总额的 15% 和交易手续费的 3% 上缴的期货保障基金收入；

2. 期货公司按代理交易额的千万分之五至十上缴的期货保障基金收入；

3. 依法向有关责任方追偿所得收入；

4. 期货公司破产清算受偿收入；

5. 按规定从期货交易所取得的运营收入。

四、期货交易所和期货公司根据《暂行办法》上缴的期货保障基金中属于营业税征税范围的部分，允许从其营业税计税营业额中扣除。

五、对期货保障基金公司新设立的资金账簿、期货保障基金参加被处置期货公司的财产清算而签订的产权转移书据以及期货保障基金以自有财产和接受的受偿资产与保险公司签订的财产保险合同等免征印花税。对上述应税合同和产权转移书据的其他当事人照章征收印花税。

六、本通知自 2013 年 1 月 1 日起至 2014 年 12 月 31 日止执行。《财政部 国家税务总局关于期货投资者保障基金有关税收问题的通知》（财税〔2009〕68 号）和《财政部 国家税务总局关于期货投资者保障基金有关税收优惠政策继续执行的通知》（财税〔2011〕69 号）同时废止。

财政部　国家税务总局
关于中国（上海）自由贸易试验区内企业
以非货币性资产对外投资等资产重组
行为有关企业所得税政策问题的通知

财税〔2013〕91 号　2013 年 11 月 15 日　全文有效

各省、自治区、直辖市、计划单列市财政厅（局）、国家税务局、地方税务局，新疆生产建设兵团财务局：

　　根据《国务院关于印发中国（上海）自由贸易试验区总体方案的通知》（国发〔2013〕38 号）有关规定，现就中国（上海）自由贸易试验区（简称试验区）非货币性资产投资资产评估增值企业所得税政策通知如下：

　　一、注册在试验区内的企业，因非货币性资产对外投资等资产重组行为产生资产评估增值，据此确认的非货币性资产转让所得，可在不超过 5 年期限内，分期均匀计入相应年度的应纳税所得额，按规定计算缴纳企业所得税。

　　二、企业以非货币性资产对外投资，应于投资协议生效且完成资产实际交割并办理股权登记手续时，确认非货币性资产转让收入的实现。

　　企业以非货币性资产对外投资，应对非货币性资产进行评估并按评估后的公允价值扣除计税基础后的余额，计算确认非货币性资产转让所得。

　　三、企业以非货币性资产对外投资，其取得股权的计税基础应以非货币性资产的原计税基础为基础，加上每年计入的非货币性资产转让所得，逐年进行调整。

　　被投资企业取得非货币性资产的计税基础，可以非货币性资产的公允价值确定。

　　四、企业在对外投资 5 年内转让上述股权或投资收回的，应停止执行递延纳税政策，并将递延期内尚未计入的非货币性资产转让所得，在转让股权或投资收回当年的企业所得税年度汇算清缴时，一次性计算缴纳企业所得税；企业在计算股权转让所得时，可按本通知第三条第一款规定将股权的计税基础一次调整到位。

　　企业在对外投资 5 年内注销的，应停止执行递延纳税政策，并将递延期内尚未计入的非货币性资产转让所得，在歇业当年的企业所得税年度汇算清缴时，一次性计算缴纳企业所得税。

　　五、企业应于投资协议生效且完成资产实际交割并办理股权登记手续 30 日内，

378

持相关资料向主管税务机关办理递延纳税备案登记手续。

主管税务机关应对报送资料进行审核，在规定时间内将备案登记结果回复企业。

六、企业应在确认收入实现的当年，以项目为单位，做好相应台账，准确记录应予确认的非货币性资产转让所得，并在相应年度的企业所得税汇算清缴时对当年计入额及分年结转额的情况做出说明。

主管税务机关应在备案登记结果回复企业的同时，将相关信息纳入系统管理，并及时做好企业申报信息与备案信息的比对工作。

七、主管税务机关在组织开展企业所得税汇算清缴后续管理工作时，应将企业递延纳税的执行情况纳入后续管理体系，并视风险高低情况，适时纳入纳税服务提醒平台或风险监控平台进行管理。

八、本通知所称注册在试验区内的企业，是指在试验区注册并在区内经营，实行查账征收的居民企业。

本通知所称非货币性资产对外投资等资产重组行为，是指以非货币性资产出资设立或注入公司，限于以非货币性资产出资设立新公司和符合《财政部　国家税务总局关于企业重组业务企业所得税处理若干问题的通知》（财税〔2009〕59号）第一条规定的股权收购、资产收购。

九、本通知自印发之日起执行。

财政部　国家税务总局
关于科技企业孵化器税收政策的通知

财税〔2013〕117 号　2013 年 12 月 31 日　全文有效

各省、自治区、直辖市、计划单列市财政厅（局）、国家税务局、地方税务局，新疆生产建设兵团财务局：

为贯彻落实《国务院关于印发实施〈国家中长期科学和技术发展规划纲要（2006—2020 年）〉若干配套政策的通知》（国发〔2006〕6 号）、《中共中央　国务院关于深化科技体制改革　加快国家创新体系建设的意见》（中发〔2012〕6 号）和《国务院关于进一步支持小微企业健康发展的意见》（国发〔2012〕14 号）等有关文件精神，经国务院批准，现就符合条件的科技企业孵化器（高新技术创业服务中心）有关税收政策通知如下：

一、科技企业孵化器（也称高新技术创业服务中心，以下简称孵化器）是以促进科技成果转化、培养高新技术企业和企业家为宗旨的科技创业服务载体。孵化器是国家创新体系的重要组成部分，是创新创业人才培养的基地，是区域创新体系的重要内容。自 2013 年 1 月 1 日至 2015 年 12 月 31 日，对符合条件的孵化器自用以及无偿或通过出租等方式提供给孵化企业使用的房产、土地，免征房产税和城镇土地使用税；对其向孵化企业出租场地、房屋以及提供孵化服务的收入，免征营业税。营业税改征增值税（以下简称营改增）后的营业税优惠政策处理问题由营改增试点过渡政策另行规定。

二、符合非营利组织条件的孵化器的收入，按照企业所得税法及其实施条例和有关税收政策规定享受企业所得税优惠政策。

三、享受本通知规定的房产税、城镇土地使用税和营业税优惠政策的孵化器，应同时符合以下条件：

（一）孵化器的成立和运行符合国务院科技行政主管部门发布的认定和管理办法，经国务院科技行政管理部门认定，并取得国家级孵化器资格。

（二）孵化器应将面向孵化企业出租场地、房屋以及提供孵化服务的业务收入在财务上单独核算。

（三）孵化器提供给孵化企业使用的场地面积（含公共服务场地）应占孵化器可

自主支配场地面积的 75％ 以上（含 75％），孵化企业数量应占孵化器内企业总数量的 75％ 以上（含 75％）。

公共服务场地是指孵化器提供给孵化企业共享的活动场所，包括公共餐厅、接待室、会议室、展示室、活动室、技术检测室和图书馆等非营利性配套服务场地。

四、本通知所称"孵化企业"应当同时符合以下条件：

（一）企业注册地和主要研发、办公场所必须在孵化器的孵化场地内。

（二）属新注册企业或申请进入孵化器前企业成立时间不超过 24 个月。

（三）企业在孵化器内孵化的时间不超过 42 个月。纳入"创新人才推进计划"及"海外高层次人才引进计划"的人才或从事生物医药、集成电路设计、现代农业等特殊领域的创业企业，孵化时间不超过 60 个月。

（四）符合《中小企业划型标准规定》所规定的小型、微型企业划型标准。

（五）属迁入企业的，上年营业收入不超过 500 万元。

（六）单一在孵企业入驻时使用的孵化场地面积不大于 1000 平方米。从事航空航天等特殊领域的在孵企业，不大于 3000 平方米。

（七）企业产品（服务）属于科学技术部、财政部、国家税务总局印发的《国家重点支持的高新技术领域》规定的范围，且研究开发费用总额占销售收入总额的比例不低于 4％。

五、本通知所称"孵化服务"是指为孵化企业提供的属于营业税"服务业"税目中"代理业"、"租赁业"和"其他服务业"中的咨询和技术服务范围内的服务。

六、国务院科技行政主管部门负责组织对孵化器是否符合本通知规定的各项条件定期进行审核确认，并出具相应的证明材料，列明纳税人用于孵化的房产和土地的地址、范围、面积等具体信息。

七、本通知规定的房产税、城镇土地使用税和营业税优惠政策按照备案类减免税管理，纳税人应向主管税务机关提出备案申请。凡纳税人骗取本通知规定的税收优惠政策的，除根据现行规定进行处罚外，自发生上述违法违规行为年度起取消其享受本通知规定的税收优惠政策的资格，2 年内不得再次申请。

各主管税务机关要严格执行税收政策，按照税收减免管理办法的有关规定为符合条件的孵化器办理税收减免，加强对孵化器的日常税收管理和服务。同时，要密切关注税收政策的执行情况，对发现的问题及时逐级向财政部、国家税务总局反映。

请遵照执行。

财政部 国家税务总局
关于国家大学科技园税收政策的通知

财税〔2013〕118 号 2013 年 12 月 31 日 全文有效

各省、自治区、直辖市、计划单列市财政厅（局）、国家税务局、地方税务局、新疆生产建设兵团财务局：

为贯彻落实《国务院关于印发实施〈国家中长期科学和技术发展规划纲要（2006—2020 年）〉若干配套政策的通知》（国发〔2006〕6 号）、《中共中央 国务院关于深化科技体制改革加快国家创新体系建设的意见》（中发〔2012〕6 号）和《国务院关于进一步支持小微企业健康发展的意见》（国发〔2012〕14 号）等有关文件精神，经国务院批准，现就符合条件的国家大学科技园有关税收政策通知如下：

一、国家大学科技园（以下简称科技园）是以具有较强科研实力的大学为依托，将大学的综合智力资源优势与其他社会优势资源相组合，为高等学校科技成果转化、高新技术企业孵化、创新创业人才培养、产学研结合提供支撑的平台和服务的机构。自 2013 年 1 月 1 日至 2015 年 12 月 31 日，对符合条件的科技园自用以及无偿或通过出租等方式提供给孵化企业使用的房产、土地，免征房产税和城镇土地使用税；对其向孵化企业出租场地、房屋以及提供孵化服务的收入，免征营业税。营业税改征增值税（以下简称营改增）后的营业税优惠政策处理问题由营改增试点过渡政策另行规定。

二、符合非营利组织条件的科技园的收入，按照企业所得税法及其实施条例和有关税收政策规定享受企业所得税优惠政策。

三、享受本通知规定的房产税、城镇土地使用税以及营业税优惠政策的科技园，应同时符合以下条件：

（一）科技园的成立和运行符合国务院科技和教育行政主管部门公布的认定和管理办法，经国务院科技和教育行政管理部门认定，并取得国家大学科技园资格。

（二）科技园应将面向孵化企业出租场地、房屋以及提供孵化服务的业务收入在财务上单独核算。

（三）科技园提供给孵化企业使用的场地面积（含公共服务场地）应占科技园可自主支配场地面积的 60% 以上（含 60%），孵化企业数量应占科技园内企业总数量的

75%以上（含75%）。

公共服务场地是指科技园提供给孵化企业共享的活动场所，包括公共餐厅、接待室、会议室、展示室、活动室、技术检测室和图书馆等非营利性配套服务场地。

四、本通知所称"孵化企业"应当同时符合以下条件：

（一）企业注册地及主要研发、办公场所必须在科技园工作场地内。

（二）属新注册企业或申请进入科技园前企业成立时间不超过3年。

（三）企业在科技园的孵化时间不超过42个月。海外高层次创业人才或从事生物医药、集成电路设计等特殊领域的创业企业，孵化时间不超过60个月。

（四）符合《中小企业划型标准规定》所规定的小型、微型企业划型标准。

（五）迁入的企业，上年营业收入不超过500万元。

（六）单一在孵企业使用的孵化场地面积不大于1000平方米。从事航空航天、现代农业等特殊领域的单一在孵企业，不大于3000平方米。

（七）企业产品（服务）属于科学技术部、财政部、国家税务总局印发的《国家重点支持的高新技术领域》规定的范围，且研究开发费用总额占销售收入总额的比例不低于4%。

五、本通知所称"孵化服务"是指为孵化企业提供的属于营业税"服务业"税目中"代理业"、"租赁业"和"其他服务业"中的咨询和技术服务范围内的服务。

六、国务院科技和教育行政主管部门负责组织对科技园是否符合本通知规定的各项条件定期进行审核确认，并出具相应的证明材料，列明纳税人用于孵化的房产和土地的地址、范围、面积等具体信息。

七、本通知规定的房产税、城镇土地使用税和营业税优惠政策按照备案类减免税管理，纳税人应向主管税务机关提出备案申请。凡纳税人骗取本通知规定的税收优惠政策的，除根据现行规定进行处罚外，自发生上述违法违规行为年度起取消其享受本通知规定的税收优惠政策的资格，2年内不得再次申请。

各主管税务机关要严格执行税收政策，按照税收减免管理办法的有关规定为符合条件的科技园办理税收减免，加强对科技园的日常税收管理和服务。同时，要密切关注税收政策的执行情况，对发现的问题及时逐级向财政部、国家税务总局反映。

请遵照执行。

财政部 国家税务总局
关于 2014、2015 年铁路建设债券利息收入
企业所得税政策的通知

财税〔2014〕2 号　2014 年 1 月 29 日　全文有效

各省、自治区、直辖市、计划单列市财政厅（局）、国家税务局、地方税务局，新疆
生产建设兵团财务局：

根据《研究"十二五"后三年铁路建设总体安排有关问题的会议纪要》（国阅
〔2012〕80 号）和《国务院关于组建中国铁路总公司有关问题的批复》（国函
〔2013〕47 号），现就企业取得中国铁路建设债券利息收入有关企业所得税政策通知
如下：

一、对企业持有 2014 年和 2015 年发行的中国铁路建设债券取得的利息收入，减
半征收企业所得税。

二、中国铁路建设债券是指经国家发展改革委核准，以中国铁路总公司为发行和
偿还主体的债券。

请遵照执行。

财政部　国家税务总局　中宣部
关于发布《中国建材报》社等 19 家
中央所属转制文化企业名单的通知

财税〔2014〕9 号　2014 年 4 月 25 日　全文有效

北京市财政局、国家税务局、地方税务局，北京市党委宣传部：

　　按照《财政部　国家税务总局　中宣部关于转制文化企业名单及认定问题的通知》（财税〔2009〕105 号）的规定，《中国建材报》社等 19 家中央所属文化企业已被认定为转制文化企业，现将名单发给你们。名单所列转制文化企业按照《财政部　国家税务总局关于文化体制改革中经营性文化事业单位转制为企业的若干税收政策问题的通知》（财税〔2009〕34 号）的规定享受税收优惠政策。税收优惠政策的起始时间按《财政部　国家税务总局　中宣部关于下发红旗出版社有限责任公司等中央所属转制文化企业名单的通知》（财税〔2011〕3 号）的规定执行。

　　特此通知。

附件

中央所属转制文化企业名单

《中国建材报》社

《中国纺织报》社

《中国服饰报》社

《中国县域经济报》社

《中国花卉报》社

《证券日报》社

《中国企业家》杂志社

《中国经济信息》杂志社

《中国书画》杂志社

《农村金融时报》社

《装修装饰天地》杂志社

《经济》杂志社

文化艺术出版社

人民日报传媒广告有限公司

群众出版社

啄木鸟杂志社

光明网传媒有限公司

中报国际文化传媒（北京）有限公司

《政府采购信息》报社有限公司

财政部　国家税务总局
关于非营利组织免税资格认定
管理有关问题的通知

财税〔2014〕13 号　2014 年 1 月 29 日　全文废止

各省、自治区、直辖市、计划单列市财政厅（局）、国家税务局、地方税务局，新疆
生产建设兵团财务局：

根据《中华人民共和国企业所得税法》（以下简称《企业所得税法》）第二十六
条及《中华人民共和国企业所得税法实施条例》（以下简称《实施条例》）第八十四
条的规定，现对非营利组织免税资格认定管理有关问题明确如下：

一、依据本通知认定的符合条件的非营利组织，必须同时满足以下条件：

（一）依照国家有关法律法规设立或登记的事业单位、社会团体、基金会、民办
非企业单位、宗教活动场所以及财政部、国家税务总局认定的其他组织；

（二）从事公益性或者非营利性活动；

（三）取得的收入除用于与该组织有关的、合理的支出外，全部用于登记核定或
者章程规定的公益性或者非营利性事业；

（四）财产及其孳息不用于分配，但不包括合理的工资薪金支出；

（五）按照登记核定或者章程规定，该组织注销后的剩余财产用于公益性或者非
营利性目的，或者由登记管理机关转赠给与该组织性质、宗旨相同的组织，并向社会
公告；

（六）投入人对投入该组织的财产不保留或者享有任何财产权利，本款所称投入
人是指除各级人民政府及其部门外的法人、自然人和其他组织；

（七）工作人员工资福利开支控制在规定的比例内，不变相分配该组织的财产，
其中：工作人员平均工资薪金水平不得超过上年度税务登记所在地人均工资水平的两
倍，工作人员福利按照国家有关规定执行；

（八）除当年新设立或登记的事业单位、社会团体、基金会及民办非企业单位外，
事业单位、社会团体、基金会及民办非企业单位申请前年度的检查结论为"合格"；

（九）对取得的应纳税收入及其有关的成本、费用、损失应与免税收入及其有关
的成本、费用、损失分别核算。

二、经省级（含省级）以上登记管理机关批准设立或登记的非营利组织，凡符合规定条件的，应向其所在地省级税务主管机关提出免税资格申请，并提供本通知规定的相关材料；经市（地）级或县级登记管理机关批准设立或登记的非营利组织，凡符合规定条件的，分别向其所在地市（地）级或县级税务主管机关提出免税资格申请，并提供本通知规定的相关材料。

财政、税务部门按照上述管理权限，对非营利组织享受免税的资格联合进行审核确认，并定期予以公布。

三、申请享受免税资格的非营利组织，需报送以下材料：

（一）申请报告；

（二）事业单位、社会团体、基金会、民办非企业单位的组织章程或宗教活动场所的管理制度；

（三）税务登记证复印件；

（四）非营利组织登记证复印件；

（五）申请前年度的资金来源及使用情况、公益活动和非营利活动的明细情况；

（六）具有资质的中介机构鉴证的申请前会计年度的财务报表和审计报告；

（七）登记管理机关出具的事业单位、社会团体、基金会、民办非企业单位申请前年度的年度检查结论；

（八）财政、税务部门要求提供的其他材料。

四、非营利组织免税优惠资格的有效期为五年。非营利组织应在期满前三个月内提出复审申请，不提出复审申请或复审不合格的，其享受免税优惠的资格到期自动失效。

非营利组织免税资格复审，按照初次申请免税优惠资格的规定办理。

五、非营利组织必须按照《中华人民共和国税收征收管理法》（以下简称《税收征管法》）及《中华人民共和国税收征收管理法实施细则》（以下简称《实施细则》）等有关规定，办理税务登记，按期进行纳税申报。取得免税资格的非营利组织应按照规定向主管税务机关办理免税手续，免税条件发生变化的，应当自发生变化之日起十五日内向主管税务机关报告；不再符合免税条件的，应当依法履行纳税义务；未依法纳税的，主管税务机关应当予以追缴。取得免税资格的非营利组织注销时，剩余财产处置违反本通知第一条第五项规定的，主管税务机关应追缴其应纳企业所得税款。

主管税务机关应根据非营利组织报送的纳税申报表及有关资料进行审查，当年符合《企业所得税法》及其《实施条例》和有关规定免税条件的收入，免予征收企业所得税；当年不符合免税条件的收入，照章征收企业所得税。主管税务机关在执行税收优惠政策过程中，发现非营利组织不再具备本通知规定的免税条件的，应及时报告核准该非营利组织免税资格的财政、税务部门，由其进行复核。

核准非营利组织免税资格的财政、税务部门根据本通知规定的管理权限，对非营利组织的免税优惠资格进行复核，复核不合格的，取消其享受免税优惠的资格。

六、已认定的享受免税优惠政策的非营利组织有下述情况之一的，应取消其资格：

（一）事业单位、社会团体、基金会及民办非企业单位逾期未参加年检或年度检查结论为"不合格"的；

（二）在申请认定过程中提供虚假信息的；

（三）有逃避缴纳税款或帮助他人逃避缴纳税款行为的；

（四）通过关联交易或非关联交易和服务活动，变相转移、隐匿、分配该组织财产的；

（五）因违反《税收征管法》及其《实施细则》而受到税务机关处罚的；

（六）受到登记管理机关处罚的。

因上述第（一）项规定的情形被取消免税优惠资格的非营利组织，财政、税务部门在一年内不再受理该组织的认定申请；因上述规定的除第（一）项以外的其他情形被取消免税优惠资格的非营利组织，财政、税务部门在五年内不再受理该组织的认定申请。

七、本通知自 2013 年 1 月 1 日起执行。《财政部　国家税务总局关于非营利组织免税资格认定管理有关问题的通知》（财税〔2009〕123 号）同时废止。

注：依据《财政部　国家税务总局关于非营利组织免税资格认定管理有关问题的通知》（财税〔2018〕13 号），本法规自 2018 年 1 月 1 日起全文废止。

财政部　国家税务总局
关于广东横琴新区、福建平潭综合实验区、
深圳前海深港现代服务业合作区
企业所得税优惠政策及优惠目录的通知

财税〔2014〕26 号　2014 年 3 月 25 日　全文有效

广东省、福建省、深圳市财政厅（委）、国家税务局、地方税务局：

　　根据国务院有关批复精神，现将广东横琴新区、福建平潭综合实验区和深圳前海深港现代服务业合作区企业所得税优惠目录予以公布，并就有关企业所得税政策通知如下：

　　一、对设在横琴新区、平潭综合实验区和前海深港现代服务业合作区的鼓励类产业企业减按 15% 的税率征收企业所得税。

　　上述鼓励类产业企业是指以所在区域《企业所得税优惠目录》（见附件）中规定的产业项目为主营业务，且其主营业务收入占企业收入总额 70% 以上的企业。

　　上述所称收入总额，是指《中华人民共和国企业所得税法》第六条规定的收入总额。

　　二、企业在优惠区域内、外分别设有机构的，仅就其设在优惠区域内的机构的所得确定适用 15% 的企业所得税优惠税率。在确定区域内机构是否符合优惠条件时，根据设在优惠区域内机构本身的有关指标是否符合本通知第一条规定的条件加以确定，不考虑设在优惠区域外机构的因素。

　　三、企业既符合本通知规定的减按 15% 税率征收企业所得税优惠条件，又符合《中华人民共和国企业所得税法》及其实施条例和国务院规定的其他各项税收优惠条件的，可以同时享受；其中符合其他税率优惠条件的，可以选择最优惠的税率执行；涉及定期减免税的减半优惠的，应按照 25% 法定税率计算的应纳税额减半征收企业所得税。

　　四、本通知第一条所称横琴新区，是指国务院 2009 年 8 月批复的《横琴总体发展规划》规划的横琴岛范围；所称平潭综合实验区，是指国务院 2011 年 11 月批复的《平潭综合实验区总体发展规划》规划的平潭综合实验区范围；所称前海深港现代服务业合作区，是指国务院 2010 年 8 月批复的《前海深港现代服务业合作区总体发展

规划》规划的前海深港现代服务业合作区范围。

五、税务机关对企业主营业务是否属于《企业所得税优惠目录》难以界定的，可要求企业提供省级（含副省级）政府有关行政主管部门或其授权的下一级行政主管部门出具的证明文件。

六、本通知自 2014 年 1 月 1 日起至 2020 年 12 月 31 日止执行。

附件 1

横琴新区企业所得税优惠目录

一、高新技术

1. 数字化多功能雷达整机、专用配套设备及部件研发及制造

2. 安全饮水设备、先进型净水器研发及制造

3. 海洋医药与生化制品技术开发与服务

4. 系统软件、中间软件、嵌入式软件、支撑软件技术开发

5. 计算机辅助工程管理软件、中文及多语种处理软件、图形和图像软件技术开发

6. 企业管理软件、电子商务软件、电子政务软件、金融信息化软件等技术开发

7. 基于 IPv6 的下一代互联网系统设备、终端设备、检测设备、软件、芯片开发与制造

8. 网络关键设备的构建技术；面向行业及企业信息化的应用系统；传感器网络节点、软件和系统技术、大数据库技术开发

9. 第三代及后续移动通信系统手机、基站、核心网设备以及网络检测设备开发与制造

10. 高端路由器、千兆以上网络交换机开发与制造

11. 基于电信、广播电视和计算机网络融合的增值业务应用系统开发

12. 搜索引擎、移动互联网等新兴网络信息服务技术研发

13. 光传输技术、小型接入设备技术、无线接入技术、移动通信、量子通信技术、光通信技术开发

14. 软交换和 VoIP 系统、业务运营支撑管理系统、电信网络增值业务应用系统开发

15. 在线数据与交易处理、IT 设施管理和数据中心服务、移动互联网服务、因特网会议电视及图像等电信增值服务应用系统开发

16. 数字音视频技术、数字广播电视传输技术、广播电视网络综合管理系统技术、网络运营综合管理系统、IPTV 技术、高端个人媒体信息服务平台技术开发

17. 智能产品整体方案、人机工程、系统仿真设计服务与技术开发

18. 智能电网及微电网技术、分布式供能技术开发及产品生产

19. 先进的交通管理和控制技术；交通基础信息采集、处理设备及相关软件技术；公共交通工具事故预警技术开发与应用；城市交通管制系统；出租汽车服务调度信息系统、运营车辆安全监管系统开发

20. 空中管制系统、新一代民用航空运行保障系统、卫星通信应用系统、卫星导航应用服务系统研发

21. 环境安全监测预警和应急处置的光学监测等技术开发

22. 食品安全技术；生物催化、反应及分离技术开发

23. 珍稀动植物的养殖、培育、良种选育技术开发

24. 新能源汽车配套电网和充电站技术研发

25. 电力安全技术、新型防雷过电压保护材料与技术开发及生产

26. 新型高分子功能材料的研发与应用，生物基材料制造，生物基合成高分子材料，天然生物高分子材料、生物基平台化合物研发与生产

27. 太阳能光伏发电技术，重点支持系统集成设备本土化率达 90% 以上的光伏并网技术开发；太阳能热发电技术开发

28. 1.5MW 级以上风电机组设计技术、风电场配套技术开发

29. 海洋生物质能、海洋能（包括潮汐能、潮流能、波浪能等）技术开发

30. 能量系统管理、优化及控制技术：重点支持用于城市建筑供热平衡与节能、绿色建筑、城市智能照明、绿色照明系统的应用技术开发

31. 城市污水处理与资源化技术：重点支持安全饮水和先进型净水设备技术开发

32. 城市生态系统关键技术开发与生产

33. 用于城市生态系统的生态监测、评估与修复重建技术；持久性有机污染物（POPs）替代技术；污染土壤修复技术开发

34. 环境安全监测预警、应急处置的光学监测等技术开发

35. 城市节水技术开发与设备制造；雨水、海水、苦咸水利用技术；再生水收集与利用技术与工程

36. 产业集聚区配套公共服务平台技术开发

37. 多维立体打印技术、海洋工程装备研发与应用技术开发

二、医药卫生

1. 拥有自主知识产权的新药开发和生产，天然药物开发和生产，新型计划生育药物（包括第三代孕激素的避孕药）开发和生产，满足我国重大、多发性疾病防治需求的通用名药物首次开发和生产，药物新剂型、新辅料的开发和生产，药物生产过程中的膜分离、超临界萃取、新型结晶、手性合成、酶促合成、生物转化、自控等技术开

发与应用，原料药生产节能降耗减排技术、新型药物制剂技术开发与应用

2. 现代生物技术药物、重大传染病防治疫苗和药物、新型诊断试剂的开发和生产，大规模细胞培养和纯化技术、大规模药用多肽和核酸合成、发酵、纯化技术开发和应用，采用现代生物技术改造传统生产工艺

3. 新型药用包装材料及其技术开发和生产（一级耐水药用玻璃，可降解材料，具有避光、高阻隔性、高透过性的功能性材料，新型给药方式的包装；药包材无苯油墨印刷工艺等）

4. 濒危稀缺药用动植物人工繁育技术及代用品开发和生产，先进农业技术在中药材规范化种植、养殖中的应用，中药有效成分的提取、纯化、质量控制新技术开发和应用，中药现代剂型的工艺技术、生产过程控制技术和装备的开发与应用，中药饮片创新技术开发和应用，中成药二次开发和生产

5. 新型医用诊断医疗仪器设备、微创外科和介入治疗装备及器械、医疗急救及移动式医疗装备、康复工程技术装置、家用医疗器械、新型计划生育器具（第三代宫内节育器）、新型医用材料、人工器官及关键元器件的开发和生产，数字化医学影像产品及医疗信息技术的开发与应用

6. 中医药、养生保健产品及技术的研发

7. 中医药研究室、实验室及名老中医工作室

8. 符合中医药特点及规律的中成药研发及制造

9. 中成药开发、检测、认证及市场化推广

10. 制药新工艺新品种研发与生产

11. 替代、修复、改善或再生人体组织器官等再生医学产业技术、产品研发与生产

12. 医疗设备及关键部件、医疗器械开发及生产

13. 医药研发中心

三、科教研发

1. 国内外科研机构分支机构

2. 微电子、计算机、信息、生物、新材料、环保、机械装备、汽车、造船等先进制造业研发中心

3. 工业设计、生物、新材料、新能源、测绘等专业科技服务，商品质量认证和质量检测服务

4. 在线数据与交易技术研发、IT 设施管理和数据中心技术研发，移动互联网技术研发，因特网会议电视及图像等电信增值业务应用系统开发

5. 行业（企业）管理和信息化解决方案开发

6. 基于网络的软件开发

7. 数字化技术、高速计算技术、文化信息资源共享技术开发

8. 数据恢复和灾备服务，信息安全防护、网络安全应急支援服务，云计算安全服务、信息安全风险评估与咨询服务，信息装备和软件安全评测服务，密码技术产品测试服务，信息系统等级保护安全方案设计服务

9. 信息技术外包、业务流程外包、知识流程外包等技术先进型服务

10. 云计算、互联网、物联网、新媒体技术研发及服务

四、文化创意

1. 动漫、游戏创作及衍生产品研发

2. 文化创意设计服务

3. 民俗文化产品及工艺美术研发设计

4. 工业设计平台、辅助设计中心、快速成型中心、精密复杂模具制造技术开发及设计服务

5. 数字音乐、手机媒体、数字游戏、数字学习、数字影视、数字出版与典藏、内容软件等数字产品研发

五、商贸服务

1. 物流公共信息平台

2. 第三方物流管理

3. 以承接服务外包方式从事系统应用管理和维护、信息技术支持管理、银行后台服务、财务结算、人力资源服务、软件开发、呼叫中心、数据处理等信息技术和业务流程外包服务

4. 供应链管理及咨询业务

5. 基于云计算的供应链一体化信息服务业务

6. 跨境数据库服务

7. 宽带通信基础设施建设和服务

附件 2

平潭综合实验区企业所得税优惠目录

一、高技术产业

（一）电子信息产业

1. 薄膜场效应晶体管 LCD（TFT—LCD）、等离子显示屏（PDP）、有机发光二极管（OLED）、激光显示、3D 显示等新型平板显示器件和各种终端应用产品的生产及其专用设备研发与制造

2. 数字音、视频编解码设备，数字广播电视演播室设备，数字有线电视系统设备，数字音频广播发射设备，数字电视上下变换器，数字电视地面广播单频网（SFN）设备，卫星数字电视上行站设备，卫星公共接收电视（sMATV）前端设备研发与制造

3. 高清数字摄录机、数字放声设备、数字多功能电话机、数字电视机研发与制造

4. 网络视听节目技术开发与服务

5. 移动多媒体广播电视、广播影视数字化、数字电影服务监管技术研发

6. 集成电路设计、制造、封装与测试

7. 大中型电子计算机、百万亿次高性能计算机、便携式微型计算机、每秒一万亿次及以上高档服务器、大型模拟仿真系统、大型工业控制机及控制器研发与制造

8. 图形图像识别和处理系统研发与制造

9. 计算机辅助设计（CAD）、辅助测试（CAT）、辅助制造（CAM）、辅助工程（CAE）系统、各种应用软件产品的设计和开发

10. 新型电子元器件（片式元器件、频率元器件、混合集成电路、电力电子器件、光电子器件、敏感元器件、新型机电元件、高档接插件、高密度印刷电路板和柔性电路板等）研发与制造

11. 卫星通信系统、地球站设备研发与制造

12. 卫星导航定位接收设备及关键部件研发与制造

13. 2.5GB/S 及以上光同步传输系统研发与制造

14. 155MB/S 及以上数字微波同步传输设备研发与制造

15. 32 波及以上光纤波分复用传输系统设备研发与制造

16. 10GB/S 及以上数字同步系列光纤通信系统设备研发与制造

17. 数字移动通信、接入网系统、数字集群通信系统及路由器、网关等网络设备研发与制造

18. 集成电路装备研发与制造

19. 半导体、光电子器件、新型电子元器件等电子产品用材料开发与生产

20. 航空航天仪器仪表电子产品研发与制造

21. 量子通信设备研发与制造

22. 数据处理及数据库技术研发

23. 电子商务和电子政务技术及系统开发

24. 防伪技术及设备的开发与制造

25. 用于物联网产业的电子标签、传感器、智能识读机、智能卡、核心芯片等开发与制造

26. 数字化、智能化、网络化工业自动检测仪表与传感器，原位在线成分分析仪

器，具有无线通信功能的低功耗智能传感器，电磁兼容检测设备研发与制造

（二）装备制造业

1. 汽车电子控制系统、电动空调、电制动、电动转向；怠速起停系统研发与制造

2. 汽车电子产品开发、试验、检测设备及设施研发与制造

3. 汽车车载充电机、非车载充电设备研发与制造

4. 新型医用诊断医疗仪器设备、微创外科和介入治疗装备及器械、医疗急救及移动式医疗装备、康复工程技术装置、家用医疗器械、新型计划生育器具（第三代宫内节育器）、人工器官及关键元器件的开发和生产，数字化医学影像产品及医疗信息技术的开发与制造

5. 化学合成药物、中成药、中药饮片、兽用医药、生物化学药品等医药产品研发与生产

6. 大型远洋捕捞加工渔船、海洋工程作业船与辅助船等特种船舶及其专用设备，智能环保型关键船用配套设备研发与制造

7. 海洋工程装备的研发与制造

8. 豪华游艇、游轮、客滚船等高技术附加值船舶开发与制造

9. 安全饮水设备、先进型净水器研发与制造

10. 智能电网调度监测、智能配电、智能用电等技术和设备研发与制造

11. 精密模具、非金属制品模具设计与制造

12. 新型高技术纺织机械及关键零部件研发与制造

（三）新材料产业

1. 磁存储和光盘存储为主的数据存储材料研发与制造

2. 单晶硅半导体微电子材料研发与制造

3. 光电子材料、光功能高分子材料；光导材料、光记录材料、光加工材料、光学用塑料、光显示用材料、光转换系统材料研发与制造

4. 光纤通信材料研发与制造

5. 纳米粉末、纳米纤维、纳米膜、纳米催化剂研发与制造

6. 轿车及中高档轻型车动力传动、减震、制动系统用密封材料研发与制造

7. 复合防弹板材和高强度缆绳等系列产品研发与制造

8. 交通运输、水利、环保等产业用纺织品的纤维材料、新溶剂法纤维、复合超细短纤维及其系列产品和差别化、功能化纤维研发与制造

9. 高强、耐磨尼龙专用料及工业管材、农用塑料大棚骨架管材及连接材料、环境降解塑料研发与制造

10. 反光膜和反光织物等高分子反光材料研发与制造

11. 电子专用铜带、多层敷铜板、印刷线路板和集成电路引线研发与制造

12. 导电玻璃、高性能软磁铁氧体材料及所需的高纯度原材料、大功率压电陶瓷和热释电陶瓷材料、液晶材料、高纯化学试剂、砷化镓抛光片等研发与制造

13. 锂离子嵌入材料绿色电池材料研发与制造

14. 高性能、高品质 PCB 基板和材料研发与制造

15. 树脂基复合材料、碳/碳复合材料、陶瓷基复合材料、金属基复合材料、碳纤维、芳纶、超高分子量聚乙烯纤维等高性能增强纤维及复合材料研发与制造

16. 屏蔽电磁波玻璃、微电子用玻璃基板、透红外线无铅玻璃、电子级大规格石英玻璃扩散管、超二代和三代微通道板、光学纤维面板和倒像器及玻璃光锥研发与制造

17. 连续玻璃纤维原丝毡、玻璃纤维表面毡、微电子用玻璃纤维布及薄毡研发与制造

18. 汽车催化装置用陶瓷载体、氮化铝（AIN）陶瓷基片、多孔陶瓷研发与制造

19. 采用新技术、新工艺生产的橡胶、塑料、纤维、涂料、胶黏剂和高分子基复合材料等有机高分子材料及制品研发与制造

20. 生物高分子材料、填料、试剂、芯片、干扰素、传感器、纤维素酶、碱性蛋白酶、诊断用酶等酶制剂、纤维素生化产品，新型医用材料研发与制造

21. 高纯、专用级催化剂、吸附剂、活性剂研发与制造

22. 农膜新技术及新产品（光解膜、多功能膜及原料等）研发与制造

23. 塑料软包装新技术、新产品（高阻隔、多功能膜及原料）研发与制造

24. 生物降解材料研发与制造

25. 特种陶瓷技术研发与制造

26. 高性能膜材料、高分子分离膜、水处理膜、太阳能电池膜、平板显示薄膜、半导体及微电子用薄膜研发与制造

27. 高品质人工晶体材料、制品和器件，高纯石英原料、石英玻璃材料及其制品，特种玻璃研发与制造

28. 汽车轻量化及环保型新材料研发与制造

29. 新型墙体和屋面材料、绝热隔音材料、建筑防水和密封材料、建筑与海洋防护用环保涂料的开发与生产

（四）新能源产业

1. 地热能、海洋能（潮汐能、潮流能、波浪能）开发利用

2. 风电与光伏发电互补系统技术开发与服务

3. 太阳能建筑一体化组件设计与制造

4. 无齿轮箱、多级低速发电机、变速恒频等新型风力发电机组研发与制造

5. 高效太阳能热水器及热水工程，太阳能中高温利用技术开发与服务

6. 太阳能热发电集热系统、太阳能光伏发电系统集成技术开发应用、逆变控制系统开发制造

7. 沼气发电机组、低成本沼气净化设备、沼气管道供气、沼气智能流量表、装罐成套设备研发与制造

二、服务业

（一）现代物流业

1. 物流营运中心及物流公共信息平台

2. 对台海上运输业务

3. 物流标准化技术研发

（二）商贸服务业

1. 台湾特色农渔业产品物流集散中心

（三）文化创意产业

1. 动漫、游戏创作、动漫技术开发与服务

2. 民俗文化产品及工艺美术研发设计

3. 体育用品研发

（四）技术及商务服务业

1. 中文信息处理软件的开发

2. 网络支撑平台和中间件开发

3. 嵌入式软件系统（嵌入式操作系统、核心支撑软件）开发

4. 信息传输网络及网络增值业务应用系统开发

5. 以承接服务外包方式从事系统应用管理和维护、信息技术支持管理、银行后台服务、财务结算、人力资源服务、软件开发、离岸呼出中心、数据处理等信息技术、业务流程和知识流程外包服务

6. 工业设计、生物、新材料、新能源、节能、环保、测绘、海洋等专业科技服务，认证和质量检测服务

7. 在线数据与交易技术研发、IT 设施管理和数据中心技术研发，移动互联网技术研发，因特网会议电视及图像等电信增值业务应用系统开发

8. 智能产品整体方案、人机工程设计、系统仿真等设计服务

9. 信息安全风险评估与咨询服务，信息装备和软件安全评测服务

10. 综合利用海水淡化后的浓海水制盐、提取钾、溴、镁、锂及其深加工等海水化学资源高附加值利用技术开发

11. 各类创业中心、大学科技园、留学生创业园、软件创业园以及其他专门人才、专业技术企业等专业孵化器

三、农业及海洋产业

1. 良种、花卉引进和推广服务

2. 名特优海产养殖、深水抗风浪大型网箱养殖、工厂化养殖、生态型养殖

3. 数字（信息）农业技术开发

4. 农林牧渔业现代装备与信息化技术开发

5. 海产品冷冻保鲜技术的研发与设备制造

6. 海洋生物提取技术研究开发与生产

7. 海洋资源综合利用技术研发

8. 海洋药物、海洋保健食品开发

9. 生物医药研发，工业催化、生物改性、生物转化等酶产品研发与生产

10. 海洋生物质能源技术研究及开发

四、生态环保业

1. 海岛、湿地等自然保护区建设、海岛整治修复及生态示范工程

2. 水土流失综合治理技术开发与服务

3. 海洋环境保护及科学开发

4. 微咸水、苦咸水、劣质水、海水的开发利用和海水淡化工程及设备的研发及制造

5. 海漂垃圾污染治理技术的开发与服务

6. 绿色建筑开发建造

7. 餐厨垃圾及城市污泥综合利用产业化

8. 提升废旧装备高技术修复、制造、改造的资源节约型的再制造技术开发及设备制造

9. 危险废物处置中心

五、公共设施管理业

1. 城市交通管制系统技术开发与设备制造

2. 地震、海啸、地质灾害监测预警和评估技术开发与服务

3. 堤坝安全自动监测报警技术开发与服务

4. 突发事件现场信息探测与快速获取技术及产品

5. 生物灾害、动植物疫情监测预警技术开发与服务

6. 公共交通工具事故预警技术开发与服务

7. 食品药品安全快速检测技术开发与服务

8. 城市基础空间信息数据生产及关键技术开发

9. 依托基础地理信息资源的城市立体管理信息系统开发

10. 城市照明智能化、绿色照明系统技术开发与生产

11. 城市积涝预警技术开发与服务

12. 水资源管理信息系统（以水源、取水、输水、供水、用水、耗水和排水等水资源开发利用主要环节的监测）技术开发

13. 邮件、快件运输与交通运输网络融合技术开发

14. 海运电子数据交换系统和水运行业信息系统技术开发

15. 出租汽车服务调度信息系统、运营车辆安全监控记录开发

16. 城市再生水利用技术和工程、城市雨水收集利用

附件 3

前海深港现代服务业合作区企业所得税优惠目录

一、现代物流业

1. 供应链解决方案设计、订单管理与执行、虚拟生产、信息管理、资金管理、咨询服务等供应链管理服务

2. 在岸、离岸的物流外包服务

3. 现代物流技术与物流公共服务系统的开发及运营

4. 第三方物流的结算和管理

二、信息服务业

1. 电信增值业务应用系统开发

2. 电子认证、电子商务、电子政务技术研发

3. 信息安全技术研发服务

4. 数据挖掘、数据分析、数据服务及数字化资源开发

5. 新一代移动通信网，基于 IPv6 的下一代互联网技术研发

6. 卫星通信技术研发

7. 通用软件、行业应用软件、嵌入式软件的研发与服务

8. 云计算、物联网、高可信计算、智能网络、大数据等技术研发与服务

三、科技服务业

1. 新能源、新材料、生物医药、低碳环保等各行业专业科技服务

2. 基因测序、干细胞、功能蛋白、生命健康等新兴科学技术研发与服务

3. 新能源电池、三维立体显示和打印技术研发与服务

4. 信息技术外包、业务流程外包、知识流程外包等技术先进型服务

四、文化创意产业

1. 平面设计、包装设计、广告设计、室内设计、景观设计、工业设计、服装设计

等创意设计服务

2. 文化信息资源开发

3. 网络视听节目技术研发与服务

4. 动漫及网络游戏研发与创作

5. 新媒体技术的研发与服务

财政部 国家税务总局
关于小型微利企业所得税优惠政策
有关问题的通知

财税〔2014〕34 号 2014 年 4 月 8 日 全文有效

各省、自治区、直辖市、计划单列市财政厅（局）、国家税务局、地方税务局，新疆生产建设兵团财务局：

为了进一步支持小型微利企业发展，经国务院批准，现就小型微利企业所得税政策通知如下：

一、自 2014 年 1 月 1 日至 2016 年 12 月 31 日，对年应纳税所得额低于 10 万元（含 10 万元）的小型微利企业，其所得减按 50% 计入应纳税所得额，按 20% 的税率缴纳企业所得税。

二、本通知所称小型微利企业，是指符合《中华人民共和国企业所得税法》及其实施条例以及相关税收政策规定的小型微利企业。

请遵照执行。

财政部　国家税务总局
人力资源和社会保障部
关于继续实施支持和促进重点群体
创业就业有关税收政策的通知

财税〔2014〕39 号　2014 年 4 月 29 日　全文有效

各省、自治区、直辖市、计划单列市财政厅（局）、国家税务局、地方税务局、人力资源和社会保障厅（局），新疆生产建设兵团财务局、人力资源和社会保障局：

1998 年以来，国家对下岗失业人员再就业给予了一系列税收扶持政策，特别是自 2011 年 1 月 1 日起实施了新的支持和促进就业的税收优惠政策，进一步扩大了享受税收优惠政策的人员范围，对于支持重点群体创业就业，促进社会和谐稳定，推动经济发展发挥了重要作用。该政策于 2013 年 12 月 31 日执行到期。根据当前宏观经济形势和就业面临的新情况、新问题，为扩大就业，鼓励以创业带动就业，经国务院批准，现将继续实施支持和促进重点群体创业就业税收政策有关问题通知如下：

一、对持《就业失业登记证》（注明"自主创业税收政策"或附着《高校毕业生自主创业证》）人员从事个体经营的，在 3 年内按每户每年 8000 元为限额依次扣减其当年实际应缴纳的营业税、城市维护建设税、教育费附加、地方教育附加和个人所得税。限额标准最高可上浮 20%，各省、自治区、直辖市人民政府可根据本地区实际情况在此幅度内确定具体限额标准，并报财政部和国家税务总局备案。

纳税人年度应缴纳税款小于上述扣减限额的，以其实际缴纳的税款为限；大于上述扣减限额的，应以上述扣减限额为限。

本条所称持《就业失业登记证》（注明"自主创业税收政策"或附着《高校毕业生自主创业证》）人员是指：1. 在人力资源和社会保障部门公共就业服务机构登记失业半年以上的人员；2. 零就业家庭、享受城市居民最低生活保障家庭劳动年龄内的登记失业人员；3. 毕业年度内高校毕业生。高校毕业生是指实施高等学历教育的普通高等学校、成人高等学校毕业的学生；毕业年度是指毕业所在自然年，即 1 月 1 日至 12 月 31 日。

二、对商贸企业、服务型企业、劳动就业服务企业中的加工型企业和街道社区具有加工性质的小型企业实体，在新增加的岗位中，当年新招用在人力资源和社会保部门公共就业服务机构登记失业一年以上且持《就业失业登记证》（注明"企业吸纳税收政策"）人员，与其签订1年以上期限劳动合同并依法缴纳社会保险费的，在3年内按实际招用人数予以定额依次扣减营业税、城市维护建设税、教育费附加、地方教育附加和企业所得税优惠。定额标准为每人每年4000元，最高可上浮30%，各省、自治区、直辖市人民政府可根据本地区实际情况在此幅度内确定具体定额标准，并报财政部和国家税务总局备案。

按上述标准计算的税收扣减额应在企业当年实际应缴纳的营业税、城市维护建设税、教育费附加、地方教育附加和企业所得税税额中扣减，当年扣减不足的，不得结转下年使用。

本条所称服务型企业是指从事现行营业税"服务业"税目规定经营活动的企业以及按照《民办非企业单位登记管理暂行条例》（国务院令第251号）登记成立的民办非企业单位。

三、享受本通知第一条、第二条优惠政策的人员按以下规定申领《就业失业登记证》、《高校毕业生自主创业证》等凭证：

（一）按照《就业服务与就业管理规定》（中华人民共和国劳动和社会保障部令第28号）第六十三条的规定，在法定劳动年龄内，有劳动能力，有就业要求，处于无业状态的城镇常住人员，在公共就业服务机构进行失业登记，申领《就业失业登记证》。其中，农村进城务工人员和其他非本地户籍人员在常住地稳定就业满6个月的，失业后可以在常住地登记。

（二）零就业家庭凭社区出具的证明，城镇低保家庭凭低保证明，在公共就业服务机构登记失业，申领《就业失业登记证》。

（三）毕业年度内高校毕业生在校期间凭学校出具的相关证明，经学校所在地省级教育行政部门核实认定，取得《高校毕业生自主创业证》（仅在毕业年度适用），并向创业地公共就业服务机构申请取得《就业失业登记证》；高校毕业生离校后直接向创业地公共就业服务机构申领《就业失业登记证》。

（四）上述人员申领相关凭证后，由就业和创业地人力资源和社会保障部门对人员范围、就业失业状态、已享受政策情况进行核实，在《就业失业登记证》上注明"自主创业税收政策"或"企业吸纳税收政策"字样，同时符合自主创业和企业吸纳税收政策条件的，可同时加注；主管税务机关在《就业失业登记证》上加盖戳记，注明减免税所属时间。

四、本通知的执行期限为2014年1月1日至2016年12月31日。本通知规定的税收优惠政策按照备案减免税管理，纳税人应向主管税务机关备案。税收优惠政策在2016年12月31日未享受满3年的，可继续享受至3年期满为止。《财政部 国家税务总局关于支持和促进就业有关税收政策的通知》（财税〔2010〕84号）所规定的税收优惠政策在 2013 年 12 月 31 日未享受满 3 年的，可继续享受至 3 年期满为止。

五、本通知所述人员不得重复享受税收优惠政策，以前年度已享受各项就业税收优惠政策的人员不得再享受本通知规定的税收优惠政策。如果企业的就业人员既适用本通知规定的税收优惠政策，又适用其他扶持就业的税收优惠政策，企业可选择适用最优惠的政策，但不能重复享受。

六、上述税收政策的具体实施办法由国家税务总局会同财政部、人力资源和社会保障部、教育部、民政部另行制定。

各地财政、税务、人力资源和社会保障部门要加强领导、周密部署，把大力支持和促进重点群体创业就业工作作为一项重要任务，主动做好政策宣传和解释工作，加强部门间的协调配合，确保政策落实到位。同时，要密切关注税收政策的执行情况，对发现的问题及时逐级向财政部、国家税务总局、人力资源和社会保障部反映。

财政部 国家税务总局 民政部
关于调整完善扶持自主就业退役士兵创业就业有关税收政策的通知

财税〔2014〕42 号 2014 年 4 月 29 日 全文有效

各省、自治区、直辖市、计划单列市财政厅（局）、国家税务局、地方税务局、民政厅（局），新疆生产建设兵团财务局、民政局：

自 2004 年起，国家对城镇退役士兵自谋职业给予税收扶持政策，有力地促进了城镇退役士兵创业就业。2011 年 10 月 29 日，新修订的《中华人民共和国兵役法》和首次制定的《退役士兵安置条例》公布，城乡一体的退役士兵安置改革正式施行，退役士兵安置工作进入新的历史时期。为贯彻落实中央对扎实做好退役士兵安置工作的新要求，经国务院批准，现就调整完善自主就业退役士兵创业就业税收政策有关问题通知如下：

一、对自主就业退役士兵从事个体经营的，在 3 年内按每户每年 8000 元为限额依次扣减其当年实际应缴纳的营业税、城市维护建设税、教育费附加、地方教育附加和个人所得税。限额标准最高可上浮 20%，各省、自治区、直辖市人民政府可根据本地区实际情况在此幅度内确定具体限额标准，并报财政部和国家税务总局备案。

纳税人年度应缴纳税款小于上述扣减限额的，以其实际缴纳的税款为限；大于上述扣减限额的，应以上述扣减限额为限。纳税人的实际经营期不足一年的，应当以实际月份换算其减免税限额。换算公式为：减免税限额 = 年度减免税限额 ÷ 12 × 实际经营月数。

纳税人在享受税收优惠政策的当月，持《中国人民解放军义务兵退出现役证》或《中国人民解放军士官退出现役证》以及税务机关要求的相关材料向主管税务机关备案。

二、对商贸企业、服务型企业、劳动就业服务企业中的加工型企业和街道社区具有加工性质的小型企业实体，在新增加的岗位中，当年新招用自主就业退役士兵，与其签订 1 年以上期限劳动合同并依法缴纳社会保险费的，在 3 年内按实际招用人数予以定额依次扣减营业税、城市维护建设税、教育费附加、地方教育附加和企业所得税优惠。定额标准为每人每年 4000 元，最高可上浮 50%，各省、自治区、直辖市人民政府可根据本地区实际情况在此幅度内确定具体定额标准，并报财政部和国家税务总局备案。

本条所称服务型企业是指从事现行营业税"服务业"税目规定经营活动的企业以及按照《民办非企业单位登记管理暂行条例》（国务院令第 251 号）登记成立的民办非企业单位。

纳税人按企业招用人数和签订的劳动合同时间核定企业减免税总额，在核定减免税总额内每月依次扣减营业税、城市维护建设税、教育费附加和地方教育附加。纳税人实际应缴纳的营业税、城市维护建设税、教育费附加和地方教育附加小于核定减免税总额的，以实际应缴纳的营业税、城市维护建设税、教育费附加和地方教育附加为限；实际应缴纳的营业税、城市维护建设税、教育费附加和地方教育附加大于核定减免税总额的，以核定减免税总额为限。

纳税年度终了，如果企业实际减免的营业税、城市维护建设税、教育费附加和地方教育附加小于核定的减免税总额，企业在企业所得税汇算清缴时扣减企业所得税。当年扣减不足的，不再结转以后年度扣减。

计算公式为：企业减免税总额 = ∑ 每名自主就业退役士兵本年度在本企业工作月份 ÷ 12 × 定额标准。

企业自招用自主就业退役士兵的次月起享受税收优惠政策，并于享受税收优惠政策的当月，持下列材料向主管税务机关备案：1. 新招用自主就业退役士兵的《中国人民解放军义务兵退出现役证》或《中国人民解放军士官退出现役证》；2. 企业与新招用自主就业退役士兵签订的劳动合同（副本），企业为职工缴纳的社会保险费记录；3. 自主就业退役士兵本年度在企业工作时间表（见附件）；4. 税务机关要求的其他相关材料。

三、本通知所称自主就业退役士兵是指依照《退役士兵安置条例》（国务院、中央军委令第 608 号）的规定退出现役并按自主就业方式安置的退役士兵。

四、本通知的执行期限为 2014 年 1 月 1 日至 2016 年 12 月 31 日。本通知规定的税收优惠政策按照备案减免税管理，纳税人应向主管税务机关备案。税收优惠政策在 2016 年 12 月 31 日未享受满 3 年的，可继续享受至 3 年期满为止。《财政部　国家税务总局关于扶持城镇退役士兵自谋职业有关税收优惠政策的通知》（财税〔2004〕93 号）自 2014 年 1 月 1 日起停止执行，其所规定的税收优惠政策在 2013 年 12 月 31 日未享受满 3 年的，可继续享受至 3 年期满为止。

《财政部　国家税务总局关于将铁路运输和邮政业纳入营业税改征增值税试点的通知》（财税〔2013〕106 号）附件 3 第一条第（十二）项城镇退役士兵就业免征增值税政策，自 2014 年 7 月 1 日起停止执行。在 2014 年 6 月 30 日未享受满 3 年的，可继续享受至 3 年期满为止。

　　五、如果企业招用的自主就业退役士兵既适用本通知规定的税收优惠政策，又适用其他扶持就业的税收优惠政策，企业可选择适用最优惠的政策，但不能重复享受。

　　各地财政、税务、民政部门要加强领导、周密部署，把扶持自主就业退役士兵创业就业工作作为一项重要任务，主动做好政策宣传和解释工作，加强部门间的协调配合，确保政策落实到位。同时，要密切关注税收政策的执行情况，对发现的问题及时逐级向财政部、国家税务总局、民政部反映。

附件

自主就业退役士兵本年度在企业工作时间表（样式）

企业名称（盖章）：　　　　　　　　　　　　　　　　　　　　年度：

序号	自主就业退役士兵姓名	《中国人民解放军义务兵退出现役证》或《中国人民解放军士官退出现役证》编号	在本企业工作时间（单位：月）

财政部 国家税务总局
关于公共基础设施项目享受企业所得税
优惠政策问题的补充通知

财税〔2014〕55 号 2014 年 7 月 4 日 全文有效

各省、自治区、直辖市、计划单列市财政厅（局）、国家税务局、地方税务局、新疆生产建设兵团财务局：

根据《中华人民共和国企业所得税法》和《中华人民共和国企业所得税法实施条例》（国务院令第 512 号）的有关规定，现就企业享受公共基础设施项目企业所得税优惠政策有关问题补充通知如下：

一、企业投资经营符合《公共基础设施项目企业所得税优惠目录》规定条件和标准的公共基础设施项目，采用一次核准、分批次（如码头、泊位、航站楼、跑道、路段、发电机级等）建设的，凡同时符合以下条件的，可按每一批次为单位计算所得，并享受企业所得税"三免三减半"优惠：

（一）不同批次在空间上相互独立；

（二）每一批次自身具备取得收入的功能；

（三）以每一批次为单位进行会计核算，单独计算所得，并合理分摊期间费用。

二、公共基础设施项目企业所得税"三免三减半"优惠的其他问题，继续按《财政部 国家税务总局关于执行公共基础设施项目企业所得税优惠目录有关问题的通知》（财税〔2008〕46 号）、《国家税务总局关于实施国家重点扶持的公共基础设施项目企业所得税优惠问题的通知》（国税发〔2009〕80 号）、《财政部 国家税务总局关于公共基础设施项目和环境保护、节能节水项目企业所得税优惠政策问题的通知》（财税〔2012〕10 号）的规定执行。

请遵照执行。

财政部 国家税务总局 商务部 科技部 国家发展改革委 关于完善技术先进型服务企业有关企业 所得税政策问题的通知

财税〔2014〕59 号 2014 年 10 月 8 日 全文有效

北京、天津、大连、黑龙江、上海、江苏、浙江、安徽、厦门、江西、山东、湖北、湖南、广东、深圳、重庆、四川、陕西省（直辖市、计划单列市）财政厅（局）、国家税务局、地方税务局、商务主管部门、科技厅（委、局）、国家发展改革委：

为进一步推动技术先进型服务企业的发展，促进企业技术创新和技术服务能力的提升，增强我国服务业的综合竞争力，经国务院批准，现就技术先进型服务企业有关企业所得税政策问题通知如下：

一、自 2014 年 1 月 1 日起至 2018 年 12 月 31 日止，在北京、天津、上海、重庆、大连、深圳、广州、武汉、哈尔滨、成都、南京、西安、济南、杭州、合肥、南昌、长沙、大庆、苏州、无锡、厦门等 21 个中国服务外包示范城市（以下简称示范城市）继续实行以下企业所得税优惠政策：

1. 对经认定的技术先进型服务企业，减按 15% 的税率征收企业所得税。

2. 经认定的技术先进型服务企业发生的职工教育经费支出，不超过工资薪金总额 8% 的部分，准予在计算应纳税所得额时扣除；超过部分，准予在以后纳税年度结转扣除。

二、享受本通知第一条规定的企业所得税优惠政策的技术先进型服务企业必须同时符合以下条件：

1. 从事《技术先进型服务业务认定范围（试行）》（详见附件）中的一种或多种技术先进型服务业务，采用先进技术或具备较强的研发能力；

2. 企业的注册地及生产经营地在示范城市（含所辖区、县、县级市等全部行政区划）内；

3. 企业具有法人资格；

4. 具有大专以上学历的员工占企业职工总数的 50% 以上；

5. 从事《技术先进型服务业务认定范围（试行）》中的技术先进型服务业务取得

的收入占企业当年总收入的 50% 以上。

6. 从事离岸服务外包业务取得的收入不低于企业当年总收入的 35%。

从事离岸服务外包业务取得的收入，是指企业根据境外单位与其签订的委托合同，由本企业或其直接转包的企业为境外单位提供《技术先进型服务业务认定范围（试行）》中所规定的信息技术外包服务（ITO）、技术性业务流程外包服务（BPO）和技术性知识流程外包服务（KPO），而从上述境外单位取得的收入。

三、技术先进型服务企业的认定管理

1. 示范城市人民政府科技部门会同本级商务、财政、税务和发展改革部门根据本通知规定制定具体管理办法，并报科技部、商务部、财政部、国家税务总局和国家发展改革委及所在省（直辖市、计划单列市）科技、商务、财政、税务和发展改革部门备案。

示范城市所在省（直辖市、计划单列市）科技部门会同本级商务、财政、税务和发展改革部门负责指导所辖示范城市的技术先进型服务企业认定管理工作。

2. 符合条件的技术先进型服务企业应向所在示范城市人民政府科技部门提出申请，由示范城市人民政府科技部门会同本级商务、财政、税务和发展改革部门联合评审并发文认定。认定企业名单应及时报科技部、商务部、财政部、国家税务总局和国家发展改革委及所在省（直辖市、计划单列市）科技、商务、财政、税务和发展改革部门备案。

3. 经认定的技术先进型服务企业，持相关认定文件向当地主管税务机关办理享受本通知第一条规定的企业所得税优惠政策事宜。享受企业所得税优惠的技术先进型服务企业条件发生变化的，应当自发生变化之日起 15 日内向主管税务机关报告；不再符合享受税收优惠条件的，应当依法履行纳税义务。主管税务机关在执行税收优惠政策过程中，发现企业不具备技术先进型服务企业资格的，应暂停企业享受税收优惠，并提请认定机构复核。

4. 示范城市人民政府科技、商务、财政、税务和发展改革部门及所在省（直辖市、计划单列市）科技、商务、财政、税务和发展改革部门对经认定并享受税收优惠政策的技术先进型服务企业应做好跟踪管理，对变更经营范围、合并、分立、转业、迁移的企业，如不符合认定条件的，应及时取消其享受税收优惠政策的资格。

四、示范城市人民政府财政、税务、商务、科技和发展改革部门要认真贯彻落实本通知的各项规定，切实搞好沟通与协作。在政策实施过程中发现的问题，要及时逐级反映上报财政部、国家税务总局、商务部、科技部和国家发展改革委。

五、《财政部　国家税务总局　商务部　科技部　国家发展改革委关于技术先进型服务企业有关企业所得税政策问题的通知》（财税〔2010〕65 号）自 2014 年 1 月 1 日起废止。

财政部 国家税务总局
中国证券监督管理委员会
关于 QFII 和 RQFII 取得中国境内的
股票等权益性投资资产转让所得
暂免征收企业所得税问题的通知

财税〔2014〕79 号 2014 年 10 月 31 日 全文有效

各省、自治区、直辖市、计划单列市财政厅（局）、国家税务局、地方税务局，新疆生产建设兵团财务局，中国证券登记结算公司：

经国务院批准，从 2014 年 11 月 17 日起，对合格境外机构投资者（QFII）、人民币合格境外机构投资者（RQFII）取得来源于中国境内的股票等权益性投资资产转让所得，暂免征收企业所得税。在 2014 年 11 月 17 日之前 QFII 和 RQFII 取得的上述所得应依法征收企业所得税。

本通知适用于在中国境内未设立机构、场所，或者在中国境内虽设立机构、场所，但取得的上述所得与其所设机构、场所没有实际联系的 QFII、RQFII。

财政部 国家税务总局 中国证券监督管理委员会 关于沪港股票市场交易互联互通机制试点 有关税收政策的通知

财税〔2014〕81 号 2014 年 10 月 31 日 全文有效

各省、自治区、直辖市、计划单列市财政厅（局）、国家税务局、地方税务局，新疆生产建设兵团财务局，上海、深圳证券交易所，中国证券登记结算公司：

经国务院批准，现就沪港股票市场交易互联互通机制试点涉及的有关税收政策问题明确如下：

一、关于内地投资者通过沪港通投资香港联合交易所有限公司（以下简称香港联交所）上市股票的所得税问题

（一）内地个人投资者通过沪港通投资香港联交所上市股票的转让差价所得税。

对内地个人投资者通过沪港通投资香港联交所上市股票取得的转让差价所得，自2014 年 11 月 17 日起至 2017 年 11 月 16 日止，暂免征收个人所得税。

（二）内地企业投资者通过沪港通投资香港联交所上市股票的转让差价所得税。

对内地企业投资者通过沪港通投资香港联交所上市股票取得的转让差价所得，计入其收入总额，依法征收企业所得税。

（三）内地个人投资者通过沪港通投资香港联交所上市股票的股息红利所得税。

对内地个人投资者通过沪港通投资香港联交所上市 H 股取得的股息红利，H 股公司应向中国证券登记结算有限责任公司（以下简称中国结算）提出申请，由中国结算向 H 股公司提供内地个人投资者名册，H 股公司按照 20% 的税率代扣个人所得税。内地个人投资者通过沪港通投资香港联交所上市的非 H 股取得的股息红利，由中国结算按照 20% 的税率代扣个人所得税。个人投资者在国外已缴纳的预提税，可持有效扣税凭证到中国结算的主管税务机关申请税收抵免。

对内地证券投资基金通过沪港通投资香港联交所上市股票取得的股息红利所得，按照上述规定计征个人所得税。

（四）内地企业投资者通过沪港通投资香港联交所上市股票的股息红利所得税。

1. 对内地企业投资者通过沪港通投资香港联交所上市股票取得的股息红利所得，

计入其收入总额，依法计征企业所得税。其中，内地居民企业连续持有 H 股满 12 个月取得的股息红利所得，依法免征企业所得税。

2. 香港联交所上市 H 股公司应向中国结算提出申请，由中国结算向 H 股公司提供内地企业投资者名册，H 股公司对内地企业投资者不代扣股息红利所得税款，应纳税款由企业自行申报缴纳。

3. 内地企业投资者自行申报缴纳企业所得税时，对香港联交所非 H 股上市公司已代扣代缴的股息红利所得税，可依法申请税收抵免。

二、关于香港市场投资者通过沪港通投资上海证券交易所（以下简称上交所）上市 A 股的所得税问题

1. 对香港市场投资者（包括企业和个人）投资上交所上市 A 股取得的转让差价所得，暂免征收所得税。

2. 对香港市场投资者（包括企业和个人）投资上交所上市 A 股取得的股息红利所得，在香港中央结算有限公司（以下简称香港结算）不具备向中国结算提供投资者的身份及持股时间等明细数据的条件之前，暂不执行按持股时间实行差别化征税政策，由上市公司按照 10% 的税率代扣所得税，并向其主管税务机关办理扣缴申报。对于香港投资者中属于其他国家税收居民且其所在国与中国签订的税收协定规定股息红利所得税率低于 10% 的，企业或个人可以自行或委托代扣代缴义务人，向上市公司主管税务机关提出享受税收协定待遇的申请，主管税务机关审核后，应按已征税款和根据税收协定税率计算的应纳税款的差额予以退税。

三、关于内地和香港市场投资者通过沪港通买卖股票的营业税问题

1. 对香港市场投资者（包括单位和个人）通过沪港通买卖上交所上市 A 股取得的差价收入，暂免征收营业税。

2. 对内地个人投资者通过沪港通买卖香港联交所上市股票取得的差价收入，按现行政策规定暂免征收营业税。

3. 对内地单位投资者通过沪港通买卖香港联交所上市股票取得的差价收入，按现行政策规定征免营业税。

四、关于内地和香港市场投资者通过沪港通转让股票的证券（股票）交易印花税问题

香港市场投资者通过沪港通买卖、继承、赠与上交所上市 A 股，按照内地现行税制规定缴纳证券（股票）交易印花税。内地投资者通过沪港通买卖、继承、赠与联交所上市股票，按照香港特别行政区现行税法规定缴纳印花税。

中国结算和香港结算可互相代收上述税款。

五、本通知自 2014 年 11 月 17 日起执行。

财政部　国家税务总局　中宣部
关于继续实施文化体制改革中经营性文化事业单位转制为企业若干税收政策的通知

财税〔2014〕84 号　2014 年 11 月 27 日　全文有效

各省、自治区、直辖市、计划单列市党委宣传部、财政厅（局）、国家税务局、地方税务局，新疆生产建设兵团财务局：

为贯彻落实《国务院办公厅关于印发文化体制改革中经营性文化事业单位转制为企业和进一步支持文化企业发展两个规定的通知》（国办发〔2014〕15 号）有关规定，进一步深化文化体制改革，继续推进国有经营性文化事业单位转企改制，现就继续实施经营性文化事业单位转制为企业的税收政策有关问题通知如下。

一、经营性文化事业单位转制为企业，可以享受以下税收优惠政策：

（一）经营性文化事业单位转制为企业，自转制注册之日起免征企业所得税。

（二）由财政部门拨付事业经费的文化单位转制为企业，自转制注册之日起对其自用房产免征房产税。

（三）党报、党刊将其发行、印刷业务及相应的经营性资产剥离组建的文化企业，自注册之日起所取得的党报、党刊发行收入和印刷收入免征增值税。

（四）对经营性文化事业单位转制中资产评估增值、资产转让或划转涉及的企业所得税、增值税、营业税、城市维护建设税、印花税、契税等，符合现行规定的享受相应税收优惠政策。

（五）转制为企业的出版、发行单位处置库存呆滞出版物形成的损失，允许按照税收法律法规的规定在企业所得税前扣除。

上述所称"经营性文化事业单位"，是指从事新闻出版、广播影视和文化艺术的事业单位。转制包括整体转制和剥离转制。其中，整体转制包括：（图书、音像、电子）出版社、非时政类报刊出版单位、新华书店、艺术院团、电影制片厂、电影（发行放映）公司、影剧院、重点新闻网站等整体转制为企业；剥离转制包括：新闻媒体中的广告、印刷、发行、传输网络等部分，以及影视剧等节目制作与销售机构，从事业体制中剥离出来转制为企业。

上述所称"转制注册之日"，是指经营性文化事业单位转制为企业并进行工商注册之日。对于经营性文化事业单位转制前已进行企业法人登记，则按注销事业单位法人登记之日或核销事业编制的批复之日（转制前未进行事业单位法人登记的）起确定转制完成并享受本通知所规定的税收优惠政策。

本通知下发之前已经审核认定享受《财政部　国家税务总局关于文化体制改革中经营性文化事业单位转制为企业的若干税收优惠政策问题的通知》（财税〔2009〕34号）税收政策的转制文化企业，可继续享受本通知所规定的税收政策。

二、享受税收优惠政策的转制文化企业应同时符合以下条件：

（一）根据相关部门的批复进行转制。

（二）转制文化企业已进行企业工商注册登记。

（三）整体转制前已进行事业单位法人登记的，转制后已核销事业编制、注销事业单位法人。

（四）已同在职职工全部签订劳动合同，按企业办法参加社会保险。

（五）转制文化企业引入非公有资本和境外资本的，须符合国家法律法规和政策规定；变更资本结构依法应经批准的，需经行业主管部门和国有文化资产监管部门批准。

本通知适用于所有转制文化单位。中央所属转制文化企业的认定，由中央宣传部会同财政部、国家税务总局确定并发布名单；地方所属转制文化企业的认定，按照登记管理权限，由地方各级宣传部门会同同级财政、税务部门确定和发布名单，并按程序抄送中央宣传部、财政部和国家税务总局。

已认定发布的转制文化企业名称发生变更的，如果主营业务未发生变化，可持同级文化体制改革和发展工作领导小组办公室出具的同意变更函，到主管税务机关履行变更手续；如果主营业务发生变化，依照本条规定的条件重新认定。

三、经认定的转制文化企业，即可享受相应的税收优惠政策，并持下列材料向主管税务机关备案：

（一）转制方案批复函；

（二）企业工商营业执照；

（三）整体转制前已进行事业单位法人登记的，需提供同级机构编制管理机关核销事业编制、注销事业单位法人的证明；

（四）同在职职工签订劳动合同、按企业办法参加社会保险制度的证明；

（五）引入非公有资本和境外资本、变更资本结构的，需出具相关部门批准文件。

未经认定的转制文化企业或转制文化企业不符合本通知规定的，不得享受相关税收优惠政策。已享受优惠的，主管税务机关应追缴其已减免的税款。

四、对已转制企业按照本通知规定应予减免的税款，在本通知下发以前已经征收入库的，可抵减以后纳税期应缴税款或办理退库。

五、本通知执行期限为 2014 年 1 月 1 日至 2018 年 12 月 31 日。《财政部　国家税务总局关于文化体制改革中经营性文化事业单位转制为企业的若干税收优惠政策问题的通知》（财税〔2009〕34 号）、《财政部　国家税务总局　中宣部关于转制文化企业名单及认定问题的通知》（财税〔2009〕105 号）自 2014 年 1 月 1 日起停止执行。

财政部　海关总署　国家税务总局
关于继续实施支持文化企业发展
若干税收政策的通知

财税〔2014〕85 号　2014 年 11 月 27 日　全文有效

各省、自治区、直辖市、计划单列市财政厅（局）、国家税务局、地方税务局，新疆生产建设兵团财务局，广东分署、各直属海关：

为贯彻落实《国务院办公厅关于印发文化体制改革中经营性文化事业单位转制为企业和进一步支持文化企业发展两个规定的通知》（国办发〔2014〕15 号）有关规定，进一步深化文化体制改革，促进文化企业发展，现就继续实施支持文化企业发展的税收政策有关问题通知如下：

一、新闻出版广电行政主管部门（包括中央、省、地市及县级）按照各自职能权限批准从事电影制片、发行、放映的电影集团公司（含成员企业）、电影制片厂及其他电影企业取得的销售电影拷贝（含数字拷贝）收入、转让电影版权（包括转让和许可使用）收入、电影发行收入以及在农村取得的电影放映收入免征增值税。一般纳税人提供的城市电影放映服务，可以按现行政策规定，选择按照简易计税办法计算缴纳增值税。

二、2014 年 1 月 1 日至 2016 年 12 月 31 日，对广播电视运营服务企业收取的有线数字电视基本收视维护费和农村有线电视基本收视费，免征增值税。

三、为承担国家鼓励类文化产业项目而进口国内不能生产的自用设备及配套件、备件，在政策规定范围内，免征进口关税。支持文化产品和服务出口的税收优惠政策由财政部、国家税务总局会同有关部门另行制定。

四、对从事文化产业支撑技术等领域的文化企业，按规定认定为高新技术企业的，减按 15% 的税率征收企业所得税；开发新技术、新产品、新工艺发生的研究开发费用，允许按照税收法律法规的规定，在计算应纳税所得额时加计扣除。文化产业支撑技术等领域的具体范围和认定工作由科技部、财政部、国家税务总局商中央宣传部等部门另行明确。

五、出版、发行企业处置库存呆滞出版物形成的损失，允许按照税收法律法规的规定在企业所得税前扣除。

六、对文化企业按照本通知规定应予减免的税款，在本通知下发以前已经征收入库的，可抵减以后纳税期应缴税款或办理退库。

七、除另有规定外，本通知规定的税收政策执行期限为 2014 年 1 月 1 日至 2018 年 12 月 31 日。《财政部　海关总署　国家税务总局关于支持文化企业发展若干税收政策问题的通知》（财税〔2009〕31 号）自 2014 年 1 月 1 日起停止执行。

财政部　国家税务总局
关于延续并完善支持农村金融发展
有关税收政策的通知

财税〔2014〕102 号　2014 年 12 月 26 日　全文有效

各省、自治区、直辖市、计划单列市财政厅（局）、国家税务局、地方税务局，新疆生产建设兵团财务局：

为继续支持农村金融发展，解决农民贷款难问题，经国务院批准，现就农村金融有关税收政策通知如下：

一、自 2014 年 1 月 1 日至 2016 年 12 月 31 日，对金融机构农户小额贷款的利息收入，免征营业税。

二、自 2014 年 1 月 1 日至 2016 年 12 月 31 日，对金融机构农户小额贷款的利息收入，在计算应纳税所得额时，按 90% 计入收入总额。

三、自 2014 年 1 月 1 日至 2016 年 12 月 31 日，对保险公司为种植业、养殖业提供保险业务取得的保费收入，在计算应纳税所得额时，按 90% 计入收入总额。

四、本通知所称农户，是指长期（一年以上）居住在乡镇（不包括城关镇）行政管理区域内的住户，还包括长期居住在城关镇所辖行政村范围内的住户和户口不在本地而在本地居住一年以上的住户，国有农场的职工和农村个体工商户。位于乡镇（不包括城关镇）行政管理区域内和在城关镇所辖行政村范围内的国有经济的机关、团体、学校、企事业单位的集体户；有本地户口，但举家外出谋生一年以上的住户，无论是否保留承包耕地均不属于农户。农户以户为统计单位，既可以从事农业生产经营，也可以从事非农业生产经营。农户贷款的判定应以贷款发放时的承贷主体是否属于农户为准。

本通知所称小额贷款，是指单笔且该户贷款余额总额在 10 万元（含）以下贷款。

本通知所称保费收入，是指原保险保费收入加上分保费收入减去分出保费后的余额。

五、金融机构应对符合条件的农户小额贷款利息收入进行单独核算，不能单独核算的不得适用本通知第一条、第二条规定的优惠政策。

请遵照执行。

财政部　国家税务总局
关于非货币性资产投资企业所得税
政策问题的通知

财税〔2014〕116 号　2014 年 12 月 31 日　全文有效

各省、自治区、直辖市、计划单列市财政厅（局）、国家税务局、地方税务局，新疆生产建设兵团财务局：

为贯彻落实《国务院关于进一步优化企业兼并重组市场环境的意见》（国发〔2014〕14 号），根据《中华人民共和国企业所得税法》及其实施条例有关规定，现就非货币性资产投资涉及的企业所得税政策问题明确如下：

一、居民企业（以下简称企业）以非货币性资产对外投资确认的非货币性资产转让所得，可在不超过 5 年期限内，分期均匀计入相应年度的应纳税所得额，按规定计算缴纳企业所得税。

二、企业以非货币性资产对外投资，应对非货币性资产进行评估并按评估后的公允价值扣除计税基础后的余额，计算确认非货币性资产转让所得。

企业以非货币性资产对外投资，应于投资协议生效并办理股权登记手续时，确认非货币性资产转让收入的实现。

三、企业以非货币性资产对外投资而取得被投资企业的股权，应以非货币性资产的原计税成本为计税基础，加上每年确认的非货币性资产转让所得，逐年进行调整。

被投资企业取得非货币性资产的计税基础，应按非货币性资产的公允价值确定。

四、企业在对外投资 5 年内转让上述股权或投资收回的，应停止执行递延纳税政策，并就递延期内尚未确认的非货币性资产转让所得，在转让股权或投资收回当年的企业所得税年度汇算清缴时，一次性计算缴纳企业所得税；企业在计算股权转让所得时，可按本通知第三条第一款规定将股权的计税基础一次调整到位。

企业在对外投资 5 年内注销的，应停止执行递延纳税政策，并就递延期内尚未确认的非货币性资产转让所得，在注销当年的企业所得税年度汇算清缴时，一次性计算缴纳企业所得税。

五、本通知所称非货币性资产，是指现金、银行存款、应收账款、应收票据以及准备持有至到期的债券投资等货币性资产以外的资产。

本通知所称非货币性资产投资，限于以非货币性资产出资设立新的居民企业，或将非货币性资产注入现存的居民企业。

六、企业发生非货币性资产投资，符合《财政部　国家税务总局关于企业重组业务企业所得税处理若干问题的通知》（财税〔2009〕59 号）等文件规定的特殊性税务处理条件的，也可选择按特殊性税务处理规定执行。

七、本通知自 2014 年 1 月 1 日起执行。本通知发布前尚未处理的非货币性资产投资，符合本通知规定的可按本通知执行。

财政部　国家税务总局
国家发展和改革委员会　工业和信息化部
关于进一步鼓励集成电路产业发展
企业所得税政策的通知

财税〔2015〕6 号　2015 年 2 月 9 日　全文有效

各省、自治区、直辖市、计划单列市财政厅（局）、国家税务局、地方税务局、发展改革委、工业和信息化主管部门：

根据《中华人民共和国企业所得税法》及其实施条例和《国务院关于印发进一步鼓励软件产业和集成电路产业发展若干政策的通知》（国发〔2011〕4 号）、《国家集成电路产业发展推进纲要》精神，为进一步推动科技创新和产业结构升级，促进信息技术产业发展，现将进一步鼓励集成电路产业发展的企业所得税政策通知如下：

一、符合条件的集成电路封装、测试企业以及集成电路关键专用材料生产企业、集成电路专用设备生产企业，在 2017 年（含 2017 年）前实现获利的，自获利年度起，第一年至第二年免征企业所得税，第三年至第五年按照 25% 的法定税率减半征收企业所得税，并享受至期满为止；2017 年前未实现获利的，自 2017 年起计算优惠期，享受至期满为止。

二、本通知所称符合条件的集成电路封装、测试企业，必须同时满足以下条件：

1. 2014 年 1 月 1 日后依法在中国境内成立的法人企业；

2. 签订劳动合同关系且具有大学专科以上学历的职工人数占企业当年月平均职工总人数的比例不低于 40%，其中，研究开发人员占企业当年月平均职工总数的比例不低于 20%；

3. 拥有核心关键技术，并以此为基础开展经营活动，且当年度的研究开发费用总额占企业销售（营业）收入（主营业务收入与其他业务收入之和，下同）总额的比例不低于 3.5%，其中，企业在中国境内发生的研究开发费用金额占研究开发费用总额的比例不低于 60%；

4. 集成电路封装、测试销售（营业）收入占企业收入总额的比例不低于 60%；

5. 具有保证产品生产的手段和能力，并获得有关资质认证（包括 ISO 质量体系认证、人力资源能力认证等）；

6. 具有与集成电路封装、测试相适应的经营场所、软硬件设施等基本条件。

三、本通知所称符合条件的集成电路关键专用材料生产企业或集成电路专用设备生产企业，必须同时满足以下条件：

1. 2014 年 1 月 1 日后依法在中国境内成立的法人企业；

2. 签订劳动合同关系且具有大学专科以上学历的职工人数占企业当年月平均职工总人数的比例不低于 40%，其中，研究开发人员占企业当年月平均职工总数的比例不低于 20%；

3. 拥有核心关键技术，并以此为基础开展经营活动，且当年度的研究开发费用总额占企业销售（营业）收入总额的比例不低于 5%，其中，企业在中国境内发生的研究开发费用金额占研究开发费用总额的比例不低于 60%；

4. 集成电路关键专用材料或专用设备销售收入占企业销售（营业）收入总额的比例不低于 30%；

5. 具有保证集成电路关键专用材料或专用设备产品生产的手段和能力，并获得有关资质认证（包括 ISO 质量体系认证、人力资源能力认证等）；

6. 具有与集成电路关键专用材料或专用设备生产相适应的经营场所、软硬件设施等基本条件。

集成电路关键专用材料或专用设备的范围，分别按照《集成电路关键专用材料企业所得税优惠目录》（附件 1）、《集成电路专用设备企业所得税优惠目录》（附件 2）的规定执行。

四、符合本通知规定条件的企业，应在年度终了之日起 4 个月内，按照本通知及企业所得税相关税收优惠政策管理的规定，凭省级相关部门出具的证明向主管税务机关办理减免税手续。

省级相关部门证明出具办法，由各省（自治区、直辖市、计划单列市）发展改革委、工业和信息化主管部门会同财政、税务等部门研究确定。

五、享受上述税收优惠的企业有下述情况之一的，应取消其享受税收优惠的资格，并补缴存在以下行为所属年度已减免的企业所得税税款：

1. 在申请认定过程中提供虚假信息的；

2. 有偷、骗税等行为的；

3. 发生重大安全、质量事故的；

4. 有环境等违法、违规行为，受到有关部门处罚的。

六、享受税收优惠的企业，其税收优惠条件发生变化的，应当自发生变化之日起 15 日内向主管税务机关报告；不再符合税收优惠条件的，应当依法履行纳税义务；未依法纳税的，主管税务机关应当予以追缴。同时，主管税务机关在执行税收优惠政策过程中，发现企业不符合享受税收优惠条件的，可暂停企业享受的相关税收优惠，并提请相关部门进行有关条件复核。

七、集成电路封装、测试企业以及集成电路关键专用材料生产企业、集成电路专用设备生产企业等依照本通知规定可以享受的企业所得税优惠政策与其他定期减免税优惠政策存在交叉的，由企业选择一项最优惠政策执行，不叠加享受。

八、本通知自 2014 年 1 月 1 日起执行。

附件：1. 集成电路关键专用材料企业所得税优惠目录（略）
　　　2. 集成电路专用设备企业所得税优惠目录（略）

财政部　国家税务总局
关于中国扶贫基金会小额信贷试点项目
继续参照执行农村金融
有关税收政策的通知

财税〔2015〕12号　2015年1月5日　全文有效

各省、自治区、直辖市、计划单列市财政厅（局）、国家税务局、地方税务局，新疆生产建设兵团财务局：

经国务院批准，现就中国扶贫基金会小额信贷试点项目继续参照执行农村金融有关税收政策通知如下：

一、自2014年1月1日至2016年12月31日，对中合农信项目管理有限公司和中国扶贫基金会举办的农户自立服务社（中心）以及中合农信项目管理有限公司独资成立的小额贷款公司从事农户小额贷款取得的利息收入，免征营业税。

二、自2014年1月1日至2016年12月31日，对中合农信项目管理有限公司和中国扶贫基金会举办的农户自立服务社（中心）以及中合农信项目管理有限公司独资成立的小额贷款公司从事农户小额贷款取得的利息收入，在计算应纳税所得额时，按90%计入收入总额。

三、本通知所称农户，是指长期（一年以上）居住在乡镇（不包括城关镇）行政管理区域内的住户，还包括长期居住在城关镇所辖行政村范围内的住户和户口不在本地而在本地居住一年以上的住户，国有农场的职工和农村个体工商户。位于乡镇（不包括城关镇）行政管理区域内和在城关镇所辖行政村范围内的国有经济的机关、团体、学校、企事业单位的集体户；有本地户口，但举家外出谋生一年以上的住户，无论是否保留承包耕地均不属于农户。农户以户为统计单位，既可以从事农业生产经营，也可以从事非农业生产经营。农户贷款的判定应以贷款发放时的承贷主体是否属于农户为准。

本通知所称小额贷款，是指单笔且该户贷款余额总额在10万元（含）以下贷款。

四、中合农信项目管理有限公司和中国扶贫基金会举办的农户自立服务社（中心）以及中合农信项目管理有限公司独资成立的小额贷款公司应对符合条件的农户小额贷款利息收入进行单独核算，不能单独核算的不得适用本通知第一条、第二条规定的优惠政策。

请遵照执行。

财政部　国家税务总局
人力资源和社会保障部　教育部
关于支持和促进重点群体创业就业税收
政策有关问题的补充通知

财税〔2015〕18 号　2015 年 1 月 27 日　全文有效

各省、自治区、直辖市、计划单列市财政厅（局）、国家税务局、地方税务局、人力资源和社会保障厅（局）、教育厅（教委），新疆生产建设兵团财务局、人力资源和社会保障局、教育局：

为进一步简化享受税收优惠政策程序，经国务院批准，现对《财政部　国家税务总局　人力资源和社会保障部关于继续实施支持和促进重点群体创业就业有关税收政策的通知》（财税〔2014〕39 号）补充通知如下：

一、将《就业失业登记证》更名为《就业创业证》，已发放的《就业失业登记证》继续有效，不再统一更换。《就业创业证》的发放、使用、管理等事项按人力资源和社会保障部的有关规定执行。各地可印制一批《就业创业证》先向有需求的毕业年度内高校毕业生发放。

二、取消《高校毕业生自主创业证》，毕业年度内高校毕业生从事个体经营的，持《就业创业证》（注明"毕业年度内自主创业税收政策"）享受税收优惠政策。

三、毕业年度内高校毕业生在校期间凭学生证向公共就业服务机构按规定申领《就业创业证》，或委托所在高校就业指导中心向公共就业服务机构按规定代为其申领《就业创业证》；毕业年度内高校毕业生离校后直接向公共就业服务机构按规定申领《就业创业证》。

本通知自发布之日起施行，各地财政、税务、人力资源社会保障、教育部门要认真做好新旧政策的衔接工作，主动做好政策宣传和解释工作，加强部门间的协调配合，确保政策落实到位。

财政部　国家税务总局　中宣部
关于发布《中国减灾》杂志社等 14 家
中央所属转制文化企业名单的通知

财税〔2015〕25 号　2015 年 4 月 16 日　全文有效

北京、吉林、黑龙江省（直辖市）财政厅（局）、国家税务局、地方税务局、党委宣传部：

按照《财政部　国家税务总局　中宣部关于继续实施文化体制改革中经营性文化事业单位转制为企业若干税收政策的通知》（财税〔2014〕84 号）的规定，《中国减灾》杂志社等 14 家中央所属文化企业已被认定为转制文化企业，可按照财税〔2014〕84 号文件规定享受税收优惠政策。同时，人民交通出版社、知识产权出版社从《财政部　国家税务总局　中宣部关于下发人民网股份有限公司等 81 家中央所属转制文化企业名单的通知》（财税〔2011〕27 号）所附《中央所属转制文化企业名单》中剔除。

特此通知。

附件

中央所属转制文化企业名单

《中国减灾》杂志社

《中国能源报》社

《中国烟草》杂志社有限公司

《中国邮政报》社

《作家文摘》报社

中国政法大学出版社有限责任公司

北京邮电大学出版社有限公司

中国传媒大学出版社有限责任公司

北京对外经济贸易大学出版社有限责任公司

北京理工大学出版社有限责任公司
长春东北师范大学出版社有限责任公司
哈尔滨东北林业大学出版社有限公司
人民交通出版社股份有限公司
知识产权出版社有限责任公司

财政部 海关总署 国家税务总局
关于支持鲁甸地震灾后恢复重建
有关税收政策问题的通知

财税〔2015〕27号 2015年1月26日 全文有效

各省、自治区、直辖市、计划单列市财政厅（局）、国家税务局、地方税务局，新疆生产建设兵团财务局，广东分署、各直属海关：

为支持和帮助鲁甸地震受灾地区积极开展生产自救，重建家园，鼓励和引导社会各方面力量参与灾后恢复重建工作，使灾区基本生产生活条件和经济社会发展全面恢复并超过灾前水平，根据《国务院关于支持鲁甸地震灾后恢复重建政策措施的意见》（国发〔2014〕57号）的有关规定，现就支持鲁甸地震灾后恢复重建有关税收政策问题通知如下：

一、关于减轻企业税收负担的税收政策

1. 对受灾严重地区损失严重的企业，免征2014年至2016年度的企业所得税。

2. 自2014年8月3日起，对受灾地区企业通过公益性社会团体、县级以上人民政府及其部门取得的抗震救灾和灾后恢复重建款项和物资，以及税收法律、法规规定和国务院批准的减免税金及附加收入，免征企业所得税。

3. 自2014年1月1日至2018年12月31日，对受灾地区农村信用社免征企业所得税。

4. 自2014年8月3日起，对受灾地区企业、单位或支援受灾地区重建的企业、单位，在3年内进口国内不能满足供应并直接用于灾后恢复重建的大宗物资、设备等，给予进口税收优惠。

各省、自治区、直辖市、计划单列市人民政府或国务院有关部门负责将所在地企业或归口管理的单位提交的直接用于灾后恢复重建的进口国内不能满足供应的物资减免税申请汇总后报财政部，由财政部会同海关总署、国家税务总局等部门审核提出处理意见，报请国务院批准后执行。

二、关于减轻个人税收负担的税收政策

自2014年8月3日起，对受灾地区个人接受捐赠的款项、取得的各级政府发放的救灾款项，以及参与抗震救灾的一线人员，按照地方各级人民政府及其部门规定标准取得的与抗震救灾有关的补贴收入，免征个人所得税。

三、关于支持基础设施、房屋建筑物等恢复重建的税收政策

1. 对政府为受灾居民组织建设的安居房建设用地，免征城镇土地使用税，转让时免征土地增值税。

2. 对因地震住房倒塌的农民重建住房占用耕地的，在规定标准内的部分免征耕地占用税。

3. 由政府组织建设的安居房，对所签订的建筑工程勘察设计合同、建筑安装工程承包合同、产权转移书据、房屋租赁合同，免征印花税。

4. 对受灾居民购买安居房，免征契税；对在地震中损毁的应缴而未缴契税的居民住房，不再征收契税。

5. 经省级人民政府批准，对经有关部门鉴定的因灾损毁的房产、土地，免征2014年至2016年度的房产税、城镇土地使用税。对经批准免税的纳税人已缴税款可以从以后年度的应缴税款中抵扣。

本通知所称安居房，按照国务院有关部门确定的标准执行。所称毁损的居民住房，是指经县级以上（含县级）人民政府房屋主管部门出具证明，在地震中倒塌或遭受严重破坏而不能居住的居民住房。

四、关于鼓励社会各界支持抗震救灾和灾后恢复重建的税收政策

1. 自2014年8月3日起，对单位和个体经营者将自产、委托加工或购买的货物，通过公益性社会团体、县级以上人民政府及其部门捐赠给受灾地区的，免征增值税、城市维护建设税及教育费附加。

2. 自2014年8月3日起，对企业、个人通过公益性社会团体、县级以上人民政府及其部门向受灾地区的捐赠，允许在当年企业所得税前和当年个人所得税前全额扣除。

3. 对财产所有人将财产（物品）直接捐赠或通过公益性社会团体、县级以上人民政府及其部门捐赠给受灾地区或受灾居民所书立的产权转移书据，免征印花税。

4. 对专项用于抗震救灾和灾后恢复重建、能够提供由县级以上（含县级）人民政府或其授权单位出具的抗震救灾证明的新购特种车辆，免征车辆购置税。符合免税条件但已经征税的特种车辆，退还已征税款。

新购特种车辆是指2014年8月3日至2016年12月31日期间购买的警车、消防车、救护车、工程救险车，且车辆的所有者是受灾地区单位和个人。

五、关于促进就业的税收政策

1. 受灾严重地区的商贸企业、服务型企业、劳动就业服务企业中的加工型企业和街道社区具有加工性质的小型企业实体在新增加的就业岗位中，招用当地因地震灾害失去工作的人员，与其签订1年以上期限劳动合同并依法缴纳社会保险费的，经县级

人力资源和社会保障部门认定，按实际招用人数和实际工作时间予以定额依次扣减增值税、营业税、城市维护建设税、教育费附加、地方教育附加和企业所得税。

定额标准为每人每年 4000 元，最高可上浮 30%，由云南省人民政府根据当地实际情况具体确定。

按上述标准计算的税收抵扣额应在企业当年实际应缴纳的增值税、营业税、城市维护建设税、教育费附加、地方教育附加和企业所得税税额中扣减，当年扣减不足的，不得结转下年使用。

2. 受灾严重地区因地震灾害失去工作后从事个体经营的人员，以及因地震灾害损失严重的个体工商户，按每户每年 8000 元为限额依次扣减其当年实际应缴纳的增值税、营业税、城市维护建设税、教育费附加、地方教育附加和个人所得税。限额标准最高可上浮 20%，由云南省人民政府根据当地实际情况具体确定。

纳税人年度应缴纳税款小于上述扣减限额的，以其实际缴纳的税款为限；大于上述扣减限额的，应以上述扣减限额为限。

六、关于税收政策的适用范围

根据《云南鲁甸 6.5 级地震灾害损失评估报告》（民函〔2014〕269 号）的规定，本通知所称"受灾严重地区"是指极重灾区和重灾区，"受灾地区"是指极重灾区、重灾区和一般灾区。具体受灾地区范围见附件。

七、关于税收政策的执行期限

以上税收政策，凡未注明具体期限的，一律执行至 2016 年 12 月 31 日。

各地财政、税务部门和各直属海关要加强领导、周密部署，把大力支持灾后恢复重建工作作为当前的一项重要任务，贯彻落实好相关税收优惠政策。同时，要密切关注税收政策的执行情况，对发现的问题及时逐级向财政部、海关总署、国家税务总局反映。

财政部 国家税务总局
关于推广中关村国家自主创新示范区税收
试点政策有关问题的通知

财税〔2015〕62 号 2015 年 6 月 9 日 全文有效

各省、自治区、直辖市、计划单列市财政厅（局）、国家税务局、地方税务局，新疆生产建设兵团财务局：

根据国务院决定，中关村国家自主创新示范区有关税收试点政策推广至国家自主创新示范区、合芜蚌自主创新综合试验区和绵阳科技城（以下统称示范地区）实施。现就有关税收政策问题明确如下：

一、关于股权奖励个人所得税政策

1. 对示范地区内的高新技术企业转化科技成果，给予本企业相关技术人员的股权奖励，技术人员一次缴纳税款有困难的，经主管税务机关审核，可分期缴纳个人所得税，但最长不得超过 5 年。

2. 本通知所称股权奖励，是指企业无偿授予相关技术人员一定份额的股权或一定数量的股份。股权奖励的计税价格参照获得股权时的公平市场价格确定。

3. 本通知所称相关技术人员，具体范围依照《财政部、国家税务总局、科技部关于中关村国家自主创新示范区有关股权奖励个人所得税试点政策的通知》（财税〔2014〕63 号）的相关规定执行。

4. 技术人员转让奖励的股权（含奖励股权孳生的送、转股）并取得现金收入的，该现金收入应优先用于缴纳尚未缴清的税款。

5. 技术人员在转让奖励的股权之前企业依法宣告破产，技术人员进行相关权益处置后没有取得收益或资产，或取得的收益和资产不足以缴纳其取得股权尚未缴纳的应纳税款的，经主管税务机关审核，尚未缴纳的个人所得税可不予追征。

二、关于有限合伙制创业投资企业法人合伙人企业所得税政策

1. 注册在示范地区的有限合伙制创业投资企业采取股权投资方式投资于未上市的中小高新技术企业 2 年（24 个月）以上的，该有限合伙制创业投资企业的法人合伙人可按照其对未上市中小高新技术企业投资额的 70% 抵扣该法人合伙人从该有限合伙制创业投资企业分得的应纳税所得额，当年不足抵扣的，可以在以后纳税年度结转

· 抵扣。

2. 有限合伙制创业投资企业的法人合伙人对未上市中小高新技术企业的投资额，按照有限合伙制创业投资企业对中小高新技术企业的投资额和合伙协议约定的法人合伙人占有限合伙制创业投资企业的出资比例计算确定。

三、关于技术转让所得企业所得税政策

1. 注册在示范地区的居民企业在一个纳税年度内，转让技术的所有权或 5 年以上（含 5 年）许可使用权取得的所得不超过 500 万元的部分，免征企业所得税；超过 500 万元的部分，减半征收企业所得税。

2. 本通知所称技术，包括专利（含国防专利）、计算机软件著作权、集成电路布图设计专有权、植物新品种权、生物医药新品种，以及财政部和国家税务总局确定的其他技术。其中，专利是指法律授予独占权的发明、实用新型以及非简单改变产品图案和形状的外观设计。

四、关于企业转增股本个人所得税政策

1. 示范地区内中小高新技术企业，以未分配利润、盈余公积、资本公积向个人股东转增股本时，个人股东应按照"利息、股息、红利所得"项目，适用 20% 税率征收个人所得税。个人股东一次缴纳个人所得税确有困难的，经主管税务机关审核，可分期缴纳，但最长不得超过 5 年。

2. 股东转让股权并取得现金收入的，该现金收入应优先用于缴纳尚未缴清的税款。

3. 在股东转让该部分股权之前，企业依法宣告破产，股东进行相关权益处置后没有取得收益或收益小于初始投资额的，经主管税务机关审核，尚未缴纳的个人所得税可不予追征。

4. 本通知所称中小高新技术企业，是指注册在示范地区内实行查账征收的、经认定取得高新技术企业资格，且年销售额和资产总额均不超过 2 亿元、从业人数不超过 500 人的企业。

5. 上市中小高新技术企业或在全国中小企业股份转让系统挂牌的中小高新技术企业向个人股东转增股本，股东应纳的个人所得税，继续按照现行有关股息红利差别化个人所得税政策执行，不适用本通知规定的分期纳税政策。

五、本通知自 2015 年 1 月 1 日起执行。实施范围包括中关村等所有国家自主创新示范区、合芜蚌自主创新综合试验区和绵阳科技城。

财政部　国家税务总局
关于企业改制上市资产评估增值企业
所得税处理政策的通知

财税〔2015〕65 号　2015 年 6 月 23 日　全文有效

各省、自治区、直辖市、计划单列市财政厅（局）、国家税务局、地方税务局，新疆生产建设兵团财务局：

经国务院批准，现就国有企业改制上市过程中资产评估增值有关企业所得税政策通知如下：

一、符合条件的国有企业，其改制上市过程中发生资产评估增值可按以下规定处理：

（一）国有企业改制上市过程中发生的资产评估增值，应缴纳的企业所得税可以不征收入库，作为国家投资直接转增该企业国有资本金（含资本公积，下同），但获得现金及其他非股权对价部分，应按规定缴纳企业所得税。

资产评估增值是指按同一口径计算的评估减值冲抵评估增值后的余额。

（二）国有企业 100% 控股（控制）的非公司制企业、单位，在改制为公司制企业环节发生的资产评估增值，应缴纳的企业所得税可以不征收入库，作为国家投资直接转增改制后公司制企业的国有资本金。

（三）经确认的评估增值资产，可按评估价值入账并按有关规定计提折旧或摊销，在计算应纳税所得额时允许扣除。

二、执行本通知第一条税收优惠政策的国有企业，须符合以下条件：

（一）本通知所称国有企业，是指纳入中央或地方国有资产监督管理范围的国有独资企业或国有独资有限责任公司。

（二）本通知所称国有企业改制上市，应属于以下情形之一：

1. 国有企业以评估增值资产，出资设立拟上市的股份有限公司；

2. 国有企业将评估增值资产，注入已上市的股份有限公司；

3. 国有企业依法变更为拟上市的股份有限公司。

（三）取得履行出资人职责机构出具的资产评估结果核准或备案文件。

三、符合规定条件的改制上市国有企业，应按税务机关要求提交评估增值相关材料。

四、本通知执行期限为 2015 年 1 月 1 日至 2018 年 12 月 31 日。

五、本通知发布前发生的国有企业改制上市事项，符合本通知规定且未就资产评估增值缴纳企业所得税的，可按本通知执行；已就资产评估增值缴纳企业所得税的，不再退还。

财政部　国家税务总局
人力资源和社会保障部
关于扩大企业吸纳就业税收优惠
适用人员范围的通知

财税〔2015〕77 号　2015 年 7 月 10 日　全文有效

各省、自治区、直辖市、计划单列市财政厅（局）、国家税务局、地方税务局、人力资源和社会保障厅（局），新疆生产建设兵团财务局、人力资源和社会保障局：

为进一步做好新形势下促进就业工作，根据国务院决定，现对《财政部　国家税务总局　人力资源和社会保障部关于继续实施支持和促进重点群体创业就业有关税收政策的通知》（财税〔2014〕39 号）中企业吸纳就业税收优惠适用人员范围作如下调整：

将财税〔2014〕39 号文件中"当年新招用在人力资源和社会保障部门公共就业服务机构登记失业一年以上"的内容调整为"当年新招用在人力资源和社会保障部门公共就业服务机构登记失业半年以上"，其他政策内容和具体实施办法不变。

本通知自 2015 年 5 月 1 日起施行。各地财政、税务、人力资源和社会保障部门要认真做好新旧政策的衔接工作，主动做好政策宣传工作，确保政策落实到位。

财政部　国家税务总局
关于将国家自主创新示范区有关税收试点
政策推广到全国范围实施的通知

财税〔2015〕116号　2015年10月23日　全文有效

各省、自治区、直辖市、计划单列市财政厅（局）、国家税务局、地方税务局，新疆生产建设兵团财务局：

根据国务院常务会议决定精神，将国家自主创新示范区试点的四项所得税政策推广至全国范围实施。现就有关税收政策问题明确如下：

一、关于有限合伙制创业投资企业法人合伙人企业所得税政策

1. 自2015年10月1日起，全国范围内的有限合伙制创业投资企业采取股权投资方式投资于未上市的中小高新技术企业满2年（24个月）的，该有限合伙制创业投资企业的法人合伙人可按照其对未上市中小高新技术企业投资额的70%抵扣该法人合伙人从该有限合伙制创业投资企业分得的应纳税所得额，当年不足抵扣的，可以在以后纳税年度结转抵扣。

2. 有限合伙制创业投资企业的法人合伙人对未上市中小高新技术企业的投资额，按照有限合伙制创业投资企业对中小高新技术企业的投资额和合伙协议约定的法人合伙人占有限合伙制创业投资企业的出资比例计算确定。

二、关于技术转让所得企业所得税政策

1. 自2015年10月1日起，全国范围内的居民企业转让5年以上非独占许可使用权取得的技术转让所得，纳入享受企业所得税优惠的技术转让所得范围。居民企业的年度技术转让所得不超过500万元的部分，免征企业所得税；超过500万元的部分，减半征收企业所得税。

2. 本通知所称技术，包括专利（含国防专利）、计算机软件著作权、集成电路布图设计专有权、植物新品种权、生物医药新品种，以及财政部和国家税务总局确定的其他技术。其中，专利是指法律授予独占权的发明、实用新型以及非简单改变产品图案和形状的外观设计。

三、关于企业转增股本个人所得税政策

1. 自2016年1月1日起，全国范围内的中小高新技术企业以未分配利润、盈余

公积、资本公积向个人股东转增股本时，个人股东一次缴纳个人所得税确有困难的，可根据实际情况自行制订分期缴税计划，在不超过5个公历年度内（含）分期缴纳，并将有关资料报主管税务机关备案。

2. 个人股东获得转增的股本，应按照"利息、股息、红利所得"项目，适用20%税率征收个人所得税。

3. 股东转让股权并取得现金收入的，该现金收入应优先用于缴纳尚未缴清的税款。

4. 在股东转让该部分股权之前，企业依法宣告破产，股东进行相关权益处置后没有取得收益或收益小于初始投资额的，主管税务机关对其尚未缴纳的个人所得税可不予追征。

5. 本通知所称中小高新技术企业，是指注册在中国境内实行查账征收的、经认定取得高新技术企业资格，且年销售额和资产总额均不超过2亿元、从业人数不超过500人的企业。

6. 上市中小高新技术企业或在全国中小企业股份转让系统挂牌的中小高新技术企业向个人股东转增股本，股东应纳的个人所得税，继续按照现行有关股息红利差别化个人所得税政策执行，不适用本通知规定的分期纳税政策。

四、关于股权奖励个人所得税政策

1. 自2016年1月1日起，全国范围内的高新技术企业转化科技成果，给予本企业相关技术人员的股权奖励，个人一次缴纳税款有困难的，可根据实际情况自行制订分期缴税计划，在不超过5个公历年度内（含）分期缴纳，并将有关资料报主管税务机关备案。

2. 个人获得股权奖励时，按照"工资薪金所得"项目，参照《财政部　国家税务总局关于个人股票期权所得征收个人所得税问题的通知》（财税〔2005〕35号）有关规定计算确定应纳税额。股权奖励的计税价格参照获得股权时的公平市场价格确定。

3. 技术人员转让奖励的股权（含奖励股权孳生的送、转股）并取得现金收入的，该现金收入应优先用于缴纳尚未缴清的税款。

4. 技术人员在转让奖励的股权之前企业依法宣告破产，技术人员进行相关权益处置后没有取得收益或资产，或取得的收益和资产不足以缴纳其取得股权尚未缴纳的应纳税款的部分，税务机关可不予追征。

5. 本通知所称相关技术人员，是指经公司董事会和股东大会决议批准获得股权奖励的以下两类人员：

（1）对企业科技成果研发和产业化作出突出贡献的技术人员，包括企业内关键职务科技成果的主要完成人、重大开发项目的负责人、对主导产品或者核心技术、工艺流程作出重大创新或者改进的主要技术人员。

（2）对企业发展作出突出贡献的经营管理人员，包括主持企业全面生产经营工作的高级管理人员，负责企业主要产品（服务）生产经营合计占主营业务收入（或者主营业务利润）50%以上的中、高级经营管理人员。

企业面向全体员工实施的股权奖励，不得按本通知规定的税收政策执行。

6. 本通知所称股权奖励，是指企业无偿授予相关技术人员一定份额的股权或一定数量的股份。

7. 本通知所称高新技术企业，是指实行查账征收、经省级高新技术企业认定管理机构认定的高新技术企业。

注：独占许可是指许可方（专利权人）授予被许可方（受让方、接产企业）在许可合同所规定的期限、地区或领域内，对所许可的专利技术具有独占性实施权。许可方（专利权人）不再将该项专利技术的同一实施内容许可给第三方，许可方（专利权人）本人也不能在上述的期限、地区或领域内实施该项专利技术。鉴于独占许可的特殊性，法律一般赋予独占被许可人一定程度的独立诉权，同时从保护竞争的角度出发，法律禁止独占许可人在缔结独占许可合同时滥用其优势地位，从而不合理地限制被许可人的正当权益。独占许可是指许可权人（专利权人或商标权人）的一种许可权利，即只有被许可人可以使用许可人的专利或商标，其他人包括许可人本人均不得使用该专利或商标。

财政部 国家税务总局
关于中国邮政储蓄银行专项债券利息收入
企业所得税政策问题的通知

财税〔2015〕150号 2015年12月31日 全文有效

北京市财政局、国家税务局：

经国务院批准，现就中国邮政储蓄银行（以下简称邮储银行）专项债券利息收入有关企业所得税政策通知如下：

对邮储银行按照2015年国家专项债券发行计划定向购买国家开发银行、中国农业发展银行发行的专项债券取得的利息收入，减半征收企业所得税。

请遵照执行。

财政部 国家税务总局
关于保险保障基金有关税收
政策问题的通知

财税〔2016〕10号 2016年2月3日 全文废止

各省、自治区、直辖市、计划单列市财政厅（局）、国家税务局、地方税务局，新疆生产建设兵团财务局：

经国务院批准，对保险保障基金继续予以税收优惠政策。现将有关事项明确如下：

一、对中国保险保障基金有限责任公司（以下简称保险保障基金公司）根据《保险保障基金管理办法》（以下简称《管理办法》）取得的下列收入，免征企业所得税：

1. 境内保险公司依法缴纳的保险保障基金；

2. 依法从撤销或破产保险公司清算财产中获得的受偿收入和向有关责任方追偿所得，以及依法从保险公司风险处置中获得的财产转让所得；

3. 捐赠所得；

4. 银行存款利息收入；

5. 购买政府债券、中央银行、中央企业和中央级金融机构发行债券的利息收入；

6. 国务院批准的其他资金运用取得的收入。

二、对保险保障基金公司根据《管理办法》取得的下列收入，免征营业税：

1. 境内保险公司依法缴纳的保险保障基金；

2. 依法从撤销或破产保险公司清算财产中获得的受偿收入和向有关责任方追偿所得。

三、对保险保障基金公司下列应税凭证，免征印花税：

1. 新设立的资金账簿；

2. 在对保险公司进行风险处置和破产救助过程中签订的产权转移书据；

3. 在对保险公司进行风险处置过程中与中国人民银行签订的再贷款合同；

4. 以保险保障基金自有财产和接收的受偿资产与保险公司签订的财产保险合同。

对与保险保障基金公司签订上述产权转移书据或应税合同的其他当事人照章征收印花税。

四、除第二条外，本通知自 2015 年 1 月 1 日起至 2017 年 12 月 31 日止执行。第二条自 2015 年 1 月 1 日起至金融业实施营业税改征增值税改革之日止执行。《财政部 国家税务总局关于保险保障基金有关税收问题的通知》（财税〔2013〕81 号）同时废止。

注：依据《财政部　国家税务总局关于保险保障基金有关税收政策问题的通知》（财税〔2018〕41 号），本法规自 2018 年 1 月 1 日起全文废止。

财政部 国家税务总局
关于继续实行农村饮水安全工程建设运营
税收优惠政策的通知

财税〔2016〕19号　　2016年2月25日　　全文有效

各省、自治区、直辖市、计划单列市财政厅（局）、国家税务局、地方税务局，新疆生产建设兵团财务局：

为支持农村饮水安全工程（以下简称饮水工程）巩固提升，经国务院批准，继续对饮水工程的建设、运营给予税收优惠。现将有关政策通知如下：

一、对饮水工程运营管理单位为建设饮水工程而承受土地使用权，免征契税。

二、对饮水工程运营管理单位为建设饮水工程取得土地使用权而签订的产权转移书据，以及与施工单位签订的建设工程承包合同免征印花税。

三、对饮水工程运营管理单位自用的生产、办公用房产、土地，免征房产税、城镇土地使用税。

四、对饮水工程运营管理单位向农村居民提供生活用水取得的自来水销售收入，免征增值税。

五、对饮水工程运营管理单位从事《公共基础设施项目企业所得税优惠目录》规定的饮水工程新建项目投资经营的所得，自项目取得第一笔生产经营收入所属纳税年度起，第一年至第三年免征企业所得税，第四年至第六年减半征收企业所得税。

六、本文所称饮水工程，是指为农村居民提供生活用水而建设的供水工程设施。本文所称饮水工程运营管理单位，是指负责饮水工程运营管理的自来水公司、供水公司、供水（总）站（厂、中心）、村集体、农民用水合作组织等单位。

对于既向城镇居民供水，又向农村居民供水的饮水工程运营管理单位，依据向农村居民供水收入占总供水收入的比例免征增值税；依据向农村居民供水量占总供水量的比例免征契税、印花税、房产税和城镇土地使用税。无法提供具体比例或所提供数据不实的，不得享受上述税收优惠政策。

七、符合上述减免税条件的饮水工程运营管理单位需持相关材料向主管税务机关办理备案手续。

八、上述政策（第五条除外）自2016年1月1日至2018年12月31日执行。

财政部　国家税务总局
关于铁路债券利息收入所得税
政策问题的通知

财税〔2016〕30 号　2016 年 3 月 10 日　全文有效

各省、自治区、直辖市、计划单列市财政厅（局）、国家税务局、地方税务局，新疆
生产建设兵团财务局：

经国务院批准，现就投资者取得中国铁路总公司发行的铁路债券利息收入有关所
得税政策通知如下：

一、对企业投资者持有 2016—2018 年发行的铁路债券取得的利息收入，减半征
收企业所得税。

二、对个人投资者持有 2016—2018 年发行的铁路债券取得的利息收入，减按
50% 计入应纳税所得额计算征收个人所得税。税款由兑付机构在向个人投资者兑付利
息时代扣代缴。

三、铁路债券是指以中国铁路总公司为发行和偿还主体的债券，包括中国铁路建
设债券、中期票据、短期融资券等债务融资工具。

请遵照执行。

财政部　国家税务总局
国家发展改革委　工业和信息化部
关于软件和集成电路产业企业所得税
优惠政策有关问题的通知

财税〔2016〕49 号　2016 年 5 月 4 日　条款调整

各省、自治区、直辖市、计划单列市财政厅（局）、国家税务局、地方税务局、发展改革委、工业和信息化主管部门：

　　按照《国务院关于取消和调整一批行政审批项目等事项的决定》（国发〔2015〕11 号）和《国务院关于取消非行政许可审批事项的决定》（国发〔2015〕27 号）规定，集成电路生产企业、集成电路设计企业、软件企业、国家规划布局内的重点软件企业和集成电路设计企业（以下统称软件、集成电路企业）的税收优惠资格认定等非行政许可审批已经取消。为做好《财政部　国家税务总局关于进一步鼓励软件产业和集成电路产业发展企业所得税政策的通知》（财税〔2012〕27 号）规定的企业所得税优惠政策落实工作，现将有关问题通知如下：

　　一、享受财税〔2012〕27 号文件规定的税收优惠政策的软件、集成电路企业，每年汇算清缴时应按照《国家税务总局关于发布〈企业所得税优惠政策事项办理办法〉的公告》（国家税务总局公告 2015 年第 76 号）规定向税务机关备案，同时提交《享受企业所得税优惠政策的软件和集成电路企业备案资料明细表》（见附件）规定的备案资料。

　　为切实加强优惠资格认定取消后的管理工作，在软件、集成电路企业享受优惠政策后，税务部门转请发展改革、工业和信息化部门进行核查。对经核查不符合软件、集成电路企业条件的，由税务部门追缴其已经享受的企业所得税优惠，并按照税收征管法的规定进行处理。

　　二、财税〔2012〕27 号文件所称集成电路生产企业，是指以单片集成电路、多芯片集成电路、混合集成电路制造为主营业务并同时符合下列条件的企业：

　　（一）在中国境内（不包括港、澳、台地区）依法注册并在发展改革、工业和信息化部门备案的居民企业；

　　（二）汇算清缴年度具有劳动合同关系且具有大学专科以上学历职工人数占企业

月平均职工总人数的比例不低于40%，其中研究开发人员占企业月平均职工总数的比例不低于20%；

（三）拥有核心关键技术，并以此为基础开展经营活动，且汇算清缴年度研究开发费用总额占企业销售（营业）收入（主营业务收入与其他业务收入之和，下同）总额的比例不低于5%；其中，企业在中国境内发生的研究开发费用金额占研究开发费用总额的比例不低于60%；

（四）汇算清缴年度集成电路制造销售（营业）收入占企业收入总额的比例不低于60%；

（五）具有保证产品生产的手段和能力，并获得有关资质认证（包括ISO质量体系认证）；

（六）汇算清缴年度未发生重大安全、重大质量事故或严重环境违法行为。

三、财税〔2012〕27号文件所称集成电路设计企业是指以集成电路设计为主营业务并同时符合下列条件的企业：

（一）在中国境内（不包括港、澳、台地区）依法注册的居民企业；

（二）汇算清缴年度具有劳动合同关系且具有大学专科以上学历的职工人数占企业月平均职工总人数的比例不低40%，其中研究开发人员占企业月平均职工总数的比例不低于20%；

（三）拥有核心关键技术，并以此为基础开展经营活动，且汇算清缴年度研究开发费用总额占企业销售（营业）收入总额的比例不低于6%；其中，企业在中国境内发生的研究开发费用金额占研究开发费用总额的比例不低于60%。

（四）汇算清缴年度集成电路设计销售（营业）收入占企业收入总额的比例不低于60%，其中集成电路自主设计销售（营业）收入占企业收入总额的比例不低于50%；

（五）主营业务拥有自主知识产权；

（六）具有与集成电路设计相适应的软硬件设施等开发环境（如EDA工具、服务器或工作站等）；

（七）汇算清缴年度未发生重大安全、重大质量事故或严重环境违法行为。

四、财税〔2012〕27号文件所称软件企业是指以软件产品开发销售（营业）为主营业务并同时符合下列条件的企业：

（一）在中国境内（不包括港、澳、台地区）依法注册的居民企业；

（二）汇算清缴年度具有劳动合同关系且具有大学专科以上学历的职工人数占企业月平均职工总人数的比例不低于40%，其中研究开发人员占企业月平均职工总数的比例不低于20%；

（三）拥有核心关键技术，并以此为基础开展经营活动，且汇算清缴年度研究开发费用总额占企业销售（营业）收入总额的比例不低于6%；其中，企业在中国境内发生的研究开发费用金额占研究开发费用总额的比例不低于60%；

（四）汇算清缴年度软件产品开发销售（营业）收入占企业收入总额的比例不低于50%（嵌入式软件产品和信息系统集成产品开发销售（营业）收入占企业收入总额的比例不低于40%），其中：软件产品自主开发销售（营业）收入占企业收入总额的比例不低于40%（嵌入式软件产品和信息系统集成产品开发销售（营业）收入占企业收入总额的比例不低于30%）；

（五）主营业务拥有自主知识产权；

（六）具有与软件开发相适应软硬件设施等开发环境（如合法的开发工具等）；

（七）汇算清缴年度未发生重大安全、重大质量事故或严重环境违法行为。

五、财税〔2012〕27号文件所称国家规划布局内重点集成电路设计企业除符合本通知第三条规定，还应至少符合下列条件中的一项：

（一）汇算清缴年度集成电路设计销售（营业）收入不低于2亿元，年应纳税所得额不低于1000万元，研究开发人员占月平均职工总数的比例不低于25%；

（二）在国家规定的重点集成电路设计领域内，汇算清缴年度集成电路设计销售（营业）收入不低于2000万元，应纳税所得额不低于250万元，研究开发人员占月平均职工总数的比例不低于35%，企业在中国境内发生的研发开发费用金额占研究开发费用总额的比例不低于70%。

六、财税〔2012〕27号文件所称国家规划布局内重点软件企业是除符合本通知第四条规定，还应至少符合下列条件中的一项：

（一）汇算清缴年度软件产品开发销售（营业）收入不低于2亿元，应纳税所得额不低于1000万元，研究开发人员占企业月平均职工总数的比例不低于25%；

（二）在国家规定的重点软件领域内，汇算清缴年度软件产品开发销售（营业）收入不低于5000万元，应纳税所得额不低于250万元，研究开发人员占企业月平均职工总数的比例不低于25%，企业在中国境内发生的研究开发费用金额占研究开发费用总额的比例不低于70%；

（三）汇算清缴年度软件出口收入总额不低于800万美元，软件出口收入总额占本企业年度收入总额比例不低于50%，研究开发人员占企业月平均职工总数的比例不低于25%。

七、国家规定的重点软件领域及重点集成电路设计领域，由国家发展改革委、工业和信息化部会同财政部、国家税务总局根据国家产业规划和布局确定，并实行动态调整。

八、软件、集成电路企业规定条件中所称研究开发费用政策口径，2015年度仍按《国家税务总局关于印发〈企业研究开发费用税前扣除管理办法（试行）〉的通知》

（国税发〔2008〕116 号）和《财政部 国家税务总局关于研究开发费用税前加计扣除有关政策问题的通知》（财税〔2013〕70 号）的规定执行，2016 年及以后年度按照《财政部 国家税务总局 科技部关于完善研究开发费用税前加计扣除政策的通知》（财税〔2015〕119 号）的规定执行。

九、软件、集成电路企业应从企业的获利年度起计算定期减免税优惠期。如获利年度不符合优惠条件的，应自首次符合软件、集成电路企业条件的年度起，在其优惠期的剩余年限内享受相应的减免税优惠。

十、省级（自治区、直辖市、计划单列市，下同）财政、税务、发展改革和工业和信息化部门应密切配合，通过建立核查机制并有效运用核查结果，切实加强对软件、集成电路企业的后续管理工作。

（一）省级税务部门应在每年 3 月 20 日前和 6 月 20 日前分两批将汇算清缴年度已申报享受软件、集成电路企业税收优惠政策的企业名单及其备案资料提交省级发展改革、工业和信息化部门。其中，享受软件企业、集成电路设计企业税收优惠政策的名单及备案资料提交给省级工业和信息化部门，省级工业和信息化部门组织专家或者委托第三方机构对名单内企业是否符合条件进行核查；享受其他优惠政策的名单及备案资料提交给省级发展改革部门，省级发展改革部门会同工业和信息化部门共同组织专家或者委托第三方机构对名单内企业是否符合条件进行核查。

2015 年度享受优惠政策的企业名单和备案资料，省级税务部门可在 2016 年 6 月 20 日前一次性提交给省级发展改革、工业和信息化部门。

（二）省级发展改革、工业和信息化部门应在收到享受优惠政策的企业名单和备案资料两个月内将复核结果反馈省级税务部门（第一批名单复核结果应在汇算清缴期结束前反馈）。

（三）每年 10 月底前，省级财政、税务、发展改革、工业和信息化部门应将核查结果及税收优惠落实情况联合汇总上报财政部、国家税务总局、国家发展改革委、工业和信息化部。

如遇特殊情况汇算清缴延期的，上述期限可相应顺延。

（四）省级财政、税务、发展改革、工业和信息化部门可以根据本通知规定，结合当地实际，制定具体操作管理办法，并报财政部、国家税务总局、国家发展改革委、工业和信息化部备案。

十一、国家税务总局公告 2015 年第 76 号所附《企业所得税优惠事项备案管理目录（2015 年版）》第 38、41、42、43、46 项软件、集成电路企业优惠政策不再作为"定期减免税优惠备案管理事项"管理，本通知执行前已经履行备案等相关手续的，在享受税收优惠的年度仍应按照本通知的规定办理备案手续。

十二、本通知自 2015 年 1 月 1 日起执行。《财政部 国家税务总局关于进一步鼓励软件产业和集成电路产业发展企业所得税政策的通知》（财税〔2012〕27号）第九条、第十条、第十一条、第十三条、第十七条、第十八条、第十九条和第二十条停止执行。国家税务总局公告2015年第76号所附《企业所得税优惠事项备案管理目录（2015年版）》第38项至43项及第46至48项软件、集成电路企业优惠政策的"备案资料"、"主要留存备查资料"规定停止执行。

　　附件：享受企业所得税优惠政策的软件和集成电路企业备案资料明细表（略）

　　注：依据《财政部　国家税务总局　国家发展改革委　工业和信息化部关于集成电路生产企业有关企业所得税政策问题的通知》（财税〔2018〕27号），将财税〔2016〕49号文件第二条第（二）项中"具有劳动合同关系"调整为"具有劳动合同关系或劳务派遣、聘用关系"，第（三）项中汇算清缴年度研究开发费用总额占企业销售（营业）收入（主营业务收入与其他业务收入之和）总额的比例由"不低于5%"调整为"不低于2%"，同时企业应持续加强研发活动，不断提高研发能力。

财政部　国家税务总局
关于中央电视台广告费和有线电视费收入
企业所得税政策问题的通知

财税〔2016〕80 号　2016 年 7 月 31 日　全文有效

北京市财政局、国家税务局：

经国务院批准，自 2016 年 1 月 1 日至 2017 年 12 月 31 日期间，中央电视台的广告费和有线电视费收入继续作为企业所得税免税收入，免予征收企业所得税。

请遵照执行。

财政部　国家税务总局
国家发展改革委　工业和信息化部
关于完善新疆困难地区重点鼓励发展产业
企业所得税优惠目录的通知

财税〔2016〕85 号　2016 年 7 月 29 日　全文有效

新疆维吾尔自治区财政厅、国家税务局、地方税务局、发展和改革委员会、经济和信息化委员会、新疆生产和建设兵团财务局、发展和改革委员会、经济和信息化委员会：

为进一步推动新疆经济发展，经国务院批准，新疆困难地区重点鼓励发展产业企业所得税优惠目录调整事项及有关政策问题通知如下：

一、对新疆困难地区及新疆喀什、霍尔果斯两个特殊经济开发区新办企业所得税优惠政策的适用目录进行适当调整，统一按照《新疆困难地区重点鼓励发展产业企业所得税优惠目录（试行（2016 版本））》执行。

二、享受新疆困难地区及新疆喀什、霍尔果斯两个特殊经济开发区重点鼓励发展产业企业所得税优惠政策的企业，涉及外商投资的，应符合现行外商投资产业政策相关规定。

三、本通知自 2016 年 1 月 1 日起施行。

附件

新疆困难地区重点鼓励发展产业企业所得税优惠目录（试行）
2016 年版

一、农林业

1. 中低产田综合治理与稳产高产基本农田建设。

2. 农产品基地建设。

3. 蔬菜、瓜果、花卉设施栽培（含无土栽培）先进技术开发与应用。

4. 优质、高产、高效标准化栽培技术开发与应用。

5. 畜禽标准化规模养殖技术开发与应用。

6. 重大病虫害及动物疫病防治。

7. 农作物、家畜、家禽及水生动植物、野生动植物遗传工程及基因库建设。

8. 动植物（含野生）优良品种选育、繁育、保种和开发；生物育种；种子生产、加工、贮藏及鉴定。

9. 种（苗）脱毒技术开发与应用。

10. 旱作节水农业、保护性耕作、生态农业建设、耕地质量建设及新开耕地快速培肥技术开发与应用。

11. 生态种（养）技术开发与应用。

12. 农用薄膜无污染降解技术及农田土壤重金属降解技术开发与应用。

13. 绿色无公害饲料及添加剂开发。

14. 内陆流域性大湖资源增殖保护工程。

15. 牛羊胚胎（体内）及精液工厂化生产。

16. 农业生物技术开发与应用。

17. 耕地保养管理与土、肥、水速测技术开发与应用。

18. 农、林作物和渔业种质资源保护地、保护区建设；动植物种质资源收集、保存、鉴定、开发与应用。

19. 农作物秸秆还田与综合利用（青贮饲料，秸秆氨化养牛、还田，秸秆沼气及热解、气化，培育食用菌，固化成型燃料，秸秆人造板，秸秆纤维素燃料乙醇、非粮饲利用等）。

20. 农村可再生资源综合利用开发工程（沼气工程、"三沼"综合利用、沼气灌装提纯等）。

21. 食（药）用菌菌种培育。

22. 草原、森林灾害综合治理工程。

23. 利用非耕地的退耕（牧）还林（草）及天然草原植被恢复工程。

24. 动物疫病新型诊断试剂、疫苗及低毒低残留兽药（含兽用生物制品）新工艺、开发与应用。

25. 优质高产牧草人工种植与加工。

26. 无公害农产品及其产地环境的有害元素监测技术开发与应用。

27. 有机废弃物无害化处理及有机肥料产业化技术开发与应用。

28. 农牧渔产品无公害、绿色生产技术开发与应用。

29. 农林牧渔产品储运、保鲜、加工与综合利用。

30. 天然林等自然资源保护工程。

31. 碳汇林建设、植树种草工程及林木种苗工程。

32. 水土流失综合治理技术开发与应用。

33. 生态系统恢复与重建工程。

34. 海洋、森林、野生动植物、湿地、荒漠、草原等自然保护区建设及生态示范工程。

35. 防护林工程。

36. 固沙、保水、改土新材料生产。

37. 抗盐与耐旱植物培植。

38. 速生丰产林工程、工业原料林工程、珍贵树种培育及名特优新经济林建设。

39. 森林抚育、低产林改造工程。

40. 野生经济林树种保护、改良及开发利用。

41. 珍稀濒危野生动植物保护工程。

42. 林业基因资源保护工程。

43. 次小薪材、沙生灌木及三剩物深加工与产品开发。

44. 野生动植物培植、驯养繁育基地及疫源疫病监测预警体系建设。

45. 道地中药材及优质、丰产、濒危或紧缺动植物药材的种植（养殖）。

46. 香料、野生花卉等林下资源人工培育与开发。

47. 木基复合材料及结构用人造板技术开发。

48. 木质复合材料、竹质工程材料生产及综合利用。

49. 松脂林建设、林产化学品深加工。

50. 数字（信息）农业技术开发与应用。

51. 农业环境与治理保护技术开发与应用。

52. 生态清洁型小流域建设及面源污染防治。

53. 农田主要机耕道（桥）建设。

54. 生物质能源林定向培育与产业化。

55. 粮油干燥节能设备、农户绿色储粮生物技术、驱鼠技术、农户新型储粮仓（彩钢板组合仓、钢骨架矩形仓、钢网式干燥仓、热浸镀锂钢板仓等）推广应用。

56. 农作物、林木害虫密度自动监测技术开发与应用。

57. 森林、草原火灾自动监测报警技术开发与应用。

58. 气象卫星工程（卫星研制、生产及配套软件系统、地面接收处理设备等）和气象信息服务。

59. 荒漠化和沙化监测体系及能力建设。

60. 盐渍羊肠衣及制品开发与生产。

61. 防沙治沙工程。

62. 退耕还林还草、天然林保护等国家重点生态工程后续产业开发。

63. 优质番茄、特色香梨、葡萄、甜瓜、红枣、核桃和枸杞的种植及深加工。

64. 优质酿酒葡萄基地。

65. 天然香料的种植、加工。

66. 甜菜糖加工及副产品综合利用。

67. 亚麻种植及其制品生产。

68. 高档棉毛产品升级改造。

69. 丝绸产品深加工。

70. 畜禽骨深加工新技术。

二、水利

1. 江河堤防建设及河道、水库治理工程。

2. 跨流域调水工程。

3. 城乡供水水源工程。

4. 农村饮水安全工程。

5. 蓄滞洪区建设。

6. 病险水库、水闸除险加固工程。

7. 城市积涝预警和防洪工程。

8. 综合利用水利枢纽工程。

9. 牧区水利工程。

10. 灌区改造及配套设施建设。

11. 防洪抗旱应急设施建设。

12. 高效输配水、节水灌溉技术推广应用。

13. 水文应急测报、旱情监测基础设施建设。

14. 灌溉排水泵站更新改造工程。

15. 农田水利设施建设工程（灌排渠道、涵闸、泵站建设等）。

16. 防汛抗旱新技术新产品开发与应用。

17. 山洪地质灾害防治工程（山洪地质灾害防治区监测预报预警体系建设及山洪沟、泥石流沟和滑坡治理等）。

18. 水生态系统及地下水保护与修复工程。

19. 水源地保护工程（水源地保护区划分、隔离防护、水土保持、水资源保护、水生态环境修复及有关技术开发推广）。

20. 水文站网基础设施建设及其仪器设备开发与应用。

三、煤炭

1. 煤田地质及地球物理勘探。

2. 120万吨/年及以上高产高效煤矿（含矿井、露天）、高效选煤厂建设。

3. 矿云灾害（瓦斯、煤尘、矿云水、火、围岩、地温、冲击地压等）防治。

4. 型煤及水煤浆技术开发与应用。

5. 煤炭共伴生资源加工与综合利用。

6. 煤层气勘探、开发、利用和煤矿瓦斯抽采、利用。

7. 煤矸石、煤泥、洗中煤等低热值燃料综合利用。

8. 管道输煤。

9. 煤炭高效洗选脱硫技术开发与应用。

10. 选煤工程技术开发与应用。

11. 地面沉陷区治理、矿云水资源保护与利用。

12. 煤电一体化建设。

13. 提高资源回收率的采煤方法、工艺开发与应用。

14. 矿云采空区矸石回填技术开发与应用。

15. 云下救援技术及特种装备开发与应用。

16. 煤炭生产过程综合监控技术、装备开发与应用。

17. 大型煤炭储运中心、煤炭交易市场建设。

18. 新型矿工避险自救器材开发与应用。

19. 建筑物下、铁路等基础设施下、水体下采用煤矸石等物质充填采煤技术开发与应用。

20. 煤炭加工应用技术开发和产品生产。

四、电力

1. 水力发电。

2. 缺水地区单机 60 万千瓦及以上大型空冷机组电站建设。

3. 重要用电负荷中心且天然气充足地区天然气调峰发电项目。

4. 30 万千瓦及以上循环流化床、增压流化床、整体煤气化联合循环发电等洁净煤发电。

5. 单机 30 万千瓦及以上采用流化床锅炉并利用煤矸石、中煤、煤泥等发电。

6. 在役发电机组脱硫、脱硝改造。

7. 跨区电网亏联工程技术开发与应用。

8. 输变电节能、环保技术推广应用。

9. 降低输、变、配电损耗技术开发与应用。

10. 分布式供电及并网技术推广应用。

11. 燃煤发电机组脱硫、脱硝及复合污染物治理。

12. 火力发电脱硝催化剂开发生产。

13. 水力发电中低温水恢复措施工程、过鱼措施工程技术开发与应用。

14. 大容量电能储存技术开发与应用。

15. 电动汽车充电设施。

16. 乏风瓦斯发电技术及开发利用。

17. 利用余热余压、煤层气、高炉气、焦炉气、垃圾发电。

18. 采用单机 30 万千瓦及以上集中供热机组的热电联产，背压式热电联产，以及热、电、冷多联产。

19. 南疆喀什、和田应急燃机电站。

五、新能源

1. 生物质纤维素乙醇、生物柴油等非粮生物质燃料生产技术开发与应用。

2. 太阳能热发电集热系统、太阳能光伏发电系统集成技术开发应用、逆变控制系统开发制造。

3. 风电与光伏发电亏补系统技术开发与应用。

4. 太阳能建筑一体化组件设计与制造。

5. 高效太阳能热水器及热水工程，太阳能中高温利用技术开发与设备制造。

6. 生物质直燃、气化发电技术开发与设备制造。

7. 农林生物质资源收集、运输、储存技术开发与设备制造；农林生物质成型燃料加工设备、锅炉和炉具制造。

8. 以畜禽养殖废弃物、城市填埋垃圾、工业有机废水等为原料的大型沼气生产成套设备。

9. 沼气发电机组、沼气净化设备、沼气管道供气、装罐成套设备制造。

六、石油、天然气

1. 油气伴生资源综合利用。

2. 放空天然气回收利用及装置制造。

七、钢铁

1. 黑色金属矿山接替资源勘探及关键勘探技术开发。

2. 高性能、高质量及升级换代钢材产品技术开发与应用。包括 600 兆帕级及以上高强度汽车板、油气输送高性能管线钢、高强度船舶用宽厚板、海洋工程用钢、420 兆帕级及以上建筑和桥梁等结构用中厚板、高速重载铁路用钢、低铁损高磁感硅钢、耐腐蚀耐磨损钢材、节约合金资源不锈钢（现代铁素体不锈钢、双相不锈钢、含氮不锈钢）、高性能基础件（高性能齿轮、12.9 级及以上螺栓、高强度弹簧、长寿命轴承等）用特殊钢棒线材、高品质特钢锻轧材（工模具钢、不锈钢、机械用钢等）等。

3. 焦炉、高炉、热风炉用长寿命节能环保耐火材料生产工艺；精炼钢用低碳、无碳耐火材料和高效连铸用功能环保性耐火材料生产工艺。

4. 生产过程在线质量检测技术应用。

5. 利用钢铁生产设备处理社会废弃物。

6. 烧结烟气脱硫、脱硝、脱二恶英等多功能干法脱除，以及副产物资源化、再利用化技术。

7. 难选贫矿、（共）伴生矿综合利用先进工艺技术。

8. 冶金固体废弃物（含冶金矿山废石、尾矿，钢铁厂产生的各类尘、泥、渣、铁皮等）综合利用先进工艺技术。

9. 冶金废液（含废水、废酸、废油等）循环利用工艺技术与设备。

10. 高炉、转炉煤气干法除尘。

11. 新一代钢铁可循环流程（在做好钢铁产业内部循环的基础上，发展钢铁与电力、化工、装备制造等相关产业间的横向、纵向物流和能流的循环流程）工艺技术开发与应用。

八、有色金属

1. 有色金属现有矿山接替资源勘探开发，紧缺资源的深部及难采矿床开发。

2. 高效、低耗、低污染、新型冶炼技术开发。

3. 高效、节能、低污染、规模化再生资源回收与综合利用：（1）废杂有色金属回收；（2）有价元素的综合利用；（3）赤泥及其他冶炼废渣综合利用；（4）高铝粉煤灰提取氧化铝。

4. 铝铜硅钨钼等大规格高纯靶材、超大规模集成电路铜镍硅和铜铬锆引线框架材料、电子焊料等开发与生产。

5. 抗压强度不低于500Mpa、导电率不低于80% IACS的铜合金精密带材和超长线材制品等高强铜合金、交通运输工具主承力结构用的新型高强、高韧、耐蚀铝合金材料及大尺寸制品开发与生产。

6. 铜、铅、锂、铝等有色金属精深加工。

九、黄金

1. 从尾矿及废石中回收黄金资源。

2. 黄金深部（1000米以下）探矿与开采。

十、石化化工

1. 含硫含酸重质、劣质原油炼制技术，高标准油品生产技术开发与应用。

2. 高效、安全、环境友好的农药新品种、新剂型（水基化剂型等）、与用中间体、劣剂（水基化劣剂等）的开发与生产；甲叉法乙草胺、水相法毒死蜱工艺，草甘膦回收氯甲烷工艺、定向合成法手性和立体结构农药生产、乙基氯化物合成技术等清洁生产工艺的开发和应用，生物农药新产品、新技术的开发与生产。

3. 改性型、水基型胶粘剂和新型热熔胶，环保型吸水剂、水处理剂，分子筛固汞、无汞等新型高效、环保催化剂和劣剂，安全型食品添加剂、饲料添加剂，纳米材料，功能性膜材料，超净高纯试剂、光刻胶、电子气、高性能液晶材料等新型精细化学品的开发与生产。

4. 聚合物改性沥青开发与生产。

5. 硫、钾、硼、锂等短缺化工矿产资源开发及综合利用，以及精细无机盐产品生产。

6. 优质钾肥及各种与用肥、缓控释肥的生产，钾肥生产剩余物的综合开发利用，氮肥企业节能减排和原料结构调整，磷石膏综合利用技术开发与应用。

7. 水性木器、工业、船舶涂料、高固体分、无溶剂、辐射固化、功能性外墙保温涂料等环境友好、资源节约型涂料生产。

8. 采用离子膜法烧碱生产技术、烧碱用盐水膜法脱硝、纯碱行业干法蒸馏、联碱不冷碳化等清洁生产技术对现有装置进行改造和回收锅炉烟道气 CO_2 生产纯碱。

9. 盐化工下游产品生产及开发（列入《产业结构调整指导目录》《外商投资产业指导目录》限制类、禁止类的除外）。

十一、建材

1. 一次冲洗用水量 6 升及以下的坐便器、蹲便器、节水型小便器及节水控制设备开发与生产。

2. 使用合成矿物纤维、芳纶纤维等作为增强材料的无石棉摩擦、密封材料新工艺、新产品开发与生产。

3. 废矿石、尾矿和建筑废弃物的综合利用。

4. 农用田间建设材料技术开发与生产。

5. 利用工业副产石膏生产新型墙体材料及技术装备开发与制造。

6. 2000 吨/日及以上新型干法水泥和利用 2000 吨/日及以上新型干法水泥窑炉处置工业废弃物、城市污泥和生活垃圾的生产，纯低温余热发电；粉磨系统等节能改造。

7. 3 万吨/年及以上无碱玻璃纤维池窑拉丝技术和高性能玻璃纤维及制品技术开发与生产。

8. 优质节能复合门窗及五金配件生产。

9. 20 万立方米/年以上大型石材荒料、30 万平方米/年以上超薄复合石材生产。

10. 年产 100 万平方米及以上建筑陶瓷砖生产线。

11. 3000 万标砖/年及以上的煤矸石、页岩等非粘土烧结构多孔砖和空心砖生产线。

12. 年产 500 万平方米及以上改性沥青类防水卷材生产线。

13. 新型墙体材料开发与生产。

14. 蛭石、于母、石棉、菱镁矿、石墨、石灰石、红柱石、石材等非金属矿产的综合利用（勘查、开发除外）。

15. 特殊品种（超白、超薄、在线 Low – E）优质浮法玻璃技术开发及深加工。

16. 新型墙体和屋面材料、绝热隔音材料、建筑防水和密封等材料的开发与生产。

17. 应急安置房屋开发与生产。

18. 150 万平方米/年及以上、厚度小于 6 毫米的陶瓷板生产线和工艺装备技术开发与应用。

19. 风积沙在建材生产与开发中的研发与应用。

十二、医药

1. 拥有自主知识产权的新药开发和生产，天然药物开发和生产，新型计划生育药物（包括第三代孕激素的避孕药）开发和生产，满足我国重大、多发性疾病防治需求的通用名药物首次开发和生产，药物新剂型、新辅料的开发和生产，药物生产过程中的膜分离、超临界萃取、新型结晶、手性合成、酶促合成、生物转化、自控等技术开发与应用，原料药生产节能降耗减排技术、新型药物制剂技术开发与应用。

2. 新型药用包装材料及其技术开发和生产（一级耐水药用玻璃，可降解材料，具有避光、高阻隔性、高透过性的功能性材料，新型给药方式的包装；药包材无苯油墨印刷工艺等）。

3. 濒危稀缺药用动植物人工繁育技术及代用品开发和生产，先进农业技术在中药材规范化种植、养殖中的应用，中药有效成分的提取、纯化、质量控制新技术开发和应用，中药现代剂型的工艺技术、生产过程控制技术和装备的开发与应用，中药饮片创新技术开发和应用，中成药二次开发和生产。

4. 民族药物开发和生产。

5. 基本药物质量和生产技术水平提升及降低成本。

6. 以牛羊内脏为原料的生物制药产品的开发利用。

7. 现代生物技术药物、重大传染病防治疫苗和药物、新型诊断试剂的开发和生产。

十三、机械

1. 土壤修复技术装备制造。

2. 适合新疆煤炭蕴藏特点的煤矿采掘设备制造。

3. 农业、林果业、畜牧业机械制造。

4. 安全饮水设备制造。

5. 牧草收获机械：自走式牧草收割机、指盘式牧草搂草机、牧草捡拾压捆机等。

6. 节水灌溉设备：各种大中型喷灌机、各种类型微滴灌设备等；抗洪排涝设备（排水量 1500 立方米/小时以上，扬程 5 ~ 20 米，功率 1500 千瓦以上，效率 60% 以上，可移动）。

7. 大型施工机械：30 吨以上液压挖掘机、6 米及以上全断面掘进机、320 马力及以上履带推土机、6 吨及以上装载机、600 吨及以上架桥设备（含架桥机、运梁车、提梁机）、400 吨及以上履带起重机、100 吨及以上全地面起重机、钻孔 100 毫米以上凿岩台车、400 千瓦及以上砼冷热再生设备、1 米宽及以上铣刨机；关键零部件：动力换挡变速箱、湿式驱动桥、回转支承、液力变矩器、为电动叉车配套的电机、电控、压力 25 兆帕以上液压马达、泵、控制阀。

十四、轻工

1. 无元素氯（ECF）和全无氯（TCF）化学纸浆漂白工艺开发及应用。

2. 生物可降解塑料及其系列产品开发、生产与应用。

3. 农用塑料节水器材和长寿命（三年及以上）功能性农用薄膜的开发、生产。

4. 新型塑料建材（高气密性节能塑料窗、大口径排水排污管道、抗冲击改性聚氯乙烯管、地源热泵系统用聚乙烯管、非开挖用塑料管材、复合塑料管材、塑料检查云）；防渗土工膜；塑木复合材料和分子量≥200 万的超高分子量聚乙烯管材及板材生产。

5. 少数民族特需用品制造。

6. 制革及毛皮加工清洁生产、皮革后整饰新技术开发及关键设备制造、皮革废弃物综合利用；皮革铬鞣废液的循环利用，三价铬污泥综合利用；无灰膨胀（助）剂、无氨脱灰（助）剂、无盐浸酸（助）剂、高吸收铬鞣（助）剂、天然植物鞣剂、水性涂饰（助）剂等高档皮革用功能性化工产品开发、生产与应用。

7. 多效、节能、节水、环保型表面活性剂和浓缩型合成洗涤剂的开发与生产。

8. 节能环保型玻璃窑炉（含全电熔、电助熔、全氧燃烧技术）的设计、应用；废（碎）玻璃回收再利用。

9. 水性油墨、紫外光固化油墨、植物油油墨等节能环保型油墨生产。

10. 天然食品添加剂、天然香料新技术开发与生产。

11. 热带果汁、浆果果汁、谷物饮料、本草饮料、茶浓缩液、茶粉、植物蛋白饮料等高附加值植物饮料的开发生产与加工原料基地建设；果渣、茶渣等的综合开发与利用。

12. 营养健康型大米、小麦粉（食品与用米、发芽糙米、留胚米、食品与用粉、全麦粉及营养强化产品等）及制品的开发生产；传统主食工业化生产；杂粮加工与用设备开发与生产。

13. 菜籽油生产线：采用膨化、负压蒸发、热能自平衡利用、低消耗蒸汽真空系统等技术，油菜籽主产区日处理油菜籽 400 吨及以上、吨料溶剂消耗 1.5 公斤以下（其中西部地区日处理油菜籽 200 吨及以上、吨料溶剂消耗 2 公斤）以下；花生油生产线：花生主产区日处理花生 200 吨及以上，吨料溶剂消耗 2 公斤以下；棉籽油生产线：棉籽产区日处理棉籽 300 吨及以上，吨料溶剂消耗 2 公斤以下；米糠油生产线：采用分散快速膨化，集中制油、精炼技术；玉米胚芽油生产线；油茶籽、核桃等木本油料和胡麻、芝麻、葵花籽等小品种油料加工生产线。

14. 发酵法工艺生产小品种氨基酸（赖氨酸、谷氨酸除外），新型酶制剂（糖化酶、淀粉酶除外）、多元醇、功能性发酵制品（功能性糖类、真菌多糖、功能性红曲、发酵法抗氧化和复合功能配料、活性肽、微生态制剂）等生产。

15. 薯类变性淀粉。

16. 畜禽骨、血及内脏等副产物综合利用与无害化处理。

17. 采用生物发酵技术生产优质低温肉制品。

18. 单条生产线年生产能力化学木浆年产 30 万吨及以上、化学机械木浆 10 万吨及以上、非木原料制浆 5 万吨及以上、箱纸板和白板纸 10 万吨及以上的造纸项目。

19. 高档营养配方乳粉、优质工业乳粉、奶酪、酪蛋白、奶油、炼乳、酸奶等固态、半固态乳制品生产。

20. 年产 10 万千升以上啤酒生产线。

21. 年产 1 万千升以上葡萄酒生产线。

22. 年产 1000 千升以上果酒生产线。

23. 民族乐器及其零件生产。

24. 手工地毯、玉雕、民族刺绣等民族特色手工艺品、工艺美术品和旅游纪念品生产。

25. 粮油加工副产物（稻壳、米糠、麸皮、胚芽、饼粕、秸秆等）综合利用关键技术开发应用。

26. 综合利用钾盐生产剩余物生产鲜皮处理剂。

27. 年产 10 万件及以上木制家具、5 万件及以上金属家具、3 万件及以上塑料家具、1 万件及以上软体家具生产。

28. 年产 3 万吨以上玻璃瓶罐、玻璃包装容器生产线。

29. 金属包装容器、日用金属工具、日用金属制品、建筑及家具用金属配件、建筑装饰及水暖管道零件、建筑安全消防用金属制品生产。

30. 包装容器材料及日用玻璃制品生产。

31. 高效节能家电开发与生产。

32. 废旧铅酸蓄电池资源化无害化回收，年回收能力 5 万吨以上再生铅工艺装备系统制造。

十五、纺织

1. 符合生态、资源综合利用与环保要求的特种动物纤维、麻纤维、竹原纤维、桑柞茧丝、彩色棉花、彩色桑茧丝类天然纤维的加工技术与产品。

2. 采用紧密纺、低扭矩纺、赛络纺、嵌入式纺纱等高速、新型纺纱技术生产多品种纤维混纺纱线及采用自动络筒、细络联、集体络纱等自动化设备生产高品质纱线。

3. 采用编织、非织造布复合、多层在线复合、长效多功能整理等高新技术，生产满足国民经济各领域需求的产业用纺织品。

4. 高档地毯、抽纱、刺绣产品生产。

5. 5 万锭以上棉纺织生产。

6. 大容量聚酯及涤纶纤维生产。

7. 差别化、功能性改性化学纤维生产。

8. 新型聚酯及纤维、再生资源纤维、生物质纤维开发、生产及应用。

9. 采用无梭织机、大圆机等先进织造设备生产高档机织、针织纺织品。

10. 节能环保型印染高档面料生产。

11. 采用信息化、自动化技术的服装生产。

12. 纺织行业三废高效治理以及废旧资源回收再利用技术的推广应用。

十六、建筑

1. 集中供热系统计量与调控技术、产品的研发与推广。

2. 商品混凝土、商品砂浆及其施工技术开发。

3. 建筑隔震减震结构体系及产品研发与推广。

4. 移动式应急生活供水系统开发与应用。

十七、城市基础设施

1. 城市公共交通建设。

2. 城市道路及智能交通体系建设。

3. 城镇安全饮水工程。

4. 城镇地下管道共同沟建设。

5. 城镇供排水管网工程、供水水源及净水厂工程。

6. 城市燃气工程。

7. 城镇集中供热建设和改造工程。

8. 城镇园林绿化及生态小区建设。

9. 城市建设管理信息化技术应用。

10. 城市生态系统关键技术应用。

11. 城市节水技术开发与应用。

12. 城市照明智能化、绿色照明产品及系统技术开发与应用。

13. 再生水利用技术与工程。

14. 城市下水管线非开挖施工技术开发与应用。

15. 城市供水、排水、燃气塑料管道应用工程。

十八、铁路

1. 铁路新线建设。

2. 既有铁路改扩建。

3. 客运专线、高速铁路系统技术开发与建设。

4. 铁路行车及客运、货运安全保障系统技术与装备，铁路列车运行控制与车辆控制系统、铁路运输信息系统开发建设。

5. 铁路运输信息系统开发与建设。

6. 7200 千瓦及以上交流传动电力机车、6000 马力及以上交流传动内燃机车、时速 200 公里以上动车组、海拔 3000 米以上高原机车、大型与用货车、机车车辆特种救援设备。

7. 干线轨道车辆交流牵引传动系统、制动系统及核心元器件（含 IGCT、IGBT 元器件）。

8. 时速 200 公里及以上铁路接触网、道岔、扣配件、牵引供电设备。

9. 电气化铁路牵引供电功率因数补偿技术应用。

10. 大型养路机械、铁路工程建设机械装备、线桥隧检测设备。

11. 行车调度指挥自动化技术开发。

12. 混凝土结构物修补和提高耐久性技术、材料开发。

13. 铁路旅客列车集便器及污物地面接收、处理工程。

14. 铁路 GSM－R 通信信号系统。

15. 铁路宽带通信系统开发与建设。

16. 数字铁路与智能运输开发建设。

17. 时速在 300 公里及以上高速铁路或客运专线减震降噪技术应用。

18. 城际轨道交通建设。

十九、公路及道路运输（含城市客运）

1. 西部开发公路干线、国家高速公路网项目建设。

2. 国省干线改造升级。

3. 汽车客货运站、城市公交站。

4. 高速公路不停车收费系统相关技术开发与应用。

5. 公路智能运输、快速客货运输、公路甩挂运输系统开发与建设。

6. 公路管理服务、应急保障系统开发与建设。

7. 公路工程新材料开发生产。

8. 公路集装箱和厢式运输。

9. 特大跨径桥梁修筑和养护维修技术应用。

10. 长大隧道修筑和维护技术应用。

11. 农村客货运输网络开发与建设。

12. 农村公路建设。

13. 城际快速系统开发与建设。

14. 出租汽车服务调度信息系统开发与建设。

15. 高速公路车辆应急疏散通道建设。

16. 低噪音路面技术开发。

17. 高速公路快速修筑与维护技术和材料开发应用。

18. 城市公交。

19. 运营车辆安全监控记录系统开发应用。

二十、水运

1. 水上交通安全监管和救助系统建设。

2. 港口危险化学品、油品应急设施建设及设备制造。

3. 水上高速客运。

4. 水运行业信息系统建设。

二十一、航空运输

1. 机场建设。

2. 公共航空运输。

3. 通用航空。

4. 空中交通管制和通信导航系统建设。

5. 航空计算机管理及其网络系统开发与建设。

6. 航空油料设施建设。

7. 小型航空器应急起降场地建设。

二十二、综合交通运输

1. 综合交通枢纽建设及改造。

2. 综合交通枢纽便捷换乘及行李捷运系统建设。

3. 综合交通枢纽运营管理信息系统建设及应用。

4. 综合交通枢纽诱导系统建设。

5. 综合交通枢纽一体化服务设施建设。

6. 综合交通枢纽防灾救灾及应急疏散系统。

7. 综合交通枢纽便捷货运换装系统建设。

8. 集装箱多式联运系统建设。

二十三、信息产业

1. 软件开发生产（含民族语言信息化标准研究与推广应用）。

2. 电子商务和电子政务系统开发及应用服务。

3. 数字音乐、手机媒体、动漫游戏等数字内容产品的开发系统。

4. 防伪技术开发与运用。

5. 卫星数字电视广播系统建设。

6. 通信"村村通"工程。

7. 信息安全产品开发生产。

8. 宽带光缆、宽带无线接入网络技术开发及通信管道和网络建设。

9. 物联网和下一代互联网技术产品开发与建设及应用平台建设和服务。

10. 应急通信、农村通信、行业和信息化通信设施建设、设备制造及网络改造、业务运营。

11. 增值电信业务开发与运营。

二十四、现代物流业

1. 粮食、棉花、食用油、食糖、化肥、石油等重要商品现代化物流设施建设。

2. 农产品物流配送（含冷链）设施建设，食品物流质量安全控制技术服务。

3. 药品物流配送（含冷链）技术应用和设施建设，药品物流质量安全控制技术服务。

4. 出版物等文化产品供应链管理技术服务。

5. 第三方物流服务设施建设。

6. 仓储和转运设施设备、运输工具、物流器具的标准化改造。

7. 自动识别和标识技术、电子数据交换技术、可视化技术、货物跟踪和快速分拣技术、移动物流信息服务技术、全球定位系统、地理信息系统、道路交通信息通信系统、智能交通系统、物流信息系统安全技术及立体仓库技术的研发和应用。

8. 应急物流设施建设。

9. 物流公共信息平台建设。

10. 实现铁路与公路、民用航空与地面交通等多式联运物流节点设施建设与经营。

11. 空港、产业聚集区、商贸集散地的物流中心建设。

12. 口岸物流设施（物流仓库、堆场、装卸搬运工具、多式联运设施以及物流信息平台等）建设及经营。

13. 在岸、离岸的物流外包服务。

二十五、金融服务业

1. 信用担保服务体系建设。

2. 农村金融服务体系建设。

3. 农业保险、责任保险、信用保险。

4. 创业投资。

5. 人民币跨境结算、清算体系建设。

6. 服务"三农"、小型微利企业、个体工商户的小额贷款金融服务。

二十六、科技服务业

1. 工业设计、气象、生物、新材料、新能源、节能、环保、测绘、海洋等专业科技服务，商品质量认证和质量检测服务、科技普及。

2. 数字音乐、手机媒体、网络出版等数字内容服务，地理、国际贸易等领域信息资源开发服务。

3. 科技信息交流、文献信息检索、技术咨询、技术孵化、科技成果评估和科技鉴证等服务。

4. 知识产权代理、转让、登记、鉴定、检索、评估、认证、咨询和相关投融资服务。

5. 信息技术外包、业务流程外包、知识流程外包等技术先进型服务。

6. 国家级工程（技术）研究中心、国家级工程实验室、国家认定企业技术中心、重点实验室、高新技术创业服务中心、新产品开发设计中心、科研中心基地、实验基地建设。

二十七、商务服务业

1. 工程咨询服务（包括规划编制与咨询、投资机会研究、可行性研究、评估咨询、工程勘查设计、招标代理、工程和设备监理、工程项目管理等）。

2. 产权交易服务平台。

3. 广告创意、广告策划、广告设计、广告制作。

4. 就业和创业指导、网络招聘、培训、人员派遣、高级人才访聘、人员测评、人力资源管理咨询、人力资源服务外包等人力资源服务业。

5. 人力资源市场及配套服务设施建设。

6. 农村劳动力转移就业服务平台建设。

7. 会展服务（不含会展场馆建设）。

8. 经济、管理、信息、会计、税务、鉴证（含审计服务）、法律、节能、环保等咨询与服务。

二十八、商贸服务业

1. 现代化的农产品、生产资料市场流通设施建设。

2. 种子、种苗、种畜禽和鱼苗（种）、化肥、农药、农机具、农膜等农资连锁经营。

3. 面向农村的日用品、药品、出版物等生活用品连锁经营。

4. 农产品拍卖服务。

5. 商贸企业的统一配送和分销网络建设。

6. 利用信息技术改造提升传统商品交易市场。

7. 旧货市场建设。

8. 现代化二手车交易服务体系建设。

二十九、旅游业

1. 休闲、登山、滑雪、潜水、探险等各类户外活动用品开发与营销服务。

2. 乡村旅游、生态旅游、森林旅游、工业旅游、体育旅游、红色旅游、民族风情游及其他旅游资源综合开发服务。

3. 旅游基础设施建设及旅游信息服务。

4. 旅游商品、旅游纪念品开发及营销。

5. 旅游景区（点）保护、开发和经营及其配套设施建设。

三十、邮政业

1. 邮政储蓄网络建设。

2. 邮政综合业务网建设。

3. 邮件处理自动化工程。

4. 邮政普遍服务基础设施台账、快递企业备案许可、邮（快）件时限监测、消费者申诉、满意度调查与公示、邮编及行业资费查询等公共服务和市场监管功能等邮政业公共服务信息平台建设。

5. 城乡快递营业网点、门店等快递服务网点建设。

6. 城市、区域内和区域间的快件分拣中心、转运中心、集散中心、处理枢纽等快递处理设施建设。

7. 快件跟踪查询、自动分拣、运递调度、快递客服呼叫中心等快递信息系统开发与应用。

8. 快件分拣处理、数据采集、集装容器等快递技术、装备开发与应用。

9. 邮件、快件运输与交通运输网络融合技术开发。

10. 国际速递服务。

三十一、教育、文化、卫生、体育服务业

1. 学前教育。

2. 特殊教育。

3. 职业教育。

4. 远程教育。

5. 文化创意设计服务。

6. 广播影视制作、发行、交易、播映、出版、衍生品开发。

7. 动漫创作、制作、传播、出版、衍生产品开发。

8. 移动多媒体广播电视、广播影视数字化、数字电影服务监管技术及应用。

9. 语言文字技术开发与应用。

10. 非物质文化遗产保护与开发。

11. 民族和民间艺术、传统工艺美术保护与发展。

12. 民族文化艺术精品的国际营销与推广。

13. 计划生育、优生优育、生殖健康咨询与服务。

14. 全科医疗服务。

15. 远程医疗服务。

16. 卫生咨询、健康管理、医疗知识等医疗信息服务。

17. 传染病、儿童、精神卫生专科医院和护理院（站）设施建设与服务。

18. 残疾人社会化、专业化康复服务和托养服务。

19. 体育竞赛表演、体育场馆设施建设及运营、大众体育健身休闲服务。

20. 中华老字号的保护与发展。

21. 演艺业。

三十二、其他服务业

1. 保障性住房建设与管理。

2. 老年人、未成年人活动场所。

3. 养老服务。

4. 社区照料服务。

5. 病患陪护服务。

6. 再生资源回收利用网络体系建设。

7. 基层就业和社会保障服务设施建设。

8. 农民工留守家属服务设施建设。

9. 工伤康复中心建设。

三十三、环境保护与资源节约综合利用

1. 矿山生态环境恢复工程。

2. 环境监测体系工程。

3. "三废"综合利用及治理工程。

4. "三废"处理用生物菌种和添加剂开发及生产。

5. 重复用水技术应用。

6. 高效、低能耗污水处理与再生技术开发。

7. 城镇垃圾及其他固体废弃物减量化、资源化、无害化处理和综合利用工程。

8. 废物填埋防渗技术与材料。

9. 新型水处理药剂开发与生产。

10. 节能、节水、节材环保及资源综合利用等技术开发、应用及设备制造。

11. 鼓励推广共生、伴生矿产资源中有价元素的分离及综合利用技术。

12. 低品位、复杂、难处理矿开发及综合利用。

13. 尾矿、废渣等资源综合利用。

14. 再生资源回收利用产业化。

15. 高效、节能、环保采选矿技术。

16. 为用户提供节能诊断、设计、融资、改造、运行管理等服务。

17. 废旧汽车、工程机械、矿山机械、机床产品、农业机械、船舶等废旧机电产品及零部件再利用、再制造，墨盒、有机光导鼓的再制造（再填充）。

18. 含持久性有机污染物土壤修复技术的研发与应用。

19. 危险废弃物（放射性废物、核设施退役工程、医疗废物、含重金属废弃物）安全处置技术设备开发制造及处置中心建设。

三十四、公共安全与应急产品

1. 生物灾害、动物疫情监测预警技术开发与应用。

2. 堤坝、尾矿库安全自动监测报警技术开发与应用。

3. 煤炭、矿山等安全生产监测报警技术开发与应用。

4. 公共交通工具事故预警技术开发与应用。

5. 水、土壤、空气污染物快速监测技术与产品。

6. 食品药品安全快速检测仪器。

7. 新发传染病检测试剂和仪器。

8. 城市公共安全监测预警平台技术。

9. 易燃、易爆、高腐蚀性、放射性等危险物品快速检测技术与产品。

10. 应急救援人员防护用品开发与应用。

11. 社会群体个人防护用品开发与应用。

12. 矿云等特殊作业场所应急避险设施。

13. 突发事件现场信息探测与快速获取技术及产品。

14. 大型公共建筑、高层建筑、森林、水上和地下设施消防灭火救援技术与产品。

15. 因灾损毁交通设施应急抢通装备及器材开发与应用。

16. 公共交通设施除冰雪机械及环保型除雪剂开发与应用。

17. 突发环境灾难应急环保技术装备：热墙式沥青路面地热再生设备（再生深度：0~60毫米）；无辐射高速公路雾雪屏蔽器；有毒有害液体快速吸纳处理技术装备；移动式医疗垃圾快速处理装置；移动式小型垃圾清洁处理装备；人畜粪便无害化快速处理装置；禽类病原体无害化快速处理装置；危险废物特性鉴别与用仪器。

18. 应急发电设备。

19. 应急照明器材及灯具。

20. 机动医疗救护系统。

21. 防控突发公共卫生和生物事件疫苗和药品。

22. 饮用水快速净化装置。

23. 应急通信技术与产品的开发与生产。

24. 应急决策指挥平台技术开发与应用。

25. 反恐技术与装备。

26. 交通、社区等应急救援社会化服务。

27. 应急物流设施及服务。

28. 应急咨询、培训、租赁和保险服务。

29. 应急物资储备基础设施建设。

30. 应急救援基地、公众应急体验基础设施建设。

三十五、汽车

1. 汽车整车制造、专用汽车制造。

财政部　国家税务总局
关于科技企业孵化器税收政策的通知

财税〔2016〕89 号　2016 年 8 月 11 日　全文有效

各省、自治区、直辖市、计划单列市财政厅（局）、国家税务局、地方税务局，新疆生产建设兵团财务局：

经国务院批准，现就科技企业孵化器（含众创空间，以下简称孵化器）有关税收政策通知如下：

一、自 2016 年 1 月 1 日至 2018 年 12 月 31 日，对符合条件的孵化器自用以及无偿或通过出租等方式提供给孵化企业使用的房产、土地，免征房产税和城镇土地使用税；自 2016 年 1 月 1 日至 2016 年 4 月 30 日，对其向孵化企业出租场地、房屋以及提供孵化服务的收入，免征营业税；在营业税改征增值税试点期间，对其向孵化企业出租场地、房屋以及提供孵化服务的收入，免征增值税。

二、符合非营利组织条件的孵化器的收入，按照企业所得税法及其实施条例和有关税收政策规定享受企业所得税优惠政策。

三、享受本通知规定的房产税、城镇土地使用税以及营业税、增值税优惠政策的孵化器，应同时符合以下条件：

（一）孵化器需符合国家级科技企业孵化器条件。国务院科技行政主管部门负责发布国家级科技企业孵化器名单。

（二）孵化器应将面向孵化企业出租场地、房屋以及提供孵化服务的业务收入在财务上单独核算。

（三）孵化器提供给孵化企业使用的场地面积（含公共服务场地）应占孵化器可自主支配场地面积的 75% 以上（含 75%）。孵化企业数量应占孵化器内企业总数量的 75% 以上（含 75%）。

公共服务场地是指孵化器提供给孵化企业共享的活动场所，包括公共餐厅、接待室、会议室、展示室、活动室、技术检测室和图书馆等非营利性配套服务场地。

四、本通知所称"孵化企业"应当同时符合以下条件：

（一）企业注册地和主要研发、办公场所必须在孵化器的孵化场地内。

（二）新注册企业或申请进入孵化器前企业成立时间不超过 2 年。

（三）企业在孵化器内孵化的时间不超过 48 个月。纳入"创新人才推进计划"及"海外高层次人才引进计划"的人才或从事生物医药、集成电路设计、现代农业等特殊领域的创业企业，孵化时间不超过 60 个月。

（四）符合《中小企业划型标准规定》所规定的小型、微型企业划型标准。

（五）单一在孵企业入驻时使用的孵化场地面积不大于 1000 平方米。从事航空航天等特殊领域的在孵企业，不大于 3000 平方米。

（六）企业产品（服务）属于科学技术部、财政部、国家税务总局印发的《国家重点支持的高新技术领域》规定的范围。

五、本通知所称"孵化服务"是指为孵化企业提供的属于营业税"服务业"税目中"代理业""租赁业"和"其他服务业"中的咨询和技术服务范围内的服务，改征增值税后是指为孵化企业提供的"经纪代理""经营租赁""研发和技术""信息技术"和"鉴证咨询"等服务。

六、省级科技行政主管部门负责定期核实孵化器是否符合本通知规定的各项条件，并报国务院科技行政主管部门审核确认。国务院科技行政主管部门审核确认后向纳税人出具证明材料，列明用于孵化的房产和土地的地址、范围、面积等具体信息，并发送给国务院税务主管部门。

纳税人持相应证明材料向主管税务机关备案，主管税务机关按照《税收减免管理办法》等有关规定，以及国务院科技行政主管部门发布的符合本通知规定条件的孵化器名单信息，办理税收减免。

请遵照执行。

财政部　国家税务总局
关于国家大学科技园税收政策的通知

财税〔2016〕98 号　2016 年 9 月 5 日　全文有效

各省、自治区、直辖市、计划单列市财政厅（局）、国家税务局、地方税务局，新疆生产建设兵团财务局：

经国务院批准，现就国家大学科技园（以下简称科技园）有关税收政策通知如下：

一、自 2016 年 1 月 1 日至 2018 年 12 月 31 日，对符合条件的科技园自用以及无偿或通过出租等方式提供给孵化企业使用的房产、土地，免征房产税和城镇土地使用税；自 2016 年 1 月 1 日至 2016 年 4 月 30 日，对其向孵化企业出租场地、房屋以及提供孵化服务的收入，免征营业税；在营业税改征增值税试点期间，对其向孵化企业出租场地、房屋以及提供孵化服务的收入，免征增值税。

二、符合非营利组织条件的科技园的收入，按照企业所得税法及其实施条例和有关税收政策规定享受企业所得税优惠政策。

三、享受本通知规定的房产税、城镇土地使用税以及营业税、增值税优惠政策的科技园，应当同时符合以下条件：

（一）科技园符合国家大学科技园条件。国务院科技和教育行政主管部门负责发布国家大学科技园名单。

（二）科技园将面向孵化企业出租场地、房屋以及提供孵化服务的业务收入在财务上单独核算。

（三）科技园提供给孵化企业使用的场地面积（含公共服务场地）占科技园可自主支配场地面积的 60% 以上（含 60%），孵化企业数量占科技园内企业总数量的 75% 以上（含 75%）。

公共服务场地是指科技园提供给孵化企业共享的活动场所，包括公共餐厅、接待室、会议室、展示室、活动室、技术检测室和图书馆等非营利性配套服务场地。

四、本通知所称"孵化企业"应当同时符合以下条件：

（一）企业注册地及主要研发、办公场所在科技园的工作场地内。

（二）新注册企业或申请进入科技园前企业成立时间不超过 3 年。

（三）企业在科技园内孵化的时间不超过 48 个月。海外高层次创业人才或从事生物医药、集成电路设计等特殊领域的创业企业，孵化时间不超过 60 个月。

（四）符合《中小企业划型标准规定》所规定的小型、微型企业划型标准。

（五）单一在孵企业使用的孵化场地面积不超过 1000 平方米。从事航空航天、现代农业等特殊领域的单一在孵企业，不超过 3000 平方米。

（六）企业产品（服务）属于科学技术部、财政部、国家税务总局印发的《国家重点支持的高新技术领域》规定的范围。

五、本通知所称"孵化服务"是指为孵化企业提供的属于营业税"服务业"税目中"代理业"、"租赁业"和"其他服务业"中的咨询和技术服务范围内的服务，改征增值税后是指为孵化企业提供的"经纪代理"、"经营租赁"、"研发和技术"、"信息技术"和"鉴证咨询"等服务。

六、国务院科技和教育行政主管部门负责组织对科技园是否符合本通知规定的各项条件定期进行审核确认，并向纳税人出具证明材料，列明纳税人用于孵化的房产和土地的地址、范围、面积等具体信息，并发送给国务院税务主管部门。

纳税人持相应证明材料向主管税务机关备案，主管税务机关按照《税收减免管理办法》等有关规定，以及国务院科技和教育行政主管部门发布的符合本通知规定条件的科技园名单信息，办理税收减免。

财政部 国家税务总局 商务部 科技部 国家发展改革委 关于新增中国服务外包示范城市适用技术 先进型服务企业所得税政策的通知

财税〔2016〕108 号 2016 年 10 月 12 日 全文有效

辽宁、吉林、江苏、福建、广西、新疆、青岛、宁波、河南省（自治区、计划单列市）财政厅（局）、国家税务局、地方税务局、商务主管部门、科技厅（委、局）、发展改革委：

根据国务院有关批复，现就沈阳等 10 个新增中国服务外包示范城市适用技术先进型服务企业所得税政策问题通知如下：

一、沈阳、长春、南通、镇江、福州（含平潭综合实验区）、南宁、乌鲁木齐、青岛、宁波和郑州等 10 个新增中国服务外包示范城市按照《财政部 国家税务总局 商务部 科技部 国家发展改革委关于完善技术先进型服务企业有关企业所得税政策问题的通知》（财税〔2014〕59 号）的有关规定，适用技术先进型服务企业所得税优惠政策。

二、本通知自 2016 年 1 月 1 日起至 2018 年 12 月 31 日止执行。

财政部　国家税务总局　民政部
关于生产和装配伤残人员专门用品
企业免征企业所得税的通知

财税〔2016〕111 号　2016 年 10 月 24 日　全文有效

各省、自治区、直辖市、计划单列市财政厅（局）、国家税务局、地方税务局、民政厅（局），新疆生产建设兵团财务局、民政局：

经国务院批准，现对生产和装配伤残人员专门用品的企业征免企业所得税政策明确如下：

一、自 2016 年 1 月 1 日至 2020 年 12 月 31 日期间，对符合下列条件的居民企业，免征企业所得税：

1. 生产和装配伤残人员专门用品，且在民政部发布的《中国伤残人员专门用品目录》范围之内。

2. 以销售本企业生产或者装配的伤残人员专门用品为主，其所取得的年度伤残人员专门用品销售收入（不含出口取得的收入）占企业收入总额 60% 以上。

3. 企业账证健全，能够准确、完整地向主管税务机关提供纳税资料，且本企业生产或者装配的伤残人员专门用品所取得的收入能够单独、准确核算。

4. 企业拥有假肢制作师、矫形器制作师资格证书的专业技术人员不得少于 1 人；其企业生产人员如超过 20 人，则其拥有假肢制作师、矫形器制作师资格证书的专业技术人员不得少于全部生产人员的 1/6。

5. 具有与业务相适应的测量取型、模型加工、接受腔成型、打磨、对线组装、功能训练等生产装配专用设备和工具。

6. 具有独立的接待室、假肢或者矫形器（辅助器具）制作室和假肢功能训练室，使用面积不少于 115 平方米。

二、享受本通知税收优惠的企业，应当按照《国家税务总局关于发布〈企业所得税优惠政策事项办理办法〉的公告》（国家税务总局公告 2015 年第 76 号）规定向税务机关履行备案手续，妥善保管留存备查资料。

附件

中国伤残人员专门用品目录

产品名称	单位	用途及材料结构
一、上肢假肢		
1. 手部假肢		
假手指	只	用于手指截肢的装饰性假肢　成品硅胶
假手指	只	用于手指截肢的装饰性假肢　定制硅胶仿真
部分手假肢	只	用于部分手截肢的装饰性假肢　成品硅胶
部分手假肢	只	用于部分手截肢的装饰性假肢　硅胶仿真手套
部分手假肢	只	用于部分手截肢的装饰性假肢　定制硅胶仿真手套
半掌单自由度肌电假肢	具	用于掌骨截肢
半掌肌电手假肢功能训练费	天	用于掌骨截肢患者肌电信号和功能训练
2. 腕离断假肢		
腕离断装饰手假肢	具	用于腕关节离断　有被动功能
腕离断装饰手假肢	具	用于腕关节离断　有被动功能　硅胶仿真手套
腕离断自身力源手假肢	具	用于腕关节离断　牵引索控制假手　树脂接受腔
腕离断自身来源手假肢	具	用于腕关节离断　牵引索控制假手　树脂接受腔　硅胶仿真手套
腕离断单自由度肌电手假肢	具	用于腕关节离断　双层树脂接受腔
腕离断假肢功能训练费	天	用于腕离断截肢患者肌电信号和功能训练
3. 前臂假肢		
前臂装饰手假肢	具	用于前臂截肢　有被动功能
前臂装饰手假肢	具	用于前臂截肢　有被动功能　硅胶仿真手套
前臂自身力源手假肢	具	用于前臂截肢　牵引索控制假手树脂接受腔
前臂电动手假肢	具	用于前臂截肢　单自由度开关控制假手　双层树脂接受腔
前臂单自由度肌电手假肢	具	用于前臂截肢　肌电信号控制假手　双层树脂接受腔
前臂双自由度肌电手假肢	具	用于前臂截肢　肌电信号控制假手　双层树脂接受腔
前臂双自由度比例控制肌电手假肢	具	用于前臂截肢　肌电信号控制假手　双层树脂接受腔
前臂假肢功能训练费	天	用于前臂截肢患者肌电信号和功能训练
4. 肘离断假肢		
骨骼式肘离断装饰手假肢	具	用于肘关节离断　有被动功能　双层树脂接受腔
壳式肘离断装饰手假肢	具	用于肘关节离断　有被动功能　双层树脂接受腔
肘离断自身力源手假肢	具	用于肘关节离断　牵引索实现屈肘和开闭手动作双层树脂接受腔
肘离断单自由度肌电手假肢	具	用于肘关节离断　自身力源肘关节　肌电信号控制手　双层树脂接受腔
肘离断双自由度肌电手假肢	具	用于肘关节离断　自身力源肘关节　肌电信号控制手　双层树脂接受腔
肘离断假肢功能训练费	天	用于肘离断截肢患者肌电信号和功能训练

产品名称	单位	用途及材料结构
5. 上臂假肢		
骨骼式上臂装饰手假肢	具	用于上臂截肢　有被动功能　双层树脂接受腔
壳式上臂装饰手假肢	具	用于上臂截肢　有被动功能　双层树脂接受腔
上臂自身力源手假肢	具	用于上臂中长残肢　牵引索实现屈肘和开闭手动作　双层树脂接受腔
上臂自身力源手假肢	具	用于上臂短残肢　牵引索实现屈肘和开闭手动作　双层树脂接受腔
上臂单自由度肌电手假肢	具	用于上臂截肢　自身力源肘关节　肌电信号控制手　双层树脂接受腔
上臂双自由度肌电手假肢	具	用于上臂截肢　自身力源肘关节　肌电信号控制手　双层树脂接受腔
上臂电动肘关节单自由度肌电手假肢	具	用于上臂截肢　开关控制肘关节　肌电信号控制手　双层树脂接受腔
上臂电动肘关节双自由度肌电手假肢	具	用于上臂截肢　开关控制肘关节　肌电信号控制手　双层树脂接受腔
上臂电动肘关节双自由度比例控制肌电手假肢	具	用于上臂截肢　开关控制肘关节肌　电信号控制手　双层树脂接受腔
上臂三自由度肌电手假肢	具	用于上臂截肢　肌电信号控制肘关节和手　双层树脂接受腔
上臂三自由度比例控制肌电手假肢	具	用于上臂截肢　肌电信号控制肘关节和手　双层树脂接受腔
上臂假肢功能训练费	天	用于上臂截肢　患者肌电信号和功能训练
6. 肩部假肢		
骨骼式肩离断装饰手假肢	具	用于肩关节离断等　有被动功能　双层树脂接受腔
壳式肩离断装饰手假肢	具	用于肩关节离断等　有被动功能　双层树脂接受腔
肩离断电动肘关节两自由度肌电手假肢	具	用于肩关节离断等　开关控制肘关节　肌电信号控制手　双层树脂接受腔
肩离断三自由度肌电手假肢	具	用于肩关节离断等　肌电信号控制肘关节和手　双层树脂接受腔
肩离断三自由度比例控制肌电手假肢	具	用于肩关节离断等　肌电信号控制肘关节和手　双层树脂接受腔
肩离断假肢功能训练费	天	用于肩离断截肢患者肌电信号和功能训练
二、下肢假肢		
1. 足部假肢		
部分足假肢	具	用于部分足截肢　取型　硅胶制作
部分足假肢	具	用于部分足截肢　取型　硅胶仿真制作
足部假肢	具	用于足部截肢　碳纤增强树脂接受腔、聚氨酯脚
足部假肢	具	用于足部截肢　碳纤增强树脂接受腔、碳纤储能脚
足部假肢功能训练费	天	用于足部截肢患者功能训练
2. 小腿假肢		
小腿假肢接受腔	个	全面接触式 PTK 接受腔

续表

产品名称	单位	用途及材料结构
临时小腿假肢	具	用于小腿截肢　EVA 内衬套　树脂（或 PP）全面接触式 PTK 接受腔（不包括零部件）
壳式 SACH 脚小腿假肢	具	用于小腿截肢　EVA 内衬套　树脂（或 PP）全面接触式 PTK 接受腔
壳式单轴动踝脚小腿假肢	具	用于小腿截肢　EVA 内衬套　树脂（或 PP）全面接触式 PTK 接受腔
壳式储能脚小腿假肢	具	用于小腿截肢　EVA 内衬套　树脂（或 PP）全面接触式 PTK 接受腔
壳式万向踝脚小腿假肢	具	用于小腿截肢　EVA 内衬套　树脂（或 PP）全面接触式 PTK 接受腔
骨骼式合金钢 SACH 脚小腿假肢	具	用于小腿截肢　EVA 内衬套　树脂（或 PP）全面接触式 PTK 接受腔合金钢连接件
骨骼式不锈钢 SACH 脚小腿假肢	具	用于小腿截肢　EVA 内衬套　树脂（或 PP）全面接触式 PTK 接受腔不锈钢连接件
骨骼式钛合金 SACH 脚小腿假肢	具	用于小腿截肢　EVA 内衬套　树脂（或 PP）全面接触式 PTK 接受腔钛合金连接件
骨骼式镁铝合金 SACH 脚小腿假肢	具	用于小腿截肢　EVA 内衬套　树脂（或 PP）全面接触式 PTK 接受腔镁铝合金连接件
骨骼式碳纤 SACH 脚小腿假肢	具	用于小腿截肢　EVA 内衬套　树脂（或 PP）全面接触式 PTK 接受腔碳纤连接件
骨骼式合金钢储能脚小腿假肢	具	用于小腿截肢　EVA 内衬套　树脂（或 PP）全面接触式 PTK 接受腔合金钢连接件
骨骼式不锈钢储能脚小腿假肢	具	用于小腿截肢　EVA 内衬套　树脂（或 PP）全面接触式 PTK 接受腔不锈钢连接件
骨骼式钛合金碳纤储能脚小腿假肢	具	用于小腿截肢　EVA 内衬套　树脂（或 PP）全面接触式 PTK 接受腔钛合金连接件
骨骼式镁铝合金碳纤储能脚小腿假肢	具	用于小腿截肢　EVA 内衬套　树脂（或 PP）全面接触式 PTK 接受腔镁铝合金连接件
骨骼式碳纤储碳纤能脚小腿假肢	具	用于小腿截肢　EVA 内衬套　树脂（或 PP）全面接触式 PTK 接受腔碳纤连接件
骨骼式合金钢单轴动踝脚小腿假肢	具	用于小腿截肢　EVA 内衬套　树脂（或 PP）全面接触式 PTK 接受腔合金钢连接件
骨骼式不锈钢单轴动踝脚小腿假肢	具	用于小腿截肢　EVA 内衬套　树脂（或 PP）全面接触式 PTK 接受腔不锈钢连接件
骨骼式钛合金单轴动踝脚小腿假肢	具	用于小腿截肢　EVA 内衬套　树脂（或 PP）全面接触式 PTK 接受腔钛合金连接件
骨骼式镁铝合金单轴动踝脚小腿假肢	具	用于小腿截肢　EVA 内衬套　树脂（或 PP）全面接触式 PTK 接受腔　镁铝合金连接件

产品名称	单位	用途及材料结构
骨骼式合金钢万向踝脚小腿假肢	具	用于小腿截肢　EVA 内衬套　树脂（或 PP）全面接触式 PTK 接受腔　合金钢连接件
骨骼式不锈钢万向踝脚小腿假肢	具	用于小腿截肢　EVA 内衬套　树脂（或 PP）全面接触式 PTK 接受腔　不锈钢连接件
骨骼式钛合金万向踝脚小腿假肢	具	用于小腿截肢　EVA 内衬套　树脂（或 PP）全面接触式 PTK 接受腔　钛合金连接件
骨骼式镁铝合金万向踝脚小腿假肢	具	用于小腿截肢　EVA 内衬套　树脂（或 PP）全面接触式 PTK 接受腔　镁铝合金连接件
骨骼式碳纤万向踝小腿假肢	具	用于小腿截肢　EVA 内衬套　树脂（或 PP）全面接触式 PTK 接受腔　碳纤连接件
小腿假肢功能训练费	天	用于小腿截肢患者功能训练
3. 膝部假肢		
骨骼式合金钢 SACH 脚膝部假肢	具	用于膝关节离断和小腿极短截肢　合金钢膝离断关节和连接件 EVA 内衬套　树脂（或 PP）接受腔
骨骼式不锈钢 SACH 脚膝部假肢	具	用于膝关节离断和小腿极短截肢　不锈钢膝离断关节和连接件 EVA 内衬套　树脂（或 PP）接受腔
骨骼式钛合金 SACH 脚膝部假肢	具	用于膝关节离断和小腿极短截肢　钛合金膝离断关节和连接件 EVA 内衬套　树脂（或 PP）接受腔
骨骼式镁铝合金 SACH 脚膝部假肢	具	用于膝关节离断和小腿极短截肢　镁铝合金膝离断关节和连接件 EVA 内衬套　树脂（或 PP）接受腔
骨骼式碳纤 SACH 脚膝部假肢	具	用于膝关节离断和小腿极短截肢　碳纤膝关节和碳纤连接件 EVA 内衬套　树脂（或 PP）接受腔
骨骼式合金钢储能脚膝部假肢	具	用于膝关节离断和小腿极短截肢　合金钢膝离断关节和连接件 EVA 内衬套　树脂（或 PP）接受腔
骨骼式不锈钢储能脚膝部假肢	具	用于膝关节离断和小腿极短截肢　不锈钢膝离断关节和连接件 EVA 内衬套　树脂（或 PP）接受腔
骨骼式钛合金储能脚膝部假肢	具	用于膝关节离断和小腿极短截肢　钛合金膝离断关节和连接件 EVA 内衬套　树脂（或 PP）接受腔
骨骼式镁铝合金储能脚膝部假肢	具	用于膝关节离断和小腿极短截肢　镁铝合金膝离断关节和连接件 EVA 内衬套　树脂（或 PP）接受腔
骨骼式碳纤万向踝和储能脚膝部假肢	具	用于膝关节离断和小腿极短残肢　碳纤膝关节和碳纤连接件 EVA 内衬套　树脂（或 PP）接受腔
骨骼式合金钢单轴动踝脚膝部假肢	具	用于膝关节离断和小腿极短截肢　合金钢膝离断关节和连接件 EVA 内衬套　树脂（或 PP）接受腔

续表

产品名称	单位	用途及材料结构
骨骼式不锈钢单轴动踝脚膝部假肢	具	用于膝关节离断和小腿极短截肢　不锈钢膝离断关节和连接件 EVA 内衬套　树脂（或 PP）接受腔
骨骼式钛合金单轴动踝脚膝部假肢	具	用于膝关节离断和小腿极短截肢　钛合金膝离断关节和连接件 EVA 内衬套　树脂（或 PP）接受腔
骨骼式镁铝合金单轴动踝脚膝部假肢	具	用于膝关节离断和小腿极短截肢　镁铝合金膝离断关节和连接件 EVA 内衬套　树脂（或 PP）接受腔
骨骼式合金钢万向踝脚膝部假肢	具	用于膝关节离断和小腿极短截肢　合金钢膝离断关节和连接件 EVA 内衬套　树脂（或 PP）接受腔
骨骼式不锈钢万向踝脚膝部假肢	具	用于膝关节离断和小腿极短截肢　不锈钢膝离断关节和连接件 EVA 内衬套　树脂（或 PP）接受腔
骨骼式钛合金万向踝脚膝部假肢	具	用于膝关节离断和小腿极短截肢　钛合金膝离断关节和连接件 EVA 内衬套　树脂（或 PP）接受腔
骨骼式镁铝合金万向踝脚膝部假肢	具	用于膝关节离断和小腿极短截肢　镁铝合金膝离断关节和连接件 EVA 内衬套　树脂（或 PP）接受腔
骨骼式碳纤万向踝膝部假肢	具	用于膝关节离断和小腿极短残肢　碳纤膝关节和碳纤连接件 EVA 内衬套　树脂（或 PP）接受腔
骨骼式碳纤万向踝气压膝部假肢	具	用于膝关节离断和小腿极短残肢　碳纤气压膝关节和碳纤连接件 EVA 内衬套　树脂（或 PP）接受腔
膝部假肢功能训练费	天	用于膝部截肢患者功能训练
4. 大腿假肢		
坐骨包容式大腿假肢接受腔	个	普通树脂（或 PP）接受腔
坐骨包容式大腿假肢接受腔	个	树脂（或 PP）双层接受腔（内腔软，外腔硬）
坐骨包容式大腿假肢接受腔	个	特制木材和树脂接受腔（内腔木材，外腔树脂）
临时大腿假肢	具	用于大腿截肢　（步态训练用，不含部件）
骨骼式不锈钢单轴膝关节 SACH 脚大腿假肢	具	用于大腿截肢　不锈钢连接件　普通树脂（或 PP）坐骨包容式接受腔
骨骼式钛合金单轴膝关节 SACH 脚大腿假肢	具	用于大腿截肢　钛合金连接件　普通树脂（或 PP）坐骨包容式接受腔
骨骼式镁铝合金单轴膝关节 SACH 脚大腿假肢	具	用于大腿截肢　镁铝合金连接件　普通树脂（或 PP）坐骨包容式接受腔
骨骼式不锈钢单轴膝关节储能脚大腿假肢	具	用于大腿截肢　不锈钢连接件　普通树脂（或 PP）坐骨包容式接受腔
骨骼式钛合金单轴膝关节储能脚大腿假肢	具	用于大腿截肢　钛合金连接件　普通树脂（或 PP）坐骨包容式接受腔

续表

产品名称	单位	用途及材料结构
骨骼式镁铝合金单轴膝关节储能脚大腿假肢	具	用于大腿截肢　镁铝合金连接件　普通树脂（或PP）坐骨包容式接受腔
骨骼式不锈钢单轴膝关节单轴脚大腿假肢	具	用于大腿截肢　不锈钢连接件　普通树脂（或PP）坐骨包容式接受腔
骨骼式钛合金单轴膝关节单轴脚大腿假肢	具	用于大腿截肢　钛合金连接件　普通树脂（或PP）坐骨包容式接受腔
骨骼式镁铝合金单轴膝关节单轴脚大腿假肢	具	用于大腿截肢　镁铝合金连接件　普通树脂（或PP）坐骨包容式接受腔
骨骼式不锈钢单轴膝关节万向踝脚大腿假肢	具	用于大腿截肢　不锈钢连接件　普通树脂或PP坐骨包容式接受腔
骨骼式钛合金单轴膝关节万向踝脚大腿假肢	具	用于大腿截肢　钛合金连接件　普通树脂或PP坐骨包容式接受腔
骨骼式镁铝合金单轴膝关节万向踝脚大腿假肢	具	用于大腿截肢　镁铝合金连接件　普通树脂或PP坐骨包容式接受腔
骨骼式不锈钢多轴膝关节SACH脚大腿假肢	具	用于大腿截肢　不锈钢连接件　普通树脂或PP坐骨包容式接受腔
骨骼式钛合金多轴膝关节SACH脚大腿假肢	具	用于大腿截肢　钛合金连接件　普通树脂或PP坐骨包容式接受腔
骨骼式镁铝合金多轴膝关节SACH脚大腿假肢	具	用于大腿截肢　镁铝合金连接件　普通树脂或PP坐骨包容式接受腔
骨骼式碳纤多轴膝关节SACH脚大腿假肢	具	用于大腿截肢　碳纤膝关节和碳纤连接件　普通树脂或PP坐骨包容式接受腔
骨骼式不锈钢多轴膝关节储能脚大腿假肢	具	用于大腿截肢　不锈钢连接件　普通树脂或PP坐骨包容式接受腔
骨骼式钛合金多轴膝关节储能脚大腿假肢	具	用于大腿截肢　钛合金连接件　普通树脂或PP坐骨包容式接受腔
骨骼式镁铝合金多轴膝关节储能脚大腿假肢	具	用于大腿截肢　镁铝合金连接件　普通树脂或PP坐骨包容式接受腔
骨骼式不锈钢多轴膝关节万向踝脚大腿假肢	具	用于大腿截肢　不锈钢连接件　普通树脂或PP坐骨包容式接受腔
骨骼式钛合金多轴膝关节万向踝脚大腿假肢	具	用于大腿截肢　钛合金连接件　普通树脂或PP坐骨包容式接受腔
骨骼式镁铝合金多轴膝关节万向踝脚大腿假肢	具	用于大腿截肢　镁铝合金连接件　普通树脂或PP坐骨包容式接受腔

产品名称	单位	用途及材料结构
骨骼式碳纤多轴膝关节万向踝大腿假肢	具	用于大腿截肢　碳纤连接件　普通树脂或 PP 坐骨包容式接受腔
骨骼式碳纤多轴膝关节万向踝储能脚大腿假肢	具	用于大腿截肢　碳纤连接件　碳纤储能脚　普通树脂（或 PP）坐骨包容式接受腔
骨骼式碳纤多轴膝关节万向踝储能脚大腿假肢	具	用于大腿截肢　碳纤连接件　碳纤储能脚（脚套分离）普通树脂或 PP 坐骨包容式接受腔
骨骼式气压膝关节 SACH 脚大腿假肢	具	用于大腿截肢　不锈钢连接件　普通树脂或 PP 坐骨包容式接受腔
骨骼式液压膝关节 SACH 脚大腿假肢	具	用于大腿截肢　不锈钢连接件　普通树脂或 PP 坐骨包容式接受腔
骨骼式气压膝关节储能脚大腿假肢	具	用于大腿截肢　钛合金连接件　普通树脂或 PP 坐骨包容式接受腔
骨骼式液压膝关节储能脚大腿假肢	具	用于大腿截肢　钛合金连接件　普通树脂或 PP 坐骨包容式接受腔
骨骼式气压膝关节单轴脚大腿假肢	具	用于大腿截肢　不锈钢连接件　普通树脂或 PP 坐骨包容式接受腔
骨骼式液压膝关节单轴脚大腿假肢	具	用于大腿截肢　不锈钢连接件　普通树脂或 PP 坐骨包容式接受腔
骨骼式气压膝关节万向踝脚大腿假肢	具	用于大腿截肢　钛合金连接件　普通树脂或 PP 坐骨包容式接受腔
骨骼式碳纤多轴膝关节万向踝气压膝大腿假肢	具	用于大腿截肢　碳纤气压膝关节和碳纤连接件　普通树脂或 PP 坐骨包容式接受腔
骨骼式碳纤多轴膝关节万向踝气压膝大腿假肢	具	用于大腿截肢　碳纤双缸气压膝关节和碳纤连接件　普通树脂或 PP 坐骨包容式接受腔
骨骼式液压膝关节万向踝能脚大腿假肢	具	用于大腿截肢　钛合金连接件　普通树脂或 PP 坐骨包容式接受腔
大腿假肢功能训练费	天	用于大腿截肢患者功能训练
5. 髋部假肢		
骨骼式不锈钢多轴膝关节 SACH 脚髋部假肢	具	用于髋关节离断和大腿极短残肢　不锈钢连接件　树脂或 PP 接受腔（髋关节可以用铝合金）
骨骼式钛合金多轴膝关节 SACH 脚髋部假肢	具	用于髋关节离断和大腿极短残肢　钛合金连接件　树脂或 PP 接受腔（髋关节可以用铝合金）
骨骼式镁铝金多轴膝关节 SACH 脚髋部假肢	具	用于髋关节离断和大腿极短残肢　镁铝合金连接件　树脂或 PP 接受腔（髋关节可以用铝合金）
骨骼式碳纤多轴膝关节单轴脚髋离断假肢	具	用于髋关节离断和大腿极短残肢　碳纤连接件　树脂或 PP 接受腔碳纤髋关节
骨骼式不锈钢多轴膝关节储能脚髋部假肢	具	用于髋关节离断和大腿极短残肢　不锈钢连接件　树脂或 PP 接受腔（髋关节可以用铝合金）

产品名称	单位	用途及材料结构
骨骼式钛合金多轴膝关节储能脚髋部假肢	具	用于髋关节离断和大腿极短残肢　钛合金连接件　树脂接受腔（髋关节可以用铝合金）
骨骼式碳纤多轴膝关节储能脚髋离断假肢	具	用于髋关节离断和大腿极短残肢　碳纤连接件　树脂或PP接受腔　碳纤膝关节碳纤储能脚
骨骼式碳纤多轴膝关节储能脚髋离断假肢	具	用于髋关节离断和大腿极短残肢　碳纤连接件　树脂或PP接受腔　碳纤膝关节　碳纤储能脚（脚套分离）
骨骼式碳纤气压膝关节单轴脚髋离断假肢	具	用于髋关节离断和大腿极短残肢　碳纤连接件　树脂或PP接受腔　碳纤膝关节　碳纤气压膝关节
骨骼式镁铝金多轴膝关节储能脚髋部假肢	具	用于髋关节离断和大腿极短残肢　镁铝合金连接件　树脂（或PP）接受腔（髋关节可以用铝合金）
骨骼式不锈钢多轴膝关节单轴脚髋部假肢	具	用于髋关节离断和大腿极短残肢　不锈钢连接件　树脂接受腔（髋关节可以用铝合金）
骨骼式钛合金多轴膝关节单轴脚髋部假肢	具	用于髋关节离断和大腿极短残肢　钛合金连接件　树脂（或PP）接受腔（髋关节可以铝合金）
骨骼式镁铝金多轴膝关节单轴脚髋部假肢	具	用于髋关节离断和大腿极短残肢　镁铝合金连接件　树脂（或PP）接受腔（髋关节可以用铝合金）
骨骼式不锈钢多轴膝关节万向踝脚髋部假肢	具	用于髋关节离断和大腿极短残肢　不锈钢连接件　树脂（或PP）接受腔（髋关节可以用铝合金）
骨骼式钛合金多轴膝关节万向踝脚髋部假肢	具	用于髋关节离断和大腿极短残肢　钛合金连接件　树脂（或PP）接受腔（髋关节可以用铝合金）
骨骼式镁铝金多轴膝关节万向踝脚髋部假肢	具	用于髋关节离断和大腿极短残肢　镁铝合金连接件　树脂（或PP）接受腔（髋关节可以用铝合金）
髋部假肢功能训练费	天	用于髋部截肢患者功能训练
三、上肢矫形器		
1. 手部矫形器		
手指矫形器	具	用于单指手指固定（可调式）
手指矫形器	具	用于单指手指固定（包括槌状、鹅颈、扣眼）
手指矫形器	具	用于手指恢复功能锻炼（包括指伸、指曲）
掌指矫形器	具	用于手指固定（可调式）
掌指矫形器	具	用于手指损伤固定
掌指矫形器	具	用于手指恢复功能锻炼
短式手指功能康复支架	具	用于手指挛缩畸形
长式手指功能康复支架	具	用于手指挛缩畸形
手部功能训练矫形器	具	用于手指挛缩畸形

产品名称	单位	用途及材料结构
橡筋式手指康复附件	具	用于手指挛缩畸形　手指康复支架配件
弹簧式手指康复附件	具	用于手指挛缩畸形　手指康复支架配件
2. 腕部矫形器		
腕手矫形器	具	用于腕部损伤固定（可调式）
腕手矫形器	具	用于腕部损伤固定（手功能位）
腕手矫形器	具	用于腕部恢复功能锻炼
护腕	只	用于腕关节损伤和预防损伤
腕关节矫形器	具	用于腕关节骨折及伤残固定
腕关节矫形器	具	用于腕关节骨折及伤残固定　低温板材
3. 前臂矫形器		
前臂矫形器	具	用于前臂骨折及伤残固定
前臂矫形器	具	用于前臂骨折及伤残固定　低温板材
肘腕手矫形器	具	用于肘腕部或前臂损伤固定（可调式）
肘腕手矫形器	具	用于肘腕部或前臂损伤固定
肘腕手矫形器	具	用于肘腕部或前臂恢复功能锻炼
护肘	只	用于肘关节损伤和预防损伤
4. 上臂矫形器		
上臂矫形器	具	用于上臂骨折及伤残固定
上臂矫形器	具	用于上臂骨折及伤残固定　低温板材
前臂吊带	个	用于上臂损伤辅助固定位置
5. 肩部矫形器		
肩锁关节脱位固定带	个	用于肩锁关节脱位后固定
肩锁带	个	用于肩锁骨骨折后固定
肩肘腕手矫形器	具	用于上臂或肘部损伤固定（可调式）
肩肘腕手矫形器	具	用于上臂或肘部损伤固定
肩肘腕手矫形器	具	用于上臂或肘部恢复功能锻炼
肩关节矫形器	具	用于肩关节损伤
肩外展支架	具	用于肩关节及肱骨骨折　固定式
肩外展支架	具	用于肩关节及肱骨骨折　可调式
护肩	只	用于肩关节损伤和预防损伤
四、脊柱矫形器		
1. 颈部矫形器		
颈托	个	用于颈椎损伤　金属支条
曲边围领	个	PE 板

产品名称	单位	用途及材料结构
曲边围领	个	舒适
曲边围领	个	用于颈椎轻度损伤
曲边围领	个	软围领
曲边围领	个	充气
颈托	个	用于颈椎轻度损伤（取型制作）
颈托	个	用于颈椎轻度损伤
费城围领	个	用于颈椎病或颈椎轻度损伤（有牵引功能）
进口充气式颈椎矫形器	个	用于颈椎轻度损伤（成品）
充气式颈椎矫形器	个	用于颈椎轻度损伤（成品）
四连杆支撑颈椎矫形器	具	用于颈椎损伤
颈胸矫形器	具	用于颈椎损伤固定
颈胸矫形器	具	用于颈椎损伤（可调式）
头颈胸矫形器	具	用于颈椎损伤（普通型）
头颈胸矫形器	具	用于颈椎损伤（核磁兼容型）
头颈胸矫形器	具	用于颈椎损伤（成品）
头颈胸矫形器	具	用于颈椎损伤（取型制作）
胸枕颌支撑矫形器	具	用于颈椎损伤
颈胸腰骶	具	用于颈胸腰椎损伤（取型制作）
2. 胸腰骶椎矫形器		
胸腰骶椎矫形器	具	用于腰椎损（成品）
胸腰骶椎矫形器	具	用于胸腰骶椎损伤　金属支条
泰勒式胸腰骶椎矫形器	具	用于胸腰骶椎损伤　金属支条
密尔沃基颈胸腰骶部矫形器	具	用于矫正脊柱变形　金属支条
腰椎矫形器	具	用于腰椎损伤　金属支条
海泊式脊柱过伸矫形器	具	用于胸腰椎后凸畸形
弹性围腰	件	用于腰椎轻度损伤
弹性围腰	件	用于腰椎轻度损伤（带支条）
胸腰椎矫形器	具	用于矫正脊柱变形
胸腰椎矫形器	具	用于矫正脊柱变形（进口材料）
腰骶椎矫形器	具	用于腰骶椎疼痛（成品）
腰骶矫形器	具	用于腰骶椎疼痛（取型制作）
骶椎矫形器	具	用于骶椎疼痛（取型制作）
骶髋护围	件	用于骶髋关节损伤后期的康复
加强型围腰	件	用于腰椎骨折和损伤后期的康复

产品名称	单位	用途及材料结构
加高式软性围腰	件	用于腰椎骨折和损伤后期的康复
框架脊柱过伸矫形器	具	用于腰椎骨折及损伤的康复
脊柱过伸矫形器	具	用于胸腰椎后凸畸形
色努矫形器	具	用于矫正脊柱变形　塑料板和金属支条
里昂矫形器	具	用于矫正脊柱变形　塑料板和金属支条
大阪一大	具	用于矫正脊柱变形　塑料板和金属支条
查尔斯顿	具	用于矫正脊柱变形　塑料板
波士顿	具	用于矫正脊柱变形　塑料板
软性脊柱侧弯矫形器	件	用于矫正脊柱轻度变形　纺织材料
五、下肢矫形器		
1. 足部矫形器		
单矫形鞋	双	用于下肢不等长及足部病变　牛皮、矮腰
单矫形鞋	双	用于下肢不等长及足部病变　牛皮、高腰
单矫形鞋	双	用于下肢不等长及足部病变　牛皮、超高腰
棉矫形鞋	双	用于下肢不等长及足部病变　牛皮、矮腰
棉矫形鞋	双	用于下肢不等长及足部病变　牛皮、高腰
棉矫形鞋	双	用于下肢不等长及足部病变　牛皮、超高腰
足部综合病变病理鞋	只	用于足部发生多种疾病的矫形
布朗矫形鞋	只	用于矫正足部畸形
平足垫	只	用于扁平足（成品）
平足垫	只	用于扁平足（取型制作）
平足横弓垫	只	用于扁平足及横弓塌陷
半足鞋垫	只	用于足部病变
全足矫形平足垫	只	用于足部病变
足跟垫	只	用于减轻跟骨刺引起的疼痛
跗骨垫	只	用于减轻跗骨部位压力
硅胶足弓垫	只	用于扁平足
分趾梳	只	用于脚趾叠压
硅胶跖骨垫	只	用于足部骨骼病变
足趾矫形器	只	用于脚趾畸形
硅胶跗骨垫	只	用于减轻跗骨部位压力
硅胶足跟垫	只	用于减轻跟骨刺引起的疼痛
拇外翻矫正带	只	用于矫正拇外翻
拇外翻趾夹垫	只	用于矫正拇外翻
2. 足踝部矫形器		
踝固定带	只	用于踝关节损伤
踝足矫形器	只	用于小腿外伤或畸形　双侧夹板
踝足矫形器	只	用于小腿外伤或畸形（双侧金属支条）

产品名称	单位	用途及材料结构
踝足矫形器	只	用于小腿外伤或畸形（髌韧带承重式）
踝足矫形器	只	用于小腿外伤或畸形（钛合金支条）
踝足矫形器	只	用于足、踝畸形矫正
塑料托板踝足矫形器	只	用于腓神经损伤
踝足矫形器	只	用于足、踝畸形矫正
3. 膝部矫形器		
膝内外翻矫形器	只	用于 X 和 O 形腿矫正（夜用型）取型制作
膝关节保护矫形器	只	用于膝关节韧带损伤（包括侧副和十字韧带）
膝关节反屈矫形器	只	用于矫正膝关节反屈
膝踝足矫形器	只	用于大腿、小腿骨折或神经损伤及畸形
膝关节限位矫形器	只	用于大腿、小腿骨折或神经损伤恢复功能锻炼
膝踝足矫形器	只	用于大腿、小腿骨折或神经损伤及畸形　坐骨承重
膝踝足矫形器	只	用于大腿、小腿骨折或神经损伤及畸形　铝合金件
膝部矫形器	只	用于大腿、小腿骨折或神经韧带损伤及畸形
组建式膝矫形器	只	用于大腿、小腿骨折或神经韧带损伤及畸形
4. 髋膝踝足矫形器		
单侧低温板髋人字矫形器	具	用于大腿骨、骨股胫骨折及术后固定
单侧高温板髋人字矫形器	具	用于大腿骨、骨股胫骨折及术后固定
双侧低温板髋人字矫形器	具	用于大腿骨、骨股胫骨折及术后固定
双侧高温板髋人字矫形器	具	用于大腿骨、骨股胫骨折及术后固定
髋膝踝足矫形器	只	用于大腿骨折或神经损伤及畸形　不锈钢件
髋膝踝足矫形器	只	用于大腿骨折或神经损伤及畸形　铝合金件
髋膝踝足矫形器	只	用于大腿骨折或神经损伤及畸形　钛合金件
髋膝踝足截瘫矫形器	只	用于截瘫病人辅助站立或近距离行走　不锈钢件
髋膝踝足截瘫矫形器	只	用于截瘫病人辅助站立或近距离行走　钛合金件
髋矫形器（RB 吊带）	具	用于出生数周内婴儿髋臼发育不良及髋脱位
髋矫形器	具	用于周岁内幼儿髋臼发育不良及髋脱位
髋矫形器	具	用于周岁以上学龄前儿童髋臼发育不良及髋脱位
髋矫形器	具	术后康复
髋矫形器	具	闭合复位
髋矫形器	具	术中固定式
六、轮椅车		
轮椅防褥疮坐垫	个	用于肢体瘫痪残疾人座椅
轮椅防褥疮褥垫	个	用于肢体瘫痪残疾人座椅
偏瘫轮椅	辆	用于肢体偏瘫残疾人代步工具　手摇驱动方式
道路型三轮轮椅车	辆	用于肢体残疾人代步工具　手摇驱动方式
普通型轮椅	辆	用于肢体残疾人和老年人代步工具　助推及手摇驱动方式
功能性轮椅	辆	用于肢体残疾人和老年人代步工具　助推及手摇驱动方式

续表

产品名称	单位	用途及材料结构
铝合金轻型功能性轮椅	辆	用于肢体残疾人和老年人代步工具　助推及手摇驱动方式
道路型三轮电动轮椅	辆	用于肢体残疾人代步工具　电动及手动驱动方式
室内型四轮电动轮椅	辆	用于肢体残疾人代步工具　电动及手动驱动方式
七、其他产品		
疝气带	只	用于疝气病
假眼	只	用于眼球缺损　普通树脂
假眼	只	用于眼球缺损　新型高分子材料
假鼻	只	用于鼻部缺损　硅胶
假耳	只	用于耳部缺损　硅胶
假乳	只	用于乳房缺损　硅胶
自粘性硅胶片 120×150×2	片	帮助平复伤残的瘢痕，尽快适应穿戴假肢
自粘性硅胶片 120×60×2	片	帮助平复伤残的瘢痕，尽快适应穿戴假肢
自粘性硅胶片 120×25×2	片	帮助平复残肢的瘢痕，尽快适应穿戴假肢
轻度静脉曲张袜	只	用于腿部静脉曲张　弹力织物（进口）
治疗静脉曲张袜	只	用于腿部静脉曲张　弹力织物（进口）
残肢袜	只	用于残肢的保护　织物
小腿内衬套	只	取型，重新制作，EVA 材质
不锈钢拐杖	只	
铝合金拐杖	只	
木拐杖	只	
电镀铁拐	只	
三脚手杖	只	
四脚手杖	只	
助行器	只	
坐便器	只	

注：1. 未注明产地的材料和部件均属国产（包括中国台湾、中国香港地区）材料和部件；

2. 上肢假肢的功能一般特指假手的功能，三自由度是指假手二自由度、肘关节一个自由度；

3. 大腿假肢除气压、液压膝关节外，均按结构分类。本《目录》大腿假肢价格中的接受腔指单层接受腔；

4. 硅（凝）胶制产品使用寿命不低于 6 个月，一般正常使用 1 至 1.5 年；

5. 假脚使用寿命不低于 24 个月，一般正常使用 2 至 3 年；

6. 假肢主要零部件使用寿命不低于 36 个月，一般正常使用 36 至 60 个月；

7. 本《目录》中的下肢假肢连接管是指常用的铝管；

8. 矫形器是按人体使用部位分类；

9. 矫形器塑料板材和金属材料使用寿命一般正常使用分别是 6 至 12 个月和 36 至 60 个月，矫形器的穿戴时间必须谨遵医嘱；

10. 假肢矫形器种类繁多，本目录不可能尽收于内，各装配机构可在大类别中选择接近的产品价格参考。

财政部　国家税务总局　商务部
科技部　国家发展改革委
关于在服务贸易创新发展试点地区
推广技术先进型服务企业所得税
优惠政策的通知

财税〔2016〕122 号　2016 年 11 月 10 日　全文有效

天津、上海、海南、深圳、浙江、湖北、广东、四川、江苏、山东、黑龙江、重庆、贵州、陕西省（直辖市、计划单列市）财政厅（局）、国家税务局、地方税务局、商务主管部门、科技厅（委、局）、发展改革委：

为加快服务贸易发展，进一步推进外贸结构优化，根据国务院有关决定精神，现就在服务贸易创新发展试点地区推广技术先进型服务企业所得税优惠政策通知如下：

一、自 2016 年 1 月 1 日起至 2017 年 12 月 31 日止，在天津、上海、海南、深圳、杭州、武汉、广州、成都、苏州、威海和哈尔滨新区、江北新区、两江新区、贵安新区、西咸新区等 15 个服务贸易创新发展试点地区（以下简称试点地区）实行以下企业所得税优惠政策：

1. 符合条件的技术先进型服务企业减按 15% 的税率征收企业所得税。

2. 符合条件的技术先进型服务企业实际发生的职工教育经费支出，不超过工资薪金总额 8% 的部分，准予在计算应纳税所得额时扣除；超过部分准予在以后纳税年度结转扣除。

二、本通知所称技术先进型服务企业须满足的条件及有关管理事项，按照《财政部　国家税务总局　商务部　科技部　国家发展改革委关于完善技术先进型服务企业有关企业所得税政策问题的通知》（财税〔2014〕59 号）的相关规定执行。其中，企业须满足的技术先进型服务业务领域范围按照本通知所附《技术先进型服务业务领域范围（服务贸易类）》执行。

三、试点地区人民政府（管委会）财政、税务、商务、科技和发展改革部门应加强沟通与协作，发现新情况、新问题及时上报财政部、国家税务总局、商务部、科技部和国家发展改革委。

四、《财政部　国家税务总局　商务部　科技部　国家发展改革委关于完善技术先进型服务企业有关企业所得税政策问题的通知》（财税〔2014〕59 号）继续有效。

附件

技术先进型服务业务领域范围（服务贸易类）

类　别	适用范围
一、计算机和信息服务	
1. 信息系统集成服务	系统集成咨询服务；系统集成工程服务；提供硬件设备现场组装、软件安装与调试及相关运营维护支撑服务；系统运营维护服务，包括系统运行检测监控、故障定位与排除、性能管理、优化升级等。
2. 数据服务	数据存储管理服务，提供数据规划、评估、审计、咨询、清洗、整理、应用服务，数据增值服务，提供其他未分类数据处理服务。
二、研究开发和技术服务	
3. 研究和实验开发服务	物理学、化学、生物学、基因学、工程学、医学、农业科学、环境科学、人类地理科学、经济学和人文科学等领域的研究和实验开发服务。
4. 工业设计服务	对产品的材料、结构、机理、形状、颜色和表面处理的设计与选择；对产品进行的综合设计服务，即产品外观的设计、机械结构和电路设计等服务。
5. 知识产权跨境许可与转让	以专利、版权、商标等为载体的技术贸易。知识产权跨境许可是指授权境外机构有偿使用专利、版权和商标等；知识产权跨境转让是指将专利、版权和商标等知识产权售卖给境外机构。
三、文化技术服务	
6. 文化产品数字制作及相关服务	采用数字技术对舞台剧目、音乐、美术、文物、非物质文化遗产、文献资源等文化内容以及各种出版物进行数字化转化和开发，为各种显示终端提供内容，以及采用数字技术传播、经营文化产品等相关服务。
7. 文化产品的对外翻译、配音及制作服务	将本国文化产品翻译或配音成其他国家语言，将其他国家文化产品翻译或配音成本国语言以及与其相关的制作服务。
四、中医药医疗服务	
8. 中医药医疗保健及相关服务	与中医药相关的远程医疗保健、教育培训、文化交流等服务。

财政部　国家税务总局　证监会
关于深港股票市场交易互联互通机制
试点有关税收政策的通知

财税〔2016〕127 号　2016 年 11 月 5 日　全文有效

各省、自治区、直辖市、计划单列市财政厅（局）、国家税务局、地方税务局，新疆生产建设兵团财务局，上海、深圳证券交易所，中国证券登记结算公司：

经国务院批准，现就深港股票市场交易互联互通机制试点（以下简称深港通）涉及的有关税收政策问题明确如下：

一、关于内地投资者通过深港通投资香港联合交易所有限公司（以下简称香港联交所）上市股票的所得税问题

（一）内地个人投资者通过深港通投资香港联交所上市股票的转让差价所得税。

对内地个人投资者通过深港通投资香港联交所上市股票取得的转让差价所得，自 2016 年 12 月 5 日起至 2019 年 12 月 4 日止，暂免征收个人所得税。

（二）内地企业投资者通过深港通投资香港联交所上市股票的转让差价所得税。

对内地企业投资者通过深港通投资香港联交所上市股票取得的转让差价所得，计入其收入总额，依法征收企业所得税。

（三）内地个人投资者通过深港通投资香港联交所上市股票的股息红利所得税。

对内地个人投资者通过深港通投资香港联交所上市 H 股取得的股息红利，H 股公司应向中国证券登记结算有限责任公司（以下简称中国结算）提出申请，由中国结算向 H 股公司提供内地个人投资者名册，H 股公司按照 20% 的税率代扣个人所得税。内地个人投资者通过深港通投资香港联交所上市的非 H 股取得的股息红利，由中国结算按照 20% 的税率代扣个人所得税。个人投资者在国外已缴纳的预提税，可持有效扣税凭证到中国结算的主管税务机关申请税收抵免。

对内地证券投资基金通过深港通投资香港联交所上市股票取得的股息红利所得，按照上述规定计征个人所得税。

（四）内地企业投资者通过深港通投资香港联交所上市股票的股息红利所得税。

1. 对内地企业投资者通过深港通投资香港联交所上市股票取得的股息红利所得，计入其收入总额，依法计征企业所得税。其中，内地居民企业连续持有 H 股满 12 个月取得的股息红利所得，依法免征企业所得税。

2. 香港联交所上市 H 股公司应向中国结算提出申请，由中国结算向 H 股公司提供内地企业投资者名册，H 股公司对内地企业投资者不代扣股息红利所得税款，应纳税款由企业自行申报缴纳。

3. 内地企业投资者自行申报缴纳企业所得税时，对香港联交所非 H 股上市公司已代扣代缴的股息红利所得税，可依法申请税收抵免。

二、关于香港市场投资者通过深港通投资深圳证券交易所（以下简称深交所）上市 A 股的所得税问题

1. 对香港市场投资者（包括企业和个人）投资深交所上市 A 股取得的转让差价所得，暂免征收所得税。

2. 对香港市场投资者（包括企业和个人）投资深交所上市 A 股取得的股息红利所得，在香港中央结算有限公司（以下简称香港结算）不具备向中国结算提供投资者的身份及持股时间等明细数据的条件之前，暂不执行按持股时间实行差别化征税政策，由上市公司按照 10% 的税率代扣所得税，并向其主管税务机关办理扣缴申报。对于香港投资者中属于其他国家税收居民且其所在国与中国签订的税收协定规定股息红利所得税率低于 10% 的，企业或个人可以自行或委托代扣代缴义务人，向上市公司主管税务机关提出享受税收协定待遇退还多缴税款的申请，主管税务机关查实后，对符合退税条件的，应按已征税款和根据税收协定税率计算的应纳税款的差额予以退税。

三、关于内地和香港市场投资者通过深港通买卖股票的增值税问题

1. 对香港市场投资者（包括单位和个人）通过深港通买卖深交所上市 A 股取得的差价收入，在营改增试点期间免征增值税。

2. 对内地个人投资者通过深港通买卖香港联交所上市股票取得的差价收入，在营改增试点期间免征增值税。

3. 对内地单位投资者通过深港通买卖香港联交所上市股票取得的差价收入，在营改增试点期间按现行政策规定征免增值税。

四、关于内地和香港市场投资者通过深港通转让股票的证券（股票）交易印花税问题

香港市场投资者通过深港通买卖、继承、赠与深交所上市 A 股，按照内地现行税制规定缴纳证券（股票）交易印花税。内地投资者通过深港通买卖、继承、赠与香港联交所上市股票，按照香港特别行政区现行税法规定缴纳印花税。

中国结算和香港结算可互相代收上述税款。

五、关于香港市场投资者通过沪股通和深股通参与股票担保卖空的证券（股票）交易印花税问题

对香港市场投资者通过沪股通和深股通参与股票担保卖空涉及的股票借入、归还，暂免征收证券（股票）交易印花税。

六、本通知自 2016 年 12 月 5 日起执行。

财政部　国家税务总局　国家发展改革委关于垃圾填埋沼气发电列入《环境保护、节能节水项目企业所得税优惠目录（试行）》的通知

财税〔2016〕131 号　2016 年 12 月 1 日　全文有效

各省、自治区、直辖市、计划单列市财政厅（局）、国家税务局、地方税务局、发展改革委，新疆生产建设兵团财务局、发展改革委：

　　按照国务院促进民间投资健康发展的有关决定精神，落实垃圾填埋沼气发电项目所得税政策，现将有关问题通知如下：

　　一、将垃圾填埋沼气发电项目列入《财政部　国家税务总局　国家发展改革委关于公布环境保护节能节水项目企业所得税优惠目录（试行）的通知》（财税〔2009〕166 号）规定的"沼气综合开发利用"范围。

　　二、企业从事垃圾填埋沼气发电项目取得的所得，符合《环境保护、节能节水项目企业所得税优惠目录（试行）》规定优惠政策条件的，可依照规定享受企业所得税优惠。

　　本通知自 2016 年 1 月 1 日起执行。

财政部　国家税务总局　科技部
关于提高科技型中小企业研究开发费用
税前加计扣除比例的通知

财税〔2017〕34 号　2017 年 5 月 2 日　全文有效

各省、自治区、直辖市、计划单列市财政厅（局）、国家税务局、地方税务局、科技厅（局），新疆生产建设兵团财务局、科技局：

为进一步激励中小企业加大研发投入，支持科技创新，现就提高科技型中小企业研究开发费用（以下简称研发费用）税前加计扣除比例有关问题通知如下：

一、科技型中小企业开展研发活动中实际发生的研发费用，未形成无形资产计入当期损益的，在按规定据实扣除的基础上，在 2017 年 1 月 1 日至 2019 年 12 月 31 日期间，再按照实际发生额的 75% 在税前加计扣除；形成无形资产的，在上述期间按照无形资产成本的 175% 在税前摊销。

二、科技型中小企业享受研发费用税前加计扣除政策的其他政策口径按照《财政部　国家税务总局　科技部　关于完善研究开发费用税前加计扣除政策的通知》（财税〔2015〕119 号）规定执行。

三、科技型中小企业条件和管理办法由科技部、财政部和国家税务总局另行发布。科技、财政和税务部门应建立信息共享机制，及时共享科技型中小企业的相关信息，加强协调配合，保障优惠政策落实到位。

财政部　国家税务总局
关于创业投资企业和天使投资个人
有关税收试点政策的通知

财税〔2017〕38 号　2017 年 4 月 28 日　全文废止

各省、自治区、直辖市、计划单列市财政厅（局）、国家税务局、地方税务局，新疆生产建设兵团财务局：

为进一步落实创新驱动发展战略，促进创业投资持续健康发展，现就创业投资企业和天使投资个人有关税收试点政策通知如下：

一、税收试点政策

（一）公司制创业投资企业采取股权投资方式直接投资于种子期、初创期科技型企业（以下简称初创科技型企业）满 2 年（24 个月，下同）的，可以按照投资额的 70% 在股权持有满 2 年的当年抵扣该公司制创业投资企业的应纳税所得额；当年不足抵扣的，可以在以后纳税年度结转抵扣。

（二）有限合伙制创业投资企业（以下简称合伙创投企业）采取股权投资方式直接投资于初创科技型企业满 2 年的，该合伙创投企业的合伙人分别按以下方式处理：

1. 法人合伙人可以按照对初创科技型企业投资额的 70% 抵扣法人合伙人从合伙创投企业分得的所得；当年不足抵扣的，可以在以后纳税年度结转抵扣。

2. 个人合伙人可以按照对初创科技型企业投资额的 70% 抵扣个人合伙人从合伙创投企业分得的经营所得；当年不足抵扣的，可以在以后纳税年度结转抵扣。

（三）天使投资个人采取股权投资方式直接投资于初创科技型企业满 2 年的，可以按照投资额的 70% 抵扣转让该初创科技型企业股权取得的应纳税所得额；当期不足抵扣的，可以在以后取得转让该初创科技型企业股权的应纳税所得额时结转抵扣。

天使投资个人在试点地区投资多个初创科技型企业的，对其中办理注销清算的初创科技型企业，天使投资个人对其投资额的 70% 尚未抵扣完的，可自注销清算之日起 36 个月内抵扣天使投资个人转让其他初创科技型企业股权取得的应纳税所得额。

二、相关政策条件

（一）本通知所称初创科技型企业，应同时符合以下条件：

1. 在中国境内（不包括港、澳、台地区）注册成立、实行查账征收的居民企业；

2. 接受投资时，从业人数不超过 200 人，其中具有大学本科以上学历的从业人数不低于 30%；资产总额和年销售收入均不超过 3000 万元；

3. 接受投资时设立时间不超过 5 年（60 个月，下同）；

4. 接受投资时以及接受投资后 2 年内未在境内外证券交易所上市；

5. 接受投资当年及下一纳税年度，研发费用总额占成本费用支出的比例不低于 20%。

（二）享受本通知规定税收试点政策的创业投资企业，应同时符合以下条件：

1. 在中国境内（不含港、澳、台地区）注册成立、实行查账征收的居民企业或合伙创投企业，且不属于被投资初创科技型企业的发起人；

2. 符合《创业投资企业管理暂行办法》（国家发展改革委等 10 部门令第 39 号）规定或者《私募投资基金监督管理暂行办法》（证监会令第 105 号）关于创业投资基金的特别规定，按照上述规定完成备案且规范运作；

3. 投资后 2 年内，创业投资企业及其关联方持有被投资初创科技型企业的股权比例合计应低于 50%；

4. 创业投资企业注册地须位于本通知规定的试点地区。

（三）享受本通知规定的税收试点政策的天使投资个人，应同时符合以下条件：

1. 不属于被投资初创科技型企业的发起人、雇员或其亲属（包括配偶、父母、子女、祖父母、外祖父母、孙子女、外孙子女、兄弟姐妹，下同），且与被投资初创科技型企业不存在劳务派遣等关系；

2. 投资后 2 年内，本人及其亲属持有被投资初创科技型企业股权比例合计应低于 50%；

3. 享受税收试点政策的天使投资个人投资的初创科技型企业，其注册地须位于本通知规定的试点地区。

（四）享受本通知规定的税收试点政策的投资，仅限于通过向被投资初创科技型企业直接支付现金方式取得的股权投资，不包括受让其他股东的存量股权。

三、管理事项及管理要求

（一）本通知所称研发费用口径，按照《财政部 国家税务总局 科技部关于完善研究开发费用税前加计扣除政策的通知》（财税〔2015〕119 号）的规定执行。

（二）本通知所称从业人数，包括与企业建立劳动关系的职工人员及企业接受的劳务派遣人员。从业人数和资产总额指标，按照企业接受投资前连续 12 个月的平均数计算，不足 12 个月的，按实际月数平均计算。

本通知所称销售收入，包括主营业务收入与其他业务收入；年销售收入指标，按照企业接受投资前连续 12 个月的累计数计算，不足 12 个月的，按实际月数累计计算。

本通知所称成本费用，包括主营业务成本、其他业务成本、销售费用、管理费用、财务费用。

（三）本通知所称投资额，按照创业投资企业或天使投资个人对初创科技型企业的实缴投资额确定。

合伙创投企业的合伙人对初创科技型企业的投资额，按照合伙创投企业对初创科技型企业的实缴投资额和合伙协议约定的合伙人占合伙创投企业的出资比例计算确定。合伙人从合伙创投企业分得的所得，按照《财政部　国家税务总局关于合伙企业合伙人所得税问题的通知》（财税〔2008〕159 号）规定计算。

（四）天使投资个人、创业投资企业、合伙创投企业法人合伙人、被投资初创科技型企业应按规定向税务机关履行备案手续。

（五）初创科技型企业接受天使投资个人投资满 2 年，在上海证券交易所、深圳证券交易所上市的，天使投资个人转让该企业股票时，按照现行限售股有关规定执行，其尚未抵扣的投资额，在税款清算时一并计算抵扣。

（六）享受本通知规定的税收试点政策的纳税人，其主管税务机关对被投资企业是否符合初创科技型企业条件有异议的，可以转请被投资企业主管税务机关提供相关材料。对纳税人提供虚假资料，违规享受税收试点政策的，应按税收征管法相关规定处理，并将其列入失信纳税人名单，按规定实施联合惩戒措施。

四、执行时间及试点地区

本通知规定的企业所得税政策自 2017 年 1 月 1 日起试点执行，个人所得税政策自 2017 年 7 月 1 日起试点执行。执行日期前 2 年内发生的投资，在执行日期后投资满 2 年，且符合本通知规定的其他条件的，可以适用本通知规定的税收试点政策。

本通知所称试点地区包括京津冀、上海、广东、安徽、四川、武汉、西安、沈阳 8 个全面创新改革试验区域和苏州工业园区。

注：依据《财政部　国家税务总局关于创业投资企业和天使投资个人有关税收政策的通知》（财税〔2018〕55 号），本法规自 2018 年 7 月 1 日起全文废止，符合试点政策条件的投资额可按本通知的规定继续抵扣。

财政部 国家税务总局
关于广告费和业务宣传费支出税前
扣除政策的通知

财税〔2017〕41 号 2017 年 5 月 27 日 全文有效

各省、自治区、直辖市、计划单列市财政厅（局）、国家税务局、地方税务局，新疆生产建设兵团财务局：

根据《中华人民共和国企业所得税法实施条例》（国务院令第 512 号）第四十四条规定，现就有关广告费和业务宣传费支出税前扣除政策通知如下：

一、对化妆品制造或销售、医药制造和饮料制造（不含酒类制造）企业发生的广告费和业务宣传费支出，不超过当年销售（营业）收入 30% 的部分，准予扣除；超过部分，准予在以后纳税年度结转扣除。

二、对签订广告费和业务宣传费分摊协议（以下简称分摊协议）的关联企业，其中一方发生的不超过当年销售（营业）收入税前扣除限额比例内的广告费和业务宣传费支出可以在本企业扣除，也可以将其中的部分或全部按照分摊协议归集至另一方扣除。另一方在计算本企业广告费和业务宣传费支出企业所得税税前扣除限额时，可将按照上述办法归集至本企业的广告费和业务宣传费不计算在内。

三、烟草企业的烟草广告费和业务宣传费支出，一律不得在计算应纳税所得额时扣除。

四、本通知自 2016 年 1 月 1 日起至 2020 年 12 月 31 日止执行。

财政部　国家税务总局
关于扩大小型微利企业所得税
优惠政策范围的通知

财税〔2017〕43号　2017年6月6日　全文废止

各省、自治区、直辖市、计划单列市财政厅（局）、国家税务局、地方税务局，新疆生产建设兵团财务局：

为进一步支持小型微利企业发展，现就小型微利企业所得税政策通知如下：

一、自2017年1月1日至2019年12月31日，将小型微利企业的年应纳税所得额上限由30万元提高至50万元，对年应纳税所得额低于50万元（含50万元）的小型微利企业，其所得减按50%计入应纳税所得额，按20%的税率缴纳企业所得税。

前款所称小型微利企业，是指从事国家非限制和禁止行业，并符合下列条件的企业：

（一）工业企业，年度应纳税所得额不超过50万元，从业人数不超过100人，资产总额不超过3000万元；

（二）其他企业，年度应纳税所得额不超过50万元，从业人数不超过80人，资产总额不超过1000万元。

二、本通知第一条所称从业人数，包括与企业建立劳动关系的职工人数和企业接受的劳务派遣用工人数。

所称从业人数和资产总额指标，应按企业全年的季度平均值确定。具体计算公式如下：

季度平均值 =（季初值 + 季末值）÷2

全年季度平均值 = 全年各季度平均值之和 ÷4

年度中间开业或者终止经营活动的，以其实际经营期作为一个纳税年度确定上述相关指标。

三、《财政部　国家税务总局关于小型微利企业所得税优惠政策的通知》（财税〔2015〕34号）和《财政部　国家税务总局关于进一步扩大小型微利企业所得税优惠政策范围的通知》（财税〔2015〕99号）自2017年1月1日起废止。

四、各级财政、税务部门要严格按照本通知的规定，积极做好小型微利企业所得税优惠政策的宣传辅导工作，确保优惠政策落实到位。

注：依据《财政部　国家税务总局关于进一步扩大小型微利企业所得税优惠政策范围的通知》（财税〔2018〕77 号），本法规自 2018 年 1 月 1 日起全文废止。

财政部　国家税务总局关于延续支持农村金融发展有关税收政策的通知

财税〔2017〕¯44 号　2017 年 6 月 9 日　条款失效

各省、自治区、直辖市、计划单列市财政厅（局）、国家税务局、地方税务局，新疆生产建设兵团财务局：

为继续支持农村金融发展，现就农村金融有关税收政策通知如下：

一、自 2017 年 1 月 1 日至 2019 年 12 月 31 日，对金融机构农户小额贷款的利息收入，免征增值税。

二、自 2017 年 1 月 1 日至 2019 年 12 月 31 日，对金融机构农户小额贷款的利息收入，在计算应纳税所得额时，按 90% 计入收入总额。

三、自 2017 年 1 月 1 日至 2019 年 12 月 31 日，对保险公司为种植业、养殖业提供保险业务取得的保费收入，在计算应纳税所得额时，按 90% 计入收入总额。

四、本通知所称农户，是指长期（一年以上）居住在乡镇（不包括城关镇）行政管理区域内的住户，还包括长期居住在城关镇所辖行政村范围内的住户和户口不在本地而在本地居住一年以上的住户，国有农场的职工和农村个体工商户。位于乡镇（不包括城关镇）行政管理区域内和在城关镇所辖行政村范围内的国有经济的机关、团体、学校、企事业单位的集体户；有本地户口，但举家外出谋生一年以上的住户，无论是否保留承包耕地均不属于农户。农户以户为统计单位，既可以从事农业生产经营，也可以从事非农业生产经营。农户贷款的判定应以贷款发放时的承贷主体是否属于农户为准。

本通知所称小额贷款，是指单笔且该农户贷款余额总额在 10 万元（含本数）以下的贷款。

本通知所称保费收入，是指原保险保费收入加上分保费收入减去分出保费后的余额。

五、金融机构应对符合条件的农户小额贷款利息收入进行单独核算，不能单独核算的不得适用本通知第一条、第二条规定的优惠政策。

六、本通知印发之日前已征的增值税，可抵减纳税人以后月份应缴纳的增值税或予以退还。

注：依据《财政部　国家税务总局关于支持小微企业融资有关税收政策的通知》（财税〔2017〕77 号），本法规第一条废止。

财政部 国家税务总局 民政部
关于继续实施扶持自主就业退役士兵
创业就业有关税收政策的通知

财税〔2017〕46 号 2017 年 6 月 12 日 全文有效

各省、自治区、直辖市、计划单列市财政厅（局）、国家税务局、地方税务局、民政厅（局），新疆生产建设兵团财务局、民政局：

为扶持自主就业退役士兵创业就业，现将有关税收政策通知如下：

一、对自主就业退役士兵从事个体经营的，在 3 年内按每户每年 8000 元为限额依次扣减其当年实际应缴纳的增值税、城市维护建设税、教育费附加、地方教育附加和个人所得税。限额标准最高可上浮 20%，各省、自治区、直辖市人民政府可根据本地区实际情况在此幅度内确定具体限额标准，并报财政部和国家税务总局备案。

纳税人年度应缴纳税款小于上述扣减限额的，以其实际缴纳的税款为限；大于上述扣减限额的，以上述扣减限额为限。纳税人的实际经营期不足一年的，应当以实际月份换算其减免税限额。换算公式为：减免税限额＝年度减免税限额÷12×实际经营月数。

纳税人在享受税收优惠政策的当月，持《中国人民解放军义务兵退出现役证》或《中国人民解放军士官退出现役证》以及税务机关要求的相关材料向主管税务机关备案。

二、对商贸企业、服务型企业、劳动就业服务企业中的加工型企业和街道社区具有加工性质的小型企业实体，在新增加的岗位中，当年新招用自主就业退役士兵，与其签订 1 年以上期限劳动合同并依法缴纳社会保险费的，在 3 年内按实际招用人数予以定额依次扣减增值税、城市维护建设税、教育费附加、地方教育附加和企业所得税优惠。定额标准为每人每年 4000 元，最高可上浮 50%，各省、自治区、直辖市人民政府可根据本地区实际情况在此幅度内确定具体定额标准，并报财政部和国家税务总局备案。

本条所称服务型企业是指从事《销售服务、无形资产、不动产注释》（《财政部 国家税务总局关于全面推开营业税改征增值税试点的通知》——财税〔2016〕36 号附件）中"不动产租赁服务"、"商务辅助服务"（不含货物运输代理和代理报关服务）、"生活服务"（不含文化体育服务）范围内业务活动的企业以及按照《民办非企业单位登记管理暂行条例》（国务院令第251号）登记成立的民办非企业单位。

纳税人按企业招用人数和签订的劳动合同时间核定企业减免税总额，在核定减免税总额内每月依次扣减增值税、城市维护建设税、教育费附加和地方教育附加。纳税人实际应缴纳的增值税、城市维护建设税、教育费附加和地方教育附加小于核定减免税总额的，以实际应缴纳的增值税、城市维护建设税、教育费附加和地方教育附加为限；实际应缴纳的增值税、城市维护建设税、教育费附加和地方教育附加大于核定减免税总额的，以核定减免税总额为限。

纳税年度终了，如果企业实际减免的增值税、城市维护建设税、教育费附加和地方教育附加小于核定的减免税总额，企业在企业所得税汇算清缴时扣减企业所得税。当年扣减不完的，不再结转以后年度扣减。

计算公式为：企业减免税总额 = Σ 每名自主就业退役士兵本年度在本企业工作月份 ÷ 12 × 定额标准。

企业自招用自主就业退役士兵的次月起享受税收优惠政策，并于享受税收优惠政策的当月，持下列材料向主管税务机关备案：新招用自主就业退役士兵的《中国人民解放军义务兵退出现役证》或《中国人民解放军士官退出现役证》；企业与新招用自主就业退役士兵签订的劳动合同（副本），企业为职工缴纳的社会保险费记录；自主就业退役士兵本年度在企业工作时间表（见附件）；主管税务机关要求的其他相关材料。

三、本通知所称自主就业退役士兵是指依照《退役士兵安置条例》（国务院、中央军委令第608号）的规定退出现役并按自主就业方式安置的退役士兵。

四、本通知的执行期限为2017年1月1日至2019年12月31日。本通知规定的税收优惠政策按照备案减免税管理，纳税人应向主管税务机关备案。税收优惠政策在2019年12月31日未享受满3年的，可继续享受至3年期满为止。

对《财政部　国家税务总局关于全面推开营业税改征增值税试点的通知》（财税〔2016〕36号）附件3第三条第（一）项政策，纳税人在2016年12月31日未享受满3年的，可按现行政策继续享受至3年期满为止。

五、如果企业招用的自主就业退役士兵既适用本通知规定的税收优惠政策，又适用其他扶持就业的专项税收优惠政策，企业可选择适用最优惠的政策，但不能重复享受。

各地财政、税务、民政部门要加强领导、周密部署，把扶持自主就业退役士兵创业就业工作作为一项重要任务，主动做好政策宣传和解释工作，加强部门间的协调配合，确保政策落实到位。同时，要密切关注税收政策的执行情况，对发现的问题及时逐级向财政部、国家税务总局、民政部反映。

附件：自主就业退役士兵本年度在企业工作时间表（样式）（略）

财政部 国家税务总局
关于小额贷款公司有关税收政策的通知

财税〔2017〕48 号 2017 年 6 月 9 日 全文有效

各省、自治区、直辖市、计划单列市财政厅（局）、国家税务局、地方税务局，新疆生产建设兵团财务局：

为引导小额贷款公司在"三农"、小微企业等方面发挥积极作用，更好地服务实体经济发展，现将小额贷款公司有关税收政策通知如下：

一、自 2017 年 1 月 1 日至 2019 年 12 月 31 日，对经省级金融管理部门（金融办、局等）批准成立的小额贷款公司取得的农户小额贷款利息收入，免征增值税。

二、自 2017 年 1 月 1 日至 2019 年 12 月 31 日，对经省级金融管理部门（金融办、局等）批准成立的小额贷款公司取得的农户小额贷款利息收入，在计算应纳税所得额时，按 90% 计入收入总额。

三、自 2017 年 1 月 1 日至 2019 年 12 月 31 日，对经省级金融管理部门（金融办、局等）批准成立的小额贷款公司按年末贷款余额的 1% 计提的贷款损失准备金准予在企业所得税税前扣除。具体政策口径按照《财政部 国家税务总局关于金融企业贷款损失准备金企业所得税税前扣除有关政策的通知》（财税〔2015〕9 号）执行。

四、本通知所称农户，是指长期（一年以上）居住在乡镇（不包括城关镇）行政管理区域内的住户，还包括长期居住在城关镇所辖行政村范围内的住户和户口不在本地而在本地居住一年以上的住户，国有农场的职工和农村个体工商户。位于乡镇（不包括城关镇）行政管理区域内和在城关镇所辖行政村范围内的国有经济的机关、团体、学校、企事业单位的集体户；有本地户口，但举家外出谋生一年以上的住户，无论是否保留承包耕地均不属于农户。农户以户为统计单位，既可以从事农业生产经营，也可以从事非农业生产经营。农户贷款的判定应以贷款发放时的承贷主体是否属于农户为准。

本通知所称小额贷款，是指单笔且该农户贷款余额总额在 10 万元（含本数）以下的贷款。

五、2017 年 1 月 1 日至本通知印发之日前已征的应予免征的增值税，可抵减纳税人以后月份应缴纳的增值税或予以退还。

财政部　国家税务总局
人力资源和社会保障部
关于继续实施支持和促进重点群体
创业就业有关税收政策的通知

财税〔2017〕49 号　2017 年 6 月 12 日　全文有效

各省、自治区、直辖市、计划单列市财政厅（局）、国家税务局、地方税务局、人力资源和社会保障厅（局），新疆生产建设兵团财务局、人力资源和社会保障局：

为支持和促进重点群体创业就业，现将有关税收政策通知如下：

一、对持《就业创业证》（注明"自主创业税收政策"或"毕业年度内自主创业税收政策"）或《就业失业登记证》（注明"自主创业税收政策"或附着《高校毕业生自主创业证》）的人员从事个体经营的，在 3 年内按每户每年 8000 元为限额依次扣减其当年实际应缴纳的增值税、城市维护建设税、教育费附加、地方教育附加和个人所得税。限额标准最高可上浮 20%，各省、自治区、直辖市人民政府可根据本地区实际情况在此幅度内确定具体限额标准，并报财政部和国家税务总局备案。

纳税人年度应缴纳税款小于上述扣减限额的，以其实际缴纳的税款为限；大于上述扣减限额的，以上述扣减限额为限。

上述人员是指：1. 在人力资源和社会保障部门公共就业服务机构登记失业半年以上的人员；2. 零就业家庭、享受城市居民最低生活保障家庭劳动年龄内的登记失业人员；3. 毕业年度内高校毕业生。高校毕业生是指实施高等学历教育的普通高等学校、成人高等学校应届毕业的学生；毕业年度是指毕业所在自然年，即 1 月 1 日至 12 月 31 日。

二、对商贸企业、服务型企业、劳动就业服务企业中的加工型企业和街道社区具有加工性质的小型企业实体，在新增加的岗位中，当年新招用在人力资源和社会保障部门公共就业服务机构登记失业半年以上且持《就业创业证》或《就业失业登记证》（注明"企业吸纳税收政策"）人员，与其签订 1 年以上期限劳动合同并依法缴纳社会保险费的，在 3 年内按实际招用人数予以定额依次扣减增值税、城市维护建设税、教育费附加、地方教育附加和企业所得税优惠。定额标准为每人每年 4000 元，最高可上浮 30%，各省、自治区、直辖市人民政府可根据本地区实际情况在此幅度内确定具体定额标准，并报财政部和国家税务总局备案。

按上述标准计算的税收扣减额应在企业当年实际应缴纳的增值税、城市维护建设税、教育费附加、地方教育附加和企业所得税税额中扣减，当年扣减不完的，不得结转下年使用。

本条所称服务型企业，是指从事《销售服务、无形资产、不动产注释》（《财政部 国家税务总局关于全面推开营业税改征增值税试点的通知》——财税〔2016〕36号附件）中"不动产租赁服务"、"商务辅助服务"（不含货物运输代理和代理报关服务）、"生活服务"（不含文化体育服务）范围内业务活动的企业以及按照《民办非企业单位登记管理暂行条例》（国务院令第251号）登记成立的民办非企业单位。

三、享受上述优惠政策的人员按以下规定申领《就业创业证》：

（一）按照《就业服务与就业管理规定》（人力资源和社会保障部令第24号）第六十三条的规定，在法定劳动年龄内，有劳动能力，有就业要求，处于无业状态的城镇常住人员，在公共就业服务机构进行失业登记，申领《就业创业证》。对其中的零就业家庭、城市低保家庭的登记失业人员，公共就业服务机构应在其《就业创业证》上予以注明。

（二）毕业年度内高校毕业生在校期间凭学生证向公共就业服务机构按规定申领《就业创业证》，或委托所在高校就业指导中心向公共就业服务机构按规定代为其申领《就业创业证》；毕业年度内高校毕业生离校后直接向公共就业服务机构按规定申领《就业创业证》。

（三）上述人员申领相关凭证后，由就业和创业地人力资源和社会保障部门对人员范围、就业失业状态、已享受政策情况进行核实，在《就业创业证》上注明"自主创业税收政策"、"毕业年度内自主创业税收政策"或"企业吸纳税收政策"字样，同时符合自主创业和企业吸纳税收政策条件的，可同时加注；主管税务机关在《就业创业证》上加盖戳记，注明减免税所属时间。

四、本通知的执行期限为2017年1月1日至2019年12月31日。本通知规定的税收优惠政策按照备案减免税管理，纳税人应向主管税务机关备案。税收优惠政策在2019年12月31日未享受满3年的，可继续享受至3年期满为止。

对《财政部 国家税务总局关于全面推开营业税改征增值税试点的通知》（财税〔2016〕36号）文件附件3第三条第（二）项政策，纳税人在2016年12月31日未享受满3年的，可按现行政策继续享受至3年期满为止。

五、本通知所述人员不得重复享受税收优惠政策，以前年度已享受扶持就业的专项税收优惠政策的人员不得再享受本通知规定的税收优惠政策。如果企业的就业人员既适用本通知规定的税收优惠政策，又适用其他扶持就业的专项税收优惠政策，企业可选择适用最优惠的政策，但不能重复享受。

六、上述税收政策的具体实施办法由国家税务总局会同财政部、人力资源和社会保障部、教育部、民政部另行制定。

各地财政、税务、人力资源和社会保障部门要加强领导、周密部署，把大力支持和促进重点群体创业就业工作作为一项重要任务，主动做好政策宣传和解释工作，加强部门间的协调配合，确保政策落实到位。同时，要密切关注税收政策的执行情况，对发现的问题及时逐级向财政部、国家税务总局、人力资源和社会保障部反映。

财政部　国家税务总局　海关总署
关于北京 2022 年冬奥会和冬残奥会
税收政策的通知

财税〔2017〕60 号　2017 年 7 月 12 日　全文有效

各省、自治区、直辖市、计划单列市财政厅（局）、国家税务局、地方税务局，广东分署、各直属海关，新疆生产建设兵团财务局：

为支持发展奥林匹克运动，确保北京 2022 年冬奥会和冬残奥会顺利举办，现就有关税收政策通知如下：

一、对北京 2022 年冬奥会和冬残奥会组织委员会（以下简称北京冬奥组委）实行以下税收政策

（一）对北京冬奥组委取得的电视转播权销售分成收入、国际奥委会全球合作伙伴计划分成收入（实物和资金），免征应缴纳的增值税。

（二）对北京冬奥组委市场开发计划取得的国内外赞助收入、转让无形资产（如标志）特许权收入和销售门票收入，免征应缴纳的增值税。

（三）对北京冬奥组委取得的与中国集邮总公司合作发行纪念邮票收入、与中国人民银行合作发行纪念币收入，免征应缴纳的增值税。

（四）对北京冬奥组委取得的来源于广播、互联网、电视等媒体收入，免征应缴纳的增值税。

（五）对外国政府和国际组织无偿捐赠用于北京 2022 年冬奥会的进口物资，免征进口关税和进口环节增值税。

（六）对以一般贸易方式进口，用于北京 2022 年冬奥会的体育场馆建设所需设备中与体育场馆设施固定不可分离的设备以及直接用于北京 2022 年冬奥会比赛用的消耗品，免征关税和进口环节增值税。享受免税政策的奥运会体育场馆建设进口设备及比赛用消耗品的范围、数量清单由北京冬奥组委汇总后报财政部商有关部门审核确定。

（七）对北京冬奥组委进口的其他特需物资，包括：国际奥委会或国际单项体育组织指定的，国内不能生产或性能不能满足需要的体育器材、医疗检测设备、安全保障设备、交通通信设备、技术设备，在运动会期间按暂准进口货物规定办理，运动会

结束后留用或做变卖处理的，按有关规定办理正式进口手续，并照章缴纳进口税收，其中进口汽车以不低于新车90%的价格估价征税。上述暂准进口的商品范围、数量清单由北京冬奥组委汇总后报财政部商有关部门审核确定。

（八）对北京冬奥组委再销售所获捐赠物品和赛后出让资产取得收入，免征应缴纳的增值税、消费税和土地增值税。免征北京冬奥组委向分支机构划拨所获赞助物资应缴纳的增值税，北京冬奥组委向主管税务机关提供"分支机构"范围的证明文件，办理减免税备案。

（九）对北京冬奥组委使用的营业账簿和签订的各类合同等应税凭证，免征北京冬奥组委应缴纳的印花税。

（十）对北京冬奥组委免征应缴纳的车船税和新购车辆应缴纳的车辆购置税。

（十一）对北京冬奥组委免征应缴纳的企业所得税。

（十二）对北京冬奥组委委托加工生产的高档化妆品免征应缴纳的消费税。

具体管理办法由国家税务总局另行规定。

（十三）对国际奥委会、国际单项体育组织和其他社会团体等从国外邮寄进口且不流入国内市场的、与北京2022年冬奥会有关的文件、书籍、音像、光盘，在合理数量范围内免征关税和进口环节增值税。合理数量的具体标准由海关总署确定。对奥运会场馆建设所需进口的模型、图纸、图板、电子文件光盘、设计说明及缩印本等规划设计方案，免征关税和进口环节增值税。

（十四）对北京冬奥组委取得的餐饮服务、住宿、租赁、介绍服务和收费卡收入，免征应缴纳的增值税。

（十五）对北京2022年冬奥会场馆及其配套设施建设占用耕地，免征耕地占用税。

（十六）根据中国奥委会、主办城市、国际奥委会签订的《北京2022年冬季奥林匹克运动会主办城市合同》（以下简称《主办城市合同》）规定，北京冬奥组委全面负责和组织举办北京2022年冬残奥会，其取得的北京2022年冬残奥会收入及其发生的涉税支出比照执行北京2022年冬奥会的税收政策。

二、对国际奥委会、中国奥委会、国际残疾人奥林匹克委员会、中国残奥委员会、北京冬奥会测试赛赛事组委会实行以下税收政策

（一）对国际奥委会取得的与北京2022年冬奥会有关的收入免征增值税、消费税、企业所得税。

（二）对国际奥委会、中国奥委会签订的与北京2022年冬奥会有关的各类合同，免征国际奥委会和中国奥委会应缴纳的印花税。

（三）对国际奥委会取得的国际性广播电视组织转来的中国境内电视台购买北京2022年冬奥会转播权款项，免征应缴纳的增值税。

（四）对按中国奥委会、主办城市签订的《联合市场开发计划协议》和中国奥委会、主办城市、国际奥委会签订的《主办城市合同》规定，中国奥委会取得的由北京冬奥组委分期支付的收入、按比例支付的盈余分成收入免征增值税、消费税和企业所得税。

（五）对国际残奥委会取得的与北京2022年冬残奥会有关的收入免征增值税、消费税、企业所得税和印花税。

（六）对中国残奥委会根据《联合市场开发计划协议》取得的由北京冬奥组委分期支付的收入免征增值税、消费税、企业所得税和印花税。

（七）北京冬奥会测试赛赛事组委会取得的收入及发生的涉税支出比照执行北京冬奥组委的税收政策。

三、对北京2022年冬奥会、冬残奥会、测试赛参与者实行以下税收政策

（一）对企业、社会组织和团体赞助、捐赠北京2022年冬奥会、冬残奥会、测试赛的资金、物资、服务支出，在计算企业应纳税所得额时予以全额扣除。

（二）企业根据赞助协议向北京冬奥组委免费提供的与北京2022年冬奥会、冬残奥会、测试赛有关的服务，免征增值税。免税清单由北京冬奥组委报财政部、国家税务总局确定。

（三）个人捐赠北京2022年冬奥会、冬残奥会、测试赛的资金和物资支出可在计算个人应纳税所得额时予以全额扣除。

（四）对财产所有人将财产（物品）捐赠给北京冬奥组委所书立的产权转移书据免征应缴纳的印花税。

（五）对受北京冬奥组委邀请的，在北京2022年冬奥会、冬残奥会、测试赛期间临时来华，从事奥运相关工作的外籍顾问以及裁判员等外籍技术官员取得的由北京冬奥组委、测试赛赛事组委会支付的劳务报酬免征增值税和个人所得税。

（六）对在北京2022年冬奥会、冬残奥会、测试赛期间裁判员等中方技术官员取得的由北京冬奥组委、测试赛赛事组委会支付的劳务报酬，免征应缴纳的增值税。

（七）对于参赛运动员因北京2022年冬奥会、冬残奥会、测试赛比赛获得的奖金和其他奖赏收入，按现行税收法律法规的有关规定免征应缴纳的个人所得税。

（八）在北京2022年冬奥会场馆（场地）建设、试运营、测试赛及冬奥会及冬残奥会期间，对用于北京2022年冬奥会场馆（场地）建设、运维的水资源，免征应缴纳的水资源税。

（九）免征北京2022年冬奥会、冬残奥会、测试赛参与者向北京冬奥组委无偿提供服务和无偿转让无形资产的增值税。

四、本通知自发布之日起执行。

财政部　国家税务总局　国家发展改革委
工业和信息化部　环境保护部
关于印发节能节水和环境保护专用设备
企业所得税优惠目录（2017 年版）的通知

财税〔2017〕71 号　2017 年 9 月 6 日　全文有效

各省、自治区、直辖市、计划单列市财政厅（局）、国家税务局、地方税务局、发展改革委、工业和信息化主管部门、环境保护厅（局），新疆生产建设兵团财务局、发展改革委、工业和信息化委员会、环境保护局：

经国务院同意，现就节能节水和环境保护专用设备企业所得税优惠目录调整完善事项及有关政策问题通知如下：

一、对企业购置并实际使用节能节水和环境保护专用设备享受企业所得税抵免优惠政策的适用目录进行适当调整，统一按《节能节水专用设备企业所得税优惠目录（2017 年版）》（附件 1）和《环境保护专用设备企业所得税优惠目录（2017 年版）》（附件 2）执行。

二、按照国务院关于简化行政审批的要求，进一步优化优惠管理机制，实行企业自行申报并直接享受优惠、税务部门强化后续管理的机制。企业购置节能节水和环境保护专用设备，应自行判断是否符合税收优惠政策规定条件，按规定向税务部门履行企业所得税优惠备案手续后直接享受税收优惠，税务部门采取税收风险管理、稽查、纳税评估等方式强化后续管理。

三、建立部门协调配合机制，切实落实节能节水和环境保护专用设备税收抵免优惠政策。税务部门在执行税收优惠政策过程中，不能准确判定企业购置的专用设备是否符合相关技术指标等税收优惠政策规定条件的，可提请地市级（含）以上发展改革、工业和信息化、环境保护等部门，由其委托专业机构出具技术鉴定意见，相关部门应积极配合。对不符合税收优惠政策规定条件的，由税务机关按《税收征管法》及有关规定进行相应处理。

四、本通知所称税收优惠政策规定条件，是指《节能节水专用设备企业所得税优惠目录（2017 年版）》和《环境保护专用设备企业所得税优惠目录（2017 年版）》所规定的设备类别、设备名称、性能参数、应用领域和执行标准。

　　五、本通知自 2017 年 1 月 1 日起施行。《节能节水专用设备企业所得税优惠目录（2008 年版）》和《环境保护专用设备企业所得税优惠目录（2008 年版）》自 2017 年 10 月 1 日起废止，企业在 2017 年 1 月 1 日至 2017 年 9 月 30 日购置的专用设备符合 2008 年版优惠目录规定的，也可享受税收优惠。

　　附件：1. 节能节水专用设备企业所得税优惠目录（2017 年版）（略）
　　　　　2. 环境保护专用设备企业所得税优惠目录（2017 年版）（略）

财政部　国家税务总局　商务部
科技部　国家发展改革委
关于将技术先进型服务企业所得税
政策推广至全国实施的通知

财税〔2017〕79 号　2017 年 11 月 2 日　全文有效

各省、自治区、直辖市、计划单列市财政厅（局）、国家税务局、地方税务局、商务主管部门、科技厅（委、局）、发展改革委，新疆生产建设兵团财务局、商务局、科技局、发展改革委：

为贯彻落实《国务院关于促进外资增长若干措施的通知》（国发〔2017〕39 号）要求，发挥外资对优化服务贸易结构的积极作用，引导外资更多投向高技术、高附加值服务业，促进企业技术创新和技术服务能力的提升，增强我国服务业的综合竞争力，现就技术先进型服务企业有关企业所得税政策问题通知如下：

一、自 2017 年 1 月 1 日起，在全国范围内实行以下企业所得税优惠政策：

1. 对经认定的技术先进型服务企业，减按 15% 的税率征收企业所得税。

2. 经认定的技术先进型服务企业发生的职工教育经费支出，不超过工资薪金总额 8% 的部分，准予在计算应纳税所得额时扣除；超过部分，准予在以后纳税年度结转扣除。

二、享受本通知第一条规定的企业所得税优惠政策的技术先进型服务企业必须同时符合以下条件：

1. 在中国境内（不包括港、澳、台地区）注册的法人企业；

2. 从事《技术先进型服务业务认定范围（试行）》（详见附件）中的一种或多种技术先进型服务业务，采用先进技术或具备较强的研发能力；

3. 具有大专以上学历的员工占企业职工总数的 50% 以上；

4. 从事《技术先进型服务业务认定范围（试行）》中的技术先进型服务业务取得的收入占企业当年总收入的 50% 以上；

5. 从事离岸服务外包业务取得的收入不低于企业当年总收入的 35%。

从事离岸服务外包业务取得的收入，是指企业根据境外单位与其签订的委托合同，由本企业或其直接转包的企业为境外单位提供《技术先进型服务业务认定范围（试行）》中所规定的信息技术外包服务（ITO）、技术性业务流程外包服务（BPO）

和技术性知识流程外包服务（KPO），而从上述境外单位取得的收入。

三、技术先进型服务企业的认定管理

1. 省级科技部门会同本级商务、财政、税务和发展改革部门根据本通知规定制定本省（自治区、直辖市、计划单列市）技术先进型服务企业认定管理办法，并负责本地区技术先进型服务企业的认定管理工作。各省（自治区、直辖市、计划单列市）技术先进型服务企业认定管理办法应报科技部、商务部、财政部、国家税务总局和国家发展改革委备案。

2. 符合条件的技术先进型服务企业应向所在省级科技部门提出申请，由省级科技部门会同本级商务、财政、税务和发展改革部门联合评审后发文认定，并将认定企业名单及有关情况通过科技部"全国技术先进型服务企业业务办理管理平台"备案，科技部与商务部、财政部、国家税务总局和国家发展改革委共享备案信息。符合条件的技术先进型服务企业须在商务部"服务贸易统计监测管理信息系统（服务外包信息管理应用）"中填报企业基本信息，按时报送数据。

3. 经认定的技术先进型服务企业，持相关认定文件向所在地主管税务机关办理享受本通知第一条规定的企业所得税优惠政策事宜。享受企业所得税优惠的技术先进型服务企业条件发生变化的，应当自发生变化之日起 15 日内向主管税务机关报告；不再符合享受税收优惠条件的，应当依法履行纳税义务。主管税务机关在执行税收优惠政策过程中，发现企业不具备技术先进型服务企业资格的，应提请认定机构复核。复核后确认不符合认定条件的，应取消企业享受税收优惠政策的资格。

4. 省级科技、商务、财政、税务和发展改革部门对经认定并享受税收优惠政策的技术先进型服务企业应做好跟踪管理，对变更经营范围、合并、分立、转业、迁移的企业，如不再符合认定条件，应及时取消其享受税收优惠政策的资格。

5. 省级财政、税务、商务、科技和发展改革部门要认真贯彻落实本通知的各项规定，在认定工作中对内外资企业一视同仁，平等对待，切实做好沟通与协作工作。在政策实施过程中发现问题，要及时反映上报财政部、国家税务总局、商务部、科技部和国家发展改革委。

6. 省级科技、商务、财政、税务和发展改革部门及其工作人员在认定技术先进型服务企业工作中，存在违法违纪行为的，按照《公务员法》《行政监察法》等国家有关规定追究相应责任；涉嫌犯罪的，移送司法机关处理。

7. 本通知印发后，各地应按照本通知规定于 2017 年 12 月 31 日前出台本省（自治区、直辖市、计划单列市）技术先进型服务企业认定管理办法并据此开展认定工作。现有 31 个中国服务外包示范城市已认定的 2017 年度技术先进型服务企业继续有效。从 2018 年 1 月 1 日起，中国服务外包示范城市技术先进型服务企业认定管理工作依照所在省（自治区、直辖市、计划单列市）制定的管理办法实施。

附件：技术先进型服务业务认定范围（试行）（略）

财政部　国家税务总局
关于非营利组织免税资格认定
管理有关问题的通知

财税〔2018〕13 号　　2018 年 2 月 7 日　　全文有效

各省、自治区、直辖市、计划单列市财政厅（局）、国家税务局、地方税务局，新疆生产建设兵团财政局：

根据《中华人民共和国企业所得税法》第二十六条及《中华人民共和国企业所得税法实施条例》第八十四条的规定，现对非营利组织免税资格认定管理有关问题明确如下：

一、依据本通知认定的符合条件的非营利组织，必须同时满足以下条件：

（一）依照国家有关法律法规设立或登记的事业单位、社会团体、基金会、社会服务机构、宗教活动场所、宗教院校以及财政部、国家税务总局认定的其他非营利组织；

（二）从事公益性或者非营利性活动；

（三）取得的收入除用于与该组织有关的、合理的支出外，全部用于登记核定或者章程规定的公益性或者非营利性事业；

（四）财产及其孳息不用于分配，但不包括合理的工资薪金支出；

（五）按照登记核定或者章程规定，该组织注销后的剩余财产用于公益性或者非营利性目的，或者由登记管理机关采取转赠给与该组织性质、宗旨相同的组织等处置方式，并向社会公告；

（六）投入人对投入该组织的财产不保留或者享有任何财产权利，本款所称投入人是指除各级人民政府及其部门外的法人、自然人和其他组织；

（七）工作人员工资福利开支控制在规定的比例内，不变相分配该组织的财产，其中：工作人员平均工资薪金水平不得超过税务登记所在地的地市级（含地市级）以上地区的同行业同类组织平均工资水平的两倍，工作人员福利按照国家有关规定执行；

（八）对取得的应纳税收入及其有关的成本、费用、损失应与免税收入及其有关的成本、费用、损失分别核算。

二、经省级（含省级）以上登记管理机关批准设立或登记的非营利组织，凡符合规定条件的，应向其所在地省级税务主管机关提出免税资格申请，并提供本通知规定的相关材料；经地市级或县级登记管理机关批准设立或登记的非营利组织，凡符合规定条件的，分别向其所在地的地市级或县级税务主管机关提出免税资格申请，并提供本通知规定的相关材料。

财政、税务部门按照上述管理权限，对非营利组织享受免税的资格联合进行审核确认，并定期予以公布。

三、申请享受免税资格的非营利组织，需报送以下材料：

（一）申请报告；

（二）事业单位、社会团体、基金会、社会服务机构的组织章程或宗教活动场所、宗教院校的管理制度；

（三）非营利组织注册登记证件的复印件；

（四）上一年度的资金来源及使用情况、公益活动和非营利活动的明细情况；

（五）上一年度的工资薪金情况专项报告，包括薪酬制度、工作人员整体平均工资薪金水平、工资福利占总支出比例、重要人员工资薪金信息（至少包括工资薪金水平排名前 10 的人员）；

（六）具有资质的中介机构鉴证的上一年度财务报表和审计报告；

（七）登记管理机关出具的事业单位、社会团体、基金会、社会服务机构、宗教活动场所、宗教院校上一年度符合相关法律法规和国家政策的事业发展情况或非营利活动的材料；

（八）财政、税务部门要求提供的其他材料。

当年新设立或登记的非营利组织需提供本条第（一）项至第（三）项规定的材料及本条第（四）项、第（五）项规定的申请当年的材料，不需提供本条第（六）项、第（七）项规定的材料。

四、非营利组织免税优惠资格的有效期为五年。非营利组织应在免税优惠资格期满后六个月内提出复审申请，不提出复审申请或复审不合格的，其享受免税优惠的资格到期自动失效。

非营利组织免税资格复审，按照初次申请免税优惠资格的规定办理。

五、非营利组织必须按照《中华人民共和国税收征收管理法》及《中华人民共和国税收征收管理法实施细则》等有关规定，办理税务登记，按期进行纳税申报。取得免税资格的非营利组织应按照规定向主管税务机关办理免税手续，免税条件发生变化的，应当自发生变化之日起十五日内向主管税务机关报告；不再符合免税条件的，应当依法履行纳税义务；未依法纳税的，主管税务机关应当予以追缴。取得免税资格的非营利组织注销时，剩余财产处置违反本通知第一条第五项规定的，主管税务机关应追缴其应纳企业所得税款。

有关部门在日常管理过程中，发现非营利组织享受优惠年度不符合本通知规定的免税条件的，应提请核准该非营利组织免税资格的财政、税务部门，由其进行复核。

核准非营利组织免税资格的财政、税务部门根据本通知规定的管理权限，对非营利组织的免税优惠资格进行复核，复核不合格的，相应年度不得享受税收优惠政策。

六、已认定的享受免税优惠政策的非营利组织有下述情形之一的，应自该情形发生年度起取消其资格：

（一）登记管理机关在后续管理中发现非营利组织不符合相关法律法规和国家政策的；

（二）在申请认定过程中提供虚假信息的；

（三）纳税信用等级为税务部门评定的 C 级或 D 级的；

（四）通过关联交易或非关联交易和服务活动，变相转移、隐匿、分配该组织财产的；

（五）被登记管理机关列入严重违法失信名单的；

（六）从事非法政治活动的。

因上述第（一）项至第（五）项规定的情形被取消免税优惠资格的非营利组织，财政、税务部门自其被取消资格的次年起一年内不再受理该组织的认定申请；因上述第（六）项规定的情形被取消免税优惠资格的非营利组织，财政、税务部门将不再受理该组织的认定申请。

被取消免税优惠资格的非营利组织，应当依法履行纳税义务；未依法纳税的，主管税务机关应当自其存在取消免税优惠资格情形的当年起予以追缴。

七、各级财政、税务部门及其工作人员在认定非营利组织免税资格工作中，存在违法违纪行为的，按照《公务员法》《行政监察法》等国家有关规定追究相应责任；涉嫌犯罪的，移送司法机关处理。

八、本通知自 2018 年 1 月 1 日起执行。《财政部　国家税务总局关于非营利组织免税资格认定管理有关问题的通知》（财税〔2014〕13 号）同时废止。

财政部 国家税务总局 证监会
关于支持原油等货物期货市场对外开放
税收政策的通知

财税〔2018〕21号 2018年3月13日 全文有效

各省、自治区、直辖市、计划单列市财政厅（局）、国家税务局、地方税务局，新疆生产建设兵团财政局：

为支持原油等货物期货市场对外开放，现将有关税收政策通知如下：

一、对在中国境内未设立机构、场所的，或者虽设立机构、场所但取得的所得与其所设机构、场所没有实际联系的境外机构投资者（包括境外经纪机构），从事中国境内原油期货交易取得的所得（不含实物交割所得），暂不征收企业所得税；对境外经纪机构在境外为境外投资者提供中国境内原油期货经纪业务取得的佣金所得，不属于来源于中国境内的劳务所得，不征收企业所得税。

二、自原油期货对外开放之日起，对境外个人投资者投资中国境内原油期货取得的所得，三年内暂免征收个人所得税。

三、经国务院批准对外开放的其他货物期货品种，按照本通知规定的税收政策执行。

四、本通知自发布之日起施行。

财政部　国家税务总局
国家发展改革委　工业和信息化部
关于集成电路生产企业有关企业所得税
政策问题的通知

财税〔2018〕27 号　　2018 年 3 月 28 日　　全文有效

各省、自治区、直辖市、计划单列市财政厅（局）、国家税务局、地方税务局、发展改革委、工业和信息化主管部门，新疆生产建设兵团财政局、发展改革委、工业和信息化委员会：

为进一步支持集成电路产业发展，现就有关企业所得税政策问题通知如下：

一、2018 年 1 月 1 日后投资新设的集成电路线宽小于 130 纳米，且经营期在 10 年以上的集成电路生产企业或项目，第一年至第二年免征企业所得税，第三年至第五年按照 25% 的法定税率减半征收企业所得税，并享受至期满为止。

二、2018 年 1 月 1 日后投资新设的集成电路线宽小于 65 纳米或投资额超过 150 亿元，且经营期在 15 年以上的集成电路生产企业或项目，第一年至第五年免征企业所得税，第六年至第十年按照 25% 的法定税率减半征收企业所得税，并享受至期满为止。

三、对于按照集成电路生产企业享受本通知第一条、第二条税收优惠政策的，优惠期自企业获利年度起计算；对于按照集成电路生产项目享受上述优惠的，优惠期自项目取得第一笔生产经营收入所属纳税年度起计算。

四、享受本通知第一条、第二条税收优惠政策的集成电路生产项目，其主体企业应符合集成电路生产企业条件，且能够对该项目单独进行会计核算、计算所得，并合理分摊期间费用。

五、2017 年 12 月 31 日前设立但未获利的集成电路线宽小于 0.25 微米或投资额超过 80 亿元，且经营期在 15 年以上的集成电路生产企业，自获利年度起第一年至第五年免征企业所得税，第六年至第十年按照 25% 的法定税率减半征收企业所得税，并享受至期满为止。

六、2017 年 12 月 31 日前设立但未获利的集成电路线宽小于 0.8 微米（含）的集成电路生产企业，自获利年度起第一年至第二年免征企业所得税，第三年至第五年按照 25% 的法定税率减半征收企业所得税，并享受至期满为止。

七、享受本通知规定税收优惠政策的集成电路生产企业的范围和条件，按照《财政部 国家税务总局 国家发展改革委 工业和信息化部关于软件和集成电路产业企业所得税优惠政策有关问题的通知》（财税〔2016〕49 号）第二条执行；财税〔2016〕49 号文件第二条第（二）项中"具有劳动合同关系"调整为"具有劳动合同关系或劳务派遣、聘用关系"，第（三）项中汇算清缴年度研究开发费用总额占企业销售（营业）收入总额（主营业务收入与其他业务收入之和）的比例由"不低于5%"调整为"不低于2%"，同时企业应持续加强研发活动，不断提高研发能力。

八、集成电路生产企业或项目享受上述企业所得税优惠的有关管理问题，按照财税〔2016〕49 号文件和国家税务总局关于办理企业所得税优惠政策事项的相关规定执行。

九、本通知自 2018 年 1 月 1 日起执行。

财政部　国家税务总局
关于保险保障基金有关税收
政策问题的通知

财税〔2018〕41 号　2018 年 4 月 27 日　全文有效

各省、自治区、直辖市、计划单列市财政厅（局）、国家税务局、地方税务局，新疆生产建设兵团财政局：

为支持保险保障基金发展，增强行业经营风险防范能力，现将保险保障基金有关税收政策事项明确如下：

一、对中国保险保障基金有限责任公司（以下简称保险保障基金公司）根据《保险保障基金管理办法》取得的下列收入，免征企业所得税：

1. 境内保险公司依法缴纳的保险保障基金；

2. 依法从撤销或破产保险公司清算财产中获得的受偿收入和向有关责任方追偿所得，以及依法从保险公司风险处置中获得的财产转让所得；

3. 接受捐赠收入；

4. 银行存款利息收入；

5. 购买政府债券、中央银行、中央企业和中央级金融机构发行债券的利息收入；

6. 国务院批准的其他资金运用取得的收入。

二、对保险保障基金公司下列应税凭证，免征印花税：

1. 新设立的资金账簿；

2. 在对保险公司进行风险处置和破产救助过程中签订的产权转移书据；

3. 在对保险公司进行风险处置过程中与中国人民银行签订的再贷款合同；

4. 以保险保障基金自有财产和接收的受偿资产与保险公司签订的财产保险合同。

对与保险保障基金公司签订上述产权转移书据或应税合同的其他当事人照章征收印花税。

三、本通知自 2018 年 1 月 1 日起至 2020 年 12 月 31 日止执行。《财政部　国家税务总局关于保险保障基金有关税收政策问题的通知》（财税〔2016〕10 号）同时废止。

财政部　国家税务总局　商务部科技部　国家发展改革委关于将服务贸易创新发展试点地区技术先进型服务企业所得税政策推广至全国实施的通知

财税〔2018〕44 号　2018 年 5 月 19 日　全文有效

各省、自治区、直辖市、计划单列市财政厅（局）、国家税务局、地方税务局、商务主管部门、科技厅（委、局）、发展改革委，新疆生产建设兵团财政局、商务局、科技局、发展改革委：

为进一步推动服务贸易创新发展、优化外贸结构，现就服务贸易类技术先进型服务企业所得税优惠政策通知如下：

一、自 2018 年 1 月 1 日起，对经认定的技术先进型服务企业（服务贸易类），减按 15% 的税率征收企业所得税。

二、本通知所称技术先进型服务企业（服务贸易类）须符合的条件及认定管理事项，按照《财政部　国家税务总局　商务部　科技部　国家发展改革委关于将技术先进型服务企业所得税政策推广至全国实施的通知》（财税〔2017〕79 号）的相关规定执行。其中，企业须满足的技术先进型服务业务领域范围按照本通知所附《技术先进型服务业务领域范围（服务贸易类）》执行。

三、省级科技部门应会同本级商务、财政、税务和发展改革部门及时将《技术先进型服务业务领域范围（服务贸易类）》增补入本地区技术先进型服务企业认定管理办法，并据此开展认定管理工作。省级人民政府财政、税务、商务、科技和发展改革部门应加强沟通与协作，发现新情况、新问题及时上报财政部、国家税务总局、商务部、科技部和国家发展改革委。

四、省级科技、商务、财政、税务和发展改革部门及其工作人员在认定技术先进型服务企业工作中，存在违法违纪行为的，按照《公务员法》《行政监察法》等国家有关规定追究相应责任；涉嫌犯罪的，移送司法机关处理。

附件：技术先进型服务业务领域范围（服务贸易类）（略）

财政部　国家税务总局
关于创业投资企业和天使投资个人
有关税收政策的通知

财税〔2018〕55号　2018年5月14日　全文有效

各省、自治区、直辖市、计划单列市财政厅（局）、国家税务局、地方税务局，新疆生产建设兵团财政局：

为进一步支持创业投资发展，现就创业投资企业和天使投资个人有关税收政策问题通知如下：

一、税收政策内容

（一）公司制创业投资企业采取股权投资方式直接投资于种子期、初创期科技型企业（以下简称初创科技型企业）满2年（24个月，下同）的，可以按照投资额的70%在股权持有满2年的当年抵扣该公司制创业投资企业的应纳税所得额；当年不足抵扣的，可以在以后纳税年度结转抵扣。

（二）有限合伙制创业投资企业（以下简称合伙创投企业）采取股权投资方式直接投资于初创科技型企业满2年的，该合伙创投企业的合伙人分别按以下方式处理：

1. 法人合伙人可以按照对初创科技型企业投资额的70%抵扣法人合伙人从合伙创投企业分得的所得；当年不足抵扣的，可以在以后纳税年度结转抵扣。

2. 个人合伙人可以按照对初创科技型企业投资额的70%抵扣个人合伙人从合伙创投企业分得的经营所得；当年不足抵扣的，可以在以后纳税年度结转抵扣。

（三）天使投资个人采取股权投资方式直接投资于初创科技型企业满2年的，可以按照投资额的70%抵扣转让该初创科技型企业股权取得的应纳税所得额；当期不足抵扣的，可以在以后取得转让该初创科技型企业股权的应纳税所得额时结转抵扣。

天使投资个人投资多个初创科技型企业的，对其中办理注销清算的初创科技型企业，天使投资个人对其投资额的70%尚未抵扣完的，可自注销清算之日起36个月内抵扣天使投资个人转让其他初创科技型企业股权取得的应纳税所得额。

二、相关政策条件

（一）本通知所称初创科技型企业，应同时符合以下条件：

1. 在中国境内（不包括港、澳、台地区）注册成立、实行查账征收的居民企业；

2. 接受投资时，从业人数不超过 200 人，其中具有大学本科以上学历的从业人数不低于 30%；资产总额和年销售收入均不超过 3000 万元；

3. 接受投资时设立时间不超过 5 年（60 个月）；

4. 接受投资时以及接受投资后 2 年内未在境内外证券交易所上市；

5. 接受投资当年及下一纳税年度，研发费用总额占成本费用支出的比例不低于 20%。

（二）享受本通知规定税收政策的创业投资企业，应同时符合以下条件：

1. 在中国境内（不含港、澳、台地区）注册成立、实行查账征收的居民企业或合伙创投企业，且不属于被投资初创科技型企业的发起人；

2. 符合《创业投资企业管理暂行办法》（国家发展改革委等 10 部门令第 39 号）规定或者《私募投资基金监督管理暂行办法》（证监会令第 105 号）关于创业投资基金的特别规定，按照上述规定完成备案且规范运作；

3. 投资后 2 年内，创业投资企业及其关联方持有被投资初创科技型企业的股权比例合计应低于 50%。

（三）享受本通知规定的税收政策的天使投资个人，应同时符合以下条件：

1. 不属于被投资初创科技型企业的发起人、雇员或其亲属（包括配偶、父母、子女、祖父母、外祖父母、孙子女、外孙子女、兄弟姐妹，下同），且与被投资初创科技型企业不存在劳务派遣等关系；

2. 投资后 2 年内，本人及其亲属持有被投资初创科技型企业股权比例合计应低于 50%。

（四）享受本通知规定的税收政策的投资，仅限于通过向被投资初创科技型企业直接支付现金方式取得的股权投资，不包括受让其他股东的存量股权。

三、管理事项及管理要求

（一）本通知所称研发费用口径，按照《财政部 国家税务总局 科技部关于完善研究开发费用税前加计扣除政策的通知》（财税〔2015〕119 号）等规定执行。

（二）本通知所称从业人数，包括与企业建立劳动关系的职工人员及企业接受的劳务派遣人员。从业人数和资产总额指标，按照企业接受投资前连续 12 个月的平均数计算，不足 12 个月的，按实际月数平均计算。

本通知所称销售收入，包括主营业务收入与其他业务收入；年销售收入指标，按照企业接受投资前连续 12 个月的累计数计算，不足 12 个月的，按实际月数累计计算。

本通知所称成本费用，包括主营业务成本、其他业务成本、销售费用、管理费用、财务费用。

（三）本通知所称投资额，按照创业投资企业或天使投资个人对初创科技型企业的实缴投资额确定。

合伙创投企业的合伙人对初创科技型企业的投资额，按照合伙创投企业对初创科技型企业的实缴投资额和合伙协议约定的合伙人占合伙创投企业的出资比例计算确定。合伙人从合伙创投企业分得的所得，按照《财政部　国家税务总局关于合伙企业合伙人所得税问题的通知》（财税〔2008〕159号）规定计算。

（四）天使投资个人、公司制创业投资企业、合伙创投企业、合伙创投企业法人合伙人、被投资初创科技型企业应按规定办理优惠手续。

（五）初创科技型企业接受天使投资个人投资满2年，在上海证券交易所、深圳证券交易所上市的，天使投资个人转让该企业股票时，按照现行限售股有关规定执行，其尚未抵扣的投资额，在税款清算时一并计算抵扣。

（六）享受本通知规定的税收政策的纳税人，其主管税务机关对被投资企业是否符合初创科技型企业条件有异议的，可以转请被投资企业主管税务机关提供相关材料。对纳税人提供虚假资料，违规享受税收政策的，应按税收征管法相关规定处理，并将其列入失信纳税人名单，按规定实施联合惩戒措施。

四、执行时间

本通知规定的天使投资个人所得税政策自2018年7月1日起执行，其他各项政策自2018年1月1日起执行。执行日期前2年内发生的投资，在执行日期后投资满2年，且符合本通知规定的其他条件的，可以适用本通知规定的税收政策。

《财政部　国家税务总局关于创业投资企业和天使投资个人有关税收试点政策的通知》（财税〔2017〕38号）自2018年7月1日起废止，符合试点政策条件的投资额可按本通知的规定继续抵扣。

财政部 国家税务总局
关于进一步扩大小型微利企业所得税
优惠政策范围的通知

财税〔2018〕77 号 2018 年 7 月 11 日 全文有效

各省、自治区、直辖市、计划单列市财政厅（局），国家税务总局各省、自治区、直辖市、计划单列市税务局，新疆生产建设兵团财政局：

为进一步支持小型微利企业发展，现就小型微利企业所得税政策通知如下：

一、自 2018 年 1 月 1 日至 2020 年 12 月 31 日，将小型微利企业的年应纳税所得额上限由 50 万元提高至 100 万元，对年应纳税所得额低于 100 万元（含 100 万元）的小型微利企业，其所得减按 50% 计入应纳税所得额，按 20% 的税率缴纳企业所得税。

前款所称小型微利企业，是指从事国家非限制和禁止行业，并符合下列条件的企业：

（一）工业企业，年度应纳税所得额不超过 100 万元，从业人数不超过 100 人，资产总额不超过 3000 万元；

（二）其他企业，年度应纳税所得额不超过 100 万元，从业人数不超过 80 人，资产总额不超过 1000 万元。

二、本通知第一条所称从业人数，包括与企业建立劳动关系的职工人数和企业接受的劳务派遣用工人数。

所称从业人数和资产总额指标，应按企业全年的季度平均值确定。具体计算公式如下：

$$季度平均值 = （季初值 + 季末值）÷ 2$$
$$全年季度平均值 = 全年各季度平均值之和 ÷ 4$$

年度中间开业或者终止经营活动的，以其实际经营期作为一个纳税年度确定上述相关指标。

三、《财政部 国家税务总局关于扩大小型微利企业所得税优惠政策范围的通知》（财税〔2017〕43 号）自 2018 年 1 月 1 日起废止。

四、各级财政、税务部门要严格按照本通知的规定，积极做好小型微利企业所得税优惠政策的宣传辅导工作，确保优惠政策落实到位。

国家税务总局
关于"公司＋农户"经营模式企业所得税
优惠问题的通知

国家税务总局公告 2010 年第 2 号　2010 年 7 月 9 日　全文有效

现就有关"公司＋农户"模式企业所得税优惠问题通知如下：

目前，一些企业采取"公司＋农户"经营模式从事牲畜、家禽的饲养，即公司与农户签订委托养殖合同，向农户提供畜禽苗、饲料、兽药及疫苗等［所有权（产权）仍属于公司］，农户将畜禽养大成为成品后交付公司回收。鉴于采取"公司＋农户"经营模式的企业，虽不直接从事畜禽的养殖，但系委托农户饲养，并承担诸如市场、管理、采购、销售等经营职责及绝大部分经营管理风险，公司和农户是劳务外包关系。为此，对此类以"公司＋农户"经营模式从事农、林、牧、渔业项目生产的企业，可以按照《中华人民共和国企业所得税法实施条例》第八十六条的有关规定，享受减免企业所得税优惠政策。

本公告自 2010 年 1 月 1 日起施行。

国家税务总局
关于企业国债投资业务企业所得税
处理问题的公告

国家税务总局公告 2011 年第 36 号　　2011 年 6 月 22 日　　全文有效

根据《中华人民共和国企业所得税法》（以下简称企业所得税法）及其实施条例的规定，现对企业国债投资业务企业所得税处理问题，公告如下：

一、关于国债利息收入税务处理问题

（一）国债利息收入时间确认

1. 根据企业所得税法实施条例第十八条的规定，企业投资国债从国务院财政部门（以下简称发行者）取得的国债利息收入，应以国债发行时约定应付利息的日期，确认利息收入的实现。

2. 企业转让国债，应在国债转让收入确认时确认利息收入的实现。

（二）国债利息收入计算

企业到期前转让国债或者从非发行者投资购买的国债，其持有期间尚未兑付的国债利息收入，按以下公式计算确定：

$$国债利息收入 = 国债金额 \times （适用年利率 \div 365） \times 持有天数$$

上述公式中的"国债金额"，按国债发行面值或发行价格确定："适用年利率"按国债票面年利率或折合年收益率确定；如企业不同时间多次购买同一品种国债的，"持有天数"可按平均持有天数计算确定。

（三）国债利息收入免税问题

根据企业所得税法第二十六条的规定，企业取得的国债利息收入，免征企业所得税。具体按以下规定执行：

1. 企业从发行者直接投资购买的国债持有至到期，其从发行者取得的国债利息收入，全额免征企业所得税。

2. 企业到期前转让国债或者从非发行者投资购买的国债，其按本公告第一条第（二）项计算的国债利息收入，免征企业所得税。

二、关于国债转让收入税务处理问题

（一）国债转让收入时间确认

1. 企业转让国债应在转让国债合同、协议生效的日期，或者国债移交时确认转让收入的实现。

2. 企业投资购买国债，到期兑付的，应在国债发行时约定的应付利息的日期，确认国债转让收入的实现。

（二）国债转让收益（损失）计算

企业转让或到期兑付国债取得的价款，减除其购买国债成本，并扣除其持有期间按照本公告第一条计算的国债利息收入以及交易过程中相关税费后的余额，为企业转让国债收益（损失）。

（三）国债转让收益（损失）征税问题

根据企业所得税法实施条例第十六条规定，企业转让国债，应作为转让财产，其取得的收益（损失）应作为企业应纳税所得额计算纳税。

三、关于国债成本确定问题

（一）通过支付现金方式取得的国债，以买入价和支付的相关税费为成本；

（二）通过支付现金以外的方式取得的国债，以该资产的公允价值和支付的相关税费为成本。

四、关于国债成本计算方法问题

企业在不同时间购买同一品种国债的，其转让时的成本计算方法，可在先进先出法、加权平均法、个别计价法中选用一种。计价方法一经选用，不得随意改变。

五、本公告自 2011 年 1 月 1 日起施行。

特此公告。

国家税务总局
关于实施农、林、牧、渔业项目企业
所得税优惠问题的公告

国家税务总局公告 2011 年第 48 号　2011 年 9 月 13 日　全文有效

　　根据《中华人民共和国企业所得税法》（以下简称企业所得税法）及《中华人民共和国企业所得税法实施条例》（以下简称实施条例）的规定，现对企业（含企业性质的农民专业合作社，下同）从事农、林、牧、渔业项目的所得，实施企业所得税优惠政策和征收管理中的有关事项公告如下：

　　一、企业从事实施条例第八十六条规定的享受税收优惠的农、林、牧、渔业项目，除另有规定外，参照《国民经济行业分类》（GB/T 4754—2002）的规定标准执行。

　　企业从事农、林、牧、渔业项目，凡属于《产业结构调整指导目录（2011 年版）》（国家发展和改革委员会令第 9 号）中限制和淘汰类的项目，不得享受实施条例第八十六条规定的优惠政策。

　　二、企业从事农作物新品种选育的免税所得，是指企业对农作物进行品种和育种材料选育形成的成果，以及由这些成果形成的种子（苗）等繁殖材料的生产、初加工、销售一体化取得的所得。

　　三、企业从事林木的培育和种植的免税所得，是指企业对树木、竹子的育种和育苗、抚育和管理以及规模造林活动取得的所得，包括企业通过拍卖或收购方式取得林木所有权并经过一定的生长周期，对林木进行再培育取得的所得。

　　四、企业从事下列项目所得的税务处理

　　（一）猪、兔的饲养，按"牲畜、家禽的饲养"项目处理；

　　（二）饲养牲畜、家禽产生的分泌物、排泄物，按"牲畜、家禽的饲养"项目处理；

　　（三）观赏性作物的种植，按"花卉、茶及其他饮料作物和香料作物的种植"项目处理；

　　（四）"牲畜、家禽的饲养"以外的生物养殖项目，按"海水养殖、内陆养殖"项目处理。

　　五、农产品初加工相关事项的税务处理

　　（一）企业根据委托合同，受托对符合《财政部　国家税务总局关于发布享受企业所得税优惠政策的农产品初加工范围（试行）的通知》（财税〔2008〕149 号）和《财政部　国家税务总局关于享受企业所得税优惠的农产品初加工有关范围的补充通知》（财税〔2011〕26 号）规定的农产品进行初加工服务，其所收取的加工费，可以按照农产品初加工的免税项目处理。

（二）财税〔2008〕149 号文件规定的"油料植物初加工"工序包括"冷却、过滤"等："糖料植物初加工"工序包括"过滤、吸附、解析、碳脱、浓缩、干燥"等，其适用时间按照财税〔2011〕26 号文件规定执行。

（三）企业从事实施条例第八十六条第（二）项适用企业所得税减半优惠的种植、养殖项目，并直接进行初加工且符合农产品初加工目录范围的，企业应合理划分不同项目的各项成本、费用支出，分别核算种植、养殖项目和初加工项目的所得，并各按适用的政策享受税收优惠。

（四）企业对外购茶叶进行筛选、分装、包装后进行销售的所得，不享受农产品初加工的优惠政策。

六、对取得农业部颁发的"远洋渔业企业资格证书"并在有效期内的远洋渔业企业，从事远洋捕捞业务取得的所得免征企业所得税。

七、购入农产品进行再种植、养殖的税务处理

企业将购入的农、林、牧、渔产品，在自有或租用的场地进行育肥、育秧等再种植、养殖，经过一定的生长周期，使其生物形态发生变化，且并非由于本环节对农产品进行加工而明显增加了产品的使用价值的，可视为农产品的种植、养殖项目享受相应的税收优惠。

主管税务机关对企业进行农产品的再种植、养殖是否符合上述条件难以确定的，可要求企业提供县级以上农、林、牧、渔业政府主管部门的确认意见。

八、企业同时从事适用不同企业所得税政策规定项目的，应分别核算，单独计算优惠项目的计税依据及优惠数额；分别核算不清的，可由主管税务机关按照比例分摊法或其他合理方法进行核定。

九、企业委托其他企业或个人从事实施条例第八十六条规定农、林、牧、渔业项目取得的所得，可享受相应的税收优惠政策。

企业受托从事实施条例第八十六条规定农、林、牧、渔业项目取得的收入，比照委托方享受相应的税收优惠政策。

十、企业购买农产品后直接进行销售的贸易活动产生的所得，不能享受农、林、牧、渔业项目的税收优惠政策。

十一、除本公告第五条第二项的特别规定外，公告自 2011 年 1 月 1 日起执行。

特此公告。

国家税务总局
关于深入实施西部大开发战略有关
企业所得税问题的公告

国家税务总局公告 2012 年第 12 号　2012 年 4 月 6 日　条款失效

根据《中华人民共和国企业所得税法》（以下简称《企业所得税法》）及其实施条例和《财政部　国家税务总局　海关总署关于深入实施西部大开发战略有关税收政策问题的通知》（财税〔2011〕58 号）的规定，现将深入实施西部大开发战略有关企业所得税问题公告如下：

一、自 2011 年 1 月 1 日至 2020 年 12 月 31 日，对设在西部地区以《西部地区鼓励类产业目录》中规定的产业项目为主营业务，且其当年度主营业务收入占企业收入总额 70% 以上的企业，经企业申请，主管税务机关审核确认后，可减按 15% 税率缴纳企业所得税。

上述所称收入总额，是指《企业所得税法》第六条规定的收入总额。

二、企业应当在年度汇算清缴前向主管税务机关提出书面申请并附送相关资料。第一年须报主管税务机关审核确认，第二年及以后年度实行备案管理。各省、自治区、直辖市和计划单列市税务机关可结合本地实际制定具体审核、备案管理办法，并报国家税务总局（所得税司）备案。

凡对企业主营业务是否属于《西部地区鼓励类产业目录》难以界定的，税务机关应要求企业提供省级（含副省级）政府有关行政主管部门或其授权的下一级行政主管部门出具的证明文件。

企业主营业务属于《西部地区鼓励类产业目录》范围的，经主管税务机关确认，可按照 15% 税率预缴企业所得税。年度汇算清缴时，其当年度主营业务收入占企业总收入的比例达不到规定标准的，应按税法规定的税率计算申报并进行汇算清缴。

三、在《西部地区鼓励类产业目录》公布前，企业符合《产业结构调整指导目录（2005 年版）》、《产业结构调整指导目录（2011 年版）》、《外商投资产业指导目录（2007 年修订）》和《中西部地区优势产业目录（2008 年修订）》范围的，经税务机关确认后，其企业所得税可按照 15% 税率缴纳。《西部地区鼓励类产业目录》公布后，已按 15% 税率进行企业所得税汇算清缴的企业，若不符合本公告第一条规定的条件，可在履行相关程序后，按税法规定的适用税率重新计算申报。

四、2010 年 12 月 31 日前新办的交通、电力、水利、邮政、广播电视企业，凡已经按照《国家税务总局关于落实西部大开发有关税收政策具体实施意见的通知》（国税发〔2002〕47 号）第二条第二款规定，取得税务机关审核批准的，其享受的企业所得税"两免三减半"优惠可以继续享受到期满为止；凡符合享受原西部大开发税收优惠规定条件，但由于尚未取得收入或尚未进入获利年度等原因，2010 年 12 月 31 日前尚未按照国税发〔2002〕47 号第二条规定完成税务机关审核确认手续的，可按照本公告的规定，履行相关手续后享受原税收优惠。

五、根据《财政部、国家税务总局关于执行企业所得税优惠政策若干问题的通知》（财税〔2009〕69 号）第一条及第二条的规定，企业既符合西部大开发 15% 优惠税率条件，又符合《企业所得税法》及其实施条例和国务院规定的各项税收优惠条件的，可以同时享受。在涉及定期减免税的减半期内，可以按照企业适用税率计算的应纳税额减半征税。

六、在优惠地区内外分别设有机构的企业享受西部大开发优惠税率问题

（一）总机构设在西部大开发税收优惠地区的企业，仅就设在优惠地区的总机构和分支机构（不含优惠地区外设立的二级分支机构在优惠地区内设立的三级以下分支机构）的所得确定适用 15% 优惠税率。在确定该企业是否符合优惠条件时，以该企业设在优惠地区的总机构和分支机构的主营业务是否符合《西部地区鼓励类产业目录》及其主营业务收入占其收入总额的比重加以确定，不考虑该企业设在优惠地区以外分支机构的因素。该企业应纳所得税额的计算和所得税缴纳，按照《国家税务总局关于印发〈跨地区经营汇总纳税企业所得税征收管理暂行办法〉的通知》（国税发〔2008〕28 号）第十六条和《国家税务总局关于跨地区经营汇总纳税企业所得税征收管理若干问题的通知》（国税函〔2009〕221 号）第二条的规定执行。有关审核、备案手续向总机构主管税务机关申请办理。

（二）总机构设在西部大开发税收优惠地区外的企业，其在优惠地区内设立的分支机构（不含仅在优惠地区内设立的三级以下分支机构），仅就该分支机构所得确定适用 15% 优惠税率。在确定该分支机构是否符合优惠条件时，仅以该分支机构的主营业务是否符合《西部地区鼓励类产业目录》及其主营业务收入占其收入总额的比重加以确定。该企业应纳所得税额的计算和所得税缴纳，按照国税发〔2008〕28 号第十六条和国税函〔2009〕221 号第二条的规定执行。有关审核、备案手续向分支机构主管税务机关申请办理，分支机构主管税务机关需将该分支机构享受西部大开发税收优惠情况及时函告总机构所在地主管税务机关。

七、本公告自 2011 年 1 月 1 日起施行。

特此公告。

注：依据《国家税务总局关于公布全文失效废止和部分条款废止的税收规范性文件目录的公告》国家税务总局公告 2016 年第 34 号，废止第一条中"经企业申请，主管税务机关审核确认后"，自 2016 年 5 月 29 日起停止执行。

国家税务总局
关于电网企业电网新建项目享受所得税
优惠政策问题的公告

国家税务总局公告 2013 年第 26 号　2013 年 5 月 24 日　条款失效

经研究，现将居民企业电网新建项目享受企业所得税优惠政策的有关问题公告如下：

一、根据《中华人民共和国企业所得税法》及其实施条例的有关规定，居民企业从事符合《公共基础设施项目企业所得税优惠目录（2008 年版）》规定条件和标准的电网（输变电设施）的新建项目，可依法享受"三免三减半"的企业所得税优惠政策。基于企业电网新建项目的核算特点，暂以资产比例法，即以企业新增输变电固定资产原值占企业总输变电固定资产原值的比例，合理计算电网新建项目的应纳税所得额，并据此享受"三免三减半"的企业所得税优惠政策。电网企业新建项目享受优惠的具体计算方法如下：

（一）对于企业能独立核算收入的 330KV 以上跨省及长度超过 200KM 的交流输变电新建项目和 500KV 以上直流输变电新建项目，应在项目投运后，按该项目营业收入、营业成本等单独计算其应纳税所得额；该项目应分摊的期间费用，可按照企业期间费用与分摊比例计算确定，计算公式为：

$$应分摊的期间费用 = 企业期间费用 \times 分摊比例$$

第一年分摊比例 = 该项目输变电资产原值/［（当年企业期初总输变电资产原值 + 当年企业期末总输变电资产原值）/2］×（当年取得第一笔生产经营收入至当年底的月份数/12）

第二年及以后年度分摊比例 = 该项目输变电资产原值/［（当年企业期初总输变电资产原值 + 当年企业期末总输变电资产原值）/2］

（二）对于企业符合优惠条件但不能独立核算收入的其他新建输变电项目，可先依照企业所得税法及相关规定计算出企业的应纳税所得额，再按照项目投运后的新增输变电固定资产原值占企业总输变电固定资产原值的比例，计算得出该新建项目减免的应纳税所得额。享受减免的应纳税所得额计算公式为：

$$当年减免的应纳税所得额 = 当年企业应纳税所得额 \times 减免比例$$

减免比例 = ［当年新增输变电资产原值／（当年企业期初总输变电资产原值 + 当年企业期末总输变电资产原值）／2］×1/2 +（符合税法规定、享受到第二年和第三年输变电资产原值之和）／［（当年企业期初总输变电资产原值 + 当年企业期末总输变电资产原值）／2］ + ［（符合税法规定、享受到第四年至第六年输变电资产原值之和）／（当年企业期初总输变电资产原值 + 当年企业期末总输变电资产原值）／2］× 1/2

二、依照本公告规定享受有关企业所得税优惠的电网企业，应对其符合税法规定的电网新增输变电资产按年建立台账，并将相关资产的竣工决算报告和相关项目政府核准文件的复印件于次年 3 月 31 日前报当地主管税务机关备案。

三、本公告自 2013 年 1 月 1 日起施行。居民企业符合条件的 2013 年 1 月 1 日前的电网新建项目，已经享受企业所得税优惠的不再调整；未享受企业所得税优惠的可依照本公告的规定享受剩余年限的企业所得税优惠政策。

特此公告。

注：依据《国家税务总局关于公布失效废止的税务部门规章和税收规范性文件目录的决定》（国家税务总局令第 42 号），本法规第二条废止。

国家税务总局
关于执行软件企业所得税优惠
政策有关问题的公告

国家税务总局公告 2013 年第 43 号　2013 年 7 月 25 日　条款失效

根据《中华人民共和国企业所得税法》及其实施条例、《国务院关于印发进一步鼓励软件产业和集成电路产业发展若干政策的通知》（国发〔2011〕4 号）、《财政部　国家税务总局关于进一步鼓励软件产业和集成电路产业发展企业所得税政策的通知》（财税〔2012〕27 号）、《国家税务总局关于软件和集成电路企业认定管理有关问题的公告》（国家税务总局公告 2012 年第 19 号）以及《软件企业认定管理办法》（工信部联软〔2013〕64 号）的规定，经商财政部，现将贯彻落实软件企业所得税优惠政策有关问题公告如下：

一、软件企业所得税优惠政策适用于经认定并实行查账征收方式的软件企业。所称经认定，是指经国家规定的软件企业认定机构按照软件企业认定管理的有关规定进行认定并取得软件企业认定证书。

二、软件企业的收入总额，是指《企业所得税法》第六条规定的收入总额。

三、软件企业的获利年度，是指软件企业开始生产经营后，第一个应纳税所得额大于零的纳税年度，包括对企业所得税实行核定征收方式的纳税年度。

软件企业享受定期减免税优惠的期限应当连续计算，不得因中间发生亏损或其他原因而间断。

四、除国家另有政策规定（包括对国家自主创新示范区的规定）外，软件企业研发费用的计算口径按照《国家税务总局关于印发〈企业研究开发费用税前扣除管理办法（试行）〉的通知》（国税发〔2008〕116 号）规定执行。

五、2010 年 12 月 31 日以前依法在中国境内成立但尚未认定的软件企业，仍按照《财政部　国家税务总局关于企业所得税若干优惠政策的通知》（财税〔2008〕1 号）第一条的规定以及《软件企业认定标准及管理办法（试行）》（信部联产〔2000〕968 号）的认定条件，办理相关手续，并继续享受到期满为止。优惠期间内，亦按照信部联产〔2000〕968 号的认定条件进行年审。

六、本公告自 2011 年 1 月 1 日起执行。其中，2011 年 1 月 1 日以后依法在中国境内成立的软件企业认定管理的衔接问题仍按照国家税务总局公告 2012 年第 19 号的规定执行；2010 年 12 月 31 日以前依法在中国境内成立的软件企业的政策及认定管理衔接问题按本公告第五条的规定执行。集成电路生产企业、集成电路设计企业认定和优惠管理涉及的上述事项按本公告执行。

特此公告。

注：依据《国家税务总局关于公布失效废止的税务部门规章和税收规范性文件目录的决定》（国家税务总局令第 42 号），本法规第一条"经认定并"及"所称经认定，是指经国家规定的软件企业认定机构按照软件企业认定管理的有关规定进行认定并取得软件企业认定证书"的内容，第四条、第五条废止。

国家税务总局
关于技术转让所得减免企业所得税
有关问题的公告

国家税务总局公告 2013 年第 62 号　2013 年 10 月 21 日　全文有效

为加强技术转让所得减免企业所得税的征收管理，现将《国家税务总局关于技术转让所得减免企业所得税有关问题的通知》（国税函〔2009〕212 号）中技术转让收入计算的有关问题，公告如下：

一、可以计入技术转让收入的技术咨询、技术服务、技术培训收入，是指转让方为使受让方掌握所转让的技术投入使用、实现产业化而提供的必要的技术咨询、技术服务、技术培训所产生的收入，并应同时符合以下条件：

（一）在技术转让合同中约定的与该技术转让相关的技术咨询、技术服务、技术培训；

（二）技术咨询、技术服务、技术培训收入与该技术转让项目收入一并收取价款。

二、本公告自 2013 年 11 月 1 日起施行。此前已进行企业所得税处理的相关业务，不作纳税调整。

关于《国家税务总局关于技术转让所得减免企业所得税
有关问题的公告》的解读

现将《国家税务总局关于技术转让所得减免企业所得税有关问题的公告》（以下简称《公告》）的有关内容，解读如下：

一、发文背景

《中华人民共和国企业所得税法》及其实施条例规定，企业技术转让所得可享受企业所得税减免税优惠。《国家税务总局关于技术转让所得减免企业所得税有关问题的通知》（国税函〔2009〕212 号）规定："技术转让收入是指当事人履行技术转让合同后获得的价款，不包括销售或转让设备、仪器、零部件、原材料等非技术性收入。不属于与技术转让项目密不可分的技术咨询、技术服务、技术培训等收入，不得计入技术转让收入"。而对于"密不可分"，文件没有规定具体的判定标准，在实际执行中，存在着不同的理解。为有利于企业所得税的征管工作，确有必要对该问题予以具体明确。

二、主要内容

（一）适用范围

《公告》规定，可以计入技术转让收入的技术咨询、技术服务、技术培训收入，是转让方为使受让方掌握所转让的技术投入使用、实现产业化而提供的必要的技术咨询、技术服务、技术培训所产生的收入。必要的技术咨询、技术服务、技术培训，是转让方为使受让方掌握所转让的技术投入使用、实现产业化而提供的咨询、服务和培训。而在技术投入使用、实现产业化后所提供的咨询、服务和培训，则不应是该转让技术投入使用所必需的咨询、服务和培训。而升级型的更新维护，则应是新的技术开发项目，应在国家知识产权管理部门另行备案，与原转让的技术投入使用并无必要关系。

（二）具备条件

《公告》规定，可以计入技术转让收入的技术咨询、技术服务、技术培训收入，应同时符合以下条件：

1. 在技术转让合同中约定的与该技术转让相关的技术咨询、技术服务、技术培训。

2. 技术咨询、技术服务、技术培训收入与该技术转让项目收入一同收取价款。

根据技术合同登记的有关规定，与技术转让相关的技术咨询、技术服务、技术培训，只能是在技术转让合同中约定的内容，即为掌握所转让的技术投入使用而提供的必要服务，而为产品售后、维护、升级等提供的技术咨询、技术服务、技术培训，不允许与技术转让合同混同，必须单独签订技术合同。在技术转让合同之外另行签订的技术咨询、技术服务、技术培训合同，已超出了技术转让必要的技术服务与指导事项，与技术开发并无紧密关系。如果将其列为税收优惠范围，则对鼓励技术开发、技术转让和国家税收政策的执行产生不利影响。

三、执行时间

《公告》规定，本公告从2013年11月1日起执行。此前已进行企业所得税处理的相关业务，不作纳税调整。

《国家税务总局关于技术转让所得减免企业所得税有关问题的通知》发布后，由于对文件存在不同的理解，因而不同地区的不同企业对该问题有着不同的处理方式，并已进行了相关年度的企业所得税汇算清缴。为避免产生新的矛盾，本着有利于纳税人的原则，《公告》规定从2013年11月1日起，以前已作税收处理的，可以不作纳税调整。

国家税务总局　国家发展改革委
关于落实节能服务企业合同能源管理项目
企业所得税优惠政策有关征收
管理问题的公告

国家税务总局　国家发展改革委公告 2013 年第 77 号

2013 年 12 月 17 日　条款失效

　　为鼓励企业采用合同能源管理模式开展节能服务，规范合同能源管理项目企业所得税管理，根据《中华人民共和国企业所得税法》及其实施条例（以下简称企业所得税法）、《国务院办公厅转发国家发展改革委等部门关于加快推行合同能源管理促进节能服务产业发展意见的通知》（国办发〔2010〕25 号）、《财政部　国家税务总局关于促进节能服务产业发展增值税、营业税和企业所得税政策问题的通知》（财税〔2010〕110 号）和《国家税务总局关于进一步做好税收促进节能减排工作的通知》（国税函〔2010〕180 号）的有关规定，现就落实合同能源管理项目企业所得税优惠政策有关征收管理问题公告如下：

　　一、对实施节能效益分享型合同能源管理项目（以下简称项目）的节能服务企业，凡实行查账征收所得税的居民企业并符合企业所得税法和本公告有关规定的，该项目可享受财税〔2010〕110 号规定的企业所得税"三免三减半"优惠政策。如节能服务企业的分享型合同约定的效益分享期短于 6 年的，按实际分享期享受优惠。

　　二、节能服务企业享受"三免三减半"项目的优惠期限，应连续计算。对在优惠期限内转让所享受优惠的项目给其他符合条件的节能服务企业，受让企业承续经营该项目的，可自项目受让之日起，在剩余期限内享受规定的优惠；优惠期限届满后转让的，受让企业不得就该项目重复享受优惠。

　　三、节能服务企业投资项目所发生的支出，应按税法规定作资本化或费用化处理。形成的固定资产或无形资产，应按合同约定的效益分享期计提折旧或摊销。

　　节能服务企业应分别核算各项目的成本费用支出额。对在合同约定的效益分享期内发生的期间费用划分不清的，应合理进行分摊，期间费用的分摊应按照项目投资额和销售（营业）收入额两个因素计算分摊比例，两个因素的权重各为50%。

四、节能服务企业、节能效益分享型能源管理合同和合同能源管理项目应符合财税〔2010〕110号第二条第（三）项所规定的条件。

五、享受企业所得税优惠政策的项目应属于《财政部　国家税务总局　国家发展改革委关于公布环境保护节能节水项目企业所得税优惠目录（试行）的通知》（财税〔2009〕166号）规定的节能减排技术改造项目，包括余热余压利用、绿色照明等节能效益分享型合同能源管理项目。

六、合同能源管理项目优惠实行事前备案管理。节能服务企业享受合同能源管理项目企业所得税优惠的，应向主管税务机关备案。涉及多个项目优惠的，应按各项目分别进行备案。节能服务企业应在项目取得第一笔收入的次年4个月内，完成项目享受优惠备案。办理备案手续时需提供以下资料：

（一）减免税备案申请；

（二）能源管理合同复印件；

（三）国家发展改革委、财政部公布的第三方机构出具的《合同能源管理项目情况确认表》（附件1），或者政府节能主管部门出具的合同能源管理项目确认意见；

（四）《合同能源管理项目应纳税所得额计算表》（附件2）；

（五）项目第一笔收入的发票复印件；

（六）合同能源管理项目发生转让的，受让节能服务企业除提供上述材料外，还需提供项目转让合同、项目原享受优惠的备案文件。

七、企业享受优惠条件发生变化的，应当自发生变化之日起15日内向主管税务机关书面报告。如不再符合享受优惠条件的，应停止享受优惠，并依法缴纳企业所得税。对节能服务企业采取虚假手段获取税收优惠的、享受优惠条件发生变化而未及时向主管税务机关报告的以及未按本公告规定报送备案资料而自行减免税的，主管税务机关应按照税收征管法等有关规定进行处理。税务部门应设立节能服务企业项目管理台账和统计制度，并会同节能主管部门建立监管机制。

八、合同能源管理项目确认由国家发展改革委、财政部公布的第三方节能量审核机构负责，并出具《合同能源管理项目情况确认表》，或者由政府节能主管部门出具合同能源管理项目确认意见。第三方机构在合同能源管理项目确认过程中应严格按照国家有关要求认真审核把关，确保审核结果客观、真实。对在审核过程中把关不严、弄虚作假的第三方机构，一经查实，将取消其审核资质，并按相关法律规定追究责任。

九、本公告自2013年1月1日起施行。本公告发布前，已按有关规定享受税收优惠政策的，仍按原规定继续执行；尚未享受的，按本公告规定执行。

特此公告。

附件：1. 合同能源管理项目情况确认表（略）
　　　 2. 合同能源管理项目应纳税所得额计算表（略）

注：依据《国家税务总局关于公布失效废止的税务部门规章和税收规范性文件目录的决定》（国家税务总局令第42号），本法规第六条废止。

国家税务总局
关于促进残疾人就业税收优惠政策
有关问题的公告

国家税务总局公告 2013 年第 78 号　2013 年 12 月 30 日　全文有效

为进一步增强促进残疾人就业税收优惠政策的实施效果，保障和维护残疾人职工的合法权益，现将促进残疾人就业税收优惠政策有关问题公告如下：

《财政部　国家税务总局关于促进残疾人就业税收优惠政策的通知》（财税〔2007〕92 号）第五条第（三）款规定的"基本养老保险"和"基本医疗保险"是指"职工基本养老保险"和"职工基本医疗保险"，不含"城镇居民社会养老保险"、"新型农村社会养老保险"、"城镇居民基本医疗保险"和"新型农村合作医疗"。

本公告自 2014 年 1 月 1 日起施行。

特此公告。

国家税务总局
关于 3 项企业所得税事项取消审批后
加强后续管理的公告

国家税务总局公告 2015 年第 6 号　2015 年 2 月 2 日　全文有效

根据《国务院关于取消和调整一批行政审批项目等事项的决定》（国发〔2014〕27 号、国发〔2014〕50 号）规定，取消"享受小型微利企业所得税优惠的核准"、"收入全额归属中央的企业下属二级及二级以下分支机构名单的备案审核"和"汇总纳税企业组织结构变更审核"等项目审批，现就有关企业所得税后续管理问题公告如下：

一、进一步简化小型微利企业享受所得税优惠政策备案手续

实行查账征收的小型微利企业，在办理 2014 年及以后年度企业所得税汇算清缴时，通过填报《国家税务总局关于发布〈中华人民共和国企业所得税年度纳税申报表（A 类，2014 年版）的公告〉》（国家税务总局公告 2014 年第 63 号）之《基础信息表》（A000000 表）中的"104 从业人数"、"105 资产总额（万元）"栏次，履行备案手续，不再另行备案。

二、取消"收入全额归属中央的企业下属二级及二级以下分支机构名单的备案审核"的后续管理

收入全额归属中央的企业（本条简称中央企业）所属二级及二级以下分支机构名单发生变化的，按照以下规定分别向其主管税务机关报送相关资料：

（一）中央企业所属二级分支机构名单发生变化的，中央企业总机构应将调整后情况及分支机构变化情况报送主管税务机关。

（二）中央企业新增二级及以下分支机构的，二级分支机构应将营业执照和总机构出具的其为二级或二级以下分支机构证明文件，在报送企业所得税预缴申报表时，附送其主管税务机关。

新增的三级及以下分支机构，应将营业执照和总机构出具的其为三级或三级以下分支机构证明文件，报送其主管税务机关。

（三）中央企业撤销（注销）二级及以下分支机构的，被撤销分支机构应当按照《中华人民共和国税收征收管理法》规定办理注销手续。二级分支机构应将撤销（注

销）二级及以下分支机构情况报送其主管税务机关。

主管税务机关应根据中央企业二级及以下分支机构变更备案情况，及时调整完善税收管理信息。

三、取消"汇总纳税企业组织结构变更审核"的后续管理

汇总纳税企业改变组织结构的，总机构和相关二级分支机构应于组织结构改变后30日内，将组织结构变更情况报告主管税务机关。总机构所在省税务局按照《国家税务总局关于印发〈跨地区经营汇总纳税企业所得税征收管理办法〉的公告》（国家税务总局公告2012年第57号）第二十九条规定，将汇总纳税企业组织结构变更情况上传至企业所得税汇总纳税信息管理系统。

废止国家税务总局公告2012年第57号第二十四条第三款"汇总纳税企业以后年度改变组织结构的，该分支机构应按本办法第二十三条规定报送相关证据，分支机构所在地主管税务机关重新进行审核鉴定"的规定。

四、除第一条外，本公告自2015年1月1日起施行。

特此公告。

国家税务总局
关于执行《西部地区鼓励类产业目录》
有关企业所得税问题的公告

国家税务总局公告 2015 年第 14 号　2015 年 3 月 10 日　全文有效

为深入实施西部大开发战略，促进西部地区产业结构调整和特色优势产业发展，经国务院批准，国家发展改革委发布了《西部地区鼓励类产业目录》（中华人民共和国国家发展和改革委员会令第 15 号），自 2014 年 10 月 1 日起施行。现就执行《西部地区鼓励类产业目录》有关企业所得税问题，公告如下：

一、对设在西部地区以《西部地区鼓励类产业目录》中新增鼓励类产业项目为主营业务，且其当年度主营业务收入占企业收入总额 70% 以上的企业，自 2014 年 10 月 1 日起，可减按 15% 税率缴纳企业所得税。

二、已按照《国家税务总局关于深入实施西部大开发战略有关企业所得税问题的公告》（国家税务总局公告 2012 年第 12 号）第三条规定享受企业所得税优惠政策的企业，其主营业务如不再属于《西部地区鼓励类产业目录》中国家鼓励类产业项目的，自 2014 年 10 月 1 日起，停止执行减按 15% 税率缴纳企业所得税。

三、凡对企业主营业务是否属于《西部地区鼓励类产业目录》中国家鼓励类产业项目难以界定的，税务机关可以要求企业提供省级（含副省级）发展改革部门或其授权部门出具的证明文件。证明文件需明确列示主营业务的具体项目及符合《西部地区鼓励类产业目录》中的对应条款项目。

四、本公告自 2014 年 10 月 1 日起施行，《国家税务总局关于深入实施西部大开发战略有关企业所得税问题的公告》（国家税务总局公告 2012 年第 12 号）第三条中有关重新计算申报的规定停止执行。

特此公告。

国家税务总局
关于非货币性资产投资企业所得税
有关征管问题的公告

国家税务总局公告 2015 年第 33 号　2015 年 5 月 8 日　全文有效

《国务院关于进一步优化企业兼并重组市场环境的意见》（国发〔2014〕14 号）和《财政部　国家税务总局关于非货币性资产投资企业所得税政策问题的通知》（财税〔2014〕116 号）发布后，各地陆续反映在非货币性资产投资企业所得税政策执行过程中有些征管问题亟须明确。经研究，现就非货币性资产投资企业所得税有关征管问题公告如下：

一、实行查账征收的居民企业（以下简称企业）以非货币性资产对外投资确认的非货币性资产转让所得，可自确认非货币性资产转让收入年度起不超过连续 5 个纳税年度的期间内，分期均匀计入相应年度的应纳税所得额，按规定计算缴纳企业所得税。

二、关联企业之间发生的非货币性资产投资行为，投资协议生效后 12 个月内尚未完成股权变更登记手续的，于投资协议生效时，确认非货币性资产转让收入的实现。

三、符合财税〔2014〕116 号文件规定的企业非货币性资产投资行为，同时又符合《财政部　国家税务总局关于企业重组业务企业所得税处理若干问题的通知》（财税〔2009〕59 号）、《财政部　国家税务总局关于促进企业重组有关企业所得税处理问题的通知》（财税〔2014〕109 号）等文件规定的特殊性税务处理条件的，可由企业选择其中一项政策执行，且一经选择，不得改变。

四、企业选择适用本公告第一条规定进行税务处理的，应在非货币性资产转让所得递延确认期间每年企业所得税汇算清缴时，填报《中华人民共和国企业所得税年度纳税申报表》（A 类，2014 年版）中"A105100　企业重组纳税调整明细表"第 13 行"其中：以非货币性资产对外投资"的相关栏目，并向主管税务机关报送《非货币性资产投资递延纳税调整明细表》（详见附件）。

五、企业应将股权投资合同或协议、对外投资的非货币性资产（明细）公允价值评估确认报告、非货币性资产（明细）计税基础的情况说明、被投资企业设立或变更的工商部门证明材料等资料留存备查，并单独准确核算税法与会计差异情况。

主管税务机关应加强企业非货币性资产投资递延纳税的后续管理。

六、本公告适用于 2014 年度及以后年度企业所得税汇算清缴。此前尚未处理的非货币性资产投资，符合财税〔2014〕116 号文件和本公告规定的可按本公告执行。

特此公告。

附件：非货币性资产投资递延纳税调整明细表（略）

关于《国家税务总局关于非货币性资产投资企业所得税有关征管问题的公告》的解读

《国务院关于进一步优化企业兼并重组市场环境的意见》（国发〔2014〕14 号）和《财政部　国家税务总局关于非货币性资产投资企业所得税政策问题的通知》（财税〔2014〕116 号）（以下简称 116 号文件）下发后，各地陆续反映在非货币性资产投资企业所得税政策执行过程中有些征管问题亟须明确。为明确具体征管要求，近日，国家税务总局发布了《关于非货币性资产投资企业所得税有关征管问题的公告》。现对公告内容解读如下：

一、适用非货币性资产投资政策对企业类型有何要求？

根据 116 号文件第一条规定，"居民企业以非货币性资产对外投资确认的非货币性资产转让所得，可在不超过 5 年期限内，分期均匀计入相应年度的应纳税所得额，按规定计算缴纳企业所得税。"

考虑到核定征收企业通常不能准确核算收入或支出情况，公告明确只有实行查账征收的居民企业才能适用上述政策。

二、如何理解 116 号文件第一条所称的"不超过 5 年期限"？

根据 116 号文件第一条规定，"居民企业以非货币性资产对外投资确认的非货币性资产转让所得，可在不超过 5 年期限内，分期均匀计入相应年度的应纳税所得额，按规定计算缴纳企业所得税。"

这里所指的"不超过 5 年期限"，是指从确认非货币性资产转让收入年度起不超过连续 5 个纳税年度的期间。首先要求 5 年的递延纳税期间要连续、中间不能中断；其次明确"年"指的是纳税年度。

三、关联企业间非货币性资产投资何时确认收入？

根据 116 号文件第二条第二款规定，"企业以非货币性资产对外投资，应于投资协议生效并办理股权登记手续时，确认非货币性资产转让收入的实现。"

这是针对企业非货币性资产投资收入确认时点的一般规定。但是，关联企业之间发生非货币性资产投资行为，可能由于具有关联关系而不及时办理或不办理股权登记手续，以延迟确认或长期不确认非货币性资产转让收入，实际上延长了递延纳税期限，造成对此项政策的滥用。为防止此种情况发生，公告要求关联企业之间非货币性资产投资行为，自投资协议生效后最长12个月内应完成股权变更登记手续。如果投资协议生效后12个月内仍未完成股权变更登记手续，则于投资协议生效时，确认非货币性资产转让收入的实现。

四、企业非货币性资产投资同时符合多项政策的，如何进行税务处理？

由于企业非货币性资产投资行为，可能同时符合116号文件规定、《财政部　国家税务总局关于企业重组业务企业所得税处理若干问题的通知》（财税〔2009〕59号）以及《财政部　国家税务总局关于促进企业重组有关企业所得税处理问题的通知》（财税〔2014〕109号）相关规定，公告允许企业选择其中一项政策执行，但一经选择，不得改变。

五、适用非货币性资产投资递延纳税政策的纳税人应如何进行申报？

为加强对企业非货币性资产投资企业所得税管理，公告为纳税人设计了《非货币性资产对外投资递延纳税调整明细表》，主要内容是被投资企业情况、非货币性资产情况、非货币性资产投资基本信息、递延纳税差异调整额和结转额等。此表由企业在非货币性资产转让所得递延确认期间每年企业所得税汇算清缴时，向主管税务机关报送。旨在确认每年递延的应纳税所得额，为税务机关加强后续管理奠定基础。同时，纳税人应填报《中华人民共和国企业所得税年度纳税申报表》（A类，2014年版）中"A105100企业重组纳税调整明细表"第13行"其中：以非货币性资产对外投资"的相关栏目。

另外，企业还应将下列资料留存备查，并单独准确核算税法与会计差异情况，包括股权投资合同或协议、对外投资的非货币性资产（明细）公允价值评估确认报告、非货币性资产（明细）计税基础的情况说明和被投资企业设立或变更的工商部门证明材料等资料。

国家税务总局
关于部分税务行政审批事项取消后
有关管理问题的公告

国家税务总局公告 2015 年第 56 号　2015 年 8 月 3 日　条款失效

为加强后续管理，现就部分税务行政审批事项取消后有关管理问题公告如下：

一、关于取消"对办理税务登记（外出经营报验）的核准"后的有关管理问题

纳税人提交资料齐全、符合法定形式的，税务机关即时办理。纳税人提交资料不齐全或者不符合法定形式的，税务机关制作《税务事项通知书》，一次性告知纳税人需要补正的内容。税务机关应当切实履行对纳税人的告知义务，及时提供咨询服务，强化内部督查和社会监督，提高登记办理效率。按照纳税人不重复填报登记文书内容和不重复提交登记材料的原则，加强部门之间信息、数据共享工作。

二、关于取消"偏远地区简并征期认定"后的有关管理问题

加强对实行偏远地区简并征期申报的纳税人日常管理及监控，实行税源跟踪管理，及时掌握纳税人经营变化情况。强化计算机管税，采取"人机结合"的方式，提高征期申报率和入库率，防止漏征漏管。简化办税程序，建立纳税服务新机制，降低纳税人办税成本，提高工作效率。

三、关于取消"出口退（免）税资格认定""出口退（免）税资格认定变更""出口退（免）税资格认定注销""研发机构采购国产设备退税资格的认定""集团公司具有免抵退税资格成员企业认定""以边境小额贸易方式代理外国企业、外国自然人出口货物备案登记及备案核销的核准"后的有关管理问题

（一）出口企业或其他单位应于首次申报出口退（免）税时，向主管国税机关提供以下资料，办理出口退（免）税备案手续，申报退（免）税。

1. 内容填写真实、完整的《出口退（免）税备案表》（附件 1），其中"退税开户银行账号"须从税务登记的银行账号中选择一个填报。

2. 加盖备案登记专用章的《对外贸易经营者备案登记表》或《中华人民共和国外商投资企业批准证书》。

3. 《中华人民共和国海关报关单位注册登记证书》。

4. 未办理备案登记发生委托出口业务的生产企业提供委托代理出口协议，不需提

供第 2 目、第 3 目资料。

5. 主管国税机关要求提供的其他资料。

（二）对出口企业或其他单位提供的出口退（免）税备案资料齐全，《出口退（免）税备案表》填写内容符合要求，签字、印章完整的，主管国税机关应当场予以备案。对不符合上述要求的，主管国税机关应一次性告知出口企业或其他单位，待其补正后备案。

（三）《出口退（免）税备案表》中的内容发生变更的，出口企业或其他单位须自变更之日起 30 日内，向主管国税机关提供相关资料，办理备案内容的变更。出口企业或其他单位需要变更"退（免）税方法"的，主管国税机关应按规定结清退（免）税款后办理变更。

（四）出口企业或其他单位撤回出口退（免）税备案的，主管国税机关应按规定结清退（免）税款后办理。

出口企业或其他单位申请注销税务登记的，应先向主管国税机关申请撤回出口退（免）税备案。

（五）已办理过出口退（免）税资格认定的出口企业或其他单位，无需再办理出口退（免）税备案。

（六）集团公司需要按收购视同自产货物申报免抵退税的，集团公司总部需提供以下资料，向主管国税机关备案。

1. 《集团公司成员企业备案表》（附件 2）及电子申报数据；

2. 集团公司总部及其控股的生产企业的营业执照副本复印件；

3. 集团公司总部及其控股的生产企业的《出口退（免）税备案表》（或《出口退（免）税资格认定表》）复印件；

4. 集团公司总部及其控股生产企业的章程复印件；

5. 主管国税机关要求报送的其他资料。

对集团公司总部提供上述备案资料齐全、《集团公司成员企业备案表》填写内容符合要求的，主管国税机关应当场予以备案。对不符合上述要求的，主管国税机关应一次性告知企业，待其补正后备案。

（七）按收购视同自产货物申报免抵退税的集团公司备案后，主管国税机关按照集团公司总部和成员企业所在地情况，传递《集团公司成员企业备案表》。

1. 在同一地市的，集团公司总部所在地主管国税机关应将《集团公司成员企业备案表》传递至地市国家税务局报备，并同时抄送集团公司总部、成员企业所在地国家税务局；

2. 在同一省（自治区、直辖市、计划单列市，下同）但不在同一地市的，集团公司总部所在地主管国税机关，应将《集团公司成员企业备案表》逐级传递至省国家税务局报备，省国家税务局应清分至集团公司总部、成员企业所在地国家税务局；

3. 不在同一省的，集团公司总部所在地主管国税机关，应将《集团公司成员企业备案表》逐级传递至国家税务总局，由国家税务总局逐级清分至集团公司总部、成员企业所在地国家税务局。

（八）以边境小额贸易方式代理外国企业、外国自然人出口货物，出口企业应当在货物报关出口之日（以出口货物报关单上的出口日期为准）次月起至次年 4 月 30 日前的各增值税纳税申报期内，提供下列资料向主管国税机关办理代理报关备案。

1. 企业相关人员签字、盖有单位公章且填写内容齐全的纸质《以边境小额贸易方式代理外国企业、外国自然人报关出口货物备案表》（附件 3）及电子数据；

2. 代理出口协议原件及复印件，代理出口协议以外文拟定的，需同时提供中文翻译版本；

3. 委托方经办人护照或外国边民的边民证原件和复印件。

出口企业以边境小额贸易方式代理外国企业、外国自然人出口的货物，按上述规定已备案的，不属于增值税应税范围，其仅就代理费收入进行增值税申报。

主管国税机关应定期对出口企业以边境小额贸易方式代理外国企业、外国自然人出口货物的备案情况进行核查，发现出口企业未按照本条规定办理代理报关备案的，按有关规定处理。

四、关于取消"设有固定装置的非运输车辆免征车辆购置税的审核"后的有关管理问题

纳税人在办理设有固定装置的非运输车辆免税申报时，应当如实填写《车辆购置税纳税申报表》和《车辆购置税免（减）税申报表》，同时提供以下资料：

（一）纳税人身份证明；

（二）车辆价格证明；

（三）车辆合格证明；

（四）设有固定装置的非运输车辆内、外观彩色 5 寸照片；

（五）税务机关要求提供的其他资料。

主管税务机关应当依据免税图册对车辆固定装置进行核实无误后，办理免税手续。

五、关于取消"企业享受符合条件的固定资产加速折旧或缩短折旧年限所得税优惠的核准"后的有关管理问题

纳税人享受《财政部　国家税务总局关于完善固定资产加速折旧企业所得税政策的通知》（财税〔2014〕75 号）、《关于固定资产加速折旧税收政策有关问题的公告》（国家税务总局公告 2014 年第 64 号）规定的重点行业加速折旧政策，应当在汇算清缴期内，向主管税务机关提供《企业所得税优惠事项备案表》，同时可以在季度预缴环节享受该项优惠政策。纳税人享受其他固定资产加速折旧政策，应当在汇算清缴时提供

《企业所得税优惠事项备案表》，对于税法与会计核算一致的，可以在季度预缴环节享受该项优惠政策；对于税法与会计核算不一致的，在汇算清缴时享受该项优惠政策。

另外，纳税人应当将以下资料留存备查：

（一）固定资产的功能、预计使用年限短于规定计算折旧的最低年限的理由、证明资料及有关情况的说明；

（二）固定资产加速折旧方法和折旧额的说明；

（三）集成电路生产企业认定证书复印件（集成电路生产企业的生产设备适用本项优惠时提供）；

（四）缩短折旧或摊销年限情况说明（外购软件缩短折旧或摊销年限时提供）；

（五）填报季度预缴申报表之附1－2《固定资产加速折旧（扣除）明细表》（适用于享受财税〔2014〕75号文件规定政策）。

六、关于取消"企业从事农林牧渔业项目所得享受所得税优惠的备案核准"后的有关管理问题

企业从事农林牧渔业项目所得享受所得税优惠，纳税人应当在汇算清缴期内，向主管税务机关提供《企业所得税优惠事项备案表》，同时可以在季度预缴环节享受该项优惠政策。

另外，纳税人应当将以下资料留存备查：

（一）经营业务属于《国民经济行业分类》中的农、林、牧、渔业具体项目的说明；

（二）有效期内的远洋渔业企业资格证书复印件（从事远洋捕捞业务的提供）；

（三）县级以上农、林、牧、渔业政府主管部门的确认意见（进行农产品的再种植、养殖是否可以视为农产品的种植、养殖项目享受相应的税收优惠难以确定时提供）；

（四）从事农作物新品种选育的认定证书复印件（从事农作物新品种选育的提供）。

本公告自发布之日起施行。

特此公告。

附件：1. 出口退（免）税备案表（略）

2. 集团公司成员企业备案表（略）

3. 以边境小额贸易方式代理外国企业、外国自然人报关出口货物备案表（略）

注：1. 依据《国家税务总局关于进一步加强出口退（免）税事中事后管理有关问题的公告》（国家税务总局公告2016年第1号），本法规第三条第六项第3目的内容自2016年1月7日起废止。

2. 依据《国家税务总局关于修改部分税收规范性文件的公告》（国家税务总局公告2018年第31号），本法规第五条删除。

国家税务总局
关于发布《企业所得税优惠政策事项
办理办法》的公告

国家税务总局公告 2015 年第 76 号　2015 年 11 月 12 日　全文废止

为转变政府职能，优化纳税服务，提高管理水平，有效落实企业所得税各项优惠政策，国家税务总局制定了《企业所得税优惠政策事项办理办法》，现予以发布。

特此公告。

企业所得税优惠政策事项办理办法

第一条　为落实国务院简政放权、放管结合、优化服务要求，规范企业所得税优惠政策事项（以下简称优惠事项）办理，根据《中华人民共和国企业所得税法》及其实施条例（以下简称企业所得税法）、《中华人民共和国税收征收管理法》及其实施细则（以下简称税收征管法）、《国家税务总局关于发布〈税收减免管理办法〉的公告》（国家税务总局公告 2015 年第 43 号）制定本办法。

第二条　本办法所称税收优惠，是指企业所得税法规定的优惠事项，以及税法授权国务院和民族自治地方制定的优惠事项。包括免税收入、减计收入、加计扣除、加速折旧、所得减免、抵扣应纳税所得额、减低税率、税额抵免、民族自治地方分享部分减免等。

本办法所称企业，是指企业所得税法规定的居民企业。

第三条　企业应当自行判断其是否符合税收优惠政策规定的条件。凡享受企业所得税优惠的，应当按照本办法规定向税务机关履行备案手续，妥善保管留存备查资料。留存备查资料参见《企业所得税优惠事项备案管理目录》（以下简称《目录》，见附件 1）。

国家税务总局编制并根据需要适时更新《目录》。

第四条　本办法所称备案，是指企业向税务机关报送《企业所得税优惠事项备案表》（以下简称《备案表》，见附件 2），并按照本办法规定提交相关资料的行为。

第五条　本办法所称留存备查资料，是指与企业享受优惠事项有关的合同（协议）、证书、文件、会计账册等资料。具体按照《目录》列示优惠事项对应的留存备查资料执行。

省、自治区、直辖市和计划单列市国家税务局、地方税务局（以下简称省税务机关）对《目录》列示的部分优惠事项，可以根据本地区的实际情况，联合补充规定其他留存备查资料。

第六条 企业对报送的备案资料、留存备查资料的真实性、合法性承担法律责任。

第七条 企业应当不迟于年度汇算清缴纳税申报时备案。

第八条 企业享受定期减免税，在享受优惠起始年度备案。在减免税起止时间内，企业享受优惠政策条件无变化的，不再履行备案手续。企业享受其他优惠事项，应当每年履行备案手续。

企业同时享受多项税收优惠，或者某项税收优惠需要分不同项目核算的，应当分别备案。主要包括：研发费用加计扣除、所得减免项目，以及购置用于环境保护、节能节水、安全生产等专用设备投资抵免税额等优惠事项。

定期减免税事项，按照《目录》优惠事项"政策概述"中列示的"定期减免税"执行。

第九条 定期减免税优惠事项备案后有效年度内，企业减免税条件发生变化的，按照以下情况处理：

（一）仍然符合优惠事项规定，但备案内容需要变更的，企业在变化之日起15日内，向税务机关办理变更备案手续。

（二）不再符合税法有关规定的，企业应当主动停止享受税收优惠。

第十条 企业应当真实、完整填报《备案表》，对需要附送相关纸质资料的，应当一并报送。税务机关对纸质资料进行形式审核后原件退还企业，复印件税务机关留存。

企业享受小型微利企业所得税优惠政策、固定资产加速折旧（含一次性扣除）政策，通过填写纳税申报表相关栏次履行备案手续。

第十一条 企业可以到税务机关备案，也可以采取网络方式备案。按照本办法规定需要附送相关纸质资料的企业，应当到税务机关备案。

备案实施方式，由省税务机关确定。

第十二条 税务机关受理备案时，审核《备案表》内容填写是否完整，附送资料是否齐全。具体按照以下情况处理：

（一）《备案表》符合规定形式，填报内容完整，附送资料齐全的，税务机关应当受理，在《备案表》中标注受理意见，注明日期，加盖专用印章。

（二）《备案表》不符合规定形式，或者填报内容不完整，或者附送资料不齐全的，税务机关应当一次性告知企业补充更正。企业对《备案表》及附送资料补充更正后符合规定的，税务机关应及时受理备案。

对于到税务机关备案的，税务机关应当场告知受理意见。对于网络方式备案的，税务机关收到电子备案信息起 2 个工作日内告知受理意见。

第十三条 对于不符合税收优惠政策条件的优惠事项，企业已经申报享受税收优惠的，应当予以调整。

第十四条 跨地区（省、自治区、直辖市和计划单列市）经营汇总纳税企业（以下简称汇总纳税企业）的优惠事项，按以下情况办理：

（一）分支机构享受所得减免、研发费用加计扣除、安置残疾人员、促进就业、部分区域性税收优惠（西部大开发、经济特区、上海浦东新区、深圳前海、广东横琴、福建平潭），以及购置环境保护、节能节水、安全生产等专用设备投资抵免税额优惠，由二级分支机构向其主管税务机关备案。其他优惠事项由总机构统一备案。

（二）总机构应当汇总所属二级分支机构已备案优惠事项，填写《汇总纳税企业分支机构已备案优惠事项清单》（见附件 3），随同企业所得税年度纳税申报表一并报送其主管税务机关。

同一省、自治区、直辖市和计划单列市内跨地区经营的汇总纳税企业优惠事项的备案管理，由省税务机关确定。

第十五条 企业应当按照税务机关要求限期提供留存备查资料，以证明其符合税收优惠政策条件。

企业不能提供留存备查资料，或者留存备查资料与实际生产经营情况、财务核算、相关技术领域、产业、目录、资格证书等不符，不能证明企业符合税收优惠政策条件的，税务机关追缴其已享受的减免税，并按照税收征管法规定处理。

企业留存备查资料的保存期限为享受优惠事项后 10 年。税法规定与会计处理存在差异的优惠事项，保存期限为该优惠事项有效期结束后 10 年。

第十六条 企业已经享受税收优惠但未按照规定备案的，企业发现后，应当及时补办备案手续，同时提交《目录》列示优惠事项对应的留存备查资料。税务机关发现后，应当责令企业限期备案，并提交《目录》列示优惠事项对应的留存备查资料。

第十七条 税务机关应当严格按照本办法规定管理优惠事项，严禁擅自改变税收优惠管理方式，不得以任何理由变相实施行政审批。同时，要全方位做好对企业税收优惠备案的服务工作。

第十八条 税务机关发现企业预缴申报享受某项税收优惠存在疑点的，应当进行风险提示。必要时，可以要求企业提前履行备案手续或者进行核查。

第十九条 税务机关应当采取税收风险管理、稽查、纳税评估等后续管理方式，对企业享受税收优惠情况进行核查。

第二十条 税务机关后续管理中，发现企业已享受的税收优惠不符合税法规定条件的，应当责令其停止享受优惠，追缴税款及滞纳金。属于弄虚作假的，按照税收征管法有关规定处理。

第二十一条　本办法施行前已经履行审批、审核或者备案程序的定期减免税，不再重新备案。

第二十二条　本办法适用于 2015 年及以后年度企业所得税优惠政策事项办理工作。

注：依据《国家税务总局关于发布修订后的〈企业所得税优惠政策事项办理办法〉的公告》（国家税务总局公告 2018 年第 23 号），本法规全文废止。

附件 1

企业所得税优惠事项备案管理目录（2015 年版）

序号	优惠事项名称	政策概述	主要政策依据	备案资料	预缴期是否享受优惠	主要留存备查资料
1	国债利息收入免征企业所得税	企业持有国务院财政部门发行的国债取得的利息收入免征企业所得税。	1. 《中华人民共和国企业所得税法》第二十六条第一款； 2. 《中华人民共和国企业所得税法实施条例》第八十二条； 3. 《国家税务总局关于企业国债投资业务企业所得税处理问题的公告》（国家税务总局公告 2011 年第 36 号）。	企业所得税优惠事项备案表。	预缴享受 年度备案	1. 国债净价交易交割单； 2. 购买、转让国债的证明，包括持有时间、购买金额、利率等相关材料； 3. 应收利息（投资收益）科目明细账或按月汇总表。 4. 减免税计算过程的说明。
2	取得的地方政府债券利息收入免征企业所得税	企业取得的地方政府债券利息收入，免征企业所得税。	1. 财政部 国家税务总局关于地方政府债券利息所得免征所得税问题的通知》（财税〔2011〕76 号）； 2. 《财政部 国家税务总局关于地方政府债券利息免征所得税问题的通知》（财税〔2013〕5 号）。	企业所得税优惠事项备案表。	预缴享受 年度备案	1. 购买地方政府债券证明，包括持有时间、购买金额、利率等相关材料； 2. 应收利息（投资收益）科目明细账或按月汇总表。 3. 减免税计算过程的说明。
3	符合条件的居民企业之间的股息、红利等权益性投资收益免征企业所得税	居民企业直接投资于其他居民企业取得的权益性投资收益免征企业所得税。所称股息、红利等权益性投资收益不包括连续持有居民企业公开发行并上市流通的股票不足 12 个月取得的投资收益。	1. 《中华人民共和国企业所得税法》第二十六条第二款； 2. 《中华人民共和国企业所得税法实施条例》第十七条、第八十三条； 3. 《财政部 国家税务总局关于执行企业所得税优惠政策若干问题的通知》（财税〔2009〕69 号）第四条； 4. 《国家税务总局关于贯彻落实企业所得税法若干税收问题的通知》（国税函〔2010〕79 号）第四条。	企业所得税优惠事项备案表。	预缴享受 年度备案	1. 被投资企业出具的股东名册和持股比例（企业在证券交易市场购买上市公司股票的，提供相关记账凭证、本公司持股比例以及持股时间超过 12 个月情况说明）； 2. 被投资企业董事会（或股东大会）利润分配决议案； 3. 若企业取得的是被投资企业未按股东持股比例分配的股息、红利等权益性投资收益，还需提供被投资企业的最新公司章程； 4. 被投资企业进行清算所得税处理的，留存被投资企业的加盖主管税务机关相关章印的《中华人民共和国清算所得税申报表》及附表三《剩余财产计算和分配明细表》复印件。

续表

序号	优惠事项名称	政策概述	主要政策依据	备案资料	预缴期是否享受优惠	主要留存备查资料
4	内地居民企业连续持有H股满12个月取得的股息红利所得免征企业所得税	对内地企业投资者通过沪港通投资香港联交所上市股票取得的股息红利所得，计入其收入总额，依法计征企业所得税。其中，内地居民企业连续持有H股满12个月取得的股息红利所得，依法免征企业所得税。	《财政部 国家税务总局 证监会关于沪港股票市场交易互联互通机制试点有关税收政策的通知》（财税〔2014〕81号）。	企业所得税优惠事项备案表。	预缴享受 年度备案	1. 相关记账凭证、本公司持股比例以及持股时间超过12个月的情况说明；2. 被投资企业董事会（或股东大会）利润分配决议。
5	符合条件的非营利组织的收入免征企业所得税	符合条件的非营利组织取得的捐赠收入、不征税收入以外的政府补助收入、会费收入、不征税收入和免税收入孳生的银行存款利息收入等。不包括非营利组织从事营利性活动取得的收入。非营利组织包括事业单位、社会团体、基金会、民办非企业单位、宗教活动场所等。	1.《中华人民共和国企业所得税法》第二十六条第四款；2.《中华人民共和国企业所得税法实施条例》第八十四条、第八十五条；3.《财政部 国家税务总局关于非营利组织企业所得税免税收入问题的通知》（财税〔2009〕122号）；4.《财政部 国家税务总局关于非营利组织免税资格认定管理有关问题的通知》（财税〔2014〕13号）。	1.企业所得税优惠事项备案表；2.非营利组织格认定文件或其他相关证明。	预缴享受 年度备案	1. 非营利组织有效认定文件或其他相关证明；2. 登记管理机关出具其事业单位、社会团体、基金、民办非企业单位对应注册年度的检查结论（新设立非营利组织需提供）；3. 应纳税收入及其有关的成本、费用、损失，与免税收入及其有关的成本、费用、损失分别核算的情况说明；4. 取得各类免税收入的情况说明。
6	中国清洁发展机制基金取得的CDM项目温室气体减排量转让收入上缴国家的部分免征企业所得税	中国清洁发展机制基金取得的CDM项目温室气体减排量转让收入上缴国家的部分、国际金融组织赠款收入、基金资金的存款利息收入、购买国债的利息收入、国内外机构、组织和个人的捐赠收入，免征企业所得税。	《财政部 国家税务总局关于中国清洁发展基金及清洁发展机制项目实施企业有关企业所得税政策问题的通知》（财税〔2009〕30号）第一条。	企业所得税优惠事项备案表。	预缴享受 年度备案	免税收入核算情况。
7	投资者从证券投资基金分配中取得的收入暂不征收企业所得税	对投资者从证券投资基金分配中取得的收入，暂不征收企业所得税。	《财政部 国家税务总局关于企业所得税若干优惠政策的通知》（财税〔2008〕1号）第二条第二项。	企业所得税优惠事项备案表。	预缴享受 年度备案	1. 有关购买证券投资基金记账凭证；2. 证券投资基金分配公告。

续表

序号	优惠事项名称	政策概述	主要政策依据	备案资料	预缴期是否享受优惠	主要留存备查资料
8	受灾地区企业取得的救灾后恢复重建款项等收入免征企业所得税	受灾地区企业通过公益性社会团体、县级以上人民政府及其部门取得的抗震救灾收入，法律、法规和国务院批准的减免税收及附加收入，免征企业所得税。其中，芦山受灾地区政策执行期限自2013年4月20日起至2015年12月31日；鲁甸受灾地区政策执行期限自2014年8月3日起至2016年12月31日。	1.《财政部 海关总署 国家税务总局关于支持芦山地震灾后恢复重建有关税收政策问题的通知》（财税〔2013〕58号）第一条第二款；2.《财政部 海关总署 国家税务总局关于支持鲁甸地震灾后恢复重建有关税收政策问题的通知》（财税〔2015〕27号）第一条第二款。	企业所得税优惠事项备案表。	预缴享受年度备案	1.受灾地区企业通过公益性社会团体、县级以上人民政府及其部门取得的抗震救灾和重建款项和物资的证明材料；2.省税务机关规定的其他资料。
9	中国期货保证金监控中心有限责任公司取得的银行存款利息等收入暂免征收企业所得税	对中国期货保证金监控中心有限责任公司取得的银行存款利息收入，购买国债、中央银行和国有金融机构发行债券的利息收入，以及证监会和财政部批准的其他收入暂免征收企业所得税。	《财政部 国家税务总局关于期货投资者保障基金有关税收政策继续执行的通知》（财税〔2013〕80号）第二条。	企业所得税优惠事项备案表。	预缴享受年度备案	1.免税收入核算情况；2.省税务机关规定的其他资料。
10	中国保险保险保障基金有限责任公司取得的保险保障基金等收入免征企业所得税	对中国保险保障基金有限责任公司依法取得的境内保险公司依法缴纳的保险保障基金、依法从撤销或破产保险公司清算财产中获得的受偿收入和向有关责任方追偿所得、捐赠所得、银行存款利息收入、购买政府债券、中央银行和中央级金融机构发行债券的利息收入、国务院批准的其他资金运用取得的收入免征企业所得税。	《财政部 国家税务总局关于保险保障基金有关税收政策继续执行的通知》（财税〔2013〕81号）。	企业所得税优惠事项备案表。	预缴享受年度备案	1.免税收入核算情况；2.省税务机关规定的其他资料。

续表

序号	优惠事项名称	政策概述	主要政策依据	备案资料	预缴期是否享受优惠	主要留存备查资料
11	综合利用资源生产产品取得的收入在计算应纳税所得额时减计收入	企业以《资源综合利用企业所得税优惠目录》规定的资源作为主要原材料，生产国家非限制和非禁止并符合国家及行业相关标准的产品取得的收入，减按90%计入企业当年收入总额。	1.《中华人民共和国企业所得税法》第三十三条； 2.《中华人民共和国企业所得税法实施条例》第九十九条； 3. 国家税务总局关于印发《国家鼓励的资源综合利用认定管理办法》的通知》（发改环资〔2006〕1864号）； 4.《财政部 国家发展改革委关于公布资源综合利用企业所得税优惠目录（2008年版）的通知》（财税〔2008〕117号； 5.《财政部 国家税务总局关于执行资源综合利用企业所得税优惠目录有关问题的通知》（财税〔2008〕47号）； 6.《国家税务总局关于资源综合利用企业所得税优惠管理问题的通知》（国税函〔2009〕185号）。	1. 企业所得税优惠事项备案表； 2. 资源综合利用证书的提取得证书的提安）。	预缴享受年度备案	1. 企业实际资源综合利用情况（包括综合利用的资源、技术标准、产品名称等）的说明； 2. 省税务机关规定的其他资料。
12	金融、保险等机构取得的涉农贷款利息收入、保费收入在计算应纳税所得额时减计收入	对金融机构农户小额贷款的利息收入，按90%计入收入总额；对保险公司为种植业、养殖业提供保险业务取得的保费收入，在计算应纳税所得额时，按90%计入收入。中和农信项目管理有限公司和中国扶贫基金会举办的农户自立服务社（中心）从事中国扶贫资金互助社取得的利息收入按照对金融机构农户小额贷款的利息收入在计算应纳税所得额时减计收入。小额贷款取得的利息所得按90%计入收入总额的规定执行。	1.《财政部 国家税务总局关于延续并完善支持农村金融发展有关税收政策的通知》（财税〔2014〕102号）第二条、第三条； 2.《财政部 国家税务总局关于中国扶贫基金会小额信贷试点项目税收政策的通知》（财税〔2010〕35号）； 3.《财政部 国家税务总局关于农户小额贷款利息收入免征增值税暨中国扶贫基金会所属小额贷款公司享受有关税收优惠政策的通知》（财税〔2012〕33号）。	企业所得税优惠事项备案表。	预缴享受年度备案	1. 相关保费收入、利息收入的核算情况； 2. 相关保险合同、贷款合同； 3. 省税务机关规定的其他资料。

续表

序号	优惠事项名称	政策概述	主要政策依据	备案资料	预缴期是否享受优惠	主要留存备查资料
13	取得企业债券利息收入减半征收企业所得税	企业持有中国铁路建设等企业债券取得的利息收入，减半征收企业所得税。	1.《财政部 国家税务总局关于铁路建设债券利息收入企业所得税政策的通知》（财税〔2011〕99号）；2.《财政部 国家税务总局关于2014、2015年铁路建设债券利息收入企业所得税政策的通知》（财税〔2014〕2号）。	企业所得税优惠事项备案表。	预缴享受 年度备案	1.购买铁路建设债券，其他企业债券证明。包括持有时间、票面金额、利率等相关材料；2.应收利息（投资收益）科目明细账或按月汇总表；3.减免税计算过程的说明。
14	开发新技术、新产品、新工艺发生的研究开发费用加计扣除	企业为开发新技术、新产品、新工艺发生的研究开发费用，未形成无形资产计入当期损益的，在按照规定据实扣除的基础上，按照研究开发费用的50%加计扣除；形成无形资产的，按照无形资产成本150%摊销。对从事文化产业支撑技术等领域的文化企业，开发新技术、新产品、新工艺发生的研究开发费用，允许按照税收法律法规的规定，在计算应纳税所得额时加计扣除。	1.《中华人民共和国企业所得税法》第三十条；2.《中华人民共和国企业所得税法实施条例》第九十五条；3.《财政部 国家税务总局 科技部关于完善研究开发费用税前加计扣除政策的通知》（财税〔2015〕119号）；4.《财政部 海关总署 国家税务总局关于继续实施支持文化企业发展若干税收政策的通知》（财税〔2014〕85号）第四条。	1.企业所得税优惠事项备案表；2.研发项目立项文件。	汇缴享受	1.自主、委托、合作研究开发项目计划书和研究开发项目关于自主、委托、合作研究开发专门机构或项目组的编制情况和研发人员名单；2.自主、委托、合作研究开发项目经费预算；3.经国家有关部门登记的委托、合作研究开发项目的合同；4.从事研发活动的人员和用于研发活动的仪器、设备、无形资产的费用分配说明；5.集中研发项目研发费决算表、《集中研发项目费用分摊明细情况表》和实际分享分配比例等资料；6.研发项目辅助账明细和研发支出明细表的其他资料。7.省税务机关规定的其他资料。
15	安置残疾人员及国家鼓励安置的其他就业人员所支付的工资加计扣除	企业安置残疾人员的，在按照支付给残疾人员工资据实扣除的基础上，按照支付给残疾职工工资的100%加计扣除。残疾人员的范围适用《中华人民共和国残疾人保障法》的有关规定。	1.《中华人民共和国企业所得税法》第三十条；2.《中华人民共和国企业所得税法实施条例》第九十六条；3.《财政部 国家税务总局关于安置残疾人员就业有关企业所得税优惠政策问题的通知》（财税〔2009〕70号）；4.《国家税务总局关于促进残疾人就业税收优惠政策有关问题的公告》（国家税务总局公告2013年第78号）。	企业所得税优惠事项备案表。	汇缴享受	1.为安置的每位残疾人按月足额缴纳了企业所在区县人民政府根据国家政策规定的基本养老保险、基本医疗保险、失业保险和工伤保险等社会保险的证明资料；2.通过非现金方式支付工资薪酬的证明；3.安置残疾职工名单及其《残疾人证》或《残疾军人证》；4.与残疾人员签订的劳动合同或服务协议。

续表

序号	优惠事项名称	政策概述	主要政策依据	备案资料	预缴期是否享受优惠	主要留存备查资料
16	从事农、林、牧、渔业项目的所得减征或免征企业所得税	企业从事蔬菜、谷物、薯类、油料、豆类、棉花、麻类、糖料、水果、坚果的种植，农作物新品种的选育，中药材种植，林木的培育和种植，牲畜、家禽的饲养，林产品的采集，农、林、牧、渔服务业项目，远洋捕捞，企业从事的所得，免征企业所得税。企业从事花卉、茶以及其他饮料作物和香料作物种植，海水养殖、内陆养殖项目所得减半征收企业所得税。"公司+农户"经营模式从事农、牧、渔业生产的企业，可以减免企业所得税。	1.《中华人民共和国企业所得税法》第二十七条第一款； 2.《中华人民共和国企业所得税法实施条例》第八十六条； 3.《财政部 国家税务总局关于发布享受企业所得税优惠政策的农产品初加工范围（试行）的通知》（财税〔2008〕149号）； 4.《国家税务总局关于黑龙江垦区国有农场土地承包费缴纳企业所得税问题的批复》（国税函〔2009〕779号）； 5.《财政部 国家税务总局关于享受企业所得税优惠的农产品初加工有关范围的补充通知》（财税〔2011〕26号）； 6.《国家税务总局关于实施农林牧渔业项目企业所得税优惠问题的公告》（国家税务总局公告2011年第48号）。	1.企业所得税优惠事项备案表； 2.有效期内的远洋渔业企业资格证书（从事远洋捕捞业务的）； 3.从事农作物新品种选育的认定证书（从事农作物新品种选育的）。	预缴享受 年度备案	1.有效期内的远洋渔业企业资格证书（从事远洋捕捞业务的）； 2.从事农作物新品种选育的认定证书（从事农作物新品种选育的）； 3.与农户签订的委托养殖合同（"公司+农户"经营模式的）； 4.与家庭承包户签订的内部承包合同（国有农场实行内部承包经营）； 5.农产品初加工项目及工艺流程说明（二个或二个以上的分项目）； 6.同时从事适用不同企业所得税待遇项目的，每年度单独计算不同企业所得税待遇项目所得的计算过程及其相关账册、期间费用的合理分摊期间共同费用的依据及标准； 7.省税务机关规定的其他资料。
17	从事国家重点扶持的公共基础设施项目投资经营的所得定期减免企业所得税	企业从事《公共基础设施项目企业所得税优惠目录》规定的港口码头、机场、铁路、公路、城市公共交通、电力、水利等项目的投资经营的所得，自项目取得第一笔生产经营收入所属纳税年度起，第一年至第三年免征企业所得税，第四年至第六年减半征收企业所得税。企业承包经营、承包建设和内部自建自用的项目，不得享受上述规定的企业所得税优惠。（定期减免）	1.《中华人民共和国企业所得税法》第二十七条第二款； 2.《中华人民共和国企业所得税法实施条例》第八十七条、第八十九条； 3.《财政部 国家税务总局关于执行公共基础设施项目企业所得税优惠目录有关问题的通知》（财税〔2008〕46号）； 4.《财政部 国家税务总局 国家发展改革委关于公布公共基础设施项目所得税优惠目录（2008年版）的通知》（财税〔2008〕116号）；	1.企业所得税优惠事项备案表； 2.有关部门批准该项目文件。	预缴享受 年度备案	1.有关部门批准该项目文件； 2.公共基础设施项目建成并投入运行后取得的第一笔经营收入凭证（原始凭证及账务处理凭证）； 3.公共基础设施项目完工验收报告； 4.公共基础设施项目投资额验资报告； 5.同时从事享受不同企业所得税减免税待遇项目的，每年度单独计算不同企业所得税项目的计算过程及其相关账册，合理分摊期间共同费用的核算办法； 6.项目权属变动情况及转让方已享受优惠的说明以及证明资料（优惠期间项目权属发生变动时准备）； 7.省税务机关规定的其他资料。

续表

序号	优惠事项名称	政策概述	主要政策依据	备案资料	预缴期是否享受优惠	主要留存备查资料
17	从事国家重点扶持的公共基础设施项目投资经营定期减免企业所得税	企业从事《公共基础设施项目企业所得税优惠目录》规定的港口码头、机场、铁路、公路、城市公共交通、电力、水利等项目的投资经营的所得，自项目取得第一笔生产经营收入所属纳税年度起，第一年至第三年免征企业所得税，第四年至第六年减半征收企业所得税。企业承包经营、承包建设和内部自建自用的上述规定项目，不得享受上述规定的企业所得税优惠（定期减免税）。	5.《国家税务总局关于实施国家重点扶持的公共基础设施项目企业所得税优惠问题的通知》（国税发〔2009〕80号）；6.《财政部 国家税务总局关于环境保护 节能节水项目企业所得税优惠目录的通知》（财税〔2012〕10号）；7.《财政部 国家税务总局关于支持农村饮水安全工程建设运营税收政策的通知》（财税〔2012〕30号）第五条；8.《国家税务总局关于电网企业电网新建项目享受所得税优惠政策问题的公告》（国家税务总局公告2013年第26号）；9.《财政部 国家税务总局关于公共基础设施项目享受企业所得税优惠政策问题的补充通知》（财税〔2014〕55号）。	1. 企业所得税优惠事项备案表；2. 有关部门批准该项目文件。	预缴享受年度备案	1. 有关部门批准该项目文件；2. 公共基础设施项目建成并投入运行后取得的第一笔生产经营收入凭证（原始凭证及账务处理凭证）；3. 公共基础设施项目完工验收报告；4. 公共基础设施项目投资额验收报告；5. 同时从事不同企业所得税待遇项目的，每年度单独计算不同企业所得税项目的计算过程及其相关明细账册，合理分摊期间共同费用的核算办法；6. 项目权属变动情况及转让方已享受优惠情况的说明及证明资料（优惠期间项目权属发生变动的准备）；7. 省税务机关规定的其他资料。
18	从事符合条件的环境保护、节能节水项目的所得定期减免企业所得税	企业从事《环境保护、节能节水项目企业所得税优惠目录》所列项目的所得，自项目取得第一笔生产经营收入所属纳税年度起，第一年至第三年免征企业所得税，第四年至第六年减半征收企业所得税（定期减免税）。	1.《中华人民共和国企业所得税法》第二十七条第三款；2.《中华人民共和国企业所得税法实施条例》第八十八条、第八十九条；3.《财政部 国家税务总局 国家发展改革委关于公布环境保护 节能节水项目企业所得税优惠目录（试行）的通知》（财税〔2009〕166号）；4.《财政部 国家税务总局关于环境保护 节能节水项目企业所得税优惠目录的通知》（财税〔2012〕10号）。	企业所得税优惠事项备案表。	预缴享受年度备案	1. 该项目符合《环境保护、节能节水项目企业所得税优惠目录》的相关证明；2. 环境保护、节能节水项目取得的第一笔生产经营收入凭证；3. 环境保护、节能节水项目所得单独核算资料，以及合理分摊期间共同费用的核算资料；4. 项目权属变动情况及转让方已享受优惠情况的说明及证明资料（优惠期间项目权属发生变动）；5. 省税务机关规定的其他资料。

续表

序号	优惠事项名称	政策概述	主要政策依据	备案资料	预缴期是否享受优惠	主要留存备查资料
19	符合条件的技术转让所得减免征收企业所得税	一个纳税年度内，居民企业技术转让所得不超过500万元的部分，免征企业所得税；超过500万元的部分，减半征收企业所得税。	1.《中华人民共和国企业所得税法》第二十七条第四款； 2.《中华人民共和国企业所得税法实施条例》第九十条； 3.《国家税务总局关于企业所得税有关问题的通知》（国税函〔2009〕212号）； 4.《财政部 国家税务总局关于居民企业技术转让有关企业所得税政策问题的通知》（财税〔2010〕111号）； 5.《国家税务总局关于技术转让所得免征减免企业所得税有关问题的公告》（国家税务总局公告2013年第62号）； 6.《财政部 国家税务总局关于将国家自主创新示范区有关税收试点政策推广到全国范围实施的通知》（财税〔2015〕116号）。	1.企业所得税优惠事项备案表； 2.所转让技术产权证明。	预缴享受 年度备案	1.所转让的技术产权证明； 2.企业发生境内技术转让： （1）技术转让合同（副本）； （2）省级以上科技部门出具的技术合同登记证明； （3）技术转让所得归集、分摊、计算的相关资料； （4）实际缴纳相关税费的证明资料。 3.企业向境外转让技术： （1）技术出口合同（副本）； （2）省级以上商务部门出具的技术出口许可证、技术出口或技术出口合同登记证书或技术出口合同数据表； （3）技术出口合同数据表； （4）技术转让所得归集、分摊、计算的相关资料； （5）实际缴纳相关税费的证明资料； （6）有关部门、商务部、科技部发布的属于《中国禁止出口限制出口技术目录》出具的审查意见。 4.转让技术所有权的，其成本费用情况；转让技术使用权的，其无形资产摊销费用情况； 5.技术转让双方股权关联关系情况。
20	实施清洁发展机制项目的所得定期减免企业所得税	清洁发展机制项目（以下简称CDM项目）实施企业将温室气体减排量转让收入65%上缴给国家的HFC和PFC类CDM项目，以及将温室气体减排量转让收入的30%上缴给国家的N_2O类CDM项目，其实施该类CDM项目的所得，自项目取得第一笔减排量转让收入所属纳税年度起，第一年至第三年免征企业所得税，第四年至第六年减半征收企业所得税。（定期减免税）。	《财政部 国家税务总局 国家发展改革委关于中国清洁发展机制基金及清洁发展机制项目实施企业有关企业所得税政策问题的通知》（财税〔2009〕30号）第二条第一款、第二条第二款。	1.企业所得税优惠事项备案表； 2.清洁发展机制项目立项有关文件。	预缴享受 年度备案	1.清洁发展机制项目立项有关文件； 2.企业将温室气体减排量转让给国家的HFC和PFC类、N_2O类CDM项目，及将温室气体减排量转让的证明材料； 3.将温室气体减排量转让收入上缴给国家的证明资料； 4.清洁发展机制项目第一笔减排量转让收入凭证； 5.清洁发展机制项目同期所得单独核算资料，以及合理分摊期间共同费用的核算资料。

续表

序号	优惠事项名称	政策概述	主要政策依据	备案资料	预缴期是否享受优惠	主要留存备查资料
21	符合条件的节能服务公司实施合同能源管理项目免征、减征企业所得税	对符合条件的节能服务公司实施合同能源管理项目，符合企业所得税法有关规定的，自项目取得第一笔生产经营收入所属纳税年度起，第一年至第三年免征企业所得税，第四年至第六年按照25%的法定税率减半征收企业所得税（定期减免税）。	1.《财政部 国家税务总局关于促进节能服务产业发展增值税营业税和企业所得税政策问题的通知》（财税〔2010〕110号）第二条； 2.《国家税务总局 国家发展改革委关于落实节能服务企业合同能源管理项目企业所得税优惠政策有关征收管理问题的公告》（国家税务总局 国家发展改革委公告2013年第77号）。	1. 企业所得税优惠事项备案表； 2. 国家发展改革委、财政部公布的第三方机构出具的合同能源管理项目情况确认表，或者政府主管部门出具的合同能源管理项目确认意见。	预缴享受 年度备案	1. 能源管理合同； 2. 国家发展改革委、财政部公布的第三方机构出具的合同能源管理项目情况确认表，或者政府节能主管部门出具的合同能源管理项目确认意见； 3. 项目转让合同（项目发生转让的，受让节能服务企业）； 4. 项目第一笔收入等发票及作收入处理的会计凭证； 5. 合同能源管理项目应纳税所得额计算式； 6. 合同能源管理项目所得单独核算资料，以及合理分摊期间共同费用的核算资料； 7. 省税务机关规定的其他资料。
22	创业投资企业按投资额的一定比例抵扣应纳税所得额	创业投资企业采取股权投资方式投资于未上市的中小高新技术企业2年以上的，可以按照其投资额的70%在股权持有满2年的当年抵扣该创业投资企业的应纳税所得额；当年不足抵扣的，可以在以后纳税年度结转抵扣。	1.《中华人民共和国企业所得税法》第三十一条； 2.《中华人民共和国企业所得税法实施条例》第九十七条； 3.《国家税务总局关于实施创业投资企业所得税优惠问题的通知》（国税发〔2009〕87号）； 4.《财政部 国家税务总局关于执行企业所得税优惠政策若干问题的通知》（财税〔2009〕69号）。	1. 企业所得税优惠事项备案表； 2. 创业投资企业经备案管理部门核实后出具的年检合格通知书。	汇缴享受	1. 创业投资企业经备案管理部门核实后出具的年检合格通知书； 2. 中小高新技术企业投资合同等相关材料； 3. 由省、自治区、直辖市和计划单列市高新技术企业认定管理机构出具的被投资企业高新技术企业资格证书复印件（注明"与...一致"，并加盖公章）； 4. 中小高新技术企业基本情况〔包括企业职工人数、年销售（营业）额、资产总额等〕说明； 5. 关于创业投资运作情况的说明； 6. 省税务机关规定的其他资料。

续表

序号	优惠事项名称	政策概述	主要政策依据	备案资料	预缴期是否享受优惠	主要留存备查资料
23	有限合伙制创业投资企业法人合伙人按投资额的一定比例抵扣应纳税所得额	有限合伙制创业投资企业采取股权投资方式投资未上市的中小高新技术企业2年（24个月）以上，该有限合伙创业投资企业的法人合伙人可按照其对未上市中小高新技术企业投资额的70%抵扣该法人合伙人从该有限合伙创业投资企业分得的应纳税所得额，当年不足抵扣的，可以在以后纳税年度结转抵扣。	1.《财政部 国家税务总局关于推广中关村国家自主创新示范区税收试点政策有关问题的通知》（财税〔2015〕62号）第二条； 2.《国家税务总局关于实施创业投资企业所得税优惠问题的通知》（国税发〔2009〕87号）； 3.《财政部 国家税务总局关于将国家自主创新示范区有关税收试点政策推广到全国范围实施的通知》（财税〔2015〕116号）第二条。	1.《企业所得税优惠事项备案表》； 2.法人合伙人应纳税所得额抵扣情况明细表； 3.有限合伙制创业投资企业法人合伙人应纳税所得额分配情况明细表。	汇缴享受	1.创业投资企业年检合格通知书； 2.中小高新技术企业投资合同或章程、实际所投资金的验资报告等相关材料； 3.省、自治区、直辖市和计划单列市高新技术企业认定管理机构出具的中小高新技术企业证书复印件（注明"与原件一致"，并加盖公章）说明； 4.中小高新技术企业基本情况（职工人数、年销售（营业）额、资产总额等）说明； 5.《有限合伙制创业投资企业法人合伙人应纳税所得额抵扣情况明细表》； 6.《法人合伙人应纳税所得额抵扣情况明细表》； 7.省税务机关规定的其他资料。
24	符合条件的小型微利企业减免企业所得税	从事国家非限制和禁止行业的企业，对年应纳税所得额低于30万元（含30万元）的小型微利企业，其所得减按50%计入应纳税所得额，按20%的税率缴纳企业所得税。	1.《中华人民共和国企业所得税法》第二十八条； 2.《中华人民共和国企业所得税法实施条例》第九十二条； 3.《财政部 国家税务总局关于小型微利企业所得税优惠政策的通知》（财税〔2015〕34号）； 4.《财政部 国家税务总局关于进一步扩大小型微利企业所得税优惠政策范围的通知》（财税〔2015〕99号）； 5.《国家税务总局关于贯彻落实进一步扩大小型微利企业所得税优惠政策范围有关问题的公告》（国家税务总局公告2015年第61号）。	不履行备案手续	预缴享受 年度享受	1.所从事行业不属于限制性行业的说明； 2.优惠年度的资产总额； 3.从业人数的计算过程。

续表

序号	优惠事项名称	政策概述	主要政策依据	备案资料	预缴期是否享受优惠	主要留存备查资料
25	国家需要重点扶持的高新技术企业减按15%的税率征收企业所得税	国家需要重点扶持的高新技术企业，是指拥有核心自主知识产权，产品（服务）属于国家重点支持的高新技术领域规定的范围，研究开发费用占销售收入（服务）的比例不低于规定的比例，高新技术产品（服务）收入占企业总收入的比例不低于规定的比例，科技人员占企业职工总数的比例不低于规定的比例，以及高新技术企业认定管理办法规定的其他条件的企业。	1.《中华人民共和国企业所得税法》第二十八条； 2.《中华人民共和国企业所得税法实施条例》第九十三条； 3.《科技部 财政部 国家税务总局关于印发〈高新技术企业认定管理办法〉的通知》（国科发火〔2008〕172号）； 4.《科学技术部 财政部 国家税务总局关于印发〈高新技术企业认定管理工作指引〉的通知》（国科发火〔2008〕362号）； 5.《国家税务总局关于实施高新技术企业所得税优惠有关问题的通知》（国税函〔2009〕203号）； 6.《科技部 财政部 国家税务总局关于中关村国家自主创新示范区开展高新技术企业认定中文化产业支撑技术等领域范围试点的通知》（国科发高〔2013〕595号）。	1.企业所得税优惠事项备案表； 2.高新技术企业资格证书。	预缴享受年度备案	1.高新技术企业资格证书； 2.高新技术企业认定资料； 3.年度研发费专账管理资料； 4.年度高新技术产品（服务）及对应收入资料； 5.年度高新技术企业研究开发费用及占销售收入比例，以及研发费用辅助账； 6.研发人员花名册； 7.省税务机关规定的其他资料。
26	民族自治地方的自治机关对本民族自治地方的企业应缴纳的企业所得税中属于地方分享的部分减征或免征	依照《中华人民共和国民族区域自治法》的规定，实行民族区域自治的自治区、自治州、自治县的自治机关对本民族自治地方的企业应缴纳的企业所得税中属于地方分享的部分，可以决定减征或者免征。自治州、自治县决定减征或者免征的，须报省、自治区、直辖市人民政府批准。	1.《中华人民共和国企业所得税法》第二十九条； 2.《中华人民共和国企业所得税法实施条例》第九十四条； 3.《财政部 国家税务总局关于贯彻落实国务院关于实施企业所得税过渡优惠政策有关问题的通知》（财税〔2008〕21号）。	1.企业所得税优惠事项备案表； 2.本企业享受优惠的批复文件（限个案批交）。	预缴享受年度备案	由民族自治地方省税务机关确定。

续表

序号	优惠事项名称	政策概述	主要政策依据	备案资料	预缴期是否享受优惠	主要留存备查资料
27	经济特区和上海浦东新区新设立的高新技术企业在区内取得的所得定期减免企业所得税	经济特区和上海浦东新区内，在2008年1月1日（含）之后完成登记注册的国家需要重点扶持的高新技术企业，在经济特区和上海浦东新区内取得的所得，自取得第一笔生产经营收入所属纳税年度起，第一年至第二年免征企业所得税，第三年至第五年按照25%的法定税率减半征收企业所得税（定期减免税）。	1.《中华人民共和国企业所得税法》第五十七条第二款；2.《国务院关于经济特区和上海浦东新区新设立高新技术企业实行过渡性税收优惠的通知》（国发〔2007〕40号）；3.《科技部 财政部 国家税务总局关于印发〈高新技术企业认定管理办法〉的通知》（国科发火〔2008〕172号）；4.《科学技术部 财政部 国家税务总局关于印发〈高新技术企业认定管理工作指引〉的通知》（国科发火〔2008〕362号）；5.《国家税务总局关于实施高新技术企业所得税优惠有关问题的通知》（国税函〔2009〕203号）。	1.《企业所得税优惠项目备案表》；2.高新技术企业资格证书。	预缴享受年度备案	1. 高技术企业资格证书；2. 高新技术企业认定资料；3. 年度研发费专账管理资料；4. 年度高新技术产品（服务）及对应收入资料；5. 年度高新技术企业研究开发费用及占销售收入比例，以及研发费用辅助账；6. 研发人员花名册；7. 科技人员占企业当年职工和研发人员占企业人员的比例；8. 新办企业取得第一笔生产经营收入凭证；9. 区内区外的核算资料；10. 省税务机关规定的其他资料。
28	经营性文化事业单位转制为企业的经营性文化事业单位转制注册为企业自转制注册之日起免征企业所得税	从事新闻出版、广播影视和文化艺术的经营性文化事业单位转制为企业的，自转制注册之日起免征企业所得税。	《财政部 国家税务总局 中宣部关于继续实施文化体制改革中经营性文化事业单位转制为企业若干税收政策的通知》（财税〔2014〕84号）。	1.《企业所得税优惠事项备案表》；2. 有关部门对文化体制改革单位转制方案批复文件。	预缴享受年度备案	1. 企业转制方案文件；2. 有关部门对文化体制改革单位转制方案的批复文件；3. 整体转制前已进行事业单位法人登记的，同级机构编制管理机关核销事业单位编制的证明，以及注销事业单位法人的证明；4. 企业转制后的工商登记情况；5. 企业与职工签订的劳动合同；6. 企业缴纳社会保险登记记录；7. 有关部门批准引入非公有资本、境外资本和变更资本结构的批函；8. 同级党委批准的文化体制改革和发展工作领导小组办公室出具的转制文化企业名称发生变更，且且自营业务未发生变化的）。

572

续表

序号	优惠事项名称	政策概述	主要政策依据	备案资料	预缴期是否享受优惠	主要留存备查资料
29	动漫企业自主开发、生产动漫产品定期减免企业所得税	经认定的动漫企业自主开发、生产动漫产品，可申请享受国家现行鼓励软件产业发展的所得税优惠政策。即在2017年12月31日前自获利年度起，第一年至第二年免征企业所得税，第三年至第五年按照25%的法定税率减半征收企业所得税，并享受至期满为止。（定期减免税）。	1.《文化部 财政部 国家税务总局关于印发〈动漫企业认定管理办法（试行）〉的通知》（文市发〔2008〕51号）；2.《文化部 财政部 国家税务总局关于实施〈动漫企业认定管理办法（试行）〉有关问题的通知》（文产发〔2009〕18号）；3.《财政部 国家税务总局关于扶持动漫产业发展有关税收政策问题的通知》（财税〔2009〕65号）第二条。	1.企业所得税优惠事项备案表；2.动漫企业认定证明。	预缴享受年度备案	1.动漫企业认定证明；2.动漫企业认定资料；3.动漫企业年审通过名单；4.获利年度情况说明。
30	受灾地区损失严重企业免征企业所得税	对受灾地区损失严重的企业，免征企业所得税。其中，芦山受灾地区政策执行至2015年12月31日；鲁甸受灾地区政策执行限自2014年至2016年度企业所得税。	1.《财政部 海关总署 国家税务总局关于支持芦山地震灾后恢复重建有关税收政策问题的通知》（财税〔2013〕58号）第一条第一款；2.《财政部 海关总署 国家税务总局关于支持鲁甸地震灾后恢复重建有关税收政策问题的通知》（财税〔2015〕27号）第一条第一款。	企业所得税优惠事项备案表。	预缴享受年度备案	1.属于受灾地区损失严重企业的证明材料；2.省税务机关规定的其他资料。
31	受灾地区农村信用社免征企业所得税	对受灾地区农村信用社免征企业所得税。其中，芦山受灾地区政策执行期限自2013年4月20日起至2017年12月31日；鲁甸受灾地区政策执行限自2014年1月1日至2018年12月31日。	1.《财政部 海关总署 国家税务总局关于支持芦山地震灾后恢复重建有关税收政策问题的通知》（财税〔2013〕58号）第一条第三款；2.《财政部 海关总署 国家税务总局关于支持鲁甸地震灾后恢复重建有关税收政策问题的通知》（财税〔2015〕27号）第一条第三款。	企业所得税优惠事项备案表。	预缴享受年度备案	省税务机关规定的资料。

续表

序号	优惠事项名称	政策概述	主要政策依据	备案资料	预缴期是否享受优惠	主要留存备查资料
32	受灾地区的促进就业企业限额减征企业所得税	受灾地区的商贸企业等企业，在新增加的就业岗位中，招用当地因地震灾害失去工作的人员，与其签订1年以上期限劳动合同并依法缴纳社会保险费的，经县级以上人力资源和社会保障部门认定，按实际招用人数和实际工作时间予以定额依次扣减增值税、营业税、城市维护建设税、教育费附加、地方教育附加和企业所得税。其中，芦山受灾地区政策执行期限至2015年12月31日；鲁甸受灾地区政策执行期执行至2016年12月31日。	1.《财政部 海关总署 国家税务总局关于支持芦山地震灾后恢复重建有关税收政策问题的通知》（财税〔2013〕58号）第五条第一款； 2.《财政部 海关总署 国家税务总局关于支持鲁甸地震灾后恢复重建有关税收政策问题的通知》（财税〔2015〕27号）第五条第一款。	企业所得税优惠事项备案表。	汇缴享受	1. 劳动保障部门出具的《企业实体吸纳纳税失业人员认定证明》； 2. 劳动保障部门出具的《持就业失业登记证》人员在企业预定工作时间间表； 3. 失业人员的《就业创业证》或《就业失业登记证》； 4. 企业工资支付凭证； 5. 每年度受灾受货物与劳务税免免情况说明及其相关申报表； 6. 省税务机关规定的其他资料。
33	技术先进型服务企业减按15%的税率征收企业所得税	在北京、天津、上海、广州、武汉、哈尔滨、成都、南京、西安、济南、杭州、合肥、南昌、长沙、大庆、苏州、无锡、厦门等21个中国服务外包示范城市，对经认定的技术先进型服务企业，减按15%的税率征收企业所得税。	《财政部 国家税务总局 商务部 科技部 国家发展改革委关于完善技术先进型服务企业有关企业所得税政策的通知》（财税〔2014〕59号）。	1. 企业所得税优惠事项备案表； 2. 技术先进型服务企业资格证书。	预缴享受年度备案	1. 技术先进型服务企业资格证书； 2. 技术先进型服务企业认定资料； 3. 各年度技术先进型服务业务收入总额、离岸服务外包业务收入占本企业当年收入总额比例情况说明。
34	新疆困难地区新办企业定期减免征企业所得税	对在新疆困难地区新办的属于《新疆困难地区重点鼓励发展产业企业所得税优惠目录》范围内的企业，自取得第一笔生产经营收入所属纳税年度起，第一年至第二年免征企业所得税，第三年至第五年减半征收企业所得税（定期减免税）。	1.《财政部 国家税务总局关于新疆困难地区新办企业所得税优惠政策的通知》（财税〔2011〕53号）； 2.《财政部 国家税务总局 工业和信息化部关于公布新疆困难地区重点鼓励发展产业企业所得税优惠目录（试行）的通知》（财税〔2011〕60号）。	企业所得税优惠事项备案表。	预缴享受年度备案	由新疆维吾尔自治区国家税务局，地方税务局确定。

续表

序号	优惠事项名称	政策概述	主要政策依据	备案资料	预缴期是否享受优惠	主要留存备查资料
35	新疆喀什、霍尔果斯两个特殊经济开发区新办企业定期免征企业所得税	对在新疆喀什、霍尔果斯两个特殊经济开发区内新办的属于《新疆困难地区重点鼓励发展产业企业所得税优惠目录》范围内的企业，自取得第一笔生产经营收入所属纳税年度起，五年内免征企业所得税（定期减免税）。	1.《财政部 国家税务总局 国家发展改革委 工业和信息化部关于公布新疆困难地区重点鼓励发展产业企业所得税优惠目录（试行）的通知》（财税〔2011〕60号）； 2.《财政部 国家税务总局关于新疆喀什霍尔果斯两个特殊经济开发区企业所得税优惠政策的通知》（财税〔2011〕112号）。	企业所得税优惠事项备案表。	预缴享受 年度备案	由新疆维吾尔自治区国家税务局、地方税务局确定。
36	支持和促进重点群体创业就业企业限额减征企业所得税	商贸等企业，在新增加的岗位中，当年新招用持《就业创业证》或《就业失业登记证》人员，与其签订一年以上期限劳动合同并依法缴纳社会保险费的，在3年内按实际招用人数予以定额依次扣减营业税、城市维护建设税、教育费附加、地方教育附加和企业所得税。纳税人实际减免的营业税、城市维护建设税、教育费附加、地方教育附加小于核定的减免税总额，纳税人在企业所得税汇算清缴时，以差额部分扣减企业所得税。当年扣减不足的，不再结转以后年度扣减。	1.《财政部 国家税务总局 人力资源和社会保障部关于继续实施支持和促进重点群体创业就业有关税收政策的通知》（财税〔2014〕39号）第二条、第三条、第四条、第五条； 2.《国家税务总局 财政部 教育部 人力资源社会保障部 民政部关于支持和促进重点群体创业就业有关税收政策具体实施问题的公告》（国家税务总局公告2014年第34号）； 3.《财政部 国家税务总局 教育部 人力资源和社会保障部关于扩大就业税收政策适用范围的补充通知》（财税〔2015〕18号）； 4.《财政部 国家税务总局 人力资源和社会保障部关于扩大小微企业吸纳就业税收优惠适用人员范围的通知》（财税〔2015〕77号）。	企业所得税优惠事项备案表。	汇缴享受	1. 劳动保障部门出具的《企业实体吸纳失业人员认定证明》； 2. 劳动保障部门出具的《持就业失业登记证人员在企业工作时间表》； 3. 就业人员的《就业失业登记证》或《就业创业证》； 4. 招用失业人员劳动合同或服务协议； 5. 为招用失业人员缴纳社保证明材料； 6. 企业工资支付凭证； 7. 每年度享受减免税务抵免情况说明及其相关材料； 8. 省税务机关规定的其他资料。

续表

序号	优惠事项名称	政策概述	主要政策依据	备案资料	预缴期是否享受优惠	主要留存备查资料
37	扶持自主就业退役士兵创业就业限额减征企业所得税	商贸等企业，在新增加的岗位中，当年新招用自主就业退役士兵，与其签订1年以上期限劳动合同并依法缴纳社会保险费的，在3年内按实际招用人数予以定额依次扣减营业税、城市维护建设税、教育费附加、地方教育附加和企业所得税。纳税年度终了，如果企业实际减免的营业税、城市维护建设税、教育费附加和地方教育附加小于核定的减免税总额，企业在企业所得税汇算清算时扣减。当年扣减不足的，不再结转以后年度扣减。	《财政部 国家税务总局 民政部关于调整完善扶持自主就业退役士兵创业就业有关税收政策的通知》（财税〔2014〕42号）第二条、第四条、第五条。	企业所得税优惠事项备案表。	汇缴享受	1. 新招用自主就业退役士兵的《中国人民解放军义务兵退出现役证》或《中国人民解放军士官退出现役证》； 2. 企业与新招用自主就业退役士兵签订的劳动合同（副本）； 3. 企业为实际招用自主就业退役士兵缴纳的社会保险费记录； 4. 企业工资支付凭证； 5. 每年度享受货物与劳务税抵免情况说明及其相关申报表； 6. 省税务机关规定的其他资料。
38	集成电路线宽小于0.8微米（含）的集成电路生产企业定期免企业所得税	集成电路线宽小于0.8微米（含）的集成电路生产企业，经认定后，在2017年12月31日前自获利年度起计算优惠期，第一年至第二年免征企业所得税，第三年至第五年按照25%的法定税率减半征收企业所得税，并享受至五年期满为止（定期免税）。	1.《财政部 国家税务总局关于进一步鼓励软件产业和集成电路产业发展企业所得税政策的通知》（财税〔2012〕27号）第一条； 2.《国家税务总局关于软件和集成电路企业认定管理有关问题的公告》（国家税务总局公告2012年第19号）； 3.《国家税务总局关于执行软件企业所得税优惠政策有关问题的公告》（国家税务总局公告2013年第43号）。	1. 企业所得税优惠事项备案表； 2. 集成电路企业认定文件（已经认定的单位提交）。	预缴享受年度备案	1. 集成电路线宽小于0.8微米（含）的集成电路生产企业认定证明（或其他相关证明材料）； 2. 省税务机关规定的其他资料。

续表

序号	优惠事项名称	政策概述	主要政策依据	备案资料	预缴期是否享受优惠	主要留存备查资料
39	线宽小于0.25微米的集成电路生产企业减按15%税率征收企业所得税	线宽小于0.25微米的集成电路生产企业，经认定后，减按15%的税率征收企业所得税。	1.《财政部 国家税务总局关于进一步鼓励软件产业和集成电路产业发展企业所得税政策的通知》（财税〔2012〕27号）第二条；2.《国家税务总局关于软件和集成电路企业认定管理有关问题的公告》（国家税务总局公告2012年第19号）；3.《国家税务总局关于执行软件企业所得税优惠政策有关问题的公告》（国家税务总局公告2013年第43号）。	1. 企业所得税优惠事项备案表；2. 集成电路企业认定文件（已经认定的单位提交）。	预缴享受年度备案	1. 线宽小于0.25微米的集成电路生产企业认定证明（或其他相关证明材料）；2. 省税务机关规定的其他资料。
40	投资额超过80亿元的集成电路生产企业减按15%税率征收企业所得税	投资额超过80亿元的集成电路生产企业，经认定后，减按15%的税率征收企业所得税。	1.《财政部 国家税务总局关于进一步鼓励软件产业和集成电路产业发展企业所得税政策的通知》（财税〔2012〕27号）第二条；2.《国家税务总局关于软件和集成电路企业认定管理有关问题的公告》（国家税务总局公告2012年第19号）；3.《国家税务总局关于执行软件企业所得税优惠政策有关问题的公告》（国家税务总局公告2013年第43号）。	1. 企业所得税优惠事项备案表；2. 集成电路企业认定文件（已经认定的单位提交）。	预缴享受年度备案	1. 投资额超过80亿元的集成电路生产企业认定证明（或其他相关证明材料）；2. 省税务机关规定的其他资料。
41	线宽小于0.25微米的集成电路生产企业定期减免企业所得税	线宽小于0.25微米的集成电路生产企业，经认定后，经营期在15年以上的，在2017年12月31日前自获利年度起计算优惠期，第一年至第五年免征企业所得税，第六年至第十年按照25%的法定税率减半征收企业所得税，并享受至期满为止。（定期减免税）	1.《财政部 国家税务总局关于进一步鼓励软件产业和集成电路产业发展企业所得税政策的通知》（财税〔2012〕27号）第二条；2.《国家税务总局关于软件和集成电路企业认定管理有关问题的公告》（国家税务总局公告2012年第19号）；3.《国家税务总局关于执行软件企业所得税优惠政策有关问题的公告》（国家税务总局公告2013年第43号）。	1. 企业所得税优惠事项备案表；2. 集成电路企业认定文件（已经认定的单位提交）。	预缴享受年度备案	1. 线宽小于0.25微米的集成电路生产企业认定证明（或其他相关证明材料）；2. 省税务机关规定的其他资料。

续表

序号	优惠事项名称	政策概述	主要政策依据	备案资料	预缴期是否享受优惠	主要留存备查资料
42	投资额超过80亿元的集成电路生产企业定期减免企业所得税	投资额超过80亿元的集成电路生产企业，经认定后，经营期在15年以上的，在2017年12月31日前获利年度起计算优惠期，第一年至第五年免征企业所得税，第六年至第十年按照25%的法定税率减半征收企业所得税，并享受至期满为止。（定期减免税）。	1.《财政部 国家税务总局关于进一步鼓励软件产业和集成电路产业发展企业所得税政策的通知》（财税〔2012〕27号）第二条；2.《国家税务总局关于软件和集成电路企业认定管理有关问题的公告》（国家税务总局公告2012年第19号）；3.《国家税务总局关于执行企业所得税优惠政策有关问题的公告》（国家税务总局公告2013年第43号）。	1.企业所得税优惠事项备案表；2.集成电路企业认定的单位文件（已经认定单位提交）。	预缴享受年度备案	1.投资额超过80亿元的集成电路生产企业认定证明（或其他相关材料）；2.省税务机关规定的其他资料。
43	新办集成电路设计企业定期减免企业所得税	我国境内新办的集成电路设计企业，经认定后，在2017年12月31日前自获利年度起，第一年至第二年免征企业所得税，第三年至第五年按照25%的法定税率减半征收企业所得税，并享受至期满为止。（定期减免税）。	1.《财政部 国家税务总局关于进一步鼓励软件产业和集成电路产业发展企业所得税政策的通知》（财税〔2012〕27号）第二条；2.《国家税务总局关于软件和集成电路企业认定管理有关问题的公告》（国家税务总局公告2012年第19号）；3.《工业和信息化部 国家发展和改革委员会 财政部 国家税务总局关于印发〈集成电路设计企业认定管理办法〉的通知》（工信部联电子〔2013〕487号）；4.《国家税务总局关于执行企业所得税优惠政策有关问题的公告》（国家税务总局公告2013年第43号）。	企业所得税优惠事项备案表。	预缴享受年度备案	1.集成电路设计企业认定文件或其他相关证明资料；2.省税务机关规定的其他资料。

续表

序号	优惠事项名称	政策概述	主要政策依据	备案资料	预缴期是否享受优惠	主要留存备查资料
44	符合条件的集成电路封装、测试企业定期减免企业所得税	符合条件的集成电路封装、测试企业，在2017年（含2017年）前自获利年度起，第一年至第二年免征企业所得税，第三年至第五年按照25%的法定税率减半征收企业所得税，并享受至期满为止；2017年前未实现获利的，自2017年起计算免税、减半优惠期，享受至期满为止。（定期减免税）。	《财政部　国家税务总局　国家发展改革委　工业和信息化部关于进一步鼓励集成电路产业发展企业所得税政策的通知》（财税〔2015〕6号）。	企业所得税优惠事项备案表。	预缴享受年度备案	1. 省级相关部门根据发展改革委等部门规定办法出具的证明； 2. 省税务机关规定的其他资料。
45	符合条件的集成电路关键专用材料生产企业、集成电路专用设备生产企业定期减免企业所得税	符合条件的集成电路关键专用材料生产企业、集成电路专用设备生产企业，在2017年（含2017年）前自获利年度起，第一年至第二年免征企业所得税，第三年至第五年按照25%的法定税率减半征收企业所得税，并享受至期满为止；2017年前未实现获利的，自2017年起计算免税、减半优惠期，享受至期满为止。（定期减免所得税）。	《财政部　国家税务总局　国家发展改革委　工业和信息化部关于进一步鼓励集成电路产业发展企业所得税政策的通知》（财税〔2015〕6号）。	企业所得税优惠事项备案表。	预缴享受年度备案	1. 省级相关部门根据发展改革委等部门规定办法出具的证明； 2. 省税务机关规定的其他资料。
46	符合条件的软件企业定期减免企业所得税	我国境内符合条件的软件企业，经认定后，在2017年12月31日前自获利年度起，第一年至第二年免征企业所得税，第三年至第五年按照25%的法定税率减半征收企业所得税，并享受至期满为止。（定期减免税）。	1.《财政部　国家税务总局关于进一步鼓励软件产业和集成电路产业发展企业所得税政策的通知》（财税〔2012〕27号）第三条；2.《国家税务总局关于软件和集成电路企业认定管理有关问题的公告》2012年第19号；3.《工业和信息化部　国家发展和改革委员会　财政部　国家税务总局关于印发〈软件企业认定管理办法〉的通知》（工信部联软〔2013〕64号）；4.《国家税务总局关于执行软件企业所得税优惠政策有关问题的公告》2013年第43号。	1. 企业所得税优惠事项备案表； 2. 软件企业认定证书（已经认定的单位提交）。	预缴享受年度备案	1. 软件企业认定文件或其他相关证明资料； 2. 省税务机关规定的其他资料。

续表

序号	优惠事项名称	政策概述	主要政策依据	备案资料	预缴期是否享受优惠	主要留存备查资料
47	国家规划布局内重点软件企业可减按10%的税率征收企业所得税	国家规划布局内的重点软件企业，如当年未享受免税优惠的，可减按10%的税率征收企业所得税。	1.《财政部 国家税务总局关于进一步鼓励软件产业和集成电路产业发展企业所得税政策的通知》（财税〔2012〕27号）第四条； 2.《国家税务总局关于软件和集成电路企业认定管理有关问题的公告》（国家税务总局公告2012年第19号）； 3.《国家发展改革委 工业和信息化部 财政部 商务部 国家税务总局关于印发〈软件企业认定管理试行办法〉的通知》（发改高技〔2012〕2413号）； 4.《国家税务总局关于执行软件企业所得税优惠政策有关问题的公告》（国家税务总局公告2013年第43号）； 5.《工业和信息化部 国家发展和改革委员会 财政部 国家税务总局关于印发〈软件企业认定管理办法〉的通知》（工信部联软〔2013〕64号）。	1.企业所得税优惠事项备案表； 2.认定文件。	预缴享受 年度备案	1.国家规划布局内的软件企业认定文件或认定其他相关证明资料； 2.省税务机关规定的其他资料。
48	国家规划布局内集成电路设计企业可减按10%的税率征收企业所得税	国家规划布局内的集成电路设计企业，如当年未享受免税优惠的，可减按10%的税率征收企业所得税。	1.《财政部 国家税务总局关于进一步鼓励软件产业和集成电路产业发展企业所得税政策的通知》（财税〔2012〕27号）第四条； 2.《国家税务总局关于软件和集成电路企业认定管理有关问题的公告》（国家税务总局公告2012年第19号）； 3.《国家发展改革委 工业和信息化部 财政部 商务部 国家税务总局关	1.企业所得税优惠事项备案表； 2.认定文件。	预缴享受 年度备案	1.国家规划布局内的集成电路设计企业认定文件或认定其他相关证明资料； 2.省税务机关规定的其他资料。

续表

序号	优惠事项名称	政策概述	主要政策依据	备案资料	预缴期是否享受优惠	主要留存备查资料
48	国家规划布局内集成电路设计企业减按10%的税率征收企业所得税	国家规划布局内的集成电路设计企业，按10%的税率征收企业所得税。如当年未享受免税优惠的，可减按10%的税率征收企业所得税。	于印发《国家规划布局内重点软件企业和集成电路设计企业认定管理试行办法》的通知（发改高技〔2012〕2413号）；4.《国家税务总局关于执行软件企业所得税优惠政策有关问题的公告》（国家税务总局公告2013年第43号）；5.《工业和信息化部 国家发展和改革委员会 财政部 国家税务总局关于印发〈集成电路设计企业认定管理办法〉的通知》（工信部联电子〔2013〕487号）。	1.企业所得税优惠事项备案表；2.认定文件。	预缴享受 年度备案	1.国家规划布局内的集成电路设计企业认定文件或其他证明资料；2.省税务机关规定的其他资料。
49	设在西部地区的鼓励类产业企业减按15%的税率征收企业所得税	对设在西部地区的鼓励类产业企业减按15%的税率征收企业所得税。对赣州市的鼓励类产业内资企业和外商投资企业减按15%的税率征收企业所得税。	1.《财政部 海关总署 国家税务总局关于深入实施西部大开发战略有关税收政策问题的通知》（财税〔2011〕58号）；2.《国家税务总局关于深入实施西部大开发战略有关企业所得税问题的公告》（国家税务总局公告2012第12号）；3.《财政部 海关总署 国家税务总局关于执行西部大开发税收政策的通知》（财税〔2013〕4号）第二条；4.《西部地区鼓励类产业目录》（中华人民共和国国家发展和改革委员会令第15号）；5.《国家税务总局关于执行〈西部地区鼓励类产业目录〉有关企业所得税问题的公告》（国家税务总局公告2015年第14号）。	企业所得税优惠事项备案表。	预缴享受 年度备案	1.主营业务属于《西部地区鼓励类产业目录》中的具体项目的相关证明材料；2.符合目录的主营业务收入占企业收入总额70%以上的说明；3.省税务机关规定的其他资料。

续表

序号	优惠事项名称	政策概述	主要政策依据	备案资料	预缴期是否享受优惠	主要留存备查资料
50	符合条件的生产和装配伤残人员专门用品企业免征企业所得税。	对符合条件的生产和装配伤残人员专门用品企业，免征企业所得税。	《财政部 国家税务总局 民政部关于生产和装配伤残人员专门用品企业免征企业所得税的通知》（财税〔2011〕81号）。	企业所得税优惠事项备案表。	预缴享受 年度备案	1. 生产和装配伤残人员专门用品，在民政部《中国伤残人员专门用品目录》范围之内的说明； 2. 伤残人员专门用品制作师名册，《执业资格证书》（假肢、矫形器需准备）； 3. 企业的生产和装配条件以及帮助伤残人员康复和辅助条件的说明材料。
51	广东横琴、福建平潭、深圳前海等海等地区的鼓励类产业企业减按15%税率征收企业所得税。	对设在广东横琴、福建平潭综合实验区和深圳前海深港现代服务业合作区的鼓励类产业企业减按15%的税率征收企业所得税。	《财政部 国家税务总局关于广东横琴新区 福建平潭综合实验区 深圳前海深港现代服务业合作区企业所得税优惠政策及优惠目录的通知》（财税〔2014〕26号）。	企业所得税优惠事项备案表。	预缴享受 年度备案	1. 主营业务属于企业所得税优惠目录中的具体项目的相关证明材料； 2. 符合目录的主营业务收入占企业收入总额70%以上的说明； 3. 广东横琴新区、福建平潭综合实验区和深圳前海深港服务业合作区税务机关要求提供的其他资料。
52	购置用于环境保护、节能节水、安全生产等专用设备的投资额一定比例实行税额抵免。	企业购置并实际使用《环境保护专用设备企业所得税优惠目录》、《节能节水专用设备企业所得税优惠目录》和《安全生产专用设备企业所得税优惠目录》规定的环境保护、节能节水、安全生产等专用设备的，该专用设备的投资额的10%可以从企业当年的应纳税额中抵免；当年不足抵免的，可以在以后5个纳税年度结转抵免。享受上述优惠的企业，应当实际购置并自身实际投入使用上述规定的专用设备；企业购置上述专用设备在5年内转让、出租的，应当停止享受企业所得税优惠，并补缴已经抵免的企业所得税款。	1. 《中华人民共和国企业所得税法》第三十四条； 2. 《中华人民共和国企业所得税法实施条例》第一百条； 3. 《财政部 国家税务总局关于执行环境保护专用设备企业所得税优惠目录 节能节水专用设备企业所得税优惠目录和安全生产专用设备企业所得税优惠目录有关问题的通知》（财税〔2008〕48号）； 4. 《财政部 国家税务总局 国家发展改革委关于公布节能节水专用设备企业所得税优惠目录（2008年版）和环境保护专用设备企业所得税优惠目录（2008年版）的通知》（财税〔2008〕115号）；	企业所得税优惠事项备案表。	汇缴享受	1. 购买并自身投入使用的专用设备清单及发票； 2. 以融资租赁方式取得的专用设备的合同或协议； 3. 专用设备属于《环境保护专用设备企业所得税优惠目录》、《节能节水专用设备企业所得税优惠目录》或《安全生产专用设备企业所得税优惠目录》中的具体项目的说明； 4. 省税务机关规定的其他资料。

续表

序号	优惠事项名称	政策概述	主要政策依据	备案资料	预缴期是否享受优惠	主要留存备查资料
52	购置用于环境保护、节能节水、安全生产等专用设备的投资额按一定比例实行税额抵免	企业购置并实际使用《环境保护专用设备企业所得税优惠目录》、《节能节水专用设备企业所得税优惠目录》和《安全生产专用设备企业所得税优惠目录》规定的环境保护、节能节水、安全生产等专用设备的，该专用设备的投资额的10%可以从企业当年的应纳税额中抵免；当年不足抵免的，可以在以后5个纳税年度结转抵免。享受上述规定的企业所得税优惠的企业，应当实际购置并自身实际投入使用上述规定的专用设备；企业购置上述专用设备在5年内转让、出租的，应当停止享受企业所得税优惠，并补缴已经抵免的企业所得税款。	5．《财政部 国家税务总局 国家安全监管总局关于公布安全生产专用设备企业所得税优惠目录（2008年版）的通知》（财税〔2008〕118号）；6．《财政部 国家税务总局关于执行企业所得税优惠政策若干问题的通知》（财税〔2009〕69号）第十条；7．《国家税务总局关于环境保护 节能节水 安全生产等专用设备投资抵免企业所得税有关问题的通知》（国税函〔2010〕256号）。	企业所得税优惠事项备案表。	汇缴享受	1．购买并自身投入使用的专用设备发票；2．以融资租赁方式取得的专用设备的合同或协议；3．专用设备属于《环境保护专用设备企业所得税优惠目录》、《节能节水专用设备企业所得税优惠目录》或《安全生产专用设备企业所得税优惠目录》中的具体说明；4．省税务机关规定的其他资料。
53	固定资产或购入软件等可以加速折旧或摊销	由于技术进步，产品更新换代较快的固定资产；常年处于强震动、高腐蚀状态的固定资产，企业可以采取缩短折旧年限或采取加速折旧的方法。集成电路生产企业的生产设备，其折旧年限可以适当缩短，最短可为3年（含）。企业外购的软件，凡符合固定资产或无形资产确认条件的，可以按照固定资产或无形资产进行核算，其折旧或摊销年限可以适当缩短，最短可为2年（含）。	1．《中华人民共和国企业所得税法》第三十二条；2．《中华人民共和国企业所得税法实施条例》第九十八条；3．《国家税务总局关于企业固定资产加速折旧所得税处理有关问题的通知》（国税发〔2009〕81号）；4．《财政部 国家税务总局关于进一步鼓励软件产业和集成电路产业发展企业所得税政策的通知》（财税〔2012〕27号）第七条、第八条；5．《国家税务总局关于执行软件企业所得税优惠政策有关问题的公告》（国家税务总局公告2013年第43号）。	不履行备案手续	汇缴享受（税会处理一致的，自行享受；税会处理不一致的，汇缴享受）	1．固定资产的功能，预计使用年限短于规定计算折旧年限的理由、证明资料及有关情况的说明；2．被替代的旧固定资产的功能、使用及处置等情况的说明；3．固定资产加速折旧拟采用的方法和折旧额的说明；4．集成电路生产企业认定证书（集成电路生产企业的生产设备适用本项优惠）；5．拟缩短折旧或摊销年限（外购的软件缩短折旧或摊销年限）企业生产产品或提供劳务的说明；6．省税务机关规定的其他资料。

续表

序号	优惠事项名称	政策概述	主要政策依据	备案资料	预缴期是否享受优惠	主要留存备查资料
54	固定资产加速折旧或一次性扣除	对生物药品制造业，专用设备制造业，铁路、船舶、航空航天和其他运输设备制造业、计算机、通信和其他电子设备制造业、仪器仪表制造业、信息传输、软件和信息技术服务业、轻工、纺织、机械、汽车等行业企业新购进的固定资产，可缩短折旧年限或采取加速折旧的方法。对所有行业企业新购进的专门用于研发的仪器、设备，单位价值不超过100万元的，允许一次性计入当期成本费用在计算应纳税所得额时扣除，不再分年度计算折旧；单位价值超过100万元的，可缩短折旧年限或采取加速折旧的方法。对所有行业持有的单位价值不超过5000元的固定资产，允许一次性计入当期成本费用在计算应纳税所得额时扣除，不再分年度计算折旧。	1.《财政部 国家税务总局关于完善固定资产加速折旧企业所得税政策的通知》（财税〔2014〕75号）；2.《国家税务总局关于固定资产加速折旧税收政策有关问题的公告》（国家税务总局公告2014年第64号）；3.《财政部 国家税务总局关于进一步完善固定资产加速折旧企业所得税政策的通知》（财税〔2015〕106号）；4.《国家税务总局关于进一步完善固定资产加速折旧企业所得税政策有关问题的公告》（国家税务总局公告2015年第68号）。	不履行备案手续	预缴享受年度备案	1. 企业属于重点行业、领域企业的说明材料（以某重点行业主营业务为主营业务，固定资产投入使用当年主营业务收入占企业收入总额50%（不含）以上）；2. 购进固定资产的发票，记账凭证等有关凭证、凭据（购入已使用过的固定资产，应提供已使用年限的相关说明）等资料；3. 核算有关资产税法与会计差异的台账；4. 省税务机关规定的其他资料。
55	享受过渡期税收优惠企业定期减免企业所得税	自2008年1月1日起，原享受企业所得税"五免五减半"等定期减免税优惠的企业，新税法施行后继续按原税收优惠办法及年限享受至期满为止，其他享受税收优惠而尚未享受期限的，其优惠期限从2008年度起计算。	《国务院关于实施企业所得税过渡优惠政策的通知》（国发〔2007〕39号）。	企业所得税优惠事项备案表。	预缴享受，有效期内无需备案，发生变更时备案。	省税务机关规定的其他资料。

附件2

企业所得税优惠事项备案表

（　　）年度

纳税人识别号		纳税人名称		
经办人		联系电话		
优惠事项备案情况				
优惠事项名称				
备案类别（√）	正常备案（　）		变更备案（　）	
享受优惠期间	自　　年　　月　　日至　　年　　月　　日			
主要政策依据文件及文号				
具有相关资格的批准文件（证书）及文号（编号）		文件（证书）有效期	自　年　月　日 至　年　月　日	
有关情况说明				
企业留存备查资料清单	1.			
	2.			
	3.			
	4.			
	5.			
	6.			
	7.			
	8.			
企业声明	我单位已知悉本优惠事项全部相关政策和管理要求。此表是根据《中华人民共和国企业所得税法》及其实施条例和国家税收规定填报的，是真实、完整的，提交的资料真实、合法、有效。 　　（企业公章） 　　财务负责人：　　　　　法定代表人（负责人）：　　　　年　月　日			
税务机关回执	您单位于　　年　月　日向我机关提交本表及相关资料。我机关意见：　　　　。特此告知。 　　　　　　　　　　　　　　　　（税务机关印章） 经办人：　　　　　　年　月　日			

填报说明

一、企业向税务机关进行企业所得税优惠事项备案时填写本表。

二、企业同时备案多个所得税优惠事项的，应当分别填写本表。

三、纳税人识别号、纳税人名称：按照税务机关核发的税务登记证件规范填写。商事登记改革后，不再取得税务登记证件的企业，纳税人识别号填写"统一社会信用代码"。

四、优惠事项名称：按照《企业所得税优惠事项备案管理目录》中的"优惠事项名称"规范填写。

五、备案类别：企业根据情况选择填写"正常备案"、"变更备案"。

变更备案：是指企业享受定期减免税事项，在其备案后的有效年度内，税收优惠条件发生变化，但仍然符合税收政策规定，可以继续享受优惠政策。

六、享受优惠期间：填写优惠事项起止日期。对于优惠期间超过一个纳税年度且有具体起止时间的定期减免税，填写相应的起止期间。对于定期减免税以外的其他优惠事项，填写享受优惠事项所属年度的 1 月 1 日（新办企业填写成立日期）至 12 月 31 日（年度中间停业，填写汇算清缴日期）。

七、主要政策依据文件及文号：按照《企业所得税优惠事项备案管理目录》中的"主要政策依据"规范填写。"主要政策依据"涉及税法和具体税收政策文件的，填写直接相关的政策依据。

八、具有相关资格的批准文件（证书）及文号（编号）：企业享受优惠事项，按照规定需要具备相关资格的，应当填写有关部门的批准文件或颁发的相关证书名称及文号（编号）。按照规定，不需要取得上述批准文件（证书）的，填写"无"。

文件（证书）包括但不限于：高新技术企业证书、动漫企业证书、集成电路生产企业证书、原软件企业证书、原资源综合利用认定证书、非营利组织认定文件、远洋捕捞许可证书等。

九、文件（证书）有效期：按照批准文件或颁发证书的实际内容填写。

十、有关情况说明：企业简要概述享受优惠事项的具体内容，如"从事蔬菜种植免税"、"从事公路建设投资三免三减半"等。企业备案的优惠事项需要符合国家规定的特定行业、范围或者对优惠事项实行目录管理的，企业应当指明符合哪个特定行业、范围或目录中的哪一个具体行业或项目。

特定行业、范围、目录包括但不限于：《享受企业所得税优惠政策的农产品初加工范围（试行）》、《产业结构调整指导目录》、《公共基础设施项目企业所得税优惠目录》、《环境保护 节能节水项目企业所得税优惠目录》、《国家重点支持的高新技术领域》、《资源综合利用企业所得税优惠目录》等。

部分优惠事项对承租、承包等有限制的，企业应予以说明。

备案时一并附送相关书面资料的，在本栏列示相关资料名称。

十一、企业留存备查资料清单：按照《企业所得税优惠事项备案管理目录》中"主要留存备查资料"，结合企业实际情况规范填写。

十二、税务机关接收本表和附报资料后，应当对本表的填写内容是否齐全，提交资料是否完整进行形式审核。受理环节不核实企业备案资料真实性，备案资料真实性、合法性由企业负责。税务机关应当在税务机关回执栏中标注受理意见，并注明日期，加盖税务机关印章。

十三、本表一式二份。一份交付企业作为提交备案的证明留存，一份由税务机关留存。采取网络备案的，其留存情况由省、自治区、直辖市和计划单列市国家税务局、地方税务局联合规定。

附件3

汇总纳税企业分支机构已备案优惠事项清单

总机构	纳税人名称		纳税人识别号		经办人		联系电话	
分支机构备案情况表								
序号	分支机构名称		纳税人识别号	优惠项目		分支机构主管税务机关		
1								
……								

填报说明

一、本表由跨地区（省、自治区、直辖市和计划单列市）经营汇总纳税企业总机构填报。同一省、自治区、直辖市和计划单列市内汇总纳税企业是否适用本表，由省国家税务局、地方税务局联合规定。

二、分支机构享受所得减免、研发费用加计扣除、安置残疾人员、促进就业、部分区域性税收优惠（西部大开发、经济特区、上海浦东新区、深圳前海、广东横琴、福建平潭），以及购置环境保护、节能节水、安全生产等专用设备投资抵免税额优惠，由二级分支机构向其主管税务机关备案。在二级分支机构向其主管税务机关备案后，总机构汇总填报本表。其他优惠事项，由总机构统一备案，二级分支机构不填报本表。

三、各列次填报

（一）分支机构名称：填报税务机关核发的分支机构税务登记证记载的纳税人全称。商事登记改革后，不再取得税务登记证件的，填写工商执照上记载的纳税人全称。

一个分支机构同时享受多项税收优惠的，填报本表时，对该分支机构已备案优惠事项依次逐行填写完毕后，再填写下一个分支机构备案情况。

（二）纳税人识别号：填报税务机关核发的分支机构税务登记证件号码。商事登记改革后，不再取得税务登记证件的，纳税人识别号填写"统一社会信用代码"。

（三）优惠项目：由总机构填报二级分支机构符合税法有关规定条件享受税收优惠时向主管税务机关进行备案的优惠项目名称。

（四）分支机构主管税务机关：填报享受优惠政策的二级分支机构的主管税务机关规范名称，填写至县级税务机关。如"××省（市、区）××县（区、市）国家税务局（地方税务局）"。

国家税务总局
关于有限合伙制创业投资企业法人合伙人
企业所得税有关问题的公告

国家税务总局公告 2015 年第 81 号 2015 年 11 月 16 日 全文有效

根据《中华人民共和国企业所得税法》及其实施条例、《财政部 国家税务总局关于将国家自主创新示范区有关税收试点政策推广到全国范围实施的通知》（财税〔2015〕116 号）规定，现就有限合伙制创业投资企业法人合伙人企业所得税有关问题公告如下：

一、有限合伙制创业投资企业是指依照《中华人民共和国合伙企业法》、《创业投资企业管理暂行办法》（国家发展和改革委员会令第 39 号）和《外商投资创业投资企业管理规定》（外经贸部、科技部、国家工商总局、国家税务总局、国家外汇管理局令 2003 年第 2 号）设立的专门从事创业投资活动的有限合伙企业。

二、有限合伙制创业投资企业的法人合伙人，是指依照《中华人民共和国企业所得税法》及其实施条例以及相关规定，实行查账征收企业所得税的居民企业。

三、有限合伙制创业投资企业采取股权投资方式投资于未上市的中小高新技术企业满 2 年（24 个月，下同）的，其法人合伙人可按照对未上市中小高新技术企业投资额的 70% 抵扣该法人合伙人从该有限合伙制创业投资企业分得的应纳税所得额，当年不足抵扣的，可以在以后纳税年度结转抵扣。

所称满 2 年是指 2015 年 10 月 1 日起，有限合伙制创业投资企业投资于未上市中小高新技术企业的实缴投资满 2 年，同时，法人合伙人对该有限合伙制创业投资企业的实缴出资也应满 2 年。

如果法人合伙人投资于多个符合条件的有限合伙制创业投资企业，可合并计算其可抵扣的投资额和应分得的应纳税所得额。当年不足抵扣的，可结转以后纳税年度继续抵扣；当年抵扣后有结余的，应按照企业所得税法的规定计算缴纳企业所得税。

四、有限合伙制创业投资企业的法人合伙人对未上市中小高新技术企业的投资额，按照有限合伙制创业投资企业对中小高新技术企业的投资额和合伙协议约定的法人合伙人占有限合伙制创业投资企业的出资比例计算确定。其中，有限合伙制创业投资企业对中小高新技术企业的投资额按实缴投资额计算；法人合伙人占有限合伙制创业投资企业的出资比例按法人合伙人对有限合伙制创业投资企业的实缴出资额占该有限合伙制创业投资企业的全部实缴出资额的比例计算。

五、有限合伙制创业投资企业应纳税所得额的确定及分配，按照《财政部　国家税务总局关于合伙企业合伙人所得税问题的通知》（财税〔2008〕159号）相关规定执行。

六、有限合伙制创业投资企业法人合伙人符合享受优惠条件的，应在符合条件的年度终了后3个月内向其主管税务机关报送《有限合伙制创业投资企业法人合伙人应纳税所得额分配情况明细表》（附件1）。

七、法人合伙人向其所在地主管税务机关备案享受投资抵扣应纳税所得额时，应提交《法人合伙人应纳税所得额抵扣情况明细表》（附件2）以及有限合伙制创业投资企业所在地主管税务机关受理后的《有限合伙制创业投资企业法人合伙人应纳税所得额分配情况明细表》，同时将《国家税务总局关于实施创业投资企业所得税优惠问题的通知》（国税发〔2009〕87号）规定报送的备案资料留存备查。

八、本公告自2015年10月1日起执行。2015年度符合优惠条件的企业，可统一在2015年度汇算清缴时办理相关手续。《国家税务总局关于苏州工业园区有限合伙制创业投资企业法人合伙人企业所得税政策试点有关征收管理问题的公告》（国家税务总局公告2013年第25号）同时废止。

特此公告。

附件：1. 有限合伙制创业投资企业法人合伙人应纳税所得额分配情况明细表（略）

2. 法人合伙人应纳税所得额抵扣情况明细表（略）

关于《国家税务总局关于有限合伙制创业投资企业法人合伙人企业所得税有关问题的公告》的解读

一、公告出台背景

2015年10月21日，国务院第109次常务会议作出决定，将国家自主创新示范区有限合伙制创业投资企业法人合伙人企业所得税试点政策推广至全国。根据国务院决定，10月28日，财政部和国家税务总局制定下发了《财政部　国家税务总局关于将国家自主创新示范区有关税收试点政策推广到全国范围实施的通知》（财税〔2015〕116号），对有限合伙制创业投资企业法人合伙人企业所得税优惠政策问题进行了规定。为进一步明确政策执行口径，保证优惠政策的贯彻实施，根据现行企业所得税法及财税〔2015〕116号文件的规定，制定本公告。

二、公告主要内容

（一）公告明确了有限合伙制创业投资企业的范畴，是指依照《中华人民共和国合伙企业法》、《创业投资企业管理暂行办法》（国家发展和改革委员会令第39号）和《外商投资创业投资企业管理规定》（商务部等5部委令2003年第2号）设立的专门从事创业投资活动的有限合伙企业。

（二）公告明确了法人合伙人的范畴。财税〔2008〕159号文件规定："合伙企业以每一个合伙人为纳税义务人。合伙企业合伙人是自然人的，缴纳个人所得税；合伙人是法人和其他组织的，缴纳企业所得税。"此条款表明，只有依法应缴纳企业所得税的法人和其他组织才能享受企业所得税优惠政策，因此，在公告中明确了法人合伙人为依照《中华人民共和国企业所得税法》的规定缴纳企业所得税的法人居民企业。同时，根据国税函〔2009〕377号文件的规定，限定了法人合伙人的企业所得税征收方式为查账征收。

（三）公告明确了优惠政策适用范围，有限合伙制创业投资企业采取股权投资方式投资于未上市中小高新技术企业满2年（24个月）以上的，该有限合伙制创业投资企业的法人合伙人才可以享受相关优惠政策。

所称"满2年"，是指财税〔2015〕116号文件执行之日起，创业投资企业投资于未上市中小高新技术企业的实缴投资满2年（24个月），同时，法人合伙人对该创业投资企业的实缴出资也应满2年。例如A企业于2012年10月2日投资于某有限合伙制创业投资企业，该有限合伙制创业投资企业又于2013年10月2日投资于中小高新技术企业，至2015年10月2日该投资满2年，A企业满足优惠政策条件。

同时，公告明确了法人合伙人投资于多家有限合伙制创业投资企业，可以合并计算可抵扣的投资额和分得的应纳税所得额。这是考虑到法人合伙人可能会投资多家符合条件的有限合伙制创业投资企业，而有限合伙制创业投资企业的分配可能会有所差别，有些会有应纳税所得额的分配，有些则没有，因创业投资企业的投资活动本身具有一定的风险，有些项目可能永远没有回报。如果限定其可抵扣的投资额仅能抵减从其对应投资的有限合伙制创业投资企业分得的应纳税所得额，则会造成法人合伙人的可抵扣投资额无法完全得到抵减，从而削弱该项优惠的政策效应。公告中同时明确了对于当年抵扣有结余的，应按税法规定缴纳企业所得税。

（四）公告明确了有限合伙制创业投资企业的法人合伙人对未上市中小高新技术企业的投资额的计算方法。为避免法人合伙人变动影响优惠政策的享受，公告规定法人合伙人应在满足优惠条件的当年按照规定计算确定其对未上市中小高新技术企业的投资额。如上例中，A企业应在2015年度汇算清缴时计算确定其对中小高新技术企业的投资额的70%部分。

为适应公司注册资本登记制度改革，公告规定有限合伙制创业投资企业对中小高新技术企业的投资额按实缴投资额计算；法人合伙人占有限合伙制创业投资企业的出资比例按法人合伙人对创业投资企业的实缴出资额占该创业投资企业的全部实缴出资额的比例计算。

（五）公告明确了有限合伙制创业投资企业仍应依据财税〔2008〕159号文件，确定及合理分配应纳税所得额。新企业所得税法实施以来，有关合伙制所得税问题，在财税〔2008〕159号文件中确立了"先分后税"的基本原则，也规定了合伙企业应纳税所得额的计算及分配原则，为此，目前仍以此文件作为本公告的配套征收管理工作的依据。

（六）公告明确了有限合伙制创业投资企业需按照文件要求填报《有限合伙制创业投资企业法人合伙人应纳税所得额分配情况明细表》的义务。之所以设定3个月的申报期限，主要考虑是一方面与一般合伙企业的个人所得税申报时间保持一致，另一方面也为了保证了法人合伙人在5月31日前进行年度企业所得税汇缴申报时，能够及时提供有关纳税申报资料。

（七）公告明确了法人合伙人备案享受优惠政策的手续。由于有限合伙制创业投资企业的经营所得和其他所得采取"先分后税"的原则，且有限合伙制创业投资企业主管税务机关与有限合伙制创业投资企业的法人合伙人的主管税务机关有可能不一致，为便于法人合伙人主管税务机关加强监管，在苏州工业园区政策试点的基础上，简化原备案资料为留存企业备查，增加《法人合伙人应纳税所得额抵扣情况明细表》，以便于企业核算和税务机关核实应纳税所得额结转抵扣情况。同时要求报送《有限合伙制创业投资企业法人合伙人应纳税所得额分配情况明细表》，有利于法人合伙人主管税务机关及时获得抵扣信息的详细资料，兑现优惠政策。

（八）公告明确有关政策自2015年10月1日起执行。对在2015年度符合优惠条件的企业，可统一在2015年度汇算清缴时办理相关手续。《国家税务总局关于苏州工业园区有限合伙制创业投资企业法人合伙人企业所得税政策试点有关征收管理问题的公告》（国家税务总局公告2013年第25号）同时废止。

国家税务总局所得税司负责人就有限合伙制创业投资企业法人合伙人企业所得税有关问题答记者问

日前，国家税务总局发布了《国家税务总局关于有限合伙制创业投资企业法人合伙人企业所得税有关问题的公告》，明确落实有限合伙制创业投资企业法人合伙人企业所得税有关问题。所得税司负责人就此回答了记者提问。

1. 此次推广有限合伙制创业投资企业法人合伙人企业所得税优惠政策的背景是什么？

答：为鼓励企业投资，促进科技创新，根据国务院决定，2015年6月，财政部、国家税务总局联合发布了《财政部　国家税务总局关于推广中关村国家自主创新示范区税收试点政策有关问题的通知》（财税〔2015〕62号），在前期政策试点基础上，将有限合伙制创业投资企业法人合伙人企业所得税政策推广至国家自主创新示范区、合芜蚌自主创新综合实验区和绵阳科技城。

经过近半年的运行，相关政策在促进创业创新、培育经济发展新动能等方面取得了一定效果，也为相关政策的全国推广积累了经验。为此，为进一步发挥税收优惠的积极作用，促进大众创业、万众创新，10月21日，国务院第109次常务会议决定，将该项试点政策推广至全国范围实施，持续加大对企业创业创新的税收扶持力度。

2. 此次推广的有限合伙制创业投资企业法人合伙人企业所得税政策的主要内容是什么？

答：自2015年10月1日起，有限合伙制创业投资企业采取股权投资方式投资于未上市的中小高新技术企业满2年的，其法人合伙人可按照对未上市中小高新技术企业投资额的70%抵扣该法人合伙人从该有限合伙制创业投资企业分得的应纳税所得额，当年不足抵扣的，可以在以后纳税年度结转抵扣。

3. 为贯彻落实国务院决定，国家税务总局采取了哪些措施？

答：为贯彻落实国务院常务会议精神，使有关税收优惠政策尽快落地，10月28日，国家税务总局会同财政部发布了《财政部　国家税务总局关于将国家自主创新示范区税收试点政策推广到全国范围实施的通知》（财税〔2015〕116号），对有关政策作出明确。为解决政策掌握口径及税收征管问题，11月16日，国家税务总局发布了《国家税务总局关于有限合伙制创业投资企业法人合伙人企业所得税有关问题的公告》（国家税务总局公告2015年第81号），就贯彻落实该项优惠政策具体征管问题作出了详细规定。同时，国家税务总局有关部门积极行动起来，通过持续开展政策宣传、加强业务培训、简化优惠手续、完善纳税申报软件、优化纳税服务等措施，确保优惠政策落到实处。

4. 什么是有限合伙制创业投资企业？

答：有限合伙制创业投资企业是指依照《中华人民共和国合伙企业法》、《创业投资企业管理暂行办法》（国家发展和改革委员会令第39号）、《私募投资基金监督管理暂行办法》（证监会令第105号）和《外商投资创业投资企业管理规定》（外经贸部、科技部、国家工商总局、国家税务总局、国家外汇管理局令2003年第2号）设立的专门从事创业投资活动的有限合伙企业。

5. 未上市中小高新技术企业的标准是什么？

答：所称中小高新技术企业，除应按照科技部、财政部、国家税务总局《关于印发〈高新技术企业认定管理办法〉的通知》（国科发火〔2008〕172 号）和《关于印发〈高新技术企业认定管理工作指引〉的通知》（国科发火〔2008〕362 号）的规定，取得高新技术企业资格以外，还应符合职工人数不超过 500 人，年销售（营业）额不超过 2 亿元，资产总额不超过 2 亿元的条件。

所称未上市，是指未通过证券交易所首次公开向投资者发行股票，募集资金。

6. 对有限合伙制创业投资企业的法人合伙人有什么规定？

答：有限合伙制创业投资企业的法人合伙人，是指依照《中华人民共和国企业所得税法》及其实施条例以及相关规定，实行查账征收企业所得税的居民企业。换言之，以核定征收方式缴纳企业所得税的企业不享受此项优惠政策。

有限合伙制创业投资企业采取股权投资方式投资于未上市中小高新技术企业满 2 年的，同时，该法人合伙人对该创业投资企业的实缴出资也满 2 年以上的，该有限合伙制创业投资企业的法人合伙人才可以享受该项优惠政策。

7. 有限合伙制创业投资企业的法人合伙人的投资额与应纳税所得额如何确定？

答：有限合伙制创业投资企业的法人合伙人对未上市中小高新技术企业的投资额，按照有限合伙制创业投资企业对中小高新技术企业的投资额和合伙协议约定的法人合伙人占有限合伙制创业投资企业的出资比例计算确定。

有限合伙制创业投资企业的法人合伙人应纳税所得额的确定及分配，按照《财政部　国家税务总局关于合伙企业合伙人所得税问题的通知》（财税〔2008〕159 号）相关规定执行。

8. 法人合伙人投资于多个有限合伙制创业投资企业如何享受优惠政策？

答：法人合伙人投资于多个符合条件的有限合伙制创业投资企业，可合并计算其可抵扣的投资额和应分得的应纳税所得额。当年不足抵扣的，可结转以后纳税年度继续抵扣；当年抵扣后有结余的，应按照企业所得税法的规定计算缴纳企业所得税。

9. 2015 年 10 月 1 日前已经投资于未上市中小高新技术企业的有限合伙制创业投资企业的法人合伙人能否享受此项优惠政策？

答：对于 2015 年 10 月 1 日前已经投资于未上市的中小高新技术企业的有限合伙制创业投资企业，只要该实缴投资在 2015 年 10 月 1 日以后满 2 年以上，且其法人合伙人对该创业投资企业的实缴出资也满 2 年以上的，该法人合伙人可以享受此项优惠政策。

例如，A 企业于 2012 年 10 月 2 日投资于某有限合伙制创业投资企业，该有限合伙制创业投资企业又于 2013 年 10 月 2 日投资于未上市中小高新技术企业，至 2015 年 10 月 2 日该投资满 2 年，则 A 企业满足优惠政策条件。

10. 企业享受此项优惠政策如何办理相关手续?

答: 首先, 对于有限合伙制创业投资企业而言, 其法人合伙人符合享受优惠条件的, 该有限合伙制创业投资企业应在符合条件的年度终了后 3 个月内向其主管税务机关报送《有限合伙制创业投资企业法人合伙人应纳税所得额分配情况明细表》。

其次, 法人合伙人在年度汇算清缴向其主管税务机关备案享受优惠政策时, 应提交《法人合伙人应纳税所得额抵扣情况明细表》, 以及有限合伙制创业投资所在地主管税务机关受理后的《有限合伙制创业投资企业法人合伙人应纳税所得额分配情况明细表》, 同时将国税发〔2009〕87 号文件规定报送的备案资料留存备查。

需要强调的是, 为转变政府职能, 优化纳税服务, 有效落实税收优惠政策, 国家税务总局对企业享受企业所得税优惠政策的办理手续进行调整, 通过采取事后备案管理方式进行了大幅度简化, 并且, 绝大部分涉税资料由企业留存备查即可。企业享受此项优惠政策的具体手续可参看国家税务总局新近出台的《国家税务总局关于发布〈企业所得税优惠事项办理办法〉的公告》(国家税务总局公告 2015 年第 76 号) 的相关规定。

国家税务总局
关于许可使用权技术转让所得企业
所得税有关问题的公告

国家税务总局公告 2015 年第 82 号　2015 年 11 月 16 日　全文有效

根据《中华人民共和国企业所得税法》及其实施条例、《财政部　国家税务总局关于将国家自主创新示范区有关税收试点政策推广到全国范围实施的通知》（财税〔2015〕116 号）规定，现就许可使用权技术转让所得企业所得税有关问题公告如下：

一、自 2015 年 10 月 1 日起，全国范围内的居民企业转让 5 年（含，下同）以上非独占许可使用权取得的技术转让所得，纳入享受企业所得税优惠的技术转让所得范围。居民企业的年度技术转让所得不超过 500 万元的部分，免征企业所得税；超过 500 万元的部分，减半征收企业所得税。

所称技术包括专利（含国防专利）、计算机软件著作权、集成电路布图设计专有权、植物新品种权、生物医药新品种，以及财政部和国家税务总局确定的其他技术。其中，专利是指法律授予独占权的发明、实用新型以及非简单改变产品图案和形状的外观设计。

二、企业转让符合条件的 5 年以上非独占许可使用权的技术，限于其拥有所有权的技术。技术所有权的权属由国务院行政主管部门确定。其中，专利由国家知识产权局确定权属；国防专利由总装备部确定权属；计算机软件著作权由国家版权局确定权属；集成电路布图设计专有权由国家知识产权局确定权属；植物新品种权由农业部确定权属；生物医药新品种由国家食品药品监督管理总局确定权属。

三、符合条件的 5 年以上非独占许可使用权技术转让所得应按以下方法计算：

技术转让所得 = 技术转让收入 - 无形资产摊销费用 - 相关税费 - 应分摊期间费用

技术转让收入是指转让方履行技术转让合同后获得的价款，不包括销售或转让设备、仪器、零部件、原材料等非技术性收入。不属于与技术转让项目密不可分的技术咨询、服务、培训等收入，不得计入技术转让收入。技术许可使用权转让收入，应按转让协议约定的许可使用权人应付许可使用权使用费的日期确认收入的实现。

无形资产摊销费用是指该无形资产按税法规定当年计算摊销的费用。涉及自用和对外许可使用的，应按照受益原则合理划分。

相关税费是指技术转让过程中实际发生的有关税费，包括除企业所得税和允许抵扣的增值税以外的各项税金及其附加、合同签订费用、律师费等相关费用。

应分摊期间费用（不含无形资产摊销费用和相关税费）是指技术转让按照当年销售收入占比分摊的期间费用。

四、企业享受技术转让所得企业所得税优惠的其他相关问题，仍按照《国家税务总局关于技术转让所得减免企业所得税有关问题的通知》（国税函〔2009〕212号）、《财政部　国家税务总局关于居民企业技术转让有关企业所得税政策问题的通知》（财税〔2010〕111号）、《国家税务总局关于技术转让所得减免企业所得税有关问题的公告》（国家税务总局公告2013年第62号）规定执行。

五、本公告自2015年10月1日起施行。本公告实施之日起，企业转让5年以上非独占许可使用权确认的技术转让收入，按本公告执行。

特此公告。

国家税务总局
关于公布全文失效废止和部分条款废止的
税收规范性文件目录的公告

国家税务总局公告 2016 年第 34 号　2016 年 5 月 29 日　全文有效

　　根据国务院办公厅关于做好部门规章和文件清理工作的有关要求，国家税务总局对税收规范性文件进行了清理。清理结果已经 2016 年 5 月 27 日国家税务总局 2016 年度第 2 次局务会议审议通过。现将《全文失效废止的税收规范性文件目录》和《部分条款废止的税收规范性文件目录》予以公布。

　　特此公告。

附件 1

全文失效废止的税收规范性文件目录

序号	标题	发文日期	文号
1	国家税务局关于贯彻国务院国发〔1989〕10 号文件有关税收问题的通知	1989 年 1 月 15 日	（89）国税所字第 067 号
2	国家税务局对《关于高校征免房产税、土地使用税的请示》的批复	1989 年 6 月 21 日	（89）国税地便字第 008 号
3	国家税务局对《关于军需工厂的房产如何具体划分征免房产税的请示》的批复	1989 年 7 月 12 日	（89）国税地字第 072 号
4	国家税务局关于对军队系统用地征免城镇土地使用税的通知	1989 年 8 月 14 日	（89）国税地字第 083 号
5	国家税务局关于军队企业化管理工厂征免印花税等问题的通知	1989 年 9 月 26 日	（89）国税地字第 099 号
6	国家税务局关于对武警部队用地征免城镇土地使用税问题的通知	1989 年 11 月 10 日	（89）国税地字第 120 号
7	国家税务局关于受让土地使用权者应征收土地使用税问题的批复	1993 年 3 月 24 日	国税函发〔1993〕501 号
8	国家税务总局关于贯彻执行企业所得税和个人所得税法律、法规的通知	1994 年 3 月 10 日	国税发〔1994〕048 号

序号	标题	发文日期	文号
9	国家税务总局关于西藏驻区外企业回西藏缴纳所得税的函	1994 年 4 月 25 日	国税函发〔1994〕125 号
10	国家税务总局关于学校办企业征收流转税问题的通知	1994 年 7 月 4 日	国税发〔1994〕156 号
11	国家税务总局关于中央、地方税务机构分设后有关税务行政复议问题的通知	1994 年 9 月 21 日	国税发〔1994〕212 号
12	国家税务总局关于森工企业、林场、苗圃所得税征免问题的通知	1994 年 12 月 16 日	国税发〔1994〕264 号
13	国家税务总局关于企业所得税征收和管理范围的通知	1995 年 5 月 18 日	国税发〔1995〕023 号
14	国家税务总局关于印发《国际航空旅客运输专用发票》式样的通知	1995 年 8 月 18 日	国税函发〔1995〕448 号
15	国家税务总局关于印发《关于加强中央企业所得税征收管理工作的意见》的通知	1995 年 10 月 10 日	国税发〔1995〕188 号
16	国家税务总局关于外商投资企业从事城市住宅小区建设征收营业税问题的批复	1995 年 10 月 10 日	国税函发〔1995〕549 号
17	国家税务总局关于手工回收煤炭征收资源税问题的批复	1996 年 10 月 28 日	国税函〔1996〕605 号
18	国家税务总局关于天津奥的斯电梯有限公司在外埠设立的分公司缴纳流转税问题的批复	1997 年 1 月 16 日	国税函〔1997〕33 号
19	国家税务总局关于纳税复议条件问题的批复	1997 年 8 月 4 日	国税发〔1997〕125 号
20	国家税务总局关于加强涉税行政事业性收费项目发票管理的通知	1997 年 8 月 12 日	国税发〔1997〕135 号
21	国家税务总局关于印发《契税纳税申报表、契税完税证》式样的通知	1997 年 11 月 25 日	国税发〔1997〕177 号
22	国家税务总局关于企业所得税检查处罚起始日期的批复	1998 年 1 月 24 日	国税函〔1998〕63 号
23	国家税务总局关于贯彻实施《注册税务师资格制度暂行规定》有关问题的通知	1998 年 2 月 6 日	国税发〔1998〕15 号
24	国家税务总局关于核发税收票证统一式样的通知	1998 年 5 月 22 日	国税发〔1998〕77 号
25	国家税务总局关于电梯保养、维修收入征税问题的批复	1998 年 6 月 29 日	国税函〔1998〕390 号
26	国家税务总局关于进一步明确税收罚款收缴有关问题的通知	1998 年 7 月 2 日	国税函〔1998〕402 号
27	国家税务总局关于印发《个人所得税专项检查工作规程（试行）》的通知	1998 年 7 月 3 日	国税发〔1998〕109 号
28	国家税务总局关于加强对出租房屋房产税征收管理的通知	1998 年 11 月 10 日	国税发〔1998〕196 号
29	国家税务总局关于对已缴纳土地使用金的土地使用者应征收城镇土地使用税的批复	1998 年 11 月 12 日	国税函〔1998〕669 号

序号	标题	发文日期	文号
30	国家税务总局关于北京市新技术产业开发实验区区域调整有关企业所得税问题的函	1999 年 6 月 1 日	国税函〔1999〕373 号
31	国家税务总局关于生猪生产流通过程中有关税收问题的通知	1999 年 6 月 9 日	国税发〔1999〕113 号
32	国家税务总局关于普通发票式样设计权限问题的批复	1999 年 6 月 17 日	国税函〔1999〕425 号
33	国家税务总局关于印发《企业所得税检查工作管理办法（试行）》的通知	1999 年 8 月 13 日	国税发〔1999〕155 号
34	国家税务总局关于税收票证若干问题的通知	1999 年 11 月 15 日	国税函〔1999〕743 号
35	国家税务总局关于广信深圳公司破产案件有关法律问题的批复	2000 年 2 月 3 日	国税函〔2000〕103 号
36	国家税务总局关于印发《加强中小企业所得税征收管理工作的意见》的通知	2000 年 2 月 3 日	国税发〔2000〕28 号
37	国家税务总局关于企业法定代表人自报本企业偷税问题不予奖励的批复	2000 年 6 月 1 日	国税函〔2000〕414 号
38	国家税务总局关于部队取得应税收入税收征管问题的批复	2000 年 6 月 16 日	国税函〔2000〕466 号
39	国家税务总局关于外国律师事务所驻华办事处发票领购使用有关问题的通知	2000 年 8 月 8 日	国税发〔2000〕140 号
40	国家税务总局　国家质量技术监督局关于石油、石化集团所属加油站安装税控装置问题的通知	2000 年 9 月 12 日	国税发〔2000〕159 号
41	国家税务总局关于推行增值税防伪税控系统若干问题的通知	2000 年 11 月 9 日	国税发〔2000〕183 号
42	国家税务总局关于防伪税控系统因技术原因导致开票日期认证不符问题的通知	2000 年 11 月 23 日	国税发明电〔2000〕43 号
43	国家税务总局关于合九铁路运费抵扣进项税额问题的批复	2000 年 12 月 14 日	国税函〔2000〕1037 号
44	国家税务总局关于做好增值税计算机稽核系统数据采集工作的紧急通知	2001 年 1 月 3 日	国税发明电〔2001〕1 号
45	国家税务总局　国家质量技术监督局关于石油石化集团所属加油站安装税控装置问题的补充通知	2001 年 3 月 16 日	国税函〔2001〕185 号
46	国家税务总局关于邮政企业征免房产税、土地使用税问题的函	2001 年 6 月 1 日	国税函〔2001〕379 号
47	国家税务总局关于中国人民银行总行所属分支机构免征房产税城镇土地使用税的通知	2001 年 10 月 22 日	国税函〔2001〕770 号

序号	标题	发文日期	文号
48	国家税务总局转发《财政部关于印发〈会计师事务所、资产评估机构、税务师事务所会计核算办法〉的通知》的通知	2001年12月20日	国税函〔2001〕943号
49	国家税务总局关于涉税案件在刑事审判期间是否应当中止税务行政复议问题的批复	2002年2月1日	国税函〔2002〕130号
50	国家税务总局关于印发《生产企业出口货物"免、抵、退"税管理操作规程》(试行)的通知	2002年2月6日	国税发〔2002〕11号
51	国家税务总局关于北京市新技术产业开发实验区区域调整后有关企业所得税问题的复函	2002年3月4日	国税函〔2002〕182号
52	国家税务总局关于纳税人购领发票实行预缴工本费的批复	2002年4月23日	国税函〔2002〕362号
53	国家税务总局关于办理期房退房手续后应退还已征契税的批复	2002年7月10日	国税函〔2002〕622号
54	国家税务总局关于宣传贯彻《中华人民共和国税收征收管理法实施细则》的通知	2002年9月30日	国税发〔2002〕126号
55	国家税务总局关于中国农业生产资料集团公司所属企业借款利息税前扣除问题的通知	2002年9月20日	国税函〔2002〕837号
56	国家税务总局关于转发《国务院办公厅关于下岗失业人员从事个体经营有关收费优惠政策的通知》的通知	2002年11月4日	国税发〔2002〕137号
57	国家税务总局关于明确资源税扣缴义务人代扣代缴义务发生时间的批复	2002年12月10日	国税函〔2002〕1037号
58	国家税务总局关于电子缴税完税凭证有关问题的通知	2002年12月13日	国税发〔2002〕155号
59	国家税务总局 劳动和社会保障部关于促进下岗失业人员再就业税收政策具体实施意见的通知	2002年12月24日	国税发〔2002〕160号
60	国家税务总局关于车辆购置税违法案件的管辖及举报奖金支付问题的批复	2003年2月8日	国税函〔2003〕103号
61	国家税务总局关于做好已取消的企业所得税审批项目后续管理工作的通知	2003年6月18日	国税发〔2003〕70号
62	国家税务总局关于铁路运费进项税额抵扣有关问题的补充通知	2003年8月22日	国税函〔2003〕970号
63	国家税务总局关于开展对纳税人欠税予以告知工作的通知	2003年11月21日	国税函〔2003〕1397号
64	国家税务总局关于个体工商户销售农产品有关税收政策问题的通知	2003年12月23日	国税发〔2003〕149号

序号	标题	发文日期	文号
65	国家税务总局关于印花税违章处罚有关问题的通知	2004 年 1 月 29 日	国税发〔2004〕15 号
66	国家税务总局关于进一步加强个体税收征管工作的通知	2004 年 2 月 5 日	国税函〔2004〕168 号
67	国家税务总局关于广播电视事业单位广告收入和有线电视费收入所得税处理问题的通知	2004 年 1 月 15 日	国税函〔2004〕86 号
68	国家税务总局关于中国船级社检验业务使用税务发票问题的通知	2004 年 4 月 13 日	国税函〔2004〕488 号
69	国家税务总局关于国家税务局与地方税务局联合办理税务登记有关问题的通知	2004 年 4 月 19 日	国税发〔2004〕57 号
70	国家税务总局关于注册税务师实行备案管理的通知	2004 年 6 月 28 日	国税函〔2004〕851 号
71	国家税务总局关于取消注册税务师考前培训行政审批项目后进一步加强后续管理工作的通知	2004 年 7 月 2 日	国税函〔2004〕878 号
72	国家税务总局关于城镇土地使用税部分行政审批项目取消后加强后续管理工作的通知	2004 年 8 月 2 日	国税函〔2004〕939 号
73	国家税务总局关于增值税一般纳税人支付的货物运输代理费用不得抵扣进项税额的批复	2005 年 1 月 18 日	国税函〔2005〕54 号
74	国家税务总局关于加强减免税管理的通知	2005 年 3 月 7 日	国税发〔2005〕24 号
75	国家税务总局关于明确从事代理海关报关业务的中介机构办理税务登记有关问题的通知	2005 年 4 月 18 日	国税函〔2005〕353 号
76	国家税务总局关于规范未达增值税营业税起征点的个体工商户税收征收管理的通知	2005 年 7 月 20 日	国税发〔2005〕123 号
77	国家税务总局关于印发《纳税服务工作规范（试行）》的通知	2005 年 10 月 16 日	国税发〔2005〕165 号
78	国家税务总局　中国人民银行关于印发国家税务局系统行政性收费票据式样的通知	2005 年 10 月 25 日	国税发〔2005〕171 号
79	国家税务总局关于实行定期定额征收的个体工商户购置和使用税控收款机有关问题的通知	2005 年 11 月 23 日	国税发〔2005〕185 号
80	国家税务总局关于使用计算机开具普通发票有关问题的批复	2005 年 11 月 23 日	国税函〔2005〕1102 号
81	国家税务总局关于个人独资企业变更为个体经营户是否享受个人所得税再就业优惠政策的批复	2006 年 1 月 13 日	国税函〔2006〕39 号
82	国家税务总局关于调整契税纳税申报表式样的通知	2006 年 4 月 5 日	国税函〔2006〕329 号
83	国家税务总局关于统一部分税收票证尺寸标准的通知	2006 年 4 月 29 日	国税函〔2006〕421 号
84	国家税务总局关于进一步降低税务登记证件工本费有关问题的通知	2006 年 8 月 14 日	国税函〔2006〕762 号

续表

序号	标题	发文日期	文号
85	国家税务总局关于购进乙醇生产销售无水乙醇征收消费税问题的批复	2006 年 10 月 9 日	国税函〔2006〕768 号
86	国家税务总局关于进一步加强税务机关征收社会保险费欠费管理和清缴工作的通知	2006 年 9 月 5 日	国税发〔2006〕140 号
87	国家税务总局关于滑板车轮胎征收消费税问题的批复	2007 年 1 月 25 日	国税函〔2007〕114 号
88	国家税务总局关于注册税务师执业备案有关问题的通知	2007 年 3 月 20 日	国税函〔2007〕343 号
89	国家税务总局关于小全地形车轮胎征收消费税问题的批复	2007 年 6 月 27 日	国税函〔2007〕723 号
90	国家税务总局关于在内地车辆管理部门登记的香港和澳门机动车征收车船税有关问题的批复	2007 年 8 月 20 日	国税函〔2007〕898 号
91	国家税务总局关于淘汰非国家标准税控收款机的批复	2007 年 9 月 13 日	国税函〔2007〕966 号
92	国家税务总局关于推广应用税控收款机的批复	2007 年 9 月 17 日	国税函〔2007〕996 号
93	国家税务总局关于清理简并纳税人报送涉税资料有关问题的通知	2007 年 11 月 2 日	国税函〔2007〕1077 号
94	国家税务总局关于小型微利企业所得税预缴问题的通知	2008 年 3 月 21 日	国税函〔2008〕251 号
95	国家税务总局关于做好 2007 年度企业所得税汇算清缴工作的补充通知	2008 年 3 月 24 日	国税函〔2008〕264 号
96	国家税务总局关于房地产开发企业所得税预缴问题的通知	2008 年 4 月 7 日	国税函〔2008〕299 号
97	国家税务总局关于无水乙醇征收消费税问题的批复	2008 年 4 月 21 日	国税函〔2008〕352 号
98	国家税务总局关于国务院第四批取消和调整行政审批项目后涉及简并纳税人涉税资料业务操作处理办法的通知	2008 年 5 月 22 日	国税发〔2008〕56 号
99	国家税务总局 财政部关于地震灾区补发税务登记证问题的通知	2008 年 6 月 6 日	国税发〔2008〕67 号
100	国家税务总局关于 2007 年度企业所得税汇算清缴中金融企业应纳税所得额计算有关问题的通知	2008 年 6 月 27 日	国税函〔2008〕624 号
101	国家税务总局关于坚持依法治税严格减免税管理的通知	2008 年 7 月 17 日	国税发〔2008〕73 号
102	国家税务总局关于调整代开货物运输业发票企业所得税预征率的通知	2008 年 10 月 6 日	国税函〔2008〕819 号
103	国家税务总局关于办理印有企业名称发票变更缴销手续问题的批复	2008 年 11 月 19 日	国税函〔2008〕929 号
104	国家税务总局关于企业所得税减免税管理问题的通知	2008 年 12 月 1 日	国税发〔2008〕111 号
105	国家税务总局关于高新技术企业 2008 年度缴纳企业所得税问题的通知	2008 年 12 月 2 日	国税函〔2008〕985 号

序号	标题	发文日期	文号
106	国家税务总局关于调整增值税纳税申报有关事项的通知	2008 年 12 月 30 日	国税函〔2008〕1075 号
107	国家税务总局关于做好 2008 年度企业所得税汇算清缴工作的通知	2009 年 2 月 6 日	国税函〔2009〕55 号
108	国家税务总局　交通运输部关于做好船舶车船税征收管理工作的通知	2009 年 3 月 17 日	国税发〔2009〕46 号
109	国家税务总局关于资源综合利用企业所得税优惠管理问题的通知	2009 年 4 月 10 日	国税函〔2009〕185 号
110	国家税务总局关于企业所得税税收优惠管理问题的补充通知	2009 年 5 月 15 日	国税函〔2009〕255 号
111	国家税务总局关于 2008 年度企业所得税纳税申报有关问题的通知	2009 年 5 月 31 日	国税函〔2009〕286 号
112	国家税务总局关于办理 2009 年销售额超过标准的小规模纳税人申请增值税一般纳税人认定问题的通知	2010 年 1 月 25 日	国税函〔2010〕35 号
113	国家税务总局关于《增值税一般纳税人资格认定管理办法》政策衔接有关问题的通知	2010 年 4 月 7 日	国税函〔2010〕137 号
114	国家税务总局关于小型微利企业预缴 2010 年度企业所得税有关问题的通知	2010 年 5 月 6 日	国税函〔2010〕185 号
115	国家税务总局关于 2009 年度企业所得税纳税申报有关问题的通知	2010 年 5 月 28 日	国税函〔2010〕249 号
116	国家税务总局关于开展同期资料检查的通知	2010 年 7 月 12 日	国税函〔2010〕323 号
117	国家税务总局关于农用拖拉机　收割机和手扶拖拉机专用轮胎不征收消费税问题的公告	2010 年 10 月 19 日	国家税务总局公告 2010 年第 16 号
118	国家税务总局关于小型微利企业预缴企业所得税有关问题的公告	2012 年 4 月 13 日	国家税务总局公告 2012 年第 14 号
119	国家税务总局关于软件和集成电路企业认定管理有关问题的公告	2012 年 5 月 30 日	国家税务总局公告 2012 年第 19 号
120	国家税务总局关于苏州工业园区有限合伙制创业投资企业法人合伙人企业所得税政策试点有关征收管理问题的公告	2013 年 5 月 24 日	国家税务总局公告 2013 年第 25 号

附件2

部分条款废止的税收规范性文件目录

序号	标题	发文日期	文号	废止条款
1	国家税务局关于印发《关于土地使用税若干具体问题的补充规定》的通知	1989年12月21日	（89）国税地字第140号	废止第十条
2	国家税务总局关于印发《消费税征收范围注释》的通知	1993年12月27日	国税发〔1993〕153号	废止《消费税征收范围注释》第二条第六款、第九条
3	国家税务总局关于社会福利有奖募捐发行收入税收问题的通知	1994年5月23日	国税发〔1994〕127号	废止营业税、企业所得税、固定资产投资方向调节税内容
4	国家税务总局关于加强增值税征收管理若干问题的通知	1995年10月18日	国税发〔1995〕192号	废止第一条第（一）项
5	国家税务总局关于酒类产品消费税政策问题的通知	2002年8月26日	国税发〔2002〕109号	废止第四条
6	国家税务总局关于印发《调整和完善消费税政策征收管理规定》的通知	2006年3月31日	国税发〔2006〕49号	废止《调整和完善消费税政策征收管理规定》第五条第一款
7	国家税务总局关于企业固定资产加速折旧所得税处理有关问题的通知	2009年4月16日	国税发〔2009〕81号	废止第五条
8	国家税务总局关于深入实施西部大开发战略有关企业所得税问题的公告	2012年4月6日	国家税务总局公告2012年第12号	废止第一条中"经企业申请，主管税务机关审核确认后"
9	国家税务总局关于发布《熊猫普制金币免征增值税管理办法（试行）》的公告	2013年2月5日	国家税务总局公告2013年第6号	废止"《国家税务总局关于印发税收减免管理办法（试行）的通知》（国税发〔2005〕129号）"
10	国家税务总局关于固定资产加速折旧税收政策有关问题的公告	2014年11月14日	国家税务总局公告2014年第64号	废止第七条第一款

国家税务总局
关于房地产开发企业土地增值税清算涉及
企业所得税退税有关问题的公告

国家税务总局公告 2016 年第 81 号　2016 年 12 月 9 日　全文有效

根据《中华人民共和国企业所得税法》及其实施条例、《中华人民共和国税收征收管理法》及其实施细则的相关规定，现就房地产开发企业（以下简称企业）由于土地增值税清算，导致多缴企业所得税的退税问题公告如下：

一、企业按规定对开发项目进行土地增值税清算后，当年企业所得税汇算清缴出现亏损且有其他后续开发项目的，该亏损应按照税法规定向以后年度结转，用以后年度所得弥补。后续开发项目，是指正在开发以及中标的项目。

二、企业按规定对开发项目进行土地增值税清算后，当年企业所得税汇算清缴出现亏损，且没有后续开发项目的，可以按照以下方法，计算出该项目由于土地增值税原因导致的项目开发各年度多缴企业所得税税款，并申请退税：

（一）该项目缴纳的土地增值税总额，应按照该项目开发各年度实现的项目销售收入占整个项目销售收入总额的比例，在项目开发各年度进行分摊，具体按以下公式计算：

各年度应分摊的土地增值税 = 土地增值税总额 ×（项目年度销售收入 ÷ 整个项目销售收入总额）

本公告所称销售收入包括视同销售房地产的收入，但不包括企业销售的增值额未超过扣除项目金额 20% 的普通标准住宅的销售收入。

（二）该项目开发各年度应分摊的土地增值税减去该年度已经在企业所得税税前扣除的土地增值税后，余额属于当年应补充扣除的土地增值税；企业应调整当年度的应纳税所得额，并按规定计算当年度应退的企业所得税税款；当年度已缴纳的企业所得税税款不足退税的，应作为亏损向以后年度结转，并调整以后年度的应纳税所得额。

（三）按照上述方法进行土地增值税分摊调整后，导致相应年度应纳税所得额出现正数的，应按规定计算缴纳企业所得税。

（四）企业按上述方法计算的累计退税额，不得超过其在该项目开发各年度累计实际缴纳的企业所得税；超过部分作为项目清算年度产生的亏损，向以后年度结转。

三、企业在申请退税时，应向主管税务机关提供书面材料说明应退企业所得税款的计算过程，包括该项目缴纳的土地增值税总额、项目销售收入总额、项目年度销售收入额、各年度应分摊的土地增值税和已经税前扣除的土地增值税、各年度的适用税率，以及是否存在后续开发项目等情况。

四、本公告自发布之日起施行。本公告发布之日前，企业凡已经对土地增值税进行清算且没有后续开发项目的，在本公告发布后仍存在尚未弥补的因土地增值税清算导致的亏损，按照本公告第二条规定的方法计算多缴企业所得税税款，并申请退税。

《国家税务总局关于房地产开发企业注销前有关企业所得税处理问题的公告》（国家税务总局公告2010年第29号）同时废止。

特此公告。

关于《国家税务总局关于房地产开发企业土地增值税清算涉及企业所得税退税有关问题的公告》的解读

近日，国家税务总局发布了《关于房地产开发企业土地增值税清算涉及企业所得税退税有关问题的公告》（以下简称《公告》），对房地产开发企业由于土地增值税清算原因导致多缴企业所得税的退税处理政策进行了完善。现解读如下：

一、《公告》出台背景

根据《国家税务总局关于房地产开发企业注销前有关企业所得税处理问题的公告》（国家税务总局公告2010年第29号，以下简称29号公告）规定，房地产开发企业由于土地增值税清算造成的亏损，在企业注销税务登记时还没有弥补的，企业可在注销前提出申请，税务机关将多缴的企业所得税予以退税。但是，由于多种原因，房地产开发企业在开发产品销售完成后，短期内无法注销，导致多缴的企业所得税无法申请退税。结合房地产开发企业和开发项目的特点，国家税务总局制定《公告》，对房地产开发企业土地增值税清算涉及企业所得税退税政策进行了完善。

二、《公告》主要内容

（一）房地产开发企业申请退税时间

《公告》将房地产开发企业可以申请退税的时间规定为所有开发项目清算后，即房地产开发企业按规定对开发项目进行土地增值税清算后，如土地增值税清算当年汇算清缴出现亏损，且没有后续开发项目的，可申请退税。后续开发项目，包括正在开发以及中标的项目。

（二）多缴企业所得税款计算方法

《公告》延续了29号公告的做法，房地产开发企业开发项目缴纳的土地增值税总额，应按照该项目开发各年度实现的项目销售收入占整个项目销售收入总额的比例，在项目开发各年度进行分摊，并计算各年度及累计应退的税款。举例说明如下：

某房地产开发企业 2014 年 1 月开始开发某房地产项目，2016 年 10 月项目全部竣工并销售完毕，12 月进行土地增值税清算，整个项目共缴纳土地增值税 1100 万元，其中 2014—2016 年预缴土地增值税分别为 240 万元、300 万元、60 万元；2016 年清算后补缴土地增值税 500 万元。2014—2016 年实现的项目销售收入分别为 12000 万元、15000 万元、3000 万元，缴纳的企业所得税分别为 45 万元、310 万元、0 万元。该企业 2016 年度汇算清缴出现亏损，应纳税所得额为 −400 万元。企业没有后续开发项目，拟申请退税，具体计算详见下表：

单位：万元

	2014 年	2015 年	2016 年
预缴土地增值税	240	300	60
补缴土地增值税	—	—	500
分摊土地增值税	440 〔1100 ×（12000 ÷30000）〕	550 〔1100 ×（15000 ÷30000）〕	110 〔1100 ×（3000 ÷30000）〕
应纳税所得额调整	−200（240 −440）	−270（300 −550 −20）	450（60 +500 −110）
调整后应纳税所得额	—	—	50（−400 +450）
应退企业所得税	50（200 ×25%）	67.5（270 ×25%）	—
已缴纳企业所得税	45	310	0
实退企业所得税	45	67.5	—
亏损结转（调整后）	−20〔（45 −50）÷25%〕	—	—
应补企业所得税	—	—	12.5（50 ×25% =12.5）
累计退税额	—	—	100（45 +67.5 −12.5）

（三）报送资料

《公告》规定，房地产开发企业在申请退税时，应向主管税务机关提供书面材料说明应退企业所得税款的计算过程，包括该项目缴纳的土地增值税总额、项目销售收入总额、项目年度销售收入额、各年度应分摊的土地增值税和已经税前扣除的土地增值税、各年度的适用税率，以及是否存在后续开发项目等情况。

（四）以前年度多缴税款处理

《公告》发布执行前已经进行土地增值税清算，《公告》发布执行后仍存在尚未弥补的因土地增值税清算导致的亏损，按照《公告》第二条规定的方法计算多缴企业所得税税款，并申请退税。《公告》发布执行后，企业应抓紧向主管税务机关提出退税申请，并按要求提供相关资料。

三、《公告》实施时间

《公告》自发布之日起施行。29 号公告同时废止。

国家税务总局
关于公布一批全文废止和部分条款废止的
税收规范性文件目录的公告

国家税务总局公告 2017 年第 1 号　2017 年 1 月 22 日　全文有效

根据国务院办公厅关于做好部门规章和文件清理工作的有关要求，国家税务总局对税收规范性文件进行了清理。现将新一批《全文废止和部分条款废止的税收规范性文件目录》予以公布。

特此公告。

附件

全文废止和部分条款废止的税收规范性文件目录

序号	标题	发文日期	文号	备注
1	国家税务总局关于印发《税务稽查业务公开制度（试行）》的通知	2000 年 9 月 22 日	国税发〔2000〕163 号	全文废止
2	国家税务总局关于加强煤炭行业税收管理的通知	2005 年 9 月 26 日	国税发〔2005〕153 号	全文废止
3	国家税务总局关于进一步推行办税公开工作的意见	2006 年 12 月 5 日	国税发〔2006〕172 号	全文废止
4	国家税务总局关于贯彻落实扩大小型微利企业减半征收企业所得税范围有关问题的公告	2015 年 3 月 18 日	国家税务总局公告 2015 年第 17 号	全文废止
5	国家税务总局关于企业为股东个人购买汽车征收个人所得税的批复	2005 年 4 月 22 日	国税函〔2005〕364 号	废止第二条

国家税务总局
关于创业投资企业和天使投资个人
税收试点政策有关问题的公告

国家税务总局公告 2017 年第 20 号　2017 年 5 月 22 日　全文废止

　　为贯彻落实《财政部　国家税务总局关于创业投资企业和天使投资个人有关税收试点政策的通知》（财税〔2017〕38 号，以下简称《通知》），现就创业投资企业和天使投资个人税收试点政策有关问题公告如下：

　　一、相关政策执行口径

　　（一）《通知》第一条所称满 2 年是指公司制创业投资企业（以下简称公司制创投企业）、有限合伙制创业投资企业（以下简称合伙创投企业）和天使投资个人投资于种子期、初创期科技型企业（以下简称初创科技型企业）的实缴投资满 2 年，投资时间从初创科技型企业接受投资并完成工商变更登记的日期算起。

　　（二）《通知》第二条第（一）项所称研发费用总额占成本费用支出的比例，是指企业接受投资当年及下一纳税年度的研发费用总额合计占同期成本费用总额合计的比例。

　　（三）《通知》第三条第（三）项所称出资比例，按投资满 2 年当年年末各合伙人对合伙创投企业的实缴出资额占所有合伙人全部实缴出资额的比例计算。

　　（四）《通知》所称从业人数及资产总额指标，按照初创科技型企业接受投资前连续 12 个月的平均数计算，不足 12 个月的，按实际月数平均计算。具体计算公式如下：

$$月平均数 =（月初数 + 月末数）÷2$$

$$接受投资前连续 12 个月平均数 = 接受投资前连续 12 个月平均数之和 ÷12$$

　　（五）法人合伙人投资于多个符合条件的合伙创投企业，可合并计算其可抵扣的投资额和分得的所得。当年不足抵扣的，可结转以后纳税年度继续抵扣；当年抵扣后有结余的，应按照企业所得税法的规定计算缴纳企业所得税。

　　所称符合条件的合伙创投企业既包括符合《通知》规定条件的合伙创投企业，也包括符合《国家税务总局关于有限合伙制创业投资企业法人合伙人企业所得税有关问题的公告》（国家税务总局公告 2015 年第 81 号）规定条件的合伙创投企业。

二、备案程序和资料

（一）公司制创投企业

公司制创投企业应在年度申报享受优惠时，向主管税务机关办理备案手续，备案时报送《企业所得税优惠事项备案表》及发展改革或证监部门出具的符合创业投资企业条件的年度证明材料复印件。同时将以下资料留存备查：

1. 发展改革或证监部门出具的符合创业投资企业条件的年度证明材料；

2. 初创科技型企业接受现金投资时的投资合同（协议）、章程、实际出资的相关证明材料；

3. 创业投资企业与其关联方持有初创科技型企业的股权比例的说明；

4. 被投资企业符合初创科技型企业条件的有关资料：

（1）接受投资时从业人数、资产总额、年销售收入和大学本科以上学历的从业人数比例的情况说明；

（2）接受投资时设立时间不超过5年的证明材料；

（3）接受投资时以及接受投资后2年内未在境内外证券交易所上市情况说明；

（4）研发费用总额占成本费用总额比例的情况说明。

（二）合伙创投企业及其法人合伙人

1. 合伙创投企业法人合伙人符合享受优惠条件的，合伙创投企业应在投资初创科技型企业满2年的年度以及分配所得的年度终了后3个月内向合伙创投企业主管税务机关报送《合伙创投企业法人合伙人所得分配情况明细表》（附件1）。

2. 法人合伙人应在年度申报享受优惠时，向主管税务机关办理备案手续，备案时报送《企业所得税优惠事项备案表》。同时将法人合伙人投资于合伙创投企业的出资时间、出资金额、出资比例及分配比例的相关证明材料、合伙创投企业主管税务机关受理后的《合伙创投企业法人合伙人所得分配情况明细表》及其他有关资料留存备查。留存备查的其他资料同公司制创投企业。

（三）合伙创投企业及其个人合伙人

1. 合伙创投企业应在投资初创科技型企业满2年的年度终了3个月内，向合伙创投企业主管税务机关办理备案手续，备案时应报送《合伙创投企业个人所得税投资抵扣备案表》（附件2），同时将有关资料留存备查（备查资料同公司制创投企业）。合伙企业多次投资同一初创科技型企业的，应按年度分别备案。

2. 合伙创投企业应在投资初创科技型企业满2年后的每个年度终了3个月内，向合伙创投企业主管税务机关报送《合伙创投企业个人所得税投资抵扣情况表》（附件3）。

3. 个人合伙人的个人所得税年度申报，应将当年允许抵扣的投资额填至《个人所得税生产经营所得纳税申报表（B表）》"允许扣除的其他费用"栏，并同时标明

"投资抵扣"字样。

其中，2017 年度投资初创科技型企业满 2 年的合伙创投企业个人合伙人，在办理年度个人所得税纳税申报时，以其符合条件的投资额的 70% 抵扣个人合伙人当年自合伙创投企业分得的经营所得。

（四）天使投资个人

1. 投资抵扣备案。天使投资个人应在投资初创科技型企业满 24 个月的次月 15 日内，与初创科技型企业共同向初创科技型企业主管税务机关办理备案手续。备案时应报送《天使投资个人所得税投资抵扣备案表》（附件 4）、天使投资个人身份证件等相关资料。被投资企业符合初创科技型企业条件有关资料留存企业备查，备查资料同公司制创投企业留存备查资料的第 2 项和第 4 项。多次投资同一初创科技型企业的，应分次备案。

2. 投资抵扣申报

（1）天使投资个人转让未上市的初创科技型企业股权，按照《通知》规定享受投资抵扣税收优惠时，应于股权转让次月 15 日内，向主管税务机关报送《天使投资个人所得税投资抵扣情况表》（附件 5）。同时，天使投资个人还应一并提供投资初创科技型企业后税务机关受理的《天使投资个人所得税投资抵扣备案表》。

其中，天使投资个人转让初创科技型企业股权需同时抵扣前 36 个月内投资其他注销清算初创科技型企业尚未抵扣完毕的投资额的，申报时应一并提供注销清算企业主管税务机关受理登记并注明注销清算等情况的《天使投资个人所得税投资抵扣备案表》，及前期享受投资抵扣政策后税务机关受理的《天使投资个人所得税投资抵扣情况表》。

接受投资的初创科技型企业，应在天使投资个人转让股权纳税申报时，向扣缴义务人提供相关信息。

（2）天使投资个人投资初创科技型企业满足投资抵扣税收优惠条件后，初创科技型企业在上海证券交易所、深圳证券交易所上市的，天使投资个人在转让初创科技型企业股票时，有尚未抵扣完毕的投资额的，应向证券机构所在地主管税务机关办理限售股转让税款清算，抵扣尚未抵扣完毕的投资额。清算时，应提供投资初创科技型企业后税务机关受理的《天使投资个人所得税投资抵扣备案表》和《天使投资个人所得税投资抵扣情况表》。

3. 被投资企业发生个人股东变动或者个人股东所持股权变动的，应在次月 15 日内向主管税务机关报送含有股东变动信息的《个人所得税基础信息表（A 表）》。对天使投资个人，应在备注栏标明"天使投资个人"字样。

4. 天使投资个人转让股权时，扣缴义务人、天使投资个人应将当年允许抵扣的投资额填至《扣缴个人所得税报告表》或《个人所得税自行纳税申报表（A 表）》"税前扣除项目"的"其他"栏，并同时标明"投资抵扣"字样。

5. 天使投资个人投资的初创科技型企业注销清算的，应及时持《天使投资个人所得税投资抵扣备案表》到主管税务机关办理情况登记。

三、其他事项

（一）税务机关在公司制创投企业、合伙创投企业合伙人享受优惠政策后续管理中，对初创科技型企业是否符合规定条件有异议的，可以转请初创科技型企业主管税务机关提供相关资料，主管税务机关应积极配合。

（二）创业投资企业、合伙创投企业合伙人、天使投资个人、初创科技型企业提供虚假情况、故意隐瞒已投资抵扣情况或采取其他手段骗取投资抵扣，不缴或者少缴应纳税款的，按税收征管法有关规定处理。

（三）公司制创投企业及合伙创投企业法人合伙人申报享受税收优惠政策，备案资料和留存备查资料按照本公告第二条有关规定执行，其他备案管理要求按照《国家税务总局关于发布〈企业所得税优惠政策事项办理办法〉的公告》（国家税务总局公告 2015 年第 76 号）的规定执行。

四、执行时间

本公告企业所得税有关规定适用于 2017 年及以后年度企业所得税汇算清缴，个人所得税有关规定自 2017 年 7 月 1 日起执行。

特此公告。

附件：1. 合伙创投企业法人合伙人所得分配情况明细表（略）
　　　2. 合伙创投企业个人所得税投资抵扣备案表（略）
　　　3. 合伙创投企业个人所得税投资抵扣情况表（略）
　　　4. 天使投资个人所得税投资抵扣备案表（略）
　　　5. 天使投资个人所得税投资抵扣情况表（略）

注：依据《国家税务总局关于创业投资企业和天使投资个人税收政策有关问题的公告》（国家税务总局公告 2018 年第 43 号），自 2018 年 7 月 1 日起，本法规全文废止。

关于《国家税务总局关于创业投资企业和天使投资个人税收试点政策有关问题的公告》的解读

为贯彻落实《财政部　国家税务总局关于创业投资企业和天使投资个人有关税收试点政策的通知》（财税〔2017〕38 号，以下简称《通知》），国家税务总局发布了《国家税务总局关于创业投资企业和天使投资个人税收试点政策有关问题的公告》（以下简称《公告》）。为便于纳税人、税务机关理解和执行，现对《公告》解读如下：

一、《公告》出台背景

创业投资和天使投资是促进"大众创业、万众创新"的重要资本力量，是促进科技创新成果转化的助推器，是落实新发展理念、推进供给侧结构性改革的新动能。为进一步鼓励和支持创业投资沿着健康的轨道蓬勃发展，2017年4月19日，国务院常务会议作出决定，在京津冀、上海、广东、安徽、四川、武汉、西安、沈阳8个全面创新改革试验地区和苏州工业园区开展创业投资企业和天使投资个人税收政策试点。财政部和国家税务总局根据国务院决定，联合出台了有关创业投资企业与天使投资个人投资种子期、初创期科技型企业（以下简称初创科技型企业）投资抵扣的税收优惠政策。此次国家税务总局发布《公告》，一方面是为了进一步明确相关税收征管工作流程，规范纳税人办税手续，保证相关税收优惠政策快速落地；另一方面也是为了使纳税人更好地理解和把握政策规定，规范各地税务机关政策执行口径，保证相关税收优惠政策精准落地。

二、《公告》主要内容

（一）明确执行口径

为提高政策的可操作性和确定性，《公告》在《通知》的基础上进一步明确了部分执行口径：

一是明确满2年的口径及投资时间计算口径。《公告》明确，《通知》第一条称满2年是公司制创投企业、合伙创投企业、天使投资个人投资于初创科技型企业的实缴投资满2年，投资时间从初创科技型企业接受投资并完成工商变更登记的日期算起。需要注意的是，对于合伙创投企业投资初创科技型企业的，仅强调合伙创投企业投资于初创科技型企业的实缴投资满2年，取消了对合伙人对该合伙创投企业的实缴出资须满2年的要求，简化了政策条件，有利于企业准确执行政策。比如，某合伙创投企业于2017年12月投资初创科技型企业，假设其他条件均符合文件规定。合伙创投企业的某个法人合伙人于2018年1月对该合伙创投企业出资。2019年12月，合伙创投企业投资初创科技型企业满2年时，该法人合伙人同样可享受税收试点政策。

二是明确研发费用总额占成本费用支出的比例，指企业接受投资当年及下一个纳税年度的研发费用总额合计占同期成本费用总额合计的比例。此口径参考了高新技术企业研发费用占比的计算方法，一定程度上降低了享受优惠的门槛，使更多的企业可以享受到政策红利。比如，某公司制创投企业于2017年5月投资初创科技型企业，假设其他条件均符合文件规定。初创科技型企业2017年发生研发费用100万元，成本费用1000万元，2017年研发费用占比10%，低于20%；2018年发生研发费用500万元，成本费用1000万元，2018年研发费用占比50%，高于20%。如要求投资当年及下一年分别满足研发费用占比高于20%的条件，则该公司制创投企业不能享受税收试点政策。但按照《公告》明确的口径，投资当年及下一年初创科技型企业研发费用平均占比为30%〔（100＋500）／（1000＋1000）〕，该公司制创投企业可以享受税收试点政策。

三是明确合伙创投企业合伙人出资比例的计算口径。由于合伙创投企业投资初创型科技企业的，在投资满2年的当年就可享受试点政策，因此将计算出资比例的时点确定为投资满2年当年年末，对同一年满2年的投资统一计算，简化计算方法，减轻企业办税负担。

四是明确了从业人数、资产总额的计算方法。其计算方法参照了小型微利企业的计算方法，确保纳税人能准确理解政策、适用政策。

五是明确法人合伙人可合并计算抵扣。法人合伙人投资于多家合伙创投企业，可以合并计算可抵扣的投资额和分得的所得。考虑到法人合伙人可能会投资多家符合条件的合伙创投企业，而合伙创投企业的分配可能会有所差别，有些因创业投资活动本身具有一定的风险，可能永远没有回报。因此允许合并计算抵扣，并将所有符合现行政策规定的合伙创投企业均纳入合并范围，将使法人合伙人能充分、及时抵扣，确保税收试点政策效应得到充分发挥。

合并计算抵扣的范围既包括符合《通知》规定条件的合伙创投企业，也包括符合《国家税务总局关于有限合伙制创业投资企业法人合伙人企业所得税有关问题的公告》（国家税务总局公告2015年第81号）规定条件的合伙创投企业。

（二）明确税收优惠备案的办理

具体见下表：

项目	公司制创投企业	合伙创投企业法人合伙人		合伙创投企业个人合伙人	天使投资个人
办理时间	年度申报享受优惠时	投资初创科技型企业满2年的年度以及分配所得的年度终了后3个月内	年度申报享受优惠时	投资初创科技型企业满2年的年度终了3个月内	投资初创科技型企业满24个月的次月15日内
办理主体	公司制创投企业	合伙创投企业	合伙创投企业法人合伙人	合伙创投企业	天使投资个人和初创科技型企业
受理机关	公司制创投企业主管税务机关	合伙创投企业主管税务机关	合伙创投企业法人合伙人主管税务机关	合伙创投企业主管税务机关	初创科技型企业主管税务机关
报送资料	1. 企业所得税优惠事项备案表； 2. 发展改革或证监部门出具的符合创业投资企业条件的年度证明材料复印件。	合伙创投企业法人合伙人分配情况明细表	企业所得税优惠事项备案表	合伙创投企业个人所得税投资抵扣备案表	1. 天使投资个人所得税投资抵扣备案表； 2. 天使投资个人身份证件。

续表

项目	公司制 创投企业	合伙创投企业法人 合伙人	合伙创投企业 个人合伙人	天使投资 个人
留存 备查 资料	1. 发展改革或证监部门出具的符合创业投资企业条件的年度证明材料（天使投资个人无需）； 2. 初创科技型企业接受现金投资时的投资合同（协议）、章程、实际出资的相关证明材料； 3. 创业投资企业与其关联方持有初创科技型企业的股权比例的说明（天使投资个人无需）； 4. 被投资企业符合初创科技型企业条件的有关资料： （1）接受投资时从业人数、资产总额、年销售收入和大学本科以上学历的从业人数比例的情况说明； （2）接受投资时设立时间不超过5年的证明材料； （3）接受投资时以及接受投资后2年内未在境内外证券交易所上市情况声明； （4）研发费用总额占成本费用总额比例的情况说明。 5. 法人合伙人投资于合伙创投企业的出资时间、出资金额、出资比例、分配比例的相关证明材料及合伙创投企业主管税务机关受理后的《合伙创投企业法人合伙人所得分配情况明细表》（法人合伙人留存）。			

（三）合伙创投企业个人合伙人的申报抵扣

根据《公告》规定，合伙创投企业应在投资初创科技型企业满2年后的每个年度终了3个月内，向合伙创投企业主管税务机关报送《合伙创投企业个人所得税投资抵扣情况表》。享受投资抵扣税收优惠时，个人合伙人只需正常办理纳税申报，并随申报报送上表即可。

（四）天使投资个人的申报抵扣

1. 转让未上市企业股权。天使投资个人应于股权转让次月15日内，向主管税务机关报送《天使投资个人所得税投资抵扣情况表》，办理抵扣手续。

2. 转让上市公司股票。天使投资个人在转让上市公司限售股税款清算时，进行投资抵扣。

（五）天使投资个人投资的初创科技型企业注销清算的税务处理

根据《通知》规定，初创科技型企业注销清算的，天使投资个人有尚未抵扣完毕的投资额的，可以在36个月内转让其他符合投资抵扣条件的初创科技型企业股权时进行抵扣。具体税务处理如下：

1. 及时持前期投资抵扣备案的《天使投资个人所得税投资抵扣备案表》，到原初创科技型企业主管税务机关办理情况登记。

2. 转让投资的其他符合投资抵扣条件的初创科技型企业股权时，持税务机关登记后的已注销清算企业的《天使投资个人所得税投资抵扣备案表》和前期办理投资抵扣时税务机关受理的《天使投资个人所得税投资抵扣情况表》办理投资抵扣手续。

（六）明确其他管理要求

一是明确转请机制。《公告》明确了税务机关在创业投资企业和合伙创投企业合伙人享受优惠政策后续管理中，对初创科技型企业是否符合规定条件有异议的，可以转请相应主管税务机关提供相关资料，主管税务机关应积极配合。

二是明确骗取抵扣的罚则。创业投资企业、合伙创投企业合伙人、天使投资个人、初创科技型企业提供虚假情况、故意隐瞒已投资抵扣情况或采取其他手段骗取投资抵扣，不缴或者少缴应纳税款的，按税收征管法有关规定处理。

三是明确企业所得税备案管理其他事项。《公告》对公司制创投企业、合伙创投企业法人合伙人的备案资料及备查资料进行了规定。其他的备案仍按照《国家税务总局关于发布〈企业所得税优惠政策事项办理办法〉的公告》（国家税务总局公告2015年第76号）规定执行。

（七）明确执行时间

执行时间与《通知》保持一致，其中企业所得税有关规定适用于2017年及以后年度企业所得税汇算清缴，个人所得税有关规定自2017年7月1日起执行。

国家税务总局
关于贯彻落实扩大小型微利企业所得税
优惠政策范围有关征管问题的公告

国家税务总局公告 2017 年第 23 号　2017 年 6 月 7 日　全文废止

　　根据《中华人民共和国企业所得税法实施条例》（以下简称《企业所得税法实施条例》）、《财政部　国家税务总局关于扩大小型微利企业所得税优惠政策范围的通知》（财税〔2017〕43 号）等规定，现就小型微利企业所得税优惠政策有关征管问题公告如下：

　　一、自 2017 年 1 月 1 日至 2019 年 12 月 31 日，符合条件的小型微利企业，无论采取查账征收方式还是核定征收方式，其年应纳税所得额低于 50 万元（含 50 万元，下同）的，均可以享受财税〔2017〕43 号文件规定的其所得减按 50% 计入应纳税所得额，按 20% 的税率缴纳企业所得税的政策（以下简称减半征税政策）。

　　前款所述符合条件的小型微利企业是指符合《企业所得税法实施条例》第九十二条或者财税〔2017〕43 号文件规定条件的企业。

　　企业本年度第一季度预缴企业所得税时，如未完成上一纳税年度汇算清缴，无法判断上一纳税年度是否符合小型微利企业条件的，可暂按企业上一纳税年度第四季度的预缴申报情况判别。

　　二、符合条件的小型微利企业，在预缴和年度汇算清缴企业所得税时，通过填写纳税申报表的相关内容，即可享受减半征税政策，无需进行专项备案。

　　三、符合条件的小型微利企业，统一实行按季度预缴企业所得税。

　　四、本年度企业预缴企业所得税时，按照以下规定享受减半征税政策：

　　（一）查账征收企业。上一纳税年度为符合条件的小型微利企业，分别按照以下规定处理：

　　1. 按照实际利润额预缴的，预缴时累计实际利润不超过 50 万元的，可以享受减半征税政策；

　　2. 按照上一纳税年度应纳税所得额平均额预缴的，预缴时可以享受减半征税政策。

　　（二）定率征收企业。上一纳税年度为符合条件的小型微利企业，预缴时累计应纳税所得额不超过 50 万元的，可以享受减半征税政策。

（三）定额征收企业。根据减半征税政策规定需要调减定额的，由主管税务机关按照程序调整，依照原办法征收。

（四）上一纳税年度为不符合小型微利企业条件的企业，预计本年度符合条件的，预缴时累计实际利润或应纳税所得额不超过 50 万元的，可以享受减半征税政策。

（五）本年度新成立的企业，预计本年度符合小型微利企业条件的，预缴时累计实际利润或应纳税所得额不超过 50 万元的，可以享受减半征税政策。

五、企业预缴时享受了减半征税政策，年度汇算清缴时不符合小型微利企业条件的，应当按照规定补缴税款。

六、按照本公告规定小型微利企业 2017 年度第一季度预缴时应享受未享受减半征税政策而多预缴的企业所得税，在以后季度应预缴的企业所得税税款中抵减。

七、《国家税务总局关于发布〈中华人民共和国企业所得税月（季）度预缴纳税申报表（2015 年版）等报表〉的公告》（国家税务总局公告 2015 年第 31 号）附件 2《中华人民共和国企业所得税月（季）度和年度预缴纳税申报表（B 类，2015 年版）》填报说明第三条第（五）项中"核定定额征收纳税人，换算应纳税所得额大于 30 万元的填'否'"修改为"核定定额征收纳税人，换算应纳税所得额大于 50 万元的填'否'"。

八、《国家税务总局关于贯彻落实进一步扩大小型微利企业减半征收企业所得税范围有关问题的公告》（国家税务总局公告 2015 年第 61 号）在 2016 年度企业所得税汇算清缴结束后废止。

特此公告。

注：依据《国家税务总局关于贯彻落实进一步扩大小型微利企业所得税优惠政策范围有关征管问题的公告》（国家税务总局公告 2018 年第 40 号），本法规在 2017 年度企业所得税汇算清缴结束后废止。

关于《国家税务总局关于贯彻落实扩大小型微利企业所得税优惠政策范围有关征管问题的公告》的解读

为进一步支持小型微利企业发展，持续推动实体经济降成本增后劲，近日，国家税务总局印发了《关于贯彻落实扩大小型微利企业所得税优惠政策范围有关征管问题的公告》（以下简称《公告》）。现解读如下：

一、《公告》出台的主要背景是什么？

当前，我国经济发展处在爬坡过坎的关键阶段，减税降费、扩大政策优惠面、持续激发微观主体活力，有利于稳增长、促改革、调结构、惠民生、防风险，保持经济的平稳健康发展和社会的和谐稳定。2017 年《政府工作报告》提出，要"多措并举降成本"和"千方百计使结构性减税力度和效应进一步显现"。4月19日，国务院常务会议决定扩大享受企业所得税优惠的小型微利企业范围，2017年6月，财政部、国家税务总局联合发布了《关于扩大小型微利企业所得税优惠政策范围的通知》（财税〔2017〕43号），自2017年1月1日至2019年12月31日，将小型微利企业年应纳税所得额上限由30万元提高到50万元，符合这一条件的小型微利企业所得税减半计算应纳税所得额，并按20%优惠税率缴纳企业所得税（以下简称减半征税政策）。这是减半征税政策范围从年应纳税所得额不超过3万元、6万元、10万元、20万元、30万元后的又一次提高。为了积极贯彻落实国务院重大决策部署，确保广大企业能够及时、准确享受减半征税政策，国家税务总局制定了本《公告》。

二、本次扩大小型微利企业所得税优惠政策范围，哪些纳税人将从中受益？

根据财税〔2017〕43号文件规定，自2017年1月1日至2019年12月31日，扩大享受企业所得税优惠的小型微利企业范围，主要体现在对小型微利企业"年度应纳税所得额"标准的提高。因此，年应纳税所得额在30万元至50万元的符合条件的企业，是最大的受益群体。

三、本次政策调整后，按照核定征收方式缴纳企业所得税的企业，是否能够享受减半征税政策？

根据《公告》第一条规定，只要是符合条件的小型微利企业，不区分企业所得税的征收方式，均可以享受减半征税政策。因此，包括定率征收和定额征收在内的企业所得税核定征收企业，可以享受减半征税政策。

四、以前年度成立的企业，在预缴享受减半征税政策时，需要判断上一纳税年度是否为符合条件的小型微利企业，2017年度及以后年度如何判断？

根据规定，在预缴时需要判别上一纳税年度是否符合小型微利企业条件，2017年度应当按照税法规定条件判别；2018年度及以后纳税年度，应当按照财税〔2017〕43号文件规定条件判别。

五、企业享受减半征税政策，需要履行什么程序？

根据《国家税务总局关于发布〈企业所得税优惠政策事项办理办法〉的公告》（国家税务总局公告2015年第76号）第十条和本《公告》第二条规定，企业享受小型微利企业所得税优惠政策通过填写纳税申报表相关内容即可。因此，符合条件的小型微利企业无须进行专项备案。

六、上一纳税年度为不符合小型微利企业条件的企业以及本年度新成立的企业，预缴企业所得税时，如何判断享受减半征税政策？

上一纳税年度为不符合小型微利企业条件的企业，预计本年度符合条件的，预缴时累计实际利润额或应纳税所得额不超过50万元的，可以享受减半征税政策。"预计本年度符合条件"是指，企业上一年度其"从业人数"和"资产总额"已经符合小

620

型微利企业规定条件，但应纳税所得额不符合条件，本年度预缴时，如果上述两个条件没有发生实质性变化，预缴时累计实际利润额或应纳税所得额不超过 50 万元的，可以预先享受减半征税政策。

本年度新成立的企业，预计本年度符合小型微利企业条件的，预缴时累计实际利润额或应纳税所得额不超过 50 万元的，可以享受减半征税政策。"预计本年度符合小型微利企业条件"是指，企业本年度其"从业人数"和"资产总额"预计可以符合小型微利企业规定条件，本年度预缴时，累计实际利润额或应纳税所得额不超过 50 万元的，可以预先享受减半征税政策。

七、《公告》实施后，符合条件的小型微利企业 2017 年度第一季度预缴时，应享受未享受减半征税政策而多预缴的企业所得税如何处理？

此次政策调整从 2017 年 1 月 1 日开始，由于 2017 年第一季度预缴期已经结束，符合条件的小型微利企业在 2017 年度第一季度预缴时，未能享受减半征税政策而多预缴的企业所得税，在以后季度企业应预缴的企业所得税税款中抵减。

八、执行时间

本《公告》是贯彻落实财税〔2017〕43 号文件的征管办法，其执行时间与其一致。

国家税务总局
关于实施高新技术企业所得税优惠
政策有关问题的公告

国家税务总局公告 2017 年第 24 号　2017 年 6 月 19 日　全文有效

为贯彻落实高新技术企业所得税优惠政策，根据《科技部　财政部　国家税务总局关于修订印发〈高新技术企业认定管理办法〉的通知》（国科发火〔2016〕32 号，以下简称《认定办法》）及《科技部　财政部　国家税务总局关于修订印发〈高新技术企业认定管理工作指引〉的通知》（国科发火〔2016〕195 号，以下简称《工作指引》）以及相关税收规定，现就实施高新技术企业所得税优惠政策有关问题公告如下：

一、企业获得高新技术企业资格后，自高新技术企业证书注明的发证时间所在年度起申报享受税收优惠，并按规定向主管税务机关办理备案手续。

企业的高新技术企业资格期满当年，在通过重新认定前，其企业所得税暂按 15% 的税率预缴，在年底前仍未取得高新技术企业资格的，应按规定补缴相应期间的税款。

二、对取得高新技术企业资格且享受税收优惠的高新技术企业，税务部门如在日常管理过程中发现其在高新技术企业认定过程中或享受优惠期间不符合《认定办法》第十一条规定的认定条件的，应提请认定机构复核。复核后确认不符合认定条件的，由认定机构取消其高新技术企业资格，并通知税务机关追缴其证书有效期内自不符合认定条件年度起已享受的税收优惠。

三、享受税收优惠的高新技术企业，每年汇算清缴时应按照《国家税务总局关于发布〈企业所得税优惠政策事项办理办法〉的公告》（国家税务总局公告 2015 年第 76 号）规定向税务机关提交企业所得税优惠事项备案表、高新技术企业资格证书履行备案手续，同时妥善保管以下资料留存备查：

1. 高新技术企业资格证书；

2. 高新技术企业认定资料；

3. 知识产权相关材料；

4. 年度主要产品（服务）发挥核心支持作用的技术属于《国家重点支持的高新技术领域》规定范围的说明，高新技术产品（服务）及对应收入资料；

5. 年度职工和科技人员情况证明材料；

6. 当年和前两个会计年度研发费用总额及占同期销售收入比例、研发费用管理资料以及研发费用辅助账，研发费用结构明细表（具体格式见《工作指引》附件2）；

7. 省税务机关规定的其他资料。

四、本公告适用于2017年度及以后年度企业所得税汇算清缴。2016年1月1日以后按《认定办法》认定的高新技术企业，按本公告规定执行。2016年1月1日前按《科技部　财政部　国家税务总局关于印发〈高新技术企业认定管理办法〉的通知》（国科发火〔2008〕172号）认定的高新技术企业，仍按《国家税务总局关于实施高新技术企业所得税优惠有关问题的通知》（国税函〔2009〕203号）和国家税务总局公告2015年第76号的规定执行。

《国家税务总局关于高新技术企业资格复审期间企业所得税预缴问题的公告》（国家税务总局公告2011年第4号）同时废止。

特此公告。

关于《国家税务总局关于实施高新技术企业所得税优惠政策有关问题的公告》的解读

一、公告出台背景

为加大对科技型企业特别是中小企业的政策扶持，有力推动"大众创业、万众创新"，培育创造新技术、新业态和提供新供给的生力军，促进经济转型升级，2016年，科技部、财政部、国家税务总局联合下发了《关于修订印发〈高新技术企业认定管理办法〉的通知》（国科发火〔2016〕32号，以下简称《认定办法》）及配套文件《关于修订印发〈高新技术企业认定管理工作指引〉的通知》（国科发火〔2016〕195号，以下简称《工作指引》）。

《认定办法》和《工作指引》出台后，《国家税务总局关于实施高新技术企业所得税优惠有关问题的通知》（国税函〔2009〕203号，以下简称203号文件）作为与原《认定办法》和《工作指引》相配套的税收优惠管理性质的文件，其有关内容需要适时加以调整和完善，以实现高新技术企业认定管理和税收优惠管理的有效衔接，保障和促进高新技术企业优惠政策的贯彻落实。为此，特制定本公告。

二、公告主要内容

（一）明确高新技术企业享受优惠的期间

根据企业所得税法的规定，企业所得税按纳税年度计算，因此高新技术企业也是按年享受税收优惠。而高新技术企业证书上注明的发证时间是具体日期，不一定是一个完整纳税年度，且有效期为3年。这就导致了企业享受优惠期间和高新技术企业认定证书的有效期不完全一致。为此，公告明确，企业获得高新技术企业资格后，自其高新技术企业证书注明的发证时间所在年度起申报享受税收优惠，并按规定向主管税务机关办理备案手续。例如，A 企业取得的高新技术企业证书上注明的发证时间为 2016 年 11 月 25 日，A 企业可自 2016 年 1 月 1 日起连续 3 年享受高新技术企业税收优惠政策，即，享受高新技术企业税收优惠政策的年度为 2016 年、2017 年和 2018 年。

按照上述原则，高新技术企业认定证书发放当年已开始享受税收优惠，则在期满当年应停止享受税收优惠。但鉴于其高新技术企业证书仍有可能处于有效期内，且继续取得高新技术企业资格的可能性非常大，为保障高新技术企业的利益，实现优惠政策的无缝衔接，公告明确高新技术企业资格期满当年内，在通过重新认定前，其企业所得税可暂按 15% 的税率预缴，在年底前仍未取得高新技术企业资格的，则应按规定补缴税款。如，A 企业的高新技术企业证书在 2019 年 4 月 20 日到期，在 2019 年季度预缴时企业仍可按高新技术企业 15% 税率预缴。如果 A 企业在 2019 年年底前重新获得高新技术企业证书，其 2019 年度可继续享受税收优惠。如未重新获得高新技术企业证书，则应按 25% 的税率补缴少缴的税款。

（二）明确税务机关日常管理的范围、程序和追缴期限

在《认定办法》第十六条基础上，公告进一步明确了税务机关的后续管理，主要有以下几点：

一是明确后续管理范围。《认定办法》出台以后，税务机关和纳税人对高新技术企业在享受优惠期间是否需要符合认定条件存在较大的争议。经与财政部、科技部沟通，《认定办法》第十六条中所称"认定条件"是较为宽泛的概念，既包括高新技术企业认定时的条件，也包括享受税收优惠期间的条件。因此，公告将税务机关后续管理的范围明确为高新技术企业认定过程中和享受优惠期间，统一了管理范围，明确了工作职责。

二是调整后续管理程序。此前，按照 203 号文件的规定，税务部门发现高新技术企业不符合优惠条件的，可以追缴高新技术企业已减免的企业所得税税款，但不取消其高新技术企业资格。按照《认定办法》第十六条的规定，公告对 203 号文件的后续管理程序进行了调整，即，税务机关如发现高新技术企业不符合认定条件的，应提请认定机构复核。复核后确认不符合认定条件的，由认定机构取消其高新技术企业资格后，通知税务机关追缴税款。

三是明确追缴期限。为统一执行口径，公告将《认定办法》第十六条中的追缴期限"不符合认定条件年度起"明确为"证书有效期内自不符合认定条件年度起"，避免因为理解偏差导致扩大追缴期限，切实保障纳税人的合法权益。

（三）明确高新技术企业优惠备案要求

《认定办法》和《工作指引》出台后，认定条件、监督管理要求等均发生了变

化，有必要对享受优惠的备案资料和留存备查资料进行适当调整。公告对此进行了明确。在留存备查资料中，涉及主要产品（服务）发挥核心支持作用的技术所属领域、高新技术产品（服务）及对应收入、职工和科技人员、研发费用比例等相关指标时，需留存享受优惠年度的资料备查。

（四）明确执行时间和衔接问题

一是考虑到本公告加强了高新技术企业税收管理，按照不溯及既往原则，明确本公告适用于 2017 年度及以后年度企业所得税汇算清缴。二是《认定办法》自 2016 年 1 月 1 日起开始实施。但按照《科技部　财政部　国家税务总局关于印发〈高新技术企业认定管理办法〉的通知》（国科发火〔2008〕172 号）认定的高新技术企业仍在有效期内。在一段时间内，按不同认定办法认定的高新技术企业还将同时存在，但认定条件、监督管理要求等并不一致。为公平、合理起见，公告明确了"老人老办法，新人新办法"的处理原则，以妥善解决新旧衔接问题。即按照《认定办法》认定的高新技术企业按本公告规定执行，按国科发火〔2008〕172 号文件认定的高新技术企业仍按照 203 号文件和《国家税务总局关于发布〈企业所得税优惠政策事项办理办法〉的公告》（国家税务总局公告 2015 年第 76 号）的有关规定执行。三是明确《国家税务总局关于高新技术企业资格复审期间企业所得税预缴问题的公告》（国家税务总局公告 2011 年第 4 号）废止。

国家税务总局 财政部
人力资源和社会保障部 教育部 民政部
关于继续实施支持和促进重点群体创业
就业有关税收政策具体操作问题的公告

国家税务总局公告 2017 年第 27 号　2017 年 6 月 29 日　全文有效

　　为贯彻落实《财政部　国家税务总局　人力资源和社会保障部关于继续实施支持和促进重点群体创业就业有关税收政策的通知》（财税〔2017〕49 号）精神，现就具体操作问题公告如下：

　　一、个体经营税收政策

　　（一）申请

　　1. 在人力资源和社会保障部门公共就业服务机构登记失业半年以上的人员、零就业家庭或享受城市居民最低生活保障家庭劳动年龄内的登记失业人员，可持《就业创业证》（或《就业失业登记证》，下同）、个体工商户登记执照（未完成"两证整合"的还须持《税务登记证》）向创业地县以上（含县级，下同）人力资源和社会保障部门提出申请。县以上人力资源和社会保障部门应当按照财税〔2017〕49 号文件的规定，核实创业人员是否享受过税收扶持政策。对符合条件人员在《就业创业证》上注明"自主创业税收政策"。

　　2. 毕业年度高校毕业生在校期间从事个体经营享受税收优惠政策的，凭学生证到公共就业服务机构申领《就业创业证》，或委托所在高校就业指导中心向公共就业服务机构代为其申领《就业创业证》。公共就业服务机构在《就业创业证》上注明"毕业年度内自主创业税收政策"。

　　3. 毕业年度高校毕业生离校后从事个体经营享受税收优惠政策的，可凭毕业证直接向公共就业服务机构申领《就业创业证》。公共就业服务机构在《就业创业证》上注明"毕业年度内自主创业税收政策"。

　　（二）税款减免顺序及额度

　　符合条件人员从事个体经营的，按照财税〔2017〕49 号文件第一条的规定，在年度减免税限额内，依次扣减增值税、城市维护建设税、教育费附加、地方教育附加和个人所得税。纳税人的实际经营期不足一年的，应当以实际月份换算其减免税限额。换算公式为：减免税限额＝年度减免税限额÷12×实际经营月数。

纳税人实际应缴纳的增值税、城市维护建设税、教育费附加、地方教育附加和个人所得税小于减免税限额的，以实际应缴纳的增值税、城市维护建设税、教育费附加、地方教育附加和个人所得税税额为限；实际应缴纳的增值税、城市维护建设税、教育费附加、地方教育附加和个人所得税大于减免税限额的，以减免税限额为限。

上述城市维护建设税、教育费附加、地方教育附加的计税依据是享受本项税收优惠政策前的增值税应纳税额。

（三）税收减免备案

纳税人在享受本项税收优惠纳税申报时，持《就业创业证》（注明"自主创业税收政策"或"毕业年度内自主创业税收政策"）或《就业失业登记证》（注明"自主创业税收政策"或附着《高校毕业生自主创业证》），向其主管税务机关备案。

二、企业、民办非企业单位吸纳失业人员税收政策

（一）申请

符合条件的企业、民办非企业单位持下列材料向县以上人力资源和社会保障部门递交申请：

1. 新招用人员持有的《就业创业证》。

2. 企业、民办非企业单位与新招用持《就业创业证》人员签订的劳动合同（副本），企业、民办非企业单位为职工缴纳的社会保险费记录。可通过内部信息共享、数据比对等方式审核的地方，可不再要求企业提供缴纳社会保险费记录。

3.《持〈就业创业证〉人员本年度实际工作时间表》（见附件）。

其中，劳动就业服务企业要提交《劳动就业服务企业证书》，民办非企业单位提交《民办非企业单位登记证书》。

县以上人力资源和社会保障部门接到企业、民办非企业单位报送的材料后，应当按照财税〔2017〕49 号文件的规定，重点核实以下情况：

1. 新招用人员是否属于享受税收优惠政策人员范围，以前是否已享受过税收优惠政策；

2. 企业、民办非企业单位是否与新招用人员签订了 1 年以上期限劳动合同，为新招用人员缴纳社会保险费的记录；

3. 企业、民办非企业单位的经营范围是否符合税收政策规定。

核实后，对符合条件的人员，在《就业创业证》上注明"企业吸纳税收政策"，对符合条件的企业、民办非企业单位核发《企业实体吸纳失业人员认定证明》。

（二）税款减免顺序及额度

1. 纳税人按本单位吸纳人数和签订的劳动合同时间核定本单位减免税总额，在减免税总额内每月依次扣减增值税、城市维护建设税、教育费附加和地方教育附加。纳

税人实际应缴纳的增值税、城市维护建设税、教育费附加和地方教育附加小于核定减免税总额的，以实际应缴纳的增值税、城市维护建设税、教育费附加、地方教育附加为限；实际应缴纳的增值税、城市维护建设税、教育费附加和地方教育附加大于核定减免税总额的，以核定减免税总额为限。

纳税年度终了，如果纳税人实际减免的增值税、城市维护建设税、教育费附加和地方教育附加小于核定的减免税总额，纳税人在企业所得税汇算清缴时，以差额部分扣减企业所得税。当年扣减不完的，不再结转以后年度扣减。

减免税总额 = ∑ 每名失业人员本年度在本企业工作月份 ÷ 12 × 定额

企业、民办非企业单位自吸纳失业人员的次月起享受税收优惠政策。

上述城市维护建设税、教育费附加、地方教育附加的计税依据是享受本项税收优惠政策前的增值税应纳税额。

2. 第二年及以后年度当年新招用人员、原招用人员及其工作时间按上述程序和办法执行。计算每名失业人员享受税收优惠政策的期限最长不超过 3 年。

（三）税收减免备案

1. 经县以上人力资源和社会保障部门核实后，纳税人依法享受税收优惠政策。纳税人持县以上人力资源和社会保障部门核发的《企业实体吸纳失业人员认定证明》《持〈就业创业证〉人员本年度实际工作时间表》，在享受本项税收优惠纳税申报时向主管税务机关备案。

2. 企业、民办非企业单位纳税年度终了前招用失业人员发生变化的，应当在人员变化次月按照前项规定重新备案。

三、税收优惠政策管理

（一）严格各项凭证的审核发放。任何单位或个人不得伪造、涂改、转让、出租相关凭证，违者将依法予以惩处；对采取上述手段已经获取减免税的企业、民办非企业单位和个人，主管税务机关要追缴其已减免的税款，并依法予以处罚；对出借、转让《就业创业证》的人员，主管人力资源和社会保障部门要收回其《就业创业证》并记录在案。

（二）《就业创业证》采用实名制，限持证者本人使用。创业人员从事个体经营的，《就业创业证》由本人保管；被用人单位录用的，享受税收优惠政策期间，证件由用人单位保管。《就业创业证》由人力资源和社会保障统一样式，各省、自治区、直辖市人力资源和社会保障部门负责印制，统一编号备案，作为审核劳动者就业失业状况和享受政策情况的有效凭证。

（三）《企业实体吸纳失业人员认定证明》由人力资源和社会保障统一式样，各省、自治区、直辖市人力资源和社会保障部门统一印制，统一编号备案。

（四）县以上税务、财政、人力资源社会保障、教育、民政部门要建立劳动者就业信息交换和协查制度。人力资源和社会保障部建立全国统一的就业信息平台，供各级人力资源社会保障、税务、财政、民政部门查询《就业创业证》信息。地方各级人力资源和社会保障部门要及时将《就业创业证》信息（包括发放信息和内容更新信息）按规定上报人力资源和社会保障部。

（五）主管税务机关应当在纳税人备案时，在《就业创业证》中加盖戳记，注明减免税所属时间。各级税务机关对《就业创业证》有疑问的，可提请同级人力资源和社会保障部门予以协查，同级人力资源和社会保障部门应根据具体情况规定合理的工作时限，并在时限内将协查结果通报提请协查的税务机关。

四、本公告自 2017 年 1 月 1 日起施行。《国家税务总局　财政部　人力资源和社会保障部　教育部　民政部关于支持和促进重点群体创业就业有关税收政策具体实施问题的公告》（国家税务总局公告 2014 年第 34 号）和《国家税务总局　财政部　人力资源和社会保障部　教育部　民政部关于支持和促进重点群体创业就业有关税收政策具体实施问题的补充公告》（国家税务总局公告 2015 年第 12 号）同时废止。

特此公告。

附件

持《就业创业证》人员本年度实际工作时间表（样表）

企业名称（盖章）：　　　　　　　　　　　　　　　　　　　　年度：

序号	录用人员姓名	身份证号码	《就业创业证》编号	类型（1）（2）（3）	在本企业工作时间（单位：月）

注：类型包括：

（1）在人力资源和社会保障部门公共就业服务机构登记失业半年以上人员；

（2）零就业家庭、享受城市居民最低生活保障家庭劳动年龄内的登记失业人员；

（3）毕业年度内高校毕业生。

国家税务总局
关于发布《中华人民共和国企业所得税
年度纳税申报表（A类，2017年版）》
的公告

国家税务总局公告2017年第54号　2017年12月29日　全文有效

为贯彻落实《中华人民共和国企业所得税法》及有关政策，现将《中华人民共和国企业所得税年度纳税申报表（A类，2017年版）》予以发布，适用于2017年度及以后年度企业所得税汇算清缴纳税申报。《国家税务总局关于发布〈中华人民共和国企业所得税年度纳税申报表（A类，2014年版）〉的公告》（国家税务总局公告2014年第63号）、《国家税务总局关于修改企业所得税年度纳税申报表（A类，2014年版）部分申报表的公告》（国家税务总局公告2016年第3号）同时废止。

特此公告。

中华人民共和国企业所得税
年度纳税申报表（A 类，2017 年版）

国家税务总局

2017 年 12 月

目　录

中华人民共和国企业所得税年度纳税申报表

（A类，2017年版）

税款所属期间：　　　年　月　日至　　　年　月　日

纳税人统一社会信用代码：
（纳税人识别号）　　　□□□□□□□□□□□□□□□□□□

纳税人名称：

金额单位：人民币元（列至角分）

　　谨声明：此纳税申报表是根据《中华人民共和国企业所得税法》《中华人民共和国企业所得税法实施条例》以及有关税收政策和国家统一会计制度的规定填报的，是真实的、可靠的、完整的。

法定代表人（签章）：　　　　年　月　日

纳税人公章： 会计主管： 填表日期：　　年　月　日	代理申报中介机构公章： 经办人： 经办人执业证件号码： 代理申报日期：　　年　月　日	主管税务机关受理专用章： 受理人： 受理日期：　　年　月　日

国家税务总局监制

《中华人民共和国企业所得税年度纳税申报表
（A 类，2017 年版）》

封面填报说明

《中华人民共和国企业所得税年度纳税申报表（A 类，2017 年版）》（以下简称申报表）适用于实行查账征收企业所得税的居民企业纳税人（以下简称纳税人）填报。有关项目填报说明如下：

1. "税款所属期间"：正常经营的纳税人，填报公历当年 1 月 1 日至 12 月 31 日；纳税人年度中间开业的，填报实际生产经营之日至当年 12 月 31 日；纳税人年度中间发生合并、分立、破产、停业等情况的，填报公历当年 1 月 1 日至实际停业或法院裁定并宣告破产之日；纳税人年度中间开业且年度中间又发生合并、分立、破产、停业等情况的，填报实际生产经营之日至实际停业或法院裁定并宣告破产之日。

2. "纳税人统一社会信用代码（纳税人识别号）"：填报工商等部门核发的统一社会信用代码。未取得统一社会信用代码的，填报税务机关核发的纳税人识别号。

3. "纳税人名称"：填报营业执照、税务登记证等证件载明的纳税人名称。

4. "填报日期"：填报纳税人申报当日日期。

5. 纳税人聘请中介机构代理申报的，加盖代理申报中介机构公章，并填报经办人及其执业证件号码等，没有聘请的，填报"无"。

企业所得税年度纳税申报表填报表单

表单编号	表单名称	选择填报情况	
		填报	不填报
A000000	企业基础信息表	√	×
A100000	中华人民共和国企业所得税年度纳税申报表（A类）	√	×
A101010	一般企业收入明细表	□	□
A101020	金融企业收入明细表	□	□
A102010	一般企业成本支出明细表	□	□
A102020	金融企业支出明细表	□	□
A103000	事业单位、民间非营利组织收入、支出明细表	□	□
A104000	期间费用明细表	□	□
A105000	纳税调整项目明细表	□	□
A105010	视同销售和房地产开发企业特定业务纳税调整明细表	□	□
A105020	未按权责发生制确认收入纳税调整明细表	□	□
A105030	投资收益纳税调整明细表	□	□
A105040	专项用途财政性资金纳税调整明细表	□	□
A105050	职工薪酬支出及纳税调整明细表	□	□
A105060	广告费和业务宣传费跨年度纳税调整明细表	□	□
A105070	捐赠支出及纳税调整明细表	□	□
A105080	资产折旧、摊销及纳税调整明细表	□	□
A105090	资产损失税前扣除及纳税调整明细表	□	□
A105100	企业重组及递延纳税事项纳税调整明细表	□	□
A105110	政策性搬迁纳税调整明细表	□	□
A105120	特殊行业准备金及纳税调整明细表	□	□
A106000	企业所得税弥补亏损明细表	□	□
A107010	免税、减计收入及加计扣除优惠明细表	□	□
A107011	符合条件的居民企业之间的股息、红利等权益性投资收益优惠明细表	□	□
A107012	研发费用加计扣除优惠明细表	□	□
A107020	所得减免优惠明细表	□	□
A107030	抵扣应纳税所得额明细表	□	□
A107040	减免所得税优惠明细表	□	□
A107041	高新技术企业优惠情况及明细表	□	□
A107042	软件、集成电路企业优惠情况及明细表	□	□
A107050	税额抵免优惠明细表	□	□
A108000	境外所得税收抵免明细表	□	□
A108010	境外所得纳税调整后所得明细表	□	□
A108020	境外分支机构弥补亏损明细表	□	□
A108030	跨年度结转抵免境外所得税明细表	□	□
A109000	跨地区经营汇总纳税企业年度分摊企业所得税明细表	□	□
A109010	企业所得税汇总纳税分支机构所得税分配表	□	□
说明：企业应当根据实际情况选择需要填报的表单。			

《企业所得税年度纳税申报表填报表单》填报说明

本表列示申报表全部表单名称及编号。纳税人在填报申报表之前，请仔细阅读这些表单，并根据企业的涉税业务，选择"填报"或"不填报"。选择"填报"的，需完成该表格相关内容的填报；选择"不填报"的，可以不填报该表格。对选择"不填报"的表格，可以不向税务机关报送。有关项目填报说明如下：

1. 《企业基础信息表》（A000000）

本表为必填表，主要反映纳税人的基本信息，包括纳税人基本信息、重组事项、企业主要股东及分红情况等。纳税人填报申报表时，首先填报此表，为后续申报提供指引。

2. 《中华人民共和国企业所得税年度纳税申报表（A类）》（A100000）

本表为必填表，是纳税人计算申报缴纳企业所得税的主表。

3. 《一般企业收入明细表》（A101010）

本表适用于除金融企业、事业单位和民间非营利组织外的纳税人填报，反映一般企业按照国家统一会计制度规定取得收入情况。

4. 《金融企业收入明细表》（A101020）

本表仅适用于金融企业（包括银行、信用社、保险公司、证券公司等金融企业）填报，反映金融企业按照企业会计准则规定取得收入情况。

5. 《一般企业成本支出明细表》（A102010）

本表适用于除金融企业、事业单位和民间非营利组织外的纳税人填报，反映一般企业按照国家统一会计制度的规定发生成本支出情况。

6. 《金融企业支出明细表》（A102020）

本表仅适用于金融企业（包括银行、信用社、保险公司、证券公司等金融企业）填报，反映金融企业按照企业会计准则规定发生支出情况。

7. 《事业单位、民间非营利组织收入、支出明细表》（A103000）

本表适用于事业单位和民间非营利组织填报，反映事业单位、社会团体、民办非企业单位、非营利性组织等按照有关会计制度规定取得收入，发生支出、费用情况。

8. 《期间费用明细表》（A104000）

本表适用于除事业单位和民间非营利组织外的纳税人填报。纳税人根据国家统一会计制度规定，填报期间费用明细项目。

9. 《纳税调整项目明细表》（A105000）

本表填报纳税人财务、会计处理办法（以下简称会计处理）与税收法律、行政法规的规定（以下简称税收规定）不一致，需要进行纳税调整的项目和金额。

10.《视同销售和房地产开发企业特定业务纳税调整明细表》（A105010）

本表填报纳税人发生视同销售行为、房地产开发企业销售未完工产品、未完工产品转完工产品，会计处理与税收规定不一致，需要进行纳税调整的项目和金额。

11.《未按权责发生制确认收入纳税调整明细表》（A105020）

本表填报纳税人会计处理按照权责发生制确认收入，而税收规定不按照权责发生制确认收入，需要进行纳税调整的项目和金额。

12.《投资收益纳税调整明细表》（A105030）

本表填报纳税人发生投资收益，由于会计处理与税收规定不一致，需要进行纳税调整的项目和金额。

13.《专项用途财政性资金纳税调整明细表》（A105040）

本表填报纳税人取得符合不征税收入条件的专项用途财政性资金，由于会计处理与税收规定不一致，需要进行纳税调整的金额。

14.《职工薪酬支出及纳税调整明细表》（A105050）

本表填报纳税人发生的职工薪酬（包括工资薪金、职工福利费、职工教育经费、工会经费、各类基本社会保障性缴款、住房公积金、补充养老保险、补充医疗保险等支出）情况，以及由于会计处理与税收规定不一致，需要进行纳税调整的项目和金额。纳税人只要发生职工薪酬支出，均需填报本表。

15.《广告费和业务宣传费跨年度纳税调整明细表》（A105060）

本表填报纳税人发生的广告费和业务宣传费支出，会计处理与税收规定不一致，需要进行纳税调整的金额。纳税人发生以前年度广告费和业务宣传费未扣除完毕的，也应填报以前年度累计结转情况。

16.《捐赠支出及纳税调整明细表》（A105070）

本表填报纳税人发生捐赠支出的情况，以及由于会计处理与税收规定不一致，需要进行纳税调整的项目和金额。纳税人发生以前年度捐赠支出未扣除完毕的，也应填报以前年度累计结转情况。

17.《资产折旧、摊销及纳税调整明细表》（A105080）

本表填报纳税人资产折旧、摊销情况，以及由于会计处理与税收规定不一致，需要进行纳税调整的项目和金额。

18.《资产损失税前扣除及纳税调整明细表》（A105090）

本表填报纳税人发生的资产损失的项目及金额，以及由于会计处理与税收规定不一致，需要进行纳税调整的项目和金额。

19.《企业重组及递延纳税事项纳税调整明细表》（A105100）

本表填报纳税人发生企业重组、非货币性资产对外投资、技术入股等业务所涉及的所得或损失情况，以及由于会计处理与税收规定不一致，需要进行纳税调整的项目和金额。

20.《政策性搬迁纳税调整明细表》（A105110）

本表填报纳税人发生政策性搬迁所涉及的所得或损失，由于会计处理与税收规定不一致，需要进行纳税调整的项目和金额。

21.《特殊行业准备金及纳税调整明细表》（A105120）

本表填报保险、证券、期货、金融、担保、小额贷款公司等特殊行业纳税人发生特殊行业准备金情况，以及由于会计处理与税收规定不一致，需要进行纳税调整的项目和金额。

22.《企业所得税弥补亏损明细表》（A106000）

本表填报纳税人以前年度发生的亏损需要在本年度结转弥补的金额，本年度可弥补的金额以及可继续结转以后年度弥补的亏损额。

23.《免税、减计收入及加计扣除优惠明细表》（A107010）

本表填报纳税人本年度所享受免税收入、减计收入、加计扣除等优惠的项目和金额。

24.《符合条件的居民企业之间的股息、红利等权益性投资收益优惠明细表》（A107011）

本表填报纳税人本年度享受居民企业之间的股息、红利等权益性投资收益免税优惠的项目和金额。

25.《研发费用加计扣除优惠明细表》（A107012）

本表填报纳税人享受研发费用加计扣除优惠的情况和金额。纳税人以前年度有销售研发活动直接形成产品（包括组成部分）对应材料部分未扣减完毕的，也应填报以前年度未扣减情况。

26.《所得减免优惠明细表》（A107020）

本表填报纳税人本年度享受减免所得额（包括农、林、牧、渔项目和国家重点扶持的公共基础设施项目、环境保护、节能节水项目以及符合条件的技术转让项目等）优惠的项目和金额。

27.《抵扣应纳税所得额明细表》（A107030）

本表填报纳税人本年度享受创业投资企业抵扣应纳税所得额优惠的情况和金额。纳税人有以前年度结转的尚未抵扣的股权投资余额的，也应填报以前年度累计结转情况。

28.《减免所得税优惠明细表》（A107040）

本表填报纳税人本年度享受减免所得税（包括小型微利企业、高新技术企业、民族自治地方企业、其他专项优惠等）的项目和金额。

29.《高新技术企业优惠情况及明细表》（A107041）

本表为高新技术企业资格在有效期内纳税人的必填表，填报高新技术企业本年度有关情况和优惠金额。

30.《软件、集成电路企业优惠情况及明细表》（A107042）

本表填报纳税人本年度享受软件、集成电路企业优惠的有关情况和优惠金额。

31.《税额抵免优惠明细表》（A107050）

本表填报纳税人享受购买专用设备投资额抵免税额情况和金额。纳税人有以前年度结转的尚未抵免的专用设备投资额的，也应填报以前年度已抵免情况。

32.《境外所得税收抵免明细表》（A108000）

本表填报纳税人本年度来源于或发生于不同国家、地区的所得，按照我国税收规定计算应缴纳和应抵免的企业所得税额。

33.《境外所得纳税调整后所得明细表》（A108010）

本表填报纳税人本年度来源于或发生于不同国家、地区的所得，按照我国税收规定计算调整后的所得。

34.《境外分支机构弥补亏损明细表》（A108020）

本表填报纳税人境外分支机构本年度及以前年度发生的税前尚未弥补的非实际亏损额和实际亏损额、结转以后年度弥补的非实际亏损额和实际亏损额。

35.《跨年度结转抵免境外所得税明细表》（A108030）

本表填报纳税人本年度发生的来源于不同国家或地区的境外所得按照我国税收法律、法规的规定可以抵免的所得税额。

36.《跨地区经营汇总纳税企业年度分摊企业所得税明细表》（A109000）

本表由跨地区经营汇总纳税企业的总机构按照规定计算的总机构、分支机构本年度应缴的企业所得税，以及总机构、分支机构应分摊的企业所得税。

37.《企业所得税汇总纳税分支机构所得税分配表》（A109010）

本表填报总机构本年度实际应纳所得税额以及所属分支机构本年度应分摊的所得税额。

A000000 企业基础信息表

100 基本信息			
101 汇总纳税企业	□总机构（跨省）——适用《跨地区经营汇总纳税企业所得税征收管理办法》 □总机构（跨省）——不适用《跨地区经营汇总纳税企业所得税征收管理办法》 □总机构（省内） □分支机构（须进行完整年度纳税申报且按比例纳税）——就地缴纳比例 =　　　% □分支机构（须进行完整年度纳税申报但不就地缴纳） □否		
102 所属行业明细代码		103 资产总额（万元）	
104 从业人数		105 国家限制或禁止行业	□是　□否
106 非营利组织	□是　　　□否	107 存在境外关联交易	□是　□否
108 上市公司	是（□境内□境外）□否	109 从事股权投资业务	□是　□否
110 适用的 会计准则或 会计制度	企业会计准则（□一般企业　□银行　□证券　□保险　□担保） □小企业会计准则 □企业会计制度 事业单位会计准则（□事业单位会计制度　□科学事业单位会计制度　□医院会计制度 □高等学校会计制度　□中小学校会计制度　□彩票机构会计制度） □民间非营利组织会计制度 □村集体经济组织会计制度 □农民专业合作社财务会计制度（试行） □其他		

200 企业重组及递延纳税事项		
201 发生资产（股权）划转特殊性税务处理事项	□是	□否
202 发生非货币性资产投资递延纳税事项	□是	□否
203 发生技术入股递延纳税事项	□是	□否

204 发生企业重组事项		是（□一般性税务处理　□特殊性税务处理）　□否		
204-1 重组开始时间	年　　月　　日	204-2 重组完成时间	年　　月　　日	
204-3 重组交易类型	□法律形式改变　□债务重组	□股权收购	□资产收购　　□合并	□分立
204-4 企业在重组业务中所属当事方类型	*　　　　　　　□债务人 　　　　　　　　□债权人	□收购方 □转让方 □被收购 企业	□收购方　　□合并企业 □转让方　　□被合并企业 　　　　　　□被合并企业 　　　　　　股东	□分立企业 □被分立企业 □被分立企业 股东

300 企业主要股东及分红情况					
股东名称	证件种类	证件号码	投资比例	当年（决议日）分配的股息、 红利等权益性投资收益金额	国籍 （注册地址）
其余股东合计	—	—			—

A000000 《企业基础信息表》填报说明

纳税人在填报申报表前，首先填报基础信息表，为后续申报提供指引。基础信息表主要内容包括基本信息、重组事项、企业主要股东及分红情况等部分。有关项目填报说明如下：

1. "101 汇总纳税企业"：纳税人根据情况选择。纳税人为《国家税务总局关于印发〈跨地区经营汇总纳税企业所得税征收管理办法〉的公告》（国家税务总局公告 2012 年第 57 号）规定的跨省、自治区、直辖市和计划单列市设立不具有法人资格分支机构的跨地区经营汇总纳税企业总机构，选择"总机构（跨省）——适用《跨地区经营汇总纳税企业所得税征收管理办法》"；

纳税人为《国家税务总局关于印发〈跨地区经营汇总纳税企业所得税征收管理办法〉的公告》（国家税务总局公告 2012 年第 57 号）第二条规定的不适用该公告的总机构，选择"总机构（跨省）——不适用《跨地区经营汇总纳税企业所得税征收管理办法》"；

纳税人为仅在同一省、自治区、直辖市和计划单列市（以下称同一地区）内设立不具有法人资格分支机构的跨地区经营汇总纳税企业总机构，选择"总机构（省内）"；

纳税人根据相关政策规定为须进行完整年度申报并按比例纳税的分支机构，选择"分支机构（须进行完整年度申报并按比例纳税）"，并填写就地缴纳比例；

纳税人根据相关政策规定为须进行完整年度申报但不就地缴纳所得税的分支机构，选择"分支机构（须进行完整年度申报但不就地缴纳）"；

不是汇总纳税企业的纳税人选择"否"。

2. "102 所属行业明细代码"：根据《国民经济行业分类》标准填报纳税人的行业代码。工业企业所属行业代码为 06××至 4690，不包括建筑业。所属行业代码为 7010 的房地产开发经营企业，可以填报表 A105010 中第 21 行至第 29 行。

3. "103 资产总额（万元）"：填报纳税人全年资产总额季度平均数，单位为万元，保留小数点后 2 位。资产总额季度平均数，具体计算公式如下：

$$季度平均值 = （季初值 + 季末值）÷ 2$$

$$全年季度平均值 = 全年各季度平均值之和 ÷ 4$$

年度中间开业或者终止经营活动的，以其实际经营期作为一个纳税年度确定上述相关指标。

4. "104 从业人数"：填报纳税人全年平均从业人数，从业人数是指与企业建立劳动关系的职工人数和企业接受的劳务派遣用工人数之和，依据和计算方法同"资总额"口径。

5. "105 国家限制或禁止行业":纳税人从事国家限制和禁止行业,选择"是",其他选择"否"。

6. "106 非营利组织":非营利组织选择"是",其余企业选择"否"。

7. "107 存在境外关联交易":纳税人存在境外关联交易,选择"是",不存在选择"否"。

8. "108 上市公司":纳税人根据情况,在境内上市的选择"境内";在境外(含香港)上市的选择"境外";其他选择"否"。

9. "109 从事股权投资业务":从事股权投资业务的企业(包括集团公司总部、创业投资企业等),选择"是",其余企业选择"否"。

10. "110 适用的会计准则或会计制度":纳税人根据采用的会计准则或会计制度选择。

11. "201 发生资产(股权)划转特殊性税务处理事项":企业根据情况,发生资产(股权)划转特殊性税务处理事项,选择"是",并填报表 A105100;未发生选择"否"。

12. "202 发生非货币性资产投资递延纳税事项":企业根据情况,发生非货币性资产投资递延纳税事项,选择"是",并填报表 A105100;未发生选择"否"。

13. "203 发生技术入股递延纳税事项":企业发生技术入股递延纳税事项,选择"是",并填报表 A105100;未发生选择"否"。

14. "204 发生企业重组事项":企业发生重组事项,根据情况选择税务处理方式,并填报 204 - 1 至 204 - 4 及表 A105100;未发生选择"否"。

15. "204 - 1 重组开始时间":填报企业本次重组交易开始时间。

16. "204 - 2 重组完成时间":填报企业本次重组完成时间或预计完成时间。

17. "204 - 3 重组交易类型":企业根据重组交易类型,选择填报"法律形式改变""债务重组""股权收购""资产收购""合并""分立"。

18. "204 - 4 企业在重组业务中所属当事方类型":企业选择填报在重组业务中所属当事方类型。"交易类型"选择"债务重组"的,选择填报"债务人"或"债权人";"交易类型"选择"股权收购"的,选择填报"收购方""转让方"或"被收购企业";"交易类型"选择"资产收购"的,选择填报"收购方"或"转让方";"交易类型"选择"合并"的,选择填报"合并企业""被合并企业"或"被合并企业股东";"交易类型"选择"分立"的,选择填报"分立企业""被分立企业"或"被分立企业股东"。

19. "300 企业主要股东及分红情况",填报本企业投资比例前 10 位的股东情况。包括股东名称,证件种类(营业执照、税务登记证、组织机构代码证、身份证、护照等），证件号码（统一社会信用代码、纳税人识别号、组织机构代码号、身份证号、护照号等），投资比例，当年（决议日）分配的股息、红利等权益性投资收益金额，国籍（注册地址）。超过十位的其余股东，有关数据合计后填在"其余股东合计"行。

企业主要股东为国外非居民企业的，证件种类和证件号码可不填写。

A100000 中华人民共和国企业所得税年度纳税申报表（A 类）

行次	类别	项目	金额
1	利润总额计算	一、营业收入（填写 A101010 \ 101020 \ 103000）	
2		减：营业成本（填写 A102010 \ 102020 \ 103000）	
3		减：税金及附加	
4		减：销售费用（填写 A104000）	
5		减：管理费用（填写 A104000）	
6		减：财务费用（填写 A104000）	
7		减：资产减值损失	
8		加：公允价值变动收益	
9		加：投资收益	
10		二、营业利润（1 − 2 − 3 − 4 − 5 − 6 − 7 + 8 + 9）	
11		加：营业外收入（填写 A101010 \ 101020 \ 103000）	
12		减：营业外支出（填写 A102010 \ 102020 \ 103000）	
13		三、利润总额（10 + 11 − 12）	
14	应纳税所得额计算	减：境外所得（填写 A108010）	
15		加：纳税调整增加额（填写 A105000）	
16		减：纳税调整减少额（填写 A105000）	
17		减：免税、减计收入及加计扣除（填写 A107010）	
18		加：境外应税所得抵减境内亏损（填写 A108000）	
19		四、纳税调整后所得（13 − 14 + 15 − 16 − 17 + 18）	
20		减：所得减免（填写 A107020）	
21		减：弥补以前年度亏损（填写 A106000）	
22		减：抵扣应纳税所得额（填写 A107030）	
23		五、应纳税所得额（19 − 20 − 21 − 22）	
24	应纳税额计算	税率（25%）	
25		六、应纳所得税额（23 × 24）	
26		减：减免所得税额（填写 A107040）	
27		减：抵免所得税额（填写 A107050）	
28		七、应纳税额（25 − 26 − 27）	
29		加：境外所得应纳所得税额（填写 A108000）	
30		减：境外所得抵免所得税额（填写 A108000）	
31		八、实际应纳所得税额（28 + 29 − 30）	
32		减：本年累计实际已缴纳的所得税额	
33		九、本年应补（退）所得税额（31 − 32）	
34		其中：总机构分摊本年应补（退）所得税额（填写 A109000）	
35		财政集中分配本年应补（退）所得税额（填写 A109000）	
36		总机构主体生产经营部门分摊本年应补（退）所得税额（填写 A109000）	

A100000　《中华人民共和国企业所得税年度纳税申报表（A 类)》填报说明

本表为企业所得税年度纳税申报表主表，企业应该根据《中华人民共和国企业所得税法》及其实施条例（以下简称税法）、相关税收政策，以及国家统一会计制度（企业会计准则、小企业会计准则、企业会计制度、事业单位会计准则和民间非营利组织会计制度等）的规定，计算填报纳税人利润总额、应纳税所得额和应纳税额等有关项目。

企业在计算应纳税所得额及应纳所得税时，企业会计处理与税收规定不一致的，应当按照税收规定计算。税收规定不明确的，在没有明确规定之前，暂按国家统一会计制度计算。

一、有关项目填报说明

（一）表体项目

本表是在纳税人会计利润总额的基础上，加减纳税调整等金额后计算出"纳税调整后所得"。会计与税法的差异（包括收入类、扣除类、资产类等差异）通过《纳税调整项目明细表》（A105000）集中填报。

本表包括利润总额计算、应纳税所得额计算、应纳税额计算三个部分。

1. "利润总额计算"中的项目，按照国家统一会计制度规定计算填报。实行企业会计准则、小企业会计准则、企业会计制度、分行业会计制度纳税人其数据直接取自利润表；实行事业单位会计准则的纳税人其数据取自收入支出表；实行民间非营利组织会计制度纳税人其数据取自业务活动表；实行其他国家统一会计制度的纳税人，根据本表项目进行分析填报。

2. "应纳税所得额计算"和"应纳税额计算"中的项目，除根据主表逻辑关系计算的外，通过附表相应栏次填报。

（二）行次说明

第 1 – 13 行参照国家统一会计制度规定填写。

1. 第 1 行"营业收入"：填报纳税人主要经营业务和其他经营业务取得的收入总额。本行根据"主营业务收入"和"其他业务收入"的数额填报。一般企业纳税人根据《一般企业收入明细表》（A101010）填报；金融企业纳税人根据《金融企业收入明细表》（A101020）填报；事业单位、社会团体、民办非企业单位、非营利组织等纳税人根据《事业单位、民间非营利组织收入、支出明细表》（A103000）填报。

2. 第 2 行"营业成本"项目：填报纳税人主要经营业务和其他经营业务发生的成本总额。本行根据"主营业务成本"和"其他业务成本"的数额填报。一般企业纳税人根据《一般企业成本支出明细表》（A102010）填报；金融企业纳税人根据《金融企业支出明细表》（A102020）填报；事业单位、社会团体、民办非企业单位、非营利组织等纳税人，根据《事业单位、民间非营利组织收入、支出明细表》（A103000）填报。

3. 第3行"税金及附加"：填报纳税人经营活动发生的消费税、城市维护建设税、资源税、土地增值税和教育费附加等相关税费。本行根据纳税人相关会计科目填报。纳税人在其他会计科目核算的税金不得重复填报。

4. 第4行"销售费用"：填报纳税人在销售商品和材料、提供劳务的过程中发生的各种费用。本行根据《期间费用明细表》（A104000）中对应的"销售费用"填报。

5. 第5行"管理费用"：填报纳税人为组织和管理企业生产经营发生的管理费用。本行根据《期间费用明细表》（A104000）中对应的"管理费用"填报。

6. 第6行"财务费用"：填报纳税人为筹集生产经营所需资金等发生的筹资费用。本行根据《期间费用明细表》（A104000）中对应的"财务费用"填报。

7. 第7行"资产减值损失"：填报纳税人计提各项资产准备发生的减值损失。本行根据企业"资产减值损失"科目上的数额填报。实行其他会计制度的比照填报。

8. 第8行"公允价值变动收益"：填报纳税人在初始确认时划分为以公允价值计量且其变动计入当期损益的金融资产或金融负债（包括交易性金融资产或负债，直接指定为以公允价值计量且其变动计入当期损益的金融资产或金融负债），以及采用公允价值模式计量的投资性房地产、衍生工具和套期业务中公允价值变动形成的应计入当期损益的利得或损失。本行根据企业"公允价值变动损益"科目的数额填报，损失以"－"号填列。

9. 第9行"投资收益"：填报纳税人以各种方式对外投资确认所取得的收益或发生的损失。根据企业"投资收益"科目的数额计算填报，实行事业单位会计准则的纳税人根据"其他收入"科目中的投资收益金额分析填报，损失以"－"号填列。实行其他会计制度的纳税人比照填报。

10. 第10行"营业利润"：填报纳税人当期的营业利润。根据上述项目计算填列。

11. 第11行"营业外收入"：填报纳税人取得的与其经营活动无直接关系的各项收入的金额。一般企业纳税人根据《一般企业收入明细表》（A101010）填报；金融企业纳税人根据《金融企业收入明细表》（A101020）填报；实行事业单位会计准则或民间非营利组织会计制度的纳税人根据《事业单位、民间非营利组织收入、支出明细表》（A103000）填报。

12. 第12行"营业外支出"：填报纳税人发生的与其经营活动无直接关系的各项支出的金额。一般企业纳税人根据《一般企业成本支出明细表》（A102010）填报；

金融企业纳税人根据《金融企业支出明细表》（A102020）填报；实行事业单位会计准则或民间非营利组织会计制度的纳税人根据《事业单位、民间非营利组织收入、支出明细表》（A103000）填报。

13. 第 13 行"利润总额"：填报纳税人当期的利润总额。根据上述项目计算填列。

14. 第 14 行"境外所得"：填报纳税人取得的境外所得且已计入利润总额的金额。本行根据《境外所得纳税调整后所得明细表》（A108010）填报。

15. 第 15 行"纳税调整增加额"：填报纳税人会计处理与税收规定不一致，进行纳税调整增加的金额。本行根据《纳税调整项目明细表》（A105000）"调增金额"列填报。

16. 第 16 行"纳税调整减少额"：填报纳税人会计处理与税收规定不一致，进行纳税调整减少的金额。本行根据《纳税调整项目明细表》（A105000）"调减金额"列填报。

17. 第 17 行"免税、减计收入及加计扣除"：填报属于税收规定免税收入、减计收入、加计扣除金额。本行根据《免税、减计收入及加计扣除优惠明细表》（A107010）填报。

18. 第 18 行"境外应税所得抵减境内亏损"：当纳税人选择不用境外所得抵减境内亏损时，填报 0；当纳税人选择用境外所得抵减境内亏损时，填报境外所得抵减当年度境内亏损的金额，用境外所得弥补以前年度境内亏损的，填报《境外所得税收抵免明细表》（A108000）。

19. 第 19 行"纳税调整后所得"：填报纳税人经过纳税调整、税收优惠、境外所得计算后的所得额。

20. 第 20 行"所得减免"：填报属于税收规定所得减免金额。本行根据《所得减免优惠明细表》（A107020）填报。

21. 第 21 行"弥补以前年度亏损"：填报纳税人按照税收规定可在税前弥补的以前年度亏损数额，本行根据《企业所得税弥补亏损明细表》（A106000）填报。

22. 第 22 行"抵扣应纳税所得额"：填报根据税收规定应抵扣的应纳税所得额。本行根据《抵扣应纳税所得额明细表》（A107030）填报。

23. 第 23 行"应纳税所得额"：金额等于本表第 19 − 20 − 21 − 22 行计算结果。本行不得为负数。按照上述行次顺序计算结果本行为负数，本行金额填零。

24. 第 24 行"税率"：填报税收规定的税率 25%。

25. 第 25 行"应纳所得税额"：金额等于本表第 23×24 行。

26. 第 26 行"减免所得税额"：填报纳税人按税收规定实际减免的企业所得税额。本行根据《减免所得税优惠明细表》（A107040）填报。

27. 第 27 行"抵免所得税额"：填报企业当年的应纳所得税额中抵免的金额。本行根据《税额抵免优惠明细表》（A107050）填报。

28. 第 28 行"应纳税额"：金额等于本表第 25 − 26 − 27 行。

29. 第 29 行"境外所得应纳所得税额"：填报纳税人来源于中国境外的所得，按照我国税收规定计算的应纳所得税额。本行根据《境外所得税收抵免明细表》（A108000）填报。

30. 第 30 行"境外所得抵免所得税额"：填报纳税人来源于中国境外所得依照中国境外税收法律以及相关规定应缴纳并实际缴纳（包括视同已实际缴纳）的企业所得税性质的税款（准予抵免税款）。本行根据《境外所得税收抵免明细表》（A108000）填报。

31. 第 31 行"实际应纳所得税额"：填报纳税人当期的实际应纳所得税额。金额等于本表第 28 + 29 − 30 行。

32. 第 32 行"本年累计实际已缴纳的所得税额"：填报纳税人按照税收规定本纳税年度已在月（季）度累计预缴的所得税额，包括按照税收规定的特定业务已预缴（征）的所得税额，建筑企业总机构直接管理的跨地区设立的项目部按规定向项目所在地主管税务机关预缴的所得税额。

33. 第 33 行"本年应补（退）所得税额"：填报纳税人当期应补（退）所得税额。金额等于本表第 31 − 32 行。

34. 第 34 行"总机构分摊本年应补（退）所得税额"：填报汇总纳税的总机构按照税收规定在总机构所在地分摊本年应补（退）所得税额。本行根据《跨地区经营汇总纳税企业年度分摊企业所得税明细表》（A109000）填报。

35. 第 35 行"财政集中分配本年应补（退）所得税额"：填报汇总纳税的总机构按照税收规定财政集中分配本年应补（退）所得税款。本行根据《跨地区经营汇总纳税企业年度分摊企业所得税明细表》（A109000）填报。

36. 第 36 行"总机构主体生产经营部门分摊本年应补（退）所得税额"：填报汇总纳税的总机构所属的具有主体生产经营职能的部门按照税收规定应分摊的本年应补（退）所得税额。本行根据《跨地区经营汇总纳税企业年度分摊企业所得税明细表》（A109000）填报。

二、表内、表间关系

（一）表内关系

1. 第 10 行 = 第 1 − 2 − 3 − 4 − 5 − 6 − 7 + 8 + 9 行。

2. 第 13 行 = 第 10 + 11 − 12 行。

3. 第 19 行 = 第 13 − 14 + 15 − 16 − 17 + 18 行。

4. 第 23 行 = 第 19 − 20 − 21 − 22 行。

5. 第 25 行 = 第 23 × 24 行。

6. 第 28 行 = 第 25 - 26 - 27 行。

7. 第 31 行 = 第 28 + 29 - 30 行。

8. 第 33 行 = 第 31 - 32 行。

（二）表间关系

1. 第 1 行 = 表 A101010 第 1 行或表 A101020 第 1 行或表 A103000 第 2 + 3 + 4 + 5 + 6 行或表 A103000 第 11 + 12 + 13 + 14 + 15 行。

2. 第 2 行 = 表 A102010 第 1 行或表 A102020 第 1 行或表 A103000 第 19 + 20 + 21 + 22 行或表 A103000 第 25 + 26 + 27 行。

3. 第 4 行 = 表 A104000 第 26 行第 1 列。

4. 第 5 行 = 表 A104000 第 26 行第 3 列。

5. 第 6 行 = 表 A104000 第 26 行第 5 列。

6. 第 9 行 = 表 A103000 第 8 行或者第 16 行（仅限于填报表 A103000 的纳税人，其他纳税人根据财务核算情况自行填写）。

7. 第 11 行 = 表 A101010 第 16 行或表 A101020 第 35 行或表 A103000 第 9 行或第 17 行。

8. 第 12 行 = 表 A102010 第 16 行或表 A102020 第 33 行或表 A103000 第 23 行或第 28 行。

9. 第 14 行 = 表 A108010 第 14 列合计 - 第 11 列合计。

10. 第 15 行 = 表 A105000 第 45 行第 3 列。

11. 第 16 行 = 表 A105000 第 45 行第 4 列。

12. 第 17 行 = 表 A107010 第 31 行。

13. 第 18 行：

（1）当 A100000 第 13 - 14 + 15 - 16 - 17 行 ≥ 0，第 18 行 = 0；

（2）当 A100000 第 13 - 14 + 15 - 16 - 17 行 < 0 且表 A108000 第 5 列合计行 ≥ 0，表 A108000 第 6 列合计行 > 0 时，第 18 行 = 表 A108000 第 5 列合计行与表 A100000 第 13 - 14 + 15 - 16 - 17 行绝对值的孰小值；

（3）当 A100000 第 13 - 14 + 15 - 16 - 17 行 < 0 且表 A108000 第 5 列合计行 ≥ 0，表 A108000 第 6 列合计行 = 0 时，第 18 行 = 0。

14. 第 19 行 = 表 A100000 第 13 - 14 + 15 - 16 - 17 + 18 行。

15. 第 20 行：

当第 19 行 ≤ 0 时，本行填报 0；

当第 19 行 > 0 时，

（1）A107020 表合计行第 11 列 ≤ 表 A100000 第 19 行，本行 = 表 A107020 合计行

第 11 列；

（2）A107020 表合计行第 11 列 > 表 A100000 第 19 行，本行 = 表 A100000 第 19 行。

16. 第 21 行 = 表 A106000 第 6 行第 10 列。

17. 第 22 行 = 表 A107030 第 15 行第 1 列。

18. 第 26 行 = 表 A107040 第 32 行。

19. 第 27 行 = 表 A107050 第 7 行第 11 列。

20. 第 29 行 = 表 A108000 第 9 列合计。

21. 第 30 行 = 表 A108000 第 19 列合计。

22. 第 34 行 = 表 A109000 第 12 + 16 行。

23. 第 35 行 = 表 A109000 第 13 行。

24. 第 36 行 = 表 A109000 第 15 行。

A101010　一般企业收入明细表

行次	项目	金额
1	一、营业收入（2＋9）	
2	（一）主营业务收入（3＋5＋6＋7＋8）	
3	1. 销售商品收入	
4	其中：非货币性资产交换收入	
5	2. 提供劳务收入	
6	3. 建造合同收入	
7	4. 让渡资产使用权收入	
8	5. 其他	
9	（二）其他业务收入（10＋12＋13＋14＋15）	
10	1. 销售材料收入	
11	其中：非货币性资产交换收入	
12	2. 出租固定资产收入	
13	3. 出租无形资产收入	
14	4. 出租包装物和商品收入	
15	5. 其他	
16	二、营业外收入（17＋18＋19＋20＋21＋22＋23＋24＋25＋26）	
17	（一）非流动资产处置利得	
18	（二）非货币性资产交换利得	
19	（三）债务重组利得	
20	（四）政府补助利得	
21	（五）盘盈利得	
22	（六）捐赠利得	
23	（七）罚没利得	
24	（八）确实无法偿付的应付款项	
25	（九）汇兑收益	
26	（十）其他	

A101010 《一般企业收入明细表》填报说明

本表适用于除金融企业、事业单位和民间非营利组织外的企业填报。纳税人应根据国家统一会计制度的规定，填报"主营业务收入""其他业务收入"和"营业外收入"。

一、有关项目填报说明

1. 第1行"营业收入"：根据主营业务收入、其他业务收入的数额计算填报。

2. 第2行"主营业务收入"：根据不同行业的业务性质分别填报纳税人核算的主营业务收入。

3. 第3行"销售商品收入"：填报纳税人从事工业制造、商品流通、农业生产以及其他商品销售活动取得的主营业务收入。房地产开发企业销售开发产品（销售未完工开发产品除外）取得的收入也在此行填报。

4. 第4行"其中：非货币性资产交换收入"：填报纳税人发生的非货币性资产交换按照国家统一会计制度应确认的销售商品收入。

5. 第5行"提供劳务收入"：填报纳税人从事建筑安装、修理修配、交通运输、仓储租赁、邮电通信、咨询经纪、文化体育、科学研究、技术服务、教育培训、餐饮住宿、中介代理、卫生保健、社区服务、旅游、娱乐、加工以及其他劳务活动取得的主营业务收入。

6. 第6行"建造合同收入"：填报纳税人建造房屋、道路、桥梁、水坝等建筑物，以及生产船舶、飞机、大型机械设备等取得的主营业务收入。

7. 第7行"让渡资产使用权收入"：填报纳税人在主营业务收入核算的，让渡无形资产使用权而取得的使用费收入以及出租固定资产、无形资产、投资性房地产取得的租金收入。

8. 第8行"其他"：填报纳税人按照国家统一会计制度核算、上述未列举的其他主营业务收入。

9. 第9行"其他业务收入"：根据不同行业的业务性质分别填报纳税人核算的其他业务收入。

10. 第10行"销售材料收入"：填报纳税人销售材料、下脚料、废料、废旧物资等取得的收入。

11. 第11行"其中：非货币性资产交换收入"：填报纳税人发生的非货币性资产交换按照国家统一会计制度应确认的材料销售收入。

12. 第12行"出租固定资产收入"：填报纳税人将固定资产使用权让与承租人获取的其他业务收入。

13. 第 13 行"出租无形资产收入"：填报纳税人让渡无形资产使用权取得的其他业务收入。

14. 第 14 行"出租包装物和商品收入"：填报纳税人出租、出借包装物和商品取得的其他业务收入。

15. 第 15 行"其他"：填报纳税人按照国家统一会计制度核算，上述未列举的其他业务收入。

16. 第 16 行"营业外收入"：填报纳税人计入本科目核算的与生产经营无直接关系的各项收入。

17. 第 17 行"非流动资产处置利得"：填报纳税人处置固定资产、无形资产等取得的净收益。

18. 第 18 行"非货币性资产交换利得"：填报纳税人发生非货币性资产交换应确认的净收益。

19. 第 19 行"债务重组利得"：填报纳税人发生的债务重组业务确认的净收益。

20. 第 20 行"政府补助利得"：填报纳税人从政府无偿取得货币性资产或非货币性资产应确认的净收益。

21. 第 21 行"盘盈利得"：填报纳税人在清查财产过程中查明的各种财产盘盈应确认的净收益。

22. 第 22 行"捐赠利得"：填报纳税人接受的来自企业、组织或个人无偿给予的货币性资产、非货币性资产捐赠应确认的净收益。

23. 第 23 行"罚没利得"：填报纳税人在日常经营管理活动中取得的罚款、没收收入应确认的净收益。

24. 第 24 行"确实无法偿付的应付款项"：填报纳税人因确实无法偿付的应付款项而确认的收入。

25. 第 25 行"汇兑收益"：填报纳税人取得企业外币货币性项目因汇率变动形成的收益应确认的收入（该项目为执行小企业会计准则企业填报）。

26. 第 26 行"其他"：填报纳税人取得的上述项目未列举的其他营业外收入，包括执行企业会计准则纳税人按权益法核算长期股权投资对初始投资成本调整确认的收益，执行小企业会计准则纳税人取得的出租包装物和商品的租金收入、逾期未退包装物押金收益等。

二、表内、表间关系

（一）表内关系

1. 第 1 行 = 第 2 + 9 行。

2. 第 2 行 = 第 3 + 5 + 6 + 7 + 8 行。

3. 第 9 行 = 第 10 + 12 + 13 + 14 + 15 行。

4. 第 16 行 = 第 17 + 18 + 19 + 20 + 21 + 22 + 23 + 24 + 25 + 26 行。

（二）表间关系

1. 第 1 行 = 表 A100000 第 1 行。

2. 第 16 行 = 表 A100000 第 11 行。

A101020 金融企业收入明细表

行次	项目	金额
1	一、营业收入（2＋18＋27＋32＋33＋34）	
2	（一）银行业务收入（3＋10）	
3	1. 利息收入（4＋5＋6＋7＋8＋9）	
4	（1）存放同业	
5	（2）存放中央银行	
6	（3）拆出资金	
7	（4）发放贷款及垫资	
8	（5）买入返售金融资产	
9	（6）其他	
10	2. 手续费及佣金收入（11＋12＋13＋14＋15＋16＋17）	
11	（1）结算与清算手续费	
12	（2）代理业务手续费	
13	（3）信用承诺手续费及佣金	
14	（4）银行卡手续费	
15	（5）顾问和咨询费	
16	（6）托管及其他受托业务佣金	
17	（7）其他	
18	（二）证券业务收入（19＋26）	
19	1. 证券业务手续费及佣金收入（20＋21＋22＋23＋24＋25）	
20	（1）证券承销业务	
21	（2）证券经纪业务	
22	（3）受托客户资产管理业务	
23	（4）代理兑付证券	
24	（5）代理保管证券	
25	（6）其他	
26	2. 其他证券业务收入	
27	（三）已赚保费（28－30－31）	
28	1. 保险业务收入	
29	其中：分保费收入	
30	2. 分出保费	
31	3. 提取未到期责任准备金	
32	（四）其他金融业务收入	
33	（五）汇兑收益（损失以"－"号填列）	
34	（六）其他业务收入	
35	二、营业外收入（36＋37＋38＋39＋40＋41＋42）	
36	（一）非流动资产处置利得	
37	（二）非货币性资产交换利得	
38	（三）债务重组利得	
39	（四）政府补助利得	
40	（五）盘盈利得	
41	（六）捐赠利得	
42	（七）其他	

A101020 《金融企业收入明细表》填报说明

本表适用于执行企业会计准则的金融企业纳税人填报，包括银行（信用社）、保险公司、证券公司等金融企业。金融企业应根据企业会计准则的规定填报"营业收入""营业外收入"。

一、有关项目填报说明

1. 第1行"营业收入"：填报纳税人提供金融商品服务取得的收入。

2. 第2行"银行业务收入"：填报纳税人从事银行业务取得的收入。

3. 第3行"利息收入"：填报银行存贷款业务等取得的各项利息收入，包括发放的各类贷款（银团贷款、贸易融资、贴现和转贴现融出资金、协议透支、信用卡透支、转贷款、垫款等）、与其他金融机构（中央银行、同业等）之间发生资金往来业务、买入返售金融资产等实现的利息收入等。

4. 第4行"存放同业"：填报纳税人存放于境内、境外银行和非银行金融机构款项取得的利息收入。

5. 第5行"存放中央银行"：填报纳税人存放于中国人民银行的各种款项利息收入。

6. 第6行"拆出资金"：填报纳税人拆借给境内、境外其他金融机构款项的利息收入。

7. 第7行"发放贷款及垫资"：填报纳税人发放贷款及垫资的利息收入。

8. 第8行"买入返售金融资产"：填报纳税人按照返售协议约定先买入再按固定价格返售的票据、证券、贷款等金融资产所融出资金的利息收入。

9. 第9行"其他"：填报纳税人除本表第4行至第8行以外的其他利息收入，包括债券投资利息等收入。

10. 第10行"手续费及佣金收入"：填报银行在提供相关金融业务服务时向客户收取的收入，包括结算与清算手续费、代理业务手续费、信用承诺手续费及佣金、银行卡手续费、顾问和咨询费、托管及其他受托业务佣金等。

11. 第18行"证券业务收入"：填报纳税人从事证券业务取得的收入。

12. 第19行"证券业务手续费及佣金收入"：填报纳税人承销、代理兑付等业务取得的各项手续费、佣金等收入。

13. 第26行"其他证券业务收入"：填报纳税人在国家许可的范围内从事的除经纪、自营和承销业务以外的与证券有关的业务收入。

14. 第27行"已赚保费"：填报纳税人从事保险业务确认的本年实际保费收入。

15. 第28行"保险业务收入"：填报纳税人从事保险业务确认的保费收入。

16. 第29行"分保费收入"：填报纳税人（再保险公司或分入公司）从原保险公司或分出公司分入的保费收入。

17. 第30行"分出保费"：填报纳税人（再保险分出人）向再保险接受人分出的保费。

18. 第31行"提取未到期责任准备金"：填报纳税人（保险企业）提取的非寿险原保险合同未到期责任准备金和再保险合同分保未到期责任准备金。

19. 第32行"其他金融业务收入"：填报纳税人提供除银行业、保险业、证券业以外的金融商品服务取得的收入。

20. 第33行"汇兑收益"：填报纳税人发生的外币交易因汇率变动而产生的汇兑损益，损失以"－"号填列。

21. 第34行"其他业务收入"：填报纳税人发生的除主营业务活动以外的其他经营活动实现的收入。

22. 第35行"营业外收入"：填报纳税人发生的各项营业外收入，主要包括非流动资产处置利得、非货币性资产交换利得、债务重组利得、政府补助利得、盘盈利得、捐赠利得等。

23. 第36行"非流动资产处置利得"：填报纳税人处置固定资产、无形资产等取得的净收益。

24. 第37行"非货币资产交换利得"：填报纳税人发生非货币性资产交换应确认的净收益。

25. 第38行"债务重组利得"：填报纳税人发生的债务重组业务确认的净收益。

26. 第39行"政府补助利得"：填报纳税人从政府无偿取得货币性资产或非货币性资产应确认的净收益。

27. 第40行"盘盈利得"：填报纳税人在清查财产过程中查明的各种财产盘盈应确认的净收益。

28. 第41行"捐赠利得"：填报纳税人接受的来自企业、组织或个人无偿给予的货币性资产、非货币性资产捐赠应确认的净收益。

29. 第42行"其他"：填报纳税人取得的上述项目未列举的其他营业外收入，包括执行《企业会计准则》纳税人对按权益法核算的长期股权投资初始投资成本调整确认的收益。

二、表内、表间关系

（一）表内关系

1. 第1行＝第2＋18＋27＋32＋33＋34行。

2. 第2行＝第3＋10行。

3. 第3行＝第4＋5＋…＋9行。

4. 第 10 行 = 第 11 + 12 + … + 17 行。

5. 第 18 行 = 第 19 + 26 行。

6. 第 19 行 = 第 20 + 21 + … + 25 行。

7. 第 27 行 = 第 28 − 30 − 31 行。

8. 第 35 行 = 第 36 + 37 + … + 42 行。

（二）表间关系

1. 第 1 行 = 表 A100000 第 1 行。

2. 第 35 行 = 表 A100000 第 11 行。

A102010　一般企业成本支出明细表

行次	项目	金额
1	一、营业成本（2＋9）	
2	（一）主营业务成本（3＋5＋6＋7＋8）	
3	1. 销售商品成本	
4	其中：非货币性资产交换成本	
5	2. 提供劳务成本	
6	3. 建造合同成本	
7	4. 让渡资产使用权成本	
8	5. 其他	
9	（二）其他业务成本（10＋12＋13＋14＋15）	
10	1. 销售材料成本	
11	其中：非货币性资产交换成本	
12	2. 出租固定资产成本	
13	3. 出租无形资产成本	
14	4. 包装物出租成本	
15	5. 其他	
16	二、营业外支出（17＋18＋19＋20＋21＋22＋23＋24＋25＋26）	
17	（一）非流动资产处置损失	
18	（二）非货币性资产交换损失	
19	（三）债务重组损失	
20	（四）非常损失	
21	（五）捐赠支出	
22	（六）赞助支出	
23	（七）罚没支出	
24	（八）坏账损失	
25	（九）无法收回的债券股权投资损失	
26	（十）其他	

A102010 《一般企业成本支出明细表》填报说明

本表适用于除金融企业、事业单位和民间非营利组织外的企业填报。纳税人应根据国家统一会计制度的规定，填报"主营业务成本""其他业务成本"和"营业外支出"。

一、有关项目填报说明

1. 第1行"营业成本"：填报纳税人主要经营业务和其他经营业务发生的成本总额。本行根据"主营业务成本"和"其他业务成本"的数额计算填报。

2. 第2行"主营业务成本"：根据不同行业的业务性质分别填报纳税人核算的主营业务成本。

3. 第3行"销售商品成本"：填报纳税人从事工业制造、商品流通、农业生产以及其他商品销售活动发生的主营业务成本。房地产开发企业销售开发产品（销售未完工开发产品除外）发生的成本也在此行填报。

4. 第4行"其中：非货币性资产交换成本"：填报纳税人发生的非货币性资产交换按照国家统一会计制度应确认的销售商品成本。

5. 第5行"提供劳务成本"：填报纳税人从事建筑安装、修理修配、交通运输、仓储租赁、邮电通信、咨询经纪、文化体育、科学研究、技术服务、教育培训、餐饮住宿、中介代理、卫生保健、社区服务、旅游、娱乐、加工以及其他劳务活动发生的主营业务成本。

6. 第6行"建造合同成本"：填报纳税人建造房屋、道路、桥梁、水坝等建筑物，以及生产船舶、飞机、大型机械设备等发生的主营业务成本。

7. 第7行"让渡资产使用权成本"：填报纳税人在主营业务成本核算的，让渡无形资产使用权而发生的使用费成本以及出租固定资产、无形资产、投资性房地产发生的租金成本。

8. 第8行"其他"：填报纳税人按照国家统一会计制度核算、上述未列举的其他主营业务成本。

9. 第9行"其他业务成本"：根据不同行业的业务性质分别填报纳税人按照国家统一会计制度核算的其他业务成本。

10. 第10行"销售材料成本"：填报纳税人销售材料、下脚料、废料、废旧物资等发生的成本。

11. 第11行"其中：非货币性资产交换成本"：填报纳税人发生的非货币性资产交换按照国家统一会计制度应确认的材料销售成本。

12. 第12行"出租固定资产成本"：填报纳税人将固定资产使用权让与承租人形

成的出租固定资产成本。

13. 第 13 行"出租无形资产成本"：填报纳税人让渡无形资产使用权形成的出租无形资产成本。

14. 第 14 行"包装物出租成本"：填报纳税人出租、出借包装物形成的包装物出租成本。

15. 第 15 行"其他"：填报纳税人按照国家统一会计制度核算，上述未列举的其他业务成本。

16. 第 16 行"营业外支出"：填报纳税人计入本科目核算的与生产经营无直接关系的各项支出。

17. 第 17 行"非流动资产处置损失"：填报纳税人处置非流动资产形成的净损失。

18. 第 18 行"非货币性资产交换损失"：填报纳税人发生非货币性资产交换应确认的净损失。

19. 第 19 行"债务重组损失"：填报纳税人进行债务重组应确认的净损失。

20. 第 20 行"非常损失"：填报纳税人在营业外支出中核算的各项非正常的财产损失。

21. 第 21 行"捐赠支出"：填报纳税人无偿给予其他企业、组织或个人的货币性资产、非货币性资产的捐赠支出。

22. 第 22 行"赞助支出"：填报纳税人发生的货币性资产、非货币性资产赞助支出。

23. 第 23 行"罚没支出"：填报纳税人在日常经营管理活动中对外支付的各项罚款、没收收入的支出。

24. 第 24 行"坏账损失"：填报纳税人发生的各项坏账损失（该项目为使用小企业会计准则企业填报）。

25. 第 25 行"无法收回的债券股权投资损失"：填报纳税人各项无法收回的债券股权投资损失。（该项目为使用小企业会计准则企业填报）

26. 第 26 行"其他"：填报纳税人本期实际发生的在营业外支出核算的其他损失及支出。

二、表内、表间关系

（一）表内关系

1. 第 1 行 = 第 2 + 9 行。

2. 第 2 行 = 第 3 + 5 + 6 + 7 + 8 行。

3. 第 9 行 = 第 10 + 12 + 13 + 14 + 15 行。

4. 第 16 行 = 第 17 + 18 + … + 26 行。

（二）表间关系

1. 第 1 行 = 表 A100000 第 2 行。

2. 第 16 行 = 表 A100000 第 12 行。

A102020　金融企业支出明细表

行次	项目	金额
1	一、营业支出（2＋15＋25＋31＋32）	
2	（一）银行业务支出（3＋11）	
3	1. 银行利息支出（4＋5＋6＋7＋8＋9＋10）	
4	（1）同业存放	
5	（2）向中央银行借款	
6	（3）拆入资金	
7	（4）吸收存款	
8	（5）卖出回购金融资产	
9	（6）发行债券	
10	（7）其他	
11	2. 银行手续费及佣金支出（12＋13＋14）	
12	（1）手续费支出	
13	（2）佣金支出	
14	（3）其他	
15	（二）保险业务支出（16＋17－18＋19－20＋21＋22－23＋24）	
16	1. 退保金	
17	2. 赔付支出	
18	减：摊回赔付支出	
19	3. 提取保险责任准备金	
20	减：摊回保险责任准备金	
21	4. 保单红利支出	
22	5. 分保费用	
23	减：摊回分保费用	
24	6. 保险业务手续费及佣金支出	
25	（三）证券业务支出（26＋30）	
26	1. 证券业务手续费及佣金支出（27＋28＋29）	
27	（1）证券经纪业务手续费支出	
28	（2）佣金支出	
29	（3）其他	
30	2. 其他证券业务支出	
31	（四）其他金融业务支出	
32	（五）其他业务成本	
33	二、营业外支出（34＋35＋36＋37＋38＋39）	
34	（一）非流动资产处置损失	
35	（二）非货币性资产交换损失	
36	（三）债务重组损失	
37	（四）捐赠支出	
38	（五）非常损失	
39	（六）其他	

A102020 《金融企业支出明细表》填报说明

本表适用于执行企业会计准则的金融企业纳税人填报，包括银行（信用社）、保险公司、证券公司等金融企业。纳税人根据企业会计准则的规定填报"营业支出""营业外支出"。金融企业发生的业务及管理费填报表 A104000《期间费用明细表》第 1 列"销售费用"相应的行次。

一、有关项目填报说明

1. 第 1 行"营业支出"：填报金融企业提供金融商品服务发生的支出。

2. 第 2 行"银行业务支出"：填报纳税人从事银行业务发生的支出。

3. 第 3 行"银行利息支出"：填报纳税人经营存贷款业务等发生的利息支出，包括同业存放、向中央银行借款、拆入资金、吸收存款、卖出回购金融资产、发行债券和其他业务利息支出。

4. 第 11 行"银行手续费及佣金支出"：填报纳税人发生的与银行业务活动相关的各项手续费、佣金等支出。

5. 第 15 行"保险业务支出"：填报保险企业发生的与保险业务相关的费用支出。

6. 第 16 行"退保金"：填报保险企业寿险原保险合同提前解除时按照约定应当退还投保人的保单现金价值。

7. 第 17 行"赔付支出"：填报保险企业支付的原保险合同赔付款项和再保险合同赔付款项。

8. 第 18 行"减：摊回赔付支出"：填报保险企业（再保险分出人）向再保险接受人摊回的赔付成本。

9. 第 19 行"提取保险责任准备金"：填报保险企业提取的原保险合同保险责任准备金，包括提取的未决赔款准备金、提取的寿险责任准备金、提取的长期健康责任准备金。

10. 第 20 行"减：摊回保险责任准备金"：填报保险企业（再保险分出人）从事再保险业务应向再保险接受人摊回的保险责任准备金，包括未决赔款准备金、寿险责任准备金、长期健康险责任准备金。

11. 第 21 行"保单红利支出"：填报保险企业按原保险合同约定支付给投保人的红利。

12. 第 22 行"分保费用"：填报保险企业（再保险接受人）向再保险分出人支付的分保费用。

13. 第 23 行"减：摊回分保费用"：填报保险企业（再保险分出人）向再保险接受人摊回的分保费用。

14. 第 24 行"保险业务手续费及佣金支出"：填报保险企业发生的与其保险业务活动相关的各项手续费、佣金支出。

15. 第 25 行"证券业务支出"：填报纳税人从事证券业务发生的证券手续费支出和其他证券业务支出。

16. 第 26 行"证券业务手续费及佣金支出"：填报纳税人代理承销、兑付和买卖证券等业务发生的各项手续费、风险结算金、承销业务直接相关的各项费用及佣金支出。

17. 第 30 行"其他证券业务支出"：填报纳税人从事除经纪、自营和承销业务以外的与证券有关的业务支出。

18. 第 31 行"其他金融业务支出"：填报纳税人提供除银行业、保险业、证券业以外的金融商品服务发生的相关业务支出。

19. 第 32 行"其他业务成本"：填报纳税人发生的除主营业务活动以外的其他经营活动发生的支出。

20. 第 33 行"营业外支出"：填报纳税人发生的各项营业外支出，包括非流动资产处置损失、非货币性资产交换损失、债务重组损失、捐赠支出、非常损失等。

21. 第 34 行"非流动资产处置损失"：填报纳税人处置非流动资产形成的净损失。

22. 第 35 行"非货币性资产交换损失"：填报纳税人发生非货币性资产交换应确认的净损失。

23. 第 36 行"债务重组损失"：填报纳税人进行债务重组应确认的净损失。

24. 第 37 行"捐赠支出"：填报纳税人无偿给予其他企业、组织或个人的货币性资产、非货币性资产的捐赠支出。

25. 第 38 行"非常损失"：填报纳税人在营业外支出中核算的各项非正常的财产损失。

26. 第 39 行"其他"：填报纳税人本期实际发生的在营业外支出核算的其他损失及支出。

二、表内、表间关系

（一）表内关系

1. 第 1 行 = 第 2 + 15 + 25 + 31 + 32 行。

2. 第 2 行 = 第 3 + 11 行。

3. 第 3 行 = 第 4 + 5 + … + 10 行。

4. 第 11 行 = 第 12 + 13 + 14 行。

5. 第 15 行 = 第 16 + 17 − 18 + 19 − 20 + 21 + 22 − 23 + 24 行。

6. 第 25 行 = 第 26 + 30 行。

7. 第 26 行 = 第 27 + 28 + 29 行。

8. 第 33 行 = 第 34 + 35 + … + 39 行。

（二）表间关系

1. 第 1 行 = 表 A100000 第 2 行。

2. 第 33 行 = 表 A100000 第 12 行。

A103000　事业单位、民间非营利组织收入、支出明细表

行次	项目	金额
1	一、事业单位收入（2＋3＋4＋5＋6＋7）	
2	（一）财政补助收入	
3	（二）事业收入	
4	（三）上级补助收入	
5	（四）附属单位上缴收入	
6	（五）经营收入	
7	（六）其他收入（8＋9）	
8	其中：投资收益	
9	其他	
10	二、民间非营利组织收入（11＋12＋13＋14＋15＋16＋17）	
11	（一）接受捐赠收入	
12	（二）会费收入	
13	（三）提供劳务收入	
14	（四）商品销售收入	
15	（五）政府补助收入	
16	（六）投资收益	
17	（七）其他收入	
18	三、事业单位支出（19＋20＋21＋22＋23）	
19	（一）事业支出	
20	（二）上缴上级支出	
21	（三）对附属单位补助支出	
22	（四）经营支出	
23	（五）其他支出	
24	四、民间非营利组织支出（25＋26＋27＋28）	
25	（一）业务活动成本	
26	（二）管理费用	
27	（三）筹资费用	
28	（四）其他费用	

A103000　《事业单位、民间非营利组织收入、支出明细表》填报说明

本表适用于实行事业单位会计准则的事业单位以及执行民间非营利组织会计制度的社会团体、民办非企业单位、非营利性组织等查账征收居民纳税人填报。纳税人应根据事业单位会计准则、民间非营利组织会计制度的规定，填报"事业单位收入""民间非营利组织收入""事业单位支出""民间非营利组织支出"等。

一、有关项目填报说明

（一）事业单位填报说明

第1行至第9行由执行事业单位会计准则的纳税人填报。

1. 第1行"事业单位收入"：填报纳税人取得的所有收入的金额（包括不征税收入和免税收入），按照会计核算口径填报。

2. 第2行"财政补助收入"：填报纳税人直接从同级财政部门取得的各类财政拨款，包括基本支出补助和项目支出补助。

3. 第3行"事业收入"：填报纳税人通过开展专业业务活动及辅助活动所取得的收入。

4. 第4行"上级补助收入"：填报纳税人从主管部门和上级单位取得的非财政补助收入。

5. 第5行"附属单位上缴收入"：填报纳税人附属独立核算单位按有关规定上缴的收入。包括附属事业单位上缴的收入和附属企业上缴的利润等。

6. 第6行"经营收入"：填报纳税人开展专业业务活动及其辅助活动之外开展非独立核算经营活动取得的收入。

7. 第7行"其他收入"：填报纳税人取得的除本表第2行至第6行项目以外的收入，包括投资收益、银行存款利息收入、租金收入、捐赠收入、现金盘盈收入、存货盘盈收入、收回已核销应收及预付款项、无法偿付的应付及预收款项等。

8. 第8行"其中：投资收益"：填报在"其他收入"科目中核算的各项短期投资、长期债券投资、长期股权投资取得的投资收益。

9. 第9行"其他"：填报在"其他收入"科目中核算的除投资收益以外的收入。

（二）民间非营利组织填报说明

第10行至第17行由执行民间非营利组织会计制度的纳税人填报。

10. 第10行"民间非营利组织收入"：填报纳税人开展业务活动取得的收入，应当包括接受捐赠收入、会费收入、提供劳务收入、政府补助收入、投资收益、商品销售收入等主要业务活动收入和其他收入等。

11. 第 11 行"接受捐赠收入"：填报纳税人接受其他单位或者个人捐赠所取得的收入。

12. 第 12 行"会费收入"：填报纳税人根据章程等规定向会员收取的会费收入。

13. 第 13 行"提供劳务收入"：填报纳税人根据章程等规定向其服务对象提供服务取得的收入，包括学费收入、医疗费收入、培训收入等。

14. 第 14 行"商品销售收入"：填报纳税人销售商品（如出版物、药品等）所形成的收入。

15. 第 15 行"政府补助收入"：填报纳税人接受政府拨款或者政府机构给予的补助而取得的收入。

16. 第 16 行"投资收益"：填报纳税人因对外投资取得的投资净收益。

17. 第 17 行"其他收入"：填报纳税人除上述主要业务活动收入以外的其他收入，如固定资产处置净收入、无形资产处置净收入等。

第 18 行至第 23 行由执行事业单位会计准则的纳税人填报。

18. 第 18 行"事业单位支出"：填报纳税人发生的所有支出总额（含不征税收入形成的支出），按照会计核算口径填报。

19. 第 19 行"事业支出"：填报纳税人开展专业业务活动及其辅助活动发生的支出，包括工资、补助工资、职工福利费、社会保障费、助学金，公务费、业务费、设备购置费、修缮费和其他费用。

20. 第 20 行"上缴上级支出"：填报纳税人按照财政部门和主管部门的规定上缴上级单位的支出。

21. 第 21 行"对附属单位补助支出"：填报纳税人用财政补助收入之外的收入对附属单位补助发生的支出。

22. 第 22 行"经营支出"：填报纳税人在专业业务活动及其辅助活动之外开展非独立核算经营活动发生的支出。

23. 第 23 行"其他支出"：填报纳税人除本表第 19 行至第 22 行项目以外的支出，包括利息支出、捐赠支出、现金盘亏损失、资产处置损失、接受捐赠（调入）非流动资产发生的税费支出等。

第 24 行至第 28 行由执行民间非营利组织会计制度的纳税人填报。

24. 第 24 行"民间非营利组织支出"：填报纳税人发生的所有支出总额。按照会计核算口径填报。

25. 第 25 行"业务活动成本"：填报民间非营利组织为了实现其业务活动目标、开展某项目活动或者提供劳务所发生的费用。

26. 第 26 行"管理费用"：填报民间非营利组织为组织和管理其业务活动所发生的各项费用，包括民间非营利组织董事会（或者理事会或者类似权力机构）经费和行政管理人员的工资、奖金、津贴、福利费、住房公积金、住房补贴、社会保障费、离退休人员工资与补助，以及办公费、水电费、邮电费、物业管理费、差旅费、折旧费、修理费、无形资产摊销费、存货盘亏损失、资产减值损失、因预计负债所产生的损失、聘请中介机构费和应偿还的受赠资产等。

27. 第 27 行 "筹资费用"：填报民间非营利组织为筹集业务活动所需资金而发生的费用，包括民间非营利组织获得捐赠资产而发生的费用以及应当计入当期费用的借款费用、汇兑损失（减汇兑收益）等。民间非营利组织为了获得捐赠资产而发生的费用包括举办募款活动费，准备、印刷和发放募款宣传资料费以及其他与募款或者争取捐赠有关的费用。

28. 第 28 行 "其他费用"：填报民间非营利组织发生的、无法归属到上述业务活动成本、管理费用或者筹资费用中的费用，包括固定资产处置净损失、无形资产处置净损失等。

二、表内、表间关系

（一）表内关系

1. 第 1 行 = 第 2 + 3 + … + 7 行。

2. 第 7 行 = 第 8 + 9 行。

3. 第 10 行 = 第 11 + 12 + … + 17 行。

4. 第 18 行 = 第 19 + 20 + 21 + 22 + 23 行。

5. 第 24 行 = 第 25 + 26 + 27 + 28 行。

（二）表间关系

1. 第 2 + 3 + 4 + 5 + 6 行或第 11 + 12 + 13 + 14 + 15 行 = 表 A100000 第 1 行。

2. 第 8 行或第 16 行 = 表 A100000 第 9 行。

3. 第 9 行或第 17 行 = 表 A100000 第 11 行。

4. 第 19 + 20 + 21 + 22 行或第 25 + 26 + 27 行 = 表 A100000 第 2 行。

5. 第 23 行或第 28 行 = 表 A100000 第 12 行。

A104000 期间费用明细表

行次	项　　目	销售费用	其中：境外支付	管理费用	其中：境外支付	财务费用	其中：境外支付
		1	2	3	4	5	6
1	一、职工薪酬		*		*	*	*
2	二、劳务费					*	*
3	三、咨询顾问费					*	*
4	四、业务招待费		*		*	*	*
5	五、广告费和业务宣传费		*		*	*	*
6	六、佣金和手续费						
7	七、资产折旧摊销费		*		*	*	*
8	八、财产损耗、盘亏及毁损损失		*		*	*	*
9	九、办公费		*		*	*	*
10	十、董事会费		*		*	*	*
11	十一、租赁费					*	*
12	十二、诉讼费		*		*	*	*
13	十三、差旅费		*		*	*	*
14	十四、保险费		*		*	*	*
15	十五、运输、仓储费					*	*
16	十六、修理费					*	*
17	十七、包装费		*		*	*	*
18	十八、技术转让费				*	*	*
19	十九、研究费用					*	*
20	二十、各项税费		*		*	*	*
21	二十一、利息收支	*	*	*	*		
22	二十二、汇兑差额	*	*	*	*		
23	二十三、现金折扣	*	*		*		*
24	二十四、党组织工作经费	*	*		*	*	*
25	二十五、其他						
26	合计（1 + 2 + 3 + … + 25）						

673

A104000 《期间费用明细表》填报说明

本表适用于执行企业会计准则、小企业会计准则、企业会计制度、分行业会计制度的查账征收居民纳税人填报。纳税人应根据企业会计准则、小企业会计准则、企业会计制度、分行业会计制度规定，填报"销售费用""管理费用"和"财务费用"等项目。

一、有关项目填报说明

1. 第 1 列"销售费用"：填报在销售费用科目进行核算的相关明细项目的金额，其中金融企业填报在业务及管理费科目进行核算的相关明细项目的金额。

2. 第 2 列"其中：境外支付"：填报在销售费用科目进行核算的向境外支付的相关明细项目的金额，其中金融企业填报在业务及管理费科目进行核算的相关明细项目的金额。

3. 第 3 列"管理费用"：填报在管理费用科目进行核算的相关明细项目的金额。

4. 第 4 列"其中：境外支付"：填报在管理费用科目进行核算的向境外支付的相关明细项目的金额。

5. 第 5 列"财务费用"：填报在财务费用科目进行核算的有关明细项目的金额。

6. 第 6 列"其中：境外支付"：填报在财务费用科目进行核算的向境外支付的有关明细项目的金额。

7. 第 1 行至第 25 行：根据费用科目核算的具体项目金额进行填报，如果贷方发生额大于借方发生额，应填报负数。

8. 第 26 行第 1 列：填报第 1 行至第 25 行第 1 列的合计金额。

9. 第 26 行第 2 列：填报第 1 行至第 25 行第 2 列的合计金额。

10. 第 26 行第 3 列：填报第 1 行至第 25 行第 3 列的合计金额。

11. 第 26 行第 4 列：填报第 1 行至第 25 行第 4 列的合计金额。

12. 第 26 行第 5 列：填报第 1 行至第 25 行第 5 列的合计金额。

13. 第 26 行第 6 列：填报第 1 行至第 25 行第 6 列的合计金额。

二、表内、表间关系

（一）表内关系

1. 第 26 行第 1 列＝第 1 列第 1 + 2 + … + 20 + 25 行。

2. 第 26 行第 2 列＝第 2 列第 2 + 3 + 6 + 11 + 15 + 16 + 18 + 19 + 25 行。

3. 第 26 行第 3 列＝第 3 列第 1 + 2 + … + 20 + 24 + 25 行。

4. 第 26 行第 4 列＝第 4 列第 2 + 3 + 6 + 11 + 15 + 16 + 18 + 19 + 25 行。

5. 第 26 行第 5 列＝第 5 列第 6 + 21 + 22 + 23 + 25 行。

6. 第 26 行第 6 列 = 第 6 列第 6 + 21 + 22 + 25 行。

（二）表间关系

1. 第 26 行第 1 列 = 表 A100000 第 4 行。

2. 第 26 行第 3 列 = 表 A100000 第 5 行。

3. 第 26 行第 5 列 = 表 A100000 第 6 行。

A105000　纳税调整项目明细表

行次	项目	账载金额	税收金额	调增金额	调减金额
		1	2	3	4
1	一、收入类调整项目（2＋3＋…＋8＋10＋11）	＊	＊		
2	（一）视同销售收入（填写A105010）	＊			＊
3	（二）未按权责发生制原则确认的收入（填写A105020）				
4	（三）投资收益（填写A105030）				
5	（四）按权益法核算长期股权投资对初始投资成本调整确认收益	＊	＊	＊	
6	（五）交易性金融资产初始投资调整	＊	＊	＊	＊
7	（六）公允价值变动净损益		＊		
8	（七）不征税收入	＊	＊		
9	其中：专项用途财政性资金（填写A105040）	＊	＊		
10	（八）销售折扣、折让和退回				
11	（九）其他				
12	二、扣除类调整项目（13＋14＋…＋24＋26＋27＋28＋29＋30）	＊	＊		
13	（一）视同销售成本（填写A105010）	＊		＊	
14	（二）职工薪酬（填写A105050）				
15	（三）业务招待费支出				＊
16	（四）广告费和业务宣传费支出（填写A105060）	＊	＊		
17	（五）捐赠支出（填写A105070）				
18	（六）利息支出				
19	（七）罚金、罚款和被没收财物的损失		＊		＊
20	（八）税收滞纳金、加收利息		＊		＊
21	（九）赞助支出		＊		＊
22	（十）与未实现融资收益相关在当期确认的财务费用				
23	（十一）佣金和手续费支出				＊
24	（十二）不征税收入用于支出所形成的费用	＊	＊		＊
25	其中：专项用途财政性资金用于支出所形成的费用（填写A105040）	＊	＊		＊
26	（十三）跨期扣除项目				
27	（十四）与取得收入无关的支出		＊		＊
28	（十五）境外所得分摊的共同支出	＊	＊		＊
29	（十六）党组织工作经费				
30	（十七）其他				
31	三、资产类调整项目（32＋33＋34＋35）	＊	＊		
32	（一）资产折旧、摊销（填写A105080）				
33	（二）资产减值准备金		＊		
34	（三）资产损失（填写A105090）				
35	（四）其他				
36	四、特殊事项调整项目（37＋38＋…＋42）	＊	＊		
37	（一）企业重组及递延纳税事项（填写A105100）				
38	（二）政策性搬迁（填写A105110）	＊	＊		
39	（三）特殊行业准备金（填写A105120）				
40	（四）房地产开发企业特定业务计算的纳税调整额（填写A105010）	＊			
41	（五）有限合伙企业法人合伙方应分得的应纳税所得额				
42	（六）其他	＊	＊		
43	五、特别纳税调整应税所得	＊	＊		
44	六、其他	＊	＊		
45	合计（1＋12＋31＋36＋43＋44）	＊	＊		

A105000　《纳税调整项目明细表》填报说明

本表由纳税人根据税法、相关税收规定以及国家统一会计制度的规定，填报企业所得税涉税事项的会计处理、税务处理以及纳税调整情况。

一、有关项目填报说明

本表纳税调整项目按照"收入类调整项目""扣除类调整项目""资产类调整项目""特殊事项调整项目""特别纳税调整应税所得""其他"六大项分类填报汇总，并计算出纳税"调增金额"和"调减金额"的合计金额。

数据栏分别设置"账载金额""税收金额""调增金额""调减金额"四个栏次。"账载金额"是指纳税人按照国家统一会计制度规定核算的项目金额。"税收金额"是指纳税人按照税收规定计算的项目金额。

对需填报下级明细表的纳税调整项目，其"账载金额""税收金额""调增金额""调减金额"根据相应附表进行计算填报。

（一）收入类调整项目

1. 第1行"一、收入类调整项目"：根据第2行至第11行（不含第9行）进行填报。

2. 第2行"（一）视同销售收入"：填报会计处理不确认为销售收入，税收规定确认应税收入的收入。根据《视同销售和房地产开发企业特定业务纳税调整明细表》（A105010）填报。第2列"税收金额"为表A105010第1行第1列金额。第3列"调增金额"为表A105010第1行第2列金额。

3. 第3行"（二）未按权责发生制原则确认的收入"：根据《未按权责发生制确认收入纳税调整明细表》（A105020）填报。第1列"账载金额"为表A105020第14行第2列金额。第2列"税收金额"为表A105020第14行第4列金额。表A105020第14行第6列，若≥0，填入本行第3列"调增金额"；若＜0，将绝对值填入本行第4列"调减金额"。

4. 第4行"（三）投资收益"：根据《投资收益纳税调整明细表》（A105030）填报。第1列"账载金额"为表A105030第10行第1+8列的合计金额。第2列"税收金额"为表A105030第10行第2+9列的合计金额。表A105030第10行第11列，若≥0，填入本行第3列"调增金额"；若＜0，将绝对值填入本行第4列"调减金额"。

5. 第5行"（四）按权益法核算长期股权投资对初始投资成本调整确认收益"：第4列"调减金额"填报纳税人采取权益法核算，初始投资成本小于取得投资时应享有被投资单位可辨认净资产公允价值份额的差额计入取得投资当期的营业外收入的金额。

6. 第6行"（五）交易性金融资产初始投资调整"：第3列"调增金额"填报纳税人根据税收规定确认交易性金融资产初始投资金额与会计核算的交易性金融资产初始投资账面价值的差额。

7. 第7行"（六）公允价值变动净损益"：第1列"账载金额"填报纳税人会计核算的以公允价值计量的金融资产、金融负债以及投资性房地产类项目，计入当期损益的公允价值变动金额；第1列≤0，将绝对值填入第3列"调增金额"；若第1列＞0，填入第4列"调减金额"。

8. 第8行"（七）不征税收入"：填报纳税人计入收入总额但属于税收规定不征税的财政拨款、依法收取并纳入财政管理的行政事业性收费以及政府性基金和国务院规定的其他不征税收入。第3列"调增金额"填报纳税人以前年度取得财政性资金且已作为不征税收入处理，在5年（60个月）内未发生支出且未缴回财政部门或其他拨付资金的政府部门，应计入应税收入额的金额。第4列"调减金额"填报符合税收规定不征税收入条件并作为不征税收入处理，且已计入当期损益的金额。

9. 第9行"其中：专项用途财政性资金"：根据《专项用途财政性资金纳税调整明细表》（A105040）填报。第3列"调增金额"为表A105040第7行第14列金额。第4列"调减金额"为表A105040第7行第4列金额。

10. 第10行"（八）销售折扣、折让和退回"：填报不符合税收规定的销售折扣和折让应进行纳税调整的金额，和发生的销售退回因会计处理与税收规定有差异需纳税调整的金额。第1列"账载金额"填报纳税人会计核算的销售折扣和折让金额及销货退回的追溯处理的净调整额。第2列"税收金额"填报根据税收规定可以税前扣除的折扣和折让的金额及销货退回业务影响当期损益的金额。第1列减第2列，若余额≥0，填入第3列"调增金额"；若余额＜0，将绝对值填入第4列"调减金额"，第4列仅为销货退回影响损益的跨期时间性差异。

11. 第11行"（九）其他"：填报其他因会计处理与税收规定有差异需纳税调整的收入类项目金额。若第2列≥第1列，将第2－1列的余额填入第3列"调增金额"；若第2列＜第1列，将第2－1列余额的绝对值填入第4列"调减金额"。

（二）扣除类调整项目

12. 第12行"二、扣除类调整项目"：根据第13行至第30行（不含第25行）填报。

13. 第13行"（一）视同销售成本"：填报会计处理不作为销售核算，税收规定作为应税收入对应的销售成本金额。根据《视同销售和房地产开发企业特定业务纳税调整明细表》（A105010）填报。第2列"税收金额"为表A105010第11行第1列金额。第4列"调减金额"为表A105010第11行第2列金额的绝对值。

14. 第14行"（二）职工薪酬"：根据《职工薪酬支出及纳税调整明细表》

（A105050）填报。第 1 列"账载金额"为表 A105050 第 13 行第 1 列金额。第 2 列"税收金额"为表 A105050 第 13 行第 5 列金额。表 A105050 第 13 行第 6 列，若≥0，填入本行第 3 列"调增金额"；若＜0，将绝对值填入本行第 4 列"调减金额"。

15. 第 15 行"（三）业务招待费支出"：第 1 列"账载金额"填报纳税人会计核算计入当期损益的业务招待费金额。第 2 列"税收金额"填报按照税收规定允许税前扣除的业务招待费支出的金额。第 3 列"调增金额"为第 1－2 列金额。

16. 第 16 行"（四）广告费和业务宣传费支出"：根据《广告费和业务宣传费跨年度纳税调整明细表》（A105060）填报。表 A105060 第 12 行，若≥0，填入第 3 列"调增金额"；若＜0，将绝对值填入第 4 列"调减金额"。

17. 第 17 行"（五）捐赠支出"：根据《捐赠支出及纳税调整明细表》（A105070）填报。第 1 列"账载金额"为表 A105070 第 8 行第 1 列金额。第 2 列"税收金额"为表 A105070 第 8 行第 4 列金额。第 3 列"调增金额"为表 A105070 第 8 行第 5 列金额。第 4 列"调减金额"为表 A105070 第 8 行第 6 列金额。

18. 第 18 行"（六）利息支出"：第 1 列"账载金额"填报纳税人向非金融企业借款，会计核算计入当期损益的利息支出的金额。第 2 列"税收金额"填报按照税收规定允许税前扣除的利息支出的金额。若第 1 列≥第 2 列，将第 1 列减第 2 列余额填入第 3 列"调增金额"；若第 1 列＜第 2 列，将第 1 列减第 2 列余额的绝对值填入第 4 列"调减金额"。

19. 第 19 行"（七）罚金、罚款和被没收财物的损失"：第 1 列"账载金额"填报纳税人会计核算计入当期损益的罚金、罚款和被罚没财物的损失，不包括纳税人按照经济合同规定支付的违约金（包括银行罚息）、罚款和诉讼费。第 3 列"调增金额"等于第 1 列金额。

20. 第 20 行"（八）税收滞纳金、加收利息"：第 1 列"账载金额"填报纳税人会计核算计入当期损益的税收滞纳金、加收利息。第 3 列"调增金额"等于第 1 列金额。

21. 第 21 行"（九）赞助支出"：第 1 列"账载金额"填报纳税人会计核算计入当期损益的不符合税收规定的公益性捐赠的赞助支出的金额，包括直接向受赠人的捐赠、赞助支出等（不含广告性的赞助支出，广告性的赞助支出在表 A105060 中调整）。第 3 列"调增金额"等于第 1 列金额。

22. 第 22 行"（十）与未实现融资收益相关在当期确认的财务费用"：第 1 列"账载金额"填报纳税人会计核算的与未实现融资收益相关并在当期确认的财务费用的金额。第 2 列"税收金额"填报按照税收规定允许税前扣除的金额。若第 1 列≥第 2 列，将第 1－2 列余额填入第 3 列"调增金额"；若第 1 列＜第 2 列，将第 1－2 列余额的绝对值填入第 4 列"调减金额"。

23. 第 23 行"（十一）佣金和手续费支出"：第 1 列"账载金额"填报纳税人会计核算计入当期损益的佣金和手续费金额。第 2 列"税收金额"填报按照税收规定允许税前扣除的佣金和手续费支出金额。第 3 列"调增金额"为第 1－2 列的余额。

24. 第 24 行"（十二）不征税收入用于支出所形成的费用"：第 3 列"调增金额"填报符合条件的不征税收入用于支出所形成的计入当期损益的费用化支出金额。

25. 第 25 行"其中：专项用途财政性资金用于支出所形成的费用"：根据《专项用途财政性资金纳税调整明细表》（A105040）填报。第 3 列"调增金额"为表 A105040 第 7 行第 11 列金额。

26. 第 26 行"（十三）跨期扣除项目"：填报维简费、安全生产费用、预提费用、预计负债等跨期扣除项目调整情况。第 1 列"账载金额"填报纳税人会计核算计入当期损益的跨期扣除项目金额。第 2 列"税收金额"填报按照税收规定允许税前扣除的金额。若第 1 列≥第 2 列，将第 1－2 列余额填入第 3 列"调增金额"；若第 1 列＜第 2 列，将第 1－2 列余额的绝对值填入第 4 列"调减金额"。

27. 第 27 行"（十四）与取得收入无关的支出"：第 1 列"账载金额"填报纳税人会计核算计入当期损益的与取得收入无关的支出的金额。第 3 列"调增金额"等于第 1 列金额。

28. 第 28 行"（十五）境外所得分摊的共同支出"：第 3 列"调增金额"为《境外所得纳税调整后所得明细表》（A108010）第 10 行第 16＋17 列的合计金额。

29. 第 29 行"（十六）党组织工作经费"：填报纳税人根据有关文件规定，为创新基层党建工作、建立稳定的经费保障制度发生的党组织工作经费及纳税调整情况。

30. 第 30 行"（十七）其他"：填报其他因会计处理与税收规定有差异需纳税调整的扣除类项目金额。若第 1 列≥第 2 列，将第 1－2 列余额填入第 3 列"调增金额"；若第 1 列＜第 2 列，将第 1－2 列余额的绝对值填入第 4 列"调减金额"。

（三）资产类调整项目

31. 第 31 行"三、资产类调整项目"：填报资产类调整项目第 32 行至第 35 行的合计金额。

32. 第 32 行"（一）资产折旧、摊销"：根据《资产折旧、摊销及纳税调整明细表》（A105080）填报。第 1 列"账载金额"为表 A105080 第 39 行第 2 列金额。第 2 列"税收金额"为表 A105080 第 39 行第 5 列金额。表 A105080 第 39 行第 9 列，若≥0，填入本行第 3 列"调增金额"；若＜0，将绝对值填入本行第 4 列"调减金额"。

33. 第 33 行"（二）资产减值准备金"：填报坏账准备、存货跌价准备、理赔费用准备金等不允许税前扣除的各类资产减值准备金纳税调整情况。第 1 列"账载金额"填报纳税人会计核算计入当期损益的资产减值准备金金额（因价值恢复等原因转回的资产减值准备金应予以冲回）。第 1 列，若≥0，填入第 3 列"调增金额"；若＜

0，将绝对值填入第 4 列"调减金额"。

34. 第 34 行"（三）资产损失"：根据《资产损失税前扣除及纳税调整明细表》（A105090）填报。第 1 列"账载金额"为表 A105090 第 14 行第 1 列金额。第 2 列"税收金额"为表 A105090 第 14 行第 5 列金额。表 A105090 第 14 行第 6 列，若≥0，填入本行第 3 列"调增金额"；若＜0，将绝对值填入本行第 4 列"调减金额"。

35. 第 35 行"（四）其他"：填报其他因会计处理与税收规定有差异需纳税调整的资产类项目金额。若第 1 列≥第 2 列，将第 1－2 列余额填入第 3 列"调增金额"；若第 1 列＜第 2 列，将第 1－2 列余额的绝对值填入第 4 列"调减金额"。

（四）特殊事项调整项目

36. 第 36 行"四、特殊事项调整项目"：填报特殊事项调整项目第 37 行至第 42 行的合计金额。

37. 第 37 行"（一）企业重组及递延纳税事项"：根据《企业重组及递延纳税事项纳税调整明细表》（A105100）填报。第 1 列"账载金额"为表 A105100 第 16 行第 1＋4 列金额。第 2 列"税收金额"为表 A105100 第 16 行第 2＋5 列金额。表 A105100 第 16 行第 7 列，若≥0，填入本行第 3 列"调增金额"；若＜0，将绝对值填入本行第 4 列"调减金额"。

38. 第 38 行"（二）政策性搬迁"：根据《政策性搬迁纳税调整明细表》（A105110）填报。表 A105110 第 24 行，若≥0，填入本行第 3 列"调增金额"；若＜0，将绝对值填入本行第 4 列"调减金额"。

39. 第 39 行"（三）特殊行业准备金"：根据《特殊行业准备金及纳税调整明细表》（A105120）填报。第 1 列"账载金额"为表 A105120 第 43 行第 1 列金额。第 2 列"税收金额"为表 A105120 第 43 行第 2 列金额。表 A105120 第 43 行第 3 列，若≥0，填入本行第 3 列"调增金额"；若＜0，将绝对值填入本行第 4 列"调减金额"。

40. 第 40 行"（四）房地产开发企业特定业务计算的纳税调整额"：根据《视同销售和房地产开发企业特定业务纳税调整明细表》（A105010）填报。第 2 列"税收金额"为表 A105010 第 21 行第 1 列金额。表 A105010 第 21 行第 2 列，若≥0，填入本行第 3 列"调增金额"；若＜0，将绝对值填入本行第 4 列"调减金额"。

41. 第 41 行"（五）有限合伙企业法人合伙方分得的应纳税所得额"：第 1 列"账载金额"填报有限合伙企业法人合伙方本年会计核算上确认的对有限合伙企业的投资所得；第 2 列"税收金额"填报纳税人按照"先分后税"原则和《财政部　国家税务总局关于合伙企业合伙人所得税问题的通知》（财税〔2008〕159 号）文件第四条规定计算的从合伙企业分得的法人合伙方应纳税所得额；若第 1 列≤第 2 列，将第 2－1 列余额填入第 3 列"调增金额"，若第 1 列＞第 2 列，将第 2－1 列余额的绝对值填入第 4 列"调减金额"。

42. 第 42 行"（六）其他"：填报其他因会计处理与税收规定有差异需纳税调整的特殊事项金额。

（五）特殊纳税调整所得项目

43. 第 43 行"五、特别纳税调整应税所得"：第 3 列"调增金额"填报纳税人按特别纳税调整规定自行调增的当年应税所得。第 4 列"调减金额"填报纳税人依据双边预约定价安排或者转让定价相应调整磋商结果的通知，需要调减的当年应税所得。

（六）其他

44. 第 44 行"六、其他"：其他会计处理与税收规定存在差异需纳税调整的项目金额。

45. 第 45 行"合计"：填报第 1 + 12 + 31 + 36 + 43 + 44 行的合计金额。

二、表内、表间关系

（一）表内关系

1. 第 1 行 = 第 2 + 3 + 4 + 5 + 6 + 7 + 8 + 10 + 11 行。

2. 第 12 行 = 第 13 + 14 + ⋯ + 23 + 24 + 26 + 27 + 28 + 29 + 30 行。

3. 第 31 行 = 第 32 + 33 + 34 + 35 行。

4. 第 36 行 = 第 37 + 38 + 39 + 40 + 41 + 42 行。

5. 第 45 行 = 第 1 + 12 + 31 + 36 + 43 + 44 行。

（二）表间关系

1. 第 2 行第 2 列 = 表 A105010 第 1 行第 1 列；第 2 行第 3 列 = 表 A105010 第 1 行第 2 列。

2. 第 3 行第 1 列 = 表 A105020 第 14 行第 2 列；第 3 行第 2 列 = 表 A105020 第 14 行第 4 列；若表 A105020 第 14 行第 6 列≥0，第 3 行第 3 列 = 表 A105020 第 14 行第 6 列；若表 A105020 第 14 行第 6 列 < 0，第 3 行第 3 列 = 表 A105020 第 14 行第 6 列的绝对值。

3. 第 4 行第 1 列 = 表 A105030 第 10 行第 1 + 8 列；第 4 行第 2 列 = 表 A105030 第 10 行第 2 + 9 列；若表 A105030 第 10 行第 11 列≥0，第 4 行第 3 列 = 表 A105030 第 10 行第 11 列；若表 A105030 第 10 行第 11 列 < 0，第 4 行第 4 列 = 表 A105030 第 10 行第 11 列的绝对值。

4. 第 9 行第 3 列 = 表 A105040 第 7 行第 14 列；第 9 行第 4 列 = 表 A105040 第 7 行第 4 列。

5. 第 13 行第 2 列 = 表 A105010 第 11 行第 1 列；第 13 行第 4 列 = 表 A105010 第 11 行第 2 列的绝对值。

6. 第 14 行第 1 列 = 表 A105050 第 13 行第 1 列；第 14 行第 2 列 = 表 A105050 第 13 行第 5 列；若表 A105050 第 13 行第 6 列≥0，第 14 行第 3 列 = 表 A105050 第 13 行

第 6 列；若表 A105050 第 13 行第 6 列 < 0，第 14 行第 4 列 = 表 A105050 第 13 行第 6 列的绝对值。

7. 若表 A105060 第 12 行 ≥ 0，第 16 行第 3 列 = 表 A105060 第 12 行，若表 A105060 第 12 行 < 0，第 16 行第 4 列 = 表 A105060 第 12 行的绝对值。

8. 第 17 行第 1 列 = 表 A105070 第 8 行第 1 列；第 17 行第 2 列 = 表 A105070 第 8 行第 4 列；第 17 行第 3 列 = 表 A105070 第 8 行第 5 列；第 17 行第 4 列 = 表 A105070 第 8 行第 6 列。

9. 第 25 行第 3 列 = 表 A105040 第 7 行第 11 列。

10. 第 28 行第 3 列 = 表 A108010 第 10 行第 16 + 17 列。

11. 第 32 行第 1 列 = 表 A105080 第 39 行第 2 列；第 32 行第 2 列 = 表 A105080 第 39 行第 5 列；若表 A105080 第 39 行第 9 列 ≥ 0，第 32 行第 3 列 = 表 A105080 第 39 行第 9 列，若表 A105080 第 39 行第 9 列 < 0，第 32 行第 4 列 = 表 A105080 第 39 行第 9 列的绝对值。

12. 第 34 行第 1 列 = 表 A105090 第 14 行第 1 列；第 34 行第 2 列 = 表 A105090 第 14 行第 5 列；若表 A105090 第 14 行第 6 列 ≥ 0，第 34 行第 3 列 = 表 A105090 第 14 行第 6 列，若表 A105090 第 14 行第 6 列 < 0，第 34 行第 4 列 = 表 A105090 第 14 行第 6 列的绝对值。

13. 第 37 行第 1 列 = 表 A105100 第 16 行第 1 + 4 列；第 37 行第 2 列 = 表 A105100 第 16 行第 2 + 5 列；若表 A105100 第 16 行第 7 列 ≥ 0，第 37 行第 3 列 = 表 A105100 第 16 行第 7 列，若表 A105100 第 16 行第 7 列 < 0，第 37 行第 4 列 = 表 A105100 第 16 行第 7 列的绝对值。

14. 若表 A105110 第 24 行 ≥ 0，第 38 行第 3 列 = 表 A105110 第 24 行，若表 A105110 第 24 行 < 0，第 38 行第 4 列 = 表 A105110 第 24 行的绝对值。

15. 第 39 行第 1 列 = 表 A105120 第 43 行第 1 列；第 39 行第 2 列 = 表 A105120 第 43 行第 2 列；若表 A105120 第 43 行第 3 列 ≥ 0，第 39 行第 3 列 = 表 A105120 第 43 行第 3 列，若表 A105120 第 43 行第 3 列 < 0，第 39 行第 4 列 = 表 A105120 第 43 行第 3 列的绝对值。

16. 第 40 行第 2 列 = 表 A105010 第 21 行第 1 列；若表 A105010 第 21 行第 2 列 ≥ 0，第 40 行第 3 列 = 表 A105010 第 21 行第 1 列，若表 A105010 第 21 行第 2 列 < 0，第 40 行第 4 列 = 表 A105010 第 21 行第 1 列的绝对值。

17. 第 45 行第 3 列 = 表 A100000 第 15 行；第 45 行第 4 列 = 表 A100000 第 16 行。

A105010　视同销售和房地产开发企业特定业务纳税调整明细表

行次	项目	税收金额	纳税调整金额
		1	2
1	一、视同销售（营业）收入（2＋3＋4＋5＋6＋7＋8＋9＋10）		
2	（一）非货币性资产交换视同销售收入		
3	（二）用于市场推广或销售视同销售收入		
4	（三）用于交际应酬视同销售收入		
5	（四）用于职工奖励或福利视同销售收入		
6	（五）用于股息分配视同销售收入		
7	（六）用于对外捐赠视同销售收入		
8	（七）用于对外投资项目视同销售收入		
9	（八）提供劳务视同销售收入		
10	（九）其他		
11	二、视同销售（营业）成本（12＋13＋14＋15＋16＋17＋18＋19＋20）		
12	（一）非货币性资产交换视同销售成本		
13	（二）用于市场推广或销售视同销售成本		
14	（三）用于交际应酬视同销售成本		
15	（四）用于职工奖励或福利视同销售成本		
16	（五）用于股息分配视同销售成本		
17	（六）用于对外捐赠视同销售成本		
18	（七）用于对外投资项目视同销售成本		
19	（八）提供劳务视同销售成本		
20	（九）其他		
21	三、房地产开发企业特定业务计算的纳税调整额（22－26）		
22	（一）房地产企业销售未完工开发产品特定业务计算的纳税调整额（24－25）		
23	1. 销售未完工产品的收入		＊
24	2. 销售未完工产品预计毛利额		
25	3. 实际发生的税金及附加、土地增值税		
26	（二）房地产企业销售的未完工产品转完工产品特定业务计算的纳税调整额（28－29）		
27	1. 销售未完工产品转完工产品确认的销售收入		＊
28	2. 转回的销售未完工产品预计毛利额		
29	3. 转回实际发生的税金及附加、土地增值税		

A105010　《视同销售和房地产开发企业特定业务纳税调整明细表》填报说明

本表适用于发生视同销售、房地产企业特定业务纳税调整项目的纳税人填报。纳税人根据税法、《国家税务总局关于企业处置资产所得税处理问题的通知》（国税函〔2008〕828号）、《国家税务总局关于印发〈房地产开发经营业务企业所得税处理办法〉的通知》（国税发〔2009〕31号）、《国家税务总局关于企业所得税有关问题的公告》（国家税务总局公告2016年第80号）等相关规定，以及国家统一企业会计制度，填报视同销售行为、房地产企业销售未完工产品、未完工产品转完工产品特定业务的税收规定及纳税调整情况。

一、有关项目填报说明

1. 第1行"一、视同销售（营业）收入"：填报会计处理不确认销售收入，而税收规定确认为应税收入的金额，本行为第2行至第10行小计数。第1列"税收金额"填报税收确认的应税收入金额；第2列"纳税调整金额"等于第1列"税收金额"。

2. 第2行"（一）非货币性资产交换视同销售收入"：填报发生非货币性资产交换业务，会计处理不确认销售收入，而税收规定确认为应税收入的金额。第1列"税收金额"填报税收确认的应税收入金额；第2列"纳税调整金额"等于第1列"税收金额"。

3. 第3行"（二）用于市场推广或销售视同销售收入"：填报发生将货物、财产用于市场推广、广告、样品、集资、销售等，会计处理不确认销售收入，而税收规定确认为应税收入的金额。填列方法同第2行。

4. 第4行"（三）用于交际应酬视同销售收入"：填报发生将货物、财产用于交际应酬，会计处理不确认销售收入，而税收规定确认为应税收入的金额。填列方法同第2行。

5. 第5行"（四）用于职工奖励或福利视同销售收入"：填报发生将货物、财产用于职工奖励或福利，会计处理不确认销售收入，而税收规定确认为应税收入的金额。企业外购资产或服务不以销售为目的，用于替代职工福利费用支出，且购置后在一个纳税年度内处置的，以公允价值确定视同销售收入。填列方法同第2行。

6. 第6行"（五）用于股息分配视同销售收入"：填报发生将货物、财产用于股息分配，会计处理不确认销售收入，而税收规定确认为应税收入的金额。填列方法同第2行。

7. 第7行"（六）用于对外捐赠视同销售收入"：填报发生将货物、财产用于对外捐赠或赞助，会计处理不确认销售收入，而税收规定确认为应税收入的金额。填列方法同第 2 行。

8. 第 8 行"（七）用于对外投资项目视同销售收入"：填报发生将货物、财产用于对外投资，会计处理不确认销售收入，而税收规定确认为应税收入的金额。填列方法同第 2 行。

9. 第 9 行"（八）提供劳务视同销售收入"：填报发生对外提供劳务，会计处理不确认销售收入，而税收规定确认为应税收入的金额。填列方法同第 2 行。

10. 第 10 行"（九）其他"：填报发生除上述列举情形外，会计处理不作为销售收入核算，而税收规定确认为应税收入的金额。填列方法同第 2 行。

11. 第 11 行"一、视同销售（营业）成本"：填报会计处理不确认销售收入，税收规定确认为应税收入对应的视同销售成本金额。本行为第 12 行至第 20 行小计数。第 1 列"税收金额"填报予以税前扣除的视同销售成本金额；将第 1 列税收金额以负数形式填报第 2 列"纳税调整金额"。

12. 第 12 行"（一）非货币性资产交换视同销售成本"：填报发生非货币性资产交换业务，会计处理不确认销售收入，税收规定确认为应税收入所对应的应予以税前扣除的视同销售成本金额。第 1 列"税收金额"填报予以扣除的视同销售成本金额；将第 1 列税收金额以负数形式填报第 2 列"纳税调整金额"。

13. 第 13 行"（二）用于市场推广或销售视同销售成本"：填报发生将货物、财产用于市场推广、广告、样品、集资、销售等，会计处理不确认销售收入，税收规定确认为应税收入时，其对应的应予以税前扣除的视同销售成本金额。填列方法同第 12 行。

14. 第 14 行"（三）用于交际应酬视同销售成本"：填报发生将货物、财产用于交际应酬，会计处理不确认销售收入，税收规定确认为应税收入时，其对应的应予以税前扣除的视同销售成本金额。填列方法同第 12 行。

15. 第 15 行"（四）用于职工奖励或福利视同销售成本"：填报发生将货物、财产用于职工奖励或福利，会计处理不确认销售收入，税收规定确认为应税收入时，其对应的应予以税前扣除的视同销售成本金额。填列方法同第 12 行。

16. 第 16 行"（五）用于股息分配视同销售成本"：填报发生将货物、财产用于股息分配，会计处理不确认销售收入，税收规定确认为应税收入时，其对应的应予以税前扣除的视同销售成本金额。填列方法同第 12 行。

17. 第 17 行"（六）用于对外捐赠视同销售成本"：填报发生将货物、财产用于对外捐赠或赞助，会计处理不确认销售收入，税收规定确认为应税收入时，其对应的应予以税前扣除的视同销售成本金额。填列方法同第 12 行。

18. 第 18 行"（七）用于对外投资项目视同销售成本"：填报会计处理发生将货物、财产用于对外投资，会计处理不确认销售收入，税收规定确认为应税收入时，其对应的应予以税前扣除的视同销售成本金额。填列方法同第 12 行。

19. 第 19 行"（八）提供劳务视同销售成本"：填报会计处理发生对外提供劳务，会计处理不确认销售收入，税收规定确认为应税收入时，其对应的应予以税前扣除视同销售成本金额。填列方法同第 12 行。

20. 第 20 行"（九）其他"：填报发生除上述列举情形外，会计处理不确认销售收入，税收规定确认为应税收入的同时，予以税前扣除视同销售成本金额。填列方法同第 12 行。

21. 第 21 行"三、房地产开发企业特定业务计算的纳税调整额"：填报房地产企业发生销售未完工产品、未完工产品结转完工产品业务，按照税收规定计算的特定业务的纳税调整额。第 1 列"税收金额"填报第 22 行第 1 列减去第 26 行第 1 列的余额；第 2 列"纳税调整金额"等于第 1 列"税收金额"。

22. 第 22 行"（一）房地产企业销售未完工开发产品特定业务计算的纳税调整额"：填报房地产企业销售未完工开发产品取得销售收入，按税收规定计算的纳税调整额。第 1 列"税收金额"填报第 24 行第 1 列减去第 25 行第 1 列的余额；第 2 列"纳税调整金额"等于第 1 列"税收金额"。

23. 第 23 行"1. 销售未完工产品的收入"：第 1 列"税收金额"填报房地产企业销售未完工开发产品，会计核算未进行收入确认的销售收入金额。

24. 第 24 行"2. 销售未完工产品预计毛利额"：第 1 列"税收金额"填报房地产企业销售未完工产品取得的销售收入按税收规定预计计税毛利率计算的金额；第 2 列"纳税调整金额"等于第 1 列"税收金额"。

25. 第 25 行"3. 实际发生的税金及附加、土地增值税"：第 1 列"税收金额"填报房地产企业销售未完工产品实际发生的税金及附加、土地增值税，且在会计核算中未计入当期损益的金额；第 2 列"纳税调整金额"等于第 1 列"税收金额"。

26. 第 26 行"（二）房地产企业销售的未完工产品转完工产品特定业务计算的纳税调整额"：填报房地产企业销售的未完工产品转完工产品，按税收规定计算的纳税调整额。第 1 列"税收金额"填报第 28 行第 1 列减去第 29 行第 1 列的余额；第 2 列"纳税调整金额"等于第 1 列"税收金额"。

27. 第 27 行"1. 销售未完工产品转完工产品确认的销售收入"：第 1 列"税收金额"填报房地产企业销售的未完工产品，此前年度已按预计毛利额征收所得税，本年度结转为完工产品，会计上符合收入确认条件，当年会计核算确认的销售收入金额。

28. 第 28 行"2. 转回的销售未完工产品预计毛利额"：第 1 列"税收金额"填报房地产企业销售的未完工产品，此前年度已按预计毛利额征收所得税，本年结转完工产品，会计核算确认为销售收入，转回原按税收规定预计计税毛利率计算的金额；第 2 列"纳税调整金额"等于第 1 列"税收金额"。

29. 第29行"3. 转回实际发生的税金及附加、土地增值税"：填报房地产企业销售的未完工产品结转完工产品后，会计核算确认为销售收入，同时将对应实际发生的税金及附加、土地增值税转入当期损益的金额；第2列"纳税调整金额"等于第1列"税收金额"。

二、表内、表间关系

（一）表内关系

1. 第1行=第2+3+…+10行。

2. 第11行=第12+13+…+20行。

3. 第21行=第22−26行。

4. 第22行=第24−25行。

5. 第26行=第28−29行。

（二）表间关系

1. 第1行第1列=表A105000第2行第2列。

2. 第1行第2列=表A105000第2行第3列。

3. 第11行第1列=表A105000第13行第2列。

4. 第11行第2列的绝对值=表A105000第13行第4列。

5. 第21行第1列=表A105000第40行第2列。

6. 若第21行第2列≥0，第21行第2列=表A105000第40行第3列；若第21行第2列<0，第21行第2列的绝对值=表A105000第40行第4列。

A105020　未按权责发生制确认收入纳税调整明细表

行次	项　目	合同金额（交易金额）	账载金额		税收金额		纳税调整金额
			本年	累计	本年	累计	
		1	2	3	4	5	6（4－2）
1	一、跨期收取的租金、利息、特许权使用费收入（2＋3＋4）						
2	（一）租金						
3	（二）利息						
4	（三）特许权使用费						
5	二、分期确认收入（6＋7＋8）						
6	（一）分期收款方式销售货物收入						
7	（二）持续时间超过12个月的建造合同收入						
8	（三）其他分期确认收入						
9	三、政府补助递延收入（10＋11＋12）						
10	（一）与收益相关的政府补助						
11	（二）与资产相关的政府补助						
12	（三）其他						
13	四、其他未按权责发生制确认收入						
14	合计（1＋5＋9＋13）						

A105020 《未按权责发生制确认收入纳税调整明细表》填报说明

本表适用于会计处理按权责发生制确认收入、税收规定未按权责发生制确认收入需纳税调整的纳税人填报。纳税人根据税法、《国家税务总局关于贯彻落实企业所得税法若干税收问题的通知》（国税函〔2010〕79 号）、《国家税务总局关于确认企业所得税收入若干问题的通知》（国税函〔2008〕875 号）等相关规定，以及国家统一企业会计制度，填报会计处理按照权责发生制确认收入、税收规定未按权责发生制确认收入的会计处理、税收规定，以及纳税调整情况。符合税收规定不征税收入条件的政府补助收入，本表不作调整，在《专项用途财政性资金纳税调整明细表》（A105040）中纳税调整。

一、有关项目填报说明

1. 第 1 列"合同金额或交易金额"：填报会计处理按照权责发生制确认收入、税收规定未按权责发生制确认收入的项目的合同总额或交易总额。

2. 第 2 列"账载金额－本年"：填报纳税人会计处理按权责发生制在本期确认金额。

3. 第 3 列"账载金额－累计"：填报纳税人会计处理按权责发生制累计确认金额（含本年）。

4. 第 4 列"税收金额－本年"：填报纳税人按税收规定未按权责发生制在本期确认金额。

5. 第 5 列"税收金额－累计"：填报纳税人按税收规定未按权责发生制累计确认金额（含本年）。

6. 第 6 列"纳税调整金额"：填报纳税人会计处理按权责发生制确认收入、税收规定未按权责发生制确认收入的差异需纳税调整金额，为第 4－2 列的余额。

二、表内、表间关系

（一）表内关系

1. 第 1 行 = 第 2＋3＋4 行。

2. 第 5 行 = 第 6＋7＋8 行。

3. 第 9 行 = 第 10＋11＋12 行。

4. 第 14 行 = 第 1＋5＋9＋13 行。

5. 第 6 列 = 第 4－2 列。

（二）表间关系

1. 第 14 行第 2 列 = 表 A105000 第 3 行第 1 列。

2. 第 14 行第 4 列 = 表 A105000 第 3 行第 2 列。

3. 若第 14 行第 6 列≥0，第 14 行第 6 列 = 表 A105000 第 3 行第 3 列；若第 14 行第 6 列 <0，第 14 行第 6 列绝对值 = 表 A105000 第 3 行第 4 列。

A105030　投资收益纳税调整明细表

行次	项　目	持有收益			处置收益							纳税调整金额 11 (3+10)
		账载金额 1	税收金额 2	纳税调整金额 3 (2-1)	会计确认的处置收入 4	税收计算的处置收入 5	处置投资的账面价值 6	处置投资的计税基础 7	会计确认的处置所得或损失 8 (4-6)	税收计算的处置所得 9 (5-7)	纳税调整金额 10 (9-8)	
1	一、交易性金融资产											
2	二、可供出售金融资产											
3	三、持有至到期投资											
4	四、衍生工具											
5	五、交易性金融负债											
6	六、长期股权投资											
7	七、短期投资											
8	八、长期债券投资											
9	九、其他											
10	合计 (1+2+3+4+5+6+7+8+9)											

A105030　《投资收益纳税调整明细表》填报说明

本表适用于发生投资收益纳税调整项目的纳税人及从事股权投资业务的纳税人填报。纳税人根据税法、《国家税务总局关于贯彻落实企业所得税法若干税收问题的通知》（国税函〔2010〕79号）等相关规定，以及国家统一企业会计制度，填报投资收益的会计处理、税收规定，以及纳税调整情况。发生持有期间投资收益，并按税收规定为减免税收入的（如国债利息收入等），本表不作调整。处置投资项目按税收规定确认为损失的，本表不作调整，在《资产损失税前扣除及纳税调整明细表》（A105090）进行纳税调整。处置投资项目符合企业重组且适用特殊性税务处理规定的，本表不作调整，在《企业重组及递延纳税事项纳税调整明细表》（A105100）进行纳税调整。

一、有关项目填报说明

1. 第1列"账载金额"：填报纳税人持有投资项目，会计核算确认的投资收益。

2. 第2列"税收金额"：填报纳税人持有投资项目，按照税收规定确认的投资收益。

3. 第3列"纳税调整金额"：填报纳税人持有投资项目，会计核算确认投资收益与税收规定投资收益的差异需纳税调整金额，为第2-1列的余额。

4. 第4列"会计确认的处置收入"：填报纳税人收回、转让或清算处置投资项目，会计核算确认的扣除相关税费后的处置收入金额。

5. 第5列"税收计算的处置收入"：填报纳税人收回、转让或清算处置投资项目，按照税收规定计算的扣除相关税费后的处置收入金额。

6. 第6列"处置投资的账面价值"：填报纳税人收回、转让或清算处置的投资项目，会计核算的处置投资的账面价值。

7. 第7列"处置投资的计税基础"：填报纳税人收回、转让或清算处置的投资项目，按税收规定计算的处置投资的计税金额。

8. 第8列"会计确认的处置所得或损失"：填报纳税人收回、转让或清算处置投资项目，会计核算确认的处置所得或损失，为第4-6列的余额，损失以"-"号填列。

9. 第9列"税收计算的处置所得"：填报纳税人收回、转让或清算处置投资项目，按照税收规定计算的处置所得，为第5-7列的余额。

10. 第10列"纳税调整金额"：填报纳税人收回、转让或清算处置投资项目，会计处理与税收规定不一致需纳税调整金额，为第9-8列的余额。

11. 第11列"纳税调整金额"：填报第3+10列金额。

二、表内、表间关系

（一）表内关系

1. 第 10 行 = 第 1 + 2 + 3 + 4 + 5 + 6 + 7 + 8 + 9 行。

2. 第 3 列 = 第 2 - 1 列。

3. 第 8 列 = 第 4 - 6 列。

4. 第 9 列 = 第 5 - 7 列。

5. 第 10 列 = 第 9 - 8 列。

6. 第 11 列 = 第 3 + 10 列。

（二）表间关系

1. 第 10 行 1 + 8 列 = 表 A105000 第 4 行第 1 列。

2. 第 10 行 2 + 9 列 = 表 A105000 第 4 行第 2 列。

3. 若第 10 行第 11 列≥0，第 10 行第 11 列 = 表 A105000 第 4 行第 3 列；若第 10 行第 11 列 < 0，第 10 行第 11 列绝对值 = 表 A105000 第 4 行第 4 列。

A105040　专项用途财政性资金纳税调整明细表

行次	项目	取得年度	财政性资金	其中：符合不征税收入条件的财政性资金		以前年度支出情况					本年支出情况		本年结余情况		
				金额	其中：计入本年损益的金额	前五年度	前四年度	前三年度	前二年度	前一年度	支出金额	其中：费用化支出金额	结余金额	其中：上缴财政金额	应计入本年应税收入金额
		1	2	3	4	5	6	7	8	9	10	11	12	13	14
1	前五年度														
2	前四年度					*									
3	前三年度					*	*								
4	前二年度					*	*	*							
5	前一年度					*	*	*	*						
6	本　年					*	*	*	*	*					
7	合计（1+2+…+6）	*													

A105040 《专项用途财政性资金纳税调整明细表》填报说明

本表适用于发生符合不征税收入条件的专项用途财政性资金纳税调整项目的纳税人填报。纳税人根据税法、《财政部 国家税务总局关于专项用途财政性资金企业所得税处理问题的通知》（财税〔2011〕70号）等相关规定，以及国家统一企业会计制度，填报纳税人专项用途财政性资金会计处理、税收规定，以及纳税调整情况。本表对不征税收入用于费用化的支出进行调整，资本化支出通过《资产折旧、摊销及纳税调整明细表》（A105080）进行纳税调整。

一、有关项目填报说明

1. 第1列"取得年度"：填报取得专项用途财政性资金的公历年度。第5行至第1行依次从6行往前倒推，第6行为申报年度。

2. 第2列"财政性资金"：填报纳税人相应年度实际取得的财政性资金金额。

3. 第3列"其中：符合不征税收入条件的财政性资金"：填报纳税人相应年度实际取得的符合不征税收入条件且已作不征税收入处理的财政性资金金额。

4. 第4列"其中：计入本年损益的金额"：填报第3列"其中：符合不征税收入条件的财政性资金"中，会计处理时计入本年（申报年度）损益的金额。本列第7行金额为《纳税调整项目明细表》（A105000）第9行"其中：专项用途财政性资金"的第4列"调减金额"。

5. 第5列至第9列"以前年度支出情况"：填报纳税人作为不征税收入处理的符合条件的财政性资金，在申报年度的以前的5个纳税年度发生的支出金额。前一年度，填报本年的上一纳税年度，以此类推。

6. 第10列"支出金额"：填报纳税人历年作为不征税收入处理的符合条件的财政性资金，在本年（申报年度）用于支出的金额。

7. 第11列"其中：费用化支出金额"：填报纳税人历年作为不征税收入处理的符合条件的财政性资金，在本年（申报年度）用于支出计入本年损益的费用金额，本列第7行金额为《纳税调整项目明细表》（A105000）第25行"其中：专项用途财政性资金用于支出所形成的费用"的第3列"调增金额"。

8. 第12列"结余金额"：填报纳税人历年作为不征税收入处理的符合条件的财政性资金，减除历年累计支出（包括费用化支出和资本化支出）后尚未使用的不征税收入余额。

9. 第13列"其中：上缴财政金额"：填报第12列"结余金额"中向财政部门或其他拨付资金的政府部门缴回的金额。

10. 第14列"应计入本年应税收入金额"：填报企业以前年度取得财政性资金且

已作为不征税收入处理后，在5年（60个月）内未发生支出且未缴回财政部门或其他拨付资金的政府部门，应计入本年应税收入的金额。本列第7行金额为《纳税调整项目明细表》（A105000）第9行"其中：专项用途财政性资金"的第3列"调增金额"。

二、表内、表间关系

（一）表内关系

1. 第1行第12列＝第1行第3－5－6－7－8－9－10列。

2. 第2行第12列＝第2行第3－6－7－8－9－10列。

3. 第3行第12列＝第3行第3－7－8－9－10列。

4. 第4行第12列＝第4行第3－8－9－10列。

5. 第5行第12列＝第5行第3－9－10列。

6. 第6行第12列＝第6行第3－10列。

7. 第7行＝第1＋2＋3＋4＋5＋6行。

（二）表间关系

1. 第7行第4列＝表A105000第9行第4列。

2. 第7行第11列＝表A105000第25行第3列。

3. 第7行第14列＝表A105000第9行第3列。

A105050　职工薪酬支出及纳税调整明细表

行次	项目	账载金额	实际发生额	税收规定扣除率	以前年度累计结转扣除额	税收金额	纳税调整金额	累计结转以后年度扣除额
		1	2	3	4	5	6 (1-5)	7 (1+4-5)
1	一、工资薪金支出			*	*	5		*
2	其中：股权激励			*	*			*
3	二、职工福利费支出			*	*			*
4	三、职工教育经费支出			*				
5	其中：按税收规定比例扣除的职工教育费							
6	按税收规定全额扣除的职工培训费用				*			*
7	四、工会经费支出				*			*
8	五、各类基本社会保障性缴款			*	*			*
9	六、住房公积金			*	*			*
10	七、补充养老保险				*			*
11	八、补充医疗保险			*	*			*
12	九、其他			*	*			*
13	合计（1+3+4+7+8+9+10+11+12）			*				

A105050 《职工薪酬支出及纳税调整明细表》填报说明

纳税人根据税法、《国家税务总局关于企业工资薪金及职工福利费扣除问题的通知》（国税函〔2009〕3号）、《财政部　国家税务总局关于扶持动漫产业发展有关税收政策问题的通知》（财税〔2009〕65号）、《财政部　国家税务总局关于进一步鼓励软件产业和集成电路产业发展企业所得税政策的通知》（财税〔2012〕27号）、《国家税务总局关于我国居民企业实行股权激励计划有关企业所得税处理问题的公告》（国家税务总局公告2012年第18号）、《财政部　国家税务总局　商务部　科技部　国家发展改革委关于完善技术先进型服务企业有关企业所得税政策问题的通知》（财税〔2014〕59号）、《国家税务总局关于企业工资薪金和职工福利费等支出税前扣除问题的公告》（国家税务总局公告2015年第34号）、《财政部　国家税务总局关于高新技术企业职工教育经费税前扣除政策的通知》（财税〔2015〕63号）等相关规定，以及国家统一企业会计制度，填报纳税人职工薪酬会计处理、税收规定，以及纳税调整情况。纳税人只要发生相关支出，不论是否纳税调整，均需填报。

一、有关项目填报说明

1. 第1行"一、工资薪金支出"：填报纳税人本年度支付给在本企业任职或者受雇的员工的所有现金形式或非现金形式的劳动报酬及其会计核算、纳税调整等金额，具体如下：

（1）第1列"账载金额"：填报纳税人会计核算计入成本费用的职工工资、奖金、津贴和补贴金额。

（2）第2列"实际发生额"：分析填报纳税人"应付职工薪酬"会计科目借方发生额（实际发放的工资薪金）。

（3）第5列"税收金额"：填报纳税人按照税收规定允许税前扣除的金额，按照第1列和第2列分析填报。

（4）第6列"纳税调整金额"：填报第1-5列的余额。

2. 第2行"其中：股权激励"：本行由执行《上市公司股权激励管理办法》（中国证券监督管理委员会令第126号）的纳税人填报，具体如下：

（1）第1列"账载金额"：填报纳税人按照国家有关规定建立职工股权激励计划，会计核算计入成本费用的金额。

（2）第2列"实际发生额"：填报纳税人根据本年实际行权时股权的公允价格与激励对象实际行权支付价格的差额和数量计算确定的金额。

（3）第5列"税收金额"：填报行权时按照税收规定允许税前扣除的金额。按照第1列和第2列孰小值填报。

（4）第6列"纳税调整金额"：填报第1－5列的余额。

3. 第3行"二、职工福利费支出"：填报纳税人本年度发生的职工福利费及其会计核算、纳税调整等金额，具体如下：

（1）第1列"账载金额"：填报纳税人会计核算计入成本费用的职工福利费的金额。

（2）第2列"实际发生额"：分析填报纳税人"应付职工薪酬"会计科目下的职工福利费用实际发生额。

（3）第3列"税收规定扣除率"：填报税收规定的扣除比例（14%）。

（4）第5列"税收金额"：填报按照税收规定允许税前扣除的金额，按第1行第5列"工资薪金支出/税收金额"×14%、本表第3行第1列、本表第3行第2列三者孰小值填报。

（5）第6列"纳税调整金额"：填报第1－5列的余额。

4. 第4行"三、职工教育经费支出"：填报第5行或者第5＋6行金额。

5. 第5行"其中：按税收规定比例扣除的职工教育经费"：适用于按照税收规定职工教育经费按比例税前扣除的纳税人填报，具体如下：

（1）第1列"账载金额"填报纳税人会计核算计入成本费用的金额，不包括第6行可全额扣除的职工培训费用金额。

（2）第2列"实际发生额"：分析填报纳税人"应付职工薪酬"会计科目下的职工教育经费实际发生额，不包括第6行可全额扣除的职工培训费用金额。

（3）第3列"税收规定扣除率"：填报税收规定的扣除比例。

（4）第4列"以前年度累计结转扣除额"：填报纳税人以前年度累计结转准予扣除的职工教育经费支出余额。

（5）第5列"税收金额"：填报纳税人按照税收规定允许税前扣除的金额（不包括第6行可全额扣除的职工培训费用金额），按第1行第5列"工资薪金支出—税收金额"×扣除比例与本行第1＋4列之和的孰小值填报。

（6）第6列"纳税调整金额"：填报第1－5列的余额。

（7）第7列"累计结转以后年度扣除额"：填报第1＋4－5列的金额。

6. 第6行"其中：按税收规定全额扣除的职工培训费用"：适用于按照税收规定职工培训费用允许全额税前扣除的纳税人填报，具体如下：

（1）第1列"账载金额"：填报纳税人会计核算计入成本费用。

（2）第2列"实际发生额"：分析填报纳税人"应付职工薪酬"会计科目下的职工教育经费本年实际发生额（可全额扣除的职工培训费用金额）。

（3）第3列"税收规定扣除率"：填报税收规定的扣除比例（100%）。

（4）第5列"税收金额"：填报按照税收规定允许税前扣除的金额。

（5）第 6 列"纳税调整金额"：填报第 1 - 5 列的余额。

7. 第 7 行"四、工会经费支出"：填报纳税人本年度拨缴工会经费及其会计核算、纳税调整等金额，具体如下：

（1）第 1 列"账载金额"：填报纳税人会计核算计入成本费用的工会经费支出金额；

（2）第 2 列"实际发生额"：分析填报纳税人"应付职工薪酬"会计科目下的工会经费本年实际发生额。

（3）第 3 列"税收规定扣除率"：填报税收规定的扣除比例（2%）。

（4）第 5 列"税收金额"：填报按照税收规定允许税前扣除的金额，按第 1 行第 5 列"工资薪金支出/税收金额"×2% 与本行第 1 列、本行第 2 列三者孰小值填报。

（5）第 6 列"纳税调整金额"：填报第 1 - 5 列的余额。

8. 第 8 行"五、各类基本社会保障性缴款"：填报纳税人依照国务院有关主管部门或者省级人民政府规定的范围和标准为职工缴纳的基本社会保险费及其会计核算、纳税调整金额，具体如下：

（1）第 1 列"账载金额"：填报纳税人会计核算的各类基本社会保障性缴款的金额。

（2）第 2 列"实际发生额"：分析填报纳税人"应付职工薪酬"会计科目下的各类基本社会保障性缴款本年实际发生额。

（3）第 5 列"税收金额"：填报按照税收规定允许税前扣除的各类基本社会保障性缴款的金额，按本行第 1 列、第 2 列以及税收规定允许税前扣除的各类基本社会保障性缴款的金额孰小值填报。

（4）第 6 列"纳税调整金额"：填报第 1 - 5 列的余额。

9. 第 9 行"六、住房公积金"：填报纳税人依照国务院有关主管部门或者省级人民政府规定的范围和标准为职工缴纳的住房公积金及其会计核算、纳税调整金额，具体如下：

（1）第 1 列"账载金额"：填报纳税人会计核算的住房公积金金额。

（2）第 2 列"实际发生额"：分析填报纳税人"应付职工薪酬"会计科目下的住房公积金本年实际发生额。

（3）第 5 列"税收金额"：填报按照税收规定允许税前扣除的住房公积金金额，按本行第 1 列、第 2 列以及税收规定允许税前扣除的住房公积金的金额孰小值填报。

（4）第 6 列"纳税调整金额"：填报第 1 - 5 列的余额。

10. 第 10 行"七、补充养老保险"：填报纳税人为投资者或者职工支付的补充养老保险费的会计核算、纳税调整金额，具体如下：

（1）第 1 列"账载金额"：填报纳税人会计核算的补充养老保险金额。

（2）第2列"实际发生额"：分析填报纳税人"应付职工薪酬"会计科目下的补充养老保险本年实际发生额。

（3）第3列"税收规定扣除率"：填报税收规定的扣除比例（5%）。

（4）第5列"税收金额"：填报按照税收规定允许税前扣除的补充养老保险的金额，按第1行第5列"工资薪金支出/税收金额"×5%、本行第1列、本行第2列的孰小值填报。

（5）第6列"纳税调整金额"：填报第1－5列的余额。

11. 第11行"八、补充医疗保险"：填报纳税人为投资者或者职工支付的补充医疗保险费的会计核算、纳税调整金额，具体如下：

（1）第1列"账载金额"：填报纳税人会计核算的补充医疗保险金额。

（2）第2列"实际发生额"：分析填报纳税人"应付职工薪酬"会计科目下的补充医疗保险本年实际发生额。

（3）第3列"税收规定扣除率"：填报税收规定的扣除比例（5%）。

（4）第5列"税收金额"：填报按照税收规定允许税前扣除的补充医疗保险的金额，按第1行第5列"工资薪金支出/税收金额"×5%、本行第1列、本行第2列的孰小值填报。

（5）第6列"纳税调整金额"：填报第1－5列的余额。

12. 第12行"九、其他"：填报其他职工薪酬的金额。

13. 第13行"合计"：填报第1＋3＋4＋7＋8＋9＋10＋11＋12行的合计金额。

二、表内、表间关系

（一）表内关系

1. 第4行＝第5行或第5＋6行。

2. 第13行＝第1＋3＋4＋7＋8＋9＋10＋11＋12行。

3. 第6列＝第1－5列。

4. 第7列＝第1＋4－5列。

（二）表间关系

1. 第13行第1列＝表A105000第14行第1列。

2. 第13行第5列＝表A105000第14行第2列。

3. 若第13行第6列≥0，第13行第6列＝表A105000第14行第3列；若第13行第6列＜0，第13行第6列的绝对值＝表A105000第14行第4列。

A105060　广告费和业务宣传费跨年度纳税调整明细表

行次	项目	金额
1	一、本年广告费和业务宣传费支出	
2	减：不允许扣除的广告费和业务宣传费支出	
3	二、本年符合条件的广告费和业务宣传费支出（1－2）	
4	三、本年计算广告费和业务宣传费扣除限额的销售（营业）收入	
5	乘：税收规定扣除率	
6	四、本企业计算的广告费和业务宣传费扣除限额（4×5）	
7	五、本年结转以后年度扣除额（3＞6，本行＝3－6；3≤6，本行＝0）	
8	加：以前年度累计结转扣除额	
9	减：本年扣除的以前年度结转额［3＞6，本行＝0；3≤6，本行＝8与（6－3）孰小值］	
10	六、按照分摊协议归集至其他关联方的广告费和业务宣传费（10≤3与6孰小值）	
11	按照分摊协议从其他关联方归集至本企业的广告费和业务宣传费	
12	七、本年广告费和业务宣传费支出纳税调整金额 （3＞6，本行＝2＋3－6＋10－11；3≤6，本行＝2＋10－11－9）	
13	八、累计结转以后年度扣除额（7＋8－9）	

A105060 《广告费和业务宣传费跨年度纳税调整明细表》填报说明

本表适用于发生广告费和业务宣传费纳税调整项目（含广告费和业务宣传费结转）的纳税人填报。纳税人根据税法、《财政部 国家税务总局关于广告费和业务宣传费支出税前扣除政策的通知》（财税〔2012〕48号）等相关规定，以及国家统一企业会计制度，填报广告费和业务宣传费会计处理、税收规定，以及跨年度纳税调整情况。

一、有关项目填报说明

1. 第1行"一、本年广告费和业务宣传费支出"：填报纳税人会计核算计入本年损益的广告费和业务宣传费用金额。

2. 第2行"减：不允许扣除的广告费和业务宣传费支出"：填报税收规定不允许扣除的广告费和业务宣传费支出金额。

3. 第3行"二、本年符合条件的广告费和业务宣传费支出"：填报第1-2行的余额。

4. 第4行"三、本年计算广告费和业务宣传费扣除限额的销售（营业）收入"：填报按照税收规定计算广告费和业务宣传费扣除限额的当年销售（营业）收入。

5. 第5行"乘：税收规定扣除率"：填报税收规定的扣除比例。

6. 第6行"四、本企业计算的广告费和业务宣传费扣除限额"：填报第4×5行的金额。

7. 第7行"五、本年结转以后年度扣除额"：若第3行＞第6行，填报第3-6行的余额；若第3行≤第6行，填报0。

8. 第8行"加：以前年度累计结转扣除额"：填报以前年度允许税前扣除但超过扣除限额未扣除、结转扣除的广告费和业务宣传费的金额。

9. 第9行"减：本年扣除的以前年度结转额"：若第3行＞第6行，填0；若第3行≤第6行，填报第6-3行与第8行的孰小值。

10. 第10行"六、按照分摊协议归集至其他关联方的广告费和业务宣传费"：填报签订广告费和业务宣传费分摊协议（以下简称分摊协议）的关联企业的一方，按照分摊协议，将其发生的不超过当年销售（营业）收入税前扣除限额比例内的广告费和业务宣传费支出归集至其他关联方扣除的广告费和业务宣传费，本行应≤第3行与第6行的孰小值。

11. 第11行"按照分摊协议从其他关联方归集至本企业的广告费和业务宣传费"：填报签订广告费和业务宣传费分摊协议（以下简称分摊协议）的关联企业的一

方，按照分摊协议，从其他关联方归集至本企业的广告费和业务宣传费。

12. 第 12 行"七、本年广告费和业务宣传费支出纳税调整金额"：若第 3 行 > 第 6 行，填报第 2 + 3 - 6 + 10 - 11 行的金额；若第 3 行 ≤ 第 6 行，填报第 2 + 10 - 11 - 9 行的金额。

13. 第 13 行"八、累计结转以后年度扣除额"：填报第 7 + 8 - 9 行的金额。

二、表内、表间关系

（一）表内关系

1. 第 3 行 = 第 1 - 2 行。

2. 第 6 行 = 第 4 × 5 行。

3. 若第 3 > 6 行，第 7 行 = 第 3 - 6 行；若第 3 ≤ 6 行，第 7 行 = 0。

4. 若第 3 > 6 行，第 9 行 = 0；若第 3 ≤ 6 行，第 9 行 = 第 8 行与第 6 - 3 行的执小值。

5. 若第 3 > 6 行，第 12 行 = 第 2 + 3 - 6 + 10 - 11 行；若第 3 ≤ 6 行，第 12 行 = 第 2 - 9 + 10 - 11 行。

6. 第 13 行 = 第 7 + 8 - 9 行。

（二）表间关系

若第 12 行 ≥ 0，第 12 行 = 表 A105000 第 16 行第 3 列；若第 12 行 < 0，第 12 行的绝对值 = 表 A105000 第 16 行第 3 列。

A105070　捐赠支出及纳税调整明细表

行次	项目	账载金额	以前年度结转可扣除的捐赠额	按税收规定计算的扣除限额	税收金额	纳税调增金额	纳税调减金额	可结转以后年度扣除的捐赠额
		1	2	3	4	5	6	7
1	一、非公益性捐赠支出		*	*	*		*	*
2	二、全额扣除的公益性捐赠支出		*	*	*	*	*	*
3	三、限额扣除的公益性捐赠支出（4＋5＋6＋7）					*		*
4	前三年度（　　年）	*		*	*	*		
5	前二年度（　　年）	*		*	*	*		
6	前一年度（　　年）	*		*	*	*		
7	本　年（　　年）		*				*	
8	合计（1＋2＋3）							

A105070 　《捐赠支出及纳税调整明细表》填报说明

本表适用于发生捐赠支出（含捐赠支出结转）的纳税人填报。纳税人根据税法、《财政部　国家税务总局关于公益性捐赠税前扣除有关问题的通知》（财税〔2008〕160号）等相关规定，以及国家统一企业会计制度，填报捐赠支出会计处理、税收规定的税前扣除额、捐赠支出结转额以及纳税调整。纳税人发生相关支出（含捐赠支出结转），无论是否纳税调整，均应填报本表。

一、有关项目填报说明

1. 第1行"非公益性捐赠支出"：填报纳税人本年发生且已计入本年损益的税收规定公益性捐赠以外的其他捐赠支出的会计核算、纳税调整情况。具体如下：

（1）第1列"账载金额"：填报纳税人会计核算计入本年损益的税收规定公益性捐赠以外的其他捐赠支出金额。

（2）第5列"纳税调增额"：填报非公益性捐赠支出纳税调整增加额，金额等于第1列"账载金额"。

2. 第2行"全额扣除的公益性捐赠支出"：填报纳税人发生的可全额税前扣除的公益性捐赠支出。具体如下：

（1）第1列"账载金额"：填报纳税人本年发生的会计核算计入本年损益的按税收规定可全额税前扣除的捐赠支出金额。

（2）第4列"税收金额"：等于第1列"账载金额"。

3. 第3行"限额扣除的公益性捐赠支出"：填报纳税人本年发生的限额扣除的公益性捐赠支出、纳税调整额、以前年度结转扣除捐赠支出等。第3行等于第4+5+6+7行。其中本行第4列"税收金额"：当本行第1列+第2列大于第3列时，第4列＝第3列；当本行第1列+第2列小于等于第3列时，第4列＝第1列+第2列。

4. 第4行"前三年度"：填报纳税人前三年度发生的未税前扣除的公益性捐赠支出在本年度扣除的金额。具体如下：

（1）第2列"以前年度结转可扣除的捐赠额"：填报前三年度发生的尚未税前扣除的公益性捐赠支出金额。

（2）第6列"纳税调减额"：根据本年扣除限额以及前三年度未扣除的公益性捐赠支出分析填报。

5. 第5行"前二年度"：填报纳税人前二年度发生的未税前扣除的公益性捐赠支出在本年度扣除的捐赠额以及结转以后年度扣除的捐赠额。具体如下：

（1）第2列"以前年度结转可扣除的捐赠额"：填报前二年度发生的尚未税前扣除的公益性捐赠支出金额。

（2）第6列"纳税调减额"：根据本年剩余扣除限额、本年扣除前三年度捐赠支出、前二年度未扣除的公益性捐赠支出分析填报。

（3）第7列"可结转以后年度扣除的捐赠额"：填报前二年度未扣除、结转以后年度扣除的公益性捐赠支出金额。

6. 第6行"前一年度"：填报纳税人前一年度发生的未税前扣除的公益性捐赠支出在本年度扣除的捐赠额以及结转以后年度扣除的捐赠额。具体如下：

（1）第2列"以前年度结转可扣除的捐赠额"：填报前一年度发生的尚未税前扣除的公益性捐赠支出金额。

（2）第6列"纳税调减额"：根据本年剩余扣除限额、本年扣除前三年度捐赠支出、本年扣除前二年度捐赠支出、前一年度未扣除的公益性捐赠支出分析填报。

（3）第7列"可结转以后年度扣除的捐赠额"：填报前一年度未扣除、结转以后年度扣除的公益性捐赠支出金额。

7. 第7行"本年"：填报纳税人本年度发生、本年税前扣除、本年纳税调增以及结转以后年度扣除的公益性捐赠支出。具体如下：

（1）第1列"账载金额"：填报本年会计核算计入本年损益的公益性捐赠支出金额。

（2）第3列"按税收规定计算的扣除限额"：填报按照本年利润总额乘以12%的金额，若利润总额为负数，则以0填报。

（3）第4列"税收金额"：填报本年实际发生的公益性捐赠支出以及结转扣除以前年度公益性捐赠支出情况分析填报。

（4）第5列"纳税调增额"：填报本年公益性捐赠支出账载金额超过税收规定的税前扣除额的部分。

（5）第7列"可结转以后年度扣除的捐赠额"：填报本年度未扣除、结转以后年度扣除的公益性捐赠支出金额。

8. 第8行"合计"：填报第1+2+3行的合计金额。

二、表内、表间关系

（一）表内关系

1. 第1行第5列＝第1行第1列。

2. 第2行第4列＝第2行第1列。

3. 第3行＝第4+5+6+7行。

4. 第8行＝第1+2+3行。

（二）表间关系

1. 第7行第3列＝表A100000第13行×12%（当表A100000第13行≤0，第7行第3列＝0）。

2. 第 8 行第 1 列 = 表 A105000 第 17 行第 1 列；第 8 行第 4 列 = 表 A105000 第 17 行第 2 列；第 8 行第 5 列 = 表 A105000 第 17 行第 3 列；第 8 行第 6 列 = 表 A105000 第 17 行第 4 列。

A105080 资产折旧、摊销及纳税调整明细表

行次	项目	账载金额			资产计税基础	税收折旧额	税收金额		累计折旧、摊销额	纳税调整金额
		资产原值	本年折旧、摊销额	累计折旧、摊销额			享受加速折旧政策的资产按税收一般规定计算的折旧、摊销额	加速折旧统计额		
		1	2	3	4	5	6	7=5-6	8	9 (2-5)
1	一、固定资产（2+3+4+5+6+7）									
2	（一）房屋、建筑物						*	*		
3	（二）飞机、火车、轮船、机器、机械和其他生产设备						*	*		
4	（三）与生产经营活动有关的器具、工具、家具等						*	*		
5	（四）飞机、火车、轮船以外的运输工具						*	*		
6	（五）电子设备						*	*		
7	（六）其他						*	*		
8	其中：享受固定资产加速折旧 （一）重要行业固定资产加速折旧（不含一次性扣除）						*	*		*
9	（二）其他行业研发设备加速折旧						*	*		*
10	（三）允许一次性扣除的固定资产（11+12+13）									*
11	1. 单价不超过100万元专用研发设备									*
12	2. 重要行业小型微利企业单价不超过100万元研发生产共用设备									*
13	3. 5000元以下固定资产									*
14	加速折旧额大于一般折旧额的部分 （四）技术进步、更新换代固定资产									*
15	（五）常年强震动、高腐蚀固定资产									*
16	（六）外购软件折旧									*
17	（七）集成电路企业生产设备									*

续表

行次	项目	账载金额			资产计税基础	税收折旧额	税收金额		累计折旧、摊销额	纳税调整金额
		资产原值	本年折旧、摊销额	累计折旧、摊销额			享受加速折旧政策的资产按税收一般规定计算的折旧、摊销额	加速折旧、摊销统计额		9 (2－5)
		1	2	3	4	5	6	7=5－6	8	
18	二、生产性生物资产 (19＋20)						*			
19	(一)林木类						*	*		
20	(二)畜类						*	*		
21	三、无形资产 (22＋23＋24＋25＋26＋27＋28＋30)						*	*		
22	(一)专利权						*	*		
23	(二)商标权						*	*		
24	(三)著作权						*	*		
25	(四)土地使用权						*	*		
26	(五)非专利技术						*	*		
27	(六)特许权使用费						*	*		
28	(七)软件						*	*		
29	其中：享受企业外购软件加速摊销政策									*
30	(八)其他						*	*		
31	四、长期待摊费用 (32＋33＋34＋35＋36)						*	*		
32	(一)已足额提取折旧的固定资产的改建支出						*	*		
33	(二)租入固定资产的改建支出						*	*		
34	(三)固定资产的大修理支出						*	*		
35	(四)开办费						*	*		
36	(五)其他						*	*		
37	五、油气勘探投资						*	*		
38	六、油气开发投资						*	*		
39	合计 (1＋18＋21＋31＋37＋38)						*	*		
附列资料	全民所有制改制资产评估增值政策资产						*	*		

A105080 《资产折旧、摊销及纳税调整明细表》填报说明

本表适用于发生资产折旧、摊销的纳税人，无论是否纳税调整，均须填报。纳税人根据税法、《国家税务总局关于企业固定资产加速折旧所得税处理有关问题的通知》（国税发〔2009〕81号）、《国家税务总局关于融资性售后回租业务中承租方出售资产行为有关税收问题的公告》（国家税务总局公告2010年第13号）、《国家税务总局关于企业所得税若干问题的公告》（国家税务总局公告2011年第34号）、《国家税务总局关于发布〈企业所得税政策性搬迁所得税管理办法〉的公告》（国家税务总局公告2012年第40号）、《财政部 国家税务总局关于进一步鼓励软件产业和集成电路产业发展企业所得税政策的通知》（财税〔2012〕27号）、《国家税务总局关于企业所得税应纳税所得额若干问题的公告》（国家税务总局公告2014年第29号）、《财政部 国家税务总局关于完善固定资产加速折旧税收政策有关问题的通知》（财税〔2014〕75号）、《财政部 国家税务总局关于进一步完善固定资产加速折旧企业所得税政策的通知》（财税〔2015〕106号）、《国家税务总局关于全民所有制企业公司制改制企业所得税处理问题的公告》（国家税务总局公告2017年第34号）等相关规定，以及国家统一企业会计制度，填报资产折旧、摊销的会计处理、税收规定，以及纳税调整情况。

一、有关项目填报说明

（一）列次填报

1. 第1列"资产原值"：填报纳税人会计处理计提折旧、摊销的资产原值（或历史成本）的金额。

2. 第2列"本年折旧、摊销额"：填报纳税人会计核算的本年资产折旧、摊销额。

3. 第3列"累计折旧、摊销额"：填报纳税人会计核算的累计（含本年）资产折旧、摊销额。

4. 第4列"资产计税基础"：填报纳税人按照税收规定据以计算折旧、摊销的资产原值（或历史成本）的金额。

5. 第5列"税收折旧额"：填报纳税人按照税收规定计算的允许税前扣除的本年资产折旧、摊销额。

对于不征税收入形成的资产，其折旧、摊销额不得税前扣除。第4列至第8列税收金额不包含不征税收入所形成资产的折旧、摊销额。

对于第8行至第17行、第29行对应的"税收折旧额"，填报享受各种加速折旧政策的资产，当年享受加速折旧后的税法折旧额合计。本列仅填报加速后的税法折旧

额大于一般折旧额月份的金额合计。即对于本年度某些月份，享受加速折旧政策的固定资产，其加速后的税法折旧额大于一般折旧额、某些月份税法折旧额小于一般折旧额的，仅填报税法折旧额大于一般折旧额月份的税法折旧额合计。

6. 第 6 列"享受加速折旧政策的资产按税收一般规定计算的折旧、摊销额"：仅适用于第 8 行至第 17 行、第 29 行，填报纳税人享受加速折旧政策的资产按照税法一般规定计算的允许税前扣除的本年资产折旧、摊销额。按照税法一般规定计算的折旧额，是指该资产在不享受加速折旧情况下，按照税收规定的最低折旧年限以直线法计算的折旧额。本列仅填报加速后的税法折旧额大于按照税法一般规定计算折旧额对应月份的金额。

7. 第 7 列"加速折旧统计额"：用于统计纳税人享受各类固定资产加速折旧政策的优惠金额。

8. 第 8 列"累计折旧、摊销额"：填报纳税人按照税收规定计算的累计（含本年）资产折旧、摊销额。

9. 第 9 列"纳税调整金额"：填报第 2 – 5 列的余额。

（二）行次填报

1. 第 2 行至第 7 行、第 19 行至第 20 行、第 22 行至第 28 行、第 30 行、第 32 行至第 38 行，根据资产类别填报对应的行次。

2. 第 8 行至第 17 行、第 29 行：用于填报享受各类固定资产加速折旧政策的资产加速折旧情况，分类填报各项固定资产加速折旧政策优惠情况。

第 8 行"（一）重要行业固定资产加速折旧"：填报按照财税〔2014〕75 号和财税〔2015〕106 号文件规定，生物药品制造业，专用设备制造业，铁路、船舶、航空航天和其他运输设备制造业，计算机、通信和其他电子设备制造业，仪器仪表制造业，信息传输、软件和信息技术服务业 6 个行业，以及轻工、纺织、机械、汽车四大领域 18 个行业的纳税人（简称重要行业），对于新购进固定资产在税收上采取加速折旧的情况。该行次不填报重要行业纳税人按照以上两个文件规定，享受一次性扣除政策的资产。

第 9 行"（二）其他行业研发设备加速折旧"：由重要行业以外的其他企业填报。填写单位价值超过 100 万元以上专用研发设备采取缩短折旧年限或加速折旧方法的纳税调减或者加速折旧优惠统计情况。

第 10 行"（三）允许一次性扣除的固定资产"：填报新购进单位价值不超过 100 万元研发设备和单位价值不超过 5000 元固定资产，按照税收规定一次性在当期扣除金额。本行 = 第 11 + 12 + 13 行。

第 11 行"1. 单价不超过 100 万元专用研发设备"：填报"重要行业"中的非小型微利企业和"重要行业"以外的企业，对新购进专门用于研发活动的仪器、设备，单位价值不超过 100 万元的，享受一次性扣除政策的有关情况。

第 12 行 "2. 重要行业小型微利企业单价不超过 100 万元研发生产共用设备"：填报 "重要行业" 中的小型微利企业，对其新购进研发和生产经营共用的仪器、设备，单位价值不超过 100 万元的，享受一次性扣除政策的有关情况。

第 13 行 "3. 5000 元以下固定资产"：填写纳税人单位价值不超过 5000 元的固定资产，按照政策规定一次性在当期税前扣除的有关情况。

第 14 行 "（四）技术进步、更新换代固定资产"：填写企业固定资产因技术进步，产品更新换代较快，按税收规定享受固定资产加速折旧的有关情况。

第 15 行 "（五）常年强震动、高腐蚀固定资产"：填写常年处于强震动、高腐蚀状态的固定资产，按税收规定享受固定资产加速折旧有关情况。

第 16 行 "（六）外购软件折旧"：填写企业外购软件作为固定资产处理，按财税〔2012〕27 号文件规定享受加速折旧的有关情况。

第 17 行 "（七）集成电路企业生产设备"：填报集成电路生产企业的生产设备，按照财税〔2012〕27 号文件规定享受加速折旧政策的有关情况。

第 29 行 "其中：享受企业外购软件加速摊销政策"：填写企业外购软件作无形资产处理，按财税〔2012〕27 号文件规定享受加速摊销的有关情况。

附列资料 "享受全民所有制改制资产评估增值政策资产"：填写企业按照国家税务总局公告 2017 年第 34 号文件规定，执行 "改制中资产评估增值不计入应纳税所得额；资产的计税基础按其原有计税基础确定；资产增值部分的折旧或者摊销不得在税前扣除" 政策的情况。本行不参与计算，仅用于列示享受全民所有制改制资产评估增值政策资产的有关情况，相关资产折旧（摊销）及调整情况在本表第 1 行至第 39 行按规定填报。

二、表内、表间关系

（一）表内关系

1. 第 1 行 = 第 2 + 3 + … + 7 行。

2. 第 10 行 = 第 11 + 12 + 13 行。

3. 第 18 行 = 第 19 + 20 行。

4. 第 21 行 = 第 22 + 23 + 24 + 25 + 26 + 27 + 28 + 30 行。

5. 第 31 行 = 第 32 + 33 + 34 + 35 + 36 行。

6. 第 39 行 = 第 1 + 18 + 21 + 31 + 37 + 38 行（其中第 39 行第 6 列 = 第 8 + 9 + 10 + 14 + 15 + 16 + 17 + 29 行第 6 列；第 39 行第 7 列 = 第 8 + 9 + 10 + 14 + 15 + 16 + 17 + 29 行第 7 列）。

7. 第 7 列 = 第 5 - 6 列。

8. 第 9 列 = 第 2 - 5 列。

（二）表间关系

1. 第 39 行第 2 列 = 表 A105000 第 32 行第 1 列。

2. 第 39 行第 5 列 = 表 A105000 第 32 行第 2 列。

3. 若第 39 行第 9 列 ≥ 0，第 39 行第 9 列 = 表 A105000 第 32 行第 3 列；若第 39 行第 9 列 < 0，第 39 行第 9 列的绝对值 = 表 A105000 第 32 行第 4 列。

A105090 资产损失税前扣除及纳税调整明细表

行次	项目	资产损失的账载金额	资产处置收入	赔偿收入	资产计税基础	资产损失的税收金额	纳税调整金额
		1	2	3	4	5 (4-2-3)	6 (1-5)
1	一、清单申报资产损失（2+3+4+5+6+7+8）						
2	（一）正常经营管理活动中，按照公允价格销售、转让、变卖非货币资产的损失						
3	（二）存货发生的正常损耗						
4	（三）固定资产达到或超过使用年限而正常报废清理的损失						
5	（四）生产性生物资产达到或超过使用年限而正常死亡发生的资产损失						
6	（五）按照市场公平交易原则，通过各种交易场所、市场等买卖债券、股票、期货、基金以及金融衍生产品等发生的损失						
7	（六）分支机构上报的资产损失						
8	（七）其他						
9	二、专项申报资产损失（10+11+12+13）						
10	（一）货币资产损失						
11	（二）非货币资产损失						
12	（三）投资损失						
13	（四）其他						
14	合计（1+9）						

A105090 《资产损失税前扣除及纳税调整明细表》填报说明

本表适用于发生资产损失税前扣除项目及纳税调整项目的纳税人填报。纳税人根据税法、《财政部 国家税务总局关于企业资产损失税前扣除政策的通知》（财税〔2009〕57号）、《国家税务总局关于发布〈企业资产损失所得税税前扣除管理办法〉的公告》（国家税务总局公告2011年第25号）、《国家税务总局关于商业零售企业存货损失税前扣除问题的公告》（国家税务总局公告2014年第3号）、《国家税务总局关于企业因国务院决定事项形成的资产损失税前扣除问题的公告》（国家税务总局公告2014年第18号）等相关规定，及国家统一企业会计制度，填报资产损失的会计处理、税收规定，以及纳税调整情况。

一、有关项目填报说明

（一）行次填报

跨地区经营汇总纳税企业第1行至第6行、第8行填报总机构情况，第7行填报各分支机构汇总后情况。

1. 第1行"一、清单申报资产损失"：填报以清单申报的方式向税务机关申报扣除的资产损失的账载金额、资产处置收入、赔偿收入、资产计税基础、资产损失的税收金额以及纳税调整金额。本行金额等于第2行至第8行的合计金额。

2. 第2行至第8行，分别填报相应清单申报资产损失类型的会计处理、税收规定及纳税调整情况。

3. 第9行"二、专项申报资产损失"：填报以专项申报的方式向税务机关申报扣除的资产损失的账载金额、资产处置收入、赔偿收入、资产计税基础、资产损失的税收金额以及纳税调整金额。本行金额等于第10行至第13行的合计金额。

4. 第10行"（一）货币资产损失"：填报企业当年发生的货币资产损失（包括现金损失、银行存款损失和应收及预付款项损失等）的账载金额、资产处置收入、赔偿收入、资产计税基础、货币资产损失的税收金额以及纳税调整金额。

5. 第11行"（二）非货币资产损失"：填报应进行专项申报扣除的非货币资产损失的账载金额、资产处置收入、赔偿收入、资产计税基础、非货币资产损失的税收金额以及纳税调整金额。

6. 第12行"（三）投资损失"：填报应进行专项申报扣除的投资损失的账载金额、资产处置收入、赔偿收入、资产计税基础、投资损失的税收金额以及纳税调整金额。

7. 第13行"（四）其他"：填报应进行专项申报扣除的其他资产损失的账载金额、资产处置收入、赔偿收入、资产计税基础、其他资产损失的税收金额以及纳税调整金额。

8. 第 14 行"合计"行次：填报第 1 + 9 行的合计金额。

（二）列次填报

1. 第 1 列"资产损失的账载金额"：填报纳税人会计核算计入当期损益的资产损失金额。

2. 第 2 列"资产处置收入"：填报纳税人处置发生损失的资产可收回的残值或处置收益。

3. 第 3 列"赔偿收入"：填报纳税人发生的资产损失，取得的相关责任人、保险公司赔偿的金额。

4. 第 4 列"资产计税基础"：填报按税收规定计算的发生损失时资产的计税基础，含损失资产涉及的不得抵扣增值税进项税额。

5. 第 5 列"资产损失的税收金额"：填报按税收规定允许当期税前扣除的资产损失金额，为第 4 - 2 - 3 列的余额。

6. 第 6 列"纳税调整金额"：填报第 1 - 5 列的余额。

二、表内、表间关系

（一）表内关系

1. 第 1 行 = 第 2 + 3 + … + 8 行。

2. 第 9 行 = 第 10 + 11 + 12 + 13 行。

3. 第 14 行 = 第 1 + 9 行。

4. 第 5 列 = 第 4 - 2 - 3 列。

5. 第 6 列 = 第 1 - 5 列。

（二）表间关系

1. 第 14 行第 1 列 = 表 A105000 第 34 行第 1 列。

2. 第 14 行第 5 列 = 表 A105000 第 34 行第 2 列。

3. 若第 14 行第 6 列 ≥ 0，第 14 行第 6 列 = 表 A105000 第 34 行第 3 列；若第 14 行第 6 列 < 0，第 14 行第 6 列的绝对值 = 表 A105000 第 34 行第 4 列。

A105100　企业重组及递延纳税事项纳税调整明细表

行次	项目	一般性税务处理			特殊性税务处理（递延纳税）			纳税调整金额
		账载金额	税收金额	纳税调整金额	账载金额	税收金额	纳税调整金额	金额
		1	2	3（2－1）	4	5	6（5－4）	7（3＋6）
1	一、债务重组							
2	其中：以非货币性资产清偿债务							
3	债转股							
4	二、股权收购							
5	其中：涉及跨境重组的股权收购							
6	三、资产收购							
7	其中：涉及跨境重组的资产收购							
8	四、企业合并（9＋10）							
9	（一）同一控制下企业合并							
10	（二）非同一控制下企业合并							
11	五、企业分立							
12	六、非货币性资产对外投资							
13	七、技术入股							
14	八、股权划转、资产划转							
15	九、其他							
16	合计（1＋4＋6＋8＋11＋12＋13＋14＋15）							

A105100 《企业重组及递延纳税事项纳税调整明细表》填报说明

本表适用于发生企业重组、非货币性资产对外投资、技术入股等业务的纳税人填报。纳税人发生企业重组事项的，在企业重组日所属纳税年度分析填报。纳税人根据税法、《财政部 国家税务总局关于企业重组业务企业所得税处理若干问题的通知》（财税〔2009〕59号）、《国家税务总局关于发布〈企业重组业务企业所得税管理办法〉的公告》（国家税务总局公告2010年第4号）、《财政部 国家税务总局关于中国（上海）自由贸易试验区内企业以非货币性资产对外投资等资产重组行为有关企业所得税政策问题的通知》（财税〔2013〕91号）、《财政部 国家税务总局关于非货币性资产投资企业所得税政策问题的通知》（财税〔2014〕116号）、《财政部 国家税务总局关于促进企业重组有关企业所得税处理问题的通知》（财税〔2014〕109号）、《国家税务总局关于非货币性资产投资企业所得税有关征管问题的公告》（国家税务总局公告2015年第33号）、《国家税务总局关于资产（股权）划转企业所得税征管问题的公告》（国家税务总局公告2015年第40号）、《国家税务总局关于企业重组业务企业所得税征收管理若干问题的公告》（国家税务总局公告2015年第48号）、《财政部 国家税务总局关于完善股权激励和技术入股有关所得税政策的通知》（财税〔2016〕101号）、《国家税务总局关于股权激励和技术入股所得税征管问题的公告》（国家税务总局公告2016年第62号）等相关规定，以及国家统一企业会计制度，填报企业重组、非货币资产对外投资、技术入股等业务的会计核算及税收规定，以及纳税调整情况。对于发生债务重组业务且选择特殊性税务处理（即债务重组所得可以在5个纳税年度均匀计入应纳税所得额）的纳税人，重组日所属纳税年度的以后纳税年度，也在本表进行债务重组的纳税调整。除上述债务重组所得可以分期确认应纳税所得额的企业重组外，其他涉及资产计税基础与会计核算成本差异调整的企业重组，本表不作调整，在《资产折旧、摊销及纳税调整明细表》（A105080）进行纳税调整。

一、有关项目填报说明

（一）行次填报

1. 第1行"一、债务重组"：填报企业发生债务重组业务的相关金额。

2. 第2行"其中：以非货币性资产清偿债务"：填报企业发生以非货币性资产清偿债务的债务重组业务的相关金额。

3. 第3行"债转股"：填报企业发生债权转股权的债务重组业务的相关金额。

4. 第4行"二、股权收购"：填报企业发生股权收购重组业务的相关金额。

5. 第5行"其中：涉及跨境重组的股权收购"：填报企业发生涉及中国境内与境

外之间、内地与港澳之间、大陆与台湾地区之间的股权收购交易重组业务的相关金额。

6. 第 6 行"三、资产收购"：填报企业发生资产收购重组业务的相关金额。

7. 第 7 行"其中：涉及跨境重组的资产收购"：填报企业发生涉及中国境内与境外之间、内地与港澳之间、大陆与台湾地区之间的资产收购交易重组业务的相关金额。

8. 第 8 行"四、企业合并"：填报第 9 行和第 10 行的合计金额。

9. 第 9 行"（一）同一控制下企业合并"：填报企业发生同一控制下企业合并重组业务的相关金额。

10. 第 10 行"（二）非同一控制下企业合并"：填报企业发生非同一控制下企业合并重组业务的相关金额。

11. 第 11 行"五、企业分立"：填报企业发生非同一控制下企业分立重组业务的相关金额。

12. 第 12 行"六、非货币性资产对外投资"：填报企业发生非货币性资产对外投资的相关金额，符合《财政部　国家税务总局关于非货币性资产投资企业所得税政策问题的通知》（财税〔2014〕116 号）和《国家税务总局关于非货币性资产投资企业所得税有关征管问题的公告》（国家税务总局公告 2015 年第 33 号）规定执行递延纳税政策的填写"特殊性税务处理（递延纳税）"相关列次。

13. 第 13 行"七、技术入股"：填报企业以技术成果投资入股到境内居民企业，被投资企业支付对价全部为股票（权）的技术入股业务的相关金额，符合《财政部　国家税务总局关于完善股权激励和技术入股有关所得税政策的通知》（财税〔2016〕101 号）、《国家税务总局关于股权激励和技术入股所得税征管问题的公告》（国家税务总局公告 2016 年第 62 号）规定适用递延纳税政策的填写"特殊性税务处理（递延纳税）"相关列次。

14. 第 14 行"八、股权划转、资产划转"：填报企业发生资产（股权）划转业务的相关金额。

（二）列次填报

本表数据栏设置"一般性税务处理""特殊性税务处理（递延纳税）"两大栏次，纳税人应根据企业重组所适用的税务处理办法，分别按照企业重组类型进行累计填报，损失以"－"号填列。

1. 第 1 列"一般性税务处理——账载金额"：填报企业重组适用一般性税务处理或企业未发生递延纳税业务，会计核算确认的企业损益金额。

2. 第 2 列"一般性税务处理——税收金额"：填报企业重组适用一般性税务处理或企业未发生递延纳税业务，按税收规定确认的所得（或损失）。

3. 第3列"一般性税务处理——纳税调整金额"：填报企业重组适用一般性税务处理或企业未发生递延纳税业务，按税收规定确认的所得（或损失）与会计核算确认的损益金额的差。为第2－1列的余额。

4. 第4列"特殊性税务处理（递延纳税）——账载金额"：填报企业重组适用特殊性税务处理或企业发生递延纳税业务，会计核算确认的损益金额。

5. 第5列"特殊性税务处理（递延纳税）——税收金额"：填报企业重组适用特殊性税务处理或企业发生递延纳税业务，按税收规定确认的所得（或损失）。

6. 第6列"特殊性税务处理（递延纳税）——纳税调整金额"：填报企业重组适用特殊性税务处理或企业发生递延纳税业务，按税收规定确认的所得（或损失）与会计核算确认的损益金额的差额。为第5－4列的余额。

7. 第7列"纳税调整金额"：填报第3＋6列的合计金额。

二、表内、表间关系

（一）表内关系

1. 第8行＝第9＋10行。

2. 第16行＝第1＋4＋6＋8＋11＋12＋13＋14＋15行。

3. 第3列＝第2－1列。

4. 第6列＝第5－4列。

5. 第7列＝第3＋6列。

（二）表间关系

1. 第16行第1＋4列＝表A105000第37行第1列。

2. 第16行第2＋5列＝表A105000第37行第2列。

3. 若第16行第7列≥0，第16行第7列＝表A105000第37行第3列；若第16行第7列＜0，第16行第7列的绝对值＝表A105000第37行第4列。

A105110　政策性搬迁纳税调整明细表

行次	项目	金额
1	一、搬迁收入（2＋8）	
2	（一）搬迁补偿收入（3＋4＋5＋6＋7）	
3	1. 对被征用资产价值的补偿	
4	2. 因搬迁、安置而给予的补偿	
5	3. 对停产停业形成的损失而给予的补偿	
6	4. 资产搬迁过程中遭到毁损而取得的保险赔款	
7	5. 其他补偿收入	
8	（二）搬迁资产处置收入	
9	二、搬迁支出（10＋16）	
10	（一）搬迁费用支出（11＋12＋13＋14＋15）	
11	1. 安置职工实际发生的费用	
12	2. 停工期间支付给职工的工资及福利费	
13	3. 临时存放搬迁资产而发生的费用	
14	4. 各类资产搬迁安装费用	
15	5. 其他与搬迁相关的费用	
16	（二）搬迁资产处置支出	
17	三、搬迁所得或损失（1－9）	
18	四、应计入本年应纳税所得额的搬迁所得或损失（19＋20＋21）	
19	其中：搬迁所得	
20	搬迁损失一次性扣除	
21	搬迁损失分期扣除	
22	五、计入当期损益的搬迁收益或损失	
23	六、以前年度搬迁损失当期扣除金额	
24	七、纳税调整金额（18－22－23）	

A105110 《政策性搬迁纳税调整明细表》填报说明

本表适用于发生政策性搬迁纳税调整项目的纳税人在完成搬迁年度及以后进行损失分期扣除的年度填报。纳税人根据税法、《国家税务总局关于发布〈企业政策性搬迁所得税管理办法〉的公告》（国家税务总局公告 2012 年第 40 号）、《国家税务总局关于企业政策性搬迁所得税有关问题的公告》（国家税务总局公告 2013 年第 11 号）等相关规定，以及国家统一企业会计制度，填报企业政策性搬迁项目的相关会计处理、税收规定及纳税调整情况。

一、有关项目填报说明

本表第 1 行"一、搬迁收入"至第 21 行"搬迁损失分期扣除"的金额，按照税收规定确认的政策性搬迁清算累计数填报。

1. 第 1 行"一、搬迁收入"：填报第 2 + 8 行的合计金额。

2. 第 2 行"（一）搬迁补偿收入"：填报按税收规定确认的，纳税人从本企业以外取得的搬迁补偿收入金额，此行为第 3 行至第 7 行的合计金额。

3. 第 3 行"1. 对被征用资产价值的补偿"：填报按税收规定确认的，纳税人被征用资产价值补偿收入累计金额。

4. 第 4 行"2. 因搬迁、安置而给予的补偿"：填报按税收规定确认的，纳税人因搬迁、安置而取得的补偿收入累计金额。

5. 第 5 行"3. 对停产停业形成的损失而给予的补偿"：填报按税收规定确认的，纳税人停产停业形成损失而取得的补偿收入累计金额。

6. 第 6 行"4. 资产搬迁过程中遭到毁损而取得的保险赔款"：填报按税收规定确认，纳税人资产搬迁过程中遭到毁损而取得的保险赔款收入累计金额。

7. 第 7 行"5. 其他补偿收入"：填报按税收规定确认，纳税人其他补偿收入累计金额。

8. 第 8 行"（二）搬迁资产处置收入"：填报按税收规定确认，纳税人由于搬迁而处置各类资产所取得的收入累计金额。

9. 第 9 行"二、搬迁支出"：填报第 10 + 16 行的合计金额。

10. 第 10 行"（一）搬迁费用支出"：填报按税收规定确认，纳税人搬迁过程中发生的费用支出累计金额，为第 11 行至第 15 行的合计金额。

11. 第 11 行"1. 安置职工实际发生的费用"：填报按税收规定确认，纳税人安置职工实际发生费用支出的累计金额。

12. 第 12 行"2. 停工期间支付给职工的工资及福利费"：填报按税收规定确认，纳税人因停工支付给职工的工资及福利费支出累计金额。

13. 第 13 行 "3. 临时存放搬迁资产而发生的费用"：填报按税收规定确认，纳税人临时存放搬迁资产发生的费用支出累计金额。

14. 第 14 行 "4. 各类资产搬迁安装费用"：填报按税收规定确认，纳税人各类资产搬迁安装费用支出累计金额。

15. 第 15 行 "5. 其他与搬迁相关的费用"：填报按税收规定确认，纳税人其他与搬迁相关的费用支出累计金额。

16. 第 16 行 "（二）搬迁资产处置支出"：填报按税收规定确认的，纳税人搬迁资产处置支出累计金额。符合《国家税务总局关于企业政策性搬迁所得税有关问题的公告》（国家税务总局公告 2013 年第 11 号）规定的资产购置支出，填报在本行。

17. 第 17 行 "三、搬迁所得或损失"：填报政策性搬迁所得或损失，填报第 1 – 9 行的余额，损失以 " – " 号填列。

18. 第 18 行 "四、应计入本年应纳税所得额的搬迁所得或损失"：填报政策性搬迁所得或损失按照税收规定计入本年应纳税所得额的金额，填报第 19 行至第 21 行的合计金额，损失以 " – " 号填列。

19. 第 19 行 "其中：搬迁所得"：填报按税法相关规定，搬迁完成年度政策性搬迁所得的金额。

20. 第 20 行 "搬迁损失一次性扣除"：由选择一次性扣除搬迁损失的纳税人填报，填报搬迁完成年度按照税收规定计算的搬迁损失金额，损失以 " – " 号填列。

21. 第 21 行 "搬迁损失分期扣除"：由选择分期扣除搬迁损失的纳税人填报，填报搬迁完成年度按照税收规定计算的搬迁损失在本年扣除的金额，损失以 " – " 号填列。

22. 第 22 行 "五、计入当期损益的搬迁收益或损失"：填报政策性搬迁项目会计核算计入当期损益的金额，损失以 " – " 号填列。

23. 第 23 行 "六、以前年度搬迁损失当期扣除金额"：以前年度完成搬迁形成的损失，按照税收规定在当期扣除的金额。

24. 第 24 行 "七、纳税调整金额"：填报第 18 – 22 – 23 行的余额。

二、表内、表间关系

（一）表内关系

1. 第 1 行 = 第 2 + 8 行。

2. 第 2 行 = 第 3 + 4 + … + 7 行。

3. 第 9 行 = 第 10 + 16 行。

4. 第 10 行 = 第 11 + 12 + … + 15 行。

5. 第 17 行 = 第 1 – 9 行。

6. 第 18 行 = 第 19 + 20 + 21 行。

7. 第 24 行 = 第 18 − 22 − 23 行。

（二）表间关系

若第 24 行≥0，第 24 行 = 表 A105000 第 38 行第 3 列；若第 24 行 <0，第 24 行的绝对值 = 表 A105000 第 38 行第 4 列。

A105120　特殊行业准备金及纳税调整明细表

行次	项目		账载金额	税收金额	纳税调整金额
			1	2	3（1－2）
1	一、保险公司（2＋13＋14＋15＋16＋19＋20）				
2	（一）保险保障基金（3＋4＋5＋…＋12）				
3	1. 财产保险业务	非投资型			
4		投资型　保证收益			
5		无保证收益			
6	2. 人寿保险业务	保证收益			
7		无保证收益			
8	3. 健康保险业务	短期			
9		长期			
10	4. 意外伤害保险业务	非投资型			
11		投资型　保证收益			
12		无保证收益			
13	（二）未到期责任准备金				
14	（三）寿险责任准备金				
15	（四）长期健康险责任准备金				
16	（五）未决赔款准备金（17＋18）				
17	1. 已发生已报案未决赔款准备金				
18	2. 已发生未报案未决赔款准备金				
19	（六）大灾风险准备金				
20	（七）其他				
21	二、证券行业（22＋23＋24＋25）				
22	（一）证券交易所风险基金				
23	（二）证券结算风险基金				
24	（三）证券投资者保护基金				
25	（四）其他				
26	三、期货行业（27＋28＋29＋30）				
27	（一）期货交易所风险准备金				
28	（二）期货公司风险准备金				
29	（三）期货投资者保障基金				
30	（四）其他				
31	四、金融企业（32＋33＋34）				
32	（一）涉农和中小企业贷款损失准备金				
33	（二）贷款损失准备金				
34	（三）其他				
35	五、中小企业融资（信用）担保机构（36＋37＋38）				
36	（一）担保赔偿准备				
37	（二）未到期责任准备				
38	（三）其他				
39	六、小额贷款公司（40＋41）				
40	（一）贷款损失准备金				
41	（二）其他				
42	七、其他				
43	合计（1＋21＋26＋31＋35＋39＋42）				

A105120 《特殊行业准备金及纳税调整明细表》填报说明

本表适用于发生特殊行业准备金的纳税人填报。纳税人根据税法相关规定，以及国家统一企业会计制度，填报特殊行业准备金会计处理、税收规定及纳税调整情况。只要会计上发生准备金，不论是否纳税调整，均需填报。

一、有关项目填报说明

1. 第1行"一、保险公司"：填报第2＋13＋14＋15＋16＋19＋20行的合计金额。

2. 第2行"（一）保险保障基金"：填报第3＋4＋5＋6＋7＋8＋9＋10＋11＋12行的合计金额。

3. 第3行"1.财产保险业务—非投资型"：填报保险公司非投资型财产保险业务的保险保障基金相关情况。第1列"账载金额"填报按会计核算计入当期损益的金额；第2列"税收金额"填报按税收规定允许税前扣除的金额；第3列为第1－2列的余额。

4. 第4行"1.财产保险业务—投资型—保证收益"：填报有保证收益的投资型财产保险业务的保险保障基金的纳税调整情况。填列方法同第3行。

5. 第5行"1.财产保险业务—投资型—无保证收益"：填报无保证收益的投资型财产保险业务的保险保障基金的纳税调整情况。填列方法同第3行。

6. 第6行"2.人寿保险业务—保证收益"：填报有保证收益的人寿保险业务的保险保障基金的纳税调整情况。填列方法同第3行。

7. 第7行"2.人寿保险业务—无保证收益"：填报无保证收益的人寿保险业务的保险保障基金的纳税调整情况。填列方法同第3行。

8. 第8行"3.健康保险业务—短期"：填报短期健康保险业务的保险保障基金的纳税调整情况。填列方法同第3行。

9. 第9行"3.健康保险业务—长期"：填报长期健康保险业务的保险保障基金的纳税调整情况。填列方法同第3行。

10. 第10行"4.意外伤害保险业务—非投资型"：填报非投资型意外伤害保险业务的保险保障基金的纳税调整情况。填列方法同第3行。

11. 第11行"4.意外伤害保险业务—投资型—保证收益"：填报有保证收益的投资型意外伤害保险业务的保险保障基金的纳税调整情况。填列方法同第3行。

12. 第12行"4.意外伤害保险业务—投资型—无保证收益"：填报无保证收益的投资型意外伤害保险业务的保险保障基金的纳税调整情况。填列方法同第3行。

13. 第13行"（二）未到期责任准备金"：填报未到期责任准备金的纳税调整情况。填列方法同第3行。

14. 第 14 行"（三）寿险责任准备金"：填报寿险责任准备金的纳税调整情况。填列方法同第 3 行。

15. 第 15 行"（四）长期健康险责任准备金"：填报长期健康险责任准备金的纳税调整情况。填列方法同第 3 行。

16. 第 16 行"（五）未决赔款准备金"：填报第 17＋18 行的合计金额。本表调整的未决赔款准备金为已发生已报案未决赔款准备金、已发生未报案未决赔款准备金，不包括理赔费用准备金。

17. 第 17 行"1. 已发生已报案未决赔款准备金"：填报未决赔款准备金中已发生已报案准备金的纳税调整情况。填列方法同第 3 行。

18. 第 18 行"2. 已发生未报案未决赔款准备金"：填报未决赔款准备金中已发生未报案准备金的纳税调整情况。填列方法同第 3 行。

19. 第 19 行"（六）大灾风险准备金"：填报大灾风险准备金的纳税调整情况。填列方法同第 3 行。

20. 第 20 行"（七）其他"：填报除第 2 行至第 19 行以外的允许税前扣除的保险公司准备金的纳税调整情况。填列方法同第 3 行。

21. 第 21 行"二、证券行业"：填报第 22＋23＋24＋25 行的合计金额。

22. 第 22 行"（一）证券交易所风险基金"：填报证券交易所风险基金的纳税调整情况。填列方法同第 3 行。

23. 第 23 行"（二）证券结算风险基金"：填报证券结算风险基金的纳税调整情况。填列方法同第 3 行。

24. 第 24 行"（三）证券投资者保护基金"：填报证券投资者保护基金的纳税调整情况。填列方法同第 3 行。

25. 第 25 行"（四）其他"：填报除第 22 行至第 24 行以外的允许税前扣除的证券行业准备金的纳税调整情况。填列方法同第 3 行。

26. 第 26 行"三、期货行业"：填报第 27＋28＋29＋30 行的合计金额。

27. 第 27 行"（一）期货交易所风险准备金"：填报期货交易所风险准备金的纳税调整情况。填列方法同第 3 行。

28. 第 28 行"（二）期货公司风险准备金"：填报期货公司风险准备金的纳税调整情况。填列方法同第 3 行。

29. 第 29 行"（三）期货投资者保障基金"：填报期货投资者保障基金的纳税调整情况。填列方法同第 3 行。

30. 第 30 行"（四）其他"：填报除第 27 行至第 29 行以外的允许税前扣除的期货行业准备金的纳税调整情况。填列方法同第 3 行。

31. 第 31 行"四、金融企业"：填报第 32＋33＋34 行的合计金额。

32. 第 32 行"（一）涉农和中小企业贷款损失准备金"：填报涉农和中小企业贷款损失准备金的纳税调整情况。填列方法同第 3 行。

33. 第 33 行"（二）贷款损失准备金"：填报贷款损失准备金的纳税调整情况。填列方法同第 3 行。

34. 第 34 行"（三）其他"：填报除第 32 行至第 33 行以外的允许税前扣除的金融企业准备金的纳税调整情况。填列方法同第 3 行。

35. 第 35 行"五、中小企业融资（信用）担保机构"：填报第 36 + 37 + 38 行的合计金额。

36. 第 36 行"（一）担保赔偿准备"：填报担保赔偿准备的纳税调整情况。填列方法同第 3 行。

37. 第 37 行"（二）未到期责任准备"：填报未到期责任准备的纳税调整情况。填列方法同第 3 行。

38. 第 38 行"（三）其他"：填报除第 36、37 行以外的允许税前扣除的中小企业信用担保机构准备的纳税调整情况。填列方法同第 3 行。

39. 第 39 行"六、小额贷款公司"：填报第 40 + 41 行的合计金额。

40. 第 40 行"（一）贷款损失准备金"：填报经省级金融管理部门批准成立的小额贷款公司贷款损失准备金的纳税调整情况。填列方法同第 3 行。

41. 第 41 行"（二）其他"：填报除第 40 行以外的允许税前扣除的小额贷款公司贷款损失准备金的纳税调整情况。填列方法同第 3 行。

42. 第 42 行"七、其他"：填报除保险公司、证券行业、期货行业、金融企业、中小企业信用担保机构、小额贷款公司以外的允许税前扣除的特殊行业准备金的纳税调整情况。填列方法同第 3 行。

43. 第 43 行"合计"：填报第 1 + 21 + 26 + 31 + 35 + 39 + 42 行的合计金额。

二、表内、表间关系

（一）表内关系

1. 第 3 列 = 第 1 - 2 列。

2. 第 1 行 = 第 2 + 13 + 14 + 15 + 16 + 19 + 20 行。

3. 第 2 行 = 第 3 + 4 + 5 + 6 + 7 + 8 + 9 + 10 + 11 + 12 行。

4. 第 16 行 = 第 17 + 18 行。

5. 第 21 行 = 第 22 + 23 + 24 + 25 行。

6. 第 26 行 = 第 27 + 28 + 29 + 30 行。

7. 第 31 行 = 第 32 + 33 + 34 行。

8. 第 35 行 = 第 36 + 37 + 38 行。

9. 第 39 行 = 第 40 + 41 行。

10. 第 43 行 = 第 1 + 21 + 26 + 31 + 35 + 39 + 42 行。

（二）表间关系

1. 第 43 行第 1 列 = 表 A105000 第 39 行第 1 列。

2. 第 43 行第 2 列 = 表 A105000 第 39 行第 2 列。

3. 若第 43 行第 3 列≥0，第 43 行第 3 列 = 表 A105000 第 39 行第 3 列；若第 43 行第 3 列 <0，第 43 行第 3 列的绝对值 = 表 A105000 第 39 行第 4 列。

A106000　企业所得税弥补亏损明细表

行次	项目	年度	可弥补亏损所得	合并、分立转入（转出）可弥补的亏损额	当年可弥补的亏损额	以前年度亏损已弥补额					本年度实际弥补的以前年度亏损额	可结转以后年度弥补的亏损额
						前四年度	前三年度	前二年度	前一年度	合计		
		1	2	3	4	5	6	7	8	9	10	11
1	前五年度											*
2	前四年度					*						
3	前三年度					*	*					
4	前二年度					*	*	*				
5	前一年度					*	*	*	*	*		
6	本年度					*	*	*	*	*		
7	可结转以后年度弥补的亏损额合计											

A106000　《企业所得税弥补亏损明细表》填报说明

本表填报纳税人根据税法，在本纳税年度及本纳税年度前5个可弥补亏损年度的可弥补亏损所得、合并、分立转入（转出）可弥补的亏损额、当年可弥补的亏损额、以前年度亏损已弥补额、本年度实际弥补的以前年度亏损额、可结转以后年度弥补的亏损额。

一、有关项目填报说明

1. 第1列"年度"：填报公历年度。纳税人应首先填报第6行本年度，再依次从第5行往第1行倒推填报以前年度。纳税人发生政策性搬迁事项，如停止生产经营活动年度可以从法定亏损结转弥补年限中减除，则按可弥补亏损年度进行填报。

2. 第2列"可弥补亏损所得"：第6行填报表A100000第19行"纳税调整后所得"减去第20行"所得减免"后的值。

第1行至第5行填报以前年度主表第23行（2013纳税年度前）或以前年度表A106000第2列第6行的金额（亏损额以"－"号表示）。发生查补以前年度应纳税所得额、追补以前年度未能税前扣除的实际资产损失等情况的，该行需按修改后的"纳税调整后所得"金额进行填报。

3. 第3列"合并、分立转入（转出）可弥补的亏损额"：填报按照企业重组特殊性税务处理规定因企业被合并、分立而允许转入可弥补亏损额，以及因企业分立转出的可弥补亏损额（转入亏损以"－"号表示，转出亏损以正数表示）。合并、分立转入（转出）可弥补亏损额按亏损所属年度填报。

4. 第4列"当年可弥补的亏损额"：当第2列小于零时，本项等于第2+3列；否则，本项等于第3列（亏损以"－"号表示）。

5. "以前年度亏损已弥补额"：填报以前年度盈利已弥补金额，其中：前四年度、前三年度、前二年度、前一年度与"项目"列中的前四年度、前三年度、前二年度、前一年度相对应。

6. 第10列"本年度实际弥补的以前年度亏损额"

（1）第1行至第5行：填报本年度盈利时，用第6行第2列本年度"可弥补亏损所得"依次弥补前5个年度尚未弥补完的亏损额。

（2）第6行：金额等于第10列第1行至第5行的合计金额，该数据填入本年度表A100000第21行。

7. 第11列"可结转以后年度弥补的亏损额"

（1）第2行至第6行：填报本年度前4个年度尚未弥补完的亏损额，以及本年度的亏损额。若纳税人有境外所得且选择用境外所得弥补以前年度境内亏损，填报用境外所得弥补本年度前 4 个年度境内亏损后尚未弥补完的亏损额。

（2）第 7 行：填报第 11 列第 2 行至第 6 行的合计金额。

二、表内、表间关系

（一）表内关系

1. 若第 2 列 <0，第 4 列 = 第 2 +3 列，否则第 4 列 = 第 3 列。

2. 若第 3 列 >0 且第 2 列 <0，第 3 列 <第 2 列的绝对值。

3. 第 9 列 = 第 5 +6 +7 +8 列。

4. 若第 2 列第 6 行 >0，第 10 列第 1 行至第 5 行同一行次 ≤第 4 列第 1 行至第 5 行同一行次的绝对值 – 第 9 列第 1 行至第 5 行同一行次；若第 2 列第 6 行 ≤0，第 10 列第 1 行至第 5 行 =0。

5. 若第 2 列第 6 行 >0，第 10 列第 6 行 = 第 10 列第 1 +2 +3 +4 +5 行且 ≤第 2 列第 6 行；若第 2 列第 6 行 ≤0，第 10 列第 6 行 =0。

6. 第 4 列为负数的行次，第 11 列同一行次 = 第 4 列该行的绝对值 – 第 9 列该行 – 第 10 列该行（若纳税人选择用境外所得弥补以前年度境内亏损，不适用上述规则）；否则，第 11 列同一行次 =0。

7. 第 11 列第 7 行 = 第 11 列第 2 +3 +4 +5 +6 行。

（二）表间关系

1. 第 6 行第 2 列 = 表 A100000 第 19 – 20 行。

2. 第 6 行第 10 列 = 表 A100000 第 21 行。

A107010　免税、减计收入及加计扣除优惠明细表

行次	项目	金额
1	一、免税收入（2＋3＋6＋7＋…＋16）	
2	（一）国债利息收入免征企业所得税	
3	（二）符合条件的居民企业之间的股息、红利等权益性投资收益免征企业所得税（填写 A107011）	
4	其中：内地居民企业通过沪港通投资且连续持有 H 股满 12 个月取得的股息红利所得免征企业所得税（填写 A107011）	
5	内地居民企业通过深港通投资且连续持有 H 股满 12 个月取得的股息红利所得免征企业所得税（填写 A107011）	
6	（三）符合条件的非营利组织的收入免征企业所得税	
7	（四）符合条件的非营利组织（科技企业孵化器）的收入免征企业所得税	
8	（五）符合条件的非营利组织（国家大学科技园）的收入免征企业所得税	
9	（六）中国清洁发展机制基金取得的收入免征企业所得税	
10	（七）投资者从证券投资基金分配中取得的收入免征企业所得税	
11	（八）取得的地方政府债券利息收入免征企业所得税	
12	（九）中国保险保障基金有限责任公司取得的保险保障基金等收入免征企业所得税	
13	（十）中央电视台的广告费和有线电视费收入免征企业所得税	
14	（十一）中国奥委会取得北京冬奥组委支付的收入免征企业所得税	
15	（十二）中国残奥委会取得北京冬奥组委分期支付的收入免征企业所得税	
16	（十三）其他	
17	二、减计收入（18＋19＋23＋24）	
18	（一）综合利用资源生产产品取得的收入在计算应纳税所得额时减计收入	
19	（二）金融、保险等机构取得的涉农利息、保费减计收入（20＋21＋22）	
20	1. 金融机构取得的涉农贷款利息收入在计算应纳税所得额时减计收入	
21	2. 保险机构取得的涉农保费收入在计算应纳税所得额时减计收入	
22	3. 小额贷款公司取得的农户小额贷款利息收入在计算应纳税所得额时减计收入	
23	（三）取得铁路债券利息收入减半征收企业所得税	
24	（四）其他	
25	三、加计扣除（26＋27＋28＋29＋30）	
26	（一）开发新技术、新产品、新工艺发生的研究开发费用加计扣除（填写 A107012）	
27	（二）科技型中小企业开发新技术、新产品、新工艺发生的研究开发费用加计扣除（填写 A107012）	
28	（三）企业为获得创新性、创意性、突破性的产品进行创意设计活动而发生的相关费用加计扣除	
29	（四）安置残疾人员所支付的工资加计扣除	
30	（五）其他	
31	合计（1＋17＋25）	

A107010 《免税、减计收入及加计扣除优惠明细表》填报说明

本表适用于享受免税收入、减计收入和加计扣除优惠的纳税人填报。纳税人根据税法及相关税收政策规定，填报本年发生的免税收入、减计收入和加计扣除优惠情况。

一、有关项目填报说明

1. 第1行"一、免税收入"：填报第2 + 3 + 6 + 7 + … + 16行的合计金额。

2. 第2行"（一）国债利息收入免征企业所得税"：填报纳税人根据《国家税务总局关于企业国债投资业务企业所得税处理问题的公告》（国家税务总局公告2011年第36号）等相关税收政策规定的，持有国务院财政部门发行的国债取得的利息收入。

3. 第3行"（二）符合条件的居民企业之间的股息、红利等权益性投资收益免征企业所得税"：填报《符合条件的居民企业之间的股息、红利等权益性投资收益明细表》（A107011）第8行第17列金额。

4. 第4行"其中：内地居民企业通过沪港通投资且连续持有H股满12个月取得的股息红利所得免征企业所得税"：填报根据《财政部 国家税务总局 证监会关于沪港股票市场交易互联互通机制试点有关税收政策的通知》（财税〔2014〕81号）等相关税收政策规定的，内地居民企业连续持有H股满12个月取得的股息红利所得。本行 = 表A107011第9行第17列。

5. 第5行"内地居民企业通过深港通投资且连续持有H股满12个月取得的股息红利所得免征企业所得税"：填报根据《财政部 国家税务总局 证监会关于深港股票市场交易互联互通机制试点有关税收政策的通知》（财税〔2016〕127号）等相关税收政策规定的，内地居民企业连续持有H股满12个月取得的股息红利所得。本行 = 表A107011第10行第17列。

6. 第6行"（三）符合条件的非营利组织的收入免征企业所得税"：填报纳税人根据《财政部 国家税务总局关于非营利组织企业所得税免税收入问题的通知》（财税〔2009〕122号）、《财政部 国家税务总局关于非营利组织免税资格认定管理有关问题的通知》（财税〔2014〕13号）等相关税收政策规定的，同时符合条件并依法履行登记手续的非营利组织，取得的捐赠收入等免税收入，不包括从事营利性活动所取得的收入。

7. 第7行"（四）符合条件的非营利组织（科技企业孵化器）的收入免征企业所得税"：填报根据《中华人民共和国企业所得税法》《中华人民共和国企业所得税法实施条例》《财政部 国家税务总局关于非营利组织企业所得税免税收入问题的通知》（财税〔2009〕122号）、《财政部 国家税务总局关于非营利组织免税资格认定管理

有关问题的通知》（财税〔2014〕13 号）及《财政部　国家税务总局关于科技企业孵化器税收政策的通知》（财税〔2016〕89 号）等相关税收政策规定的，符合非营利组织条件的科技企业孵化器的收入。

8. 第 8 行"（五）符合条件的非营利组织（国家大学科技园）的收入免征企业所得税"：填报根据《中华人民共和国企业所得税法》《中华人民共和国企业所得税法实施条例》《财政部　国家税务总局关于非营利组织企业所得税免税收入问题的通知》（财税〔2009〕122 号）、《财政部　国家税务总局关于非营利组织免税资格认定管理有关问题的通知》（财税〔2014〕13 号）及《财政部　国家税务总局关于国家大学科技园税收政策的通知》（财税〔2016〕98 号）等相关税收政策规定的，符合非营利组织条件的科技园的收入。

9. 第 9 行"（六）中国清洁发展机制基金取得的收入免征企业所得税"：填报纳税人根据《财政部　国家税务总局关于中国清洁发展机制基金及清洁发展机制项目实施企业有关企业所得税政策问题的通知》（财税〔2009〕30 号）等相关税收政策规定的，中国清洁发展机制基金取得的 CDM 项目温室气体减排量转让收入上缴国家的部分，国际金融组织赠款收入，基金资金的存款利息收入、购买国债的利息收入，国内外机构、组织和个人的捐赠收入。

10. 第 10 行"（七）投资者从证券投资基金分配中取得的收入免征企业所得税"：填报纳税人根据《财政部　国家税务总局关于企业所得税若干优惠政策的通知》（财税〔2008〕1 号）第二条第（二）项等相关税收政策规定的，投资者从证券投资基金分配中取得的收入。

11. 第 11 行"（八）取得的地方政府债券利息收入免征企业所得税"：填报纳税人根据《财政部　国家税务总局关于地方政府债券利息所得免征所得税问题的通知》（财税〔2011〕76 号）、《财政部　国家税务总局关于地方政府债券利息免征所得税问题的通知》（财税〔2013〕5 号）等相关税收政策规定的，取得的 2009 年、2010 年和 2011 年发行的地方政府债券利息所得，2012 年及以后年度发行的地方政府债券利息收入。

12. 第 12 行"（九）中国保险保障基金有限责任公司取得的保险保障基金等收入免征企业所得税"：填报中国保险保障基金有限责任公司根据《财政部　国家税务总局关于保险保障基金有关税收政策问题的通知》（财税〔2016〕10 号）等相关税收政策规定的，根据《保险保障基金管理办法》取得的境内保险公司依法缴纳的保险保障基金；依法从撤销或破产保险公司清算财产中获得的受偿收入和向有关责任方追偿所得，以及依法从保险公司风险处置中获得的财产转让所得；捐赠所得；银行存款利息收入；购买政府债券、中央银行、中央企业和中央级金融机构发行债券的利息收入；国务院批准的其他资金运用取得的收入。

13. 第 13 行"（十）中央电视台的广告费和有线电视费收入免征企业所得税"：填报按照《财政部　国家税务总局关于中央电视台广告费和有线电视费收入企业所得税政策问题的通知》（财税〔2016〕80 号）等相关税收政策规定的，中央电视台的广告费和有线电视费收入。

14. 第 14 行"（十一）中国奥委会取得北京冬奥组委支付的收入免征企业所得税"：填报按照《财政部　国家税务总局　海关总署关于北京 2022 年冬奥会和冬残奥会税收政策的通知》（财税〔2017〕60 号）等相关税收政策规定的，对按中国奥委会、主办城市签订的《联合市场开发计划协议》和中国奥委会、主办城市、国际奥委会签订的《主办城市合同》规定，中国奥委会取得的由北京冬奥组委分期支付的收入、按比例支付的盈余分成收入。

15. 第 15 行"（十二）中国残奥委会取得北京冬奥组委分期支付的收入免征企业所得税"：填报按照《财政部　国家税务总局　海关总署关于北京 2022 年冬奥会和冬残奥会税收政策的通知》（财税〔2017〕60 号）等相关税收政策规定的，中国残奥委会根据《联合市场开发计划协议》取得的由北京冬奥组委分期支付的收入。

16. 第 16 行"（十三）其他"：填报纳税人享受的其他减免税项目名称、减免税代码及免税收入金额。

17. 第 17 行"二、减计收入"：填报第 18 + 19 + 23 + 24 行的合计金额。

18. 第 18 行"（一）综合利用资源生产产品取得的收入在计算应纳税所得额时减计收入"：填报纳税人综合利用资源生产产品取得的收入总额乘以 10% 的金额。

19. 第 19 行"（二）金融、保险等机构取得的涉农利息、保费减计收入"：填报金融、保险等机构取得的涉农利息、保费收入减计收入的金额。本行填报第 20 + 21 + 22 行的合计金额。

20. 第 20 行"1. 金融机构取得的涉农贷款利息收入在计算应纳税所得额时减计收入"：填报纳税人取得农户小额贷款利息收入总额乘以 10% 的金额。

21. 第 21 行"2. 保险机构取得的涉农保费收入在计算应纳税所得额时减计收入"：填报保险公司为种植业、养殖业提供保险业务取得的保费收入总额乘以 10% 的金额。其中保费收入总额 = 原保费收入 + 分保费收入 − 分出保费收入。

22. 第 22 行"3. 小额贷款公司取得的农户小额贷款利息收入在计算应纳税所得额时减计收入"：填报按照《财政部　国家税务总局关于小额贷款公司有关税收政策的通知》（财税〔2017〕48 号）等相关税收政策规定的，对经省级金融管理部门（金融办、局等）批准成立的小额贷款公司取得的农户小额贷款利息收入乘以 10% 的金额。

23. 第 23 行"（三）取得铁路债券利息收入减半征收企业所得税"：填报纳税人根据《财政部　国家税务总局关于铁路建设债券利息收入企业所得税政策的通知》

（财税〔2011〕99号）、《财政部　国家税务总局关于2014、2015年铁路建设债券利息收入企业所得税政策的通知》（财税〔2014〕2号）及《财政部　国家税务总局关于铁路债券利息收入所得税政策问题的通知》（财税〔2016〕30号）等相关税收政策规定的，对企业持有中国铁路建设铁路债券等企业债券取得的利息收入，减半征收企业所得税。本行填报政策规定减计50%收入的金额。

24. 第24行"（四）其他"：填报纳税人享受的其他减免税项目名称、减免税代码及减计收入金额。

25. 第25行"三、加计扣除"：填报第26+27+28+29+30行的合计金额。

26. 第26行"（一）开发新技术、新产品、新工艺发生的研究开发费用加计扣除"：当《研发费加计扣除优惠明细表》（A107012）中"□一般企业　□科技型中小企业"选"一般企业"时，填报《研发费用加计扣除优惠明细表》（A107012）第50行金额。

27. 第27行"（二）科技型中小企业开发新技术、新产品、新工艺发生的研究开发费用加计扣除"：当《研发费加计扣除优惠明细表》（A107012）中"□一般企业　□科技型中小企业"选"科技型中小企业"时，填报《研发费用加计扣除优惠明细表》（A107012）第50行金额。

28. 第28行"（三）企业为获得创新性、创意性、突破性的产品进行创意设计活动而发生的相关费用加计扣除"：填报纳税人根据《财政部　国家税务总局　科技部关于完善研究开发费用税前加计扣除政策的通知》（财税〔2015〕119号）第二条第四项规定，为获得创新性、创意性、突破性的产品进行创意设计活动而发生的相关费用按照规定进行税前加计扣除的金额。

29. 第29行"（四）安置残疾人员所支付的工资加计扣除"：填报纳税人根据《财政部　国家税务总局关于安置残疾人员就业有关企业所得税优惠政策问题的通知》（财税〔2009〕70号）等相关税收政策规定的，安置残疾人员的，在支付给残疾职工工资据实扣除的基础上，按照支付给残疾职工工资的100%加计扣除的金额。

30. 第30行"（五）其他"：填报纳税人享受的其他加计扣除项目名称、减免税代码及加计扣除的金额。

31. 第31行"合计"：填报第1+17+25行的合计金额。

二、表内、表间关系

（一）表内关系

1. 第1行＝第2+3+6+7+…+16行。

2. 第17行＝第18+19+23+24行。

3. 第19行＝第20+21+22行。

4. 第25行＝第26+27+28+29+30行。

5. 第 31 行 = 第 1 + 17 + 25 行。

（二）表间关系

1. 第 31 行 = 表 A100000 第 17 行。

2. 第 3 行 = 表 A107011 第 8 行第 17 列。

3. 第 4 行 = 表 A107011 第 9 行第 17 列。

4. 第 5 行 = 表 A107011 第 10 行第 17 列。

5. 当《研发费用加计扣除优惠明细表》（A107012）中"□一般企业　□科技型中小企业"选"一般企业"时，第 26 行 = 表 A107012 第 50 行，第 27 行不得填报。

6. 当《研发费用加计扣除优惠明细表》（A107012）中"□一般企业　□科技型中小企业"选"科技型中小企业"时，第 27 行 = 表 A107012 第 50 行，第 26 行不得填报。

A107011　符合条件的居民企业之间的股息、红利等权益性投资收益优惠明细表

行次	被投资企业				被投资企业利润分配确认金额			被投资企业清算确认金额			撤回或减少投资确认金额						合计
	被投资企业统一社会信用代码（纳税人识别号）	投资性质	投资成本	投资比例	被投资企业做出利润分配或转股决定时间	依决定归属于本公司的股息、红利等权益性投资收益额	应确认的股息所得	分得的被投资企业清算剩余资产	被清算企业累计未分配利润和累计盈余公积应享有部分	应确认的股息所得	从被投资企业撤回或减少投资取得的资产	减少投资比例	收回初始投资成本	取得资产中超过收回初始投资成本的部分	撤回或减少投资享有被投资企业累计未分配利润和累计盈余公积	应确认的股息所得	合计
	1	2	3	4	5	6	7	8	9	10（8与9孰小）	11	12	13（4×12）	14（11－13）	15	16（14与15孰小）	17（7+10+16）
1																	
2																	
3																	
4																	
5																	
6																	
7																	
8																	
9																	
10																	
合计																	
其中：股票投资—沪港通H股																	
股票投资—深港通H股																	

A107011 《符合条件的居民企业之间的股息、红利等权益性投资收益优惠明细表》填报说明

本表适用于享受符合条件的居民企业之间的股息、红利等权益性投资收益优惠的纳税人填报。纳税人根据税法、《财政部 国家税务总局关于企业清算业务企业所得税处理若干问题的通知》（财税〔2009〕60号）、《财政部 国家税务总局关于执行企业所得税优惠政策若干问题的通知》（财税〔2009〕69号）、《国家税务总局关于贯彻落实企业所得税法若干税收问题的通知》（国税函〔2010〕79号）、《国家税务总局关于企业所得税若干问题的公告》（国家税务总局公告2011年第34号）、《财政部 国家税务总局 证监会关于沪港股票市场交易互联互通机制试点有关税收政策的通知》（财税〔2014〕81号）、《财政部 国家税务总局 证监会关于深港股票市场交易互联互通机制试点有关税收政策的通知》（财税〔2016〕127号）等相关税收政策规定，填报本年发生的符合条件的居民企业之间的股息、红利（包括H股）等权益性投资收益优惠情况，不包括连续持有居民企业公开发行并上市流通的股票不足12个月取得的投资收益。

一、有关项目填报说明

1. 行次根据投资企业名称和投资性质填报，可以根据情况增加。

2. 第8行"合计"：填报第1+2+…+7行的第17列合计金额，若增行，根据增行后的情况合计。

3. 第9行"其中：股票投资—沪港通H股"：填报第1+2+…+7行中，"投资性质"列选择"（3）股票投资（沪港通H股投资）"的行次，第17列合计金额。

4. 第10行"股票投资—深港通H股"：填报第1+2+…+7行中，"投资性质"列选择"（4）股票投资（深港通H股投资）"的行次，第17列合计金额。

5. 第1列"被投资企业"：填报被投资企业名称。

6. 第2列"被投资企业统一社会信用代码（纳税人识别号）"：填报被投资企业工商等部门核发的纳税人统一社会信用代码。未取得统一社会信用代码的，填报税务机关核发的纳税人识别号。

7. 第3列"投资性质"：按选项填报：（1）直接投资、（2）股票投资（不含H股）、（3）股票投资（沪港通H股投资）、（4）股票投资（深港通H股投资）。

符合《财政部 国家税务总局 证监会关于沪港股票市场交易互联互通机制试点有关税收政策的通知》（财税〔2014〕81号）文件第一条第（四）项第1目规定，享受沪港通H股股息红利免税政策的企业，选择"（3）股票投资（沪港通H股投资）"。

　　符合《财政部　国家税务总局　证监会关于深港股票市场交易互联互通机制试点有关税收政策的通知》（财税〔2016〕127号）文件第一条第（四）项第1目规定，享受深港通H股股息红利免税政策的企业，选择"（4）股票投资（深港通H股投资）"。

　　8. 第4列"投资成本"：填报纳税人投资于被投资企业的计税成本。

　　9. 第5列"投资比例"：填报纳税人投资于被投资企业的股权比例。若购买公开发行股票的，此列可不填报。

　　10. 第6列"被投资企业做出利润分配或转股决定时间"：填报被投资企业做出利润分配或转股决定的时间。

　　11. 第7列"依决定归属于本公司的股息、红利等权益性投资收益金额"：填报纳税人按照投资比例或者其他方法计算的，实际归属于本公司的股息、红利等权益性投资收益金额。若被投资企业将股权（票）溢价所形成的资本公积转为股本的，不作为投资方企业的股息、红利收入，投资方企业也不得增加该项长期投资的计税基础。

　　12. 第8列"分得的被投资企业清算剩余资产"：填报纳税人分得的被投资企业清算后的剩余资产。

　　13. 第9列"被清算企业累计未分配利润和累计盈余公积应享有部分"：填报被清算企业累计未分配利润和累计盈余公积中本企业应享有的金额。

　　14. 第10列"应确认的股息所得"：填报第7列与第8列孰小值。

　　15. 第11列"从被投资企业撤回或减少投资取得的资产"：填报纳税人从被投资企业撤回或减少投资时取得的资产。

　　16. 第12列"减少投资比例"：填报纳税人撤回或减少的投资额占投资方在被投资企业持有总投资比例。

　　17. 第13列"收回初始投资成本"：填报第3×11列的金额。

　　18. 第14列"取得资产中超过收回初始投资成本部分"：填报第11－13列的余额。

　　19. 第15列"撤回或减少投资应享有被投资企业累计未分配利润和累计盈余公积"：填报被投资企业累计未分配利润和累计盈余公积按减少实收资本比例计算的部分。

　　20. 第16列"应确认的股息所得"：填报第13列与第14列孰小值。

　　21. 第17列"合计"：填报第7＋10＋16列的合计金额。

　　二、表内、表间关系

　　（一）表内关系

　　1. 第13列＝第4×12列。

　　2. 第14列＝第11－13列。

3. 第 17 列 = 第 7 + 10 + 16 列。

4. 第 10 列 = 第 8 列与第 9 列孰小值。

5. 第 16 列 = 第 14 列与第 15 列孰小值。

6. 第 8 行（"合计"行）= 第 1 + 2 + … + 7 行第 17 列合计。

7. 第 9 行（"股票投资—沪港通 H 股"合计行）= 第 1 + 2 + … + 7 行中，各行第 3 列选择"（3）股票投资（沪港通 H 股投资）"的行次第 17 列合计金额。

8. 第 10 行（"股票投资—深港通 H 股"合计行）= 第 1 + 2 + … + 7 行中，各行第 3 列选择"（4）股票投资（深港通 H 股投资）"的行次第 17 列合计金额。

（二）表间关系

1. 第 8 行第 17 列 = 表 A107010 第 3 行。

2. 第 9 行第 17 列 = 表 A107010 第 4 行。

3. 第 10 行第 17 列 = 表 A107010 第 5 行。

A107012　研发费用加计扣除优惠明细表

基本信息		
1	□一般企业　　□科技型中小企业	科技型中小企业登记编号	
2	本年可享受研发费用加计扣除项目数量		
研发活动费用明细		
3	一、自主研发、合作研发、集中研发（4＋8＋17＋20＋24＋35）	
4	（一）人员人工费用（5＋6＋7）	
5	1. 直接从事研发活动人员工资薪金	
6	2. 直接从事研发活动人员五险一金	
7	3. 外聘研发人员的劳务费用	
8	（二）直接投入费用（9＋10＋…＋16）	
9	1. 研发活动直接消耗材料	
10	2. 研发活动直接消耗燃料	
11	3. 研发活动直接消耗动力费用	
12	4. 用于中间试验和产品试制的模具、工艺装备开发及制造费	
13	5. 用于不构成固定资产的样品、样机及一般测试手段购置费	
14	6. 用于试制产品的检验费	
15	7. 用于研发活动的仪器、设备的运行维护、调整、检验、维修等费用	
16	8. 通过经营租赁方式租入的用于研发活动的仪器、设备租赁费	
17	（三）折旧费用（18＋19）	
18	1. 用于研发活动的仪器的折旧费	
19	2. 用于研发活动的设备的折旧费	
20	（四）无形资产摊销（21＋22＋23）	
21	1. 用于研发活动的软件的摊销费用	
22	2. 用于研发活动的专利权的摊销费用	
23	3. 用于研发活动的非专利技术（包括许可证、专有技术、设计和计算方法等）的摊销费用	
24	（五）新产品设计费等（25＋26＋27＋28）	
25	1. 新产品设计费	
26	2. 新工艺规程制定费	
27	3. 新药研制的临床试验费	
28	4. 勘探开发技术的现场试验费	
29	（六）其他相关费用（30＋31＋32＋33＋34）	

	研发活动费用明细	
30	1. 技术图书资料费、资料翻译费、专家咨询费、高新科技研发保险费	
31	2. 研发成果的检索、分析、评议、论证、鉴定、评审、评估、验收费用	
32	3. 知识产权的申请费、注册费、代理费	
33	4. 职工福利费、补充养老保险费、补充医疗保险费	
34	5. 差旅费、会议费	
35	（七）经限额调整后的其他相关费用	
36	二、委托研发〔（37－38）×80%〕	
37	委托外部机构或个人进行研发活动所发生的费用	
38	其中：委托境外进行研发活动所发生的费用	
39	三、年度研发费用小计（3＋36）	
40	（一）本年费用化金额	
41	（二）本年资本化金额	
42	四、本年形成无形资产摊销额	
43	五、以前年度形成无形资产本年摊销额	
44	六、允许扣除的研发费用合计（40＋42＋43）	
45	减：特殊收入部分	
46	七、允许扣除的研发费用抵减特殊收入后的金额（44－45）	
47	减：当年销售研发活动直接形成产品（包括组成部分）对应的材料部分	
48	减：以前年度销售研发活动直接形成产品（包括组成部分）对应材料部分结转金额	
49	八、加计扣除比例	
50	九、本年研发费用加计扣除总额（46－47－48）×49	
51	十、销售研发活动直接形成产品（包括组成部分）对应材料部分结转以后年度扣减金额（当46－47－48≥0，本行＝0；当46－47－48＜0，本行＝46－47－48的绝对值）	

A107012　《研发费用加计扣除优惠明细表》填报说明

本表适用于享受研发费用加计扣除优惠（含结转）的纳税人填报。纳税人根据税法、《财政部　国家税务总局　科技部关于完善研究开发费用税前加计扣除政策的通知》（财税〔2015〕119号）、《国家税务总局关于企业研究开发费用税前加计扣除政策有关问题的公告》（国家税务总局公告2015年第97号）、《财政部　国家税务总局　科技部关于提高科技型中小企业研究开发费用税前加计扣除比例的通知》（财税〔2017〕34号）、《科技部　财政部　国家税务总局关于印发〈科技型中小企业评价办法〉的通知》（国科发政〔2017〕115号）、《国家税务总局关于提高科技型中小企业研究开发费用税前加计扣除比例有关问题的公告》（国家税务总局公告2017年第18号）、《国家税务总局关于研发费用税前加计扣除归集范围有关问题的公告》（国家税务总局公告2017年第40号）等相关税收政策规定，填报本年发生的研发费用加计扣除优惠情况及以前年度结转情况。

一、有关项目填报说明

1. 第1行"□一般企业　□科技型中小企业"：纳税人按照《科技部　财政部　国家税务总局关于印发〈科技型中小企业评价办法〉的通知》（国科发政〔2017〕115号）的相关规定，取得相应年度科技型中小企业登记编号的，选择"科技型中小企业"，并填写"科技型中小企业登记编号"，否则选择"一般企业"。

2. 第2行"本年可享受研发费用加计扣除项目数量"：填报纳税人本年研发项目中可享受研发费用加计扣除优惠政策的项目数量。

3. 第3行"一、自主研发、合作研发、集中研发"：填报第4+8+17+20+24+35行的合计金额。

4. 第4行"（一）人员人工费用"：填报第5+6+7行的合计金额。

直接从事研发活动的人员、外聘研发人员同时从事非研发活动的，填报按实际工时占比等合理方法分配的用于研发活动的相关费用。

5. 第5行"1. 直接从事研发活动人员工资薪金"：填报纳税人直接从事研发活动人员包括研究人员、技术人员、辅助人员发生的工资、薪金、奖金、津贴、补贴以及按规定可以在税前扣除的对研发人员股权激励的支出。

6. 第6行"2. 直接从事研发活动人员五险一金"：填报纳税人直接从事研发活动人员包括研究人员、技术人员、辅助人员发生的基本养老保险费、基本医疗保险费、失业保险费、工伤保险费、生育保险费和住房公积金。

7. 第7行"3. 外聘研发人员的劳务费用"：填报纳税人外聘研发人员发生的劳务费用或纳税人与劳务派遣企业签订研发人员劳务用工协议（合同）发生的劳务费用，

以及临时聘用研发人员发生的劳务费用。

8. 第 8 行"（二）直接投入费用"：填报第 9 + 10 + … + 16 行的合计金额。

9. 第 9 行"1. 研发活动直接消耗材料"：填报纳税人研发活动直接消耗材料。

10. 第 10 行"2. 研发活动直接消耗燃料"：填报纳税人研发活动直接消耗燃料。

11. 第 11 行"3. 研发活动直接消耗动力费用"：填报纳税人研发活动直接消耗的动力费用。

12. 第 12 行"4. 用于中间试验和产品试制的模具、工艺装备开发及制造费"：填报纳税人研发活动中用于中间试验和产品试制的模具、工艺装备开发及制造费。

13. 第 13 行"5. 用于不构成固定资产的样品、样机及一般测试手段购置费"：填报纳税人研发活动中用于不构成固定资产的样品、样机及一般测试手段购置费。

14. 第 14 行"6. 用于试制产品的检验费"：填报纳税人研发活动中用于试制产品的检验费。

15. 第 15 行"7. 用于研发活动的仪器、设备的运行维护、调整、检验、维修等费用"：填报纳税人用于研发活动的仪器、设备的运行维护、调整、检验、维修等费用。

16. 第 16 行"8. 通过经营租赁方式租入的用于研发活动的仪器、设备租赁费"：填报纳税人经营租赁方式租入的用于研发活动的仪器、设备租赁费。以经营租赁方式租入的用于研发活动的仪器、设备，同时用于非研发活动的，填报按实际工时占比等合理方法分配的用于研发活动的相关费用。

17. 第 17 行"（三）折旧费用"：填报第 18 + 19 行的合计金额。

用于研发活动的仪器、设备，同时用于非研发活动的，填报按实际工时占比等合理方法分配的用于研发活动的相关费用。

纳税人用于研发活动的仪器、设备，符合税收规定且选择加速折旧优惠政策的，在享受研发费用税前加计扣除政策时，就税前扣除的折旧部分填报。

18. 第 18 行"1. 用于研发活动的仪器的折旧费"：填报纳税人用于研发活动的仪器的折旧费。

19. 第 19 行"2. 用于研发活动的设备的折旧费"：填报纳税人用于研发活动的设备的折旧费。

20. 第 20 行"（四）无形资产摊销"：填报第 21 + 22 + 23 行的合计金额。

用于研发活动的无形资产，同时用于非研发活动的，填报按实际工时占比等合理方法在研发费用和生产经营费用间分配的用于研发活动的相关费用。

纳税人用于研发活动的无形资产，符合税收规定且选择加速摊销优惠政策的，在享受研发费用税前加计扣除政策时，就税前扣除的摊销部分填报。

21. 第 21 行 "1. 用于研发活动的软件的摊销费用"：填报纳税人用于研发活动的软件的摊销费用。

22. 第 22 行 "2. 用于研发活动的专利权的摊销费用"：填报纳税人用于研发活动的专利权的摊销费用。

23. 第 23 行 "3. 用于研发活动的非专利技术（包括许可证、专有技术、设计和计算方法等）的摊销费用"：填报纳税人用于研发活动的非专利技术（包括许可证、专有技术、设计和计算方法等）的摊销费用。

24. 第 24 行 "（五）新产品设计费等"：填报第 25 + 26 + 27 + 28 行的合计金额。新产品设计费、新工艺规程制定费、新药研制的临床试验费、勘探开发技术的现场试验费等。由辅助生产部门提供的，期末按照一定的分配标准分配给研发项目的金额填报。

25. 第 25 行 "1. 新产品设计费"：填报纳税人研发活动中发生的新产品设计费。

26. 第 26 行 "2. 新工艺规程制定费"：填报纳税人研发活动中发生的新工艺规程制定费。

27. 第 27 行 "3. 新药研制的临床试验费"：填报纳税人研发活动中发生的新药研制的临床试验费。

28. 第 28 行 "4. 勘探开发技术的现场试验费"：填报纳税人研发活动中发生的勘探开发技术的现场试验费。

29. 第 29 行 "（六）其他相关费用"：填报第 30 + 31 + 32 + 33 + 34 行的合计金额。

30. 第 30 行 "1. 技术图书资料费、资料翻译费、专家咨询费、高新科技研发保险费"：填报纳税人研发活动中发生的技术图书资料费、资料翻译费、专家咨询费、高新科技研发保险费。

31. 第 31 行 "2. 研发成果的检索、分析、评议、论证、鉴定、评审、评估、验收费用"：填报纳税人研发活动中发生的对研发成果的检索、分析、评议、论证、鉴定、评审、评估、验收费用。

32. 第 32 行 "3. 知识产权的申请费、注册费、代理费"：填报纳税人研发活动中发生的知识产权的申请费、注册费、代理费。

33. 第 33 行 "4. 职工福利费、补充养老保险费、补充医疗保险费"：填报纳税人研发活动人员发生的职工福利费、补充养老保险费、补充医疗保险费。

34. 第 34 行 "5. 差旅费、会议费"：填报纳税人研发活动发生的差旅费、会议费。

35. 第 35 行 "（七）经限额调整后的其他相关费用"：根据研发活动分析汇总填报。

36. 第36行"二、委托研发"：填报第（37 – 38）行 × 80% 的金额。

37. 第37行"委托外部机构或个人进行研发活动所发生的费用"：填报纳税人研发项目委托外部机构或个人所发生的费用。

38. 第38行"其中：委托境外进行研发活动所发生的费用"：填报纳税人研发项目委托境外进行研发活动所发生的费用。

39. 第39行"三、年度研发费用小计"：填报第 3 + 36 行的合计金额。

40. 第40行"（一）本年费用化金额"：填报按第39行归集的本年费用化部分金额。

41. 第41行"（二）本年资本化金额"：填报纳税人研发活动本年结转无形资产的金额。

42. 第42行"四、本年形成无形资产摊销额"：填报纳税人研发活动本年形成无形资产的摊销额。

43. 第43行"五、以前年度形成无形资产本年摊销额"：填报纳税人研发活动以前年度形成无形资产本年摊销额。

44. 第44行"六、允许扣除的研发费用合计"：填报第 40 + 42 + 43 行的合计金额。

45. 第45行"减：特殊收入部分"：填报纳税人已归集计入研发费用，但在当期取得的研发过程中形成的下脚料、残次品、中间试制品等特殊收入。

46. 第46行"七、允许扣除的研发费用抵减特殊收入后的金额"：填报第 44 – 45 行的余额。

47. 第47行"减：当年销售研发活动直接形成产品（包括组成部分）对应的材料部分"：填报纳税人当年销售研发活动直接形成产品（包括组成部分）对应的材料部分。

48. 第48行"减：以前年度销售研发活动直接形成产品（包括组成部分）对应材料部分结转金额"：填报纳税人以前年度销售研发活动直接形成产品（包括组成部分）对应材料部分结转金额。

49. 第49行"八、加计扣除比例"：纳税人为科技型中小企业的填报 75%，其他企业填报 50%。

50. 第50行"九、本年研发费用加计扣除总额"：填报第（46 – 47 – 48） × 49 行的金额，当 46 – 47 – 48 < 0 时，本行 = 0。

51. 第51行"十、销售研发活动直接形成产品（包括组成部分）对应材料部分结转以后年度扣减金额"：若第 46 – 47 – 48 行 ≥ 0，本行 = 0；若第 46 – 47 – 48 行 < 0，本行 = 第 46 – 47 – 48 行的绝对值。

二、表内、表间关系

（一）表内关系

1. 第 3 行 = 第 4 + 8 + 17 + 20 + 24 + 35 行。

2. 第 4 行 = 第 5 + 6 + 7 行。

3. 第 8 行 = 第 9 + 10 + … + 16 行。

4. 第 17 行 = 第 18 + 19 行。

5. 第 20 行 = 第 21 + 22 + 23 行。

6. 第 24 行 = 第 25 + 26 + 27 + 28 行。

7. 第 29 行 = 第 30 + 31 + 32 + 33 + 34 行。

8. 第 36 行 = 第（37 − 38）行 × 80%。

9. 第 39 行 = 第 3 + 36 行。

10. 第 44 行 = 第 40 + 42 + 43 行。

11. 第 46 行 = 第 44 − 45 行。

12. 第 50 行 = 第（46 − 47 − 48）× 49 行，当 46 − 47 − 48 < 0 时，本行 = 0。

13. 若第 46 − 47 − 48 行 ≥ 0，第 51 行 = 0；若第 46 − 47 − 48 行 < 0，第 51 行 = 第 46 − 47 − 48 行的绝对值。

（二）表间关系

1. 当"□一般企业　□科技型中小企业"选"一般企业"时，第 50 行 = 表 A107010 第 26 行。

2. 当"□一般企业　□科技型中小企业"为"科技型中小企业"时，第 50 行 = 表 A107010 第 27 行。

A107020　所得减免优惠明细表

行次	减免项目	项目名称 1	优惠事项名称 2	优惠方式 3	项目收入 4	项目成本 5	相关税费 6	应分摊期间费用 7	纳税调整额 8	项目所得额 免税项目 9	项目所得额 减半项目 10	减免所得额 11 (9+10×50%)
1	一、农、林、牧、渔业项目											
2			*									
3		小计	*	*								
4												
5	二、国家重点扶持的公共基础设施项目											
6		小计	*	*								
7	三、符合条件的环境保护、节能节水项目											
8	项目		*									
9		小计	*	*						*	*	*
10	四、符合条件的技术转让项目		*	*						*	*	*
11			*	*						*	*	*
12		小计	*	*								
13	五、实施清洁机制发展项目		*									
14			*									
15		小计	*	*								
16	六、符合条件的节能服务公司实施合同能源管理项目		*									
17			*									
18		小计	*	*								
19	七、其他											
20		小计	*	*								
21			*	*								
22	合计	*	*	*								

A107020 《所得减免优惠明细表》填报说明

本表适用于享受所得减免优惠的纳税人填报。纳税人根据税法及相关税收政策规定，填报本年发生的所得减免优惠情况，本期纳税调整后所得（表 A100000 第 19 行）为负数的不需填报本表。

一、有关项目填报说明

1. 第 1 列"项目名称"：填报纳税人享受减免所得优惠的项目在会计核算上的名称。项目名称以纳税人内部规范称谓为准。

2. 第 2 列"优惠事项名称"：按照该项目享受所得减免企业所得税优惠事项的具体政策内容选择填报。具体说明如下：

（1）"一、农、林、牧、渔业项目"

在以下优惠事项中选择填报：1. 蔬菜、谷物、薯类、油料、豆类、棉花、麻类、糖料、水果、坚果的种植；2. 农作物新品种的选育；3. 中药材的种植；4. 林木的培育和种植；5. 牲畜、家禽的饲养；6. 林产品的采集；7. 灌溉、兽医、农技推广、农机作业和维修等农、林、牧、渔服务业项目；8. 农产品初加工；9. 远洋捕捞；10. 花卉、茶以及其他饮料作物和香料作物的种植；11. 海水养殖、内陆养殖；12. 其他。

（2）"二、国家重点扶持的公共基础设施项目"

在以下优惠事项中选择填报：1. 港口码头项目；2. 机场项目；3. 铁路项目；4. 公路项目；5. 城市公共交通项目；6. 电力项目；7. 水利项目；8. 其他项目。

（3）"三、符合条件的环境保护、节能节水项目"

在以下优惠事项中选择填报：1. 公共污水处理项目；2. 公共垃圾处理项目；3. 沼气综合开发利用项目；4. 节能减排技术改造项目；5. 海水淡化项目；6. 其他项目。

（4）"四、符合条件的技术转让项目"：本列不需填报。

（5）"五、实施清洁发展机制"：本列不需填报。

（6）"六、符合条件的节能服务公司实施合同能源管理项目"：本列不需填报。

（7）"七、其他"：填报上述所得减免优惠项目以外的其他所得减免优惠政策具体名称。

3. 第 3 列"优惠方式"：填报该项目享受所得减免企业所得税优惠的具体方式。该项目享受免征企业所得税优惠的，选择填报"免税"；项目享受减半征税企业所得税优惠的，选择填报"减半征收"。

4. 第 4 列"项目收入"：填报享受所得减免企业所得税优惠项目取得的收入总额。

5. 第5列"项目成本"：填报享受所得减免企业所得税优惠项目发生的成本总额。

6. 第6列"相关税费"：填报享受所得减免企业所得税优惠项目实际发生的有关税费，包括除企业所得税和允许抵扣的增值税以外的各项税金及其附加、合同签订费用、律师费等相关费用及其他支出。

7. 第7列"应分摊期间费用"：填报享受所得减免企业所得税优惠项目合理分摊的期间费用。合理分摊比例可以按照投资额、销售收入、资产额、人员工资等参数确定。上述比例一经确定，不得随意变更。

8. 第8列"纳税调整额"：填报纳税人按照税收规定需要调整减免税项目收入、成本、费用的金额，调整减少的金额以负数填报。

9. 第9列"项目所得额—免税项目"：填报享受所得减免企业所得税优惠的纳税人计算确认的本期免税项目所得额。本列根据第3列分析填报，第3列填报内容为"免税"的，第4－5－6－7＋8列的值填入本列；若第4－5－6－7＋8列的值小于零的，本列按零填报。

第9列"四、符合条件的技术转让项目"的"小计"行，第4－5－6－7＋8列的值小于或等于500万元的，填入本列，超出部分金额填入第10列；若第4－5－6－7＋8列的值小于零的，本列按零填报。

10. 第10列"项目所得额—减半项目"：填报享受所得减免企业所得税优惠的纳税人本期经计算确认的减半征收项目所得额。本列根据第3列分析填报，第3列填报内容为"减半征税"的，第4－5－6－7＋8列的金额填入本列；若第4－5－6－7＋8列的值小于零的，本列按零填报。

第10列"四、符合条件的技术转让项目"的"小计"行，第4－5－6－7＋8列的值超过500万元的部分，填入本列。

11. 第11列"减免所得额"：填报享受所得减免企业所得税优惠的企业，该项目按照税收规定实际可以享受免征、减征的所得额。本列等于第9列＋第10列×50%。

12. 第1行至第3行"一、农、林、牧、渔业项目"：按农、林、牧、渔业项目的优惠政策具体内容分别填报，一个项目填报一行，纳税人有多个项目的，可自行增加行次填报。各行相应列次填报金额的合计金额填入"小计"行。纳税人根据《财政部 国家税务总局关于发布享受企业所得税优惠政策的农产品初加工范围（试行）的通知》（财税〔2008〕149号）、《国家税务总局关于黑龙江垦区国有农场土地承包费缴纳企业所得税问题的批复》（国税函〔2009〕779号）、《国家税务总局关于"公司＋农户"经营模式企业所得税优惠问题的公告》（国家税务总局公告2010年第2号）、《财政部 国家税务总局关于享受企业所得税优惠的农产品初加工有关范围的补充通知》（财税〔2011〕26号）、《国家税务总局关于实施农林牧渔业项目企业所得税优惠问题的公告》（国家税务总局公告 2011 年第 48 号）等相关税收政策规定，填报该项目本纳税年度发生的减征、免征企业所得税项目的所得额。

13. 第 4 行至第 6 行"二、国家重点扶持的公共基础设施项目"：按国家重点扶持的公共基础设施项目具体内容分别填报，一个项目填报一行，纳税人有多个项目的，可自行增加行次填报。各行相应列次填报金额的合计金额填入"小计"行。纳税人根据《财政部　国家税务总局关于执行公共基础设施项目企业所得税优惠目录有关问题的通知》（财税〔2008〕46 号）、《财政部　国家税务总局　国家发展改革委关于公布公共基础设施项目企业所得税优惠目录（2008 年版）的通知》（财税〔2008〕116 号）、《国家税务总局关于实施国家重点扶持的公共基础设施项目企业所得税优惠问题的通知》（国税发〔2009〕80 号）、《财政部　国家税务总局关于公共基础设施项目和环境保护　节能节水项目企业所得税优惠政策问题的通知》（财税〔2012〕10 号）、《财政部　国家税务总局关于支持农村饮水安全工程建设运营税收政策的通知》（财税〔2012〕30 号）第五条、《国家税务总局关于电网企业电网新建项目享受所得税优惠政策问题的公告》（国家税务总局公告 2013 年第 26 号）、《财政部　国家税务总局关于公共基础设施项目享受企业所得税优惠政策问题的补充通知》（财税〔2014〕55 号）等相关税收政策规定，填报从事《公共基础设施项目企业所得税优惠目录》规定的港口码头、机场、铁路、公路、城市公共交通、电力、水利等项目的投资经营的所得，自项目取得第一笔生产经营收入所属纳税年度起，第一年至第三年免征企业所得税，第四年至第六年减半征收企业所得税。不包括企业承包经营、承包建设和内部自建自用该项目的所得。

14. 第 7 行至第 9 行"三、符合条件的环境保护、节能节水项目"：按符合条件的环境保护、节能节水项目的具体内容分别填报，一个项目填报一行。纳税人有多个项目的，可自行增加行次填报。各行相应列次填报金额的合计金额填入"小计"行。纳税人根据《财政部　国家税务总局　国家发展改革委关于公布环境保护节能节水项目企业所得税优惠目录（试行）的通知》（财税〔2009〕166 号）、《财政部　国家税务总局关于公共基础设施项目和环境保护节能节水项目企业所得税优惠政策问题的通知》（财税〔2012〕10 号）等相关税收政策规定，填报从事符合条件的公共污水处理、公共垃圾处理、沼气综合开发利用、节能减排技术改造、海水淡化等环境保护、节能节水项目的所得，自项目取得第一笔生产经营收入所属纳税年度起，第一年至第三年免征企业所得税，第四年至第六年减半征收企业所得税。

15. 第 10 行至第 12 行"四、符合条件的技术转让项目"：按照不同技术转让项目分别填报，一个项目填报一行，纳税人有多个项目的，可自行增加行次填报。各行相应列次填报金额的合计金额填入"小计"行。纳税人根据《国家税务总局关于技术转让所得减免企业所得税有关问题的通知》（国税函〔2009〕212 号）、《财政部　国家税务总局关于居民企业技术转让有关企业所得税政策问题的通知》（财税〔2010〕111号）、《国家税务总局关于技术转让所得减免企业所得税有关问题的公告》（国家税务总局公告 2013 年第 62 号）、《国家税务总局关于许可使用权技术转让所得企业所得税有关问题的公告》（国家税务总局公告 2015 年第 82 号）等相关税收政策规定，填报一个纳税年度内，居民企业将其拥有的专利技术、计算机软件著作权、集成电路布图设计权、植物新品种、生物医药新品种，以及财政部和国家税务总局确定的其他技术的所有权或 5 年以上（含 5 年）全球独占许可使用权、5 年以上（含 5 年）非独占许可使用权转让取得的所得，不超过 500 万元的部分，免征企业所得税；超过 500 万元的部分，减半征收企业所得税。居民企业从直接或间接持有股权之和达到 100% 的关联方取得的技术转让所得，不享受技术转让减免企业所得税优惠政策。

16. 第 13 行至第 15 行"五、实施清洁机制发展项目"：按照实施清洁发展机制的不同项目分别填报，一个项目填报一行，纳税人有多个项目的，可自行增加行次填报。各行相应列次填报金额的合计金额填入"小计"行。纳税人根据《财政部　国家税务总局关于中国清洁发展机制基金及清洁发展机制项目实施企业有关企业所得税政策问题的通知》（财税〔2009〕30 号）等相关税收政策规定，填报对企业实施的将温室气体减排量转让收入的 65% 上缴给国家的 HFC 和 PFC 类 CDM 项目，以及将温室气体减排量转让收入的 30% 上缴给国家的 N_2O 类 CDM 项目，其实施该类 CDM 项目的所得，自项目取得第一笔减排量转让收入所属纳税年度起，第一年至第三年免征企业所得税，第四年至第六年减半征收企业所得税。

17. 第 16 行至第 18 行"六、符合条件的节能服务公司实施合同能源管理项目"：按照节能服务公司实施合同能源管理的不同项目分别填报，一个项目填报一行，纳税人有多个项目的，可自行增加行次填报。各行相应列次填报金额的合计金额填入"小计"行。纳税人根据《财政部　国家税务总局关于促进节能服务产业发展增值税营业税和企业所得税政策问题的通知》（财税〔2010〕110 号）、《国家税务总局　国家发展改革委关于落实节能服务企业合同能源管理项目企业所得税优惠政策有关征收管理问题的公告》（国家税务总局　国家发展改革委公告 2013 年第 77 号）等相关税收政策规定，填报对符合条件的节能服务公司实施合同能源管理项目，符合企业所得税税法有关规定的，自项目取得第一笔生产经营收入所属纳税年度起，第一年至第三年免征企业所得税，第四年至第六年按照 25% 的法定税率减半征收企业所得税。

18. 第 19 行至第 21 行"七、其他"：填报纳税人享受的其他专项减免项目名称、优惠事项名称及减免税代码、项目收入等。按照享受所得减免企业所得税优惠的其他项目内容分别填报，一个项目填报一行，纳税人有多个项目的，可自行增加行次填报。各行相应列次填报金额的合计金额填入"小计"行。

19. 第 22 行"合计"：填报第一至第七项"小计"行的合计金额。

二、表内、表间关系

（一）表内关系

1. 第 3 行 = 第 1 + 2 行。

2. 第 6 行 = 第 4 + 5 行。

3. 第 9 行 = 第 7 + 8 行。

4. 第 12 行 = 第 10 + 11 行。

5. 第 15 行 = 第 13 + 14 行。

6. 第 18 行 = 第 16 + 17 行。

7. 第 21 行 = 第 19 + 20 行。

8. 第 22 行 = 第 3 + 6 + 9 + 12 + 15 + 18 + 21 行。

9. 第 9 列 = 第 4 − 5 − 6 − 7 + 8 列（当第 3 列 = "免税"时）；第 9 列"四、符合条件的技术转让项目"的"小计"行 = 第 4 − 5 − 6 − 7 + 8 列（当第 4 − 5 − 6 − 7 + 8 列 ≤ 5000000 时）；若第 4 − 5 − 6 − 7 + 8 列 < 0，第 9 列 = 0。

10. 第 10 列 = 第 4 − 5 − 6 − 7 + 8 列（当第 3 列 = "减半征税"时）；第 10 列"四、符合条件的技术转让项目"的"小计"行 = 第 4 − 5 − 6 − 7 + 8 列 − 5000000（当第 4 − 5 − 6 − 7 + 8 列 > 5000000 时）；若第 4 − 5 − 6 − 7 + 8 列 < 0，第 10 列 = 0。

11. 第 11 列 = 第 9 列 + 第 10 列 × 50%；当（第 9 列 + 第 10 列 × 50%） < 0 时，第 11 列 = 0。

（二）表间关系

1. 当本表合计行第 11 列 ≥ 0，且本表合计行第 11 列 ≤ 表 A100000 第 19 行时，表 A100000 第 20 行 = 合计行第 11 列。

2. 当本表合计行第 11 列 ≥ 0，且本表合计行第 11 列 > 表 A100000 第 19 行时，表 A100000 第 20 行 = 表 A100000 第 19 行。

A107030 抵扣应纳税所得额明细表

行次	项目	合计金额 1=2+3	投资于未上市中小高新技术企业 2	投资于种子期、初创期科技型企业 3
	一、创业投资企业直接投资按投资额一定比例抵扣应纳税所得额			
1	本年新增的符合条件的股权投资额			
2	税收规定的抵扣率	70%	70%	70%
3	本年新增的可抵扣的股权投资额（1×2）			
4	以前年度结转的尚未抵扣的股权投资余额	*	*	*
5	本年可结转的股权投资额（3+4）	*	*	*
6	本年可用于抵扣的应纳税所得额	*	*	*
7	本年实际抵扣应纳税所得额			
8	结转以后年度抵扣的股权投资余额	*	*	*
	二、通过有限合伙制创业投资企业投资按一定比例抵扣分得的应纳税所得额			
9	本年从有限合伙创投企业应分得的应纳税所得额			
10	本年新增的可抵扣投资额			
11	以前年度结转的可抵扣投资额余额	*	*	*
12	本年可抵扣投资额（10+11）	*	*	*
13	本年实际抵扣应分得的应纳税所得额			
14	结转以后年度抵扣的投资额余额	*	*	*
	三、抵扣应纳税所得额合计			
15	合计（7+13）			

A107030　《抵扣应纳税所得额明细表》填报说明

本表适用于享受创业投资企业抵扣应纳税所得额优惠（含结转）的纳税人填报。纳税人根据税法、《国家税务总局关于实施创业投资企业所得税优惠问题的通知》（国税发〔2009〕87号）、《财政部　国家税务总局关于执行企业所得税优惠政策若干问题的通知》（财税〔2009〕69号）、《财政部　国家税务总局关于将国家自主创新示范区有关税收试点政策推广到全国范围实施的通知》（财税〔2015〕116号）、《国家税务总局关于有限合伙制创业投资企业法人合伙人企业所得税有关问题的公告》（国家税务总局公告2015年第81号）、《财政部　国家税务总局关于创业投资企业和天使投资个人有关税收试点政策的通知》（财税〔2017〕38号）、《国家税务总局关于创业投资企业和天使投资个人税收试点政策有关问题的公告》（国家税务总局公告2017年第20号）等规定，填报本年度发生的创业投资企业抵扣应纳税所得额优惠情况。企业只要本年有新增符合条件的投资额、从有限合伙制创业投资企业分得的应纳税所得额或以前年度结转的尚未抵扣的股权投资余额，无论本年是否抵扣应纳税所得额，均需填报本表。

一、有关项目填报说明

企业同时存在创业投资企业直接投资和通过有限合伙制创业投资企业投资两种情形的，应先填写本表的"二、通过有限合伙制创业投资企业投资按一定比例抵扣分得的应纳税所得额"。

（一）"一、创业投资企业直接投资按投资额一定比例抵扣应纳税所得额"：由创业投资企业（非合伙制）纳税人填报其以股权投资方式直接投资未上市的中小高新技术企业和投资于种子期、初创期科技型企业2年（24个月，下同）以上限额抵免应纳税所得额的金额。对于通过有限合伙制创业投资企业间接投资未上市的中小高新技术企业和投资于种子期、初创期科技型企业享受优惠政策填写本表第9行至第14行。具体行次如下：

1. 第1行"本年新增的符合条件的股权投资额"：填报创业投资企业采取股权投资方式投资于未上市的中小高新技术企业和投资于种子期、初创期科技型企业满2年的，本年新增的符合条件的股权投资额。本行第1列＝本行第2列＋本行第3列。无论企业本年是否盈利，有符合条件的投资额即填报本表，以后年度盈利时填写第4行"以前年度结转的尚未抵扣的股权投资余额"。

2. 第3行"本年新增的可抵扣的股权投资额"：本行填报第1×2行金额。本行第1列＝本行第2列＋本行第3列。

3. 第4行"以前年度结转的尚未抵扣的股权投资余额"：填报以前年度符合条件

的尚未抵扣的股权投资余额。

4. 第5行"本年可抵扣的股权投资额":本行填报第3+4行的合计金额。

5. 第6行"本年可用于抵扣的应纳税所得额合计金额":本行第1列填报表A100000第19−20−21行−本表第13行第1列"本年实际抵扣应分得的应纳税所得额"的金额,若金额小于零,则填报零。

6. 第7行"本年实际抵扣应纳税所得额":若第5行第1列≤第6行第1列,则本行第1列=第5行第1列;若第5行第1列>第6行第1列,则本行第1列=第6行第1列。本行第1列=本行第2列+本行第3列。

7. 第8行"结转以后年度抵扣的股权投资余额":填报本年可抵扣的股权投资额大于本年实际抵扣应纳税所得额时,抵扣后余额部分结转以后年度抵扣的金额。

(二)"二、通过有限合伙制创业投资企业投资按一定比例抵扣分得的应纳税所得额":企业作为有限合伙制创业投资企业的合伙人,通过合伙企业间接投资未上市中小高新技术企业和种子期、初创期科技型企业,享受有限合伙制创业投资企业法人合伙人按投资额的一定比例抵扣应纳税所得额政策,在本部分填报。

1. 第9行"本年从有限合伙创投企业应分得的应纳税所得额":填写企业作为法人合伙人,通过有限合伙制创业投资企业投资未上市的中小高新技术企业或者投资于种子期、初创期科技型企业,无论本年是否盈利、是否抵扣应纳税所得额,只要本年从有限合伙制创业投资企业中分配归属于该法人合伙人的应纳税所得额,需填写本行。本行第1列=本行第2列+本行第3列。

2. 第10行"本年新增的可抵扣投资额":填写企业作为法人合伙人,通过有限合伙制创业投资企业投资未上市中小高新技术企业和种子期、初创期科技型企业,本年投资满2年符合条件的可抵扣投资额中归属于该法人合伙人的本年新增可抵扣投资额。无论本年是否盈利、是否需要抵扣应纳税所得额,均需填写本行。本行第1列=本行第2列+本行第3列。

有限合伙制创业投资企业的法人合伙人对未上市中小高新技术企业和种子期、初创期科技型企业的投资额,按照有限合伙制创业投资企业的投资额和合伙协议约定的法人合伙人占有限合伙制创业投资企业的出资比例计算确定。其中,有限合伙制创业投资企业的投资额按实缴投资额计算;法人合伙人占有限合伙制创业投资企业的出资比例按法人合伙人对有限合伙制创业投资企业的实缴出资额占该有限合伙制创业投资企业的全部实缴出资额的比例计算。

3. 第11行"以前年度结转的可抵扣投资额":填写法人合伙人上年度未抵扣,可以结转到本年及以后年度的抵扣投资额。

4. 第12行"本年可抵扣投资额":填写本年法人合伙人可用于抵扣的投资额合计,包括本年新增和以前年度结转两部分,等于第10行+第11行。

5. 第 13 行"本年实际抵扣应分得的应纳税所得额":填写本年法人合伙人享受优惠实际抵扣的投资额,本行第 1 列为第 9 行第 1 列"本年从有限合伙创投企业应分得的应纳税所得额"、第 12 行第 1 列"本年可抵扣投资额"、主表第 19 – 20 – 21 行的三者孰小值,若金额小于零,则填报零。本行第 1 列 = 第 2 + 3 列。

6. 第 14 行"结转以后年度抵扣的投资额余额":本年可抵扣投资额大于应分得的应纳税所得额时,抵扣后余额部分结转以后年度抵扣的金额。

(三)"三、抵扣应纳税所得额合计":上述优惠合计额,代入表 A100000 计算应纳税所得额。

第 15 行"合计" = 第 7 + 13 行。本行第 1 列 = 本行第 2 列 + 本行第 3 列。

(四)列次填报:第 1 列填报抵扣应纳税所得额的整体情况,第 2 列填报投资于未上市中小高新技术企业部分,第 3 列填报投资于种子期、初创期科技型企业部分。

二、表内、表间关系

(一)表内关系

1. 第 3 行 = 第 1 × 2 行。

2. 第 5 行 = 第 3 + 4 行。

3. 第 7 行:若第 5 行 ≤ 第 6 行,则本行第 1 列 = 第 5 行;第 5 行 > 第 6 行,则本行第 1 列 = 第 6 行。

4. 第 8 行:第 5 行 > 第 6 行时,本行 = 第 5 – 7 行;第 5 行 ≤ 第 6 行时,本行 = 0。

5. 第 12 行 = 第 10 + 11 行。

6. 第 14 行 = 第 12 – 13 行。

7. 第 15 行 = 第 7 + 13 行。

8. 第 1 列 = 第 2 列 + 第 3 列。

(二)表间关系

1. 第 6 行第 1 列 = 表 A100000 第 19 – 20 – 21 行 – 本表第 13 行第 1 列;若表 A100000 第 19 – 20 – 21 行 – 本表第 13 行第 1 列 < 0,第 6 行第 1 列 = 0。

2. 第 15 行第 1 列 = 表 A100000 第 22 行。

3. 第 13 行第 1 列 = 本表第 9 行第 1 列、第 12 行第 1 列、表 A100000 第 19 – 20 – 21 行三者的孰小值;若上述孰小值 < 0,第 13 行第 1 列 = 0。

A107040 减免所得税优惠明细表

行次	项目	金额
1	一、符合条件的小型微利企业减免企业所得税	
2	二、国家需要重点扶持的高新技术企业减按15%的税率征收企业所得税（填写A107041）	
3	三、经济特区和上海浦东新区新设立的高新技术企业在区内取得的所得定期减免企业所得税（填写A107041）	
4	四、受灾地区农村信用社免征企业所得税（4.1+4.2）	
4.1	（一）芦山受灾地区农村信用社免征企业所得税	
4.2	（二）鲁甸受灾地区农村信用社免征企业所得税	
5	五、动漫企业自主开发、生产动漫产品定期减免企业所得税	
6	六、线宽小于0.8微米（含）的集成电路生产企业减免企业所得税（填写A107042）	
7	七、线宽小于0.25微米的集成电路生产企业减按15%税率征收企业所得税（填写A107042）	
8	八、投资额超过80亿元的集成电路生产企业减按15%税率征收企业所得税（填写A107042）	
9	九、线宽小于0.25微米的集成电路生产企业减免企业所得税（填写A107042）	
10	十、投资额超过80亿元的集成电路生产企业减免企业所得税（填写A107042）	
11	十一、新办集成电路设计企业减免企业所得税（填写A107042）	
12	十二、国家规划布局内集成电路设计企业可减按10%的税率征收企业所得税（填写A107042）	
13	十三、符合条件的软件企业减免企业所得税（填写A107042）	
14	十四、国家规划布局内重点软件企业可减按10%的税率征收企业所得税（填写A107042）	
15	十五、符合条件的集成电路封装、测试企业定期减免企业所得税（填写A107042）	
16	十六、符合条件的集成电路关键专用材料生产企业、集成电路专用设备生产企业定期减免企业所得税（填写A107042）	
17	十七、经营性文化事业单位转制为企业的免征企业所得税	
18	十八、符合条件的生产和装配伤残人员专门用品企业免征企业所得税	
19	十九、技术先进型服务企业减按15%的税率征收企业所得税	
20	二十、服务贸易创新发展试点地区符合条件的技术先进型服务企业减按15%的税率征收企业所得税	
21	二十一、设在西部地区的鼓励类产业企业减按15%的税率征收企业所得税	
22	二十二、新疆困难地区新办企业定期减免企业所得税	
23	二十三、新疆喀什、霍尔果斯特殊经济开发区新办企业定期免征企业所得税	
24	二十四、广东横琴、福建平潭、深圳前海等地区的鼓励类产业企业减按15%税率征收企业所得税	
25	二十五、北京冬奥组委、北京冬奥会测试赛事组委会免征企业所得税	
26	二十六、享受过渡期税收优惠定期减免企业所得税	
27	二十七、其他	
28	二十八、减：项目所得额按法定税率减半征收企业所得税叠加享受减免税优惠	
29	二十九、支持和促进重点群体创业就业企业限额减征企业所得税（29.1+29.2）	
29.1	（一）下岗失业人员再就业	
29.2	（二）高校毕业生就业	
30	三十、扶持自主就业退役士兵创业就业企业限额减征企业所得税	
31	三十一、民族自治地方的自治机关对本民族自治地方的企业应缴纳的企业所得税中属于地方分享的部分减征或免征（□免征 □减征：减征幅度_____%）	
32	合计（1+2+…+26+27-28+29+30+31）	

A107040　《减免所得税优惠明细表》填报说明

本表由享受减免所得税优惠的纳税人填报。纳税人根据税法和相关税收政策规定，填报本年享受减免所得税优惠情况。

一、有关项目填报说明

1. 第 1 行"一、符合条件的小型微利企业减免企业所得税"：由享受小型微利企业所得税政策的纳税人填报。填报纳税人根据《财政部　国家税务总局关于扩大小型微利企业所得税优惠政策范围的通知》（财税〔2017〕43 号）、《国家税务总局关于贯彻落实扩大小型微利企业所得税优惠政策范围有关征管问题的公告》（国家税务总局公告 2017 年第 23 号）等相关税收政策规定的，从事国家非限制和禁止行业的企业，并符合工业企业，年度应纳税所得额不超过 50 万元，从业人数不超过 100 人，资产总额不超过 3000 万元；其他企业，年度应纳税所得额不超过 50 万元，从业人数不超过 80 人，资产总额不超过 1000 万元条件的，其所得减按 50% 计入应纳税所得额，按 20% 的税率缴纳企业所得税。本行填报《中华人民共和国企业所得税年度纳税申报表（A 类）》（A100000）第 23 行应纳税所得额 ×15% 的金额。

2. 第 2 行"二、国家需要重点扶持的高新技术企业减按 15% 的税率征收企业所得税"：国家需要重点扶持的高新技术企业享受 15% 税率优惠金额填报本行。同时须填报《高新技术企业优惠情况及明细表》（A107041）。

3. 第 3 行"三、经济特区和上海浦东新区新设立的高新技术企业在区内取得的所得定期减免企业所得税"：填报纳税人根据《国务院关于经济特区和上海浦东新区新设立高新技术企业实行过渡性税收优惠的通知》（国发〔2007〕40 号）、《财政部　国家税务总局关于贯彻落实国务院关于实施企业所得税过渡优惠政策有关问题的通知》（财税〔2008〕21 号）等规定，经济特区和上海浦东新区内，在 2008 年 1 月 1 日（含）之后完成登记注册的国家需要重点扶持的高新技术企业，在经济特区和上海浦东新区内取得的所得，自取得第一笔生产经营收入所属纳税年度起，第一年至第二年免征企业所得税，第三年至第五年按照 25% 法定税率减半征收企业所得税。对于跨经济特区和上海浦东新区的高新技术企业，其区内所得优惠填写本行，区外所得优惠填写本表第 2 行。经济特区和上海浦东新区新设立的高新技术企业定期减免税期满后，只享受 15% 税率优惠的，填写本表第 2 行。同时须填报《高新技术企业优惠情况及明细表》（A107041）。

4. 第 4 行"四、受灾地区农村信用社免征企业所得税"：填报受灾地区农村信用社免征企业所得税金额。本行为合计行，等于 4.1 行 + 4.2 行。

《财政部　海关总署　国家税务总局关于支持芦山地震灾后恢复重建有关税收政

策问题的通知》（财税〔2013〕58号）、《财政部　海关总署　国家税务总局关于支持鲁甸地震灾后恢复重建有关税收政策问题的通知》（财税〔2015〕27号）规定，对芦山、鲁甸受灾地区农村信用社，在规定期限内免征企业所得税。

芦山农村信用社在2017年12月31日前免征所得税，在4.1行填列；鲁甸农村信用社在2018年12月31日前免征所得税，在4.2行填列。免征所得税金额根据表A100000第23行应纳税所得额和法定税率计算。

5. 第5行"五、动漫企业自主开发、生产动漫产品定期减免企业所得税"：根据《财政部　国家税务总局关于扶持动漫产业发展有关税收政策问题的通知》（财税〔2009〕65号）、《文化部　财政部　国家税务总局关于印发〈动漫企业认定管理办法（试行）〉的通知》（文市发〔2008〕51号）、《文化部　财政部　国家税务总局关于实施〈动漫企业认定管理办法（试行）〉有关问题的通知》（文产发〔2009〕18号）等规定，经认定的动漫企业自主开发、生产动漫产品，享受软件企业所得税优惠政策。即在2017年12月31日前自获利年度起，第一年至第二年免征所得税，第三年至第五年按照25%的法定税率减半征收所得税，并享受至期满为止。本行填报根据表A100000第23行应纳税所得额计算的免征、减征企业所得税金额。

6. 第6行"六、线宽小于0.8微米（含）的集成电路生产企业减免企业所得税"：根据《财政部　国家税务总局关于进一步鼓励软件产业和集成电路产业发展企业所得税政策的通知》（财税〔2012〕27号）、《财政部　国家税务总局　国家发展改革委　工业和信息化部关于软件和集成电路产业企业所得税优惠政策有关问题的通知》（财税〔2016〕49号）等规定，集成电路线宽小于0.8微米（含）的集成电路生产企业，在2017年12月31日前自获利年度起计算优惠期，第一年至第二年免征企业所得税，第三年至第五年按照25%的法定税率减半征收企业所得税，并享受至期满为止。当表A107042"减免方式"选择第1行时，本行填报表A107042第32行的金额，否则不允许填报。

7. 第7行"七、线宽小于0.25微米的集成电路生产企业减按15%税率征收企业所得税"：根据《财政部　国家税务总局关于进一步鼓励软件产业和集成电路产业发展企业所得税政策的通知》（财税〔2012〕27号）、《财政部　国家税务总局　国家发展改革委　工业和信息化部关于软件和集成电路产业企业所得税优惠政策有关问题的通知》（财税〔2016〕49号）等规定，线宽小于0.25微米的集成电路生产企业，享受15%税率。当表A107042"减免方式"选择第2行的"15%税率"时，本行填报表A107042第32行的金额，否则不允许填报。

8. 第8行"八、投资额超过80亿元的集成电路生产企业减按15%税率征收企业所得税"：根据《财政部　国家税务总局关于进一步鼓励软件产业和集成电路产业发展企业所得税政策的通知》（财税〔2012〕27号）、《财政部　国家税务总局　国家发

展改革委　工业和信息化部关于软件和集成电路产业企业所得税优惠政策有关问题的通知》（财税〔2016〕49号）等规定，投资额超过80亿元的集成电路生产企业，享受15%税率。当表A107042"减免方式"选择第3行的"15%税率"时，本行填报表A107042第32行的金额，否则不允许填报。

9. 第9行"九、线宽小于0.25微米的集成电路生产企业减免企业所得税"：根据《财政部　国家税务总局关于进一步鼓励软件产业和集成电路产业发展企业所得税政策的通知》（财税〔2012〕27号）、《财政部　国家税务总局　国家发展改革委　工业和信息化部关于软件和集成电路产业企业所得税优惠政策有关问题的通知》（财税〔2016〕49号）等规定，线宽小于0.25微米的集成电路生产企业，经营期在15年以上的，在2017年12月31日前自获利年度起计算优惠期，第一年至第五年免征企业所得税，第六年至第十年按照25%的法定税率减半征收企业所得税，并享受至期满为止。当表A107042"减免方式"选择第2行的"五免五减半"时，本行填报表A107042第32行的金额，否则不允许填报。

10. 第10行："十、投资额超过80亿元的集成电路生产企业减免企业所得税"：根据《财政部　国家税务总局关于进一步鼓励软件产业和集成电路产业发展企业所得税政策的通知》（财税〔2012〕27号）、《财政部　国家税务总局　国家发展改革委　工业和信息化部关于软件和集成电路产业企业所得税优惠政策有关问题的通知》（财税〔2016〕49号）等规定，投资额超过80亿元的集成电路生产企业，经营期在15年以上的，在2017年12月31日前自获利年度起计算优惠期，第一年至第五年免征企业所得税，第六年至第十年按照25%的法定税率减半征收企业所得税，并享受至期满为止。当表A107042"减免方式"选择第3行的"五免五减半"时，本行填报表A107042第32行的金额，否则不允许填报。

11. 第11行"十一、新办集成电路设计企业减免企业所得税"：根据《财政部　国家税务总局关于进一步鼓励软件产业和集成电路产业发展企业所得税政策的通知》（财税〔2012〕27号）、《财政部　国家税务总局　国家发展改革委　工业和信息化部关于软件和集成电路产业企业所得税优惠政策有关问题的通知》（财税〔2016〕49号）等规定，我国境内新办的集成电路设计企业，在2017年12月31日前自获利年度起计算优惠期，第一年至第二年免征企业所得税，第三年至第五年按照25%的法定税率减半征收企业所得税，并享受至期满为止。当表A107042"减免方式"选择第4行时，本行填报表A107042第32行的金额，否则不允许填报。

12. 第12行"十二、国家规划布局内集成电路设计企业可减按10%的税率征收企业所得税"：根据《财政部　国家税务总局关于进一步鼓励软件产业和集成电路产业发展企业所得税政策的通知》（财税〔2012〕27号）、《财政部　国家税务总局　国家发展改革委　工业和信息化部关于软件和集成电路产业企业所得税优惠政策有关问题的通知》（财税〔2016〕49号）等规定，国家规划布局内的重点集成电路设计企业，如当年未享受免税优惠的，可减按10%税率征收企业所得税。当表A107042"减免方式"选择第5行时，本行填报表A107042第32行的金额，否则不允许填报。

13. 第13行"十三、符合条件的软件企业减免企业所得税"：根据《财政部 国家税务总局关于进一步鼓励软件产业和集成电路产业发展企业所得税政策的通知》（财税〔2012〕27号）、《财政部 国家税务总局 国家发展改革委 工业和信息化部关于软件和集成电路产业企业所得税优惠政策有关问题的通知》（财税〔2016〕49号）等规定，我国境内新办的符合条件的企业，在2017年12月31日前自获利年度起计算优惠期，第一年至第二年免征企业所得税，第三年至第五年按照25%的法定税率减半征收企业所得税，并享受至期满为止。当表A107042"减免方式"选择第6行时，本行填报表A107042第32行的金额，否则不允许填报。

14. 第14行"十四、国家规划布局内重点软件企业可减按10%的税率征收企业所得税"：根据《财政部 国家税务总局关于进一步鼓励软件产业和集成电路产业发展企业所得税政策的通知》（财税〔2012〕27号）、《财政部 国家税务总局 国家发展改革委 工业和信息化部关于软件和集成电路产业企业所得税优惠政策有关问题的通知》（财税〔2016〕49号）等规定，国家规划布局内的重点软件企业，如当年未享受免税优惠的，可减按10%税率征收企业所得税。当表A107042"减免方式"选择第7行时，本行填报表A107042第32行的金额，否则不允许填报。

15. 第15行"十五、符合条件的集成电路封装、测试企业定期减免企业所得税"：根据《财政部 国家税务总局 国家发展改革委 工业和信息化部关于进一步鼓励集成电路产业发展企业所得税政策的通知》（财税〔2015〕6号）规定，符合条件的集成电路封装、测试企业，在2017年（含2017年）前实现获利的，自获利年度起第一年至第二年免征企业所得税，第三年至第五年按照25%的法定税率减半征收企业所得税，并享受至期满为止；2017年前未实现获利的，自2017年起计算优惠期，享受至期满为止。本行填报根据表A100000第23行应纳税所得额计算的免征、减征企业所得税金额。当表A107042"减免方式"选择第8行时，本行填报表A107042第32行的金额，否则不允许填报。

16. 第16行"十六、符合条件的集成电路关键专用材料生产企业、集成电路专用设备生产企业定期减免企业所得税"：根据《财政部 国家税务总局 国家发展改革委 工业和信息化部关于进一步鼓励集成电路产业发展企业所得税政策的通知》（财税〔2015〕6号）规定，符合条件的集成电路关键专用材料生产企业、集成电路专用设备生产企业，在2017年（含2017年）前实现获利的，自获利年度起第一年至第二年免征企业所得税，第三年至第五年按照25%的法定税率减半征收企业所得税，并享受至期满为止；2017年前未实现获利的，自2017年起计算优惠期，享受至期满为止。

本行填报根据表 A100000 第 23 行应纳税所得额计算的免征、减征企业所得税金额。当表 A107042"减免方式"选择第 9 行时，本行填报表 A107042 第 32 行的金额，否则不允许填报。

17. 第 17 行"十七、经营性文化事业单位转制为企业的免征企业所得税"：根据《财政部　国家税务总局　中宣部关于继续实施文化体制改革中经营性文化事业单位转制为企业若干税收政策的通知》（财税〔2014〕84 号）等规定，从事新闻出版、广播影视和文化艺术的经营性文化事业单位转制为企业的，自转制注册之日起免征企业所得税。本行填报根据表 A100000 第 23 行应纳税所得额计算的免征企业所得税金额。

18. 第 18 行"十八、符合条件的生产和装配伤残人员专门用品企业免征企业所得税"：根据《财政部　国家税务总局　民政部关于生产和装配伤残人员专门用品企业免征企业所得税的通知》（财税〔2016〕111 号）等规定，符合条件的生产和装配伤残人员专门用品的企业免征企业所得税。本行填报根据 A100000 表第 23 行应纳税所得额计算的免征企业所得税金额。

19. 第 19 行"十九、技术先进型服务企业减按 15% 的税率征收企业所得税"：根据《财政部　国家税务总局　商务部　科技部　国家发展改革委关于完善技术先进型服务企业有关企业所得税政策问题的通知》（财税〔2014〕59 号）和《财政部　国家税务总局　商务部　科学技术部　国家发展和改革委员会关于新增中国服务外包示范城市适用技术先进型服务企业所得税政策的通知》（财税〔2016〕108 号）《财政部　国家税务总局　商务部　科技部　国家发展改革委关于将技术先进型服务企业所得税政策推广至全国实施的通知》（财税〔2017〕79 号）等规定，对经认定的技术先进型服务企业，减按 15% 的税率征收企业所得税。本行填报根据表 A100000 第 23 行应纳税所得额计算的减征所得税金额。

20. 第 20 行"二十、服务贸易创新发展试点地区符合条件的技术先进型服务企业减按 15% 的税率征收企业所得税"：根据《财政部　国家税务总局　商务部　科技部　国家发展改革委关于在服务贸易创新发展试点地区推广技术先进型服务企业所得税优惠政策的通知》（财税〔2016〕122 号）等规定，在服务贸易创新发展试点地区，符合条件的技术先进型服务企业减按 15% 的税率征收企业所得税。本行填报根据表 A100000 第 23 行应纳税所得额计算的减征所得税金额。

21. 第 21 行"二十一、设在西部地区的鼓励类产业企业减按 15% 的税率征收企业所得税"：根据《财政部　海关总署　国家税务总局关于深入实施西部大开发战略有关税收政策问题的通知》（财税〔2011〕58 号）、《国家税务总局关于深入实施西部大开发战略有关企业所得税问题的公告》（国家税务总局公告 2012 年第 12 号）、《财政部　海关总署　国家税务总局关于赣州市执行西部大开发税收政策问题的通知》（财税〔2013〕4 号）、《西部地区鼓励类产业目录》（中华人民共和国国家发展和改革委员会令第 15 号）、《国家税务总局关于执行〈西部地区鼓励类产业目录〉有关企业所得税问题的公告》（国家税务总局公告 2015 年第 14 号）等规定，对设在西部地区的鼓励类产业企业减按 15% 的税率征收企业所得税；对设在赣州市的鼓励类产业的内资和外商投资企业减按 15% 税率征收企业所得税。本行填报根据表 A100000 第 23 行应纳税所得额计算的减征所得税金额。

22. 第 22 行"二十二、新疆困难地区新办企业定期减免企业所得税"：根据《财政部　国家税务总局关于新疆困难地区新办企业所得税优惠政策的通知》（财税〔2011〕53 号）、《财政部　国家税务总局　国家发展改革委　工业和信息化部关于完善新疆困难地区重点鼓励发展产业企业所得税优惠目录的通知》（财税〔2016〕85 号）等规定，对在新疆困难地区新办的属于《新疆困难地区重点鼓励发展产业企业所得税优惠目录》范围内的企业，自取得第一笔生产经营收入所属纳税年度起，第一年至第二年免征企业所得税，第三年至第五年减半征收企业所得税。本行填报根据 A100000 表第 23 行应纳税所得额计算的免征、减征企业所得税金额。

23. 第 23 行"二十三、新疆喀什、霍尔果斯特殊经济开发区新办企业定期免征企业所得税"：根据《财政部　国家税务总局关于新疆喀什　霍尔果斯两个特殊经济开发区企业所得税优惠政策的通知》（财税〔2011〕112 号）、《财政部　国家税务总局　国家发展改革委　工业和信息化部关于完善新疆困难地区重点鼓励发展产业企业所得税优惠目录的通知》（财税〔2016〕85 号）等规定，对在新疆喀什、霍尔果斯两个特殊经济开发区内新办的属于《新疆困难地区重点鼓励发展产业企业所得税优惠目录》范围内的企业，自取得第一笔生产经营收入所属纳税年度起，五年内免征企业所得税。本行填报根据 A100000 表第 23 行应纳税所得额计算的免征企业所得税金额。

24. 第 24 行"二十四、广东横琴、福建平潭、深圳前海等地区的鼓励类产业企业减按 15% 税率征收企业所得税"：根据《财政部　国家税务总局关于广东横琴新区、福建平潭综合实验区、深圳前海深港现代化服务业合作区企业所得税优惠政策及优惠目录的通知》（财税〔2014〕26 号）等规定，对设在广东横琴新区、福建平潭综合实验区和深圳前海深港现代服务业合作区的鼓励类产业企业减按 15% 的税率征收企业所得税。本行填报根据表 A100000 第 23 行应纳税所得额计算的减征所得税金额。

25. 第 25 行"二十五、北京冬奥组委、北京冬奥会测试赛赛事组委会免征企业所得税"：根据《财政部　国家税务总局　海关总署关于北京 2022 年冬奥会和冬残奥会税收政策的通知》（财税〔2017〕60 号）等规定，为支持发展奥林匹克运动，确保北京 2022 年冬奥会和冬残奥会顺利举办，对北京冬奥组委免征应缴纳的企业所得税，北京冬奥会测试赛赛事组委会取得的收入及发生的涉税支出比照执行北京冬奥组委的税收政策。本行填报北京冬奥组委、北京冬奥会测试赛赛事组委会根据表 A100000 第 23 行应纳税所得额计算的免征企业所得税金额。

26. 第26行"二十六、享受过渡期税收优惠定期减免企业所得税":根据《国务院关于实施企业所得税过渡优惠政策的通知》(国发〔2007〕39号)等规定,自2008年1月1日起,原享受企业所得税"五免五减半"等定期减免税优惠的企业,新税法施行后继续按原税收法律、行政法规及相关文件规定的优惠办法及年限享受至期满为止,但因未获利而尚未享受税收优惠的,其优惠期限从2008年度起计算。本行填报根据表A100000第23行应纳税所得额计算的免征、减征企业所得税金额。

27. 第27行"二十七、其他":填报国务院根据税法授权制定的及本表未列明的其他税收优惠政策,需填报项目名称、减免税代码及免征、减征企业所得税金额。

28. 第28行"二十八、减:项目所得额按法定税率减半征收企业所得税叠加享受减免税优惠":纳税人同时享受优惠税率和所得项目减半情形下,在填报本表低税率优惠时,所得项目按照优惠税率减半计算多享受优惠的部分。

企业从事农林牧渔业项目、国家重点扶持的公共基础设施项目、符合条件的环境保护、节能节水项目、符合条件的技术转让、其他专项优惠等所得额应按法定税率25%减半征收,同时享受小型微利企业、高新技术企业、技术先进型服务企业、集成电路线宽小于0.25微米或投资额超过80亿元人民币集成电路生产企业、国家规划布局内重点软件企业和集成电路设计企业等优惠税率政策,由于申报表填报顺序,按优惠税率减半叠加享受减免税优惠部分,应在本行对该部分金额进行调整。本行应大于等于0且小于等于第1+2+…+20+22+…+27行的值。

计算公式:本行=减半项目所得额×50%×(25%−优惠税率)。

29. 第29行"二十九、支持和促进重点群体创业就业企业限额减征企业所得税":根据《财政部　国家税务总局　人力资源和社会保障部关于继续实施支持和促进重点群体创业就业有关税收政策的通知》(财税〔2017〕49号)等规定,商贸企业、服务型企业、劳动就业服务企业中的加工型企业和街道社区具有加工性质的小型企业实体,在新增加的岗位中,当年新招用在人力资源和社会保障部门公共就业服务机构登记失业半年以上且持《就业创业证》或《就业失业登记证》(注明"企业吸纳税收政策")人员,与其签订1年以上期限劳动合同并依法缴纳社会保险费的,在3年内按实际招用人数予以定额依次扣减增值税、城市维护建设税、教育费附加、地方教育附加和企业所得税优惠。定额标准为每人每年4000元,最高可上浮30%。本行填报企业纳税年度终了时实际减免的增值税、城市维护建设税、教育费附加和地方教育附加小于核定的减免税总额,在企业所得税汇算清缴时扣减的企业所得税,当年扣减不完的,不再结转以后年度扣减。本行为合计行,等于29.1行+29.2行。

安置下岗失业人员再就业、高校毕业生就业扣减的企业所得税,分别填写本表29.1行、29.2行。

30. 第30行"三十、扶持自主就业退役士兵创业就业企业限额减征企业所得税"：根据《财政部　国家税务总局　民政部关于继续实施扶持自主就业退役士兵创业就业有关税收政策的通知》（财税〔2017〕46号）等规定，对商贸企业、服务型企业、劳动就业服务企业中的加工型企业和街道社区具有加工性质的小型企业实体，在新增加的岗位中，当年新招用自主就业退役士兵，与其签订1年以上期限劳动合同并依法缴纳社会保险费的，在3年内按实际招用人数予以定额依次扣减增值税、城市维护建设税、教育费附加、地方教育附加和企业所得税优惠。定额标准为每人每年4000元，最高可上浮50%。本行填报企业纳税年度终了时实际减免的增值税、城市维护建设税、教育费附加和地方教育附加小于核定的减免税总额，在企业所得税汇算清缴时扣减的企业所得税，当年扣减不完的，不再结转以后年度扣减。

31. 第31行"三十一、民族自治地方的自治机关对本民族自治地方的企业应缴纳的企业所得税中属于地方分享的部分减征或免征（□免征　□减征：减征幅度＿＿＿＿＿%）"：根据税法、《财政部　国家税务总局关于贯彻落实国务院关于实施企业所得税过渡优惠政策有关问题的通知》（财税〔2008〕21号）、《中华人民共和国民族区域自治法》的规定，实行民族区域自治的自治区、自治州、自治县的自治机关对本民族自治地方的企业应缴纳的企业所得税中属于地方分享的部分，可以决定减征或者免征，自治州、自治县决定减征或者免征的，须报省、自治区、直辖市人民政府批准。

纳税人填报该行次时，根据享受政策的类型选择"免征"或"减征"，二者必选其一。选择"免征"是指企业所得税款地方分成40%部分全免；选择"减征：减征幅度＿＿＿＿＿%"需填写"减征幅度"，减征幅度填写1至100，表示企业所得税地方分成部分减征的百分比。优惠金额填报（应纳所得税额－本表以上行次优惠合计）×40%×减征幅度的金额，本表以上行次不包括第4.1行、4.2行、29.1行、29.2行。如地方分享部分减半征收，则选择"减征"，并在"减征幅度"后填写"50%"。

32. 第32行"合计"：填报第1+2+3+4+5+…+26+27－28+29+30+31行的金额。

二、表内、表间关系

（一）表内关系

1. 第4行＝第4.1+4.2行。

2. 第29行＝第29.1+29.2行。

3. 第32行＝第1+2+3+4+5+…+26+27－28+29+30+31行。

（二）表间关系

1. 第2行＝表A107041第31行。

2. 第3行＝表A107041第32行。

3. 第 6 行至第 16 行 = A107042 第 32 行，根据以下规则判断填报：

若 A107042 "减免方式" 单选第 1 行，第 6 行 = A107042 第 32 行；

若 A107042 "减免方式" 单选第 2 行 "15% 税率"，第 7 行 = A107042 第 32 行；

若 A107042 "减免方式" 单选第 3 行 "15% 税率"，第 8 行 = A107042 第 32 行；

若 A107042 "减免方式" 单选第 2 行 "五免五减半"，第 9 行 = A107042 第 32 行；

若 A107042 "减免方式" 单选第 3 行 "五免五减半"，第 10 行 = A107042 第 32 行；

若 A107042 "减免方式" 单选第 4 行，第 11 行 = A107042 第 32 行；

若 A107042 "减免方式" 单选第 5 行，第 12 行 = A107042 第 32 行；

若 A107042 "减免方式" 单选第 6 行，第 13 行 = A107042 第 32 行；

若 A107042 "减免方式" 单选第 7 行，第 14 行 = A107042 第 32 行；

若 A107042 "减免方式" 单选第 8 行，第 15 行 = A107042 第 32 行；

若 A107042 "减免方式" 单选第 9 行，第 16 行 = A107042 第 32 行。

4. 第 31 行 = （表 A100000 第 25 行 − 本表第 1 + 2 + 3 + 4 + 5 + ⋯ + 29 + 30 行） × 40% × 减征幅度。

5. 第 32 行 = 表 A100000 第 26 行。

A107041 高新技术企业优惠情况及明细表

基本信息					
1	高新技术企业证书编号		高新技术企业证书取得时间		
2	对企业主要产品（服务）发挥核心支持作用的技术所属范围	国家重点支持的高新技术领域			
		一级领域	二级领域		三级领域
3	关键指标情况				
4	收入指标	一、本年高新技术产品（服务）收入（5＋6）			
5		其中：产品（服务）收入			
6		技术性收入			
7		二、本年企业总收入（8－9）			
8		其中：收入总额			
9		不征税收入			
10		三、本年高新技术产品（服务）收入占企业总收入的比例（4÷7）			
11	人员指标	四、本年科技人员数			
12		五、本年职工总数			
13		六、本年科技人员占企业当年职工总数的比例（11÷12）			

14	研发费用指标	高新研发费用归集年度	本年度	前一年度	前二年度	合计
			1	2	3	4
15		七、归集的高新研发费用金额（16＋25）				
16		（一）内部研究开发投入（17＋…＋22＋24）				
17		1. 人员人工费用				
18		2. 直接投入费用				
19		3. 折旧费用与长期待摊费用				
20		4. 无形资产摊销费用				
21		5. 设计费用				
22		6. 装备调试费与实验费用				
23		7. 其他费用				
24		其中：可计入研发费用的其他费用				
25		（二）委托外部研发费用〔（26＋28）×80％〕				
26		1. 境内的外部研发费用				
27		2. 境外的外部研发费用				
28		其中：可计入研发费用的境外的外部研发费用				
29		八、销售（营业）收入				
30		九、三年研发费用占销售（营业）收入的比例（15行4列÷29行4列）				
31	减免税额	十、国家需要重点扶持的高新技术企业减征企业所得税				
32		十一、经济特区和上海浦东新区新设立的高新技术企业定期减免税额				

A107041　《高新技术企业优惠情况及明细表》填报说明

高新技术企业资格的纳税人均需填报本表。纳税人根据税法、《科技部　财政部　国家税务总局关于修订印发〈高新技术企业认定管理办法〉的通知》（国科发火〔2016〕32 号）、《科学技术部　财政部　国家税务总局关于修订印发〈高新技术企业认定管理工作指引〉的通知》（国科发火〔2016〕195 号）、《国家税务总局关于实施高新技术企业所得税优惠政策有关问题的公告》（国家税务总局公告 2017 年第 24 号）等相关税收政策规定，填报本年发生的高新技术企业优惠情况。

一、有关项目填报说明

1. 第 1 行"高新技术企业证书编号"：填报纳税人高新技术企业证书上的编号；"高新技术企业证书取得时间"；填报纳税人高新技术企业证书上的取得时间。

2. 第 2 行"对企业主要产品（服务）发挥核心支持作用的技术所属范围"：填报对企业主要产品（服务）发挥核心支持作用的技术属于《国家重点支持的高新技术领域》规定的具体范围，填报至三级明细领域，如"一、电子信息技术（一）软件 1. 系统软件"。

3. 第 4 行"一、本年高新技术产品（服务）收入"：填报第 5＋6 行的合计金额。

4. 第 5 行"其中：产品（服务）收入"：填报纳税人本年发挥核心支持作用的技术属于《国家重点支持的高新技术领域》规定范围的产品（服务）收入。

5. 第 6 行"技术性收入"：包括技术转让收入、技术服务收入和接受委托研究开发收入。

6. 第 7 行"二、本年企业总收入"：填报第 8－9 行的余额。

7. 第 8 行"其中：收入总额"：填报纳税人本年以货币形式和非货币形式从各种来源取得的收入，为收入总额。包括：销售货物收入，提供劳务收入，转让财产收入，股息、红利等权益性投资收益，利息收入，租金收入，特许权使用费收入，接受捐赠收入，其他收入。

8. 第 9 行"不征税收入"：填报纳税人本年符合相关政策规定的不征税收入。

9. 第 10 行"三、本年高新技术产品（服务）收入占企业总收入的比例"：填报第 4÷7 行计算后的比例。

10. 第 11 行"四、本年科技人员数"：填报纳税人直接从事研发和相关技术创新活动，以及专门从事上述活动的管理和提供直接技术服务的，累计实际工作时间在 183 天以上的人员，包括在职、兼职和临时聘用人员。

11. 第 12 行"五、本年职工总数"：填报纳税人本年在职、兼职和临时聘用人员。在职人员可以通过企业是否签订了劳动合同或缴纳社会保险费来鉴别。兼职、临时聘用人员全年须在企业累计工作 183 天以上。

12. 第 13 行"六、本年科技人员占企业当年职工总数的比例":填报第 11÷12 行计算后的比例。

13. 第 14 行"高新研发费用归集年度":本行设定了三个年度,与计算研发费用比例相关的第 15 行至第 29 行需填报三年数据,实际经营不满三年的按实际经营时间填报。

14. 第 15 行"七、归集的高新研发费用金额":填报第 16+25 行的合计金额。

15. 第 16 行"(一)内部研究开发投入":填报第 17+18+19+20+21+22+24 行的合计金额。

16. 第 17 行"1. 人员人工费用":填报纳税人科技人员的工资薪金、基本养老保险费、基本医疗保险费、失业保险费、工伤保险费、生育保险费和住房公积金,以及外聘科技人员的劳务费用。

17. 第 18 行"2. 直接投入费用":填报纳税人为实施研究开发活动而实际发生的相关支出。包括:直接消耗的材料、燃料和动力费用;用于中间试验和产品试制的模具、工艺装备开发及制造费,不构成固定资产的样品、样机及一般测试手段购置费,试制产品的检验费;用于研究开发活动的仪器、设备的运行维护、调整、检验、检测、维修等费用,以及通过经营租赁方式租入的用于研发活动的固定资产租赁费。

18. 第 19 行"3. 折旧费用与长期待摊费用":填报纳税人用于研究开发活动的仪器、设备和在用建筑物的折旧费;研发设施的改建、改装、装修和修理过程中发生的长期待摊费用。

19. 第 20 行"4. 无形资产摊销费用":填报纳税人用于研究开发活动的软件、知识产权、非专利技术(专有技术、许可证、设计和计算方法等)的摊销费用。

20. 第 21 行"5. 设计费用":填报纳税人为新产品和新工艺进行构思、开发和制造,进行工序、技术规范、规程制定、操作特性方面的设计等发生的费用,包括为获得创新性、创意性、突破性产品进行的创意设计活动发生的相关费用。

21. 第 22 行"6. 装备调试费与实验费用":填报纳税人工装准备过程中研究开发活动所发生的费用,包括研制特殊、专用的生产机器,改变生产和质量控制程序,或制定新方法及标准等活动所发生的费用。

22. 第 23 行"7. 其他费用":填报纳税人与研究开发活动直接相关的其他费用,包括技术图书资料费、资料翻译费、专家咨询费、高新科技研发保险费,研发成果的检索、论证、评审、鉴定、验收费用,知识产权的申请费、注册费、代理费,会议费、差旅费、通讯费等。

23. 第 24 行"其中:可计入研发费用的其他费用":填报纳税人为研究开发活动所发生的其他费用中不超过研究开发总费用的 20% 的金额。该行取第 17 行至第 22 行之和×20%÷（1－20%）与第23行的孰小值。

24. 第25行"（二）委托外部研发费用"：填报纳税人委托境内外其他机构或个人进行研究开发活动所发生的费用（研究开发活动成果为委托方企业拥有，且与该企业的主要经营业务紧密相关）。委托外部研发费用的实际发生额应按照独立交易原则确定，按照实际发生额的80%计入委托方研发费用总额。本行填报（第26＋28行）×80%的金额。

25. 第26行"1. 境内的外部研发费用"：填报纳税人委托境内其他机构或个人进行的研究开发活动所支出的费用。本行填报实际发生境内的外部研发费用。

26. 第27行"2. 境外的外部研发费用"：填报纳税人委托境外机构或个人完成的研究开发活动所发生的费用。受托研发的境外机构是指依照外国（地区）及港澳台法律成立的企业和其他取得收入的组织；受托研发的境外个人是指外籍及港澳台个人。本行填报实际发生境外的外部研发费用。

27. 第28行"其中：可计入研发费用的境外的外部研发费用"：根据《高新技术企业认定管理办法》等规定，纳税人在中国境内发生的研发费用总额占全部研发费用总额的比例不低于60%，即境外发生的研发费用总额占全部研发费用总额的比例不超过40%。本行填报（第17＋18＋…＋22＋23＋26行）×40%÷（1－40%）与第27行的孰小值。

28. 第29行"八、销售（营业）收入"：填报纳税人主营业务收入与其他业务收入之和。

29. 第30行"九、三年研发费用占销售（营业）收入的比例"：填报第15行第4列÷第29行第4列计算后的比例。

30. 第31行"十、国家需要重点扶持的高新技术企业减征企业所得税"：本行填报经济特区和上海浦东新区外的高新技术企业或虽在经济特区和上海浦东新区新设的高新技术企业但取得区外所得的减免税金额。

31. 第32行"十一、经济特区和上海浦东新区新设立的高新技术企业定期减免税额"：本行填报在经济特区和上海浦东新区新设立的高新技术企业区内所得减免税金额。

二、表内、表间关系

（一）表内关系

1. 第4行＝第5＋6行。

2. 第7行＝第8－9行。

3. 第10行＝第4÷7行。

4. 第13行＝第11÷12行。

5. 第15行＝第16＋25行。

6. 第 16 行 = 第 17 + 18 + 19 + 20 + 21 + 22 + 24 行。

7. 第 25 行 =（第 26 + 28 行）×80%。

8. 第 30 行 = 第 15 行 4 列 ÷ 第 29 行 4 列。

（二）表间关系

1. 第 31 行 = 表 A107040 第 2 行。

2. 第 32 行 = 表 A107040 第 3 行。

A107042　软件、集成电路企业优惠情况及明细表

企业类型及减免方式			
行号	企业类型		减免方式
1	一、集成电路生产企业	（一）线宽小于0.8微米（含）	□二免三减半
2		（二）线宽小于0.25微米	□五免五减半　□15%税率
3		（三）投资额超过80亿元	□五免五减半　□15%税率
4	二、集成电路设计企业	（一）新办符合条件	□二免三减半
5		（二）重点企业　□大型　□领域	□10%税率
6	三、软件企业（□一般软件 □嵌入式或信息系统集成软件）	（一）新办符合条件	□二免三减半
7		（二）重点企业　□大型　□领域　□出口	□10%税率
8	四、集成电路封装测试企业		□二免三减半
9	五、集成电路关键专用材料或专用设备生产企业（□关键专用材料　□专用设备）		□二免三减半
10	获利年度/开始计算优惠期年度		
关键指标情况			
11	人员指标	一、企业本年月平均职工总人数	
12		其中：签订劳动合同关系且具有大学专科以上学历的职工人数	
13		研究开发人员人数	
14		二、大学专科以上职工占企业本年月平均职工总人数的比例（12÷11）	
15		三、研究开发人员占企业本年月平均职工总人数的比例（13÷11）	
16	研发费用指标	四、研发费用总额	
17		其中：企业在中国境内发生的研发费用金额	
18		五、研发费用占销售（营业）收入的比例	
19		六、境内研发费用占研发费用总额的比例（17÷16）	
20	收入指标	七、企业收入总额	
21		八、符合条件的销售（营业）收入	
22		九、符合条件的收入占收入总额的比例（21÷20）	
23		十、集成电路设计企业、软件企业填报	（一）自主设计/开发销售（营业）收入	
24			（二）自主设计/开发收入占企业收入总额的比例（23÷20）	
25		十一、重点软件企业或重点集成电路设计企业符合"领域"的填报	（一）适用的领域	
26			（二）选择备案领域的销售（营业）收入	
27			（三）领域内的销售收入占符合条件的销售收入的比例（26÷21）	
28		十二、重点软件企业符合"出口"的填报	（一）年度软件出口收入总额（美元）	
29			（二）年度软件出口收入总额（人民币）	
30			（三）软件出口收入总额占本企业年度收入总额的比例（29÷20）	
31		十三、集成电路关键专用材料或专用设备生产企业填报	产品适用目录	
32	减免税额		

A107042 《软件、集成电路企业优惠情况及明细表》填报说明

本表适用于享受软件、集成电路企业优惠的纳税人填报。纳税人根据税法、《财政部 国家税务总局关于进一步鼓励软件产业和集成电路产业发展企业所得税政策的通知》（财税〔2012〕27 号）、《财政部 国家税务总局 国家发展改革委 工业和信息化部关于软件和集成电路产业企业所得税优惠政策有关问题的通知》（财税〔2016〕49 号）、《国家发展和改革委员会 工业和信息化部 财政部 国家税务总局关于印发国家规划布局内重点软件和集成电路设计领域的通知》（发改高技〔2016〕1056 号）、《财政部 国家税务总局 国家发展改革委 工业和信息化部关于进一步鼓励集成电路产业发展企业所得税政策的通知》（财税〔2015〕6 号）等相关规定，填报本年发生的软件、集成电路企业优惠有关情况。

一、有关项目填报说明

（一）企业类型及减免方式

纳税人根据企业类型选择享受的优惠政策和享受优惠有关基本信息。

1. "企业类型"及"减免方式"：纳税人根据享受优惠的企业类型选择对应的减免方式，其中"减免方式"列中的 11 个选项为单项选择，选择不同的项目优惠金额将代入表 A107040 对应的行次；"企业类型"中，若享受软件企业有关优惠政策的，须选择软件企业产品类型，"一般软件"和"嵌入式或信息系统集成软件"两个选项必选其一；若享受重点软件或重点集成电路设计企业优惠，须选择重点企业类型，"大型""领域"和"出口"（其中，"出口"选项仅重点软件企业选择）必选其一。

2. 第 1－3 行"一、集成电路生产企业"：

第 1 行"（一）线宽小于 0.8 微米（含）"：是指财税〔2012〕27 号文件第一条规定的优惠政策，由线宽小于 0.8 微米（含）集成电路生产企业填报。

第 2 行"（二）线宽小于 0.25 微米"：是指财税〔2012〕27 号文件第二条规定的优惠，由线宽小于 0.25 微米的集成电路生产企业填报，根据享受的政策选择优惠方式，其中经营期在 15 年以上符合条件的企业，可选择"五免五减半"。

第 3 行"（三）投资额超过 80 亿元"：是指财税〔2012〕27 号文件第二条规定的优惠，由投资额超过 80 亿元的集成电路生产企业填报，根据享受的政策选择优惠方式，其中经营期在 15 年以上符合条件的企业，可以选择"五免五减半"。

3. 第 4－5 行"二、集成电路设计企业"：

第 4 行"（一）新办符合条件"：是指集成电路设计企业享受财税〔2012〕27 号文件第三条规定的优惠政策，由符合条件的集成电路设计企业填报。

第 5 行"（二）重点企业 □大型 □领域"：是指财税〔2012〕27 号文件第四

条规定的优惠政策，由国家规划布局内的重点集成电路设计企业填报，同时，须选择重点集成电路企业的类型，符合财税〔2016〕49 号第五条第一项条件的选择"大型"，符合财税〔2016〕49 号第五条第二项条件的选择"领域"。

4. 第 6 – 7 行"三、软件企业（□一般软件　□嵌入式或信息系统集成软件）"：是指软件企业享受财税〔2012〕27 号文件第三条规定的软件企业优惠政策以及第四条规定的国家规划布局内的重点软件企业优惠政策。若企业产品是嵌入式软件产品和信息系统集成产品开发，该选项应选择"嵌入式或信息系统集成软件"，否则选"一般软件"。

第 6 行"（一）新办符合条件"：是指软件企业享受财税〔2012〕27 号文件第三条规定的优惠政策，由符合条件的软件企业填报。

第 7 行"（二）重点企业　□大型　□领域　□出口"：是指财税〔2012〕27 号文件第四条规定的优惠政策，由国家规划布局内的重点软件企业填报，同时，须选择重点软件企业的类型，符合财税〔2016〕49 号第六条第一项条件的选择"大型"，符合财税〔2016〕49 号第六条第二项条件的选择"领域"，符合财税〔2016〕49 号第六条第三项条件的选择"出口"。

5. 第 8 行"四、集成电路封装测试企业"：是指财税〔2015〕6 号文件第一条规定的优惠政策，由符合条件的集成电路封装、测试企业填报。

6. 第 9 行"五、集成电路关键专用材料或专用设备生产企业（□关键专用材料　□专用设备）"：是指财税〔2015〕6 号文件第一条规定的优惠政策，由符合条件的集成电路关键专用材料生产企业、集成电路专用设备生产企业填报。享受该项政策，须根据企业类型选择，集成电路关键专用材料生产企业选择"□关键专用材料"，集成电路专用设备生产企业选择"□专用设备"。

7. 第 10 行"获利年度/开始计算优惠期年度"：由选择"二免三减半""五免五减半"两类定期减免类型的企业填报，填报开始计算优惠期的年度。

（二）关键指标情况

填报企业享受政策的有关指标，具体如下：

第 11 行至第 22 行：享受本表任意优惠政策的企业均需填报。

第 23 行至第 24 行：由软件、集成电路设计企业填报，包括国家规划布局内的重点软件企业和重点集成电路设计企业（即单选本表第 4 行至第 7 行中减免类型的企业）填报。

第 25 行至第 27 行：由国家规划布局内的重点软件企业、重点集成电路企业中，适用符合领域条件的企业（即单选本表第 5 行、第 7 行减免类型，且重点企业选择"领域"的企业）填报。

第 28 行至第 30 行：由国家规划布局内的重点软件企业中，适用符合出口条件的企业（即单选本表第 7 行减免类型，且重点企业选择"出口"的企业）填报。

第 31 行：由集成电路关键专用材料或专用设备生产企业（即单选本表第 9 行减免类型）填报。

1. 第 11 行"一、企业本年月平均职工总人数"：填报企业本年月平均职工总人数。本年月平均职工总人数计算方法：

$$月平均人数 =（月初数 + 月末数）÷ 2$$

$$全年月平均职工总人数 = 全年各月平均数之和 ÷ 12$$

2. 第 12 行"其中：签订劳动合同关系且具有大学专科以上学历的职工人数"：填报纳税人本年签订劳动合同关系且具有大学专科以上学历的职工人数。

3. 第 13 行"研究开发人员人数"：填报纳税人本年研究开发人员人数。

4. 第 14 行"二、大学专科以上职工占企业本年月平均职工总人数的比例"：填报第 12÷11 行计算后的比例。

5. 第 15 行"三、研究开发人员占企业本年月平均职工总人数的比例"：填报第 13÷11 行计算后的比例。

6. 第 16 行"四、研发费用总额"：填报企业按照《财政部 国家税务总局 科技部关于完善研发费用税前加计扣除政策的通知》（财税〔2015〕119 号）口径归集的研发费用总额。

7. 第 17 行"其中：企业在中国境内发生的研发费用金额"：填报纳税人本年在中国境内发生的研发费用金额。

8. 第 18 行"五、研发费用占销售（营业）收入的比例"：填报研发费用占销售（营业）收入的比例，即本表第 16 行 ÷ 表 A101010 第 1 行。

9. 第 19 行"六、境内研发费用占研发费用总额的比例"：填报第 17÷16 行计算后的比例。

10. 第 20 行"七、企业收入总额"：填报纳税人本年以货币形式和非货币形式从各种来源取得的收入，为税法第六条规定的收入总额。包括：销售货物收入，提供劳务收入，转让财产收入，股息、红利等权益性投资收益，利息收入，租金收入，特许权使用费收入，接受捐赠收入，其他收入。

11. 第 21 行"八、符合条件的销售（营业）收入"：根据企业类型分析填报，享受不同政策本行所填数据含义不同：

（1）集成电路生产企业：本行填报本年度集成电路制造销售（营业）收入；

（2）集成电路设计企业：本行填报本年度集成电路设计销售（营业）收入；

（3）软件企业：选择"一般软件"的，本行填报本年软件产品开发销售（营业）收入；选择"嵌入式或信息系统集成软件"的，本行填报嵌入式软件产品和信息系统集成产品开发销售（营业）收入；

（4）集成电路封装、测试企业：本行填报本年集成电路封装、测试销售（营业）收入；

（5）集成电路关键专用材料生产企业：本行填报本年集成电路关键专用材料销售（营业）收入；

（6）集成电路专用设备生产企业：本行填报本年集成电路专用设备销售（营业）收入。

12. 第22行"九、符合条件的收入占收入总额的比例"：填报第21÷20行计算后的比例。

13. 第23行"（一）自主设计/开发销售（营业）收入"：

集成电路设计企业，本行填报本年度集成电路自主设计销售（营业）收入。

软件企业，选"一般软件"的填报本年软件产品自主开发销售（营业）收入，选"嵌入式或信息系统集成软件"的填报本年自主开发嵌入式软件产品和信息系统集成产品开发销售（营业）收入。

14. 第24行"（二）自主设计/开发收入占企业收入总额的比例"：填报第23÷20行计算后的比例。

15. 第25行"（一）适用的领域"：根据《国家发展和改革委员会 工业和信息化部 财政部 国家税务总局关于印发国家规划布局内重点软件和集成电路设计领域的通知》（发改高技〔2016〕1056号）文件，选择适用的领域。

16. 第26行"（二）选择备案领域的销售（营业）收入"：填报符合第25行选定"领域"内的销售（营业）收入。如选择领域为"（一）基础软件：操作系统、数据库、中间件"，则该行填报该业务的销售（营业）收入。

17. 第27行"（三）领域内的销售收入占符合条件的销售收入的比例"：填报第26÷21行计算后的比例。

18. 第28行"（一）年度软件出口收入总额（美元）"：填报企业年度软件出口收入总额，以美元计算。

19. 第29行"（二）年度软件出口收入总额（人民币）"：填报企业年度软件出口收入总额，换算成人民币以后的金额。

20. 第30行"（三）软件出口收入总额占本企业年度收入总额的比例"：填报第29÷20行计算后的比例。

21. 第31行"产品适用目录"：由集成电路关键专用材料或专用设备生产企业，即单选本表第9行减免类型的企业填报。目录见《财政部 国家税务总局 国家发展改革委 工业和信息化部关于进一步鼓励集成电路产业发展企业所得税政策的通知》（财税〔2015〕6号）文件。

22. 第32行"减免税额"：填报本年享受集成电路、软件企业优惠的金额。

二、表内、表间关系

（一）表内关系

1. 第 14 行 = 第 12 ÷ 11 行。

2. 第 15 行 = 第 13 ÷ 11 行。

3. 第 19 行 = 第 17 ÷ 16 行。

4. 第 22 行 = 第 21 ÷ 20 行。

5. 第 24 行 = 第 23 ÷ 20 行。

6. 第 27 行 = 第 26 ÷ 21 行。

7. 第 30 行 = 第 29 ÷ 20 行。

（二）表间关系

1. 第 18 行 = 第 16 行 ÷ 表 A101010 第 1 行。

2. 第 32 行 = 表 A107040 第 6 行至第 16 行，根据以下规则判断填报：

若"减免方式"单选第 1 行，第 32 行 = 表 A107040 第 6 行；

若"减免方式"单选第 2 行"五免五减半"，第 32 行 = 表 A107040 第 9 行；

若"减免方式"单选第 2 行"15% 税率"，第 32 行 = 表 A107040 第 7 行；

若"减免方式"单选第 3 行"五免五减半"，第 32 行 = 表 A107040 第 10 行；

若"减免方式"单选第 3 行"15% 税率"，第 32 行 = 表 A107040 第 8 行；

若"减免方式"单选第 4 行，第 32 行 = 表 A107040 第 11 行；

若"减免方式"单选第 5 行，第 32 行 = 表 A107040 第 12 行；

若"减免方式"单选第 6 行，第 32 行 = 表 A107040 第 13 行；

若"减免方式"单选第 7 行，第 32 行 = 表 A107040 第 14 行；

若"减免方式"单选第 8 行，第 32 行 = 表 A107040 第 15 行；

若"减免方式"单选第 9 行，第 32 行 = 表 A107040 第 16 行。

A107050　税额抵免优惠明细表

行次	项目	年度 1	本年抵免前应纳税额 2	本年允许抵免的专用设备投资额 3	本年可抵免税额 4（3×10%）	以前年度已抵免额 前五年度 5	前四年度 6	前三年度 7	前二年度 8	前一年度 9	小计 10（5+…+9）	本年实际抵免的各年度额 11	可结转以后年度抵免的税额 12（4−10−11）
1	前五年度												*
2	前四年度					*							
3	前三年度					*	*						
4	前二年度					*	*	*					
5	前一年度					*	*	*	*				
6	本年度					*	*	*	*	*	*		
7	本年实际抵免税额合计												
8	可结转以后年度抵免的税额合计												
9	专用设备投资情况	本年允许抵免的环境保护专用设备投资额											
10		本年允许抵免的节能节水的专用设备投资额											
11		本年允许抵免的安全生产专用设备投资额											

A107050 《税额抵免优惠明细表》填报说明

本表适用于享受专用设备投资额抵免优惠（含结转）的纳税人填报。纳税人根据税法、《财政部　国家税务总局关于执行环境保护专用设备企业所得税优惠目录、节能节水专用设备企业所得税优惠目录和安全生产专用设备企业所得税优惠目录有关问题的通知》（财税〔2008〕48号）、《财政部　国家税务总局　国家发展改革委关于公布节能节水专用设备企业所得税优惠目录（2008年版）和环境保护专用设备企业所得税优惠目录（2008年版）的通知》（财税〔2008〕115号）、《财政部　国家税务总局　安全监管总局关于公布〈安全生产专用设备企业所得税优惠目录（2008年版）〉的通知》（财税〔2008〕118号）、《财政部　国家税务总局关于执行企业所得税优惠政策若干问题的通知》（财税〔2009〕69号）、《国家税务总局关于环境保护、节能节水、安全生产等专用设备投资抵免企业所得税有关问题的通知》（国税函〔2010〕256号）、《财政部　国家税务总局　国家发展改革委　工业和信息化部　环境保护部关于印发节能节水和环境保护专用设备企业所得税优惠目录（2017年版）的通知》（财税〔2017〕71号）等相关税收政策规定，填报本年发生的专用设备投资额抵免优惠（含结转）情况。

一、有关项目填报说明

1. 第1列"年度"：填报公历年份。第6行为本年，第5行至第1行依次填报。

2. 第2列"本年抵免前应纳税额"：填报纳税人《中华人民共和国企业所得税年度纳税申报表（A类）》（表A100000）第25行"应纳所得税额"减第26行"减免所得税额"后的余额。2012年度和2013年度的"当年抵免前应纳税额"：填报《企业所得税年度纳税申报表（A类）》（2008年版）第27行"应纳所得税额"减第28行"减免所得税额"后的余额。2014年度、2015年度和2016年度的"当年抵免前应纳税额"：填报纳税人《中华人民共和国企业所得税年度纳税申报表（A类）》（2014年版）第25行"应纳所得税额"减第26行"减免所得税额"后的余额。

3. 第3列"本年允许抵免的专用设备投资额"：填报纳税人本年购置并实际使用《环境保护专用设备企业所得税优惠目录》《节能节水专用设备企业所得税优惠目录》和《安全生产专用设备企业所得税优惠目录》规定的环境保护、节能节水、安全生产等专用设备的发票价税合计金额，但不包括允许抵扣的增值税进项税额、按有关规定退还的增值税税款以及设备运输、安装和调试等费用。

4. 第4列"本年可抵免税额"：填报第3列×10%的金额。

5. 第5列至第9列"以前年度已抵免额"：填报纳税人以前年度已抵免税额，其中前五年度、前四年度、前三年度、前二年度、前一年度与"项目"列中的前五年度、前四年度、前三年度、前二年度、前一年度相对应。

6. 第 10 列"以前年度已抵免额—小计"：填报第 5 + 6 + 7 + 8 + 9 列的合计金额。

7. 第 11 列"本年实际抵免的各年度税额"：第 1 行至第 6 行填报纳税人用于依次抵免前 5 个年度及本年尚未抵免的税额，第 11 列小于或等于第 4 - 10 列，且第 11 列第 1 行至第 6 行合计金额不得大于第 6 行第 2 列的金额。

8. 第 12 列"可结转以后年度抵免的税额"：填报第 4 - 10 - 11 列的余额。

9. 第 7 行第 11 列"本年实际抵免税额合计"：填报第 11 列第 1 + 2 + … + 6 行的合计金额。

10. 第 8 行第 12 列"可结转以后年度抵免的税额合计"：填报第 12 列第 2 + 3 + … + 6 行的合计金额。

11. 第 9 行"本年允许抵免的环境保护专用设备投资额"：填报纳税人本年购置并实际使用《环境保护专用设备企业所得税优惠目录》规定的环境保护专用设备的发票价税合计价格，但不包括允许抵扣的增值税进项税额、按有关规定退还的增值税税款以及设备运输、安装和调试等费用。

12. 第 10 行"本年允许抵免节能节水的专用设备投资额"：填报纳税人本年购置并实际使用《节能节水专用设备企业所得税优惠目录》规定的节能节水等专用设备的发票价税合计价格，但不包括允许抵扣的增值税进项税额、按有关规定退还的增值税税款以及设备运输、安装和调试等费用。

13. 第 11 行"本年允许抵免的安全生产专用设备投资额"：填报纳税人本年购置并实际使用《安全生产专用设备企业所得税优惠目录》规定的安全生产等专用设备的发票价税合计价格，但不包括允许抵扣的增值税进项税额、按有关规定退还的增值税税款以及设备运输、安装和调试等费用。

二、表内、表间关系

（一）表内关系

1. 第 4 列 = 第 3 列 × 10%。

2. 第 10 列 = 第 5 + 6 + … + 9 列。

3. 第 11 列 ≤ 第 4 - 10 列。

4. 第 12 列 = 第 4 - 10 - 11 列。

5. 第 6 行第 3 列 = 第 9 + 10 + 11 行。

6. 第 7 行第 11 列 = 第 11 列第 1 + 2 + … + 6 行。

7. 第 8 行第 12 列 = 第 12 列第 2 + 3 + … + 6 行。

（二）表间关系

1. 第 7 行第 11 列 ≤ 表 A100000 第 25 - 26 行。

2. 第 7 行第 11 列 = 表 A100000 第 27 行。

3. 第 2 列 = 表 A100000 第 25 - 26 行。

2012 年度和 2013 年度：第 2 列 =《中华人民共和国企业所得税年度纳税申报表（A 类）》（2008 年版）第 27 - 28 行。

2014 年度、2015 年度和 2016 年度：第 2 列 =《中华人民共和国企业所得税年度纳税申报表（A 类）》（2014 年版）第 25 - 26 行。

A108000　境外所得税收抵免明细表

行次	国家（地区）	境外税前所得	境外所得纳税调整后所得	弥补境外以前年度亏损	境外应纳税所得额	抵减境内亏损	抵减境内亏损后的境外应纳税所得额	税率	境外所得应纳税额	境外所得可抵免税额	境外所得抵免限额	本年可抵免境外所得税额	未超过境外所得税抵免限额的余额	本年可抵免以前年度未抵免境外所得税额	按简易办法计算：按低于12.5%的实际税率计算的抵免额	按12.5%计算的抵免额	按25%计算的抵免额	小计	境外所得抵免税额合计
		1	2	3	4	5（3-4）	6	7（5-6）	8	9（7×8）	10	11	12	13（11-12）	14	15	16	17	18（15+16+17）
1																			
2																			
3																			
4																			
5																			
6																			
7																			
8																			
9																			
10	合计																		

注：第 19 列 = 12 + 14 + 18。

A108000 《境外所得税收抵免明细表》填报说明

本表适用于取得境外所得的纳税人填报。纳税人应根据税法、《财政部 国家税务总局关于企业境外所得税收抵免有关问题的通知》（财税〔2009〕125 号）和《国家税务总局关于发布〈企业境外所得税收抵免操作指南〉的公告》（国家税务总局公告 2010 年第 1 号）、《财政部 国家税务总局关于我国石油企业从事油（气）资源开采所得税收抵免有关问题的通知》（财税〔2011〕23 号）、《财政部 国家税务总局关于完善企业境外所得税收抵免政策问题的通知》（财税〔2017〕84 号）规定，填报本年来源于或发生于不同国家、地区的所得按照税收规定计算应缴纳和应抵免的企业所得税。

一、有关项目填报说明

（一）行次填报

纳税人若选择"分国（地区）不分项"的境外所得抵免方式，应根据表 A108010、表 A108020、表 A108030 分国（地区）别逐行填报本表；纳税人若选择"不分国（地区）不分项"的境外所得抵免方式，应按照税收规定计算可抵免境外所得税税额和抵免限额，并根据表 A108010、表 A108020、表 A108030 的合计金额填报本表第 1 行。

（二）列次填报

1. 第 1 列"国家（地区）"：纳税人若选择"分国（地区）不分项"的境外所得抵免方式，填报纳税人境外所得来源的国家（地区）名称，来源于同一国家（地区）的境外所得合并到一行填报；纳税人若选择"不分国（地区）不分项"的境外所得抵免方式，填报"不分国（地区）不分项"。

2. 第 2 列"境外税前所得"：填报《境外所得纳税调整后所得明细表》（A108010）第 14 列的金额。

3. 第 3 列"境外所得纳税调整后所得"：填报《境外所得纳税调整后所得明细表》（A108010）第 18 列的金额。

4. 第 4 列"弥补境外以前年度亏损"：填报《境外分支机构弥补亏损明细表》（A108020）第 4 列和第 13 列的合计金额。

5. 第 5 列"境外应纳税所得额"：填报第 3 - 4 列的余额。当第 3 - 4 列 < 0 时，本列填报 0。

6. 第 6 列"抵减境内亏损"：当纳税人选择用境外所得弥补境内亏损时，填报纳税人境外所得按照税收规定抵减境内的亏损额（包括弥补的当年度境内亏损额和以前年度境内亏损额）；当纳税人选择不用境外所得弥补境内亏损时，填报 0。

7. 第 7 列 "抵减境内亏损后的境外应纳税所得额"：填报第 5 – 6 列的余额。

8. 第 8 列 "税率"：填报法定税率 25%。符合《财政部 国家税务总局关于高新技术企业境外所得适用税率及税收抵免问题的通知》（财税〔2011〕47 号）第一条规定的高新技术企业填报 15%。

9. 第 9 列 "境外所得应纳税额"：填报第 7×8 列的金额。

10. 第 10 列 "境外所得可抵免税额"：填报表 A108010 第 13 列的金额。

11. 第 11 列 "境外所得抵免限额"：境外所得抵免限额按以下公式计算：

抵免限额 = 中国境内、境外所得依照企业所得税法和条例的规定计算的应纳税总额 × 来源于某国（地区）的应纳税所得额 ÷ 中国境内、境外应纳税所得总额。

12. 第 12 列 "本年可抵免境外所得税额"：填报纳税人本年来源于境外的所得已缴纳所得税在本年度允许抵免的金额。填报第 10 列、第 11 列孰小值。

13. 第 13 列 "未超过境外所得税抵免限额的余额"：填报纳税人本年在抵免限额内抵免完境外所得税后有余额的，可用于抵免以前年度结转的待抵免的所得税额。本列填报第 11 – 12 列的余额。

14. 第 14 列 "本年可抵免以前年度未抵免境外所得税额"：填报纳税人本年可抵免以前年度未抵免、结转到本年度抵免的境外所得税额。填报第 10 列、《跨年度结转抵免境外所得税明细表》（A108030）第 7 列孰小值。

15. 第 15 列至第 18 列由选择简易办法计算抵免额的纳税人填报。

（1）第 15 列 "按低于 12.5% 的实际税率计算的抵免额"：纳税人从境外取得营业利润所得以及符合境外税额间接抵免条件的股息所得，所得来源国（地区）的实际有效税率低于 12.5% 的，填报按照实际有效税率计算的抵免额。

（2）第 16 列 "按 12.5% 计算的抵免额"：纳税人从境外取得营业利润所得以及符合境外税额间接抵免条件的股息所得，除第 15 列情形外，填报按照 12.5% 计算的抵免额。

（3）第 17 列 "按 25% 计算的抵免额"：纳税人从境外取得营业利润所得以及符合境外税额间接抵免条件的股息所得，所得来源国（地区）的实际有效税率高于 25% 的，填报按照 25% 计算的抵免额。

16. 第 19 列 "境外所得抵免所得税额合计"：填报第 12 + 14 + 18 列的合计金额。

二、表内、表间关系

（一）表内关系

1. 第 5 列 = 第 3 – 4 列，当第 3 – 4 列 < 0 时，本列 = 0。

2. 第 6 列 ≤ 第 5 列。

3. 第 7 列 = 第 5 – 6 列。

4. 第 9 列 = 第 7 × 8 列。

5. 第 12 列 = 第 10 列、第 11 列孰小值。

6. 第 13 列 = 第 11 – 12 列。

7. 第 14 列 ≤ 第 13 列。

8. 第 18 列 = 第 15 + 16 + 17 列。

9. 第 19 列 = 第 12 + 14 + 18 列。

（二）表间关系

1. 若选择"分国（地区）不分项"的境外所得抵免方式，第 2 列各行 = 表 A108010 第 14 列相应行次；若选择"不分国（地区）不分项"的境外所得抵免方式，第 1 行第 2 列 = 表 A108010 第 14 列合计。

2. 若选择"分国（地区）不分项"的境外所得抵免方式，第 3 列各行 = 表 A108010 第 18 列相应行次；若选择"不分国（地区）不分项"的境外所得抵免方式，第 1 行第 3 列 = 表 A108010 第 18 列合计。

3. 若选择"分国（地区）不分项"的境外所得抵免方式，第 4 列各行 = 表 A108020 第 4 列相应行次 + 第 13 列相应行次；若选择"不分国（地区）不分项"的境外所得抵免方式，第 1 行第 4 列 = 表 A108020 第 4 列合计 + 第 13 列合计。

4. 若选择"分国（地区）不分项"的境外所得抵免方式，第 6 列合计 ≤ 第 5 列合计、表 A106000 第 1 行至第 5 行（第 4 列的绝对值 – 第 9 列 – 第 10 列）合计 + 表 A100000 第 18 行的孰小值；若选择"不分国（地区）不分项"的境外所得抵免方式，第 1 行第 6 列 ≤ 第 1 行第 5 列、表 A106000 第 1 行至第 5 行（第 4 列的绝对值 – 第 9 列 – 第 10 列）合计 + 表 A100000 第 18 行的孰小值。

5. 第 9 列合计 = 表 A100000 第 29 行。

6. 若选择"分国（地区）不分项"的境外所得抵免方式，第 10 列各行 = 表 A108010 第 13 列相应行次；若选择"不分国（地区）不分项"的境外所得抵免方式，第 1 行第 10 列 = 表 A108010 第 13 列合计。

7. 若选择"分国（地区）不分项"的境外所得抵免方式，第 14 列各行 = 表 A108030 第 13 列相应行次；若选择"不分国（地区）不分项"的境外所得抵免方式，第 1 行第 14 列 = 表 A108030 第 13 列合计。

8. 第 19 列合计 = 表 A100000 第 30 行。

A108010　境外所得纳税调整后所得明细表

行次	国家（地区）	境外税后所得								境外所得可抵免的所得税额				境外税前所得	境外分支机构收入与支出纳税调整额	境外分支机构调整分摊扣除的有关费用	境外所得对应调整的相关成本费用支出	境外所得纳税调整后所得
		分支机构营业利润所得	股息、红利等权益性投资所得	利息所得	租金所得	特许权使用费所得	财产转让所得	其他所得	小计	直接缴纳的所得税额	间接负担的所得税额	享受税收饶让抵免税额	小计					
	1	2	3	4	5	6	7	8	9 (2+…+8)	10	11	12	13 (10+11+12)	14 (9+10+11)	15	16	17	18 (14+15−16−17)
1																		
2																		
3																		
4																		
5																		
6																		
7																		
8																		
9																		
10	合计																	

A108010 《境外所得纳税调整后所得明细表》填报说明

本表适用于取得境外所得的纳税人填报。纳税人应根据税法、《财政部 国家税务总局关于企业境外所得税收抵免有关问题的通知》（财税〔2009〕125号）和《国家税务总局关于发布〈企业境外所得税收抵免操作指南〉的公告》（国家税务总局公告2010年第1号）、《财政部 国家税务总局关于我国石油企业从事油（气）资源开采所得税收抵免有关问题的通知》（财税〔2011〕23号）、《财政部 国家税务总局关于完善企业境外所得税收抵免政策问题的通知》（财税〔2017〕84号）规定，填报本年来源于或发生于不同国家、地区的所得按照税收规定计算的境外所得纳税调整后所得。对于境外所得税收抵免方式选择"不分国（地区）不分项"的纳税人，也应按照规定计算可抵免境外所得税税额，并按国（地区）别逐行填报。

一、有关项目填报说明

1. 第1列"国家（地区）"：填报纳税人境外所得来源的国家（地区）名称，来源于同一个国家（地区）的境外所得可合并到一行填报。

2. 第2列至第9列"境外税后所得"：填报纳税人取得的来源于境外的税后所得，其中：第3列股息、红利等权益性投资所得包含通过《受控外国企业信息报告表》（国家税务总局公告2014年第38号附件2）计算的视同分配给企业的股息。

3. 第10列"直接缴纳的所得税额"：填报纳税人来源于境外的营业利润所得在境外所缴纳的企业所得税，以及就来源于或发生于境外的股息、红利等权益性投资所得、利息、租金、特许权使用费、财产转让等所得在境外被源泉扣缴的预提所得税。

4. 第11列"间接负担的所得税额"：填报纳税人从其直接或者间接控制的外国企业分得的来源于中国境外的股息、红利等权益性投资收益，外国企业在境外实际缴纳的所得税额中属于该项所得负担的部分。

5. 第12列"享受税收饶让抵免税额"：填报纳税人从与我国政府订立税收协定（或安排）的国家（地区）取得的所得，按照该国（地区）税收法律享受了免税或减税待遇，且该免税或减税的数额按照税收协定应视同已缴税额的金额。

6. 第15列"境外分支机构收入与支出纳税调整额"：填报纳税人境外分支机构收入、支出按照税收规定计算的纳税调整额。

7. 第16列"境外分支机构调整分摊扣除的有关成本费用"：填报纳税人境外分支机构应合理分摊的总部管理费等有关成本费用，同时在《纳税调整项目明细表》（A105000）进行纳税调增。

8. 第17列"境外所得对应调整的相关成本费用支出"：填报纳税人实际发生与取得境外所得有关但未直接计入境外所得应纳税所得的成本费用支出，同时在《纳税调整项目明细表》（A105000）进行纳税调增。

9. 第 18 列"境外所得纳税调整后所得"：填报第 14 + 15 – 16 – 17 列的金额。

二、表内、表间关系

（一）表内关系

1. 第 9 列 = 第 2 + 3 + … + 8 列。

2. 第 13 列 = 第 10 + 11 + 12 列。

3. 第 14 列 = 第 9 + 10 + 11 列。

4. 第 18 列 = 第 14 + 15 – 16 – 17 列。

（二）表间关系

1. 若选择"分国（地区）不分项"的境外所得抵免方式，第 13 列各行 = 表 A108000 第 10 列相应行次；若选择"不分国（地区）不分项"的境外所得抵免方式，第 13 列合计 = 表 A108000 第 1 行第 10 列。

2. 若选择"分国（地区）不分项"的境外所得抵免方式，第 14 列各行 = 表 A108000 第 2 列相应行次；若选择"不分国（地区）不分项"的境外所得抵免方式，第 14 列合计 = 表 A108000 第 1 行第 2 列。

3. 第 14 列合计 – 第 11 列合计 = 表 A100000 第 14 行。

4. 第 16 列合计 + 第 17 列合计 = 表 A105000 第 28 行第 3 列。

5. 若选择"分国（地区）不分项"的境外所得抵免方式，第 18 列相应行次 = 表 A108000 第 3 列相应行次；若选择"不分国（地区）不分项"的境外所得抵免方式，第 18 列合计 = 表 A108000 第 1 行第 3 列。

A108020　境外分支机构弥补亏损明细表

行次	国家（地区）	非实际亏损额的弥补				实际亏损额的弥补													
		以前年度结转尚未弥补的非实际亏损额	本年发生的非实际亏损额	本年弥补的以前年度非实际亏损额	结转以后年度弥补的非实际亏损额	以前年度结转尚未弥补的实际亏损额						本年发生的实际亏损额	本年弥补的以前年度实际亏损额	结转以后年度弥补的实际亏损额					
						前五年	前四年	前三年	前二年	前一年	小计			前四年	前三年	前二年	前一年	本年	小计
行次	1	2	3	4	5 (2+3-4)	6	7	8	9	10	11 (6+…+10)	12	13	14	15	16	17	18	19 (14+…+18)
1																			
2																			
3																			
4																			
5																			
6																			
7																			
8																			
9																			
10	合计																		

A108020 《境外分支机构弥补亏损明细表》填报说明

本表适用于取得境外所得的纳税人填报。纳税人应根据税法、《财政部 国家税务总局关于企业境外所得税收抵免有关问题的通知》（财税〔2009〕125号）、《国家税务总局关于发布〈企业境外所得税收抵免操作指南〉的公告》（国家税务总局公告2010年第1号）、《财政部 国家税务总局关于我国石油企业从事油（气）资源开采所得税收抵免有关问题的通知》（财税〔2011〕23号）、《财政部 国家税务总局关于完善企业境外所得税收抵免政策问题的通知》（财税〔2017〕84号）规定，填报境外分支机构本年及以前年度发生的税前尚未弥补的非实际亏损额和实际亏损额、结转以后年度弥补的非实际亏损额和实际亏损额，并按国（地区）别逐行填报。

一、有关项目填报说明

纳税人选择"分国（地区）不分项"的境外所得抵免方式，在汇总计算境外应纳税所得额时，企业在境外同一国家（地区）设立不具有独立纳税地位的分支机构，按照企业所得税法及实施条例的有关规定计算的亏损，不得抵减其境内或他国（地区）的应纳税所得额，但可以用同一国家（地区）其他项目或以后年度的所得按规定弥补。纳税人选择"不分国（地区）不分项"的境外所得抵免方式，按照《财政部 国家税务总局关于完善企业境外所得税收抵免政策问题的通知》（财税〔2017〕84号）规定填报。在填报本表时，应按照国家税务总局公告2010年第1号第13、14条有关规定，分析填报企业的境外分支机构发生的实际亏损额和非实际亏损额及其弥补、结转的金额。

1. 第2列至第5列"非实际亏损额的弥补"：填报纳税人境外分支机构非实际亏损额未弥补金额、本年发生的金额、本年弥补的金额、结转以后年度弥补的金额。

2. 第6列至第19列"实际亏损额的弥补"：填报纳税人境外分支机构实际亏损额弥补金额。

二、表内、表间关系

（一）表内关系

1. 第5列＝第2＋3－4列。

2. 第11列＝第6＋7＋…＋10列。

3. 第19列＝第14＋15＋…＋18列。

（二）表间关系

若选择"分国（地区）不分项"的境外所得抵免方式，第4列各行＋第13列各行＝表A108000第4列相应行次；若选择"不分国（地区）不分项"的境外所得抵免方式，第4列合计＋第13列合计＝表A108000第1行第4列。

A108030 跨年度结转抵免境外所得税明细表

行次	国家（地区）	前五年境外所得已缴所得税未抵免余额							本年实际抵免以前年度未抵免的境外已缴所得税额							结转以后年度抵免的境外所得已缴所得税额						
		前五年	前四年	前三年	前二年	前一年	小计		前五年	前四年	前三年	前二年	前一年	小计		前四年	前三年	前二年	前一年	本年	小计	
		1																				
		2	3	4	5	6	7 (2 + …+6)		8	9	10	11	12	13 (8 + …+12)		14 (3 – 9)	15 (4 – 10)	16 (5 – 11)	17 (6 – 12)	18	19 (14 + …+18)	
1																						
2																						
3																						
4																						
5																						
6																						
7																						
8																						
9																						
10	合计																					

A108030　《跨年度结转抵免境外所得税明细表》填报说明

本表适用于取得境外所得的纳税人填报。纳税人应根据税法、《财政部　国家税务总局关于企业境外所得税收抵免有关问题的通知》（财税〔2009〕125 号）、《国家税务总局关于发布〈企业境外所得税收抵免操作指南〉的公告》（国家税务总局公告 2010 年第 1 号）、《财政部　国家税务总局关于我国石油企业从事油（气）资源开采所得税收抵免有关问题的通知》（财税〔2011〕23 号）、《财政部　国家税务总局关于完善企业境外所得税收抵免政策问题的通知》（财税〔2017〕84 号）规定，填报本年发生的来源于不同国家或地区的境外所得按照我国税收法律、法规的规定可以抵免的所得税额，并按国（地区）别逐行填报。

一、有关项目填报说明

1. 第 2 列至第 7 列"前五年境外所得已缴所得税未抵免余额"：填报纳税人前五年境外所得已缴纳的企业所得税尚未抵免的余额。

2. 第 8 列至第 13 列"本年实际抵免以前年度未抵免的境外已缴所得税额"：填报纳税人用本年未超过境外所得税款抵免限额的余额抵免以前年度未抵免的境外已缴所得税额。

3. 第 14 列至第 19 列"结转以后年度抵免的境外所得已缴所得税额"：填报纳税人以前年度和本年未能抵免并结转以后年度抵免的境外所得已缴所得税额。

二、表内、表间关系

（一）表内关系

1. 第 7 列 = 第 2 + 3 + … + 6 列。

2. 第 13 列 = 第 8 + 9 + … + 12 列。

3. 第 19 列 = 第 14 + 15 + … + 18 列。

（二）表间关系

1. 若选择"分国（地区）不分项"的境外所得抵免方式，第 13 列各行 = 表 A108000 第 14 列相应行次；若选择"不分国（地区）不分项"的境外所得抵免方式，第 13 列合计 = 表 A108000 第 1 行第 14 列。

2. 若选择"分国（地区）不分项"的境外所得抵免方式，第 18 列各行 = 表 A108000 第 10 列相应行次 – 第 12 列相应行次（当表 A108000 第 10 列相应行次大于第 12 列相应行次时填报）；若选择"不分国（地区）不分项"的境外所得抵免方式，第 18 列合计 = 表 A108000 第 1 行第 10 列 – 第 1 行第 12 列（当表 A108000 第 1 行第 10 列次大于第 1 行第 12 列时填报）。

A109000　跨地区经营汇总纳税企业年度分摊企业所得税明细表

行次	项目	金额
1	一、实际应纳所得税额	
2	减：境外所得应纳所得税额	
3	加：境外所得抵免所得税额	
4	二、用于分摊的本年实际应纳所得税额（1－2＋3）	
5	三、本年累计已预分、已分摊所得税额（6＋7＋8＋9）	
6	（一）总机构直接管理建筑项目部已预分所得税额	
7	（二）总机构已分摊所得税额	
8	（三）财政集中已分配所得税额	
9	（四）分支机构已分摊所得税额	
10	其中：总机构主体生产经营部门已分摊所得税额	
11	四、本年度应分摊的应补（退）的所得税额（4－5）	
12	（一）总机构分摊本年应补（退）的所得税额（11×总机构分摊比例）	
13	（二）财政集中分配本年应补（退）的所得税额（11×财政集中分配比例）	
14	（三）分支机构分摊本年应补（退）的所得税额（11×分支机构分摊比例）	
15	其中：总机构主体生产经营部门分摊本年应补（退）的所得税额（11×总机构主体生产经营部门分摊比例）	
16	五、境外所得抵免后的应纳所得税额（2－3）	
17	六、总机构本年应补（退）所得税额（12＋13＋15＋16）	

A109000 《跨地区经营汇总纳税企业年度分摊企业所得税明细表》填报说明

本表适用于跨地区经营汇总纳税的纳税人填报。纳税人应根据税法、《财政部国家税务总局 中国人民银行关于印发〈跨省市总分机构企业所得税分配及预算管理办法〉的通知》(财预〔2012〕40号)、《国家税务总局关于印发〈跨地区经营汇总纳税企业所得税征收管理办法〉的公告》(国家税务总局公告2012年第57号)规定计算企业每一纳税年度应缴的企业所得税、总机构和分支机构应分摊的企业所得税。仅在同一省(自治区、直辖市和计划单列市)内设立不具有法人资格分支机构的汇总纳税企业,省(自治区、直辖市和计划单列市)参照上述文件规定制定企业所得税分配管理办法的,按照其规定填报本表。

一、有关项目填报说明

1. 第1行"实际应纳所得税额":填报表A100000第31行的金额。

2. 第2行"减:境外所得应纳所得税额":填报表A100000第29行的金额。

3. 第3行"加:境外所得抵免所得税额":填报表A100000第30行的金额。

4. 第4行"用于分摊的本年实际应纳所得税额":填报第1-2+3行的金额。

5. 第5行"本年累计已预分、已分摊所得税额":填报企业按照税收规定计算的分支机构本年累计已分摊的所得税额、建筑企业总机构直接管理的跨地区项目部本年累计已预分并就地预缴的所得税额。填报第6+7+8+9行的合计金额。

6. 第6行"总机构直接管理建筑项目部已预分所得税额":填报建筑企业总机构按照规定在预缴纳税申报时,向其总机构直接管理的项目部所在地按照项目收入的0.2%预分的所得税额。

7. 第7行"总机构已分摊所得税额":填报企业在预缴申报时已按照规定比例计算缴纳的由总机构分摊的所得税额。

8. 第8行"财政集中已分配所得税额":填报企业在预缴申报时已按照规定比例计算缴纳的由财政集中分配的所得税额。

9. 第9行"分支机构已分摊所得税额":填报企业在预缴申报时已按照规定比例计算缴纳的由所属分支机构分摊的所得税额。

10. 第10行"其中:总机构主体生产经营部门已分摊所得税额":填报企业在预缴申报时已按照规定比例计算缴纳的由总机构主体生产经营部门分摊的所得税额。

11. 第11行"本年度应分摊的应补(退)的所得税额":填报企业本年度应补(退)的所得税额,不包括境外所得应纳所得税额。填报第4-5行的余额。

12. 第 12 行"总机构分摊本年应补（退）的所得税额"：填报第 11 行 × 总机构分摊比例后的金额。

13. 第 13 行"财政集中分配本年应补（退）的所得税额"：填报第 11 行 × 财政集中分配比例后的金额。

14. 第 14 行"分支机构分摊本年应补（退）的所得税额"：填报第 11 行 × 分支机构分摊比例后的金额。

15. 第 15 行"其中：总机构主体生产经营部门分摊本年应补（退）的所得税额"：填报第 11 行 × 总机构主体生产经营部门分摊比例后的金额。

16. 第 16 行"境外所得抵免后的应纳所得税额"：填报第 2 – 3 行的余额。

17. 第 17 行"总机构本年应补（退）所得税额"：填报第 12 + 13 + 15 + 16 行的合计金额。

二、表内、表间关系

（一）表内关系

1. 第 4 行 = 第 1 – 2 + 3 行。

2. 第 5 行 = 第 6 + 7 + 8 + 9 行。

3. 第 11 行 = 第 4 – 5 行。

4. 第 12 行 = 第 11 行 × 总机构分摊比例。

5. 第 13 行 = 第 11 行 × 财政集中分配比例。

6. 第 14 行 = 第 11 行 × 分支机构分摊比例。

7. 第 15 行 = 第 11 行 × 总机构主体生产经营部门分摊比例。

8. 第 16 行 = 第 2 – 3 行。

9. 第 17 行 = 第 12 + 13 + 15 + 16 行。

（二）表间关系

1. 第 1 行 = 表 A10000 第 31 行。

2. 第 2 行 = 表 A10000 第 29 行。

3. 第 3 行 = 表 A10000 第 30 行。

4. 第 5 行 = 表 A10000 第 32 行。

5. 第 12 + 16 行 = 表 A10000 第 34 行。

6. 第 13 行 = 表 A100000 第 35 行。

7. 第 15 行 = 表 A10000 第 36 行。

A109010　企业所得税汇总纳税分支机构所得税分配表

税款所属期间：　　年　月　日至　　年　月　日

总机构名称（盖章）：
总机构统一社会信用代码（纳税人识别号）：

金额单位：元（列至角分）

应纳所得税额	总机构分摊所得税额	总机构财政集中分配所得税额	分支机构分摊所得税额		
			分支机构名称	分配比例	分配所得税额
			分支机构统一社会信用代码（纳税人识别号）		
			三项因素		
			营业收入　职工薪酬　资产总额		

分支机构情况

合计

A109010　《企业所得税汇总纳税分支机构所得税分配表》填报说明

本表适用于跨地区经营汇总纳税的总机构填报。纳税人应根据税法、《财政部 国家税务总局　中国人民银行关于印发〈跨省市总分机构企业所得税分配及预算管理办法〉的通知》（财预〔2012〕40 号）、《国家税务总局关于印发〈跨地区经营汇总纳税企业所得税征收管理办法〉的公告》（国家税务总局公告 2012 年第 57 号）规定计算总分机构每一纳税年度应缴的企业所得税额、总机构和分支机构应分摊的企业所得税额。对于仅在同一省（自治区、直辖市和计划单列市）内设立不具有法人资格分支机构的企业，根据本省（自治区、直辖市和计划单列市）汇总纳税分配办法在总机构和各分支机构分配企业所得税额的，填报本表。

一、具体项目填报说明

1. "税款所属时期"：填报公历 1 月 1 日至 12 月 31 日。

2. "总机构名称""分支机构名称"：填报营业执照、税务登记证等证件载明的纳税人名称。

3. "总机构统一社会信用代码（纳税人识别号）""分支机构统一社会信用代码（纳税人识别号）"：填报工商等部门核发的纳税人统一社会信用代码。未取得统一社会信用代码的，填报税务机关核发的纳税人识别号。

4. "应纳所得税额"：填报企业汇总计算的、且不包括境外所得应纳所得税额的本年应补（退）的所得税额。数据来源于《跨地区经营汇总纳税企业年度分摊企业所得税明细表》（A109000）第 11 行"本年度应分摊的应补（退）所得税额"。

5. "总机构分摊所得税额"：对于跨省（自治区、直辖市、计划单列市）经营汇总纳税企业，填报企业本年应补（退）所得税额×25%后的金额；对于同一省（自治区、直辖市、计划单列市）内跨地区经营汇总纳税企业，填报企业本年应补（退）所得税额×规定比例后的金额。

6. "总机构财政集中分配所得税额"：对于跨省（自治区、直辖市、计划单列市）经营汇总纳税企业，填报企业本年应补（退）所得税额×25%后的金额；对于同一省（自治区、直辖市、计划单列市）内跨地区经营汇总纳税企业，填报企业本年应补（退）所得税额×规定比例后的金额。

7. "分支机构分摊所得税额"：对于跨省（自治区、直辖市、计划单列市）经营汇总纳税企业，填报企业本年应补（退）的所得税额×50%后的金额；对于同一省（自治区、直辖市、计划单列市）内跨地区经营汇总纳税企业，填报企业本年应补（退）所得税额×规定比例后的金额。

8. "营业收入"：填报上一年度各分支机构销售商品、提供劳务、让渡资产使用权等日常经营活动实现的全部收入的合计额。

9. "职工薪酬"：填报上一年度各分支机构为获得职工提供的服务而给予各种形式的报酬以及其他相关支出的合计额。

10. "资产总额"：填报上一年度各分支机构在经营活动中实际使用的应归属于该分支机构的资产合计额。

11. "分配比例"：填报经总机构所在地主管税务机关审核确认的各分支机构分配比例，分配比例应保留小数点后十位。

12. "分配所得税额"：填报分支机构按照分支机构分摊所得税额乘以相应的分配比例的金额。

13. "合计"：填报上一年度各分支机构的营业收入总额、职工薪酬总额和资产总额三项因素的合计金额及本年各分支机构分配比例和分配税额的合计金额。

二、表内、表间关系

（一）表内关系

1. 总机构分摊所得税额＝应纳所得税额×总机构分摊比例。

2. 总机构财政集中分配所得税额＝应纳所得税额×财政集中分配比例。

3. 分支机构分摊所得税额＝应纳所得税额×分支机构分摊比例。

4. 分支机构分配比例＝（该分支机构营业收入÷分支机构营业收入合计）×35%＋（该分支机构职工薪酬÷分支机构职工薪酬合计）×35%＋（该分支机构资产总额÷分支机构资产总额合计）×30%。

5. 分支机构分配所得税额＝分支机构分摊所得税额×该分支机构分配比例。

（二）表间关系

应纳所得税额＝表A109000第11行。

国家税务总局
关于发布修订后的《企业所得税优惠政策
事项办理办法》的公告

国家税务总局公告 2018 年第 23 号　2018 年 4 月 25 日　全文有效

　　为优化税收环境，有效落实企业所得税各项优惠政策，根据《国家税务总局关于进一步深化税务系统"放管服"改革　优化税收环境的若干意见》（税总发〔2017〕101 号）有关精神，现将修订后的《企业所得税优惠政策事项办理办法》予以发布。

　　特此公告。

企业所得税优惠政策事项办理办法

　　第一条　为落实国务院简政放权、放管结合、优化服务要求，规范企业所得税优惠政策事项（以下简称优惠事项）办理，根据《中华人民共和国企业所得税法》（以下简称企业所得税法）及其实施条例、《中华人民共和国税收征收管理法》（以下简称税收征管法）及其实施细则，制定本办法。

　　第二条　本办法所称优惠事项是指企业所得税法规定的优惠事项，以及国务院和民族自治地方根据企业所得税法授权制定的企业所得税优惠事项。包括免税收入、减计收入、加计扣除、加速折旧、所得减免、抵扣应纳税所得额、减低税率、税额抵免等。

　　第三条　优惠事项的名称、政策概述、主要政策依据、主要留存备查资料、享受优惠时间、后续管理要求等，见本公告附件《企业所得税优惠事项管理目录（2017年版）》（以下简称《目录》）。

　　《目录》由国家税务总局编制、更新。

　　第四条　企业享受优惠事项采取"自行判别、申报享受、相关资料留存备查"的办理方式。企业应当根据经营情况以及相关税收规定自行判断是否符合优惠事项规定的条件，符合条件的可以按照《目录》列示的时间自行计算减免税额，并通过填报企业所得税纳税申报表享受税收优惠。同时，按照本办法的规定归集和留存相关资料备查。

　　第五条　本办法所称留存备查资料是指与企业享受优惠事项有关的合同、协议、凭证、证书、文件、账册、说明等资料。留存备查资料分为主要留存备查资料和其他留存备查资料两类。主要留存备查资料由企业按照《目录》列示的资料清单准备，其他留存备查资料由企业根据享受优惠事项情况自行补充准备。

第六条　企业享受优惠事项的，应当在完成年度汇算清缴后，将留存备查资料归集齐全并整理完成，以备税务机关核查。

第七条　企业同时享受多项优惠事项或者享受的优惠事项按照规定分项目进行核算的，应当按照优惠事项或者项目分别归集留存备查资料。

第八条　设有非法人分支机构的居民企业以及实行汇总纳税的非居民企业机构、场所享受优惠事项的，由居民企业的总机构以及汇总纳税的主要机构、场所负责统一归集并留存备查资料。分支机构以及被汇总纳税的非居民企业机构、场所按照规定可独立享受优惠事项的，由分支机构以及被汇总纳税的非居民企业机构、场所负责归集并留存备查资料，同时分支机构以及被汇总纳税的非居民企业机构、场所应在当完成年度汇算清缴后将留存的备查资料清单送总机构以及汇总纳税的主要机构、场所汇总。

第九条　企业对优惠事项留存备查资料的真实性、合法性承担法律责任。

第十条　企业留存备查资料应从企业享受优惠事项当年的企业所得税汇算清缴期结束次日起保留 10 年。

第十一条　税务机关应当严格按照本办法规定的方式管理优惠事项，严禁擅自改变优惠事项的管理方式。

第十二条　企业享受优惠事项后，税务机关将适时开展后续管理。在后续管理时，企业应当根据税务机关管理服务的需要，按照规定的期限和方式提供留存备查资料，以证实享受优惠事项符合条件。其中，享受集成电路生产企业、集成电路设计企业、软件企业、国家规划布局内的重点软件企业和集成电路设计企业等优惠事项的企业，应当在完成年度汇算清缴后，按照《目录》"后续管理要求"项目中列示的清单向税务机关提交资料。

第十三条　企业享受优惠事项后发现其不符合优惠事项规定条件的，应当依法及时自行调整并补缴税款及滞纳金。

第十四条　企业未能按照税务机关要求提供留存备查资料，或者提供的留存备查资料与实际生产经营情况、财务核算情况、相关技术领域、产业、目录、资格证书等不符，无法证实符合优惠事项规定条件的，或者存在弄虚作假情况的，税务机关将依法追缴其已享受的企业所得税优惠，并按照税收征管法等相关规定处理。

第十五条　本办法适用于 2017 年度企业所得税汇算清缴及以后年度企业所得税优惠事项办理工作。《国家税务总局关于发布〈企业所得税优惠政策事项办理办法〉的公告》（国家税务总局公告 2015 年第 76 号）同时废止。

附件：企业所得税优惠事项管理目录（2017 年版）（略）

关于《国家税务总局关于发布修订后的〈企业所得税优惠政策事项办理办法〉的公告》的解读

为贯彻落实税务系统"放管服"改革，优化税收环境，有效落实企业所得税各项优惠政策，国家税务总局于近期修订并重新发布了《企业所得税优惠政策事项办理办法》（以下简称《办法》）。现解读如下：

一、修订背景

2015年，国家税务总局根据"放管服"改革要求，发布了《企业所得税优惠政策事项办理办法》（国家税务总局公告2015年第76号），全面取消对企业所得税优惠事项的审批管理，一律实行备案管理。该办法通过简化办税流程、精简涉税资料、统一管理要求，为企业能够及时、精准享受到所得税优惠政策创造了条件、提供了便利。为了深入贯彻落实党中央、国务院关于优化营商环境和推进"放管服"改革的系列部署，进一步优化税收环境，国家税务总局对该办法进行了修订，并重新发布。

二、主要变化

（一）简化优惠事项办理方式

根据《办法》规定，企业所得税优惠事项全部采用"自行判别、申报享受、相关资料留存备查"的办理方式。企业在年度纳税申报及享受优惠事项前无需再履行备案手续、报送《企业所得税优惠事项备案表》《汇总纳税企业分支机构已备案优惠事项清单》和享受优惠所需要的相关资料，原备案资料全部作为留存备查资料，保留在企业，以备税务机关后续核查时根据需要提供。

（二）更新《企业所得税优惠事项管理目录》内容

根据企业所得税优惠政策调整情况，对《企业所得税优惠事项备案管理目录（2015年版）》进行了修订，编制了《企业所得税优惠事项管理目录（2017年版）》（以下简称《目录》）。一是统一了优惠事项的项目名称，实现了优惠事项名称在《目录》《减免税政策代码目录》《中华人民共和国企业所得税年度纳税申报表（A类，2017年版）》等不同文件中的统一，方便企业查询和使用。二是对优惠事项进行了调整和补充，同时对政策概述、主要政策依据等内容进行了完善，对主要留存备查资料进行了细化。三是增加了"后续管理要求"项目，明确了优惠事项后续管理的有关要求。

（三）强化留存备查资料管理

留存备查资料是指与企业享受优惠事项有关的合同、协议、凭证、证书、文件、账册、说明等资料，用于证实企业是否符合相关优惠事项规定的条件。由于企业情况不同，留存备查资料难以全部列示，因此《办法》将留存备查资料分为主要留存备查资料和其他留存备查资料。企业应当按照《目录》列示的清单归集和整理主要留存备查资料，其他留存备查资料则由企业根据享受优惠事项的情况自行归集，以助于税务机关在后续管理时能够作出准确判断。

由于我国企业所得税实行法人所得税制，因此跨地区经营汇总纳税企业享受优惠事项的，应当由总机构负责统一归集并留存相关备查资料，但是分支机构按照规定可以独立享受优惠事项的，则由分支机构负责归集并留存相关备查资料。如：设在西部地区的鼓励类产业企业减按15%的税率征收企业所得税优惠事项，当设在西部地区的分支机构符合规定条件而享受优惠事项的，由该分支机构负责归集并留存相关备查资料，并同时将其留存备查资料的清单提供给总机构汇总。

留存备查资料是企业自行判断是否符合相关优惠事项规定条件的直接依据，企业应当在年度纳税申报前全面归集、整理并认真研判。在本企业完成汇算清缴后，留存备查资料应当归集和整理完毕，以备税务机关核查。如：企业享受《目录》第1项优惠事项，并在2018年4月30日完成2017年度企业所得税纳税申报和缴纳税款，其应在4月30日同步将第1项优惠事项的留存备查资料归集和整理完毕。分支机构以及被汇总纳税的非居民企业机构、场所按照规定可独立享受优惠事项的，完成汇算清缴后，除需要将留存备查资料应当归集和整理完毕外，还需将留存的备查资料清单报送总机构汇总。如：企业设在西部地区的分支机构享受《目录》第63项优惠事项，该分支机构在2018年4月30日完成2017年度企业所得税纳税申报和缴纳税款，其应在4月30日同步将第63项优惠事项的留存备查资料归集和整理完毕，并将备查资料清单报送总机构汇总。

（四）重申企业的权利义务和法律责任

企业依法享有享受税收优惠的权利，也有依法按时如实申报、接受监督和检查的义务。《办法》所称企业包括居民企业和在中国境内设立机构、场所的非居民企业。

《办法》实施后，企业可以根据经营情况自行判断是否符合相关优惠事项规定的条件，在符合条件的情况下，企业可以自行按照《目录》中列示的"享受优惠时间"自预缴申报时开始享受或者在年度纳税申报时享受优惠事项。

在享受优惠事项后，企业有义务提供留存备查资料，并对留存备查资料的真实性与合法性负责。如果企业未能按照税务机关的要求提供留存备查资料，或者提供的留存备查资料与实际生产经营情况、财务核算情况、相关技术领域、产业、目录、资格证书等不符不能证实其符合优惠事项规定的条件的，或者存在弄虚作假情况的，税务机关将依法追缴其已享受的企业所得税优惠。

（五）对后续管理提出要求

为加强管理，《办法》规定税务机关将对企业享受优惠事项开展后续管理，企业应当予以配合并按照税务机关规定的期限和方式提供留存备查资料。其中，按照《财

政部　国家税务总局　国家发展改革委　工业和信息化部关于软件和集成电路产业企业所得税优惠政策有关问题的通知》（财税〔2016〕49号）的有关规定，享受《目录》第30至31项、第45至53项、第56至57项软件和集成电路产业优惠事项的，企业应当在汇算清缴后按照《目录》"后续管理要求"项目中列示的资料清单向税务部门提交资料，提交资料时间不得超过本年度汇算清缴期。如：企业享受《目录》第45项优惠事项，在2018年4月30日完成2017年度企业所得税纳税申报和缴纳税款，其应在4月30日同步将留存备查资料归集和整理完毕，并在2018年5月31日前按照第45项优惠事项"后续管理要求"项目中列示的资料清单向税务机关提交相关资料。

其他优惠事项的核查，由各省税务机关（含计划单列市税务机关）按照统一安排，开展后续管理等。

三、实施时间

《办法》适用于2017年度汇算清缴及以后年度优惠事项办理工作。企业在进行2017年度企业所得税汇算清缴时，如果享受税收优惠事项的，无需再办理备案手续。

国家税务总局
关于贯彻落实进一步扩大小型微利企业
所得税优惠政策范围有关征管问题的公告

国家税务总局公告 2018 年第 40 号　　2018 年 7 月 13 日　　全文有效

根据《中华人民共和国企业所得税法实施条例》（以下简称《企业所得税法实施条例》）、《财政部　国家税务总局关于进一步扩大小型微利企业所得税优惠政策范围的通知》（财税〔2018〕77 号）等规定，现就小型微利企业所得税优惠政策有关征管问题公告如下：

一、自 2018 年 1 月 1 日至 2020 年 12 月 31 日，符合条件的小型微利企业，无论采取查账征收方式还是核定征收方式，其年应纳税所得额低于 100 万元（含 100 万元，下同）的，均可以享受财税〔2018〕77 号文件规定的所得减按 50% 计入应纳税所得额，按 20% 的税率计算缴纳企业所得税的政策（以下简称减半征税政策）。

前款所述符合条件的小型微利企业是指符合《企业所得税法实施条例》第九十二条或者财税〔2018〕77 号文件规定条件的企业。

企业本年度第一季度预缴企业所得税时，如未完成上一纳税年度汇算清缴，无法判断上一纳税年度是否符合小型微利企业条件的，可暂按企业上一纳税年度第四季度的预缴申报情况判别。

二、符合条件的小型微利企业，在预缴和年度汇算清缴企业所得税时，通过填写纳税申报表的相关内容，即可享受减半征税政策。

三、符合条件的小型微利企业，统一实行按季度预缴企业所得税。

四、本年度企业预缴企业所得税时，按照以下规定享受减半征税政策：

（一）查账征收企业。上一纳税年度为符合条件的小型微利企业，分别按照以下规定处理：

1. 按照实际利润额预缴的，预缴时本年度累计实际利润额不超过 100 万元的，可以享受减半征税政策；

2. 按照上一纳税年度应纳税所得额平均额预缴的，预缴时可以享受减半征税政策。

（二）核定应税所得率征收企业。上一纳税年度为符合条件的小型微利企业，预缴时本年度累计应纳税所得额不超过 100 万元的，可以享受减半征税政策。

（三）核定应纳所得税额征收企业。根据减半征税政策规定需要调减定额的，由主管税务机关按照程序调整，依照原办法征收。

（四）上一纳税年度为不符合小型微利企业条件的企业，预计本年度符合条件的，预缴时本年度累计实际利润额或者累计应纳税所得额不超过 100 万元的，可以享受减半征税政策。

（五）本年度新成立的企业，预计本年度符合小型微利企业条件的，预缴时本年度累计实际利润额或者累计应纳税所得额不超过 100 万元的，可以享受减半征税政策。

五、企业预缴时享受了减半征税政策，年度汇算清缴时不符合小型微利企业条件的，应当按照规定补缴税款。

六、按照本公告规定小型微利企业 2018 年第一季度预缴时应享受未享受减半征税政策而多预缴的企业所得税，在以后季度应预缴的企业所得税税款中抵减。

七、《国家税务总局关于贯彻落实扩大小型微利企业所得税优惠政策范围有关征管问题的公告》（国家税务总局公告 2017 年第 23 号）在 2017 年度企业所得税汇算清缴结束后废止。

特此公告。

关于《国家税务总局关于贯彻落实进一步扩大小型微利企业所得税优惠政策范围有关征管问题的公告》的解读

为支持小型微利企业发展，进一步增强小型微利企业发展动力，持续推动实体经济降成本增后劲，落实好小型微利企业所得税优惠政策，近日，国家税务总局印发了《关于贯彻落实进一步扩大小型微利企业所得税优惠政策范围有关征管问题的公告》（以下简称《公告》）。现解读如下：

一、《公告》出台的主要背景是什么？

今年是贯彻党的十九大精神的开局之年。十九大报告指出，我国经济正处在转变发展方式、优化经济结构、转换增长动力的攻关期，必须把发展经济着力点放在实体经济上，要激发各类市场主体活力。2018 年《政府工作报告》提出，要进一步减轻企业税负，促进实体经济转型升级，着力激发市场活力和社会创造力。为进一步增强小型微利企业发展动力，4 月 25 日，国务院常务会议决定，将享受减半征收企业所得税优惠政策的小型微利企业年应纳税所得额上限从 50 万元提高到 100 万元。2018 年 7 月 11 日，财政部、国家税务总局联合发布了《关于进一步扩大小型微利企业所得税优惠政策范围的通知》（财税〔2018〕77 号），规定自 2018 年 1 月 1 日至 2020 年 12

月 31 日，将小型微利企业的年应纳税所得额上限由 50 万元提高到 100 万元，对年应纳税所得额低于 100 万元（含 100 万元，下同）的小型微利企业，其所得减按 50% 计入应纳税所得额，按 20% 的税率缴纳企业所得税（以下简称减半征税政策）。为了积极贯彻落实党的十九大精神和国务院重大决策部署，确保广大企业能够及时、准确享受减半征税政策，国家税务总局制定了《公告》。

二、本次扩大小型微利企业所得税优惠政策范围，哪些纳税人将从中受益？

根据财税〔2018〕77 号文件规定，自 2018 年 1 月 1 日至 2020 年 12 月 31 日，将小型微利企业的年应纳税所得额上限由 50 万元提高到 100 万元，主要体现在对小型微利企业"年度应纳税所得额"标准的提高。因此，年应纳税所得额在 50 万元至 100 万元的符合条件的企业，是新增的受益群体。

三、本次政策调整后，按照核定征收方式缴纳企业所得税的企业，是否能够享受减半征税政策？

根据《公告》第一条规定，只要是符合条件的小型微利企业，不区分企业所得税的征收方式，均可以享受减半征税政策。因此，包括核定应税所得率征收和核定应纳所得税额征收在内的企业所得税核定征收企业，均可以享受减半征税政策。

四、以前年度成立的企业，在预缴享受减半征税政策时，需要判断上一纳税年度是否为符合条件的小型微利企业，2018 年度及以后年度如何判断？

根据规定，在预缴时需要判别上一纳税年度是否符合小型微利企业条件，2018 年度预缴时应当按照 2017 年度适用文件规定条件判别；2019 年度及以后纳税年度预缴时，应当按照财税〔2018〕77 号文件规定条件判别。

五、上一纳税年度为不符合小型微利企业条件的企业以及本年度新成立的企业，预缴企业所得税时，如何判断享受减半征税政策？

上一纳税年度为不符合小型微利企业条件的企业，预计本年度符合条件的，预缴时本年度累计实际利润额或者应纳税所得额不超过 100 万元的，可以享受减半征税政策。"预计本年度符合条件"是指，企业上一年度其"从业人数"和"资产总额"已经符合小型微利企业规定条件，但应纳税所得额不符合条件，本年度预缴时，如果上述两个条件没有发生实质性变化，预缴时本年度累计实际利润额或者累计应纳税所得额不超过 100 万元的，可以预先享受减半征税政策。

本年度新成立的企业，预计本年度符合小型微利企业条件的，预缴时本年度累计实际利润额或者累计应纳税所得额不超过 100 万元的，可以享受减半征税政策。"预计本年度符合小型微利企业条件"是指，企业本年度其"从业人数"和"资产总额"预计可以符合小型微利企业规定条件，本年度预缴时，本年度累计实际利润额或者累计应纳税所得额不超过 100 万元的，可以预先享受减半征税政策。

六、企业享受减半征税政策，需要履行什么程序？

根据《国家税务总局关于发布修订后的〈企业所得税优惠政策事项办理办法〉的公告》（国家税务总局公告 2018 年第 23 号）第四条规定，企业享受优惠事项采取"自行判别、申报享受、相关资料留存备查"的办理方式。即企业通过填写纳税申报表相关内容即可享受小型微利企业所得税优惠政策，同时，按照国家税务总局公告 2018 年第 23 号的规定归集和留存相关资料备查。

七、《公告》实施后，符合条件的小型微利企业 2018 年第一季度预缴时，应享受未享受减半征税政策而多预缴的企业所得税如何处理？

此次政策调整从 2018 年 1 月 1 日开始，由于 2018 年第一季度预缴期已经结束，符合条件的小型微利企业在 2018 年第一季度预缴时，未能享受减半征税政策而多预缴的企业所得税，在以后季度企业应预缴的企业所得税税款中抵减。

八、执行时间

本《公告》是贯彻落实财税〔2018〕77 号文件的征管办法，执行时间与其一致。

国家税务总局
关于创业投资企业和天使投资个人
税收政策有关问题的公告

国家税务总局公告 2018 年第 43 号　2018 年 7 月 30 日　全文有效

为贯彻落实《财政部　国家税务总局关于创业投资企业和天使投资个人有关税收政策的通知》（财税〔2018〕55 号，以下简称《通知》），现就创业投资企业和天使投资个人税收政策有关问题公告如下：

一、相关政策执行口径

（一）《通知》第一条所称满 2 年是指公司制创业投资企业（以下简称公司制创投企业）、有限合伙制创业投资企业（以下简称合伙创投企业）和天使投资个人投资于种子期、初创期科技型企业（以下简称初创科技型企业）的实缴投资满 2 年，投资时间从初创科技型企业接受投资并完成工商变更登记的日期算起。

（二）《通知》第二条第（一）项所称研发费用总额占成本费用支出的比例，是指企业接受投资当年及下一纳税年度的研发费用总额合计占同期成本费用总额合计的比例。

（三）《通知》第三条第（三）项所称出资比例，按投资满 2 年当年年末各合伙人对合伙创投企业的实缴出资额占所有合伙人全部实缴出资额的比例计算。

（四）《通知》所称从业人数及资产总额指标，按照初创科技型企业接受投资前连续 12 个月的平均数计算，不足 12 个月的，按实际月数平均计算。具体计算公式如下：

月平均数 =（月初数 + 月末数）÷2

接受投资前连续 12 个月平均数 = 接受投资前连续 12 个月平均数之和 ÷12

（五）法人合伙人投资于多个符合条件的合伙创投企业，可合并计算其可抵扣的投资额和分得的所得。当年不足抵扣的，可结转以后纳税年度继续抵扣；当年抵扣后有结余的，应按照企业所得税法的规定计算缴纳企业所得税。

所称符合条件的合伙创投企业既包括符合《通知》规定条件的合伙创投企业，也包括符合《国家税务总局关于有限合伙制创业投资企业法人合伙人企业所得税有关问题的公告》（国家税务总局公告 2015 年第 81 号）规定条件的合伙创投企业。

二、办理程序和资料

（一）企业所得税

1. 公司制创投企业和合伙创投企业法人合伙人在年度申报享受优惠时，按照《国家税务总局关于发布修订后的〈企业所得税优惠政策事项办理办法〉的公告》（国家税务总局公告 2018 年第 23 号）的规定办理有关手续。

2. 合伙创投企业的法人合伙人符合享受优惠条件的，合伙创投企业应在投资初创科技型企业满 2 年的年度以及分配所得的年度终了后及时向法人合伙人提供《合伙创投企业法人合伙人所得分配情况明细表》（附件 1）。

（二）个人所得税

1. 合伙创投企业个人合伙人

（1）合伙创投企业的个人合伙人符合享受优惠条件的，合伙创投企业应在投资初创科技型企业满 2 年的年度终了后 3 个月内，向合伙创投企业主管税务机关办理备案手续，备案时应报送《合伙创投企业个人所得税投资抵扣备案表》（附件 2），同时将有关资料留存备查（备查资料同公司制创投企业）。合伙企业多次投资同一初创科技型企业的，应按年度分别备案。

（2）合伙创投企业应在投资初创科技型企业满 2 年后的每个年度终了后 3 个月内，向合伙创投企业主管税务机关报送《合伙创投企业个人所得税投资抵扣情况表》（附件 3）。

（3）个人合伙人在个人所得税年度申报时，应将当年允许抵扣的投资额填至《个人所得税生产经营所得纳税申报表（B 表）》"允许扣除的其他费用"栏，并同时标明"投资抵扣"字样。

2. 天使投资个人

（1）投资抵扣备案

天使投资个人应在投资初创科技型企业满 24 个月的次月 15 日内，与初创科技型企业共同向初创科技型企业主管税务机关办理备案手续。备案时应报送《天使投资个人所得税投资抵扣备案表》（附件 4）。被投资企业符合初创科技型企业条件的有关资料留存企业备查，备查资料包括初创科技型企业接受现金投资时的投资合同（协议）、章程、实际出资的相关证明材料，以及被投资企业符合初创科技型企业条件的有关资料。多次投资同一初创科技型企业的，应分次备案。

（2）投资抵扣申报

①天使投资个人转让未上市的初创科技型企业股权，按照《通知》规定享受投资抵扣税收优惠时，应于股权转让次月 15 日内，向主管税务机关报送《天使投资个人所得税投资抵扣情况表》（附件 5）。同时，天使投资个人还应一并提供投资初创科技型企业后税务机关受理的《天使投资个人所得税投资抵扣备案表》。

其中，天使投资个人转让初创科技型企业股权需同时抵扣前 36 个月内投资其他注销清算初创科技型企业尚未抵扣完毕的投资额的，申报时应一并提供注销清算企业主管税务机关受理并注明注销清算等情况的《天使投资个人所得税投资抵扣备案表》，以及前期享受投资抵扣政策后税务机关受理的《天使投资个人所得税投资抵扣情况表》。

接受投资的初创科技型企业，应在天使投资个人转让股权纳税申报时，向扣缴义务人提供相关信息。

②天使投资个人投资初创科技型企业满足投资抵扣税收优惠条件后，初创科技型企业在上海证券交易所、深圳证券交易所上市的，天使投资个人在转让初创科技型企业股票时，有尚未抵扣完毕的投资额的，应向证券机构所在地主管税务机关办理限售股转让税款清算，抵扣尚未抵扣完毕的投资额。清算时，应提供投资初创科技型企业后税务机关受理的《天使投资个人所得税投资抵扣备案表》和《天使投资个人所得税投资抵扣情况表》。

（3）被投资企业发生个人股东变动或者个人股东所持股权变动的，应在次月15日内向主管税务机关报送含有股东变动信息的《个人所得税基础信息表（A表）》。对天使投资个人，应在备注栏标明"天使投资个人"字样。

（4）天使投资个人转让股权时，扣缴义务人、天使投资个人应将当年允许抵扣的投资额填至《扣缴个人所得税报告表》或《个人所得税自行纳税申报表（A表）》"税前扣除项目"的"其他"栏，并同时标明"投资抵扣"字样。

（5）天使投资个人投资的初创科技型企业注销清算的，应及时持《天使投资个人所得税投资抵扣备案表》到主管税务机关办理情况登记。

三、其他事项

（一）税务机关在公司制创投企业、合伙创投企业合伙人享受优惠政策后续管理中，对初创科技型企业是否符合规定条件有异议的，可以转请初创科技型企业主管税务机关提供相关资料，主管税务机关应积极配合。

（二）创业投资企业、合伙创投企业合伙人、天使投资个人、初创科技型企业提供虚假情况、故意隐瞒已投资抵扣情况或采取其他手段骗取投资抵扣，不缴或者少缴应纳税款的，按税收征管法有关规定处理。

四、施行时间

本公告天使投资个人所得税有关规定自2018年7月1日起施行，其他所得税规定自2018年1月1日起施行。施行日期前2年内发生的投资，适用《通知》规定的税收政策的，按本公告规定执行。

《国家税务总局关于创业投资企业和天使投资个人税收试点政策有关问题的公告》（国家税务总局公告2017年第20号）自2018年7月1日起废止，符合试点政策条件的投资额可按本公告规定继续办理抵扣。

特此公告。

国家税务总局
关于外商投资企业和外国企业原有若干
税收优惠政策取消后有关事项处理的通知

国税发〔2008〕23 号　2008 年 2 月 27 日　全文有效

各省、自治区、直辖市和计划单列市国家税务局，广东、海南省地方税务局，深圳市地方税务局：

根据《中华人民共和国企业所得税法》及其实施条例、《中华人民共和国税收征收管理法》及其实施细则和《国务院关于实施企业所得税过渡优惠政策的通知》（国发〔2007〕39 号）的有关规定，现就外商投资企业和外国企业原执行的若干税收优惠政策取消后的税务处理问题通知如下。

一、关于原外商投资企业的外国投资者再投资退税政策的处理

外国投资者从外商投资企业取得的税后利润直接再投资本企业增加注册资本，或者作为资本投资开办其他外商投资企业，凡在 2007 年底以前完成再投资事项，并在国家工商管理部门完成变更或注册登记的，可以按照《中华人民共和国外商投资企业和外国企业所得税法》及其有关规定，给予办理再投资退税。对在 2007 年底以前用 2007 年度预分配利润进行再投资的，不给予退税。

二、关于外国企业从我国取得的利息、特许权使用费等所得免征企业所得税的处理

外国企业向我国转让专有技术或提供贷款等取得所得，凡上述事项所涉及的合同是在 2007 年底以前签订，且符合《中华人民共和国外商投资企业和外国企业所得税法》规定免税条件，经税务机关批准给予免税的，在合同有效期内可继续给予免税，但不包括延期、补充合同或扩大的条款。各主管税务机关应做好合同执行跟踪管理工作，及时开具完税证明。

三、关于享受定期减免税优惠的外商投资企业在 2008 年后条件发生变化的处理

外商投资企业按照《中华人民共和国外商投资企业和外国企业所得税法》规定享受定期减免税优惠，2008 年后，企业生产经营业务性质或经营期发生变化，导致其不符合《中华人民共和国外商投资企业和外国企业所得税法》规定条件的，仍应依据《中华人民共和国外商投资企业和外国企业所得税法》规定补缴其此前（包括在优惠过渡期内）已经享受的定期减免税税款。各主管税务机关在每年对这类企业进行汇算清缴时，应对其经营业务内容和经营期限等变化情况进行审核。

国家税务总局
关于实施国家重点扶持的公共基础设施
项目企业所得税优惠问题的通知

国税发〔2009〕80 号　2009 年 4 月 16 日　条款失效

各省、自治区、直辖市和计划单列市国家税务局、地方税务局：

为贯彻落实《中华人民共和国企业所得税法》及其实施条例关于国家重点扶持的公共基础设施项目企业所得税优惠政策，促进国家重点扶持的公共基础设施项目建设，现将实施该项优惠政策的有关问题通知如下：

一、对居民企业（以下简称企业）经有关部门批准，从事符合《公共基础设施项目企业所得税优惠目录》（以下简称《目录》）规定范围、条件和标准的公共基础设施项目的投资经营所得，自该项目取得第一笔生产经营收入所属纳税年度起，第一年至第三年免征企业所得税，第四年至第六年减半征收企业所得税。

企业从事承包经营、承包建设和内部自建自用《目录》规定项目的所得，不得享受前款规定的企业所得税优惠。

二、本通知所称第一笔生产经营收入，是指公共基础设施项目建成并投入运营（包括试运营）后所取得的第一笔主营业务收入。

三、本通知所称承包经营，是指与从事该项目经营的法人主体相独立的另一法人经营主体，通过承包该项目的经营管理而取得劳务性收益的经营活动。

四、本通知所称承包建设，是指与从事该项目经营的法人主体相独立的另一法人经营主体，通过承包该项目的工程建设而取得建筑劳务收益的经营活动。

五、本通知所称内部自建自用，是指项目的建设仅作为本企业主体经营业务的设施，满足本企业自身的生产经营活动需要，而不属于向他人提供公共服务业务的公共基础设施建设项目。

六、企业同时从事不在《目录》范围的生产经营项目取得的所得，应与享受优惠的公共基础设施项目经营所得分开核算，并合理分摊企业的期间共同费用；没有单独核算的，不得享受上述企业所得税优惠。

期间共同费用的合理分摊比例可以按照投资额、销售收入、资产额、人员工资等参数确定。上述比例一经确定，不得随意变更。凡特殊情况需要改变的，需报主管税务机关核准。

七、从事《目录》范围项目投资的居民企业应于从该项目取得的第一笔生产经营收入后15日内向主管税务机关备案并报送如下材料后，方可享受有关企业所得税优惠：

（一）有关部门批准该项目文件复印件；

（二）该项目完工验收报告复印件；

（三）该项目投资额验资报告复印件；

（四）税务机关要求提供的其他资料。

八、企业因生产经营发生变化或因《目录》调整，不再符合本办法规定减免税条件的，企业应当自发生变化15日内向主管税务机关提交书面报告并停止享受优惠，依法缴纳企业所得税。

九、企业在减免税期限内转让所享受减免税优惠的项目，受让方承续经营该项目的，可自受让之日起，在剩余优惠期限内享受规定的减免税优惠；减免税期限届满后转让的，受让方不得就该项目重复享受减免税优惠。

十、税务机关应结合纳税检查、执法检查或其他专项检查，每年定期对企业享受公共基础设施项目企业所得税减免税款事项进行核查，核查的主要内容包括：

（一）企业是否继续符合减免所得税的资格条件，所提供的有关情况证明材料是否真实。

（二）企业享受减免企业所得税的条件发生变化时，是否及时将变化情况报送税务机关，并根据本办法规定对适用优惠进行了调整。

十一、企业实际经营情况不符合企业所得税减免税规定条件的或采取虚假申报等手段获取减免税的、享受减免税条件发生变化未及时向税务机关报告的，以及未按本办法规定程序报送备案资料而自行减免税的，企业主管税务机关应按照税收征管法有关规定进行处理。

十二、本通知自2008年1月1日起执行。

注：依据《国家税务总局关于公布失效废止的税务部门规章和税收规范性文件目录的决定》（国家税务总局令第42号），本法规第七条废止。

国家税务总局
关于实施创业投资企业所得税
优惠问题的通知

国税发〔2009〕87 号　　2009 年 4 月 30 日　　条款失效

各省、自治区、直辖市和计划单列市国家税务局、地方税务局：

为落实创业投资企业所得税优惠政策，促进创业投资企业的发展，根据《中华人民共和国企业所得税法》及其实施条例等有关规定，现就创业投资企业所得税优惠的有关问题通知如下：

一、创业投资企业是指依照《创业投资企业管理暂行办法》（国家发展和改革委员会等 10 部委令 2005 年第 39 号，以下简称《暂行办法》）和《外商投资创业投资企业管理规定》（商务部等 5 部委令 2003 年第 2 号）在中华人民共和国境内设立的专门从事创业投资活动的企业或其他经济组织。

二、创业投资企业采取股权投资方式投资于未上市的中小高新技术企业 2 年（24 个月）以上，凡符合以下条件的，可以按照其对中小高新技术企业投资额的 70%，在股权持有满 2 年的当年抵扣该创业投资企业的应纳税所得额；当年不足抵扣的，可以在以后纳税年度结转抵扣。

（一）经营范围符合《暂行办法》规定，且工商登记为"创业投资有限责任公司"、"创业投资股份有限公司"等专业性法人创业投资企业。

（二）按照《暂行办法》规定的条件和程序完成备案，经备案管理部门年度检查核实，投资运作符合《暂行办法》的有关规定。

（三）创业投资企业投资的中小高新技术企业，除应按照科技部、财政部、国家税务总局《关于印发〈高新技术企业认定管理办法〉的通知》（国科发火〔2008〕172 号）和《关于印发〈高新技术企业认定管理工作指引〉的通知》（国科发火〔2008〕362 号）的规定，通过高新技术企业认定以外，还应符合职工人数不超过 500 人，年销售（营业）额不超过 2 亿元，资产总额不超过 2 亿元的条件。

2007 年底前按原有规定取得高新技术企业资格的中小高新技术企业，且在 2008 年继续符合新的高新技术企业标准的，向其投资满 24 个月的计算，可自创业投资企业实际向其投资的时间起计算。

（四）财政部、国家税务总局规定的其他条件。

三、中小企业接受创业投资之后，经认定符合高新技术企业标准的，应自其被认定为高新技术企业的年度起，计算创业投资企业的投资期限。该期限内中小企业接受创业投资后，企业规模超过中小企业标准，但仍符合高新技术企业标准的，不影响创业投资企业享受有关税收优惠。

四、创业投资企业申请享受投资抵扣应纳税所得额，应在其报送申请投资抵扣应纳税所得额年度纳税申报表以前，向主管税务机关报送以下资料备案：

（一）经备案管理部门核实后出具的年检合格通知书（副本）；

（二）关于创业投资企业投资运作情况的说明；

（三）中小高新技术企业投资合同或章程的复印件、实际所投资金验资报告等相关材料；

（四）中小高新技术企业基本情况（包括企业职工人数、年销售（营业）额、资产总额等）说明；

（五）由省、自治区、直辖市和计划单列市高新技术企业认定管理机构出具的中小高新技术企业有效的高新技术企业证书（复印件）。

五、本通知自 2008 年 1 月 1 日起执行。

注：依据《国家税务总局关于公布失效废止的税务部门规章和税收规范性文件目录的决定》（国家税务总局令第 42 号），本法规第四条废止。

国家税务总局
关于非居民企业不享受小型微利企业
所得税优惠政策问题的通知

国税函〔2008〕650 号　　2008 年 7 月 3 日　　全文有效

各省、自治区、直辖市和计划单列市国家税务局、地方税务局：

关于非居民企业是否享受企业所得税法规定的对小型微利企业的税收优惠政策问题，现明确如下：

企业所得税法第二十八条规定的小型微利企业是指企业的全部生产经营活动产生的所得均负有我国企业所得税纳税义务的企业。因此，仅就来源于我国所得负有我国纳税义务的非居民企业，不适用该条规定的对符合条件的小型微利企业减按 20% 税率征收企业所得税的政策。

国家税务总局
关于实施高新技术企业所得税
优惠有关问题的通知

国税函〔2009〕203 号　2009 年 4 月 22 日　全文有效

各省、自治区、直辖市和计划单列市国家税务局、地方税务局：

　　为贯彻落实高新技术企业所得税优惠及其过渡性优惠政策，根据《中华人民共和国企业所得税法》（以下简称企业所得税法）及《中华人民共和国企业所得税法实施条例》（以下简称实施条例）以及相关税收规定，现对有关问题通知如下：

　　一、当年可减按 15% 的税率征收企业所得税或按照《国务院关于经济特区和上海浦东新区新设立高新技术企业实行过渡性税收优惠的通知》（国发〔2007〕40 号）享受过渡性税收优惠的高新技术企业，在实际实施有关税收优惠的当年，减免税条件发生变化的，应按《科学技术部　财政部　国家税务总局关于印发〈高新技术企业认定管理办法〉的通知》（国科发火〔2008〕172 号）第九条第二款的规定处理。

　　二、原依法享受企业所得税定期减免税优惠尚未期满同时符合本通知第一条规定条件的高新技术企业，根据《高新技术企业认定管理办法》以及《科学技术部　财政部　国家税务总局关于印发〈高新技术企业认定管理工作指引〉的通知》（国科发火〔2008〕362 号）的相关规定，在按照新标准取得认定机构颁发的高新技术企业资格证书之后，可以在 2008 年 1 月 1 日后，享受对尚未到期的定期减免税优惠执行到期满的过渡政策。

　　三、2006 年 1 月 1 日至 2007 年 3 月 16 日期间成立，截止到 2007 年底仍未获利（弥补完以前年度亏损后应纳税所得额为零）的高新技术企业，根据《高新技术企业认定管理办法》以及《高新技术企业认定管理工作指引》的相关规定，按照新标准取得认定机构颁发的高新技术企业证书后，可依据企业所得税法第五十七条的规定，免税期限自 2008 年 1 月 1 日起计算。

　　四、认定（复审）合格的高新技术企业，自认定（复审）批准的有效期当年开始，可申请享受企业所得税优惠。企业取得省、自治区、直辖市、计划单列市高新技术企业认定管理机构颁发的高新技术企业证书后，可持"高新技术企业证书"及其复印件和有关资料，向主管税务机关申请办理减免税手续。手续办理完毕后，高新技术企业可按 15% 的税率进行所得税预缴申报或享受过渡性税收优惠。

五、纳税年度终了后至报送年度纳税申报表以前，已办理减免税手续的企业应向主管税务机关备案以下资料：

（一）产品（服务）属于《国家重点支持的高新技术领域》规定的范围的说明；

（二）企业年度研究开发费用结构明细表（见附件）；

（三）企业当年高新技术产品（服务）收入占企业总收入的比例说明；

（四）企业具有大学专科以上学历的科技人员占企业当年职工总数的比例说明、研发人员占企业当年职工总数的比例说明。

以上资料的计算、填报口径参照《高新技术企业认定管理工作指引》的有关规定执行。

六、未取得高新技术企业资格、或虽取得高新技术企业资格但不符合企业所得税法及实施条例以及本通知有关规定条件的企业，不得享受高新技术企业的优惠；已享受优惠的，应追缴其已减免的企业所得税税款。

七、本通知自 2008 年 1 月 1 日起执行。

附件：企业年度研究开发费用结构明细表（略）

国家税务总局
关于技术转让所得减免企业所得税
有关问题的通知

国税函〔2009〕212号　2009年4月24日　条款失效

各省、自治区、直辖市和计划单列市国家税务局、地方税务局：

根据《中华人民共和国企业所得税法》（以下简称企业所得税法）及其实施条例和相关规定，现就符合条件的技术转让所得减免企业所得税有关问题通知如下：

一、根据企业所得税法第二十七条第（四）项规定，享受减免企业所得税优惠的技术转让应符合以下条件：

（一）享受优惠的技术转让主体是企业所得税法规定的居民企业；

（二）技术转让属于财政部、国家税务总局规定的范围；

（三）境内技术转让经省级以上科技部门认定；

（四）向境外转让技术经省级以上商务部门认定；

（五）国务院税务主管部门规定的其他条件。

二、符合条件的技术转让所得应按以下方法计算：

技术转让所得 = 技术转让收入 – 技术转让成本 – 相关税费

技术转让收入是指当事人履行技术转让合同后获得的价款，不包括销售或转让设备、仪器、零部件、原材料等非技术性收入。不属于与技术转让项目密不可分的技术咨询、技术服务、技术培训等收入，不得计入技术转让收入。

技术转让成本是指转让的无形资产的净值，即该无形资产的计税基础减除在资产使用期间按照规定计算的摊销扣除额后的余额。

相关税费是指技术转让过程中实际发生的有关税费，包括除企业所得税和允许抵扣的增值税以外的各项税金及其附加、合同签订费用、律师费等相关费用及其他支出。

三、享受技术转让所得减免企业所得税优惠的企业，应单独计算技术转让所得，并合理分摊企业的期间费用；没有单独计算的，不得享受技术转让所得企业所得税优惠。

四、企业发生技术转让，应在纳税年度终了后至报送年度纳税申报表以前，向主管税务机关办理减免税备案手续。

（一）企业发生境内技术转让，向主管税务机关备案时应报送以下资料：

1. 技术转让合同（副本）；

2. 省级以上科技部门出具的技术合同登记证明；

3. 技术转让所得归集、分摊、计算的相关资料；

4. 实际缴纳相关税费的证明资料；

5. 主管税务机关要求提供的其他资料。

（二）企业向境外转让技术，向主管税务机关备案时应报送以下资料：

1. 技术出口合同（副本）；

2. 省级以上商务部门出具的技术出口合同登记证书或技术出口许可证；

3. 技术出口合同数据表；

4. 技术转让所得归集、分摊、计算的相关资料；

5. 实际缴纳相关税费的证明资料；

6. 主管税务机关要求提供的其他资料。

五、本通知自 2008 年 1 月 1 日起执行。

注：依据《国家税务总局关于公布失效废止的税务部门规章和税收规范性文件目录的决定》（国家税务总局令第 42 号），本法规第四条废止。

国家税务总局
关于黑龙江垦区国有农场土地承包费
缴纳企业所得税问题的批复

国税函〔2009〕779号　2009年12月31日　全文有效

黑龙江省国家税务局：

你局《关于黑龙江垦区国有农场土地承包费缴纳企业所得税问题的请示》（黑国税发〔2009〕186号）收悉。经研究，批复如下：

黑龙江垦区国有农场实行以家庭承包经营为基础、统分结合的双层经营体制。国有农场作为法人单位，将所拥有的土地发包给农场职工经营，农场职工以家庭为单位成为家庭承包户，属于农场内部非法人组织。农场对家庭承包户实施农业生产经营和企业行政的统一管理，统一为农场职工上交养老、医疗、失业、工伤、生育五项社会保险和农业保险费；家庭承包户按内部合同规定承包，就其农、林、牧、渔业生产取得的收入，以土地承包费名义向农场上缴。

上述承包形式属于农场内部承包经营的形式，黑龙江垦区国有农场从家庭农场承包户以"土地承包费"形式取得的从事农、林、牧、渔业生产的收入，属于农场"从事农、林、牧、渔业项目"的所得，可以适用《中华人民共和国企业所得税法》第二十七条及《中华人民共和国企业所得税法实施细则》第八十六条规定的企业所得税优惠政策。

国家税务总局
关于贯彻落实企业所得税法
若干税收问题的通知

国税函〔2010〕79 号　2010 年 2 月 22 日　全文有效

各省、自治区、直辖市和计划单列市国家税务局、地方税务局：

根据《中华人民共和国企业所得税法》（以下简称企业所得税法）和《中华人民共和国企业所得税法实施条例》（以下简称《实施条例》）的有关规定，现就贯彻落实企业所得税法过程中若干问题，通知如下：

一、关于租金收入确认问题

根据《实施条例》第十九条的规定，企业提供固定资产、包装物或者其他有形资产的使用权取得的租金收入，应按交易合同或协议规定的承租人应付租金的日期确认收入的实现。其中，如果交易合同或协议中规定租赁期限跨年度，且租金提前一次性支付的，根据《实施条例》第九条规定的收入与费用配比原则，出租人可对上述已确认的收入，在租赁期内，分期均匀计入相关年度收入。

出租方如为在我国境内设有机构场所、且采取据实申报缴纳企业所得的非居民企业，也按本条规定执行。

二、关于债务重组收入确认问题

企业发生债务重组，应在债务重组合同或协议生效时确认收入的实现。

三、关于股权转让所得确认和计算问题

企业转让股权收入，应于转让协议生效、且完成股权变更手续时，确认收入的实现。转让股权收入扣除为取得该股权所发生的成本后，为股权转让所得。企业在计算股权转让所得时，不得扣除被投资企业未分配利润等股东留存收益中按该项股权所可能分配的金额。

四、关于股息、红利等权益性投资收益收入确认问题

企业权益性投资取得股息、红利等收入，应以被投资企业股东会或股东大会作出利润分配或转股决定的日期，确定收入的实现。

被投资企业将股权（票）溢价所形成的资本公积转为股本的，不作为投资方企业的股息、红利收入，投资方企业也不得增加该项长期投资的计税基础。

五、关于固定资产投入使用后计税基础确定问题

企业固定资产投入使用后，由于工程款项尚未结清未取得全额发票的，可暂按合同规定的金额计入固定资产计税基础计提折旧，待发票取得后进行调整。但该项调整应在固定资产投入使用后 12 个月内进行。

六、关于免税收入所对应的费用扣除问题

根据《实施条例》第二十七条、第二十八条的规定，企业取得的各项免税收入所对应的各项成本费用，除另有规定者外，可以在计算企业应纳税所得额时扣除。

七、企业筹办期间不计算为亏损年度问题

企业自开始生产经营的年度，为开始计算企业损益的年度。企业从事生产经营之前进行筹办活动期间发生筹办费用支出，不得计算为当期的亏损，应按照《国家税务总局关于企业所得税若干税务事项衔接问题的通知》（国税函〔2009〕98 号）第九条规定执行。

八、从事股权投资业务的企业业务招待费计算问题

对从事股权投资业务的企业（包括集团公司总部、创业投资企业等），其从被投资企业所分配的股息、红利以及股权转让收入，可以按规定的比例计算业务招待费扣除限额。

国家税务总局
关于进一步明确企业所得税过渡期优惠政策执行口径问题的通知

国税函〔2010〕157 号　　2010 年 4 月 21 日　　全文有效

各省、自治区、直辖市和计划单列市国家税务局、地方税务局：

根据《财政部　国家税务总局关于执行企业所得税优惠政策若干问题的通知》（财税〔2009〕69 号）的有关规定，现就执行企业所得税过渡期优惠政策问题进一步明确如下：

一、关于居民企业选择适用税率及减半征税的具体界定问题

（一）居民企业被认定为高新技术企业，同时又处于《国务院关于实施企业所得税过渡优惠政策的通知》（国发〔2007〕39 号）第一条第三款规定享受企业所得税"两免三减半"、"五免五减半"等定期减免税优惠过渡期的，该居民企业的所得税适用税率可以选择依照过渡期适用税率并适用减半征税至期满，或者选择适用高新技术企业的 15% 税率，但不能享受 15% 税率的减半征税。

（二）居民企业被认定为高新技术企业，同时又符合软件生产企业和集成电路生产企业定期减半征收企业所得税优惠条件的，该居民企业的所得税适用税率可以选择适用高新技术企业的 15% 税率，也可以选择依照 25% 的法定税率减半征税，但不能享受 15% 税率的减半征税。

（三）居民企业取得《中华人民共和国企业所得税法实施条例》第八十六条、第八十七条、第八十八条和第九十条规定可减半征收企业所得税的所得，是指居民企业应就该部分所得单独核算并依照 25% 的法定税率减半缴纳企业所得税。

（四）高新技术企业减低税率优惠属于变更适用条件的延续政策而未列入过渡政策，因此，凡居民企业经税务机关核准 2007 年度及以前享受高新技术企业或新技术企业所得税优惠，2008 年及以后年度未被认定为高新技术企业的，自 2008 年起不得适用高新技术企业的 15% 税率，也不适用《国务院实施企业所得税过渡优惠政策的通知》（国发〔2007〕39 号）第一条第二款规定的过渡税率，而应自 2008 年度起适用 25% 的法定税率。

二、关于居民企业总分机构的过渡期税率执行问题

居民企业经税务机关核准 2007 年度以前依照《国家税务总局关于外商投资企业分支机构适用所得税税率问题的通知》（国税发〔1997〕49 号）规定，其处于不同税率地区的分支机构可以单独享受所得税减低税率优惠的，仍可继续单独适用减低税率优惠过渡政策；优惠过渡期结束后，统一依照《国家税务总局关于印发〈跨地区经营汇总纳税企业所得税征收管理暂行办法〉的通知》（国税发〔2008〕28 号）第十六条的规定执行。

国家税务总局
关于环境保护节能节水安全生产等专用
设备投资抵免企业所得税有关问题的通知

国税函〔2010〕256 号　　2010 年 6 月 2 日　　全文有效

各省、自治区、直辖市和计划单列市国家税务局、地方税务局：

　　现就环境保护、节能节水、安全生产等专用设备投资抵免企业所得税的有关问题通知如下：

　　根据《财政部　国家税务总局关于全国实施增值税转型改革若干问题的通知》（财税〔2008〕170 号）规定，自 2009 年 1 月 1 日起，增值税一般纳税人购进固定资产发生的进项税额可从其销项税额中抵扣，因此，自 2009 年 1 月 1 日起，纳税人购进并实际使用《环境保护专用设备企业所得税优惠目录》、《节能节水专用设备企业所得税优惠目录》和《安全生产专用设备企业所得税优惠目录》范围内的专用设备并取得增值税专用发票的，在按照《财政部　国家税务总局关于执行环境保护专用设备企业所得税优惠目录、节能节水专用设备企业所得税优惠目录和安全生产专用设备企业所得税优惠目录有关问题的通知》（财税〔2008〕48 号）第二条规定进行税额抵免时，如增值税进项税额允许抵扣，其专用设备投资额不再包括增值税进项税额；如增值税进项税额不允许抵扣，其专用设备投资额应为增值税专用发票上注明的价税合计金额。企业购买专用设备取得普通发票的，其专用设备投资额为普通发票上注明的金额。

国家税务总局
关于中国石油天然气股份有限公司、
中国石油化工股份有限公司
企业所得税征管问题的通知

国税函〔2010〕623 号　2010 年 12 月 24 日　全文有效

各省、自治区、直辖市和计划单列市国家税务局：

为贯彻落实《中华人民共和国企业所得税法》，加强对中国石油天然气股份有限公司（以下简称中石油）、中国石油化工股份有限公司（以下简称中石化）企业所得税的征收管理，现就中石油、中石化有关企业所得税征管问题通知如下：

一、中石油、中石化下属具有独立法人资格的子公司应按照企业所得税法的有关规定，向所在地主管税务机关申报并计算缴纳企业所得税；上述子公司下设的不具有法人资格的分支机构，由该子公司汇总申报并计算缴纳企业所得税，不就地预缴。

二、中石油、中石化下属不具有法人资格的二级分支机构企业所得税的申报方式及就地预缴比例，按照《国家税务总局关于中国石油天然气股份有限公司、中国石油化工股份有限公司缴纳企业所得税问题的通知》（国税函〔2009〕573 号）第一条的规定执行。三级以下分支机构不就地申报、预缴企业所得税。

三、中石油、中石化下属二级以下分支机构发生的需要在税务机关备案或由税务机关审批的研发费用、财产损失等事项，由其二级分支机构所在省、自治区、直辖市和计划单列市国税机关按照相关规定的权限予以备案或审批。

四、中石油、中石化实行就地预缴的二级分支机构购置用于环境保护、节能节水、安全生产等专用设备的投资额，符合企业所得税法规定的抵免企业所得税条件的，应先用该分支机构就地预缴的税款进行抵免，不足部分在总部抵免。

五、2009 年度中石油、中石化汇总纳税后超缴的所得税税款，由北京市国家税务局核实具体数额后及时办理退库。

国务院
关于实施企业所得税
过渡优惠政策的通知

国发〔2007〕39号　2007年12月26日　全文有效

各省、自治区、直辖市人民政府，国务院各部委、各直属机构：

《中华人民共和国企业所得税法》（以下简称新税法）和《中华人民共和国企业所得税法实施条例》（以下简称实施条例）将于2008年1月1日起施行。根据新税法第五十七条规定，现对企业所得税优惠政策过渡问题通知如下：

一、新税法公布前批准设立的企业税收优惠过渡办法

企业按照原税收法律、行政法规和具有行政法规效力文件规定享受的企业所得税优惠政策，按以下办法实施过渡：

自2008年1月1日起，原享受低税率优惠政策的企业，在新税法施行后5年内逐步过渡到法定税率。其中：享受企业所得税15%税率的企业，2008年按18%税率执行，2009年按20%税率执行，2010年按22%税率执行，2011年按24%税率执行，2012年按25%税率执行；原执行24%税率的企业，2008年起按25%税率执行。

自2008年1月1日起，原享受企业所得税"两免三减半"、"五免五减半"等定期减免税优惠的企业，新税法施行后继续按原税收法律、行政法规及相关文件规定的优惠办法及年限享受至期满为止，但因未获利而尚未享受税收优惠的，其优惠期限从2008年度起计算。

享受上述过渡优惠政策的企业，是指2007年3月16日以前经工商等登记管理机关登记设立的企业；实施过渡优惠政策的项目和范围按《实施企业所得税过渡优惠政策表》（见附表）执行。

二、继续执行西部大开发税收优惠政策

根据国务院实施西部大开发有关文件精神，财政部、国家税务总局和海关总署联合下发的《财政部　国家税务总局　海关总署关于西部大开发税收优惠政策问题的通知》（财税〔2001〕202号）中规定的西部大开发企业所得税优惠政策继续执行。

三、实施企业税收过渡优惠政策的其他规定

享受企业所得税过渡优惠政策的企业，应按照新税法和实施条例中有关收入和扣

除的规定计算应纳税所得额，并按本通知第一部分规定计算享受税收优惠。

企业所得税过渡优惠政策与新税法及实施条例规定的优惠政策存在交叉的，由企业选择最优惠的政策执行，不得叠加享受，且一经选择，不得改变。

附表

实施企业所得税过渡优惠政策表

序号	文 件 名 称	相关政策内容
1	《中华人民共和国外商投资企业和外国企业所得税法》第七条第一款	设在经济特区的外商投资企业、在经济特区设立机构、场所从事生产、经营的外国企业和设在经济技术开发区的生产性外商投资企业，减按15%的税率征收企业所得税。
2	《中华人民共和国外商投资企业和外国企业所得税法》第七条第三款	设在沿海经济开放区和经济特区、经济技术开发区所在城市的老市区或者设在国务院规定的其他地区的外商投资企业，属于能源、交通、港口、码头或者国家鼓励的其他项目的，可以减按15%的税率征收企业所得税。
3	《中华人民共和国外商投资企业和外国企业所得税法实施细则》第七十三条第一款第一项	在沿海经济开放区和经济特区、经济技术开发区所在城市的老市区设立的从事下列项目的生产性外资企业，可以减按15%的税率征收企业所得税：技术密集、知识密集型的项目；外商投资在3000万美元以上，回收投资时间长的项目；能源、交通、港口建设的项目。
4	《中华人民共和国外商投资企业和外国企业所得税法实施细则》第七十三条第一款第二项	从事港口、码头建设的中外合资经营企业，可以减按15%的税率征收企业所得税。
5	《中华人民共和国外商投资企业和外国企业所得税法实施细则》第七十三条第一款第四项	在上海浦东新区设立的生产性外商投资企业，以及从事机场、港口、铁路、公路、电站等能源、交通建设项目的外商投资企业，可以减按15%的税率征收企业所得税。
6	国务院关于上海外高桥、天津港、深圳福田、深圳沙头角、大连、广州、厦门象屿、张家港、海口、青岛、宁波、福州、汕头、珠海、深圳盐田保税区的批复（国函〔1991〕26号、国函〔1991〕32号、国函〔1992〕43号、国函〔1992〕44号、国函〔1992〕148号、国函〔1992〕150号、国函〔1992〕159号、国函〔1992〕179号、国函〔1992〕180号、国函〔1992〕181号、国函〔1993〕3号等）	生产性外商投资企业，减按15%的税率征收企业所得税。
7	《国务院关于在福建省沿海地区设立台商投资区的批复》（国函〔1989〕35号）	厦门台商投资区内设立的台商投资企业，减按15%税率征收企业所得税；福州台商投资区内设立的生产性台商投资企业，减按15%税率征收企业所得税，非生产性台资企业，减按24%税率征收企业所得税。

续表

序号	文 件 名 称	相关政策内容
8	国务院关于进一步对外开放南宁、重庆、黄石、长江三峡经济开放区、北京等城市的通知（国函〔1992〕62号、国函〔1992〕93号、国函〔1993〕19号、国函〔1994〕92号、国函〔1995〕16号）	省会（首府）城市及沿江开放城市从事下列项目的生产性外资企业，减按15%的税率征收企业所得税：技术密集、知识密集型的项目；外商投资在3000万美元以上，回收投资时间长的项目；能源、交通、港口建设的项目。
9	《国务院关于开发建设苏州工业园区有关问题的批复》（国函〔1994〕9号）	在苏州工业园区设立的生产性外商投资企业，减按15%税率征收企业所得税。
10	《国务院关于扩大外商投资企业从事能源交通基础设施项目税收优惠规定适用范围的通知》（国发〔1999〕13号）	自1999年1月1日起，将外资税法实施细则第七十三条第一款第（一）项第3目关于从事能源、交通基础设施建设的生产性外商投资企业，减按15%的税率征收企业所得税的规定扩大到全国。
11	《广东省经济特区条例》（1980年8月26日第五届全国人民代表大会常务委员会第十五次会议批准施行）	广东省深圳、珠海、汕头经济特区的企业所得税率为15%。
12	《对福建省关于建设厦门经济特区的批复》（〔80〕国函字88号）	厦门经济特区所得税率按15%执行。
13	《国务院关于鼓励投资开发海南岛的规定》（国发〔1988〕26号）	在海南岛举办的企业（国家银行和保险公司除外），从事生产、经营所得税和其他所得，均按15%的税率征收企业所得税。
14	《中华人民共和国外商投资企业和外国企业所得税法》第七条第二款	设在沿海经济开放区和经济特区、经济技术开发区所在城市的老市区的生产性外商投资企业，减按24%的税率征收企业所得税。
15	《国务院关于试办国家旅游度假区有关问题的通知》（国发〔1992〕46号）	国家旅游度假区内的外商投资企业，减按24%税率征收企业所得税。
16	国务院关于进一步对外开放黑河、伊宁、凭祥、二连浩特市等边境城市的通知（国函〔1992〕21号、国函〔1992〕61号、国函〔1992〕62号、国函〔1992〕94号）	沿边开放城市的生产性外商投资企业，减按24%税率征收企业所得税。
17	《国务院关于进一步对外开放南宁、昆明市及凭祥等五个边境城镇的通知》（国函〔1992〕62号）	允许凭祥、东兴、畹町、瑞丽、河口五市（县、镇）在具备条件的市（县、镇）兴办边境经济合作区，对边境经济合作区内以出口为主的生产性内联企业，减按24%的税率征收。

序号	文 件 名 称	相关政策内容
18	国务院关于进一步对外开放南宁、重庆、黄石、长江三峡经济开放区、北京等城市的通知（国函〔1992〕62 号、国函〔1992〕93 号、国函〔1993〕19 号、国函〔1994〕92 号、国函〔1995〕16 号）	省会（首府）城市及沿江开放城市的生产性外商投资企业，减按24%税率征收企业所得税。
19	《中华人民共和国外商投资企业和外国企业所得税法》第八条第一款	对生产性外商投资企业，经营期在十年以上的，从开始获利的年度起，第一年和第二年免征企业所得税，第三年至第五年减半征收企业所得税。
20	《中华人民共和国外商投资企业和外国企业所得税法实施细则》第七十五条第一款第一项	从事港口码头建设的中外合资经营企业，经营期在 15 年以上的，经企业申请，所在地的省、自治区、直辖市税务机关批准，从开始获利的年度起，第一年至第五年免征企业所得税，第六年至第十年减半征收企业所得税。
21	《中华人民共和国外商投资企业和外国企业所得税法实施细则》第七十五条第一款第二项	在海南经济特区设立的从事机场、港口、码头、铁路、公路、电站、煤矿、水利等基础设施项目的外商投资企业和从事农业开发经营的外商投资企业，经营期在 15 年以上的，经企业申请，海南省税务机关批准，从开始获利的年度起，第一年至第五年免征企业所得税，第六年至第十年减半征收企业所得税。
22	《中华人民共和国外商投资企业和外国企业所得税法实施细则》第七十五条第一款第三项	在上海浦东新区设立的从事机场、港口、铁路、公路、电站等能源、交通建设项目的外商投资企业，经营期在 15 年以上的，经企业申请，上海市税务机关批准，从开始获利的年度起，第一年至第五年免征企业所得税，第六年至第十年减半征收企业所得税。
23	《中华人民共和国外商投资企业和外国企业所得税法实施细则》第七十五条第一款第四项	在经济特区设立的从事服务性行业的外商投资企业，外商投资超过 500 万美元，经营期在十年以上的，经企业申请，经济特区税务机关批准，从开始获利的年度起，第一年免征企业所得税，第二年和第三年减半征收企业所得税。
24	《中华人民共和国外商投资企业和外国企业所得税法实施细则》第七十五条第一款第六项	在国务院确定的国家高新技术产业开发区设立的被认定为高新技术企业的中外合资经营企业，经营期在十年以上的，经企业申请，当地税务机关批准，从开始获利的年度起，第一年和第二年免征企业所得税。

序号	文 件 名 称	相关政策内容
25	《中华人民共和国外商投资企业和外国企业所得税法实施细则》第七十五条第一款第六项 《国务院关于〈北京市新技术产业开发试验区暂行条例〉的批复》（国函〔1988〕74号）	设在北京市新技术产业开发试验区的外商投资企业，依照北京市新技术产业开发试验区的税收优惠规定执行。 对试验区的新技术企业自开办之日起，三年内免征所得税。经北京市人民政府指定的部门批准，第四至六年可按15%或10%的税率，减半征收所得税。
26	《中华人民共和国企业所得税暂行条例》第八条第一款	需要照顾和鼓励的民族自治地方的企业，经省级人民政府批准实行定期减税或免税的，过渡优惠执行期限不超过5年。
27		在海南岛举办的企业（国家银行和保险公司除外），从事港口、码头、机场、公路、铁路、电站、煤矿、水利等基础设施开发经营的企业和从事农业开发经营的企业，经营期限在十五年以上的，从开始获利的年度起，第一年至第五年免征所得税，第六年至第十年减半征收所得税。
28	《国务院关于鼓励投资开发海南岛的规定》（国发〔1988〕26号）	在海南岛举办的企业（国家银行和保险公司除外），从事工业、交通运输业等生产性行业的企业经营期限在十年以上的，从开始获利的年度起，第一年和第二年免征所得税，第三年至第五年减半征收所得税。
29		在海南岛举办的企业（国家银行和保险公司除外），从事服务性行业的企业，投资总额超过500万美元或者2000万元人民币，经营期限在十年以上的，从开始获利的年度起，第一年免征所得税，第二年和第三年减半征收所得税。
30	《国务院关于实施〈国家中长期科学和技术发展规划纲要（2006—2020年）若干配套政策的通知〉》（国发〔2006〕6号）	国家高新技术产业开发区内新创办的高新技术企业经严格认定后，自获利年度起两年内免征所得税。

国务院
关于经济特区和上海浦东新区新设立高新技术企业实行过渡性税收优惠的通知

国发〔2007〕40 号　2007 年 12 月 26 日　全文有效

各省、自治区、直辖市人民政府，国务院各部委、各直属机构：

根据《中华人民共和国企业所得税法》第五十七条的有关规定，国务院决定对法律设置的发展对外经济合作和技术交流的特定地区内，以及国务院已规定执行上述地区特殊政策的地区内新设立的国家需要重点扶持的高新技术企业，实行过渡性税收优惠。现就有关问题通知如下：

一、法律设置的发展对外经济合作和技术交流的特定地区，是指深圳、珠海、汕头、厦门和海南经济特区；国务院已规定执行上述地区特殊政策的地区，是指上海浦东新区。

二、对经济特区和上海浦东新区内在 2008 年 1 月 1 日（含）之后完成登记注册的国家需要重点扶持的高新技术企业（以下简称新设高新技术企业），在经济特区和上海浦东新区内取得的所得，自取得第一笔生产经营收入所属纳税年度起，第一年至第二年免征企业所得税，第三年至第五年按照 25% 的法定税率减半征收企业所得税。

国家需要重点扶持的高新技术企业，是指拥有核心自主知识产权，同时符合《中华人民共和国企业所得税法实施条例》第九十三条规定的条件，并按照《高新技术企业认定管理办法》认定的高新技术企业。

三、经济特区和上海浦东新区内新设高新技术企业同时在经济特区和上海浦东新区以外的地区从事生产经营的，应当单独计算其在经济特区和上海浦东新区内取得的所得，并合理分摊企业的期间费用；没有单独计算的，不得享受企业所得税优惠。

四、经济特区和上海浦东新区内新设高新技术企业在按照本通知的规定享受过渡性税收优惠期间，由于复审或抽查不合格而不再具有高新技术企业资格的，从其不再具有高新技术企业资格年度起，停止享受过渡性税收优惠；以后再次被认定为高新技术企业的，不得继续享受或者重新享受过渡性税收优惠。

五、本通知自 2008 年 1 月 1 日起执行。

国务院
关于第一批取消 62 项中央指定地方
实施行政审批事项的决定

国发〔2015〕57 号　　2015 年 10 月 11 日　　全文有效

各省、自治区、直辖市人民政府，国务院各部委、各直属机构：

经研究论证，国务院决定第一批取消 62 项中央指定地方实施的行政审批事项。

各地区、各部门要抓紧做好取消事项的落实工作，并切实加强事中事后监管。要严格落实行政许可法关于设定行政许可的有关规定，对以部门规章、规范性文件等形式设定的具有行政许可性质的审批事项进行清理，原则上 2015 年底前全部取消。要继续大力推进行政审批制度改革，深入推进简政放权、放管结合、优化服务，加快政府职能转变，不断提高政府管理科学化、规范化、法治化水平。

附件

国务院决定第一批取消中央指定地方实施的行政审批事项目录（共计 62 项）

序号	项目名称	审批部门	设定依据
1	不需中央政府投资、限额（规模）以下或不涉及国家有特殊规定的高技术产业发展项目审批	省级及计划单列市、副省级省会城市、新疆生产建设兵团发展改革部门	《国务院关于第三批取消和调整行政审批项目的决定》（国发〔2004〕16 号）《国家计委　财政部印发关于组织国家高技术产业发展项目计划实施意见的通知》（计高技〔2000〕2433 号）
2	境内国际科技会展审批	省级及计划单列市科技行政主管部门	《国际科学技术会议与展览管理暂行办法》（国科发外字〔2001〕311 号）
3	对上报工业和信息化部的车辆生产企业及产品公告变更初审	省级工业和信息化行政主管部门	《关于办理车辆企业更名迁址有关事项的通知》（国经贸产业〔2001〕1111 号）
4	社会福利基金资助项目审批	省、市级民政部门	《国务院办公厅关于保留部分非行政许可审批项目的通知》（国办发〔2004〕62 号）
5	基本医疗保险定点零售药店资格审查	省、市、县级人力资源社会保障行政主管部门	《国务院办公厅关于保留部分非行政许可审批项目的通知》（国办发〔2004〕62 号）

序号	项目名称	审批部门	设定依据
6	基本医疗保险定点医疗机构资格审查	省、市、县级人力资源社会保障行政主管部门	《国务院办公厅关于保留部分非行政许可审批项目的通知》（国办发〔2004〕62号）
7	医疗卫生机构承担预防性健康检查审批	市、县级卫生计生行政主管部门	《预防性健康检查管理办法》（卫生部令第41号）
8	从事互联网医疗保健信息服务审核	省级卫生计生行政主管部门	《互联网医疗保健信息服务管理办法》（卫生部令第66号）
9	对吸纳下岗失业人员达到规定条件的服务型、商贸企业和对下岗失业人员从事个体经营减免税的审批	地方税务机关	《财政部　国家税务总局关于支持和促进就业有关税收政策的通知》（财税〔2010〕84号） 《国家税务总局　财政部　人力资源和社会保障部　教育部关于支持和促进就业有关税收政策具体实施问题的公告》（国家税务总局公告2010年第25号）
10	企业享受综合利用资源所得税优惠的核准	地方税务机关	《国家税务总局关于资源综合利用企业所得税优惠管理问题的通知》（国税函〔2009〕185号）
11	企业从事农林牧渔业项目的所得享受所得税优惠的备案核准	地方税务机关	《国家税务总局关于实施农、林、牧、渔业项目企业所得税优惠问题的公告》（国家税务总局公告2011年第48号） 《财政部　国家税务总局关于享受企业所得税优惠的农产品初加工有关范围的补充通知》（财税〔2011〕26号） 《国家税务总局关于企业所得税税收优惠管理问题的补充通知》（国税函〔2009〕255号）
12	企业从事国家重点扶持的公共基础设施项目投资经营的所得享受所得税优惠的备案核准	地方税务机关	《国家税务总局关于实施国家重点扶持的公共基础设施项目企业所得税优惠问题的通知》（国税发〔2009〕80号） 《国家税务总局关于企业所得税税收优惠管理问题的补充通知》（国税函〔2009〕255号）
13	对律师事务所征收方式的核准	地方税务机关	《国家税务总局关于强化律师事务所等中介机构投资者个人所得税查账征收的通知》（国税发〔2002〕123号）
14	注册税务师执业核准	地方税务机关	《注册税务师管理暂行办法》（国家税务总局令第14号）
15	珠宝玉石质量检验师执业资格注册	省级质量技术监督部门	《国务院关于第三批取消和调整行政审批项目的决定》（国发〔2004〕16号） 《珠宝玉石质量检验师执业资格注册管理办法》（国质检人〔2004〕501号）

序号	项目名称	审批部门	设定依据
16	高等学校境外办学实施专科教育或者非学历高等教育审批	省级人民政府	《高等学校境外办学暂行管理办法》（教育部令第15号）
17	校外学习中心（点）审批	省级教育行政主管部门	《现代远程教育校外学习中心（点）暂行管理办法》（教高厅〔2003〕2号）
18	二、三级文物系统风险单位安全技术防范工程设计方案审批和工程验收	省级公安机关	《国务院办公厅关于保留部分非行政许可审批项目的通知》（国办发〔2004〕62号）《文物系统博物馆风险等级和安全防护级别的规定》（GA 27—2002）
19	国有企业经营者工资审核	省级人力资源社会保障行政主管部门	《关于加强国有企业经营者工资收入和企业工资总额管理的通知》（劳部发〔1994〕222号）
20	彩票销售机构销售实施方案审批	省级财政部门	《彩票管理条例实施细则》（财政部、民政部、体育总局令第67号）
21	彩票销售机构开展派奖审批	省级财政部门	《彩票管理条例实施细则》（财政部、民政部、体育总局令第67号）
22	矿业权价款评估备案核准	省级国土资源行政主管部门	《国土资源部关于规范矿业权评估报告备案有关事项的通知》（国土资发〔2008〕182号）
23	矿泉水注册登记	省级国土资源行政主管部门	《国土资源部关于开展矿泉水注册登记工作的通知》（国土资发〔2003〕327号）
24	一般保护古生物化石流通审批	省级国土资源行政主管部门	《古生物化石保护条例实施办法》（国土资源部令第57号）
25	建设项目试生产审批	省、市、县级环境保护行政主管部门	《建设项目竣工环境保护验收管理办法》（环境保护总局令第13号）
26	设立水利旅游项目审批	省、市、县级水行政主管部门	《国务院办公厅关于保留部分非行政许可审批项目的通知》（国办发〔2004〕62号）《水利风景区管理办法》（水综合〔2004〕143号）《水利旅游项目管理办法》（水综合〔2006〕102号）
27	外省肥料登记产品备案核准	省级农业行政主管部门	《肥料登记管理办法》（农业部令第32号）《农业部关于切实做好肥料登记管理工作的通知》（农农发〔2009〕2号）
28	省级水产种质资源保护区设立审批	省级渔业行政主管部门	《水产种质资源保护区管理暂行办法》（农业部令2011年第1号）
29	第二类医疗技术临床应用准入	省级卫生计生行政主管部门	《医疗技术临床应用管理办法》（卫医政发〔2009〕18号）

序号	项目名称	审批部门	设定依据
30	开展医疗美容新技术临床研究的批准	省级卫生计生行政主管部门	《医疗美容服务管理办法》（卫生部令第19号）
31	医疗机构放射影像健康普查许可	省级卫生计生行政主管部门	《放射诊疗管理规定》（卫生部令第46号）
32	主管税务机关对非居民企业适用行业及所适用的利润率的审核	地方税务机关	《非居民企业所得税核定征收管理办法》（国税发〔2010〕19号）
33	汇总纳税企业组织结构变更审核	地方税务机关	《跨地区经营汇总纳税企业所得税征收管理办法》（国家税务总局公告2012年第57号）
34	企业符合特殊性税务处理规定条件的业务的核准	地方税务机关	《财政部 国家税务总局关于企业重组业务企业所得税处理若干问题的通知》（财税〔2009〕59号）《企业重组业务企业所得税管理办法》（国家税务总局公告2010年第4号）
35	企业取得的符合条件的技术转让所得享受所得税优惠的核准	地方税务机关	《国家税务总局关于技术转让所得减免企业所得税有关问题的通知》（国税函〔2009〕212号）
36	企业享受符合条件的固定资产加速折旧或缩短折旧年限所得税优惠的核准	地方税务机关	《国家税务总局关于企业固定资产加速折旧所得税处理有关问题的通知》（国税发〔2009〕81号）
37	企业享受文化体制改革中转制的经营性文化事业单位所得税优惠的核准	地方税务机关	《财政部 国家税务总局关于文化体制改革中经营性文化事业单位转制为企业的若干税收优惠政策的通知》（财税〔2009〕34号）《财政部 国家税务总局 中宣部关于转制文化企业名单及认定问题的通知》（财税〔2009〕105号）
38	电网企业新建项目分摊期间费用的核准	地方税务机关	《国家税务总局关于电网企业电网新建项目享受所得税优惠政策问题的公告》（国家税务总局公告2013年第26号）
39	企业享受生产和装配伤残人员专门用品企业所得税优惠的核准	地方税务机关	《财政部 国家税务总局 民政部关于生产和装配伤残人员专门用品企业免征企业所得税的通知》（财税〔2011〕81号）
40	企业境外所得适用简易征收和饶让抵免的核准	地方税务机关	《企业境外所得税收抵免操作指南》（国家税务总局公告2010年第1号）《国家税务总局关于企业所得税税收优惠管理问题的补充通知》（国税函〔2009〕255号）

序号	项目名称	审批部门	设定依据
41	符合条件的非营利组织享受免税收入优惠的备案核准	地方税务机关	《财政部 国家税务总局关于非营利组织企业所得税免税收入问题的通知》（财税〔2009〕122号） 《国家税务总局关于企业所得税税收优惠管理问题的补充通知》（国税函〔2009〕255号）
42	企业符合条件的环境保护、节能节水项目的所得享受所得税优惠的备案核准	地方税务机关	《财政部 国家税务总局 国家发展改革委关于公布环境保护节能节水项目企业所得税优惠目录（试行）的通知》（财税〔2009〕166号） 《国家税务总局关于企业所得税税收优惠管理问题的补充通知》（国税函〔2009〕255号）
43	软件、集成电路企业享受所得税优惠的备案核准	地方税务机关	《财政部 国家税务总局关于进一步鼓励软件产业和集成电路产业发展企业所得税政策的通知》（财税〔2012〕27号） 《国家税务总局关于企业所得税税收优惠管理问题的补充通知》（国税函〔2009〕255号）
44	动漫企业享受所得税优惠的备案核准	地方税务机关	《财政部 国家税务总局关于扶持动漫产业发展有关税收政策问题的通知》（财税〔2009〕65号） 《国家税务总局关于企业所得税税收优惠管理问题的补充通知》（国税函〔2009〕255号）
45	节能服务公司实施合同能源管理项目享受所得税优惠的备案核准	地方税务机关	《财政部 国家税务总局关于促进节能服务产业发展增值税、营业税和企业所得税政策问题的通知》（财税〔2010〕110号） 《国家税务总局关于企业所得税税收优惠管理问题的补充通知》（国税函〔2009〕255号）
46	中国清洁发展机制基金及清洁发展机制项目实施企业享受所得税优惠的备案核准	地方税务机关	《财政部 国家税务总局关于中国清洁发展机制基金及清洁发展机制项目实施企业有关企业所得税政策问题的通知》（财税〔2009〕30号） 《国家税务总局关于企业所得税税收优惠管理问题的补充通知》（国税函〔2009〕255号）
47	个人取得股票期权或认购股票等取得折扣或补贴收入个人所得税纳税有困难的审核	地方税务机关	《国家税务总局关于个人认购股票等有价证券而从雇主取得折扣或补贴收入有关征收个人所得税问题的通知》（国税发〔1998〕9号） 《财政部 国家税务总局关于上市公司高管人员股票期权所得缴纳个人所得税有关问题的通知》（财税〔2009〕40号）

序号	项目名称	审批部门	设定依据
48	对一年期以上返还性人身保险业务免征营业税的初审	地方税务机关	《财政部　国家税务总局关于对若干项目免征营业税的通知》（财税字〔1994〕2号）
49	企业吸纳自主择业的军转干部税收减免审批	地方税务机关	《财政部　国家税务总局关于自主择业的军队转业干部有关税收政策问题的通知》（财税〔2003〕26号）
50	企业享受苏州工业园区有限合伙制创业投资企业法人合伙人试点优惠政策的核准	地方税务机关	《国家税务总局关于苏州工业园区有限合伙制创业投资企业法人合伙人企业所得税政策试点有关征收管理问题的公告》（国家税务总局公告2013年第25号）
51	西部大开发税收优惠政策审批	地方税务机关	《国务院办公厅关于保留部分非行政许可审批项目的通知》（国办发〔2004〕62号） 《财政部　海关总署　国家税务总局关于深入实施西部大开发战略有关税收政策问题的通知》（财税〔2011〕58号）
52	境外注册中资控股居民企业主管税务机关的变更审批	地方税务机关	《境外注册中资控股居民企业所得税管理办法（试行）》（国家税务总局公告2011年第45号）
53	企业成本分摊协议是否符合独立交易原则的审核	地方税务机关	《特别纳税调整实施办法（试行）》（国税发〔2009〕2号）
54	非居民享受税收协定（含与港澳台协议）待遇审批	地方税务机关	《非居民享受税收协定待遇管理办法（试行）》（国税发〔2009〕124号）
55	防伪技术产品生产企业在异地设立使用推广机构的备案核准	省级质量技术监督部门	《产品防伪监督管理办法》（质检总局令第27号）
56	对国家林业局松材线虫病疫木加工板材定点加工企业审批的初审	省级林业行政主管部门	《松材线虫病疫木加工板材定点加工企业审批管理办法》（国家林业局令第18号）
57	对国家林业局普及型国外引种试种苗圃资格认定的初审	省级林业行政主管部门	《普及型国外引种试种苗圃资格认定管理办法》（国家林业局令第17号）
58	专利代理机构设立办事机构和办事机构停业、撤销审批	省级知识产权主管部门	《专利代理管理办法》（国家知识产权局令第70号）
59	向国外申请专利专项资金资助中第三方检索机构认定	省级知识产权主管部门	《资助向国外申请专利专项资金管理办法》（财建〔2012〕147号） 《国务院关于取消和下放一批行政审批项目的决定》（国发〔2013〕44号）
60	其他部门新建、撤销气象台站审批	省级气象主管机构	《气象行业管理若干规定》（中国气象局令第12号）

序号	项目名称	审批部门	设定依据
61	防雷工程专业设计、施工资质年检	省级气象主管机构	《防雷工程专业资质管理办法》（中国气象局令第25号）
62	施放气球资质证年检	省、市级气象主管机构	《施放气球管理办法》（中国气象局令第9号）

国家发展改革委　中国人民银行
环境保护部　中央宣传部　中央统战部
中央文明办　工业和信息化部　公安部
财政部　国土资源部　住房和城乡建设部
交通运输部　水利部　农业部　商务部
国资委　海关总署　国家税务总局
国家工商总局　国家质检总局
国家安全监管总局　法制办　银监会
证监会　保监会　民航局　全国总工会
共青团中央　全国妇联　全国工商联
铁路总公司关于印发《关于对环境保护
领域失信生产经营单位及其有关
人员开展联合惩戒的
合作备忘录》的通知

发改财金〔2016〕1580 号　2016 年 7 月 20 日　全文有效

各省、自治区、直辖市和新疆生产建设兵团有关部门、机构：

　　为贯彻落实党的十八大和十八届三中、四中、五中全会精神，落实《中华人民共和国环境保护法》、《中华人民共和国国民经济和社会发展第十三个五年规划纲要》、《国务院关于印发社会信用体系建设规划纲要（2014—2020 年）的通知》（国发〔2014〕21 号）、《国务院关于建立完善守信联合激励和失信联合惩戒制度加快推进社会诚信建设的指导意见》（国发〔2016〕33 号）和《国务院办公厅关于加强环境监管执法的通知》（国办发〔2014〕56号）等文件关于"褒扬诚信、惩戒失信"的总体要求，国家发展改革委、中国人民银行、环境保护部、中央宣传部、中央统战部、中央文明办、工业和信息化部、公安部、财政部、国土资源部、住房和城乡建设部、交通运输部、水利部、农业部、商务部、国资委、海关总署、国家税务总局、工商总局、质检总局、安全监管总局、法制办、银监会、证监会、保监会、民航局、全国总工会、共青团中央、全国妇联、全国工商联、铁路总公司联合签署了《关于对环境保护领域失信生产经营单位及其有关人员开展联合惩戒的合作备忘录》，现印发给你们，请认真贯彻执行。

附件

关于对环境保护领域失信生产经营单位及其
有关人员开展联合惩戒的合作备忘录

为贯彻落实党的十八大和十八届三中、四中、五中全会精神，落实《中华人民共和国环境保护法》、《中华人民共和国国民经济和社会发展第十三个五年规划纲要》、《国务院关于印发社会信用体系建设规划纲要（2014—2020年）的通知》（国发〔2014〕21号）、《国务院关于建立完善守信联合激励和失信联合惩戒制度加快推进社会诚信建设的指导意见》（国发〔2016〕33号）和《国务院办公厅关于加强环境监管执法的通知》（国办发〔2014〕56号）等文件关于"褒扬诚信、惩戒失信"的总体要求，国家发展改革委、人民银行、环境保护部、中央宣传部、中央统战部、中央文明办、工业和信息化部、公安部、财政部、国土资源部、住房和城乡建设部、交通运输部、水利部、农业部、商务部、国资委、海关总署、国家税务总局、工商总局、质检总局、安全监管总局、法制办、银监会、证监会、保监会、民航局、全国总工会、共青团中央、全国妇联、全国工商联、铁路总公司就针对环境保护领域失信生产经营单位及其有关人员开展联合惩戒措施，达成如下一致意见：

一、联合惩戒对象

联合惩戒对象为在环境保护领域存在严重失信行为的生产经营单位及其法定代表人、主要负责人和负有直接责任的有关人员。

上述联合惩戒对象，由环境保护部定期汇总后提供给签署本备忘录的各部门。

二、惩戒措施

各部门依照有关法律、法规、规章及规范性文件规定，对联合惩戒对象采取下列一种或多种惩戒措施（相关依据和实施部门见附录）：

（一）限制或者禁止生产经营单位的市场准入、行政许可或者融资行为

1. 限制取得政府供应土地。

2. 限制取得工业产品生产许可证。

3. 禁止作为供应商参加政府采购活动。

4. 限制参与财政投资公共工程建设项目投标活动。

5. 限制参与基础设施和公用事业特许经营。

6. 依法限制取得安全生产许可证。

7. 对弄虚作假的机动车排放检验机构，撤销其检验检测机构资质。

8. 失信生产经营单位申请适用海关认证企业管理的，海关不予通过认证。

9. 限制发行企业债券及公司债券。

10. 限制注册非金融企业债务融资工具。

11. 将生产经营单位的失信信息作为股票发行审核及在全国中小企业股份转让系统公开转让审核的参考。

（二）停止执行生产经营单位享受的优惠政策，或者对其关于优惠政策的申请不予批准

12. 对于享受环保电价加价的燃煤电厂，没收二氧化硫、氮氧化物、烟尘排放超标相应时段的环保电价款，并从重处以罚款。

13. 因违反环境保护法律法规受到处罚的，根据财政部、国家税务总局相关规定，自处罚决定下达的次月起 36 个月内，不得享受资源综合利用产品和劳务增值税即征即退政策。

14. 存在超过污染物排放标准或者超过重点污染物排放总量控制指标排放污染物等违法行为的，按照财政部、国家税务总局相关规定，停止执行已经享受的环境保护项目企业所得税优惠。

15. 停止执行相关财政性资金支持，或者限制其申请财政性资金项目。

16. 停止执行投资等领域相关优惠性政策，或者对其关于享受相关优惠性政策的申请不予批准。

（三）在经营业绩考核、综合评价、评优表彰等工作中，对生产经营单位及相关负责人予以限制

17. 失信生产经营单位相关负责人适用中央企业负责人经营业绩考核有关规定的，视情节轻重和影响程度，扣减年度经营业绩考核综合得分，直至降低其年度经营业绩考核和任期经营业绩考核等级，并相应扣发企业负责人绩效年薪和任期激励收入；情节严重的，给予纪律处分或者对企业负责人进行调整。

18. 失信生产经营单位相关负责人适用中央统战部等 14 个部门关于非公有制经济代表人士综合评价有关规定的，不应推荐其为人大代表候选人、政协委员人选，也不得评优表彰。

19. 对失信生产经营单位，不得授予文明单位等荣誉称号，已获得荣誉称号的予以撤销；对失信生产经营单位法定代表人、主要负责人和直接责任人，不得授予道德模范、五一劳动奖章等荣誉称号，已获得荣誉称号的予以撤销。

（四）其他惩戒措施

20. 推动各金融机构将失信生产经营单位的失信情况作为融资授信的参考。

21. 推动各保险机构将失信生产经营单位的失信记录作为厘定环境污染责任保险费率的参考。

22. 在上市公司或者非公众上市公司收购的事中事后监管中，对有严重失信行为的生产经营单位予以重点关注。

23. 各市场监管、行业主管部门将失信生产经营单位作为重点监管对象，加大日常监管力度，提高抽查的比例和频次。

24. 有关部门将失信生产经营单位信息，通过"信用中国"网站和国家企业信用信息公示系统向社会公布。

25. 各部门依法实施的其他惩戒措施。

三、联合惩戒的实施方式

环境保护部通过全国信用信息共享平台向签署本备忘录的各有关部门提供环境保护领域失信生产经营单位及其有关人员相关信息，并按照有关规定动态更新。同时依法在环境保护部网站、"信用中国"网站、国家企业信用信息公示系统等向社会公布。

各部门按照本备忘录约定内容，依法依规对环境保护领域失信生产经营单位及其有关人员实施联合惩戒。同时，建立惩戒效果定期通报机制，各部门定期将联合惩戒实施情况通过全国信用信息共享平台反馈给国家发展改革委和环境保护部。

四、其他事宜

各部门应密切协作，积极落实本备忘录，制定失信信息的使用、撤销、管理、监督的相关实施细则和操作流程，指导本系统各级单位依法依规实施联合惩戒措施。

本备忘录实施过程中涉及部门之间协同配合的问题，由各部门协商解决。

本备忘录签署后，各项惩戒措施依据的法律、法规、规章及规范性文件有修改或调整的，以修改后的法律、法规、规章及规范性文件为准。

国家税务总局
关于公布失效废止的税务部门规章和
税收规范性文件目录的决定

国家税务总局令第 42 号　2017 年 12 月 29 日　全文有效

　　根据国务院办公厅关于做好"放管服"改革涉及的部门规章、规范性文件清理工作的有关要求，国家税务总局对现行有效的税务部门规章和税收规范性文件进行了清理。清理结果已经 2017 年 11 月 30 日国家税务总局 2017 年度第 2 次局务会议审议通过。现将《全文废止的税务部门规章目录》《全文失效废止的税收规范性文件目录》《部分条款废止的税收规范性文件目录》予以公布。

　　一、全文废止的税务部门规章目录

序号	制定机关	标题	发文日期	文号
1	国家税务总局	注册税务师管理暂行办法	2005 年 12 月 30 日	国家税务总局令第 14 号公布

　　二、全文失效废止的税收规范性文件目录

序号	制定机关	标题	发文日期	文号
1	国家税务总局	国家税务总局关于地质矿产部所属地勘单位征税问题的通知	1995 年 8 月 16 日	国税函发〔1995〕453 号
2	国家税务总局	国家税务总局关于地质矿产部所属地勘单位征税问题的补充通知	1996 年 11 月 12 日	国税函〔1996〕656 号
3	国家税务总局	国家税务总局关于税务稽查工作中几个具体问题的批复	1997 年 3 月 13 日	国税函〔1997〕147 号
4	国家税务总局	国家税务总局关于印发《注册税务师注册管理暂行办法》的通知	1999 年 4 月 29 日	国税发〔1999〕79 号
5	国家税务总局	国家税务总局关于印发《有限责任税务师事务所设立及审批暂行办法》和《合伙税务师事务所设立及审批暂行办法》的通知	1999 年 10 月 11 日	国税发〔1999〕192 号
6	国家税务总局	国家税务总局关于在税收工作中发挥注册税务师作用的通知	2000 年 3 月 6 日	国税发〔2000〕43 号

序号	制定机关	标题	发文日期	文号
7	国家税务总局	国家税务总局关于协税员不得核发《税务检查证》的批复	2001 年 1 月 2 日	国税函〔2001〕41 号
8	国家税务总局	国家税务总局关于加强国家税务局地方税务局协作的意见	2004 年 1 月 7 日	国税发〔2004〕4 号
9	国家税务总局	国家税务总局关于严厉打击虚开增值税专用发票等涉税违法行为的紧急通知	2004 年 4 月 30 日	国税函〔2004〕536 号
10	国家税务总局	国家税务总局关于合并、变更、注销税务师事务所实行备案管理的通知	2004 年 6 月 28 日	国税函〔2004〕850 号
11	国家税务总局	国家税务总局关于进一步规范税收执法和税务代理工作的通知	2004 年 8 月 11 日	国税函〔2004〕957 号
12	国家税务总局	国家税务总局关于转发《专业技术人员资格考试违纪违规行为处理规定》的通知	2004 年 12 月 13 日	国税函〔2004〕1363 号
13	国家税务总局	国家税务总局关于解决办税服务厅排队拥挤问题的通知	2005 年 9 月 19 日	国税发〔2005〕161 号
14	国家税务总局	国家税务总局关于加强房地产税收分析工作的通知	2005 年 9 月 22 日	国税发〔2005〕151 号
15	国家税务总局	国家税务总局关于进一步加强重大税收违法案件管理工作的意见	2007 年 4 月 5 日	国税发〔2007〕39 号
16	国家税务总局	国家税务总局关于有限责任税务师事务所设立分所有关问题的通知	2007 年 4 月 16 日	国税发〔2007〕47 号
17	国家税务总局	国家税务总局关于落实"两个减负"优化纳税服务工作的意见	2007 年 8 月 30 日	国税发〔2007〕106 号
18	国家税务总局	国家税务总局办公厅关于调整税务师事务所设立审批管理方式的通知	2009 年 1 月 16 日	国税办发〔2009〕5 号
19	国家税务总局	国家税务总局关于税务师事务所设立审批有关问题的批复	2009 年 3 月 16 日	国税函〔2009〕137 号
20	国家税务总局	国家税务总局关于建筑企业所得税征管有关问题的通知	2010 年 1 月 26 日	国税函〔2010〕39 号
21	国家税务总局	国家税务总局关于新办文化企业企业所得税有关政策问题的通知	2010 年 3 月 2 日	国税函〔2010〕86 号
22	国家税务总局	国家税务总局关于转变职能改进作风更好为广大纳税人服务的公告	2013 年 7 月 4 日	国家税务总局公告 2013 年第 37 号
23	国家税务总局	国家税务总局关于发布《税收减免管理办法》的公告	2015 年 6 月 8 日	国家税务总局公告 2015 年第 43 号

三、部分条款废止的税收规范性文件目录

序号	制定机关	标题	发文日期	文号	废止条款
1	国家税务局	关于检发《关于土地使用税若干具体问题的解释和暂行规定》的通知	1988 年 10 月 24 日	（88）国税地字第 015 号	废止第十七条
2	国家税务局	关于印花税若干具体问题的规定	1988 年 12 月 12 日	（88）国税地字第 025 号	废止第十三条
3	国家税务局	关于对保险公司征收印花税有关问题的通知	1988 年 12 月 31 日	（88）国税地字第 037 号	废止第三条
4	国家税务总局	国家税务总局关于实行税务检查计划制度的通知	1999 年 11 月 12 日	国税发〔1999〕211 号	废止第四条
5	国家税务总局	国家税务总局关于耕地占用税征收管理有关问题的通知	2007 年 12 月 12 日	国税发〔2007〕129 号	废止第四条
6	国家税务总局	国家税务总局关于实施国家重点扶持的公共基础设施项目企业所得税优惠问题的通知	2009 年 4 月 16 日	国税发〔2009〕80 号	废止第七条
7	国家税务总局	国家税务总局关于境外注册中资控股企业依据实际管理机构标准认定为居民企业有关问题的通知	2009 年 4 月 22 日	国税发〔2009〕82 号	废止第七条第一款"境外中资企业可向其实际管理机构所在地或中国主要投资者所在地主管税务机关提出居民企业申请，主管税务机关对其居民企业身份进行初步审核后，层报国家税务总局确认。"的内容
8	国家税务总局	国家税务总局关于技术转让所得减免企业所得税有关问题的通知	2009 年 4 月 24 日	国税函〔2009〕212 号	废止第四条
9	国家税务总局	国家税务总局关于实施创业投资企业所得税优惠问题的通知	2009 年 4 月 30 日	国税发〔2009〕87 号	废止第四条

序号	制定机关	标题	发文日期	文号	废止条款
10	国家税务总局	国家税务总局关于发布《企业境外所得税收抵免操作指南》的公告	2010 年 7 月 2 日	国家税务总局公告 2010 年第 1 号	废止"22. 我国企业所得税法目前尚未单方面规定税收饶让抵免……经企业主管税务机关确认，可在其申报境外所得税额时视为已缴税额（参见示例六）。"中"经企业主管税务机关确认"的内容
11	国家税务总局	国家税务总局关于发布《出口货物劳务增值税和消费税管理办法》的公告	2012 年 6 月 14 日	国家税务总局公告 2012 年第 24 号	废止第三条第（一）（二）（四）（五）项，第十一条第（三）项
12	国家税务总局	国家税务总局关于《出口货物劳务增值税和消费税管理办法》有关问题的公告	2013 年 3 月 13 日	国家税务总局公告 2013 年第 12 号	废止第五条第（一）（十）项
13	国家税务总局	国家税务总局关于电网企业电网新建项目享受所得税优惠政策问题的公告	2013 年 5 月 24 日	国家税务总局公告 2013 年第 26 号	废止第二条
14	国家税务总局	国家税务总局关于执行软件企业所得税优惠政策有关问题的公告	2013 年 7 月 25 日	国家税务总局公告 2013 年第 43 号	废止第一条"经认定并"及"所称经认定，是指经国家规定的软件企业认定机构按照软件企业认定管理的有关规定进行认定并取得软件企业认定证书"的内容，废止第四条、第五条

序号	制定机关	标题	发文日期	文号	废止条款
15	国家税务总局 国家发展 改革委	国家税务总局　国家发展改革委关于落实节能服务企业合同能源管理项目企业所得税优惠政策有关征收管理问题的公告	2013 年 12 月 17 日	国家税务总局 国家发展改革委 公告 2013 年 第 77 号	废止第六条
16	国家税务总局	国家税务总局关于非居民企业间接转让财产企业所得税若干问题的公告	2015 年 2 月 3 日	国家税务 总局公告 2015 年第 7 号	废止第十三条

后　记

编纂本书的过程，也是编写组对政策与实务不断加深理解的过程。在编写的过程中，我们遇到很多技术上、法规政策上的问题，财税行业的很多资深专家与同业老师给予我们巨大的帮助，值此机会真心感谢给予我们帮助的专家以及协助我们解决问题的老师！还要特别感谢中国金融出版社童祎薇编辑以及其他审校老师付出的辛勤劳动，因为他们的精心打磨才使得这本书得以逐步完善和提升。

本书是集体智慧的结晶，由北京铸源茂达税务师事务所所长杜秀君担任主编。本书的编写分工为：第一、二章由杜秀君编写，第三、四、十一章由国电燃料有限公司总会计师刘浩编写，第五、六、七章由山西大同大学商学院张晓华编写，第八、九、十、十二章由广西壮族自治区林业勘测设计院党委书记、院长黄光银编写。本书经编写组成员多次讨论，最后由杜秀君统一总纂和定稿。

编写组以不成熟的编辑能力，在各位老师的指导下完成了本书的编纂工作，虽然投入了大量的时间和精力，但错误、纰漏之处在所难免，望各位读者不吝指教。